U0665462

中国近代史学史

（修订本）》上

吴　泽　主编

桂遵义　袁英光　著

人民出版社

上册目录

前　言

中国近代史学史是研究中国近代史学发展规律和特点的学科。中国近代社会是半殖民地半封建社会,国内传统史学源远流长,丰富多彩;外来各种史学思潮纷至沓来,五光十色。并且,它与中国近代哲学史、中国近代思想史、中国近代政治史等密切联系,互相制约。所以,中国近代史学史的内容异常丰富,我们应深入地探索,精确地总结,在马克思主义指导下,进一步丰富和发展马克思主义史学,为繁荣和建设社会主义文化服务。

（一）

任何一门学科,随着它的日益发展到成熟,都必然要在两个方面取得成绩:一是对它的研究对象的研究的深入,二是对本学科自身的研究的深入。中国近代史学史研究的对象是中国近代史学,它所涉及的范围极为广泛,一般来说,主要包括历史实录和史学理论两大部分。评论任何史家、任何历史时期的史学总是离不开上述两方面的内容。

史学思想在史学史中占有头等重要的地位,它是史学的灵魂,无论哪一位史学家,哪一个史学流派,都有一定的思想作指导。因此,我们研究史学史,必须通过对各个时代的各个学派和史学家的史学思想形成和演变的研究,探讨其历史学说的阶级属性、发展规律与特点。在中国近代史上有些政治人物、思想家、史学家的历史观点,对当时和后来史学的发展有着重大影响,应作为近代史学史研究的对象纳入史学研究的范围,进行研究。例如严复,他虽不是历史学家,但他把西方资产阶级进化论系统地介绍到中国来,对近代史学的形成和发展产生了巨大的影响,对此就应作深入研究。无产阶级革命家李大钊,是中国马克思主义史学的开拓者。他于1914年至1920年,在《新青年》等报刊上先后发表了《我的马克思主义观》、《马克思主义历史哲学》、《唯物史观在现代史上的价值》等文,后来又撰写出版了《史学要论》,系统介绍了马克思主义唯物史观,阐述了马克思主义史学的基本理论,作出了杰出的贡献,对此更应作深入地研究和总结。史学思想在史学史中占有极其重要的地位,撰写史学史著作如果只局限于史料等方面的阐述和介绍,而不重视史学思想和史学理论的评述则是不完整的史学史著作。

就历史实录而言,其内容广泛。长期以来人们曾把史学史看作是历史编纂学史。历史编纂学就它的内容来说,主要是研究历史编纂和历史表述的方法、体例、结构和技巧的学科,即用哪种形式、哪种方法生动准确地反映千差万别的历史动态和悠久的历史发展过程。史实表明,历史编纂学不仅是方法问题,而且是有什么历史观就有什么方法,二者是不可分开的。因而历史编纂学有封建的、资产阶级的和马克思主义的历史编纂学的区别。马克思主义历史编纂学,与封建的、资产阶级的历史编纂学是不同的,要严格区别开来。因此,中国近代史学史不仅要研究编纂方法和表述形式的变化、发展,而且还要研究与此相关联的编纂制度的起源和变化。因为各个历史阶段史学发展的状态,对史学史的发展有着重要影响。历史编纂的主要内容就是研究如何具体实现内容与形式的统一,它同史学史研究史学本身发展规律的历史是有区别的,它仅是史学史中的一个组成部分。史学史中的历史编纂学部分,应表述史学发展的规律,同时又要求写出历史编纂学的理论和史学的规律来。二者是一个完整的整体。

要研究史学家的历史著作,就一定要牵涉史料问题。我国历史悠久,历史典籍浩如烟海,异常丰富,是历史学家长期以来辛勤劳动的成果。这些著作除反映作者的史学思想和编纂方法外,主要是记载历史事实。因此,在史学史的研究中就应注意历史著作中史料范围的不断扩大和鉴别分析的进步,以及史籍记载形态的演变、历史文学的发展变化,等等。我们在研究史学家时,就要注意作者对史料状况的了解,以及如何考辨史料和正确运用史料的问题。必须指出,史料学虽着重史料的研究与整理,但它同其他历史学科一样,具有鲜明的阶级性。如旧史家对史料的详略、增减、抹杀或歪曲,都受史学家的阶级立场和观点支配。应当注意到,每个时代史料学的状况,反映着当时史学发展的水平。而史学史本身则主要是研究史料学本身的发展,确定其不同的价值、使用方法等。可以说,史料学是研究史学的基础学科,其地位十分重要,是史学的主要辅助学科之一。

除上述几方面外,随着学科分工的发展,史学史研究的对象和范围也随之扩大。如考古学、民族学、宗教学、历史地理学等,都是与史学史发展相关联的学科,均应作为史学史研究的对象。但这些学科只能作为史学发展的辅助学科,不能取代史学史的研究。特别应当注意的是,由于中国近代是半殖民地半封建社会,反映在史学上,外国史学思想和史学方法起着重大影响,不探本溯源,不易进行深入的分析。我们应注意到中外史学的发展应有共同的基本规律,也有各不相同的民族特点。不研究外国史学,就没有一个综合比较的研究,也就不能认识各国史学发展的共同规律和我国史学的民族特点。因此,研究中国近代史学史,必须同时研究西方资产阶级史学对中国的影响。

关于中国近代史学史研究的任务,我们认为主要是揭示史学发展规律和做好史学遗产的批判继承工作。由于中国近代是半封建半殖民地社会,许多史学家的史学思想、方法受外来史学思想方法的影响,各式各样的史学家、史学流派,各种历史记载、历史著作,都直接或间接地反映了中国近代社会经济、阶级关系和精神文化演变发展的趋势和需要。中国近代史学史的基本任务,就是发掘中国史学史上进步的和爱国主义的优良传统。要实现这一任务,就必须通过对史学发展的大量材料的分析与概括,阐明进步史学如何在斗争中壮大了自己和史学本身发展过程及其规律,这是更高一层的理论工作。

在阐发中国史学发展规律的同时,中国史学史的研究还要批判地总结我国史学成果。批判总结成果,对中国近代史学史来说,就是对近代历史著作的总结。所谓批判,是有肯定,有否定,弃其糟粕,取其精华。

这样做的目的,是为了发展和进一步丰富马克思主义史学,写出具有中国特色的马克思主义的中国通史、断代史和各种专史的历史著作,使史学更好地服务于社会主义文化建设事业。

（二）

中国近代史学史的分期,主要是要表明中国近代史学发展的规律,也就是要表明中国近代史学演变发展的阶段性及其特点,而要做到这一点,就必须对构成史学演变发展的三个方面联系起来进行考察:一是历史学家在其史学著作中的思想观点;二是史学家在编纂学上的成就,主要是编纂的体例和方法,其中包括史料的鉴别和考辨;三是史学范围的扩大,史书种类的增多。不仅如此,研究中国近代史学史的分期,还必须同中国近代半封建半殖民地社会历史本身的发展特点联系起来进行考察和论述,因为史学的阶段性的发展,是根据社会历史发展的时代脉搏而确定的,政治经济的重大变化制约了史学的发展。依据马克思主义社会形态学说,中国近代史学的发展应分为旧民主主义革命时期史学和新民主主义革命时期史学两大历史时期。从鸦片战争至五四运动为旧民主主义革命时期,结合史学自身的特点可分为三个历史阶段:

第一阶段即第一编,为鸦片战争至太平天国时期史学。这一阶段的史学,主要表现在两个方面:一方面是乾嘉以来封建史学的赓续和日趋衰落,地主阶级改革派史学日渐处于主导地位,龚自珍、魏源等倡导今文经学,主张改革政治,学术上提倡经世致用,特别重视当代史研究,着重总结太平天国革命运动的历史经验教训。另一方面,由于鸦片战争的失败,一些具有爱国思想的史学家关心边防安危,兴起西北史地和世界历史地理的研究,并利用外国历史资料开展中国历史研究起了重要的桥梁作用。

第二阶段即第二编,为太平天国革命运动失败至义和团运动时期史学。这一时期,地主阶级改革派史学已退居次要地位。在西方资产阶级学说思想的影响下,一些站在洋务派营垒中的知识分子,为办理洋务和外交的需要,重视对外国史地的研究,出现了洋务派史学;而一些早期资产阶级改良派史学家和思想家,如王韬、黄遵宪等人,或者与外国人接触较多的人,对外国情况有进一步了解,认识到外国的长技,不仅在科学技术之类,而主要在政治制度的所谓政事上,放眼世界,对西方社会历史的理解逐步提高到理论上加以分析和认识,认为中国必须改良政治,走君主立宪的道路,其办法是学习日本或欧洲的英国。资产阶级改良派为了维新变法,救亡图存,特别重视史学的作用,把史学作为宣传变法的一种有力的斗争工具。他们或借考证中国古史问题来提供维新运动的历史依据,以减少变法的阻力,或介绍外国历史作为中国变法图强的借鉴。资产阶级改良派为在政治上兴民权,抑君权,设议院,行君主立宪制,开始研究西方历史,并受其影响,对过去为封建统治服务的旧史学,在历史观和方法论上进行了极其初步的清算。康有为在公羊"三世说"的基础上,接受西方资产阶级的进化论,宣传历史进化史观;严复则系统地介绍了达尔文进化学说,在当时社会政治思想上起到启蒙作用,对近代资产阶级史学的形成和发展也有一定的影响。梁启超在批判封建旧史学中提出了建立新史学的理论与方法,确立了资产阶级史学的理论体系和方法,力求"新史"与旧史有所区别,为其实现改良主义政治主张服务。

第三阶段即第三编,为义和团运动失败至"五四"运动前史学。这一阶段,资产阶级民主革命派史学在维新变法时已崭露头角,它批判封建旧史学,并将自己的主张同反封建君主专制、进行民族民主革命的斗争结合起来,成为当时新史学思潮的一个重要内容。著名的资产阶级革命宣传家邹容、陈天华等运用许多历史事实阐明革命是历史发展的必然,驳斥资产阶级改良派对历史上人民革命的攻击,号召和动员人民群众起来推翻封建专制统治。章炳麟在这一阶段曾提出撰写《中国通史》的计划,"约之百卷,熔冶哲理,以祛逐末之陋",①力图在该书中摒弃旧史学只会排比事实的陈腐做法,而"以发明社会政治进化衰微之原理为主",以达到"鼓舞民气,启导未来为主"②的目的。他在所撰写的《驳康有为论革命书》中,运用中外历史事实论证用革命手段推翻清朝封建统治的必要,痛快淋漓地驳斥了以康有为为代表的资产阶级改良派诋毁革命的谬论。随着资产阶级民主革命思潮的高涨,资产阶级革命派与改良派就世界史和革命史展开了斗争,他们各自根据斗争的需要,编译了不少世界史和革命史论著,从而使中国资产阶级历史编纂学得到了发展,并形成了自己的特点。尽管资产阶级革命派与改良派围绕着革命与改良在史学领域中进行针锋相对的斗争,但在相当长的时间内,就全国范围来说,改良派史学还是有很大的影响的,不仅梁启超等人写了大量论著,而且夏曾佑撰编的《中国古代史》,在史学界有一定的影响。在封建史学的营垒里,王先谦等坚持封建正统史观,编撰了《汉书补注》、《后汉书集解》等。值得提出的是,王国维等古史学家,在古史研究上作出的贡献,对五四运动以后中国史学的发展有很大的影响。

五四运动,揭开了中国人民彻底反帝反封建的新篇章,标志着中国革命进入新民主主义历史时期。从五四运动至中华人民共和国成立,

---

① 章太炎:《訄书·哀清史》附《中国通史略例》,《章太炎全集》(三),上海人民出版社1984年版,第329页。

② 章太炎:《致梁启超书》,《章太炎政论选集》,中华书局1977年版,第167页。

中国近代史学史依据社会矛盾和革命任务转变划分为五四运动至大革命前夕(1919—1927)、大革命时期(1927—1937)、抗日战争和解放战争时期(1937—1949)三个历史阶段。新民主主义时期史学,应主要介绍和论述中国马克思主义的诞生、成长和发展。五四运动时期为中国马克思主义史学的诞生期,大革命时期为形成期,抗日战争和解放战争时期为发展期。李大钊等是中国马克思主义史学的开创者;继之,郭沫若、吕振羽、翦伯赞、范文澜、侯外庐等为中国马克思主义形成和发展作出了卓越的贡献。

　　郭沫若《中国古代社会研究》的出版,是划时代的史学著作,标志着中国马克思主义史学的形成。该书运用马克思主义关于人类社会发展形态学说,通过大量甲骨文、金文等资料的研究和分析,阐述了中国自殷周以来社会发展的历史进程,作出了中国社会经历了原始公社制、奴隶制、封建制等历史阶段的论断,从而说明马克思主义关于人类社会历史发展一般规律的论述完全适合于中国,有力地驳斥了那些所谓"中国国情特殊"论者。《中国古代社会研究》一书出版之时,正值大革命时期,当时曾发生一场风靡整个中国学术界的中国社会性质和中国社会史问题的大论战。这次论战是马克思主义与非马克思主义的思想理论论战,是捍卫中国共产党的反帝反封建革命纲领和捍卫马克思主义的论战。郭沫若在该书中对中国社会发展规律的论述,在这场斗争中起了开路先锋的作用。继郭沫若之后,吕振羽运用马克思主义学说,对种种非马克思主义史学观点进行针锋相对的斗争,于1934年写出了《史前期中国社会研究》,肯定了我国存在着原始公社制社会。1936年又出版了《殷周时代的中国社会》,肯定了殷代是奴隶制社会,西周是封建制社会,开创了西周封建说。

　　抗日战争和解放战争时期,马克思主义史学在反法西斯斗争中,发挥了巨大的作用。日本法西斯史学家秋泽修二连续抛出了《东洋哲学史》和《中国社会结构》二书,宣扬中国社会的"亚细亚停滞性",只有外力才能推动中国历史发展的反动谬论。这时,郭沫若、吕振羽、翦伯赞、范文澜、侯外庐等马克思主义者对法西斯的谬论进行反击,作出了巨大的贡献。吕振羽从1939年至1940年,连续撰写了《关于中国社会史诸问题》、《"亚细亚生产方式"和所谓中国社会的"停滞性"问题》、《创造民族新文化与文化遗产的继承问题》等论著,对法西斯史学观点进行了全面系统地揭露和批判。特别是《中国社会史诸问题》一书的出版,对20世纪30年代关于中国社会史问题论战进行了系统的总结。吕振羽指出该书:"反映了中国新史学在历史科学战线上的斗争过程的若干情况,也反映了有关各派对中国史问题的基本立场、观点、方法及其在一定时期的发展过程,可作为中国马克思主义史学史的参考资料。"①总之,在抗日战争时期,中国马克思主义史学在斗争中得到了一定的发展。

在社会史研究方面,1943年侯外庐的《中国古典社会史论》,以"亚细亚生产方式"问题为突破点,运用马克思、恩格斯的有关论断,明确指出中国与世界上多数国家一样,也经过了奴隶制社会。在理论上进一步阐明了马克思主义关于社会发展规律的学说完全适合于中国。与此同时,邓初民出版了《社会史简明教程》(后改称《社会进化史纲》),论述了人类社会历史的一般发展过程及其规律。1942年吴泽的《中国原始社会史》、《中国社会简史》,也着重论述了中国社会历史的发展过程及其规律。

在通史方面,吕振羽的《简明中国通史》第一分册,范文澜的《中国通史简编》,翦伯赞的《中国史纲》第一卷,吴泽的《中国历史简编》等先后在1941年、1942年出版,这些著作是在马克思主义唯物史观指导下进行研究中国通史的代表作。它们的出版是抗日战争时期中国马克思主义史学发展的重要成果。

在思想史方面也取得了成就。吕振羽的《中国政治思想史》、侯外庐的《中国古代思想学说史》、《中国近世思想学说史》、《中国思想通史》第一卷等著作先后出版。郭沫若也撰写了《青铜时代》、《十批判

---

① 吕振羽:《中国社会史诸问题·新版序》,三联书店1961年版,第7页。

书》，杜守素出版了《先秦诸子批判》等著作。其他专史研究方面，如民族史、中国近代史研究等也取得了可喜的成就。范文澜的《中国近代史》、吕振羽的《中国民族简史》、胡绳的《帝国主义与中国政治》等专著也相继出版，对丰富和发展中国马克思主义史学研究产生一定的影响。

在民主革命各个历史时期，胡适、顾颉刚、陈垣、吕思勉、陈寅恪、钱穆、何炳松等老一辈思想家、史学家，亦在各自研究的领域，如古代史研究、思想史、历史地理和元史研究、宗教史研究诸方面，作出了很大的贡献，对中国史学的发展同样起着积极的影响。

（三）

我们认为中国近代史学史不能作为一个孤立的学科来看待，而应把它视为中国传统文化的一个侧面，作为新的史学演变转型的历史阶段来研究，故应把它放在当时的社会政治、经济、哲学等广阔的视野上加以透视。因而本书在每一历史时期以及每一章节中注意论述史学思想的社会政治背景和思想基础，并揭示其发展的普遍规律，同时，又注意把握中国近代史学史发展的特殊规律。

从鸦片战争到五四运动，中国封建旧史学经历了风雨飘摇的衰落时期。龚自珍、魏源、王韬、黄遵宪、康有为、严复、梁启超、夏曾佑等有志之士，在研究中国传统史学的同时，都在不同程度上引进了包括西方资产阶级史学理论在内的西方文化。但对外国思潮的引进，由于其阶级的局限性，不可能正确了解外来思潮的真实内容，由于没有与中国实际相结合，没有与总结我国传统的历史学相结合，结果都失败了。如魏源虽然提出了"师夷之长技以制夷"的主张，可是他不可能真正理解西方资产阶级的长技，他所"师"的仅仅是西方资产阶级火药武器即坚船利炮之类，幻想用西方的军事技术来制夷，利用西方技术为改革封建统治服务，其结果自然达不到预期的目的。又如王韬、黄遵宪等对西方文化和政治的认识虽比魏源深入了一步，已注意到了西方资产阶级国家制度比封建专制优越,但他们的引进只局限于君主立宪制度,并没有正确了解西方文化特别是帝国主义阶段外来文化的侵略弱小民族国家的阶级本质和真实内容,而是宣扬"西化",其结果走上失败的道路。因此,直到中国共产党成立以前的各个阶级、阶层的思想家和史学家在吸收外来文化时,都不可能正确地符合中国的实际加以批判地引进。只有中国共产党成立后,把马克思主义与中国革命的实际相结合,在史学研究上才能够正确地对待外来文化和引进外国史学理论和方法,坚持"洋为中用",坚持批判继承的原则,建立和发展中国马克思主义史学。

关于如何论述中国近代史学史,在编纂的体裁上也是一个重要问题。本书虽然也采用章节体,对历史著作和历史学家,按史学发展的阶段性,按时代顺序介绍人和史著,但本书不同于以往史家撰述的方法。过去的史学史著作在章节的安排上,大多都是一人单独成章或节,一个人要经历几十年,不同时代条件和历史背景的历史研究著作集中在一个章节中叙述,它的优点是:从宏观上来看,比较容易看出纵的联系,在形式逻辑上有其长处。但它的根本缺点是:不能把史学家在长达数十年所处的不同历史时期、不同历史背景所产生的思想观点上的变化发展,置于一个特定时代总的发展思潮中,从总体上进行论述,而往往是作为孤立的现象去处理。这种编纂方法,更看不到某一时期史学战线上各家各派史学活动的全貌,以及作者在这一时期史学战线所处的地位和作用,特别是同一时期各家各派在史学上的对立斗争和互相渗透的情况,看不出某一时期史学战线的全貌。事实上,史学的发展过程,是历史资料不断积累、历史记录不断丰富、历史知识和历史观点不断趋于复杂和相互斗争的过程和结果。我们研究史学史必须结合当时社会历史发展的一般规律,抓住每一社会形态发展过程中的各个不同历史时期的主要矛盾和矛盾的主要方面,探索出当时各个社会形态中史学发生、发展、演变的规律,据此订编章节,以便深入阐明各个史家、各个学派在某一特定时期的阶级地位及世界观、史学观,以及每一历史著作产生的时代背景和指导思想,阐明史料存在的状况、史学本身发展的源流,各个时期不同历史学派的历史编纂学和史学研究方法,以及各个史家、各个史学流派的矛盾斗争。

如魏源在史学领域内活动长达四十余年之久,写了四大史学著作:《圣武记》、《海国图志》、《道光洋艘征抚记》、《元史新编》,我们不是放在一章中并列地加以叙述,而是根据其不同的写作时代,不同的编纂历史背景,不同的指导思想和所起的不同作用和影响,分别列入不同的章节中加以论述,如《圣武记》是写于鸦片战争前夕而完成于鸦片战争时的著作,其时正值清王朝衰微时期,资本主义列强对中国虎视眈眈,进行侵略,魏源目睹这种现象,非常痛心,故积极寻求富强之道,歌颂清初“盛世”武功,希望中国转弱为强,整武备、雪国耻,不受外国资本主义的侵略,并且成为“军政修”、“官强”、“兵昌”、“令行”、“四夷来王”的强大国家,这种强烈的反侵略的爱国主义思想,与当时顽固派的思想,恰成鲜明对照。因此,我们将它置于乾嘉封建正统史学的分解与没落一章中加以叙述,借以看出当时史学战线的全部活动面貌和各史学家、各史学流派相互斗争的情况。《海国图志》则是鸦片战争失败后的著作,其时的主要矛盾和矛盾的主要方面都和前者不同。因此,魏源在《海国图志》中不仅介绍世界各国史地的情况超过了以往这方面的著作,而且还提出了自己的政治、经济以及海防的见解,阐述自己对一系列问题的看法,抒发自己在鸦片战争失败后的义愤,特别是他提出的“师夷长技以制夷”思想,这是魏源先进思想的主要方面,他的《海国图志》在中国近代思想史和史学史上放射光芒,给人们一种希望和力量。

这一时期在反侵略爱国思想指导下的著作,还有梁廷枏的《海国四说》、《夷氛闻记》,对鸦片战争胜负归于封建宿命论观点和唯武器论、唯将帅论等历史观进行了批判。夏燮所编撰的《中西纪事》,表达了他对鸦片战争的认识和主战思想,对投降派则进行了揭露和谴责。这一时期,投降派的著作有黄恩彤的《道光抚远纪略》和《抚夷论》,为投降派作辩护,将鸦片战争爆发的罪责归咎于林则徐等主战派,是两部颠倒历史的著作。为投降辩护的还有记载第二次鸦片战争的署名赘漫野叟编撰的《庚申夷氛纪略》等。

魏源的《元史新编》则写于太平天国革命爆发期间,它主要是总结元朝的"衰亡之道",以对抗太平天国农民革命。此时,魏源由地主阶级改革派立场走向了反面,由主张进行政治改革演变成积极筹划对抗农民革命,表现了他鲜明的地主阶级立场。这时,夏燮编纂了《明通鉴》和《粤氛纪事》,徐鼒编撰了《小腆纪年附考》和《小腆纪传》等史著,其思想倾向主要是对抗太平天国农民起义。

我们认为这样安排编、章、节,比较能深入阐明各个史学家、各学派在某一特定历史时期的阶级立场、世界观和史学思想,能究明每一历史著作编写的时代背景和指导思想,以及各个史学家、史学流派对立斗争和相互渗透的关联。这也是符合马克思主义历史编纂学原则的。

早在 20 世纪 60 年代初,高等学校文科教材编审办公室委托吴泽教授主编中国近现代史学史教材。当时,翦伯赞先生任历史组编审组长,为促进中国近现代史学史的编写,他亲自在北京民族饭店召开座谈会,讨论中国近现代史学史编写的一些原则问题,范文澜、吕振羽、侯外庐、尹达等老一辈马克思主义史学家应邀参加了会议,并发表了很多建设性的宝贵意见。"十年动乱"期间中国近现代史学史编写工作中断。党的十一届三中全会后,国家教委文科教材办公室又重新把中国近现代史学史列入教材编写计划。值此书出版之际,我们十分怀念曾经关心我们编写工作的老一辈马克思主义史学家,谨表衷心的感谢和深切的悼念。

本书在编写过程中,国家教委文科教材办公室田珏同志给予了热情的帮助和支持。刘寅生教授、张承宗教授、胡逢祥教授、盛邦和教授、周朝民教授、路新生教授、张文健教授和童浩先生,分别提供了部分资料长编。在此,一并致谢。

1988 年 7 月

(2009 年再版稍作修改)

作 者

第 一 编

鸦片战争至太平天国
革命时期的史学（1840—1864）

第 一 章

鸦片战争前乾嘉考据史学的没落和
改革派史学的兴起

　　鸦片战争前半个世纪，清王朝由盛世开始走下坡路，日渐衰落。由于封建专制的腐朽统治，广大农民、手工业者和地主阶级、封建统治的矛盾逐步加深，从而导致全国各地人民群众奋起反抗封建统治和压迫剥削，在北方有白莲教、南方有天地会等相继发动反清斗争。面临清朝封建统治危机的来临，从地主阶级官吏和知识分子中分化出来的有识之士，他们以龚自珍、魏源为代表，针对黑暗统治和社会危机，发出改革社会的呼喊，并提出了一系列社会改革主张。随着改革派思想的出现，反映在史学领域，曾长期占据主导地位的乾嘉考据史学，因不符合时代的潮流，逐步走向分化、没落，代之而起的是经世致用的地主阶级改革派史学。龚自珍、魏源倡导的经世致用史学，主要表现为注重总结历史经验、进行边疆史地研究，开中国近代史学之先河，对中国近代史学的走向和发展起着深远的影响。

第一节　乾嘉考据史学的没落

一、鸦片战争前的乾嘉考据史学

中国封建传统史学发展到清代乾嘉年间，形成考据史学，在整个学术界占据主导地位。乾嘉考据史学就其学术风格和治学方法而言，重视史料和史实的考订，形成了和高谈天命、理性的宋明理学迥然不同的学风，就其治学渊源而言，来自汉学的影响。清初，治经风气极盛，乾嘉时代的学者们以怀疑的态度回顾过去，主要对宋明以来流传的经籍、先儒的经注、经说提出种种疑问，企图探索经籍的本来面目。他们崇尚"汉学"，蔑视"宋学"。"汉学"，是相对"宋学"而言的。"汉学"也被称为"朴学"、"实学"。

乾嘉考据史学是以顾炎武、黄宗羲为代表的学术思潮发展形成的。

顾炎武（1613—1682），明末清初江苏昆山人，字宁人，初名绛，学者称亭林先生。明末就开始搜集明代以前历朝经济和自然环境资料，为编撰《天下郡国利病书》、《肇域志》奠定了基础。清顺治二年（1645）清兵南下，他参加苏州、昆山的抗清斗争。继后，他去山东、河北、山西、陕西、河南等地实地考察，并定居陕西华阳。他对天文、历算、舆地、音韵、金石、考古等均有研究，为清代朴学之开山始祖。其治史则对文物制度和地理沿革进行考订，《日知录》为其代表作。他广泛搜集明代资料，辑成《明季实录》。与史学有关的尚有《左传杜解补正》、《五经异同》、《历代帝王宅京记》、《东京考古录》、《金石文字记》等。

黄宗羲（1610—1695），明末清初浙江余姚人，字太仲，号南雷，学者称梨洲先生。清兵南下时，与弟宗炎等人组织"世忠营"据四明山结寨防守。明亡，闭门著述。他于上下古今、天文地理，无不精研。所著《明夷待访录》，强烈抨击封建君主专制制度。其治史，注重当代文献与乡土掌故，开清代浙东史学之先河。他重点从事明史研究，编撰《行朝录》九种，又编《明史案》二百四十卷。所著《南雷文集》，以碑、志、传为多,于明季忠烈之士,多有表彰,足以弥补正传。清代开设明史馆,支持门生万斯同(1638—1702)以布衣参加史馆,编修《明史》。

顾炎武、黄宗羲,生长在经济发达的江南,具有一定的商人市民意识。同时,又经历明末清初之际阶级矛盾和民族矛盾的斗争洗礼,富有强烈的抗清民族意识。顾、黄在治学上批判宋明理学。黄宗羲说:"明人讲学,袭语录之糟粕,不以六经为根底,束书而从事于游谈。"①反对宋明理学"空谈",主张"穷经研究"、"经世致用"。顾炎武则主张以"经学"来代替"理学"。他说:"古今所谓理学,经学也……今之所谓理学,禅学也。不取之五经,而但资之语录,校诸括帖之文而尤易也。"②又说:"古今安得别有所谓理学者? 经学即理学也。自有舍经学以言理学者,而邪说以起。"③他研究经学的目的在于致用,提出:"凡文之不关于六经之指,当世之务者,一切不为。"④可见,顾、黄治学所关心的是当时之务,所提倡的考据学最初是为了矫正宋明理学空谈心性、束书不观之弊。顾、黄所开创的考据学到乾嘉时期发展到高峰。可是,乾嘉时代的学者,因处于清代文化专制主义的统治下,畏惧清廷的凶残迫害,其治史,不敢议论当代的社会问题,也不敢撰写历史,只是考史不敢论史,脱离现实,埋头于故书堆中,养成了烦琐的学风。这种脱离现实的治学学风,把知识分子的才智引向对古代文献的整理、诠译上,违背了顾、黄倡导的关心时务的经世致用精神。

乾嘉时期的考据学家,以王鸣盛、赵翼、钱大昕为代表。

王鸣盛(1722—1797),字凤喈,号礼堂,又号西庄,晚号西沚居士。清江苏嘉定(今上海市)人。乾隆进士,授翰林院编修,官至内阁学士兼礼部侍郎,旋升光禄寺卿。早年治《尚书》,后转向治史,对十七史进行校勘,成《十七史商榷》。该书计一百卷,对《史记》以下十三种正史,

---

① 全祖望:《鲒埼亭集》卷11《梨洲先生神道碑文》。
② 顾炎武:《亭林文集》卷3《与施愚山书》。
③ 《鲒埼亭集》卷12《亭林先生神道表》。
④ 《亭林文集》卷4《与人书二》。

加上《南史》、《北史》、《旧唐书》、《新唐书》、《旧五代史》、《新五代史》、实际是十九部正史进行考订和校勘，因宋人称十七史，故沿用称为《十七史商榷》。所谓商榷，主要是为正史改伪文、补脱文、去衍文，又举其典制史迹，诠释蒙滞，审核舛驳，对研究正史有一定学术价值。

赵翼(1727—1814)，字云崧，号瓯北。清江苏阳湖(今属常州市)人。二十四岁中举，旋入京参与东阁大学士刘统勋主持的修史工作。乾隆二十六年(1761)进士，授翰林院编修。曾任广西镇安知府、贵西兵备道。辞官归乡后，主讲安定书院，专心著述。他擅长于历史考据，与王鸣盛、钱大昕齐名。其考史不限于对旧史所作发疑正读，补缺订伪，而对分散的史料按类综合，加以评论，对历史上朝代治乱兴衰也留心评述。所著《廿二史劄记》是其代表作，其他著述，尚有《陔余丛考》、《皇朝武功纪盛》、《平定两川述略》、《平定台湾述略》等，大多收入《瓯北全集》中。

钱大昕(1728—1804)，字晓徵，号辛楣，又号竹汀居士。清江苏嘉定(今属上海市)人。乾隆进士，选翰林院庶吉士。曾任少詹事、广东学政。参与修《热河志》、《续文献通考》、《续通志》和《一统志》等。乾隆四十年(1775)回乡丁忧，先后主讲钟山、娄东、紫阳书院。他于文字、音韵、训诂、舆地、官制、典章、金石之学，皆有研究，尤对史事考订，最享时誉。著有《廿二史考异》、《十驾斋养新录》、《元史艺文志》、《三史拾遗》、《元史氏族表》等。

稍晚于王、赵、钱三家之后的首推崔述。崔述(1740—1816)字武承，号东壁，清直隶大名(今属河北)人，乾隆举人。嘉庆初，选授福建罗源知县，调上杭知县，继又回任罗源，以年老辞官回乡，专心于著述。其学专于治经，以怀疑、辨伪、考信三者为事。名为治经，实则研究古史。对先秦古代史进行系统考订，凡诸子百家以及秦汉后传注所言，为群经所不见者，皆不可轻信，对古代持怀疑态度。著作凡三十四种，其《考信录》是代表作，开中国近代疑古史学之先河。顾颉刚搜集崔述遗稿多种，汇编为《崔东壁遗书》。

　　乾嘉学者也精于历史地理学的考证研究。顾祖禹撰《读史方舆纪要》、胡渭撰《禹贡锥旨》、阎若璩撰《四书释地》，都是获得学术界好评的佳作，对近代历史地理学的发展有一定的影响。

　　总之，乾嘉考据史学，在整理考订古籍和史事方面有一定的成就，但其考订、诠释、补佚只囿于考史范围内，其视野是狭小的。

　　清代嘉道年间，乾嘉考据史学仍然占有重要地位。古史研究亦多停留在对古史的考订和补注上。如陆心源的《宋史翼》四十卷，主要是补《宋史》之缺，但仅限于列传部分。《宋史》虽有四百九十六卷，然而遗漏颇多。陆氏乃根据宋代有关史籍，及诸家文集、杂著、年谱、地方志等，增补列传七百一十一人，附传六十四人。梁玉绳的《汉书古今人表考》九卷，考证了是书表中的讹误，附载别称，并评注出处，各予按语。汪士铎的《汉志释地略》一卷，将《汉书·地理志》所载地名释注今名，既有补史籍之缺漏，又考证了史籍的异名。姚振宗的《汉书艺文志条理》，对《汉书·艺文志》所列书目皆有补充注释，包括撰人始末、本书源流。每节目大抵加按语，说明原书部次条理，征引取裁原委、注释诸家考辨等。卷首《叙录》一卷，引按兼有，叙述学术源流和目录学史，颇得要领。又在《汉书艺文志拾补》中，拾补了《汉书·艺文志》所未著录者，如应劭《风俗通义·氏族篇》、诸氏姓书、汲冢竹书、谶纬之书、王莽之书、私家撰述之诗赋、杂文别有所本者，及《通志·艺文略》以后诸家簿录所载诸家书中突出于汉人者。是书六略共计三十三种二百七十四家三百零六部，附录谶纬一种十一家十一部，总为三十四种二百八十五家三百一十七部，附见六十四家九十部。经是书拾补，汉以前之典籍艺文志之外，大抵略具。

　　对旧史作大规模辑佚用力最大的以汪文台、汤球二人为代表。汪文台（1796—1844）字南士，安徽黟县人，致力于经史研究，辑《七家后汉书》二十一卷。由于历史上作东汉史书者虽多，但除范晔《后汉书》得以保存外，其他各家著作自梁、隋以来逐渐失传或散佚，其零章断句仅散见于他书。汪文台广为搜集，辑成谢承《后汉书》八卷、薛莹《后汉书》一卷、司马彪《续汉书》五卷、华峤《后汉书》二卷、谢沉《后汉书》一卷、袁山松《后汉书》二卷、张璠《汉纪》一卷，附佚名《后汉书》一卷。诸家著作内容虽未复旧观，但可见一斑。该书为研究东汉历史提供了一些珍贵的史料。

汤球（1804—1881），字伯玕，安徽黟县人。他稍晚于汪文台，但在青年时代，并与俞正燮、汪文台有交往，受其影响。他继承乾嘉考据史学之遗风，对历算星纬之学颇有研究。在辑佚方面，辑集了郑玄逸书九种、刘熙《孟子注》、刘珍等《东观汉记》、皇甫谧《帝王世纪》、谯周《古史考》等。又广搜载籍，辑王隐、朱凤、谢灵运、肖子云、沈约等九家《晋书》及陆机、干宝等九家《晋纪》，又辑肖方等《三十国春秋》、崔鸿《十六国春秋》等，可谓辑编宏富，成绩卓著。但就史学本身看，嘉道年间，研究古史仍然停留考史而不论史的樊笼内。

当乾嘉考据史学笼罩整个学术界时，嘉、道、咸年间的部分学者，已开始对乾嘉考据学不满，表现为从乾嘉考据学派中分解出来。周济、凌廷堪、沈垚就是从乾嘉考据史学营垒分解出来的代表人物。他们既反对宋明理学，又反对根植于汉学的乾嘉考据史学。他们分析汉学的流弊，强调乾嘉学风非改不可，并以实际行动批判乾嘉考据学，促使学术研究转向经世致用的新学风。

二、常州今文经学派和经世致用史学兴起

当乾嘉考据学派由全盛开始走下坡路时，在学术思想界兴起了常州今文经学派。常州今文经学派的兴起，加速了乾嘉考据学的衰落和分解。

常州学派的由来。据我们所知，皮锡瑞（1850—1908）在《经学通论》一书里最早提到："阳湖庄氏乃推今文《春秋》公羊之义并及诸经，刘逢禄、宋翔凤、龚自珍、魏源继之……常州学派蔚为文宗。"①梁启超

---

① 皮锡瑞：《经学通论》，中华书局1954年版，第97—98页。

在《中国近三百年学术史》里说，常州学派由庄存与刘逢禄"开派"，龚自珍、魏源代表常州学派"经世致用"的精神。① 此后，钱穆在《中国近三百年学术史》、钱基博在《古籍举要》、侯外庐在《中国思想通史》等著作里，亦从不同角度论述、评价常州学派在中国学术思想发展史和推动社会改革的地位和作用。但必须指出，常州学派的产生，是当时社会经济和学术思想发展的必然趋势。正如刘逢禄说："学者莫不求知圣人，圣人之道备乎五经，而《春秋》者，五经之钥也，先汉师儒略皆七阙，唯《诗》毛氏、《礼》郑氏、《易》虞氏有义礼可说，而拨乱反正，莫适《春秋》。董何之言，受命如响，然则求观圣人之志，七十子所传，舍是奚适为？"②他主张从西汉董仲舒、何休的解释中，用今文经学的义理，探求"圣人之志"。这说明，常州学派开清代今文经学之先河，但常州学派不是停留在西汉今文经学的义理上，并非西汉今文经学的简单翻版。

常州学派的创始人庄存与（1719—1788），字方耕，号养恬，清江苏武进（今属常州）人，乾隆进士。曾任翰林院编修、内阁学士、礼部右侍郎等。幼诵六经，长于《书》。为学不分汉宋，喜公羊家"微言大义"。著《春秋正辞》，撰有《毛诗说》、《尚书说》、《易说》、《周官说》等，汇辑为《味经斋遗书》。由于庄氏之学与当时盛行的乾嘉考据学，"枘凿不相入"，③其著作未刊刻问世时，世人皆不知其学，后经其外孙刘逢禄（1776—1829）、宋翔凤（1779—1860）传其学，才为世人所知。继后，浙江仁和龚自珍、湖南邵阳魏源师从刘逢禄，将常州今文经学派学术思想传承和发展，对当时和近代学术思想和社会改革产生了深刻的影响。

公羊三世说的历史变易思想和进化观点是常州学派史学思想的核心，又是推动社会改革的理论依据。

---

① 梁启超：《中国近三百年学术史》，复旦大学出版社1985年版，第119页。
② 刘逢禄：《春秋公羊释例序》，《刘礼部集》卷3，第22—23页。思误斋道光十年刊行（下同）。
③ 阮元：《庄方耕宗伯经说序》，《味经斋遗书》卷首，第2页。光绪八年重刻本，下引此书版本同。

　　庄存与认为社会历史是在不断变易发展的。他说:"变化之为言,天道也。"①公羊学家认为《春秋》记载鲁国二百四十二年的历史,根据孔子生活时代的远近把社会历史变易分为"所见世"、"所闻世"、"所传闻世"三世,是符合"天道"的。东汉何休根据公羊家学说,将"三世"分为相对应的太平、升平、衰乱三世,从而构成了社会历史由衰乱到升平世,再到太平世不断变易发展的历史过程。庄存与依据何休的"三世"说,把社会历史分为上古、中古、后世三个历史阶段。他说:"上古远矣,包羲氏至文王皆中古也,穴居野处,今尚见亡……后世圣人易之以宫室。"②并根据三世说历史变易思想,运用于治理国家,从而提出了一系列的改革主张。他认为治国的法律制度,要随着时代的发展不断的变化。在他看来,这种变化有两种类型:"不知其然而然谓之变,制之使谓之改。自古以来,大小之业,远近之俗,上下同流,不得其所,虽有圣人之法,断断无所用之,必至于非圣无法而后止,革之称名,殆非文王之所愿也。"③前一种变,当时人们不知变之原因,来势汹汹,"非圣无法",这种变实际上是历史上的改朝换代。这种变连周文王都不愿它出现。后一种变是自觉的变,是人们把变引向预期的目的。他认为自古以来,只要当政者勇于自觉地改革,便不会出现"非圣无法"的局面。为了证明上述观点,他以古井为例,认为旧井多矣,修之则不废,"爰有古井,尚存于今,修之力也。"④因此,变革制度犹如古井一样修修补补,涉及不到根本的变革。他还以鸟兽的羽毛时常更新而面皮革不变的事例来比喻"修法",并强调政治改革必须选择"民心之固黄牛之革"时"方可以用革","若俗不敝,政不害,虽可革,不革也。"⑤显然,他改革的目的,是在不变更地主阶级政权的前提下进行的,这反映了他的地主阶级改革派的立场。

_____

① 庄存与:《系辞传论》,第 5 页,《味经斋遗书》。
② 庄存与:《系辞传论》,第 52 页,《味经斋遗书》。
③④庄存与:《彖象传》,第 2 页,《味经斋遗书》。
⑤ 庄存与:《彖象传》,第 17—18 页,《味经斋遗书》。

在用人制度上，庄存与根据当时用人的弊端，主张实行贤人政治。他提出用贤人来担任卿相，"非贤不可以为卿，君不尊贤则失其所以为君。"①同他要求用人唯贤相一致，反对君主滥用"小人"，认为"小人荣，君子之耻也，小人得，君子之失也。"因此，君主"必先勿用小人。"在经济上，本着"民为邦本"的传统重民思想，要求君主节用爱民，发展农业生产，实行相对平均的分配制度。强调"民者，君之本也"，"恤民力"，节用爱民，"取之时，用之节"②，君主应以"农夫为本"，劝导耕农，"导之以耕事"。③ 农民安心务农，不仅可以增加国家收入，而且重要的是天下安定。

刘逢禄以夏、商、周三代治国之道的变化，"周监夏商而建天统，教以文，制尚文；《春秋》监商周而建人统，教以忠，制尚质也。"④这说明："天下无久而不敝之道，穷则必变，变则必反其本，然后圣王之道与天地相终始。"⑤他希望通过变易与改革，将日益衰败的社会，转变到"圣王之道"上来，从而使封建统治能"与天地相始终"，长治久安。从变易思想出发，刘逢禄认为"吾将倾政，可革也。"⑥他针对当时社会的现实问题，要求在经济上改革土地过于集中，以抑制贫富两极分化，在政治上，要求"尚德缓刑"，废除不合律例的刑罚。⑦

宋翔凤强调，治理国家应随时代的不同而不同。"人君治道宽猛缓急随俗化而转移"，"不能无所变易。"对于治学来说，认为治学不必泥古，而应设法兴利除害，"后之学者，明先王之道，亦求兴利除害，不

———————————

①　庄存与：《春秋正辞》卷2《天子辞》，第14页。
②　庄存与：《毛诗说》卷2，第5页。
③　庄存与：《系辞传论》，第47页。
④　刘逢禄：《公羊春秋何氏解诂笺》，《皇清经解》卷1290，第2页，阮元学海堂庚申补刊本。
⑤　刘逢禄：《释三科例中》，《刘礼部集》卷4，第3页。
⑥　刘逢禄：《易言篇》，《刘礼部集》卷2，第15页。
⑦　《刘礼部集》卷9，第24—25页。

必泥古之陈迹也。"①

从上所说，以庄存与为代表的常州今文经学派，他们宣传变易思想和公羊三世说历史进化观点的目的，在学术上除了复活今文经学的学术思想地位外，更主要的是以公羊学为理论根据，阐发社会改革思想和经世致用的治学精神。

庄存与的学术思想直接影响其继承者刘逢禄和宋翔凤。刘逢禄自幼在其母的教诲下，跟舅父庄述祖学习今文经学，对其外祖父庄存与的经世致用思想情有独钟。庄存与说："此外孙必能传吾学。"②刘逢禄是常州学派承上启下的核心人物。他明确提出，治经的目的在于"达政"，"六义贵达政"。③ 他研究《周易》，不像魏晋以来的学者那样，将注意力放在文字训诂上，而是将《周易》中的变易思想与现实政治联系起来，以达经世致用之目的。他曾引用《周易·中孚》里"遁鱼吉"这句话，联系政治，要求当政者不可严刑峻法，只有法宽民安，统治者才能与民共度危难。他说："从政率者畏，以教率者化，夫民犹鱼也，网密则鱼无所遁，法宽则民格。《中孚》'遁鱼吉'，继乱世以苏民也，民苏而邦可任也。"④针对官吏腐败严重，他建议整顿吏治。要解决官吏贪污腐败，先从最高层抓起。他说："夫送者之治疾也，不攻其病之已然而攻其受病之处。《小雅》尽废，乱贼所以横行也。《春秋》欲攘蛮荆，先正诸夏，欲正大夫，先正诸侯，欲正诸侯，先正天子。"⑤在他看来，社会上的所有问题，总根子在京师上层官吏和天子的身上。解决问题，要"先正天子"，其根本方法是先正内后正外，先正天子，后正文武百官。其身正，不令而行；其身不正，虽令不行。只有天子以自身行为消除腐败，才会有清明政治，国家才会长治久安。"故平天下在诚意，未闻枉己而能正

---

① 宋翔凤：《孟子赵注补正》三，《皇清经解续编》卷401，第10页。
② 刘承宽：《先府君行述》，《刘礼部集》附录，第1页。
③ 刘逢禄：《屠琴坞说诗图》，《刘礼部集》卷11，第11页。
④⑤ 刘逢禄：《贬绝例》，《刘礼部集》卷4，第16页。

人者也。"①

宋翔凤通过舅父庄述祖的传授,继承了常州学派今文经学的要义。他研究今文经学,既讲"微言大义",又通训诂名物,将今文经学的"微言大义"寓于汉学研究之中。他主要继承常州学派的重民思想,强调"君非民不立"。② 他认为,国家是"天帝"赐给君主的,但更是老百姓赐给的,"国家者天之所为,实民之所与也,故得国以亲民为要。"③因此,他强调君主治国以"亲民为要",各种法律制度必须适合民众的好恶,若能做到"合民之所好恶,则好恶为天下之至公。"他在《孟子》的研究中,针对当时黄河不断泛滥成灾,给人民带来灾害,提出治理黄河的建议。认为黄河之所水灾不断,主要原因是下流为泥沙淤积,导致水利不畅。因此,治理黄河,必先疏九河,下流通则上疏壅。若能疏浚黄河下游河道,做到"九河不壅,河则长北流。"这样,则黄河中下游"水患除而水利大兴,无庸仰给于东南。"黄河得治,黄河水不夺淮入海,"今淮安以北,夏秋之际,就不至河淮并张,有岌岌殆哉之惧,此一世之利也。"④他治理淮河的设想,其意义不仅是解决黄河水患,而且反映了他的为民着想的经世致用思想。

常州学派所倡导的经世致用思想,开创了近代新学风,在一定程度上改变了乾嘉以来"所学非所用,所用非所学"的脱离现实的学风。这一学风的转变,无论是当时或后世,都起着积极的进步作用。

疑古惑经是常州学派史学思想的重要组成部分。疑古惑经早在春秋战国时人们对古代文献的真实性开始产生怀疑。《孟子·尽心》下言:"尽信书,不如无书,吾于武成,取二三策而已。"唐代刘知几著《史通》对于《尚书》、《春秋》经籍里有关历史记载皆有怀疑,指出六经所言不真,不可全信。"鲁史之有《春秋》也,外为贤者,内为本国,事靡洪

---

① 刘逢禄:《释三科例下》,《刘礼部集》卷4,第6页。
② 宋翔凤:《尚书略说》下,《过庭录》卷5,中华书局1986年版,第84页。
③ 宋翔凤:《文学古义说一》,《皇清经解续编》卷387,第13页。南菁书院本。
④ 宋翔凤:《孟子赵注补正》二,《皇清经解续编》卷401。

纤,动皆隐讳,斯乃周公之格言,然何必《春秋》? 在于六经,亦皆如此。"①清代阎若璩承前人疑古思想,著《古文尚书疏证》,辨古文《尚书》为伪书。

常州学派继承了疑古惑经思想。刘逢禄全部否定了《左传》,认为《左传》皆出自西汉刘歆之伪造。他说:"余年十二,读《左氏春秋》,疑其书法是非多失大义。"并提出左氏书法不当之处:"颖考叔于庄公,君臣也,不可'施及',亦不可云'尔类',不辞甚矣。凡引'君子'之云,多出后人附益。"②宋翔凤怀疑刘歆篡改《左传》,认为:"刘歆以传合经,始依经文加之(指春夏等字),实违《春秋》之义,自(刘)歆改《左氏》而班固撰《汉书》,于《史记》几月之上皆加春夏字,以归画一。"③他甚至疑惑商周彝器上铭文亦为后世史官所篡改。

龚自珍、魏源进一步阐发了疑古惑经思想。龚自珍延伸刘逢禄《左传春秋考证》之绪余,疑《左传》为刘歆伪造,"于《左氏春秋》审为刘歆窜益,显然有迹者,因撰《左氏决疣》一卷。"④又疑《周官》也为刘歆所造,认为:"《周官》晚出,刘歆始立……后世称为经,是为述刘歆,非述孔子。"⑤"《周官》之称经,王莽所加。"魏源疑《诗经》、《尚书》,著《诗古微》、《书古微》。他自述《诗古微》的写作意图是:"发挥齐鲁韩三家《诗》之微言大谊,补苴其罅漏,张皇其幽渺,以豁除《毛诗》美、刺、正、变之滞例,而揭周公、孔子制礼正乐之用心于来世也。"⑥康有为进一步发挥了常州学派的疑古惑经思想,著《新学伪经考》,又著《孔子改制考》,认为孔子又作六经,托古以改制,"尧舜者孔子所托也","经典中尧舜之盛德大业,皆孔子理想所构成也。"⑦这样一来,数千年公认为

---

① 刘知幾:《史通·疑古》。
② 刘逢禄:《左氏春秋考证》,《皇清经解》卷1294,第1—3页。
③ 宋翔凤:《过庭录》卷9《元年春王正月》,中华书局1986年版,第149页。
④ 张祖廉:《定庵先生年谱外纪》,《龚自珍全集》,中华书局1976年版,第21页。
⑤ 《龚自珍全集》,第37页。
⑥ 魏源:《诗古微》序,《魏源集》,第119—120页。
⑦ 梁启超:《清代学术概论》二十三,《梁启超论清学史二种》。

神圣不可侵犯的经典,由常州学派的疑古惑经,从疑《左传》为刘歆篡改到全部否定《左传》,疑惑古文经学的真实性,到康有为发展为疑古代所有典籍的真实性,把疑古惑经思想推向高潮。常州学派的疑古思想,虽然起着解放思想的作用,但在历史观上却滋长了历史虚无主义,是十分有害的。

三、凌廷堪、沈垚对乾嘉考据史学的批判

凌廷堪(1755—1809),字次仲,安徽歙县人。他家境贫寒,六岁丧父,十二岁就缀学学商,二十岁后,始发愤读经史之学。二十七岁至扬州,从事校勘,参加词典馆检校词曲中字句违阻者。二十九岁至京师,始习举子业,中进士后任宁国府教授。他极力推崇同乡学者江永、戴震的学说,反对宋明理学。认为朱学和王学(阳明)都袭取了佛、老的思想,违背了儒家学说的正统。在他逝世前一年所写诗《姚江篇》中说:"阳明学亦考亭(朱熹)学,窃钩窃国何讥焉。至今两派互诟,稽之往训皆茫然。"[1]他尤好礼学,著《礼经释例》十三卷,认为礼是身心的矩则、行为的规范,"圣人之道,一礼而已。"[2]他反对理学家所提倡的"理",主张以'礼'代替"理",提出"圣人不求诸理,盖求诸理必至于师心,求诸礼始可以复性也。"[3]因此,凌廷堪虽然反对宋明理学,但他主张回复到烦琐陈腐的"礼",自然没有超出封建统治的樊篱。

凌廷堪在反对空谈"理""性"的宋明理学的同时,也对汉学的流弊进行剖析。他在《与胡敬仲书》中说:"近之学者,多知崇尚汉学……元和惠氏(惠栋)、休宁戴氏(戴东原)继之,谐声诂字,必求旧音,援传释经,必寻古义,盖彬彬乎有两汉之风焉。浮慕之者,袭其名而忘其实,得其似而遗其真,……不明千古学术之源流,而但以讥弹朱儒为能事,所

---

① 凌廷堪:《校礼堂诗集》卷14。
② 凌廷堪:《校礼堂诗集》卷4《复礼》上。
③ 凌廷堪:《校礼堂诗集》卷4《复礼》下。

谓天下不见学术之异,其弊将有不可胜言者!"

他将当时的汉学家之弊,归纳为如下四个方面:

其一,知识浅陋,为学不通世务,不切时用,只知"搜断碑半通,刺佚书数简,为之考同异,校偏傍,而语以古今成败,若坐雾云之中,此风会之所趋,而学者之所蔽之。"①其二,有些汉学家并未研究宋学,而"最恶宋之儒者,闻人举其名,则骂不休。"②而高自标置,以为千古绝业,其实对学问一窍不通。其三,汉学本主以训诂明义理,但其弊极至以许慎掩周孔,他说:"六书废已久,训诂多阙残,一二笃信儒,阐发诚艰难,殷殷考订时,亦择心所安。纤兜择唾余,群籍束不观,但取许氏书,闭户施铅丹,《六经》所有字,无不遭讥弹,《说文》未载者,毅然信笔删。用力既不多,已足惊愚顽,寻彼沽誉念,真见其肺肝。宋儒论错简,厥咎尚可宽,似此僭妄罪,何止如邱山!岂其许叔重(慎),遂掩周孔还?"③其四,汉学家不明礼之器数次仪节为考核义理之原,因而错误百出。他说:"儒者不明礼,六籍皆茫然,于此苟有得,自可通其全。不明祭祀制,《洛诰》何以诠?不明宫室制,《顾命》何以传?不明有司彻,安知《楚茨》篇?不明大射仪,安能释《宾筵》?不明舆与荐,《易象》孰究研?不明聘与觐,《春秋》孰贯穿?如衣之有领,如官之有联,稽古冀有获,用志须精专。"④

凌廷堪指出汉学四大弊端,其用意是批判脱离实际,不通世务的乾嘉考据史学。他通过对中国历史和学术史的研究,强调说:"学术之在天下也,阅数百年而必变。"其将变也,"必有一二人开其端,而千百人哗然攻之。其既变也,又必有一二人集其成,而千百人靡然从之。"并指出:"当其将变也,千百人哗然而攻之者庸人也,及其既变也,千百人

① 凌廷堪:《校礼堂诗集》卷23《大梁与牛次原书》。
② 凌廷堪:《校礼堂诗集》卷35《汪容甫墓志铭》。
③ 凌廷堪:《校礼堂诗集》卷5《学古诗之一》。
④ 凌廷堪:《校礼堂诗集》卷5《学古诗》。

靡然而从之者亦庸人也,矫其弊,毅然而持之者谁乎?"①他希望当时的学者要真正认识汉学流弊的危害性,摆脱汉学的束缚,改变脱离现实的学风。

在史学方面,凌廷堪批判宋儒的正统史观。他提出:"史以载治乱,学者资考究。胡为攀麟经,师心失所守,拘拘论正统,脱口即纰缨。"认为拓跋氏兴起北方,建立了北魏政权,不能因为拓跋氏是少数民族,就否定其政权"无授受"。在他看来,"金源有天下,四海尽稽首,世宗三十年,德共汉文懋。"将金世宗的治绩,比之与汉文帝相等,没有因金世宗是少数民族而抹杀他在历史上的功绩。凌廷堪讥笑那些以汉族为正统的正统论者为"贱儒之陋"②。他在所编撰的《十六国名臣序赞》中,对辅佐少数民族所建立政权的汉族知识分子,如范长生、陈元达、张宾、王猛等人,都极表敬仰,肯定其功绩。因此,他的史学观点和清初顾炎武、黄宗羲等先贤完全不同,这反映了他处于乾嘉时期,满汉民族矛盾渐趋缓和,因此,他看待历史上出现的少数民族的政权和评价是比较客观的。

与凌廷堪同时代的还有许宗彦,也不满意汉学和乾嘉考据学。许宗彦(1768—1818),字积卿,又字周生,浙江德清人,比凌廷堪小十三岁。著有《鉴止水斋集》,反对汉学的意见备见于《寄答陈恭甫同年书》。他说:"宗彦以为经谊之大者数十事,前人聚讼数千年未了,今日岂复能了之? 就今自谓能了,亦万不能见信当时,取必后世。如仅仅校勘文字同异讹脱,或依傍小学,辨析训诂形声,又或缀拾零残经说,所得盖少,私心诚不欲为之。"③可见,要求转变乾嘉考据学风已逐渐形成思潮,在一部分知识分子的著作中已反映出来。这些事实说明,乾嘉考据学已由盛世走向衰落,占据主导地位的乾嘉考据学派开始分解,并逐步

① 凌廷堪:《校礼堂诗集》卷23《大梁与牛次原书》。
② 凌廷堪:《校礼堂诗集》卷5《学古诗》。
③ 许宗彦:《鉴止水斋集》卷10《寄答陈恭甫年书》。

失去其主导地位。

到鸦片战争前夕，由于清廷统治的日趋腐败，加之外国侵略势力威胁我国边疆安全，从地主阶级政治营垒里分化出来的关心时务的知识分子，他们抛弃了乾嘉考据学风，转向经世致用之学。沈垚、张穆、徐松等便是这时期的代表人物。

沈垚（1795—1840），字敦三，号子敦，清浙江湖州府乌程县人，其祖籍原为江苏震泽县，祖父时始迁乌程南浔镇。这一地区早在明代中叶资本主义已萌芽，是个工商业发达的地区，这对沈垚的思想意识有很重要的影响。他说："古者士之子恒为士，后世商之子方能为士……天下之士多出商……凡豪杰有智略之人多出焉，其业则商贾也，其人则豪杰也。"①他一反封建士大夫的传统看法，给予商贾新的地位，认为豪杰智略之士都出自商贾阶层。他的看法，为当时封建统治者所不取，故一生不得志，至京师，为徐松、姚元之、沈涛、徐宝善等编撰书籍。他原治小学，后来转向经世之学，专研西北边疆史地。著有《新疆私议》、《漳北滹南诸水考》、《水经注地名释》、《西北地名杂考》、《元和郡县志补图》、《地道记》等。其著述收集在《落帆楼文集》内。

沈垚从事西北边疆史地研究，是和当时形势分不开的。由于当时沙俄对新疆等地虎视眈眈，局势日益危急，而新疆的安危，又和整个国家的安危紧密联系在一起。他在写于道光八年（1828）的《新疆私议》中说："夫回部安西，关内之藩篱也，四城者又回部之藩篱也，藩篱固则腹心安，腹心实则藩篱固。"但当时清廷却看不出这一点，有些人甚至提出："西域绝远，得之不为益，弃之不为损，"他指责这是"迂士之论"。沈垚从国家的安全出发，强调必须保卫新疆，而保卫新疆必须发展生产，在其地进行屯田积谷，解决驻守军队的食粮和给养问题，这样做不仅有必要而且也是可能的。并认为新疆阿克苏以东数千里，都是适宜于耕种的膏沃之地，只要政策得当，进行屯田积谷，问题完全可以解决。

---

① 沈垚：《落帆楼文集》卷24《费席山先生七十双寿序》。

他驳斥不守新疆的谬论,指出:"远终不可守乎,非也,不尽其守之之道,故不可得而守也。不守远必守近,而守近之费不减于远,或更甚焉,则何如尽守之之术以守远,不弃可耕之地于外夷之得也。"①

随着国内外矛盾的日趋尖锐,各种社会问题汹涌而至,险象环生,但清廷却麻木不仁,一味苟且偷安,沈垚对这种局面非常痛心,深有感慨地指出:"今日风气,备有元成(西汉两帝)时之阿谀,大中(唐宣宗年号)时之轻薄,明昌(金章宗年号)、贞佑(金宣宗年号)时之苟且,海宇清晏,而风俗如此,实有书契以来所未见……有一于此,即不可终日,今乃合成一时之风俗,一世之人心,呜乎! 斯岂细故也。"②他对当时知识界人士的情况也作了扼要的概括。他说:

> 大概近日所谓士,约有数端:或略窥语录,便自命为第一流人,而经史概未寓目,此欺人之一术也。或略窥近时考证家言,东抄西撮,自谓淹雅,而竟无一章一句之贯通,此又欺人之一术也。最下者,文理不通,虚字不顺;而秦权汉瓦,晋甓唐碑,撮拾琐屑,自谓考据金石,心极贪鄙,行如盗窃,斯又欺人之一术也。③

造成这种现象的原因,沈垚归咎于乾嘉以来的考据学,认为自乾隆中叶后,汉学考据家们,"考证于不必考之地,上下务为相蒙,学术衰而人才坏"④。其原因是古人经学,原求有益于身心,乾嘉时期汉学家研究经学,完全脱离现实,"但求名高于天下,故术愈精而人愈无用"。沈垚所目睹的情况,是数十年来的学者"闻见自夸之人多,读书贯穿之人少",他尖锐地指出:

> 读书二字,今殆将绝矣。夫小学特治经之门户,非即所以为学,金石特证史之一端,非即所以治史。精此二艺,本非古之所谓通儒,况但拾其唾余以瓦砾炫耀耶! 然能以此炫耀者,群奉为读书

---

① 沈垚:《落帆楼文集》卷1《新疆私议》。
② 沈垚:《落帆楼文集》卷8《与张渊浦》。
③④ 刘垚:《落帆楼文集》卷8《与孙愈愚》。

人。而不工世俗之书，不为昏夜之乞，虽有瓦砾之耀，终于进取尺寸无获，故以瓦砾者，亦落落不数见。①

沈垚已深刻地看出乾嘉考据学完全无用，已陷于绝境，故进行批判，破门而出，走上了经世致用的治学道路，在西北边疆地理的研究上作出了贡献。但由于客观条件的限制，仍然"藉考证以自给，而意之所期实不愿以考证见"，为了谋生，非搞考证不可，正如他自己所说，"诚可悲也"②，且在史观上也囿于闻见，认为"天下之治乱，系乎风俗。天下不能皆君子，亦不能皆小人，风俗美则小人勉慕于仁义，风俗恶则君子亦宛转于世尚之中，而无以自异。是故治天下者以整厉风俗为先务"③。强调治乱之故，"系于当时之好尚"④。在他看来，周、汉以下各朝代，大概人争立名则世治，人争殖利则世乱，仍未能揭示出社会历史治乱的实质和根本原因。但是，从沈垚的著作中已表明了乾嘉考据学派的分解和日趋没落，预示着改革派史学的产生。

四、周济和《晋略》的编撰

周济（1781—1839），字保绪，一字介存，号味斋，晚号止庵，清江苏荆溪（今江苏宜兴）人，嘉庆十一年（1806）进士。初任淮安府教授，因与知府政见不合，辞职回乡专心学术研究。他受经世致用思想的影响，认为乾嘉考据学为无用之学，即致力于经世致用的学术研究。并与同郡志趣相同的李兆洛、张琦，泾县包世臣等交往，共同研讨学问，后又结识魏源，成为挚友，在学术上相互呼应。鉴于当时的政治形势，国内又不断爆发农民起义，外国侵略者随时可能发动侵略我国的战争，故他积极学习军事知识，并练习骑射技术，作参加实战的准备。为取得实际经验，又与江淮有作战经验的豪杰之士交往，学习和了解训练营阵的制

---

①　沈垚：《落帆楼文集》卷8《与张渊浦》。
②　沈垚：《落帆楼文集》卷10《与王亮生》。
③　沈垚：《落帆楼文集》卷4《风俗篇》。
④　沈垚：《落帆楼文集》卷4《立名篇》。

度。时蔡牵率水师常进攻江浙沿海一带,地方官无对付办法,宝山知县田钧延请周济往商海防,因此客居宝山数年。后寓扬州,两江总督大学士孙玉庭约见纵谈兵事,认为他是将才,命其负责侦缉两淮私盐贩,淮北各营伍及州县兵均听周济调遣。当时淮北私盐贩千百成群,器械精锐,周济招豪士数千人,兼募巡卒,教以击剑之法,私盐贩不敢近,往往弃盐而逃。以所获盐随地卖之,集金数万。尝言愿得十万金,当置义仓义学,赡养族属和亲戚,并购书数万卷,招东南士友之不得志者,分治经史,各尽所长。曾游学齐鲁晋楚等地区,遇山川形势关隘险要之地必穷其要领,十分注重地理形势的研究。道光八年(1828),年近五十,自知不获用于当世,乃尽弃其技艺,由扬州移居南京春水园,致力于著述。先成《说文字系》、《韵原》,并辑平日古今体诗词杂文,最后乃完成《晋略》。周济去世后由周天爵刊其所撰《晋略》以传世。

《晋略》成书于道光十七年(1837),次年刊刻问世。《晋略》十册,六十六篇。其中本纪六篇,表五篇,列传三十六篇,国传(记十六国史事),另仿照司马迁《史记·太史公自序》撰《序目》一篇。自谓该书为一生精力所聚,非徒考订之作。该书为经世之作,借史发挥经世思想,对地主阶级改革派史学的兴起和发展起了承前启后的作用。

周济编撰《晋略》时,正处于清廷统治由盛转弱的历史阶段。道光中叶后,因为河工军饷费用的剧增,致使民穷财尽,阶级矛盾日益激化,到了龚自珍所说的"人畜悲痛,鬼神思变"的地步。如何改变这种局势,成为当时关心"时务"有识之士思考的中心议题,周济,着眼于乱世历史的研究,企图从"乱世"的历史中,总结出由乱而治,维护封建统治的历史经验,以寻求所谓"至治之理"。在他看来,两晋(包括十六国)是典型的"乱世",他选择这个典型进行研究,总结经验,为清廷转"乱"至治提供历史借鉴。西晋是一个统一的朝代,它结束了魏、蜀、吴三国鼎立的局面。但西晋的统一又是短暂的,很快又出现了东晋和十六国的分裂混乱局面。为何出现这种"乱世"呢? 其症结何在? 这既是历史问题,又可为现实提供借鉴。

　　周济撰写《晋略》时,社会上流行的《晋书》,是唐初唐太宗下令重修的。唐太宗统一全国后,很想对晋朝的治乱兴亡进行一番探讨,以作为施政的借鉴。为此,曾亲自为西晋奠基人宣帝(司马懿)和完成统一大业的武帝(司马炎)二纪写了史论。在武帝纪史论中特别指出司马炎"居治而忘危","不知处广以思狭",批评他"以新集易功之基,而无久安难拔之虑",此外,还认为司马炎不易太子,不除刘渊,是晋亡的重要原因。

　　他说:

> 元海(即刘渊)当除而不除,卒令扰乱区夏;惠帝(时为太子)可废而不废,终使倾覆洪基。夫全一人者德之轻,拯天下者功之重,弃一子者忍之小,安社稷者孝之大;况乎资三世而业成,延二尊以袭之,所谓取轻德而舍重功,畏小忍而忘大孝。圣贤之道,岂若斯乎!虽则善始于初,而乖令终于末,所以殷勤史策,不能无慷慨焉。①

　　其实,西晋之亡主要原因是由于统治阶级对汉族和周边少数民族的残酷剥削和压迫的结果,而八王之乱则是加速其灭亡的进程。当汉族人民展开反对西晋黑暗统治斗争的时候,各少数兄弟民族人民也起来一道反对西晋的统治和压迫剥削。后来,刘渊窃取了领导权,使民族矛盾发展更为广泛,灭亡了西晋,建立自己的统治权。因此,唐太宗的上述评论,虽言之有据,看到导致西晋灭亡的某些历史现象,然而没有也不可能触及晋亡的实质。故周济从另一个侧面提出了不同见解,他说:"夫立嫡以长大顺也,传子及孙至明也,信著殊俗,怀柔无外至仁也。安有逆亿将来,先徊轨物,而可称得计者乎?"何说太子继位以后,"虽庸懦",但"失德未彰,贾之悍妒事已明白,不废贾而替惠,亦失轻重之伦矣。"同样,周济认为只除掉刘渊,也不能解决问题,其理由是:"汉末之乱,并(州)割西垂,雍(州)亏北蔽,凉(州)失东藩,魏氏争衡,西

---

　　①　《晋书》卷3《武帝纪·制曰》。

南未遑董理,戎索蔓延,根株硕大,晋平吴会,曾是弗图,平阳河东无维城拥护之重,太原西河有转石建瓴之势,一刘渊除,复一刘渊出,芸芸豪酋可胜既乎?"①明确地认为晋亡的主要原因不在于易太子,除刘渊。周济用了二十多年的时间,研究两晋历史,并且自己认为已经"深达治源"。然而,我们从《晋略》的全书内容看,周济和其他封建史家一样,是不可能真正认识社会历史的治乱之源。当然,我们也必须看到周济和乾嘉考据派史家不同,他不是用考证资料的方法考史,而是冲破了乾嘉学派的牢笼进而论史了,这在当时的历史条件下,是难能可贵的。

周济治史,面对社会现实,敢于从晋史中探索"治乱之源",敢于向主导史学领域的乾嘉考据派史学公开挑战,这是应该肯定的。但周济在论史时,仍然摆脱不掉"重人事,天运变"的封建史学观点。他自己明确表白其史学观点是:"依于涑水(即司马光),庶几无悖资治之意"②。他的"致治之理",其注目于"人事"上。周济认为,司马炎在泰始初年,掌握国家政权时,如果不急于夺取帝位,而是着重于"植纲纪,别俗匿,以培元气",于当时的政局,"或可补救于万一"。但司马炎没有这样做,而是匆忙称帝,结果造成了"三纲沦敨,九服摧颓,朝靡十稔之安,野空百室之聚,专制僭逆之臣鱼贯而乘势扳附","缁流妖诞么麽细琐之辈","幸而思逞"③的局面,从而出现了许多严重的内政问题。

最为突出的是,亲贵当权,造成了政治制度和权力上的纷乱。司马炎在称帝后,尤其是平吴后,志得意满,"耽于游宴,宠爱后党",不以政事为意,朝政掌握操纵于亲贵手中,卖官鬻爵,正直有为的贤臣被排斥,反对亲贵的官吏被镇压打击。周济在《晋略》中列举了"毋丘、诸葛之属,下至嵇康、吕安皆见诛夷,石苞以佐命元功,片言见疑,几至禽戮,而王、郑、荀、何独荣宠,稠叠以没其世,彼既内结心膂,外张爪牙矣,其视

---

① 周济:《晋略》卷1《武帝纪·论曰》。
② 周济:《晋略·序目》。
③ 周济:《晋略》本纪《武帝纪·论曰》。

群公特贽焉"①等事实，来说明晋初亲贵专权。

周济认为治理国家人才难得，有了人才使用得当尤难。他说：

才犹兵也，善用之则足以卫身，不善用之，则足以杀身，其于国也亦然。是以任政，务在崇德课功，德者才之柄，功者才之程，操其柄，稽其程，才有所服而无所屈，斯可以从容就范矣。②

晋武帝司马炎不懂人才的重要性，不能用人才，周济分析出现这种情况的原因是和司马氏得国时的情况分不开的，他之所以能夺取曹魏政权，是由于"借曹氏之宠，以享丰厚者竞与输心佐命"的结果，故不理解人才的重要性，而当政以后又实行钳制迫胁之术，对臣下极尽压抑之能事。周济对此极其不满，认为"智计所防虽巧而有限"，如司马炎恃皇孙聪睿，没有废掉白痴的太子（惠帝），但又虑皇孙非贾后所生，恐不为其所容。遂用王佐之谋，遣太子母弟秦王柬都督关中，楚王玮、淮南王允并镇守要害之地，用宗族来增强皇室的力量。又任王佑担任北军中侯，以牵制贾后之党杨骏的势力。武帝临死前夕，又诏汝南王亮辅政，但为杨骏所抑未能成为事实。由于种种原因，结果导致了"八王之乱"，这是晋武帝始料所不及的。周济认为武帝的失策在于没有树立气节，没有任用有气节的人担任要职，如"傅咸、刘颂执节不回，确然已信于前事，虽汉之汲黯何加焉"，对这些官员"不早拔擢，使登台鼎，王浑、石鉴徒取备员"等，周济在《晋略》中强调，如果朝野气节之士受到重视，必能改变晋初的政治局势。

关于如何看待晋初实行分封制问题。司马炎鉴前代之失，曾大封宗室，欲通过分封制以巩固王朝磐石之安，但却如其反，结果酿成"八王之乱"。因此，有人提出："晋崇亲亲复封建，竟遭同姓之变，洛都非覆于刘石，而覆于八王，建康不倾于恒刘，而倾于两录，以此见亲亲之不

---

① 周济：《晋略》列传2《论曰》。
② 周济：《晋略》本纪4《论曰》。

可恃,封建之不可复"①。周济认为问题的实质不在于分封制度,不能因出现"八王之乱"而否定分封制度,因为轻易地否定,则自唐虞至战国两千年来,实行分封制稳定了统治政权的史实便难于解释。他说:

> 昔先王疆理天下,因势众建,列侯千数,岂不知后世之必争哉。地分故才智易显,争频故苑结薄而发泄不酣。自唐虞以致战国二千年来,共主易代不闻覆宗,百姓虽遭暴君污吏,未尝无所控诉,征伐虽不息,而破军杀将亦未至如后世之酷也。②

周济是鸦片战争前夕的史学家,他不可能了解唐虞至战国两千年间,经历了原始社会、奴隶制社会、封建制社会三个不同的阶段。更不可能了解封建社会的西周至春秋战国时,所以实行分封制,其情况和西晋时的分封制有巨大的差别。周济认为问题的关键所在是西晋建都洛阳时,对于作为洛阳屏障的古都长安,和河南地区的许昌、邺城一带,都没有建成军事重镇,派亲王监军及设重将镇守,特别是山西平阳一带很早以来即成为北面的军事重镇,却被刘渊所占据,任其势力发展,以致成为灭晋的主要军事力量。再加上司马炎大封宗室的同时,首忌齐王攸,造成宗室内部的不睦;太康年间平吴以后,外戚势力膨胀,武帝又缺乏驾驭的能力,周济认为西晋祸乱,"实始于斯"。认为"洛都之乱正始于不亲亲",是没有真正实行分封制的结果。他提出:"制治者务崇其实,论古者必穷其原,然后可以决上世之隆替,定一朝之法守,晋复封建,舍其实而趣其名⋯⋯可胜叹哉!"周济在政治观点上和魏源、包世臣等人一样,主张改革当时的政治,可是清王朝统治下的封建社会已到了解体崩溃的前夕,在历史观上肯定分封制度,企图以此作为先王良法美意而应用于现实清王朝的改制,显然是一种复古和倒退,复古和倒退是没有出路的!

鉴于晋亡的历史经验教训,周济强调重农和整齐士气是国之政本,

---

① 周济:《晋略》列传28《论曰》。
② 周济:《晋略》表1《序》。

政本不立,则败亡随之。在重农思想指导下,提出"寓士于农"的主张。他说:

> 夫帝王所以鼓舞天下者爵禄也,爵禄所加者士也。欲重农莫若使士必出于农,非农不得为士,非士不得受爵禄,大小之官必其家世力田,而能修孝弟忠信达于从政者也……仕路既一,则父兄顾念子弟,必相率而致力于南亩,工商杂流亦将舍末业而趋于田,此重农之本计也。①

从这段内容看,周济的"重农",主要是在政治上重农民"入仕",而"农"的概念又十分含混,未指明是自耕农、佃农,还是中小地主。从要求农民子弟能入仕做官,除小量自耕农能负担子弟读书,通过科举能挤入地主统治集团外,似乎主要是中小地主家才能符合周济提出的要求。何况出身农民家庭的官吏,也只能代表地主阶级政权的利益,不可能完全代表农民阶级的利益。不仅是一般的官吏不能代表农民的利益,即使出身农民的皇帝如朱温、朱元璋,在做了皇帝之后,也背叛了农民阶级利益,而成为统治和剥削农民的地主阶级总头目。因此,周济所描绘的"重农",只能成为一幅美丽的图画和幻想,在现实政治中不可能实现。这也就是秦汉以来封建统治者一再强调重农,而农始终重不起来的根本原因。正因为如此,故周济也不得不感叹地说:"欲崇俭莫若去浮奢,庶人在官者与夫异端游手坐食以耗天下,自古迄今莫不欲禁之,而其势若不可禁者",其原因也在于地主是剥削阶级,它的本质是崇奢侈,因而地主阶级中个别有识之士,虽然一再提倡去浮奢,崇节俭,其结果几乎都变成了讽刺现实的空洞口号。即使依靠法律的强制执行,采取所谓"非切于日用者不得坐列贩卖,司市物楬而为之目,目所弗楬而入市取者弗禁,则淫巧废矣"②,也是达不到目的的。因为社会历史的发展是不以人们的意志为转移的。事实上,明中叶以来,资本主义已开始萌芽,手工业和商业在迅速发展中。但是,周济把工商业看成"淫

---

①② 周济:《晋略》列传6《傅咸传·论曰》。

巧",他要废"淫巧",是背时之谬论。而他所提出的重农主义在封建社会晚期来说是违背时代潮流,是逆时的谬论。

周济为了贯彻其重农的主张,还提出了"吏之权可以夺相,徒之权可以夺将"①的问题,认为封建政权中的下层吏胥、徒隶应该掌权,使"权力下移"。力图通过这一办法,由封建统治集团中的下层来夺取贵族官僚大地主手中所掌握的政权,以改变其腐朽状况,用下层官吏的力量来稳定整个地主统治政权。其具体做法:一是官吏处理政事,以法令为准则,因而不以经义比附解释。因为经义大多掌握于贵族官僚大地主手中;二是提高徒隶地位和权力,改变地方的大地主以乡绅的名义,以礼武断乡曲的局面。他反经义,重法令,提倡"任人以治"的主张,这是和周济的出身、职业、经历有关,是和当时贵族官僚大地主统治集团日益腐朽有关,他企图用中小地主阶层来取代上层官僚贵族大地主专权。由此看出,"寓士于农"的主要目的是使吏胥、徒隶能掌握权柄,从而进行改革,以缓和农民与地主的矛盾。这主要目的还是维护摇摇欲坠的地主阶级的统治。

周济又提出礼治与法治,用来维护地主阶级的统治。他强调说:

> 礼管乎人情,故至纤至悉,而不可厌也。法则举其大,而不苛其细,细微违礼谓之过失,是教之所及,非刑之所及也。上以名治天下则礼必谨,以密法必约以疏,以利治者则反是。②

周济概括历史上的情况,认为"人心趋于名,则其去刑也固远矣,人心趋于利则其去刑也固不远矣。近之故巧避之,上不听其巧避也,故曲防之……于是奉法者不以为治而以为利,上下出入以长其奸,小臣受其颠倒而不敢争也,则毁廉隅而附之矣。浸假而大臣弗能洁也,则委纪纲以随之,浸假而人主弗能革也,则黜陟之柄潜移焉。"③周济根据这一观点分析两晋时的历史情况,认为魏晋时功名利禄之路已大开,廉耻之

---

① 周济:《晋略》列传6《傅咸传·论曰》。
②③ 周济:《味隽斋史义》卷2。

防已丧尽,故欲维护当时的地主阶级统治,必须提倡名教,绌权利。但是让他很失望,其时以司马炎为首的统治集团对礼治和法治却"姑置之",不予重视,是重大失策,成为晋亡原因之一。问题的关键不在于司马炎是否抓住礼治和法治,而是周济所强调的"去雕琢之饰,制奢俗以变俭约,止浇风而反淳朴"①,完全是主观的想象。其实,魏晋时江南地区工商业已发达起来,"人心之欲利",已是大势所趋。周济还是沿用历史上那一套"重农抑商"思想,唱滥调,阐发如此史评,是在开历史倒车。

　　周济在《晋略》中虽然也指出了司马炎在政治措施上,没有着重考虑减轻农民负担,而相反加重对农民的剥削,尤其是世族地主们,"山池塔庙,诛求竭于无艺",生活极度奢侈腐化,农民们虽然是"亡徒失伍",还是被"追逮穷于此屋","民劳靡诉,自然崩溃,故知镳钶之寄匪轻,牛羊之牧尤亟,未有民气和乐,而桀黠得恣其冯陵者也。"②由于晋统治者"鱼肉(其民)以虚其内,假借以骄其外……力征营天下,岂所谓明分数识成败者乎?"③周济虽多处提到对农民的压迫剥削,是晋亡的原因之一。但是,他又从另一个角度明确地提到乱每自上起,多非下"叛","峻刑密网,固足以禁持愚贱,农夫蚕妾固可磨牙侈吻而鱼肉哉!"在周济看来,农民虽处于"水火煎逼,痛深骨髓,小濡忍之,冀犹延命,故未肯以冻馁之余生,出蹈锋镝",④这是对农民的诬蔑和错误的估量。他为了强调其主要论点,即晋统治集团没有抓礼教、刑法、仁义等,所谓"拔本塞原,必崇礼教"⑤,完全从上层建筑出发,以思想意识作为致治之根本。这是周济唯心主义历史观的重要表现。

　　同样,他在《晋略·秃发傉檀传》后论中虽提出:"涉攻取之世,不

---

①　周济:《晋略》本纪2《论曰》。
②　周济:《晋略》列传引《论曰》。
③　周济:《晋略》序目。
④　周济:《晋略》国传3《论曰》。
⑤　周济:《晋略》列传33《论曰》。

务安其民,而欲以力劫之,未有能久存者"的可贵论点,具体论述了秃发傉檀在没有占有姑臧以前,"其势熊熊炎炎,若不可遏",可是在占领之后,持其暴力,所谓"彼其以兵为爪牙,日搏以噬草介,敌人之民以及其民,是以弃捐哲谋,挑衅稔怨"①,故败不旋踵。周济将其失败的原因,归咎于"轻中国,薄诗书",认为问题还是出于未行礼法之治。殊不知秃发傉檀是鲜卑人,其祖先从塞北迁到河西,除了畜牧业外,也学会从事农耕。但他毕竟是少数民族,以所谓"薄诗书",不行礼法之治作为南凉覆亡原因显然是不恰当的。

世族地主在两晋政权中占有重要的政治地位,所谓"上品无寒门,下品无世族",完全操纵了统治大权。周济在《晋略》中虽有所提及,如说:"当晋之隆,其士大夫且竞立门户,寒素之族绝不敢望其方雅"。②又说:"王庾皆以名族宰政",但结果,"猜嫌叠起,门户为祸一至此乎?"③以及指责"门户用人幸位多矣"等,显得零零碎碎,没有将世族地主专权问题摆到两晋历史重要位置上,特别是没有将世族地主的腐朽统治与两晋政权的覆亡联系起来。因此,在《晋略》中虽然侈谈所谓的致败之由,"疏其合散之迹,课其隆污之效",只是停滞在个别历史表面现象上。如指出五胡十六国各个政权覆亡的原因,"莫不政怠于威畅,俗荒于财聚者也。(石)虎之凶暴所不足论,向使咸宁不贪荆扬之富,建元不矜凉益之胜,抑其外竞,折其内理,基安勿崇其墉,宇峻务塞其隙,庶几哉沸鼎之鱼稍知生乐矣。"④而没有触及这些封建政权灭亡的实质。

《晋略》重视地理形势与政权兴亡的关系。周济在该书中对攻取防守地势论叙颇多,使读者对当时的地理形势与政权兴亡有具体了解。他说:"近世毕氏(沅)、洪氏(亮吉)于两晋疆域颇勤搜辑,然仅掇拾残

---

① 周济:《晋略》国传10《论曰》。
② 周济:《晋略》列传4《论曰》。
③ 周济:《晋略》列传19《论曰》。
④ 周济:《晋略》表1《序》。

缺,既不究其时事,又不稽诸图牒,是以牴牾脱谬,靡所甄明。"①周济之所以要研究地理形势与封建政权兴亡的关系,目的是"志存综核,欲使一代成败之由,昭然可睹"。如,他在论及西晋历史的时候,提出"晋初论功,惟平蜀为大,及乎受禅,合君臣以谋吴,故其建置割巴阆隶梁,分阴平武都属秦,大拓豫境,总江淮之会。"这样做的原因,是因为西晋统治集团认为自东汉末以来魏、蜀、吴"三分鼎足六七年之间,鲜有宁宇"。② 要统一江南,就非采取这一措施不可。但是,在周济看来先统一江南是错误。他说:

> 夫阳辙易鉴,阴蹊难烛,见败于已形,忘祸于未发,此庸才所以苟安,非所语于开基之哲后,立功之上佐也。当泰始咸宁之时,北边六州民徙地弃,全仍魏旧,羌胡数扰,盈庭动色。羊祜、张华、杜预、王浚之俦,奋庸选事,耽耽江表,未尝一日忘及孙氏归命,罢州郡之兵财,存武吏数十人,郭钦觥觥发策不售,论者惜之。且以秦凉之急……而欲动安即危,释甘茹苦,复秦汉之旧境,立中外之大防,徙三魏之丁壮,实西河之旷土,岂所及哉! 岂所及哉!③

由于西晋初统治集团平吴之后,"展地辟境方数千里,塞下叛虏次第降获,此诚志意盈溢,侈情涂饰之会","建武太兴之际,无复北问中原之志,惟务安集江汉之间,以宁南纪。"致使西晋王朝所处的地理条件,如都城洛阳及三辅地区、长安、许昌、邺城虽都已成为重镇,但是树为屏障的军事要地平阳、河东一带,没有直接控制在自己手中,在地理形势上形成"肩背缺而心腹披","俯度地势则无秦汉金汤之固"的局面。④ 因此,即使在西晋全盛时期,已经出现忧伏肩背,故"内衅迭起,外虞坐大,太原孟津,东西并亟,手足之扞不及头目,而枝叶披矣"。周济认为这是造成西晋速亡的原因之一。至于东晋,"建康新造,忧在腹

---

① 周济:《晋略》表2《序》。
② 周济:《晋略》表3《序》。
③ 周济:《晋略》表2《序》。
④ 周济:《晋略》序目。

心,荆江馈运,殚于疆事,连城百数,上供道绝,局成反制,加以跋扈,商贩一断,饥穷莫告,而本根拔矣。"本根拔则政权一定土崩瓦解,周济认为这是东晋政权之所以被篡夺和覆亡的原因。从地理形势来说,全国的关键地区北方在山东和关右,而山东、关右的人力物力大致相等,并州则处两者之中,势若悬衡,然而关右得之则足以并山东,山东得之则仅仅足以自立。周济分析其原因是由于关中上流唯有秦陇,秦陇底定,梁凉自服,"于是据四塞之绝险,资陆海之厚实,奋其全力,以争太原、上党,二郡向风,则山东无坚城矣。"而山东之地,赵魏为重,北资幽平之马足,南虞兖豫之津济,招揖幽平,连缀兖豫,然后可以南规河洛,西通上党。周济认为在当时的客观条件下,要完全做到这一点是困难的,即使全部做到了,也是东西兵食声势相隔,处于当时交通工具不发达的情况下,进退援引,费时很久,故周济提出:"譬犹骑伐而斗敌,跬步之际,罝罦存焉,自非北收上郡,南通商雒,徒争胜于蒲潼,未见其能立决也。"①

周济全面地了解了全国的地理形势及军事险要之处,并分析两晋南北朝时期各个政权所以能立国的地理条件,他说:"冥厄者南北之限,太行者东西之脊也,雍州四塞之国,北吴岳九嵕巀嶭,南终南太白,西陇山萧关,是以北有夏,南有蜀,西有西秦,西秦负河据洮,是以有凉。凉南洪岭,西天山,是以有南凉,北金山东合黎,是以有北凉。酒泉、敦煌既长且狭,易以中断,是以有西凉。"②等等。在周济看来,并州的地理形势具有特别重要的地位,因为它的地理位置是左山右河,并且产马可以为骑兵,产铁足以造兵器,唯一的缺憾是粮食的严重不足,故其地常为兵家所必争。当刘渊命十将占领上党地区,就给赵、魏、兖、豫等地区以严重的威胁。并以历史为例说:"刘曜弗能用也,以灭于石勒;慕容晞弗能用也,以灭于苻坚;慕容永弗能用也,以灭于慕容垂;慕容宝弗能用也,以灭于拓跋珪,是无立国也,句注拥之,是以有代。"③另一重要

---

① 周济:《晋略》表2《序》。
②③ 周济:《晋略》表3《序》。

地区是山东，它的地理位置左海右太行，"太行之陉，自居庸以东傅海，是以有燕。泰山特起，苍莽之中临济为阈，是以有南燕。"①每当南北分争时，江淮虽号为重门，但其恃以为屏障的则为山东。

周济认为，由于地理形势不同，各朝代政权的建立大多凭借有利的地理险要，作为立国的主要条件之一。两晋南北朝时期各割据政权所凭借的，"任山者什之九，任水者什之一。"但是，他并不认为地理条件决定一切。他说："山川丘陵可依而不可阻也，通津广原可掎而不可扼也。"在《晋略》中具体地分析说明了"用险有道，存乎面势"②的道理，并指出了"常人知用其所用，智者知用其所不用，以不用为用，则是未守而先固，未攻而先克也。"③强调地理条件人可以改变，如三国时北人利陆战，吴筑濡须则夺其长，南人利水为屏障，魏迁合肥则致其短，其原因是因为地理形势本乎自然，利用人的力量可以加以改变。因此，"善谋国者所当长虑而却顾，旰旲不遑者也。夫天下固未有耗坏其脏腑托命之处，而晏然得以久存者也。"④如三国时吴政权，虽有江淮有利的地理条件，但由于进行残酷的压迫剥削，人民处于水深火热之中，其被司马氏晋政权所灭亡是不可避免的。又如东晋和南朝各政权，"无复北问中原之志，惟务安集江汉之间，以宁南纪，然而八州军府寓诸四郡（司、豫、兖、徐、青、冀、幽、并八州皆侨寄丹阳、毗陵、广陵、淮南之境），虽云严卫京邑，乃是朘剥疲甿，将吏猥多，赀用俭薄，送迎割没，日月相继，夫妇有垫隘之困，士马无饱腾之实，荆士有衅，雍湘莫制，从逆则傅之羽翼，守正则俄为煨尽，岂非储府有赢绌，舟楫有坚脆，利钝悬殊，人事先定，难以尽责之地利哉。是故语其变也，则金汤或委之而去。语其常也，则三七莫逴而踰，通材雅筹，固莫能偏恃而偏废也。"⑤

---

① 周济：《晋略》表3《序》。
② 周济：《晋略》表2《序》。
③ 周济：《晋略》表3《序》。
④ 周济：《晋略》表5《序》。
⑤ 周济：《晋略》表2《序》。

　　周济为了阐明地理形势的重要性,提出"形势之说贵负嵎以制中区"的论点,他说"并州有平城马邑之援,幽州得鲜卑乌桓之助,兖州连青渤以包琅邪,斯皆进堪致果,退足自完者已"。这些地区在地理形势方面居于十分有利的地位,如运用得当是可以大有利于政治军事斗争的。如西晋时石勒率兵南攻襄阳时,虽取得胜利,但城垒未立,加之军粮不接,士兵死疫大半,其时任兖州刺史的荀晞,手头已集结有相当的兵力,并且凭借山东的有利地理形势,如果能取得幽州鲜卑乌桓的支持,并州地区军事力量的配合,是不难将石勒势力扑灭的,可免去其对中原人民的屠戮和经济生产的惨重破坏。可是,由于荀晞内部"猜嫌自生,同仇罔念",使石勒得以肆志屠戮中原各地人民。因此,周济认为"地利不如人和",只有人和才能利用有利的地理形势,取得军事斗争的胜利。

　　周济又举出不善于利用地理形势而导致失败的事例,他说:"刘渊初据平阳、南阳,王模全督关右,陈安、淳于定、赵染之徒皆健将也,曲允、索綝、贾匹咸策名守土,刘琨枕戈阳曲,志存雪耻,张轨效忠武威,贡计续路,于斯时也,可以有为,而(王)模武不能出一旅之师,文不能通一介之使,蒲坂反噬,长安面缚,是为不善用关中矣。"又说曹操发轫兖州以平河北,及乎石勒先残兖豫,乃都襄国,认为兖州亦山东之枢机也。但是,"荀晞为督,先以酷暴失人心,及其奔走高平,自顾不暇,然后膺上将之重寄,握六州之符节,方且纵欲壑,瑱忠规,颈虽镶于蒙城,魄固早夺于屠伯矣。"他认为,如果荀晞在任兖州刺史之初,能够布德行,减轻对人民的剥削,缓和阶级矛盾和统治集团内部的矛盾,确立较好的统治基础,则石勒率兵进攻时,三齐之人民必将与之并命,全力支持荀晞抵抗石勒的进攻,则曹嶷"蚁聚之众乌能有所震撼哉!此亦有山东而不能用者也。"①司马炎建立晋朝时,蜀亡吴弱,其势似乎足以统一全国,可是他的运筹帷幄之臣,认为灭吴统一江南之后,就以为天下太平,

---

　　① 　周济:《晋略》表2《序》。

弃太原等军事要塞于不顾,故周济评论司马炎君臣说:"意存南牧,坐失事机,夫往而不可追者时也,蹶而不可复者势也,区区江外,奔迸转侧之余,内难未宁,乃思恢复不亦远乎?"①

《晋略》在历史编纂学上也有其自己的特点。他编撰《晋略》的宗旨是:"勉就刺剟,彰其要害,事即前史,言成一家,将以喻志。"并明确提出:"若夫搜览丛残,掇拾遗佚,以资考据,世有君子,鄙人谢不敏焉。"②包世臣在《与周保绪论〈晋略〉书》中说:既以略名,"是无取矜眩奇矣,然必综锲得失,著名法戒,以伸作者之志,故凡事之无系从违,人之无当兴衰者,举可略也。"周济的弟子鲍源深在跋中也指出,"吾师止庵先生撰《晋略》一书,举《晋书》中之繁芜浮诞及义所未安,言之不顺者悉汰之,事以类附,例以义起",采取类传的方法,使"事归一线,简而有要,切而不俚,抉得失之情,原兴衰之故"。③ 这说明周济在鸦片战争前夕,主张经世致用,反对乾嘉历史考据学,终于冲破了乾嘉史学治史只"考史"而不"论史"的脱离现实的治史道路。

第二节　龚自珍的社会改革思想和史学

一、龚自珍生平和社会改革思想

龚自珍(1792—1841),字璱人,号定庵,又名巩祚,浙江仁和(今杭州)人。曾跟从外祖父段玉裁学习过文字学,在汉学研究方面取得了相当大的成就。鉴于社会危机深重,他不愿沉醉于考据学,而走上常州今文经学派通经致用的改革道路。清嘉庆十七年(1812),由副榜贡生考充武英殿校录后,作《明良论》、《乙丙之际箸议》。嘉庆二十四年(1819),在京师从常州学派刘逢禄学习《公羊春秋》,后又结识常州学派的宋翔凤,接受常州学派的学术观点,逐步形成其改革派的政治主张

---

① 周济:《晋略》表2《序》。
②③ 周济:《晋略》序目。

和学术思想。嘉庆二十五年(1820)开始,任内阁中书、礼部主事等闲职。道光九年(1828)虽中进士,其政治地位仍然低下,故自称一生"困厄下僚",不得志于"宦海","蹉跎一生"。因他在政治上力主"更法"、"改革",受到顽固派官僚们的排挤,道光十九年(1839)辞官南归,两年后病逝于丹阳云阳书院。

龚自珍对常州学派刘逢禄的学说非常推崇,他在诗中说:"从君烧尽虫鱼学,甘作东京卖饼家。"①就是抛弃乾嘉考据之学,而转向通经致用的今文经学。他依据微言大义,著有《六经正名答问》、《五经大义终始论》、《五经大义终法答问》、《春秋决事比》等文。论五经大义终始,认为:"圣人之道,本天人之际,胪幽明之序。始乎饮食,中乎制作,终乎闻性与天道。"②谓五经皆有三世之法,不独《春秋》。又认为"中古文"为不可信,提出《周官》为后世之说,以经有六,传记不当称经,都是今文家观点。他在《春秋决事比》自序中说:

> 自珍既治《春秋》……乃独好刺取其微者,稍稍迂回赘词说者,大迂回者。凡建五始,张三世,存三统,异内外,当兴王,及别月日时,区名字氏,纯用公羊氏;求实事,间采左氏;求杂论断,间采谷梁氏;下采汉师,总得一百二十事。

龚自珍论学既主张学以致用,见西汉讲经明大义,又适与其说合,故竭力倡导今文经学。他与魏源、包世臣、周济等交往甚善,都主张改革当时政治经济,以挽救国家危亡。他曾尖锐揭露当时社会的黑暗和腐朽,抨击清廷专制统治造成的"万马齐喑"局面,开知识界"慷慨论天下事"的风气。鸦片战争前,致力于边疆历史地理研究,主张移民实边,开发西北,保卫边疆,抵抗外来侵略,充分体现其爱国史学思想。道光十九年(1839)12月,在《送钦差大臣侯官林公序》中,痛斥英国鸦片侵略,激励林则徐坚决严禁鸦片,充分表现了关心国家民族安危的爱国

---

① 龚自珍:《跋某帖后》,《龚自珍全集》,上海人民出版社1975年版,第302页。
② 龚自珍:《定庵文集续篇》卷2。

主义情怀。他的代表著作有:《古史钩沉论》、《尊史》、《对策》、《西域置行省议》以及金石、彝器考释、方志、传记、谱牒等数十篇史论文章。他的著作虽不是言史之专门论著,但取材得力于史籍为多,无不以史为据,起到史学功能之作用。如:"言天人性命之奥,则取法于《易》;帝王政事之大义,则取法于《书》;美恶劝惩之义,是非褒贬之条,则取法于《诗》与《春秋》;验家国之兴亡,知人物之臧否,则必征诸三《传》;考典章之明备,审制度之精详,则必征诸三《礼》,以及遗闻轶事,故书雅训,则又杂采于周秦传记之书。"①龚自珍虽不是史学名家,但他治学撰文,通经致用,窥千古之成败,在近代学术思想界有着重大的影响。

龚自珍生活在中国封建社会日趋没落,社会危机日益加深的年代。他是"三代京官"家世出身的人,熟谙清廷上层统治的腐败内幕,对当时的社会现实产生不满情绪。这一切促使他去指陈时弊,对当时社会黑暗进行揭露和批判,并积极倡导社会改革。

《明良论》、《乙丙之际箸议》是龚自珍经世匡时,针砭时弊,倡导改革的代表作。《明良论》写于嘉庆十九年(1814),他把当时社会存在的问题,比作满身疥癣的病体,没有法子治疗,只有把四肢缚在独木之上,任满身疥癣自然蔓延。他说:

> 人有疥癣之疾,则终日抑搔之,其疮痛,则日夜抚摩之,犹惧未艾,手欲勿动不可得,而乃卧之以独木,缚之以长绳,俾四肢不可以屈伸,则虽甚痒且甚痛,而亦冥心息虑以置之耳。何也? 无所措术故也。

又说:

> 守律令而不敢变……为天子者……约束之,羁縻之,朝廷一二品之大臣,朝见而免冠,夕见而免冠,议处、察议之谕不绝于邸钞。部臣工于综核,吏部之议群臣,都察院之议吏部也,靡月不有……使奉公守法畏罪而遽可为治,何以今之天下尚有几微之未及于古

---

① 龚自珍:《龚自珍全集》,第655页,《曹序》。

也？天下无巨细，一束之于不可破之例，则虽以总督之尊，而实不能以行一谋、专一事……权不重则气不振，气不振则偷，偷则敝。权不重则民不畏，不畏则狎，狎则变。待其敝且变，而急思所以救之，恐异日之破坏条例，将有甚焉者矣。①

他在《明良论》中对当时社会所作的批判，受到他外祖父段玉裁的"加墨矜宠"，评曰：

四论皆古方也，而中今病，岂必别制一新方哉？髦矣，犹见此才而死，吾不恨矣。②

龚自珍根据公羊三世说，认为嘉庆、道光年间的社会已不是什么"太平盛世"，而是面临崩溃的"衰世"，其情况是："官吏士民，狼艰狽蹙，不士、不农、不工、不商之人，十将五六；又或殣烟草，习邪教，取诛戮，或冻馁以死；终不肯治一寸之丝、一粒之饭以益人……自京师始，概乎四方，大抵富夫变贫户，贫户变饿者，四民之首，奔走下贱，岌岌乎皆不可以支月日，奚暇问年岁"。③

龚自珍的社会批判思想，是中国封建社会末期社会危机空前严重的反映。他在揭露、抨击封建现实的同时，还竭力要求"更法"，进行政治改革。早在青年时代，他就向清王朝提出了"奈之何不思更法"④的问题。嘉庆二十年（1815）左右撰写的《乙丙之际箸议》中更明确地反对"拘一祖之法"，提出："一祖之法无不敝，千夫之议无不靡，与其赠来者以劲改，孰若自改革？抑思我祖所以兴，岂非革前代之败耶？前代所以兴，又非革前代之败耶？何莽然其不一姓也？天何必不乐一姓耶？鬼何必不享一姓耶？奋之，奋之！"并强调"穷则变，变则通，通则久。"⑤基于这种要求，他将北宋时著名政治改革家王安石引为同调，并

---

① 龚自珍：《明良论四》，《龚自珍全集》，第34—35页。
② 龚自珍：《明良论四》外祖金坛段公评曰，《龚自珍全集》，第36页。
③ 龚自珍：《西域置行省议》，《龚自珍全集》，第106页。
④ 龚自珍：《拟言风俗书》，《因寄轩文初集》卷4。
⑤ 龚自珍：《乙丙之际箸议第七》，《龚自珍全集》，第6页。

用诗表达自己的心声说:"霜豪掷罢倚天寒,任作淋漓淡墨看。何敢自
矜医国手? 药方只贩古时丹。"①所谓"古时丹"是什么? 这首诗的自
注中有如下说明:"己丑殿试,大指祖王荆公上仁宗皇帝书。"②龚自珍
直言不讳地宣称,他的殿试对策是以王安石的言事书为榜样,这表明了
他在当时的历史条件下,力图进行变法的政治态度。当然这种变法,和
王安石一样,是在根本不触动封建制度的前提下,进行某些改革,以求
解除或者缓和封建统治政权所面临的种种危机。这些进行政治改革的
要求,虽然没有从清贵族统治集团那里得到任何支持和反响,但是其时
却有人说:"定公(龚自珍)得志,恐为王荆公。"③

　　龚自珍的更法主张,确是"仿古法以行之,正以救今日束缚之病"。
他说:

　　　　矫之而不过,且无病,奈之何不思更法,琐琐焉,屑屑焉,惟此
　　之是行而不虞其陊也……删弃文法,捐除科条,裁损吏议,亲总其
　　大纲大纪,以进退一世,而又命大臣以所当为,端群臣以所当从
　　……而勿苛细以绳其身。将见堂廉之地,所图者大,所议者远,所
　　望者深……盛世君臣之所有为,乃莫非盛德大业,而必非吏胥之私
　　智所得而仰窥。④

　　他的更法论,不但是基于理之当然,而且是基于势的必然。龚自珍
生活在嘉庆、道光年间,正是中国封建社会开始解体,走向半殖民地半
封建社会的前夕,深刻了解到当时社会危机的深重,反映了历史转变关
头的时代特征。

　　龚自珍为了更法的需要,试图探索社会危机的根源,认为"千万载

---

①　龚自珍:《己亥杂诗》,《龚自珍全集》,第513页。
②　己丑殿试是指1829年(道光九年)龚自珍所参加的殿试,而上仁宗皇帝书是指
王安石在1058年(宋嘉祐三年)写给宋仁宗的《上仁宗皇帝言事书》,向北宋王朝提出了
他的改革主张。
③　龚自珍:《定庵文集》卷下,第11页《发大心文》后附记引语,见国学实验社本
《龚定庵全集》。
④　龚自珍:《明良论四》,《龚自珍全集》,第35—36页。

治乱兴亡之数",其关键在于社会财富分配尚"平"与否问题上。他在
《平均篇》中说:"有天下者,莫高于平之之尚也"。可是,当时社会实际
情况是"贫相轧,富相耀,贫者贴,富者安,贫者日愈倾,富者日愈壅"。
造成种种社会祸害,其原因是由于"小不相齐,渐至大不相齐,大不相
齐,即至丧天下"。① 他指出政治的不安定,根源在于经济上贫富不均,
这种眼光是很深刻敏锐的。但是,龚自珍毕竟是位维护清王朝封建统
治的知识分子,受其阶级局限,又认为"贫富不相齐"的社会现象是合
理的,是"上古不讳私,百亩之主,必子其子"②,他根本没有想到要去彻
底消除这种现象。因而他主张对社会财富的占有,应按照封建等级即
按照君、臣、民几个等级和层次之不同而各取其份,所谓"其犹水也,君
取盂焉,臣取勺焉,民取卮焉",反对"勺者下侵","卮者上侵"等越份的
侵占行为。显然,这种主张仅仅是站在封建中小地主的立场上,反对贫
富的"大不相齐"而已,至于贫富的"小不相齐",他仍然认为是可以的。
当然,他的这种主张,在当时的历史条件下,在客观上仍然具有反对封
建贵族官僚大地主掠夺土地财富剥削人民的积极意义的一面。

　　道光三年(1823),龚自珍继《平均篇》之后,又写了《农宗》,提出
了一个按封建宗法的社会组织形式,即按照封建血缘关系,划分出"大
宗"、"小宗","群宗"、"闲民"四个封建等级和层次,提出大宗授田百
亩,役使闲民五人为之耕种,小宗、群宗授田二十五亩,各役使闲民一人
为之耕种,企图利用这种办法来调节土地的占有,以克服"大不相齐"
的矛盾,这与北宋时王小波、李顺农民起义时所提出的"均贫富"的口
号,意义是完全不相同的。当然,也不能因此而否定他反对凭借政治权
力兼并土地,主张"不以朝政乱田政"③的一定的积极意义。

　　当鸦片大量输入中国,白银大量外流的情况下,龚自珍深感鸦片对

① 龚自珍:《平均篇》,《龚自珍全集》,第78页。
② 龚自珍:《农宗》,《龚自珍全集》,第49页。
③ 龚自珍:《农宗》,《龚自珍全集》,第51页。

中国的巨大危害,坚决主张禁绝鸦片,对弛禁派祸国殃民的谬论进行驳斥外,并强调坚决抵御英国和沙俄等外国资本主义国家的侵略,关心国家民族的命运。由于当时边疆危机的不断加深,激发了他对"天下山川形势"的研究,尤其是十分重视对西北和北部边疆地区的历史和地理状况的研究。龚自珍的这些具有强烈的反对外国资本帝国主义侵略的爱国思想的历史研究,是值得予以高度的肯定和珍视的。

龚自珍的一生都在全神注视着清王朝的封建统治面临着正在发生的巨大事变,他的社会政治思想包括他的史学思想在内,在鸦片战争前后,确曾有很大的影响,是不能低估的。梁启超在《清代学术概论》中说:"晚清思想之解放,自珍确与有功焉,光绪间所谓新学者,大率人人皆经过崇拜龚氏之一时期",说"初读《定庵文集》,若受电然。"梁启超恰如其分地肯定了龚自珍在近代思想转型中的启蒙作用。

二、龚自珍的尊史观和公羊三世说历史观

龚自珍在经学和史学方面都进行过较深的研究,用他自己的话说:"人臣欲以其言辞裨于时,必先以其学考诸古。不研究经,不知经术之为本源也;不讨乎史,不知史事之为鉴也。不通乎当时之务,不知经、史施于今日之孰缓、孰亟、孰可行、孰不可行也。"又说:"经史之言,譬方书也,施诸后世之孰缓、孰亟,譬用药也。宋臣苏轼不云乎,药虽呈于医乎,方多传于古人。"①因此他对经史之学非常重视。其后,他又撰写《古史钩沉论》和《尊史》,着重论叙史学的重要性。关于经学,龚自珍认为:"汉定天下,立群师,置群弟子,利禄之门,争以异文起其家,故《易》、《书》、《诗》、《春秋》之文多异。"他主张以经还经,以子还子,为六经正名,早就想写定这些儒家经典,他的好友们也劝他这样做。他在《古史钩沉论三》②中叙述其情况时说:"李锐、陈奂、江藩,友朋之贤者

---

① 龚自珍:《对策》,《龚自珍全集》,第 117 页。
② 朱刻本题《志未写定群经》。

也,皆语自珍曰:曷不写定《易》、《书》、《诗》、《春秋》? 方读百家,好杂家之言,未暇也。内阁先正姚(学壦)先生语自珍曰:曷不写定《易》、《书》、《诗》、《春秋》? 又有事天地东西南北之学,未暇也……且吾之始猖狂也,憾姬周之末多岐,憾汉博士师弟子之多岐;今日也不然,憾……无以俟予;予所憾,日益下,恶如何,恶如何。龚自珍岁为此言,且十稔,卒不能写定《易》、《书》、《诗》、《春秋》。"①在他反复思考之后,将经学的地位不但降于诸子百家的地位之下,而且降于东西南北学的地位之下。可见他对经学的态度大为改变,对史学的态度则不然,认为"欲知大道,必先为史",因为史书所载有天下山川形势,有人情风俗,有各地出产的物品及其经济情况,有历朝的法令,有官吏治理国家得失的经验教训,有礼仪、军事、政治制度、文学艺术等。因此,他提出必须尊史,才能明白治国之大道理。

　　龚自珍的尊史理论,其要旨见于四篇《古史钩沉论》中,按照他的说法,"钩沉"的意思即是希望把古史官之职的重要性恢复到近世史官之那样重要,也就是说,龚自珍的尊史,是要把史职当作人民的喉舌去看待。因此,他在自己的著述中大书特书"周之世官,大者史"。强调说:"史之外无有语言焉;史之外无有文字焉;史之外无人伦品目焉。史存而周存,史亡而周亡。"②在史论方面,他主张明辨源流,认为诸子百家著作中或存有史意,但并非全部都是史实记载。龚自珍重视"天地东西南北之学",即重视社会现实问题的研究,主张大经大法的阐发,似乎春秋的笔政,诛伐与建设同时藏于褒贬微言之中。他不但以为六经皆史,而且进一步阐述六经为周史之大宗,诸子为周史之小宗。他说:

　　　　夫六经者,周史之宗子也。《易》也者,卜筮之史也;《书》也者,记言之史也;《春秋》也者,记动之史也;《风》也者,史所采于

①　龚自珍:《古史钩沉论三》,《龚自珍全集》,第25—26页。
②　龚自珍:《古史钩沉论二》,《龚自珍全集》,第21页。

民,而编之竹帛,付之司乐者也。《雅》、《颂》也者,史所采于士大夫也。《礼》也者,一代之律令,史职藏之故府,而时以诏王者也。小学也者,外史达之四方,瞽史谕之宾客之所为也。今夫宗伯虽掌礼,礼不可以口舌存,儒者得之史,非得之宗伯;乐虽司乐掌之,乐不可以口耳存,儒者得之史,非得之司乐。故曰:五经者,周史之大宗也。①

在龚自珍看来,古代的史虽是官名,但是持书记事,必于竹帛,引申之,记录于简册者,亦得为史,所以一切典籍,都可以称它为史。他提出:"孔子殁,七十子不见用,衰世著书之徒,蜂出泉流,汉氏校录,撮为诸子,诸子也者,周史之小宗也"。不仅如此,他认为一切学术都是出之于史,例如:

老于祸福,熟于成败,絜万事之盈虚,窥至人之无竟,名曰任照之史,宜为道家祖。

综于天时,明于大政,考夏时之等,以定民天,名曰任天之史,宜为农家祖。

左执绳墨,右执规矩,笃信谦守,以待弹射,不使王枋弛,不使诸侯骄上,名曰任约剂之史,宜为法家祖。

博观群言,既迹其所终始,又迹其所出入,不蒙一物之讥,不受诸侯蹴躜,使王政不清,庶物奸生,名曰任名之史,宜为名家祖。

胪引群术,爱古聚道,谦让不敢删定,整齐以待能者,名曰任文之史,宜为杂家祖。

窥于道之大原,识于吉凶之端,明王事之贵因,一呼一吸,因事纳谏,比物假事,不辞矫诬之刑,史之任讳恶者,于材最为下也,宜为阴阳家祖。

近文章,妙语言,割荣以任简,养怒以积辨,名曰任喻之史,宜为纵横家祖。

---

① 龚自珍:《古史钩沉论二》,《龚自珍全集》,第21页。

抱大禹之训,矫周文之偏,守而不战,俭而夺人,名曰任本之史,宜为墨家祖。

五庙以观怪,地天以观通,六合之际,无所不储,谓之任教之史,宜为小说家祖。①

因此,他认为"诸子也者,周史之支孽小宗也"。并且进一步论证,自周以上,历史非特为一代之学,同时为一代之治。"一代之学,皆一代王者开之也。有天下,更正朔,与天下相见,谓之王。佐王者,天下不可以口耳喻也,载之文字,谓之法,即谓之书,谓之礼,其事谓之史。职以其法载之文字而宣之士民者,谓之太史,谓之卿大夫。"龚自珍是这样地尊史和"史职",以为"号为治经则道尊,号为学史则道诎,此失其名也",正其名则"史"之道兴。这是取法于孔子,所谓"史统替夷,孔统修也",目的是在春秋义法。魏源评论龚氏说:

自珍……于经通《公羊》、《春秋》,于史长西北舆地。其书以六书小学为入门,以周秦诸子、吉金乐石为崖郭,以朝掌国故、世情民隐为质干。晚尤好西方之书,自谓造深微云。②

在魏源看来,龚自珍学问的主干和核心是当世政治,因而龚氏用公羊家法把史强调到具有十分重要的地位和作用,他提出说:

灭人之国,必先去其史,隳人之枋,败人之纲纪,必先去其史;绝人之材,湮塞人之教,必先去其史;夷人之祖宗,必先去其史。③

龚自珍以公羊家的观点坚持把社会历史分为三世,即衰乱世、升平世、太平世。他认为当时的社会即他所处嘉道年间的清王朝的封建社会,正处于衰乱世阶段,预感到封建政权有覆亡的危险,史也有被去的可能。因此,他要做一个衰乱世的史家,把古史钩沉,提出"自珍于大道不敢承,抑万一幸而生其世,则愿为其人欤! 愿为其人欤!"④并自比

---

① 龚自珍:《古史钩沉论二》,《龚自珍全集》,第21—22页。
② 龚自珍:《定庵文录叙》,《龚自珍全集》,第650—651页。
③ 龚自珍:《古史钩沉论二》,《龚自珍全集》,第23页。
④ 龚自珍:《古史钩沉论二》,《龚自珍全集》,第25页。

太史公,说他自己所写的"书副在京师",预言:"后之人必有如京师以观吾书者焉,则太史公之志也"。他愿做衰乱世的史学家,愿做衰乱世的太史公,但由于历史条件的限制,无法达到他的愿望,他只能"观世之变",而不能指导、左右世变;他只能预期"山中之民,一啸百吟",将起而反抗清王朝;他只能预见到"世乱不远",而不能实行他企求的更法,来改变当时的政局。在这种情况下,可贵的是,他力图冲破清贵族统治者的樊篱,在《古史钩沉论四》中提出说:

> ……事公卿,宾分也……夫异姓之卿,固宾籍也,故谏而不行则去。史之材,识其大掌故,主其记载,不容其情,上不欺其所委赞,下不鄙夷其贵游,不自卑所闻,不自易所守,不自反所学,以荣其国家,以华其祖宗,以教训其王公大人,下亦以崇尚其身,真宾之所处矣……古之世有抱祭器而降者矣,有抱乐器而降者矣,有抱国之图籍而降者矣。无籍其道以降者,道不可以籍也……《易》曰:"穷则变,变则通,通则久。"恃前古之礼乐道艺在也。故夫宾也者,生乎本朝,仕乎本朝,上天有不专为本朝而生是人者在也。[①]

龚自珍所强调的正是所谓"人不专为本朝而生",所以,他号召有史材的气节之士,处于异姓之卿和宾从地位的汉族知识分子们,不要屈服于清贵族统治者的压力之下,不要和他们合作,不要为"仆妾色以求容",不要"俳优狗马行以求禄"。他告诫说,如果那样做的话,是"小者丧其仪,次者丧其学,大者丧其祖",他说那种"徒乐厕于仆妾、俳优、狗马之伦,孤根之君子,必无取焉。"[②]结合当时具体情况分析,他的言论表明出对清廷的不满,并期待着"山中之民"大声疾呼,以震撼天地。他呼唤着"九州生气恃风雷",希望借"风雷"威力去打破"万马齐喑"的死寂局面,以推动清廷改革社会。这正是他的"良史之忧忧天下"的良苦用心。

---

① 龚自珍:《古史钩沉论四》,《龚自珍全集》,第28页。
② 龚自珍:《古史钩沉论四》,《龚自珍全集》,第29页。

　　龚自珍继承常州学派所倡导的公羊三世说历史观,但不是今文经学"三世"之义的简单重复。他在《乙丙之际箸议第六》中,依据公羊三世说,把学术思想的流变分为三世:第一,治世,特点是道、学、治,三者"则一而已"。第二,乱世,特点是"源一而流百"。第三,衰世,特点是不学无术,"道德不一,风教不同,王治不下究,民隐不上达,国有养士之赀,士无报国之日……"①其后,在《壬癸之际胎观第三》一文中,进一步发挥了"通三统"的理论,将我国古代历史分为"帝统"、"王统"、"霸统"。他认为:

　　　　非帝王之法,地万里,位百叶,统犹为霸。帝有法,王有法,霸有法,皆异天,皆不相师,不相訾,不相消息。王统以儒墨进天下之言;霸统以法家进天下之言;霸之末失,以杂家进天下之言。以霸法劝帝王家,则诛。以帝王法劝霸家,则诛。能知王霸之异天者曰大人。进退王霸之统者曰大人。大人之聪明神武而不杀,总其文辞者曰圣人。圣人者,不王不霸,而又异天;天异以制作,以制作自为统。②

　　龚自珍在《五经大义终始论》暨《答问》九篇论文中又不厌其烦地阐发"三世"说理论,其目的是为"更法"寻找理论和历史依据。

　　龚自珍主张"更法"的变易思想,在《上大学士书》中也作了充分的表述。他说:"自珍少读历代史书及国朝掌故,自上古及今,法无不改,势无不积,事例无不变迁,风气无不移易。"③并提出改革朝政的六条建议。这里的四个"无不",正是他对社会历史进化的基本观点,也是其公羊三世说变易史学思想的核心。

　　三世说的历史变易进化思想,在当时的历史条件下,虽有其值得肯定的进步方面,但必须看到其中也包含着历史循环论的糟粕。董仲舒

---

① 龚自珍:《乙丙之际箸议第六》,《龚自珍全集》,第5页。
② 龚自珍:《壬癸之际胎观第三》,《龚自珍全集》,第15页。
③ 龚自珍:《上大学士书》,《龚自珍全集》,第319页。

的"三统""三正"历史观，将夏、商、周分别为黑、白、赤"三统"依次循环，改朝换代。这种形而上学的历史循环论，龚自珍也同样存在。他认为："古人之世，倏而为今之世，今人之世，倏而为后之世，旋转簸荡而不已。"在他看来，世界"万状而无状，万形而无形"，就像"风之本义"。① 只是"旋转簸荡"，在那里转来转去。他虽然用变易来告诫清廷，但同时却包含"三而迁"、"再而复"的历史循环论思想。他在《壬癸之际胎观第五》中说得很明白。他说："万物之数括于三：初异中，中异终，终不异初。一匏三变，一枣三变，一枣核亦三变……万物一而立，再而反，三而如初。"②在社会历史方面，他虽然提出"一祖之法无不蔽"，"无八百年不夷之天下"等可贵的看法，但同时又说"天下有万亿年不夷之道"，③这和董仲舒的"王者有改制之名，亡变道之实"，④完全是一脉相承的。

龚自珍既主进化又承认循环的历史观点，看上去似乎是矛盾的，实则是公羊家历史观的延续。他在《春秋决事比》一文中说的很清楚。他说："自珍既治《春秋》……乃独好刺取其微者，稍稍迂回赘词说者，大迂回者。凡建五始，张三世，存三统，异内外，当兴王，及别月日时，区名字氏，纯用公羊氏。"梁启超在《清代学术概论》中也说："今文学派之开拓，实自龚自珍氏。夏曾佑赠梁启超诗云'璱人（龚）申受（刘）出方耕（庄），孤绪微茫接董生（仲舒）'，此言今文学之渊源最分明。"又说：近代"今文学之健者，必推龚、魏（源）。龚、魏之时，清政既渐陵夷衰微矣，举国方沈酣太平，而彼辈若不胜其忧危，恒相与指天画地，规天下大计。"⑤对龚自珍的史学思想渊源和时代特点作了确切的概括。

---

① 龚自珍:《释风》,《龚自珍全集》,第128页。
② 龚自珍:《龚自珍全集》,第16页。
③ 龚自珍:《龚自珍全集》,第5页。
④ 班固:《汉书》卷56《董仲舒传》。
⑤ 《饮冰室专集》之三十四,《清代学术概论》,第55页。

三、龚自珍对历史地理和方志学的研究

嘉道年间,英、法、美、沙俄不断侵略我国边疆,从东南沿海到西北、东北以及蒙古边疆进行扩张,造成边防危机日渐加重。龚自珍鉴于嘉道间的边患,从道光元年(1821)开始,进行"天地东西南北之学"的研究。

龚自珍继承了顾炎武、顾祖禹舆地之学"经世致用"的传统,十分重视"天下山川形势"的研究。当时,由于沙俄威胁我国西北边疆,龚自珍在《西域置行省议》一文中,对清乾隆朝巩固边防,给予了高度的评价。他说:

> 今圣朝既全有东、南二海,又控制蒙古喀尔喀部落,于北不可谓隘。高宗皇帝,承祖宗之兵力,兼用东南北之众,开拓西边……然而用帑数千万,不可谓费;然而积两朝西顾之焦劳,军书百尺,不可谓劳;八旗子弟,绿旗疏贱,感遇而捐躯,不可谓折。①

他希望清廷能全力以赴,不惜人力、物力、财力,毫不犹豫地保卫西北边疆,建议迁徙"内地无产之民"到西北边防从事开垦,主张设置行省,虽然"现在所费极厚,所建极繁,所更张极大",但是应该看到"所收之效在二十年以后,利且万倍。"②

道光元年(1821),他又上书给吐鲁番领队大臣宝兴,备论新疆天山南路事宜,对吐鲁番地理位置的重要性分析颇为透彻。他说:

> 吐鲁番为南路建首地,一王岿然,有仆三千户,皆以吐鲁番为望……故吐鲁番安,而四大城皆安;四大城安,而天山南路举安。天山南路安,而非回之天山北路安,天山北路安,而安西南路北路举安。伊犁将军无内顾之忧,兰州总督无外顾之忧。③

---

① 龚自珍:《西域置行省议》,《龚自珍全集》,第105页。
② 龚自珍:《西域置行省议》,《龚自珍全集》,第111页。
③ 龚自珍:《龚自珍全集》,第311页。

　　龚自珍的卓识远见还表现在主张从事农耕的汉族人民和从事畜牧的少数民族彼此尊重,和睦相处,所谓"耕者毋出屯以垦,牧者毋越圈而刈,上毋虚下,下毋貌上,防乱于极微,积福于无形",从而增进民族团结,以巩固边防,保卫边疆。这是他爱国精神的集中表现,是值得继承和发扬的。

　　龚自珍在内阁充任国史馆校对时,参与重修《一统志》的工作,曾上书国史馆总裁论西北塞外诸部沿革,订正旧志疏漏多条,其中一条特别强调东北边疆问题。他说:

　　　　本馆现存贮圣祖(康熙)圣训及《平定罗刹方略》一书。《方略》为文渊阁未箸录之书,内各有巴彦虎事迹数条,各官于巴彦虎皆不及之,但称巴彦虎现有借牧呼伦贝尔一事。按巴彦虎旧牧,当在尼布楚、雅克萨城之间,与内藩之乌珠穆秦地势正相直,宜檄理藩院行文黑龙江将军,将其头目迁徙年月部落界,移送到馆,本馆以圣训、方略核对之,即可纂补。①

　　巴彦虎部原来在尼布楚、雅克萨城之间放牧,后来因为沙俄常来侵扰,不能从事正常的游牧,才徙居呼伦贝尔草原放牧,有力说明了尼布楚、雅克萨城本来就是中国的领土。为了澄清东北边界的问题,龚自珍经校勘考订,撰写了《最录平定罗刹方略》,对我们研究东北边界仍有重要的参考价值。

　　由于龚自珍对西北、东北塞外部落、世系、风俗、山川形势、源流合分,颇有研究,同时又了解边疆问题,程同文修纂《清会典》时,"其《理藩院》一门及青海、西藏各图",请龚自珍校理。② 他原计划编撰《蒙古图志》,搜集了许多资料,因家里失火被毁,致未能如愿完成。据其《自记》说:"是书成者十之五六,拟俟其成而别行。道光壬午九月二十八日,吾家书楼灾,此书稿本之半,及为此书而收聚之档册图志,世所弗恒

---

① 龚自珍:《龚自珍全集》,第313—314 页。
② 龚自珍《龚自珍全集》,第514 页。

见者,尽毁。遂辍业弗为。"①但从现在保存下来的《拟进上蒙古图志表文》及序文若干篇,我们还能略知其书的大概内容。

龚自珍也十分关注东南海防,对东南沿海一带的地势、山川、风俗人情等颇有研究。道光三年(1823)为阮元作《阮尚书年谱第一序》中说:"公又谓读史之要,水地实难,宦辙所过,图经在手。以地势迁者,班志、李图不相袭,以目验获者,桑经、郦注不尽从。是以咽喉控制,闭门可以谈兵,脉络毗联,陆地可使则壤,坐见千里,袆接远古,是公之史学。"②阮元曾任过浙江巡抚、湖广、两广总督等职,他在任期时极为重视东南沿海边防,龚自珍同意阮元的观点,对东南沿海各地地理十分重视。他说:"粤东互市,有大西洋,近惟英夷,实乃巨诈,拒之则叩关,狎之则蠹国,备戒不虞、绸缪未雨,深忧秘计,世不尽闻。"③表达了他对东南海防的忧心。

龚自珍对全国政治中心北京附近的舆地,如山川、形势、经济、风俗、要塞等进行了研究,撰写了《说京师翠微山》、《说昌平州》、《天寿山》等文。在《说张家口》、《说居庸关》等文中,着重论述了山川险易和用兵攻守的问题。而在《论京北可居状》一文中,提出发展京北生产、有利富国强兵的主张。

龚自珍好"微言大义",不受史料的束缚,与乾嘉考据学迥然不同。他虽极力反对脱离实际的烦琐考据,但不一概反对训诂、校雠、考据之学,而把这些看作治学的必要手段。他从小跟外祖父段玉裁学过文字学,受过文字训诂方面的严格训练,因此,他和以后的康有为等疑古和随意发挥"微言大义"相比,是有所不同的。

龚自珍从尊史角度,对史料很重视,认为"文献无征,不可不辨明,恐贻误国史,所关非小耳。"④又说:"掌故不备,则无以储后史,无以储

---

① 龚自珍:《龚自珍全集》,第 308 页。
② 龚自珍:《龚自珍全集》,第 226 页。
③ 龚自珍:《龚自珍全集》,第 229 页。
④ 龚自珍:《龚自珍全集》,第 132 页。

后史,则太平不文致,重负斯时"①,因而治学问,首先要学"小学"。他说:"小学者,子弟之学……求之也必劬,获之也必创,证之也必广,说之也必涩……小学之事,与仁、爱、孝、弟之行,一以贯之已矣",并列举段玉裁、王引之"平生著书,以小学名",颜之推仁孝好学,其言形声训诂,著在《家训》②等事例,说明"小学"的重要性。他介绍王引之的治学方法说:"吾之学,千百家未暇治,独治经。吾治经,于大道不敢承,独好小学。夫三代之言,与今之语言,如燕、越之相语也;吾治小学,吾为之舌人焉。其大归曰:用小学说经,用小学校经而已矣。"③

王引之师承戴震、段玉裁,不仅校经,于先秦诸子、《史记》、《汉书》皆有校正。龚自珍治学之方法往往也用以经治经、以记还记、以传还传、以子还子、以群书还群书的方法,以六书小学入门,尤重声韵。这种方法为顾炎武开创,所谓"读九经自考文始,考文自知音始,以至诸子百家之书,亦莫不然"④。龚自珍一面提倡"经世匡时",一面继承注重音韵训诂的学风。他说:

> 古之世,语言出于一,以古语古,犹越人越言,楚人楚言也。后之世,语言出于二,以后语古,犹楚人以越言名,越人以楚言名也。⑤

龚自珍虽崇今文经学公羊学,但他对今古文之分野,从其语言声韵之学作出他的新解说。他通汉、满、蒙、回、藏五族之语言,对语言、声韵有精深的研究,在《蒙古声类表序》中,提出声韵是小学之"枢纽"。⑥在《大誓答问第二十四·总论汉代今文古文名实》中,他认为今古文之分,不在文字之为今为古,而在于皆以古文本为据,而以读之者的不同

---

① 龚自珍:《龚自珍全集》,第 190 页。
② 龚自珍:《龚自珍全集》,第 44 页。
③ 龚自珍:《龚自珍全集》,第 147—148 页。
④ 顾炎武:《亭林文集》卷 4《答李子德书》。
⑤ 龚自珍:《龚自珍全集》,第 15 页。
⑥ 龚自珍:《龚自珍全集》,第 221 页。

而有所不同,所谓"今文、古文同出孔子之手,一为伏生之徒读之,一为孔安国读之。未读之先,皆古文矣,既读之后,皆今文矣。惟读者人不同,故其说不同,源一流二,渐至源一流百,此如后世翻译,一语言也,而两译之,三译之,或至七译之,译主不同,则有一本至七本之异。未译之先,皆彼方语矣。既译之后,皆此方语矣。"①龚自珍本是从考据学转而为今文经学的,政治上是地主阶级改革派,并不触动封建社会的根本,学术上出现这种调和古今的倾向,是不足为怪的。

在版本目录、校雠学方面,龚自珍所写的《上海李氏藏书志序》、《慈云楼藏书志序》中,对目录学的源流有精辟的论述,提出:"目录之学,始于刘向。嗣是而降,约分三支:一曰朝廷官簿,荀勖《中经簿》,宋《崇文总目》、《馆阁书目》类是也;一曰私家著录,晁公武《郡斋读书志》,陈振孙《书录解题》类是也;一曰史家著录,则《班史·艺文志》、《隋书·经籍志》以下是也。三者体例不同,实相资为用,故不能偏废。三者之中,体例又二,史家著录,惟载卷数,其他一则载卷数,一则条书旨。其最详者,则又胪注某抄本、椠本、旁及行款印记题跋。"②

龚自珍在考订校勘方面,其经、史有《六经正名》及《答问》、《大誓答问》、《说中古文》、《表孤虚》、《非五行传》、《最录穆天子传》和《最录春秋元命苞遗文》等。

龚自珍重视古器物研究,把它作为史学研究补充资料。他主张用彝器铭文来补充史学研究的资料。如《商周彝器文录序》说:

> 商器文,但有象形指事而已,周器文,乃备六书,乃有属辞。周公讫孔氏之间,佚与籀之间,其有通六书,属文辞,载钟鼎者,皆雅材也,又皆贵而有禄者也。制器能铭,居九能之一,其人皆中大夫之材者也。凡古文,可以补今许慎书之阙;其韵,可以补《雅颂》之隙;其事,可以补《春秋》之隙;其礼,可以补逸《礼》;其官位氏族,

---

① 龚自珍:《龚自珍全集》,第 75 页。
② 龚自珍:《龚自珍全集》,第 203 页。

可以补《世本》之隙；其言，可以补七十子大义之隙。三代之上，无文章之士，而有群史之官。群史之官之职，以文字刻之宗彝，大抵为有士之孝孙，使祝嘏孝慈之言，文章亦莫大乎是，是又宜为文章家祖。①

龚自珍把商周彝器铭文，看作最早的"文章"和史料，这在甲骨文还未发现时，应该说是颇有见地的。

龚自珍还根据阮元等人和自己收藏的汉器（"小篆兼隶书"）写了《汉器文录序》，说："余尝考汉氏虽用徒隶书书一切奏记，而宫府崇尚篆学，非兼通仓颉以来众体，不得为史；君后通史书者，班、谢皆濡笔以纪，夫亦可以知其贵重矣。"②他对彝器进行了分类，分为祭器、养器、享器、藏器、陈器、好器、征器、旌器、约剂器、分器、赂器、献器、媵器、服器、抱器、殉器、乐器、儆器、瑞器等十九类，并指出"凡有征于先史之籍，有此十九说者，皆不可以不识也，不可以不类识也"③。彝器的研究确是史学研究的一个重要方面，他本人就曾根据商周彝器铭文，补《说文》一百四十七字。

同时，他还重视石刻，说："古者刻石之事有九：帝王有巡狩则纪，因颂功德，一也。有畋猎游幸则纪，因颂功德，二也。有大讨伐则纪，主于言劳，三也。有大宪令则纪，主于言禁，四也。有大约剂大诅则纪，主于言信，五也。所战，所守，所输粮，所瞭敌则纪，主于言要害，六也。决大川，浚大泽，筑大防则纪，主于形方，七也。大治城郭宫室则纪，主于考工，八也。遭经籍溃丧，学术歧出则刻石，主于考文，九也。九者国之大政也，史之大支也"④。对碑刻也十分重视，说"庙有碑，系牲牷也，刻文字非古也。墓有碑，穿厥中而以为空也，刻文字非古也。刻文字矣，必著族位；著族位矣，必述功德，夫以文字著族位，述功德；此亦史之别

---

① 龚自珍：《龚自珍全集》，第267页。
② 龚自珍：《龚自珍全集》，第282页。
③ 龚自珍：《龚自珍全集》，第262页。
④ 龚自珍：《龚自珍全集》，第264页。

子也"①。此外,古印的史料价值,他也注意到了,说"自著录家储吉金文字,以古印为专门,攻之者有二……昔者刘向、班固皆曰:缪篆,所以摹印章也。汉书有八,而摹印特居一……若夫第其钮,别其金三品,则亦考制度之一隅也。官名不见于史,是亦补古史也。人名大暴白乎史,是则思古人之深情也"②。他还编有《镜录》和《瓦录》,注意这方面的资料收集。这样,就扩大了史料学的范围,丰富了史学研究的内容。

方志、传记及谱牒学为史学研究的另一个重要方面。章实斋早就提出过方志,一方之史;族谱家谱之类则是一族一家之史也;年谱,一人之史也。三者都是国史取材之资,是很重要的。关于谱牒,他在《壬癸之际胎观第二》中说:"民我性能类,故以书书其所生。又书所生之生,是之谓姓,是谱牒世系之始。"在《农宗》中又说:"言必称祖宗,学必世谱牒。"但实际上,谱系并不是人人都有的,在封建社会里,它是为封建地主阶级树碑立传的,他也看到了这一点,在《京师悦生堂刻石》中明确地提出:"古之有姓氏,有谱系者,必公卿大夫之族,尽黄炎之裔,姬、姜、子、姒、嬴、芈之人也。若夫草莽市井之人,丛丛而虱虱,不出于黄炎,其先未尝有得姓受氏之荣也。"对年谱,他也比较重视,说"汴宋以降,多祝史之寿言;晚唐子弟,订父兄之年谱。二者孰华孰质?孰古孰今?孰可传信?龚自珍曰:年谱哉。"③龚自珍不仅为阮元写了年谱,还给庄存与、王引之等人写了神道碑铭、墓志铭,为我们提供了研究学术史和当时社会情况的资料。

龚自珍在史学思想方面有不少可取之处。他认识到古往今来的历史是不断变易进化的,提出"吾闻周以前,上溯结绳,年多事少,隶令刊令之箸录,不百家矣"④。又说:"史家不能逃古今之大势……今字多于

---

① 龚自珍:《龚自珍全集》,第 265 页。
② 龚自珍:《龚自珍全集》,第 266—267 页。
③ 龚自珍:《阮尚书年谱第一序》,《龚自珍全集》,第 225 页。
④ 龚自珍:《臣里》,《龚自珍全集》,第 95 页。

古字,今事赜于古事,是故今史繁于古史。"①并以《左传》为例,论证历史变易进化的趋势说:

> 等而上之,自结绳以迄周平王,姓氏其何几? 左丘明聚百四十国之书为《春秋》,二百四十年之间,乃七十万言,其事如蚁。岂非周末文胜,万事皆开于古,而又耳目相接,文献具在,不能以己于文,遂创结绳以还未尝有者乎? 圣门之徒,无讥其繁者。设令遇近儒,必以唐虞之史法绳之,议其缛而不师古矣⋯⋯康熙间,昆山徐尚书主修《一统志》,吏上节妇名多至十余卷,门下士请核减,公正色曰:国朝风教迈前古,宜备载其盛,矜后世也。②

因此,古代的史学著作较简单,史家也少。随着历史的发展,史学也随之发展,必然由简到繁。所谓"史例随代变迁,因时而创"③。不仅在内容上如此,而且还在一定程度上觉察到历史的发展存在着某种客观的趋势,如他说:"封建⋯⋯郡县⋯⋯天不两立。天不两立,何废何立? 天必有所趋,天之废封建而趋一统也昭昭矣。"将有利于封建中央集权的郡县制取代分封制,视为历史发展的必然趋势,是很可贵的。基于这种观点,龚自珍还指出,汉代之所以出现过"大乱繁兴"的原因,是因为推行郡县制还不够彻底,"既用秦之郡县,又兼慕周之封建"。④ 事实表明,龚自珍的变易和进化的史学思想,正是他在政治上要求改革的理论依据和历史依据。

龚自珍对历史上各时期史学中有关宗教神学特别是迷信思想持否定态度。他说孔子作《春秋》,"大书日食三十又六事,储万世之历,不言凶灾"。把日食作为凶灾,搞神学迷信,是"《小雅》之诗人言之,七十子后学言之,汉之群臣博士言之"。反对孔子以后的人,借孔子的名义,"借天象傅古义,以交相徼也"。用意虽然很好,但"不得阑入孔氏

---

① 龚自珍:《与徽州府志局纂修诸子书》,《龚自珍全集》,第334页。
② 龚自珍:《与徽州府志局纂修诸子书》,《龚自珍全集》,第334—335页。
③ 龚自珍:《与人笺》,《龚自珍全集》,第343页。
④ 龚自珍:《答人问关内侯》,《龚自珍全集》,第331页。

家法"①。同样,他也反对谶纬之学,说:"《易》纬最无用。"②龚自珍最恶京房之《易》,对刘向之《洪范》,以为班氏《五行志》不作可也。③ 他认为刘向有大功,也有大罪,功在《七略》,罪在《五行志》。④ 但龚自珍不反对董仲舒、何休的《春秋》纬,说:"《春秋》纬于七纬中,最遇古义矣。《元命苞》尤数与董仲舒、何休相出入。凡张三世,存三统,新周故宋,以春秋当兴王,而托王于鲁,诸大义往往而在,虽亦好言五行灾异,则汉氏之恒疾,不足砭也。"⑤他不仅不反对诸如此类的思想,而且对公羊学家的"通三统"、"张三世"的说法进行发挥,为其改革更法的要求服务。

综上所述,龚自珍在史学上的贡献,一方面是提倡"经世匡时",另一方面对训诂、校雠、考据之学十分重视,把儒家经典作为历史文献进行研究,并收集研究古器物、石刻、碑传、镜录等方面的资料,扩大了史科学的范围,丰富了史学研究的内容。尤其是他激于爱国热情,致力于"天地东西南北之学"的研究,开近代西北历史地理研究之先河。

第三节　魏源和《圣武记》的编撰

一、魏源生平和史学思想

魏源(1794—1857),原名远达,字默深,湖南邵阳人。早年治王学,喜读经史。二十一岁随父至京师,师从刘逢禄学《公羊春秋》,成为与龚自珍齐名的常州学派今文经学思想家和史学家。道光二年(1822),中顺天乡试举人。与龚自珍、林则徐、包世臣、周济等人相友好,常在一起切磋学问,谈论时政。道光八年(1828)入内阁中书,不久南下,寄居扬州。扬州为当时漕盐中心,魏源久居其地,周咨博览,洞悉

---

① 龚自珍:《龚自珍全集》,第9页。
② 龚自珍:《龚自珍全集》,第250页。
③ 龚自珍:《龚自珍全集》,第346页。
④ 龚自珍:《龚自珍全集》,第130页。
⑤ 《龚自珍全集》,第250—251页。

其利病。先为江苏布政使贺长龄辑《皇朝经世文编》，继为两江总督陶
澍筹议漕运、水利、票盐诸大政。一时封疆大吏，咸重其才，兴改大政，
多听取他的意见。鸦片战争期间，他应邀参加两江总督裕谦的幕府，在
浙江前线参加抗英斗争。道光二十五年（1845）中进士，派至江苏任东
台、兴化知县，咸丰元年（1851）升任高邮州知州。咸丰三年（1853）太
平天国农民起义军进攻江南，扬州危急，他组织地主武装，进行征剿。
后辞官学佛，整理著述，避居兴化，汇辑《净土四经》，后迁居杭州，咸丰
七年（1857）病逝。

魏源是中国近代史上著名的地主阶级改革派思想家和史学家。他
一生主要精力从事著述，倡导社会改革，主张"师夷长技以制夷"，要求
变法，"去伪，去饰，去畏难，去养痈，去营窟"，宣传"今胜于古，变古愈
尽，便民愈甚"，"以实事程实功，以实功程实事"。这种变法思想，成为
近代中国资产阶级改良变法的开路先驱。他治学继承常州学派"经世
致用"的思想，在鸦片战争期间，当清廷战和不定，投降派昏庸误国，他
愤而撰写《圣武记》，激励清廷奋而抵抗，又曾受林则徐嘱托，据《四洲
志》，编成《海国图志》。他的著作，还有《两汉经师今古文家法考》、
《老子本义》、《论语孟子类编》、《古微堂集》、《诗古微》、《书古微》、
《元史新编》等名著。1976 年中华书局汇集整理出版其诗文集——《魏
源集》。

魏源史学思想主要来源于传统经世致用和常州今文经学派变易思
想和历史进化观点。

他同好友龚自珍一样，论学主学以致用，认为西汉讲经明大义，引
经以致用之风气，适与其说合，故他力斥东汉马融、郑玄等古文经学为
破碎无用之学。他说：

> 自乾隆中叶后，海内士大夫兴汉学，而大江南北尤盛。苏州惠
> 氏（栋）、江氏（藩），常州庄氏（述祖）、孙氏（星衍），嘉定钱氏（大
> 昕），金坛段氏（玉裁），高邮王氏（念孙引之），徽州戴氏（震）、程
> 氏（易畴），争治诂训音声，爪剖釽析，视国初昆山（顾炎武）、常熟

二顾（栋高、祖禹）及四明黄南雷、万季野、全谢山诸公，即皆摈为史学非经学，或谓宋学非汉学，锢天下聪明知慧使尽出于无用之一途。①

他认为乾嘉学者"以政事为粗才，而不知腐儒之无用亦同于异端"。他在代陶澍作的朱兰友《国朝古文类钞叙》文中，更概括地抨评论宋学的空腐和汉学弊端说："畸于虚而言之无物，畸于实而言无心得，是皆道所不存，不可以为文，即不可以权衡一代之文。"②他所推崇的是学以致用的经学，在《默觚上·学篇九》中提出：

> 士之能九年通经者，以淑其身，以形为事业，则能以《周易》决疑，以《洪范》占变，以《春秋》断事，以《礼》、《乐》服制兴教化，以《周官》致太平，以《禹贡》行河，以《三百五篇》当谏书，以出使专对，谓之以经术为治术。曾有以通经致用为诟厉者乎……古此方策，今亦此方策；古此学校，今亦此学校；宾宾焉以为先王之道在是，吾不谓先王之道不在是也，如国家何？③

"如国家何？"可以说是魏源思想的中心，他宣扬今文经学的"通经致用"之说，目的在于阐明社会应当进行改革的思想，因为论学既以通经致用为主旨，认为学问必施之于政事，然后其用始著，而其致用的目的，则在于国家的富强。

魏源为了对社会改革建立理论依据和历史依据，一面对古文经学进行了猛烈的攻击，一面致力于今文经学的宣传著述。道光初，魏源撰《诗古微》二十二卷，详辨毛诗为晚出的伪作。继撰《书古微》，斥东汉古文尚书依托无稽，无一师说可言，又辑《两汉经师今古文家法考》，以明了汉儒传授的源流。他极力推崇西汉今文尚书，为之作详尽的补亡、

---

① 魏源：《武进李申耆老先生传》，《魏源集》，上册，第358—359页，中华书局1976年版。（下引版本同）
② 魏源：《魏源集》，上册，第289页。
③ 魏源：《魏源集》，上册，第24页。

攻伪等工作,阐发西汉今文尚书的所谓"微言大义"①,对清代今文经学作出了巨大贡献。

龚自珍首先提出鸦片战争前清王朝统治形势已发展到"黑夜漫漫","人畜悲痛,鬼神思变置"②的境地,主张更法,进行社会改革。魏源继其后也倡导"变法",指出:"天下无数百年不弊之法,无穷极不变之法,无不除弊而能兴利之法,无不易简而能变动之法。"③但是,他又认为当时"法"的本身,并没有大问题,而是由于"行法之人"舞弊行私所造成的一些"法外之弊",影响整个社会、国家。因此,魏源的改革目标,不在法的本身,而在讲求"行法之人"和消除"法外之弊"。他说:

> 人君治天下,法也;害天下,亦法也……不难于立法,而难得行法之人。青苗之法,韩琦、程伯子所部,必不至厉民;周家彻法,阳货、荣夷公行之,断无不为暴……买公田省饷之策,出于叶适,而贾似道行之,遂以亡国……君子不轻为变法之议,而惟去法外之弊,弊去而法仍复其初矣。④

魏源所注意的只是"法外之弊",而不是废旧法,立新法。故他参与陶澍等幕府筹议大政时,所重视的只是票盐、漕运、水利方面的除弊工作。可见,他的变法和龚自珍一样,并没有触动清王朝地主阶级封建社会经济和政治制度的基础。因而他对清廷的黑暗统治虽有所揭露,但较含蓄,远不及龚自珍那样尖锐强烈。龚自珍抱着愤恨情绪,诅咒当时的清代为"衰世"社会,而魏源则赞誉之为"太平世"。魏源对当时社会情况的分析,远没有龚自珍那样深刻,那样近乎事实。魏源认为:"圣清皞皞二百载,由治平,升平而进于太平,元气长于汉,经术盛于唐,兵力、物力、幅员雄于宋。"⑤他一面歌颂清王朝的封建统治由升平

---

① 魏源:《两汉经师今古文家法考叙》,《魏源集》上册,第151页。
② 龚自珍:《平均篇》,《龚自珍全集》,第77页。
③ 魏源:《筹鹾篇》,《魏源集》下册,第432页。
④ 魏源:《默觚下·治篇四》,《魏源集》上册,第45—46页。
⑤ 魏源:《国朝故类钞叙》,《魏源集》上册,第229页。

世进入太平世,一面又给清统治者上条陈,希望清廷能改革某些弊政。他为了研究道光前后的国家大政,遂上溯其来源,而究心于清朝历史的研究。当时作为改革派知识分子的魏源,对清廷的腐朽统治并没有失望,对清王朝的前途并没有失去信心,而是力图运用史学这个工具,为清统治集团打强心针,以历史唤起鼓舞清贵族统治者,对内镇压农民群众的反抗斗争,对外抵抗外国资本主义国家的入侵,从而挽救垂危的清政权。

在学术思想上,魏源继董仲舒之后,对今文学家公羊变易思想作了系统的阐释、改编和发展。他确认自然现象和社会现象都在不断的变动着,提出:"三代以上,天皆不同今日之天,地皆不同今日之地,人皆不同今日之人,物皆不同今日之物。天官之书,古有而今无者若干星,古无而今有者若干星,天差而西,岁差而东,是天不同后世之天也。"①关于地理河道的变化,他列举了江与汉、彭蠡与鄱阳湖、洞庭湖与湘水以及潜水、沔水、黑水、南海等水道变迁情况为实例,驳斥不知地理河道变迁情况的所谓"下士"、"俗儒"的谬说。② 同样,他认为人和物也是时时刻刻变化着的。总之,这种变易思想贯穿在他的所有著作中。同时,他对古代含有变易思想的著作,如《中庸》、《周易》、《老子》、《孙子兵法》等书,推崇备至,并为之作注释,阐扬这些变易思想。先后撰定《庸易通义》、《老子本义》和《孙子集注》等。在《孙子集注序》中说:"故夫经之《易》也,子之老也,兵家之孙也,其道皆冒万有,其心皆照宇宙,其术皆合天人,综常变者也。"③在魏源看来,天、地、人、物都是时刻变化的,因而认为对从古到今的社会历史也看作是不断变化的,其情况有如"弈局"。他说:

　　　古今宇宙,其一大弈局乎……禅让一局也,征诛一局也,传子、

---

①　魏源:《默觚下·治篇五》,《魏源集》上册,第47页。
②　魏源:《默觚下·治篇五》,《魏源集》上册,第47—49页。
③　魏源:《魏源集》上册,第226—227页。

传贤一局也。君子小人,互为消长,《否》《泰》之变局也;始放之而复反之,君臣之变局也;吕、贾、武之司晨,男女之变局也;或倚之而伏,或伏之而不可倚,祸福之变局也;或中夏御之而乱,或起自塞外而治,魏孝文、金世宗皆三代后之小尧、舜,华夷之弈局也……自三代之末至于元二千年,所谓世事理乱,爱恶、利害、情伪、吉凶、成败之变,如弈变局,纵横反复至百千万局,而其变几尽;而历代君相深识远虑之士,载在史册者。①

魏源不仅认为历史现象千变万化,犹如弈局,而且在变的时候,一面具有"祖孙相承"的传续关系,一面又认为在传续的过程中,不断地"嬗"化,不断地前进发展,并不是单纯的承传关系或重复关系。提出"诬今不可以为治"、"诬古不可以语学"。他说:"柞薪之木,传其火而化其火;代嬗之际,传其祖而化其祖。古乃有古,执古以绳今,是为诬今,执今以律古,是为诬古。"②这样透彻的历史变易思想和历史"常变"历史观,在古代史学思想中是不易多见的。而社会历史现象之所以会变,是由于他确认宇宙万物"无独必有对",是在相互矛盾的对立统一过程中变化着,所谓"天下物无独必有对。而又谓两高不可重,两大不可容,两贵不可双,两势不可同,重、容、双、同必争其功"。矛盾是有主有辅的,"有功之中",所谓"必一主一辅,则对而不失为独。乾尊坤卑,天地定位,万物则而象之,此尊无二上之谊焉"③。并举君臣、父子、夫妇以及四夷和中国、君子和小人间的矛盾对立的主辅关系为实例说:"是以君令臣必共,父命子必宗,夫唱妇必从。天包地外,月受日光,虽相反如阴阳、寒暑、昼夜,而春非冬不生,四夷非中国莫统,小人非君子莫为骈幪,相反适以相成也。"④

魏源看到"小人"与"君子"间和中国与"四夷"民族间的矛盾对立

① 魏源:《默觚下·治篇十六》,《魏源集》上册,第78—79页。
② 魏源:《默觚下·治篇五》,《魏源集》上册,第48页。
③④ 魏源:《默觚下·学篇十一》,《魏源集》上册,第26页。

统一关系,也看到统治阶级内君臣间和家族中父子夫妇间的矛盾对立统一关系。他把二者间的矛盾对立统一关系混同起来,等量齐观,并据"乾尊坤卑,天地定位"的一套儒家伦理道德观念,作为"四夷非中国莫统,小人非君子莫为岼嶸"的民族论和阶级论,为阶级统治作政治说教;甚至把阶级矛盾和民族矛盾看作生物学上人的手足耳目之有左右关系,加以解释说:"手足之左不如右强,目不两视而明,耳不并听而聪,鼻息不同时而妨形,虽两而体则一也。"①因此,他提出:"是以君子之学,先立其大,而小者从令,致专于一。"②魏源思想中的辩证因素,虽然为其阶级性所局限,但在鸦片战争前夕,提出这种看法是值得珍视的。

魏源的"道""一"矛盾对立统一思想,是从老子的"道"的学说中传承来的。老子的"一"具有缓和贵贱、高下之间的矛盾对立关系,也即具有缓和贵族与人民间的矛盾对立关系,维护阶级统治的政治意义。魏源在《老子本义》中强调"得一"之义时也没有否定统治者利益和地位而与人民为"一"之意,相反,他在《默觚》中论及"保富之法"时明确地说:"《周官》保富之法,诚以富民一方之元气……彼贪人为政也,专朘富人,富民渐罄。复朘中户,中户复然,遂致邑井成墟。故土无富户则国贫,土无中户则国危,至下户流亡,而国非其国矣。"③这里,可以看出魏源已认识到"下户流亡"则"国非其国",确认下户为社会本基,告诫统治者不要过分朘刻下户,有其一定的进步性。但另一方面,他又为地主诉苦说:有田的富民,"岁输租税,供徭役,事事受制于官,一遇饥荒,束手待尽","是以有田之富民可悯更甚于无田"。④ 其地主阶级立场是十分鲜明的。

形成现实社会的阶级矛盾和社会危机的原因何在? 魏源在探索这

---

① ②　魏源:《默觚下·学篇十一》,《魏源集》上册,第26—27页。
③　魏源:《默觚下·治篇十四》,《魏源集》上册,第72页。
④　魏源:《论老子一》,《魏源集》上册,第256页。

个问题时，认为社会动乱之因，源于人们的情欲。欲壑无穷，名胜难足，于是"好勇好斗"！于是动乱不息，民陷水火！因而魏源提倡"无欲"说，所谓"无为之道，必自无欲始也"，"无欲则致柔，故无为而无不为"。① 在他看来，无欲而后能无为，无欲不啻是无为的前提条件。故他指斥诸子："诸子不能无欲，而第慕其无为，于是阴静坚忍，适以深其机而济其欲。"②在《默觚》中，并称孔子亦主无欲之说，以驳斥当世寡欲之说，所谓"世儒多谓孟子言寡欲，不言无欲，力排宋儒无欲之说为出于二氏。不知孔子言无我，非无欲之极乎？'不忮不求，何用不臧'，寡欲之谓也；'无然畔援，无然歆羡，诞先登于岸'，无欲之谓也。彼以寡欲为足，无欲为非者，何足以臧乎？"③他进而分析，欲有"外欲"和"内欲"两种。外欲是由外界物欲通过口、鼻、耳、目等感觉器官渗入的，内欲则是内心里萌芽出来的。因此，去欲他不主张从耳、目、口、鼻等感觉器官上去"逆"。主张从内心下工夫，防止内欲之萌，使令一切，他说："心为天君"，口耳百体，顺心主宰，自然就内欲不萌，外欲不接，终身泰然，成为得道君子。

魏源认为人的情欲如山如壑，如江河流水，气势一成，便不可遏止，社会历史发展到这时，大势所趋，人们主观意愿无法阻止，只有听其自变。又认为人的"心"是淳朴无欲的，如果人们能致力复心凝道之学，对情欲气势乃至社会历史能起"拨乱反正"的作用。这样，他就把气势自变说和复心凝道说巧妙地结合起来了。

他在《默觚》中列举古史实例论证情欲气势之自变说："皇春帝夏，王秋伯冬，气化日禅，虽羲、黄复生，不能返于太古之淳。是以尧步、舜趋、禹驰、汤骤，世愈降则愈劳。"④如秦政暴烈如炉汤，到汉初，幸有曾参、盖公等"沐之清风，而清静以治"⑤。使"民脱水火，登衽席"，复归

① 魏源：《默觚下·治篇十四》，《魏源集》上册，第72页。
② 魏源：《论老子一》，《魏源集》上册，第256页。
③ 魏源：《默觚上·学篇四》，《魏源集》上册，第11页。
④⑤ 魏源：《默觚下·治篇二》，《魏源集》上册，第41页。

到"无为之治"的太古淳朴之世①。他说，古代社会危机，春秋时已暴露出来，孔子和老子便注意所以救治之道。孔子"宁俭毋奢，为礼之本，欲以忠质救文胜"②。老子"深疾末世用礼之失"，白首著书，倡"去甚去奢"、"淳朴忠信之教"，"以返斯世于太古淳朴之道。"③他认为孔子宁俭毋奢之"礼"能经世，而不能救世；惟老子淳朴忠信之教，才是救世之道。因此，他称孔子书为"经世之书"，称老子书为"救世之书"。④

魏源的这套无欲复心的老子太古道的学说，解说到这里，把历史变易的原因和动力，完全归结为人们主观意志的所谓"心"或"太古心"。他的历史变易思想的本质，仍是唯心主义的，而且是主观唯心主义的。

魏源确认社会历史时刻变化着，而且是一步步向前发展着，所谓"三代为私"，"后代为公"；"公胜于私"，"后代胜于三代"，由私到公，由三代到后代，是人类社会的进化，并列举史实论证说：

> 后世之事，胜于三代者三大端：文帝废肉刑，三代酷而后世仁也；柳子非封建，三代私而后代公也；世族变为贡举，与封建之变为郡县何异？三代用人，世族之弊，贵人袭贵，贱人袭贱，与封建并起于上古，皆不公之大者。虽古人教育有道，其公卿胄子多通六艺，岂能世世皆贡于草野之人！⑤

又说：

> 春秋诸卿，有公族，有世族，其执政之卿，谋国之大夫，无非此二族者。公族有鲁之三桓，宋之七穆，郑之六卿，世族则晋之栾、郤、智、范、韩、赵、魏，齐之高、鲍、陈、田，卫之孙、宁，皆世执国柄，单寒之子无闻焉。秦人崛起，乃广求异国之人而用之，由余、蹇叔、百里奚、丕豹、公孙枝、卫鞅之属，无非疏远。由是六国效之，游士大起，乐毅、苏、张、范雎、李斯、蔡泽、虞卿，皆徒步而取相印；气运

---

① 魏源：《论老子一》，《魏源集》上册，第256页。

②③④ 魏源：《论老子二》，《魏源集》上册，第257—258页。

⑤ 魏源：《默觚下·治篇九》，《魏源集》上册，第60页。

自此将变,不独井田、封建之将为郡县、阡陌而已。①

魏源认为历史如江河流水,一往无前,往而不可复,越变越进步。他在《默觚》中列举古代三皇五帝,乃至隋、唐、明、清封建郡县,租庸到两税,再到一条鞭法等历史事实的演变情况,从而证明历史是向前发展的。

他说:

> 租、庸、调变而两税,两税变而条鞭。变古愈尽,便民愈甚,虽圣王复作,必不舍条鞭而复两税,舍两税而复租、庸、调也……江河百源,一趋于海,反江河之水而复归之山,得乎? 履不必同,期于适足,治不必同,期于利民……五帝不袭礼,三王不沿乐,况郡县之世而谈封建,阡陌之世而谈井田,笞杖之世而谈肉刑哉……诗曰:"物其有条,维其时矣。"②

魏源反对复古,并具体驳斥庄子和宋儒们的复古言论。他说:"庄子喜言上古,上古之风,必不可复","宋儒专言三代,三代井田、封建、选举,必不可复"。在他看来,因为情欲、气势是自变的,社会历史也是自变的。认为从春秋到秦代周,"以并天下",乃"大势所趋,圣人即不变之,封建亦必当自变。"③

从上述论述中,可以看出,魏源认为历史是进化的,而且历史是自变的,这在我国古代传统史学思想中是少见的。但是,我们必须看到魏源是今文经学家,是依据公羊三世说编制三世说历史进化理论的。以黄帝、尧、舜时为太古,三代为中古,春秋战国进入末世。至秦到了末世灭亡时期,而汉代,"气运再造",走出末世,重复另一历史气运的"太古"时期。按这一历史理论,人类社会历史在"气运"中"自变"、"再造"(实际是重复)。他解释说:

---

① 魏源:《默觚下·治篇九》,《魏源集》上册,第60—61页。
② 魏源:《默觚下·治篇五》,《魏源集》上册,第48—49页。
③ 魏源:《尚书·顾命篇发微》下,淮南书局,光绪四年版,第14—15页,《古书微》卷11。

迨汉气运再造,民脱水火,登衽席,亦不啻太古矣。则曹参、文景,斲琱为朴,网漏吞舟,而天下化之。盖毒痛乎秦,酷剂峻攻乎项,一旦清凉和解之,渐进饮食而勿药自愈。盖病因药发者,则不药亦得中医,与至人无病之说,势易而道同也。孰谓末世与太古如梦觉不相入乎?①

依照魏源的看法,人类社会历史,自古以来气运递嬗,总是由淳朴太古,递嬗到有弊的中古,终而至弊极的末世。在末世的递变过程中,又将复反到淳朴的太古之初。从末世复反太古,其间气运变化,先后"相入",关系密切。又认为西汉到元,其间为一气运。宋太祖之所复,将为明太祖之复启以先机。认为明、清如汉、唐,自是另一气运。道光年间,气运递变到何世呢? 这是魏源最忧虑的问题。

总之,魏源的史学思想,在认识社会历史发展的过程中,虽然看到了历史不断变易、向前发展(进化),但对社会变革,他是无法理解的。他认为"气化递嬗,如寒暑然",太古之不能不中古,中古之不能不末期。这种"三世"变化过程,完全是自发自变的,无待于圣人帝王之逆或抑。可是,当历史进到一个气运的末世或衰世时,必须圣人或帝王及时逆抑,拨乱反正,才能"反本复始",复反到另一气运的太古时代。古今历史的"反复"过程,必须靠圣人或帝王的设教、兴政相逆相克而成。他依据其"三复"理论,论述历史上的朝代兴亡时,如有明君贤臣及时匡救,是可免于灭亡之祸的。那么,为什么历史上不少朝代总是贤臣少而权奸多,亡了国呢? 魏源不可能触及封建社会制度和国家政权的实质,最后还是归结于自然气运。因此,魏源的三世说历史进化思想,无可避免地陷入了"三复"说的历史循环论的泥潭中。

二、《圣武论》的编撰

清初,清史研究是一个禁区,无人敢于论述和研究清史,直到鸦片

---

① 魏源:《论老子二》,《魏源集》上册,第258页。

战争前夕,由于国内尖锐的阶级矛盾和反对外国侵略的民族矛盾,使清廷越来越需要依靠汉族地主阶级势力。因此,满汉统治阶级间矛盾日趋缓和,反映在文化思想的禁锢逐渐松弛。汉族一些开明官吏和知识分子中的有识之士,为给清廷统治者打强心剂,溯本追源,开始研究清代历史,总结历史经验,为巩固清廷封建统治提供历史借鉴。在这一历史背景下,魏源本着"经世致用"的精神,冲破旧的藩篱,研究清代历史,编撰《圣武记》。

魏源研究清史,大约始于道光九年(1829)左右。这一年他应礼部考试未中,遵例纳赀任内阁中书。内阁是清廷掌管政令草拟和颁布的机构,故对清朝历代政令、典章制度和文献资料收藏极为丰富。魏源利用这一职务的有利条件,开始清史研究的资料收集。至于《圣武记》的编撰始于何时,魏源在该书第一版序文中说:"晚侨江淮","乃尽发其椟藏",排比经纬,驰骋往复,先出其涉兵事及尝所论议若干篇,纂为《圣武纪》。道光十五年(1835),魏源买园舍于扬州新城,名曰"絜园"①,是为居江淮之始。道光十七年(1837),魏源于所居序其所辑《明代食兵二政录》,在序中揭露了清中期以来的弊病,指出"无一岁不虞河患,无一岁不筹河费,前代未之闻焉。"又说:"江淮惟防倭防盗,不防西洋,夷烟蔓宇内,货币漏海外,病漕、病鹾、病吏、病民之患,前代未之闻焉。"②魏源针对当时清廷面临的严重社会危机,欲探寻其根源,以及解救的办法,故于道光十七年(1837)前后乃在所收集的清史资料中,"先出其涉兵事及尝所论议若干篇",进行《圣武记》的编撰,至二十二年(1842)鸦片战争结束,签订《南京条约》时成书。这时魏源在编撰思想上,仍对清廷统治寄予希望,相信衰落的清朝还有恢复清初"盛世"的可能,因此在《圣武记》中,仍然用了很大篇幅描写"清初盛世",宣扬清初的所谓"武功",以鼓舞清统治者的信心,平所谓"人心之积

---

① 魏源:《魏源集》下册,第849页。
② 魏源:《魏源集》上册,第162页。

患"。他幻想清廷"师前圣前王",用"武功"改变鸦片战争后的落伍局面。

据我们所知,《圣武记》共有三个版本,即道光二十二年(1842)本、道光二十四年(1844)本、道光二十六年(1846)本。该书计十四卷,采用纪事本末体,前十卷叙事,历述清初建国、平定三藩、勘定回疆、金川、镇压农民起义及处理蒙古、西藏问题等史事,以及用兵成败之道和各项军事制度。后四卷则为作者的议论,对于练兵之法、整军之策、筹饷之方、驭夷之略等,论述尤详。道光二十四年(1844)版在苏州修改,道光二十六年(1846)版在扬州修改,光绪四年(1878)申报馆排印时,增入《道光洋艘征抚记》,为现在通行的版本。该书是清代以专题私撰清史的第一本著作。若将光绪二十二年版本与光绪二十四年版本、光绪二十六年版本相比较,在目录学上,光绪二十二年本、光绪二十四年本,除《嘉庆川湖陕靖寇记》略有出入外(二十二年本列在卷十内,二十四年本、二十六年本列在卷九内),其余基本相同。道光二十六年本与道光二十二年本相校,二十六年本卷四增《道光回疆善后记》,卷六增《俄罗斯附记》,并有《乾隆征缅甸记》上、下,卷七增《嘉庆湖贵征苗记》,卷十增《嘉庆川湖陕靖寇记八》、《嘉庆川湖陕乡兵记》。又卷一《开国龙兴记》道光二十二年本、道光二十六年本有附考,道光二十四年本无。卷二末,道光二十六年本附有《闽中纪略》、《固山贝子平浙纪略》。卷三《国朝绥服蒙古记二》后,道光二十六年本增附录《夜谈随略》;又《雍正两征厄鲁特记》卷末,道光二十二年本有《按岳钟琪行状》、《新疆识略》、《一统志》曰,道光二十四年本无上述内容,而附有《啸亭杂录》曰,道光二十六年本除附有《啸亭杂录》外,增《新疆识略》,内容与道光二十年本所附同。卷五《国朝抚绥西藏记》下,道光二十六年本增附录《康辅纪行》、《国朝抚绥西藏记》下,增附录《蒙古源流》节录。《乾隆征缅甸记》道光二十二年本与二十四年本同,道光二十六年本分为上、下。卷八,道光二十四年本增《嘉庆湖贵征苗记》、《嘉庆东南靖海记》,道光二十二年本、二十六年本均附有《礼亲王啸亭杂录》。又《嘉庆宁陕兵变记》,道光二十六年本卷末有《附杨芳南山靖贼事》。卷十,道光二十六年本增《嘉庆川湖陕乡兵记》及《附严如煜前后乡兵行》。卷十二《武事余记》,道光二十六年本增《故礼亲王啸亭杂录》曰:《道光洋艘征抚记》,目录中印有该题目,并且注明"补刊",但在正文中没有此篇,直到魏源去世后,上海申报馆于光绪四年(1878)排印《圣武记》时编印书内。除了上述三个版本外,我们还见到有刻本,石印本,铝印本等十余种不同版本,均祖于道光二十二年本、二十四年本、二十六年本,故不赘叙。

《圣武记》记载的清朝历史,主要是记叙爱新觉罗氏的崛起,统一漠北,直到道光年间的对外对内战争,归纳为"开创"、"藩镇"、"外藩"、"土司苗瑶回民"、"海寇兵变民变"、"教匪"六大类,叙其本来经过。魏源站在地主阶级改革派的立场上,竭力歌颂"征苗"、"平瑶"镇压川陕白莲教,所称颂"武功",全是镇压各族人民群众的罪恶,魏源以此来唤起腐朽清统治者稳定其统治的"信心"。当然,也必须看到,该书最后完成于鸦片战争失败之后,魏源为反对外来侵略,捍卫国家独立和领土完整,通过宣扬清初的"盛世武功",期待成为"军政修"、"官强"、"兵昌"、"令行"、"四夷来王"的强大国家。这表现了他的反侵略的爱国思想。正由于该书具有爱国思想,当该书出版后,立刻受到读者的欢迎。正如他自己所说,"是《记》当海疆不靖时,索观者众,随作随刊。"该书第二、三版本序言,都是鸦片战争以后写的,"国耻"、"国耻"提的一次比一次强烈,这种强烈的爱国思想,与顽固派的妥协投降的卖国思想,恰成鲜明的对照。

魏源在国内阶级矛盾不断激化和外国侵略势力加紧侵略我国的历史背景下,怀着既要维护封建统治,又要反抗外来侵略的复杂矛盾的心情编撰《圣武记》,因此,《圣武记》一书既打上了地主阶级改革派印记,又代表了时代呼声。

《圣武记》历述清初武功,以期重振清王朝的"盛世"。这是该书编写的主要宗旨。魏源面对清王朝腐朽衰落,非常忧虑,企图通过历史研

究,寻求富国之道。他早在《默觚》一文中说:

　　　自古有不王道之富强,无不富强之王道。王伯之分,在其心不
　　在其迹也……《洪范》八政,始食货,而终宾师,无非以足食足兵为
　　治天下之具……王道至纤至悉,井牧、徭役、兵赋,皆性命之精微流
　　行其间。使其口心性,躬礼义,动言万物一体,而民瘼之不求,吏治
　　之不习,国计边防之不问,一旦与人家国,上不足制国用,外不足靖
　　疆国,下不足苏民困,举平日胞与民物之空谈,至此无一事可效诸
　　民物,天下亦安用此无用之王道哉?①

　　因此,他非常重视历史研究,重视历史经验的总结,深感史学与政
治的密切关系。他说:"沿习不察,积非成是,始于士大夫不讨掌故,道
听途说,其究至贻误于家国。"他认为:"国家欲兴数百年之利弊,在综
核名实始。欲综核名实,在士大夫舍楷书帖括而讨朝章国故始,舍胥吏
例案而图讦谟图远猷始。"②而史学在他看来就是研究拨乱之道,匡时
之策的重要学问。因此,他反对当时"史官以蝇头小楷,徘律八韵为报
国华国之极事"的无用做法。道光二十五年(1845),他在写给邓湘皋
的信中说:"源羁寓无聊,海艘迭警,不胜漆室之忧,说空言以征往事,
遂成《圣武记》十四卷,《海国图志》五十卷,已次第刊成,寄请海正……
以不入史馆为源歉,则非源志也。今日史官以蝇头小楷,徘律八韵为报
国华国之极事,源厕其间,何以为情? 不若民社隅一差为近实耳!"③表
明他对史学和史官的看法,也是对脱离现实的治史学风的有力批判。

　　显然,魏源在编撰《圣武记》时,继承了我国古代史学的优良传统,
在记载历史时,本着"功则功,罪则罪,胜则胜,负则负,纪事之文贵从
实"的原则,以达到"所以垂法戒之"的目的。他指责有些史书在记载
史实时每每歪曲史实,如:

----

①　魏源:《魏源集》上册,第36页。
②　魏源:《圣武记》,中华书局1984年版,第488页。(下引版本同)
③　邓显鹤编撰:《宝庆存志》卷102《艺文志三》。

近人纪皇朝武功七篇，往往言胜不言败，书功不书罪。如三藩之役，顺承郡王，简亲王逗留于楚，贝勒洞鄂失几于陕，总督金光祖、将军舒恕观望于粤；准噶尔之役，蒙古王丹津纵寇于鄂尔昆河，一概不书。即傅尔丹和通泊之败，额楞特喀喇乌苏之败，亦略一及之而不详。参赞额登勒保逗援于缅甸，温福偾事于金川，巴忠、成德、鄂辉贿和于西藏，恒瑞、黄仕简、任承恩老师于台湾，及柴大纪如何获罪，亦一概不书。①

魏源认为在历史书籍中言功不言罪，虽然是《春秋》讳内失、昌黎避史谴之意，但是在他看来"利钝兵之常事，不须讳言"，并且进一步指出说：

赏罚国之大枋，有章奏，有上谕，具载官书，何必深没其文以成疑案。故高宗屡谕史馆列传直书诸臣功过，敬本此谊，以昭信史。而所见之世，尤倍详于所闻之世，庶几处不讳之朝，存三代之直。②

魏源本着史学家的正直和责任感，看到史籍记载中将相们"言功不言败、书功不书罪"，主张改变这一现象，直书其事，是值得肯定的。但是他不可能同情被将帅官兵所惨杀人民的滔天罪行，就是看到、听到了，他也会认为是"功"，不是罪，甚至是"圣功"、"圣武"，其治史完全站在地主阶级的立场上。为了巩固清廷统治，他在后四卷的论议，对练兵之方、整军之策、应敌之略等，论述尤为详细。故当时包世臣在《答魏默深书》中说："国之武功之盛，官书卷帙浩繁，不可究诘。足下竭数年心力，提纲挈领，缕分瓦合，较原书才百一，而二百事迹略备，其风行艺苑，流传后世，殆可必也。"在编撰体例上，包世臣不同意魏源编撰《圣武记》的方法和排列次序，提出："惟仆则以兵制武功之本，必宜列为卷首。次则军法、军实，宜挨顺序前后，逐案编纂，而不必以地分类，藉使事因时出，义随事见，得失之极，了然心目。"③从编纂学的角度看，

①② 魏源：《武事余记·掌故考证》，《圣武记》，第501页。
③ 包世臣：《齐民四术》，《安吴四种》卷35。

包世臣的意见有一定道理,他是从静态的角度来看的,但魏源没有采纳他的建议,因为他力图使《圣武记》能直接为当时的现实服务,故在序中,首先提出人才的进退,军令的整饬,作为国家富强之本。在论述人才时,他说:

> 今夫财用不足国非贫,人材不竞谓之贫。令不行于海外国非羸,令不行于境内之谓羸。故先王不患财用而惟亟人材,不忧不逞志于四夷,而忧不逞志于四境。官无不材则国桢富,境无废令则国柄强。桢富柄强,则以之诘奸,奸不处,以之治财,财不蠹,以之蒐器,器不窳,以之练士,士无虚伍。如是,何患乎四夷,何患乎御侮!斯之谓折冲于尊俎。①

魏源治史,力倡“后王师前王”之说。他治史的目的就在于总结前王的历史经验和教训,使后王有所借鉴。更可贵的是,他提出借鉴前人的历史经验时要根据实际情况,灵活加以运用。因此,他提出“泥经与不泥经”,“泥史事与不泥史事”等命题。他说:

> 雍正中议讨噶尔丹,都统达福力谏,言贼能用其旧臣,且天时溽暑。张廷玉以《小雅·六月》兴师难之,卒荐傅尔丹败绩于和通泊。故泥经与不泥经,义相去霄壤。乾隆中戡定伊犁,御制开惑论,力辟汉唐诸儒,“地不足耕,人不足臣”之说,而西垂永奠。康熙中,议弃台湾,李光地力破前代‘捐珠崖,弃安南’之议,而海波息警。故泥史事与不泥史事相去霄壤。今日动笑纸上谈兵,不知纸上之功,即有深浅:有一二分之见,有六七分之见,有十分之见。淮阴背水死战,出于兵书,而诸将不知;崔浩凉州地利,得自《汉书》,而浮言不惑。②

这里,可以看出,魏源已认识到历史经验在实际中如何应用,是个十分复杂的问题,既要研究儒家经典中所载的经验,又绝不能照搬硬

① 魏源:《圣武记》,第512—513页。
② 魏源:《武事余记·事功杂述》,《圣武记》,第512—513页。

套，所谓"泥经与不泥经"，其效果是完全不同的；同样，史籍记载的经验也是如此。其关键是在认识上的深浅，"有一二分之见，有六七分之见，有十分之见"的区别。因而在实际运用历史经验时，有些人成功了，有些人失败了。

魏源在鸦片战争前后提出了这些精辟见解，确实非同凡论，是可贵的真知灼见。故他深有所感地说："故于史学深者，其练世故谙形势，亦必深，不肯以陈腐昧机，不敢以虚悻偾事"。他批评有些人，"尚未能领会纸上，而遂欲收功马上"，是"难矣哉！"①这说明了魏源对历史经验，治史的"经世致用"的意义的认识和体会是很深刻的，故他力图从历史行进的长河中，主要是从清朝一代的史实中，探求何者当兴，何者当革，找出其兴革之由，俾有益于当时日趋衰微的清王朝的封建统治。但是他对历史治乱的看法，和龚自珍一样，同宗今文经学，虽主张历史不断变易，然而其终局是治与乱相循，同样陷入循环论，以致迷失方向，无举足之处，在他看来："天下之生久矣，一治一乱"，认为其原因是由于"治久习安，安生乐，乐生乱；乱久习患，患生忧，忧生治"。似乎历史就是这样循环往复的演变。所以，他说："故真人之养生，圣人之养性，帝王之祈天永命，皆忧惧以为本焉。真人逆精以反气，圣人逆情以复性，帝王逆气运以拨乱反治"。在魏源看来，"逆则生，顺则夭矣；逆则圣，顺则狂矣。"他以自然界生物为例说："草木不霜雪，则生意不固；人不忧患，则智慧不成"。② 他十分重视和强调忧惧为本的观点，并且以这样的观点来看待当时的清王朝，认为当时清廷的统治虽已内外交困，日趋衰弱，但是如果能忧惧为本，振作起来，采取恰当的对策，还是可以和盛世一样富强起来。魏源怀着这样的信心来总结清王朝统治者的经验教训，也怀着这样的信心来鼓舞清贵族统治者，也是以这样的信心来进行《圣武记》的编撰的。

---

① 魏源：《武事余记·事功杂述》，《圣武记》，第513页。
② 魏源：《默觚下·治篇二》，《魏源集》上册，第39页。

在进行编撰时魏源抓住些什么关键问题呢？魏源在《圣武记》中引用嘉庆十五年诏书中的话说："国家经理大事，当扼其要领，譬治病当究其病源"①。清中叶以来朝廷的病源在哪里呢？魏源的结论认为在于政治上的因循敷衍之风，所谓"国家承明制，挢明弊，以内政归六部，外政归十七省总督、巡抚，而天子亲览万几，一切取裁于上，百执事拱手受成。上无权臣方镇之擅命，下无刺史守令之专制，虽鼪琐之中材，皆得容身养拙于其间。渐摩既久，以推诿为明哲，以因袭为老成，以奉行虚文故事为得体。恶肩荷，恶更张，恶综核名实……故便文畏事窭陋之臣，遇大利大害则动色相戒，却步徐视而不肯身领。自仁庙末年，屡以因循泄沓戒中外，而优游成习，卒莫之反也。"②他在该书中着重揭露了这方面的问题，希望清廷能改革吏治，使国家富强起来。

魏源编撰《圣武记》的另一指导思想是，着眼于边防，思患于预防，激励人民反抗外来侵略的爱国斗志。

魏源的《圣武记》成书于《南京条约》签订之后，其目的，对外来说，不仅仅是为了反对英国的侵略，而且也是为了反对沙俄等国的入侵。在鸦片战争前，有些有识之士，认为中国边防，西北恒剧于东南。因为在他们看来，东南以大海为界，尚易为守卫，而西北则沙漠无垠，兵少力弱则不足于遏制侵略者。从边防来说，如果立足于防御，又无险可守，如果被迫进行反侵略的防御战争，又无舟楫可省转馈之烦。因此，西北边防一直是个麻烦问题。龚自珍早就敏锐地看出了问题的严重性。林则徐也觉察到西北边防的重要性。魏源和龚自珍、林则徐是交往密切的好友，政治思想也比较接近，对沙俄的认识也较一致。所以，魏源在道光二十四年（1844）第一次修订《圣武记》时，即将其西北边防重点放在有关新疆和沙俄问题上。他说：

　　是《记》付刊之后二载，阅历益多，疏舛时憾，重加厘订，其全

---

① 魏源：《嘉庆东南靖海记》，《圣武记》上册，第360页。
② 魏源：《太子太保两江总督陶文毅公神道碑铭》，《魏源集》，第328页。

改者如廓尔喀、俄罗斯等篇,其半改者,如雍正征厄鲁特篇;其余诸记亦各有损益,而武事余记数卷,更定尤多。

道光二十六年在扬州又进行了第二次大修订,对有关新疆各篇和俄罗斯篇,又作了修改,他说:"如征苗、征缅甸及道光回疆何止一篇者,今皆增为上下篇;其全改者如廓尔喀、俄罗斯等篇,其半改者,如雍正征厄鲁特篇;其余诸记亦各有损益。"可见他对新疆和俄罗斯问题是十分重视的。关于这一方面,他的族孙魏光焘也有说明。《平回志》的后半部是在魏光焘主持下续成的,主要是记载回族首领张格尔叛乱与帝俄侵略新疆及帝俄与张格尔等勾结情况。这是针对性极强,有所指而进行编撰的,联系到稍后魏光焘所写的《戡定新疆记自序》的一些论述,更有力地说明了这一问题。他说:

> 逮乎我朝,准夷横踞北方,圣祖、世宗两朝宵旰,筹边不遗余力。高宗纯皇帝歼除准回两部,设重藩于伊犁、叶尔羌,而后诸边息烽燧之警者,几二百载。善于督师大学士左文襄公之言曰:保新疆者所以保蒙部,保蒙部者所以卫京师。若新疆沦胥,蒙族必败,非但陕甘山西诸边为之不靖,即直北关山,亦将无晏眠之日。

又说:

> 光焘……移藩新疆,复商刘襄勤公,属署迪化府知府黄丙焜、候补知府徐鼎藩、候补知县李徽煦等,稽考新疆事实,赓续纂辑……名曰《戡定新疆记》……第念先族祖默深先生尝取中秘所藏《方略》、《统志》诸书,辑要行世,承学便之,传刻勿替。是篇所撷,得方略之十二,是犹昔贤之志。①

所谓继"昔贤之志",即上继魏源编撰《圣武记》之志,从魏光焘的话中,说明编撰《圣武记》和《戡定新疆记》,其主旨有相同之处。

关于俄罗斯问题,《圣武记》分两篇叙述,一为《俄罗斯盟聘记》,一为《俄罗斯附记》。魏源说:"俄罗斯国,至明始大,其地亘络满、蒙古、

---

① 魏光焘:《戡定新疆记自序》,《回民起义》Ⅳ,第 323—325 页。

新疆之西北境,与中国相首尾。"至于清与俄的关系,他说:"初,俄罗斯东边接黑龙江,江者以外兴安岭为界。当明末季,我大清方定黑龙江、索伦、达瑚拉及使犬、使鹿各部,东北海防,而俄罗斯东部曰罗刹者,亦逾外兴安岭侵逼黑龙江北岸之雅克萨、尼布楚二地,树木城居之。"①经过清廷多次反入侵斗争,至康熙二十八年(1689),清俄终于签订了《尼布楚条约》,议定:"一循乌伦穆河上游之石,大兴安岭以至于海,凡山南流入黑龙江之溪河尽属中国,山北溪河尽属俄罗斯;一循流入黑龙江之额尔呼讷河为界,南岸尽属中国,北岸属俄罗斯。乃归我雅克萨、尼布楚二城,定市于喀尔喀东部之库伦,而立石勒会议七条,满汉、拉提诺、蒙古、俄罗斯五体文于黑龙江西岸。"②此后,沙俄虽多次侵扰,但康、雍、乾三朝,因兵力尚可,沙俄入侵企图未能得逞。

魏源在注视沙俄的同时,对防范英国入侵也非常关注。尤其在鸦片战争后,感到英国的侵略更加威胁着中国的安全。他分析英国的情况,不仅不同于沙俄,而且也不同于明代的倭寇。他说:

> 红夷之入寇,与倭不同。《明史·兵志》言倭寇长于陆战,短于水斗,以船不敌而火器不备也。红夷则专长战舰火器,此异倭者一。倭专剽掠沿海,迹同流贼。红夷则皆富商大贾,不屑剽掠,而藉索埠头通互市为名,专以鸦片之烟,耶稣之教,毒华民而耗银币,此异倭者二。红夷之水战与火攻强于倭,鸦片之害甚于倭……吾之水战火攻不如红夷,犹可言也,守岸禁烟,并不如倭,可乎不可乎?不能以战为款,犹可言也,并不能以守为款,可乎不可乎?令不行于海外之天骄,犹可言也,令不行于海内贩烟吸烟之莠民,可乎不可乎?③

魏源详细分析英国侵略者战舰火攻之强和鸦片贸易之危害性,极

---

① 魏源:《国朝俄罗斯盟聘记》,《圣武记》,第244页。
② 魏源:《国朝俄罗斯盟聘记》,《圣武记》,第245页。
③ 魏源:《武事余记·议武五篇》,《圣武记》,第547页。

力强调采用适当措施抵御英国侵略者入侵,并激励人们奋起反抗外来侵略,从而取得反侵略战争的胜利。

三、《圣武记》在清史研究上的贡献和影响

魏源在编撰《圣武记》时,对方略、一统志等史书的编撰体例和方法,进行了研究。认为方略之体例,至乾隆而尽善。如康熙时馆臣编撰的《平定三逆方略》,只是专记载皇帝的诏谕,不载臣下的奏疏,致使许多历史事实既不清楚又不全面。康熙两次亲征准噶尔,一捷于乌兰布通,再捷于昭莫多。而《方略》记载只"从第二次亲征起,而初次乌兰布通之役,不复追叙,既于事无根。至于第二次昭莫多之役,亦不载费扬古捷奏,则两创准夷之功安在? 若乾隆中修《平定准噶尔方略》,则以前编补述雍正西师始末,正编扫荡准部、回部,且章奏文报,灿然指掌。盖馆臣禀承睿裁,故体例明备。"①因此,魏源在编撰《圣武记》时,在《康熙亲征准噶尔记》篇后,附载了马思哈·殷化行二纪,"一以补乌兰布通之战,一以补昭莫多之战。皆朔漠方略所未有。"②

魏源认为清廷臣僚们所编撰的官书,问题很多,突出的缺点是"两不收",其原因是由于分门各纂,互不相应。如雍正中北路大军始驻科布多,继移察罕瘦尔。乾隆中又移乌里雅苏台。是三地为历朝筑城屯兵控制西北重地。《一统志》成于乾隆平定新疆之后,乃于此三地,一字不提。出现这种情况的原因是,"图伊犁者,既以科布多之东属喀部,非伊犁将军所辖。及图喀部,又以此三地驻官军,非蒙古汗王所辖,故两不收。嘉庆朝《会典》,虽补科布多及唐努山乌梁海图,而于察罕瘦尔,亦不之及,遂以两朝亲王大将军重兵之所,竟莫所知,此其疏一也。《一统志》于外藩疆域末附云:'盛京东北濒海,有赫哲、费雅喀、库伦、鄂伦春、绰奇楞、库野、恰喀拉诸部落,各沿海岛居住,每岁进貂皮,设姓长乡长子弟以统之。鄂伦春并设佐领供调遣,皆隶于宁古塔、黑龙

---

①② 魏源:《武事余记·掌故考证》,《圣武记》,第 493、494 页。

江将军,地虽极边,人则内属,故不列于外藩'云云。夫既不列于外藩,则东三省边域中谅必及矣,乃又一字不及……以本朝之人谈本朝之掌故,钩稽不易如此,又何论远古,何论荒外?"①如此种种,说明清修官史之不足。魏源认为官修所记载的资料往往互相矛盾,莫衷一是。如记载回部与元裔的关系,《外藩王公功绩表传》载顺治三年(1646)"谕曰:'吐鲁番乃元成吉思汗次子察哈岱受封之地'。且载叶尔羌、和阗、阿克苏各城各有元裔汗酋表贡。康熙十二年(1673),吐鲁番贡使至,表称成吉思汗裔,承苏赉满汗业。"②魏源认为回部之为元裔,是明确的事实。但《西域图志》却以为回教始于唐初派罕巴尔,传至霍集占三十世,遂以元代回部成吉思汗后二十余世推之上古史,谓更在派罕巴尔之前,谓成吉思汗与元太祖同名,为唐以前已有回教之证。魏源认为这种说法,完全是"幻渺凿空,莫可究诘"的说法,毫无史实依据。因此,他在编撰《圣武记》时,尤重实史的考证。官书在人名地名翻译时多不统一,后世引用史料带来不少疑虑,因此,《圣武记》尽量避免出现这些问题。

魏源认为官书中也有编撰得好的,如《一统志》的编撰体例就较好,因为考虑读者如不懂蒙古语言文字,每苦蒙古山川地名等,难以了解。《一统志》对"外藩各部山川,皆以汉语大书,而蒙古语分注其下"。采用了所谓"地从主人,名从中国"的编撰方法,誉《一统志》为"不刊之令典"。③

由于魏源对清代所编撰官书体例进行详细研究,故在编撰《圣武记》时,决定采用传统的纪事本末体,将清代数十大事,叙述得比较清楚、系统,对后世深入研究清史有较高学术价值。

《圣武记》总结清代前期的历史经验,以增强清廷统治者的自信

---

①　魏源:《圣武记》,第494—495页。

②　魏源:《圣武记》,第497页。

③　魏源:《圣武记》,第494—497页。

心。同时，《圣武记》也反映了清廷统治的日趋衰弱，故魏源研究清史，既着眼武功，研究前清军事史，力图从军事方面总结经验；同时，又针对鸦片战争前后清廷所处的防御地位，在《圣武记》中用很大篇幅，专门写了《兵制兵饷》、《城守篇》、《水守篇》、《防苗篇》、《军政篇》、《军储篇》等，从防守方面准备，力谋战胜敌人。他千方百计地为清廷献计献策，希冀清廷采纳，以改变被动挨打的局面。

魏源在《圣武记》中表现出的战胜外国侵略者的愿望，和广大人民群众的爱国思想是息息相通的。他所提出的具体措施，也得到清廷一些有识之士的赞同。所以《圣武记》问世后，即风行海内，影响所及，自鸦片战争至甲午战争，几十年间其势不衰。陈岱霖《云石诗集》称颂《圣武记》说："惊人每忆纵谈初，柱腹撑肠万卷书，直与乾坤开奥窔，岂徒笺注到虫鱼。"孔宪彝《对岳楼诗话》也说："百年官风池，频年卧江浒，读书期有用，削札记圣武。"《圣武记》的强烈爱国思想和经世致用思想，对当时及以后学术界所起的影响十分深远。

《圣武记》不仅在国内有巨大的影响，而在日本也有一定的影响。道光三十年（1850）魏源的《圣武记》、《海国图志》二书由船舶载运至日本，不久，日本即有《圣武记采要》三卷翻刊，继之又有《圣武记附录》及《圣武记附录拔粹》八卷，刊刻出版，颇受日本读者的欢迎和学术界的重视。

魏源编撰《圣武记》时，由于受历史条件的限制，只能参考经书、正史、实录、方略及地方志和种种私人著述，取材虽丰富，但对其中一些资料没有进行综合分析鉴别，致使出现了诸多讹误。如卷三《雍正两征厄鲁特记》中说："会罗卜藏丹律与其族罗卜藏舍楞谋杀噶尔丹策零，事觉被执，八月噶尔丹策零遣使特磊表献丹津，中途闻师而止。"孟森在《明清史讲义》中明确指出此说不妥。再如白莲教起义，《圣武记》所记重要史实有错，胡思敬在《圣武记纂误》中作了校勘。《圣武记》一书存在疏误虽是事实，但这是白璧微瑕，成就是主要的。特别在学术思想上，扭转乾嘉考据史学方向，以军事"功绩"歌颂清初"武功"，以激励人心力图恢复清代前期的盛世。《圣武记》不仅总结了清前期历史经验，并且提出了"以彼长技，御彼长技"，"以夷制夷"的主张，在维护清封建政权的前提下，提倡学习外国，力图解决封建社会与资本主义社会发展趋势中所出现的问题和矛盾，强调抵御外侮，维护国家的统一，强烈的爱国主义思想成为当时教育和鼓舞人民民族自信心的精神力量。《圣武记》不仅打开了视为禁区的清史研究大门，而且开拓出一条研究当代史的途径，其筚路蓝缕开创之功是非常可贵的。

第四节　张穆、何秋涛的边疆历史地理研究

一、张穆与《蒙古游牧记》

张穆（1805—1849），初名瀛暹，字诵风、蓬仙，一字石州、硕洲，晚号清阳亭长。山西平定人。他的祖父为乾隆二十二年（1757）进士，曾任泗州知州、江南乡试同考官等职，著有《希音堂集》六卷。父亲为嘉庆十六年（1811）进士，任编修，后任福建正主考。张穆十岁丧母，十三岁丧父，十五岁投靠表舅莫宝斋。① 道光十一年（1831）为优贡生，次年选充正白旗官学教习，道光十六年（1936）以知县候选。道光十九年（1839），参加顺天乡试，因携带瓶酒入考场，与监考人员发生冲突，被斥出考场，遂愤而放弃仕途，长期隐居北京，闭门读书，一意著述。②

张穆自幼好学，博学多才，治经史，通天文，对兵制、农政、水利、钱法都有研究，而侧重蒙古和西北舆地之学的研究，造诣精深。

鸦片战争后，张穆以时事为念，对边疆安全极为关注和忧虑，曾提出一些巩固边防的设想，忧心国家安危的爱国思想溢于言表。著有《顾亭林先生年谱》四卷、《阎潜邱先生年谱》四卷、《昆仑异同考》、《俄罗斯事补辑》、《魏延昌地形志》、《蒙古游牧记》等史地著作。另著有《月斋文集》八卷、《月斋诗集》四卷，《清阳亭札记》等。

---

①② 　张继文：《石州年谱》、《山右丛书初集》本，第1、5页。

张穆和林则徐、魏源等道咸学者又有交往,故在政治上和学术上受到林、魏的影响,主张研究学问应面向社会和国计民生。他明确指出:"当今天下多故,农桑盐铁、河土海防、民风土刃,何事不当讲求。"①他对鸦片战争失败后的现实,有一定清醒的认识,认为英国的入侵使中国"海寓为之驿骚,盖藏为之耗竭","虎狼在户,反复莫必。"②外国在中国设立教堂传教,是"挟兵威以鼓其邪说,假邪说以偿其大欲",他认为这是侵略者"谋人国"的一种阴险手段,而不平等条约中有关租界的规定,允许外国人在华建楼盘踞,是"肆行吞占"中国领土的具体表现,对这些问题他极其担忧,主张抗击外国侵略,反对妥协投降。他认为林则徐在广东禁烟的胜利,是"民心真不可恃"③的结果,予以热情的歌颂。他还热情地称赞广东、福建等沿海各省人民群众自发抗击英国侵略者的英雄业绩,并建议清廷利用人民群众的力量抵抗外来侵略者,只要做的适时,"一旦有事,荷锄耰者皆兵也,不胜调发万万哉!"④正是在这种强烈的爱国思想的支配下,从事边疆历史地理的研究。

《蒙古游牧记》是张穆研究西北历史地理的代表作。

我国自秦汉以来就是一个多支脉的统一的多民族国家。在清代,沿边各地区如西藏、新疆、云南、台湾、吉林等地区均有史地专著,唯独蒙古尚缺,张穆的《蒙古游牧记》的问世,填补了这一领域的空白。他曾说:清朝"廓疆畛二万余里……礼乐朝会,赋役法制,条教号令,比于内地,盛矣哉!"⑤他认为全国各行省府厅州县,都有纂述志乘,考古镜今,独内外蒙古,未有专书。钦定《一统志》、《会典》,虽亦兼及藩部,而卷帙浩繁,"流传匪易,学古之士,尚多懵其方隅,疲于考察",一般人要了解蒙古史地情况那就更难了。为了适应统一多民族国家的发展和巩

---

① 张穆:《月斋文集》卷首祁寯藻序,《山右丛书初集》本(下版本同)。
② 张穆:《月斋文集》卷2《海疆善后重守令论》。
③ 张穆:《月斋文集》卷3《与徐仲升制军书》。
④ 张穆:《月斋文集》卷2《海疆善后重守令论》。
⑤ 《蒙古游牧记》卷首祁寯藻序。

固西北边疆,他决心撰写一部蒙古史地专著。《蒙古游牧记》是张穆于道光十七年(1837)前后着手编撰的,"致力十年,稿凡屡易",初稿基本完成,道光二十九年(1849)他就病逝了。咸丰三年(1852)何绍基将《蒙古游牧记》初稿及其遗稿交给何秋涛,后经何秋涛校订、并排比补辑末四卷,全书得以完成。咸丰九年(1895),由祁寯藻出资付梓,刊行问世。

《蒙古游牧记》凡十六卷,以史志体例,分述自古至清道光年间蒙古各部所在、舆地形势、道里四至和历代沿革,尤重元亡以后各部变迁的记叙。以盟旗为单位,凡内蒙古二十四部六卷,外蒙古喀尔喀四部四卷,额鲁特蒙古和新旧土尔扈特部各三卷。部类各有总叙,并自注,考证精详。《蒙古游牧记》研究的地域,包括今天的蒙古人民共和国和中国内蒙古、新疆、宁夏和东北三省蒙古部族活动区域,对其研究古今蒙古各部盟族历史、汉蒙统治者的政治关系史具有重要的学术参考价值。

就清贵族与蒙古贵族的关系说,蒙古有些部族在清入关之前,便已归附于清,并与其结成联盟,有力支持清统一全国,后来在清与厄鲁特准噶尔作战中起了重要作用。因此,清廷十分重视与蒙古诸部的关系。张穆也清楚地看到了这一点,认识到"其部落强弱,关系中国盛衰。"故在所撰《蒙古游牧记》中不仅历叙蒙古各部接受清廷封爵,还涉及其他各方面的关系。如指出居地紧靠盛京边墙的科尔沁部列为内札萨克二十四部之首,享有特殊的政治地位,除了与清皇室联姻外,还因其每"有大征伐,必以兵从,如亲征噶尔丹、剿策妄阿喇布坦、罗卜藏丹津、噶尔丹策凌、达瓦齐诸役,札萨克等効力戎行,莫不懋著勤劳"。"世祖当草创初,冲龄践祚,中外帖然,繄蒙古外戚扈戴之力。"①事实证明,蒙古部族是清廷主要政治军事力量支柱之一。它的兵力和所居地理位置,都与西北边防的巩固和安全有着直接的联系。张穆对清廷支持蒙古地区经济发展和密切蒙古与内地联系的措施十分赞同,肯定其有利

---

① 《蒙古游牧记》卷首祁寯藻序。

于巩固西北边疆的安全。

"缀古通今，稽史籍，明边防"是撰写《蒙古游牧记》的主要着眼点。内外蒙古，瀚海千里，是我国北部的边防屏藩，了解其山川厄塞险夷，是关乎国防安全与否的头等要事。张穆明确指出，他在该书中之所以详细记载山川城堡，即意在"志形势也"①。从这一要求出发，故他对蒙古各处地形、驻军重镇及边地卡伦屯兵地点等，都博引史籍，考古证今，十分翔实。"如科尔沁、土默持之拱卫边门、翁牛特、乌珠穆沁之密迩禁地，四子部落环绕云中，鄂尔多斯奄有河套"，以及"喀尔喀、杜尔伯特、土尔扈特诸部，或跨大漠杭海（即杭爱）诸山，或据金山（今阿尔泰山）南北，或外接俄罗斯、哈萨克诸国，所居皆天下精兵处，与我西北科布多，塔尔巴哈台诸镇重兵相为首尾"的情况，皆逐一作了介绍，给读者以清晰的山川形势概念。

关于科尔沁右翼前旗东南的西伯（也作席北）城，《蒙古游牧记》也指出，其地为军事要冲，"凡自船厂往墨尔根、爱珲、黑龙江者由此。按清太宗皇太极天聪八年（1634）十一月，霸兰奇等征黑龙江，命由科尔沁国舅吴克善（也作乌克善）所属之席北绰尔门地方往过，则为东北冲途也久矣。"②又如论察罕瘦尔，谓其"水草佳美"，"地近喀尔喀游牧，如大兵会集驻扎，不惟军威强盛，防护亦有裨益。"③关于哈密，是书说，田畴沃衍，气候温暖，引渠溉田，素称殷庶，而其地当孔道，商民辐辏，西南通吐鲁番，为天山南路咽喉，北通巴里坤，为天山北路要冲，兼扼两路，形势尤胜，着重强调，"此盖自古战守扼要之地"，最为西陲重地。诸如此类的记载，张穆都是从边防军事的角度来考虑问题的。

由于张穆重视史学的经世作用，所以在研究历史地理时，还注意自然经济条件的考察。如在《魏延昌地形志》中说，"西北陂塘堰泽，尤有

---

① 张穆：《蒙古游牧记》卷13。
② 张穆：《蒙古游牧记》卷13。
③ 张穆：《蒙古游牧记》卷10。

心经世者讨论所必先,兹并考其兴废及现今情形,庶后来者有所取法焉。"①故在《蒙古游牧记》中,尤留意这一方面资料的记载。张穆每涉一地,必详引前人著作或陈案,记其水道泉源流向,指出何处有水草宜稼穑畜牧,何处水咸不可食,向人们描绘了一幅蒙古地区畜牧和农田水利分布概况图,展示了其时这一边疆地区发展农牧业经济的前景。

该书在编撰上也有独到之处。《蒙古游牧记》虽然是一部史志体著作,但其记事内容和范围都超过了一般史志,并在体例上对旧史志体作了增益和修改。缘是书之作原为补祁韵士《藩部要略》之阙,据祁寯藻②《蒙古游牧记》序说:"始余校刊先大夫《藩部要略》,延石州(张穆字)复加校核,石州因言:自来郡国之志与编年纪事之体相为表里,昔司马子长作纪传而班孟坚创修地理志补龙门之阙,而相得益彰,今《要略》编年书也,穆请为地志以错综而发明之。"张穆也说:"昔吾乡祁鹤皋(祁韵士字)先生著有《藩部要略》一书,穆曾豫雠校之役,其书详于事实而略于方域,兹编或可相辅而行。"③但事实上,《蒙古游牧记》并不是《藩部要略》的附庸,而是自成体系的独立著作,它突破了旧史志体的格局而自成体系,从而将史志体从纪传体体系中独立出来了。正史地理志往往仅记郡县地名,建置年月或户口多寡,于山川形势,都会厄塞则较少记载,《蒙古游牧记》记载范围要广泛得多。为了不破坏史志体本身的整体结构,张穆采用了历史地理学家徐松《西域水道记》自撰自注的编撰方法④,正文用笔简练,主要记载内外蒙古各部地理建置沿革,而在注文中征引大量资料,叙述其古今史迹、文物、山川水道、地形险夷、蒙古各部落历史状况,这样,就使历史地理研究与人文状况考

①　张穆:《魏延昌地形志》自序。
②　祁寯藻(1793—1866),祁韵士之子,字春圃。嘉庆十九年进士,历任编修,湖南、江苏学政,兵、户部侍郎,尚书,军机大臣,大学士等官职。
③　张穆:《月斋文集》卷3《蒙古游牧记·自序》。
④　《月斋文集》卷3《复徐松龛中丞书》说:"近数十年来,惟徐星翁《西域水道记》有此赡博;拙著《蒙古游牧记》非其论也。"可见张穆对其十分推崇,故在撰《蒙古游牧记》时效其赡博,并在体例上受其影响。

察的结合有了可能。这种正文与注相结合，既能突出某一专题，而又兼顾其与各方面相联系的编写方法，可以说为史志体开创了新局面，就史书体裁来说无疑是一种创造。

历史如何达到经世致用的目的，张穆是做得比较好的。他在《蒙古游牧记》中既陈古义，复论今事，以记载明清时期蒙古各部沿革为主，对秦汉至明以来的建置也作了叙述，脉络分明，使读者对蒙古地区的古今变迁情况形成了一个完整的历史概念。故祁寯藻称之说："陈古义之书则贵乎，实事求是，论今事之书则贵乎，经世致用，二者不可得兼，而张子石州《蒙古游牧记》独能兼之。"祁氏认为此书一出，"读史者得实事求是之资，临政者收经世之益，岂非不朽之盛业哉！"①

《蒙古游牧记》在资料运用上也有其优点，如注文采用了广证他书的集释和间加考证的方法，但却广而不滥。元以前主要依据正史及《元朝秘史》、《圣武亲征录》、《长春真人西游记》、耶律铸《双溪醉隐集》等，明代多取材《蒙古源流》，清代部分利用了清《一统志》、《会典》、《理藩院则例》、方略（《亲征平定朔漠方略》、《平定准噶尔方略》）、国史列传、《蒙古王公列传》、《藩部要略》等基本史料外，又广泛参考利用了清代学者编写的地方志如《热河志》、《盛京通志》、《承德府志》、《口北三厅志》、《陕西通志》、《延绥志》等；边疆地理著作如方式济《龙沙纪略》、杨宾《柳边纪略》、西清《黑龙江外纪》、英和《卜魁城赋》、吴振运《宁古塔纪略》、方观承《松漠草涛》、余寀《塞程别记》、龚之钥《后出塞诗》、张文瑞《漠北日记》等。在资料方面不仅十分丰富，而且都经过精心选择，尤重视实地考察所得和选取第一手原始材料，足见其功力所在。

《蒙古游牧记》是第一部较系统的蒙古地志，它的编撰不仅可补辽、金、元三史之阙，而且为我们提供了清代蒙古各部沿革和社会情况的较完整概貌，成为研究蒙古历史、地理的重要参考书，受到国内外学

---

① 张穆：《月斋文集》卷3《蒙古游牧记·自序》。

者的重视,从 19 世纪末叶起曾被译为俄文、日文①。在学术研究上作出了贡献。

除《蒙古游牧记》外,张穆还编撰过有关西北史地学的另一些著作,如《俄罗斯事补辑》、《月斋签记》、《元裔表》、《外藩碑目》等。校勘、刊行、传播西北史地学的重要古籍有:《元朝秘史》,是张穆从《永乐大典》十二先元字韵中,抄出十五卷全部汉文总译,和韩泰华收藏的鲍延博抄本《元朝秘史》相校勘,然后刻入《连筠簃丛书》,使一般读者接触不到的《元朝秘史》的汉文总译得以广泛流传,为国内外学者所利用;《长春真人西游记》、《元圣武亲征记》也经过他的校勘和刊行,得以广泛流传。此外,张穆还审校清代学者的西北史地著作刊行,做过不少工作。如祁韵士编撰的《藩部要略》十八卷及所附《藩部世系表》四卷,在祁氏生前未能刊行,祁韵士去世后三十年,其子祁寯藻请张穆校勘后,于道光二十六年(1846)始得刊行。祁韵士的《西域释地》、《西陲要地》二部著作,也是经过张穆审校,于道光十七年(1837)才刊行问世。刘禺生在《世载堂杂忆》一书中指出:道光咸丰年间西北史地学研究盛行时,"谈辽、金、元史者,京师以张穆为滥觞,论东南、西南海史地者,以魏默深为先河。"事实上,在张穆前,魏源、祁韵士等已开西北史地研究之先河,张穆可算作中国近代西北史理学的主要开拓者之一,是边疆史地研究上作出过重要贡献的学者。

二、何秋涛与《朔方备乘》

何秋涛(1824—1862),字愿船,福建光泽县人。自幼好学,年 20 举于乡,道光二十四年(1844)中进士,授刑部主事。在京期间,与同时代著名学者何绍基,张穆等交往甚密,谈学论道,思想与学术颇有共同之处。咸丰十年(1864)以丁忧离任,后受聘于河北保定莲花书院,同

---

① 《蒙古游牧记》有 1895 年俄译本,有须田嘉桔 1917 年日文初译本及 1939 年出版的同氏第二次改译的日文译本。

治元年（1862）不幸病逝，年仅 39 岁。

他博览群籍，学识渊博，尤精于史地之学，与张穆齐名。黄彭年在《刑部员外郎何君墓表》中说：何秋涛"能举天下府厅州县名，数其四境所至。"尤"专精汉学，而从诸公游处，未尝以门户标异，其于经史百家之词，事物之理，考证钩析，务穷其源委，较其异同，而要归诸实用"。鸦片战争后，受林则徐《四州志》、魏源《海国图志》的影响，专志于西北边疆史地研究。咸丰三年（1853）随李嘉瑞巡抚从安徽回京后，"益究经世之务，尝谓俄罗斯地居北徼，与我朝边卡相近，而诸家论述，未有专书，乃采官私载籍，为《北徼汇编》六卷。"①之后又增衍图说，至八十卷。咸丰八年（1858）将该书进呈咸丰皇帝，赐名《朔方备乘》。英法联军侵占北京时，书稿散失。吏部侍郎黄宗汉复据何氏所藏副本，拟更缮进，也不幸毁于战火。何秋涛病逝后，其子何芳楳复检出残稿，经黄彭年和畿辅志局诸学者依据原目补缀排类，得以恢复原稿旧貌，刊刻问世。何秋涛另著有《王会篇笺释》、《一镫精舍甲部稿》、《篆隶源流》，又有校正《元圣武亲征录》、校补张穆《蒙古游牧记》等。

《朔方备乘》共八十卷，凡例目录一卷。全书除"圣训"及钦定诸书十二卷系抄录外，其余卷章均为何秋涛所撰写。该书沿用我国传统的纪传体，局部有所创新。计圣武述略六卷、考二十四卷，传六卷、纪事始末二卷、记二卷、考订诸书十五卷、辨证诸书五卷、表七卷、图说一卷，共六十八卷。该书主要论叙并考订清初至道光朝约二百年间北部边疆地区的历史地理沿革、中俄关系的历史，对清以前汉唐至元明也简略追述。该书"旁搜博采，务求详备"，记述北方边疆的史地情况。其中历代北徼诸国诸王将帅传、北徼事迹和沿革表、元代北方疆域考、乌孙部族考等古代北方边疆历史，其余大部分为清代当代史。何秋涛精通汉学，治学严谨，运用史料，不仅取材广博，而考证尤为翔实。他在《朔方备乘》"凡例"中说："是书取材之处有四，一曰本钦定之书，以正传伪；

---

① 黄彭年：《刑部员外郎何君墓表》，见《一镫精舍甲部稿》卷首。

二曰据历代正史,以证古迹;三曰汇中外舆图,以订山川;四曰搜稗官外纪,以资考核。"

何秋涛编撰《朔方备乘》时,正值沙俄侵扰我西北边疆,故该书具有十分强烈的反侵略爱国思想。他在"凡例"中明确指出:"是书备用之处有八:一曰宣圣德以服远人,二曰述武功以著韬略,三曰明曲直以示威信,四曰志险要以昭边禁,五曰列中国镇戍以国封圉,六曰详遐荒地理以备出奇,七曰征前事以具法戒,八曰集夷务以烛情伪。"①可见何秋涛编撰本书的主要意图在于颂扬清初武功,激励清统治者效法先王,认清边疆形势,总结经验,振奋精神,抵御外来侵略者。从这一要求和意图出发,何秋涛通过《朔方备乘》为当时提供历朝经营北方边疆的经验以及北部边疆用兵地形和中外关系等必要知识。

何秋涛的《朔方备乘》是一部学术性和政治性结合较好的史地巨著。作者从军事历史地理的要求出发,强调"揽地利戎机之要",在内容上不仅记载了历朝北部边疆用兵得失之故,以备借鉴,而且还为了昭边禁,防备和抵御沙俄的侵略,对从东北到西北的边疆沿革和攻守地形作了详尽考察。他说:"边防之事有备无患",虽然"国家承平二百余年","然常宿重兵于漠北,将帅大臣星罗棋布,东西相望,其所以防患于未然者,意至深远。"②他根据当时的形势,认为对中国北部边疆侵略威胁最大的是沙俄,因为中俄边界广袤万里,与中国北部边疆接壤的,除"哈萨克之外,惟俄罗斯为强国,然则边防所重,盖可知矣"。何氏从捍卫边防着眼,对中俄关系作了深入的考察和分析,因而本书最有价值的部分便是有关中俄关系的篇章。如:《北徼界碑考》、《俄罗斯馆考》、《俄罗斯学考》、《雅克萨城考》、《尼布楚城考》、《艮维窝集考》、《库叶附近诸岛考》、《北徼山脉考》、《艮维诸水考》、《乌孙部族考》、《俄罗斯互市始末》、《俄罗斯进呈书籍记》等,不仅在内容方面搜讨甚详,而且

---

① 何秋涛:《朔方备乘》凡例。
② 何秋涛:《朔方备乘》卷11《北徼形势考叙》。

寓意极深。由于作者认识到沙俄的侵略的严重性，因而十分强调"西北塞防，乃国家根本。"①从何氏所记载的内容上看，他对中俄边界形势了解得极为透彻，提出俄罗斯地在哈萨克以外，虽距我边地卡伦尚有千数百里远近不等，但由于哈萨克诸部无城郭，迁徙不常，是以俄罗斯人每每可直至卡伦之外。因而对这一带的防御，何秋涛认为必须保持高度的警惕，因为金山剑海之间，自古以来都是用兵之地，语重心长地说："纪北徼喀伦（即卡伦）之设，即伊犁等处亦不容或略矣"。史实证明，何氏在《朔方备乘》中的看法和估计是准确的，就在何秋涛死后两年，沙俄通过不平等的《中俄勘分西北界约记》，将巴尔喀什湖以东、以南和斋桑淖尔南北四十四万多平方公里的中国领土强行割去。

论及东北边防，何秋涛认为吉林至关重要，"其地域广远，东至库叶岛，跨海外数千里，东北至赫哲、费雅喀部落，延袤三千余里，接俄罗斯境，重关巨扃，捍卫天府，实为东北第一雄镇"。而黑龙江，则"左枕龙江，右环兴岭，为东省屏藩，北门锁钥。"指出："吉林东北隅三姓副都统地，与俄罗斯密迩，三姓所属打牲、采捕诸部落，即旧时东海诸部，慕德向化，久为编氓，是则为盛京屏障者吉林也，为吉林根本者东海诸部也"，因此，何秋涛强调"北徼边防，不可不留意于东海矣。"②从这一要求和目的出发，作者考求群书，以专篇记东海诸部事迹。

针对沙俄企图吞并中国东北的阴谋，何秋涛在《朔方备乘》中历叙清初沙俄屡次侵犯黑龙江地区，都被清政府击退的史实，并对该地区的边疆沿革作了考证，纠正了一些不正确的说法。如，皇太极于天聪八年（1634）十二月征黑龙江全境后，"远近部落，相率来归，皆号新满洲。"这一地区在唐时已入我国版图，清贵族统治者故能因势乘便顺利地统一黑龙江地区。俄罗斯在清统一黑龙江地区以后，"始来据雅克萨地，筑城以居，侵掠赫哲、费雅喀诸部，皆清顺治二年（1645）以后之事，则

---

① 何秋涛：《朔方备乘》卷5《征乌梁海述略叙》。
② 何秋涛：《朔方备乘》卷1《东海诸部内属述略叙》。

黑龙江先属于我朝,而俄罗斯之兵争在后,年月班班可考。近人著述,或以为黑龙江至康熙二十一年(1682)始入版图,失考订矣。"①

是书的可贵之处在于何秋涛不仅从深入研究边疆现状入手,制定有效的防御措施,而且在当时一般人士不知外情的条件下,努力探求外国情况,尤其是搜集有关资料,系统介绍较为完整的俄国历史、地理、政区、户口、文化、宗教、民族、习俗和物产等概貌,以及清前期中俄关系情况,从而为"知夷制夷",更好地抵御沙俄侵略提供依据和参考。通过自己的研究,何秋涛认为沙俄是一个侵略性很强的军事帝国,它不仅于清顺治年间侵占雅克萨、索伦等地,还力图侵入我新疆地区,使人们对边疆危机有较清醒的认识。《朔方备乘》是一部十分可贵的爱国主义的史学著作。

《朔方备乘》的编撰方法,也自成一格,其特点是:

第一,"兼方志外纪之体",扩大了西北史地研究范围。

在何秋涛之前,祁韵士、徐松、张穆等人对边疆史地的研究,仅限于新疆一隅,或集中于蒙古史地,《朔方备乘》不仅把前人对东北、蒙古、新疆的史地研究成果熔汇为一炉,而且把研究范围扩大到域外史地,主要是展开了对俄罗斯、西伯利亚及东欧等史地进行了研究。是书的编撰内容和结构,与魏源《海国图志》十分接近和类似。魏源《海国图志》以东南海防为主,侧重于英国海上入侵如何防御的研究,所涉及的国家也颇多。何秋涛《朔方备乘》则专谈西北边防而集中于俄国的研究,其目的都是为了"集夷务以烛情伪"②,从而能"知夷制夷"。这正是他强烈的爱国思想在史学上的反映。

第二,将历史地理与民族史结合研究。

与有些历史地理研究者不同,何秋涛没有把它的研究范围局限于沿革地理方面,而是将历史地理的研究与边疆地区各民族的历史、习

---

① 何秋涛:《朔方备乘》卷首1,第1页案语。
② 何秋涛:《朔方备乘》凡例。

俗、源流等方面结合起来进行研究,这就大大丰富了《朔方备乘》一书的内容,其中如述略、传等部分都显示了这一特点。同时书中凡记载地名方位,也改变了古史书的旧方法,一律采用经纬度定位。他说:"北徼星度,古者言天家所未详,史传载各国相距里数,亦多未能核实,惟定北极高度及距京师偏东西度,斯为准确。"是书对国内地名方位,皆按清官方实测所定经纬度,俄罗斯境内地名经纬度则本诸西人《地理全志》所载皆以经北京的经线为子午线,从而加强了记载的准确性,这在当时同类著作中是比较新的方法,接近于近代的科学方法。

第三,兼综各体,自成一家。

《朔方备乘》一书的体裁,既非纪传,又非编年,既不是单纯叙事,又非专门考证,而是各体兼而有之。如《元代北徼诸王传》、《历代北徼用兵将帅传》等传六卷,取自纪传体;圣武述略、纪事始末和记,采用纪事本末体;考则为考证论文集;考订诸书则近注释体;表七卷,亦系仿正史而来,其中事迹表属年表,沿革、地名异同、俄罗斯境内分部表属地理表,世次表即世系表,头目表即职官表。这种合纪传、编年、纪事本末、考订、注释为一体的编撰方法,不仅适合于其内容上广涉古今中外的需要,而且从各方面综合反映这一领域研究成果的特点,体裁上也显示出独创精神。

第四,考订群书,集诸家之大成。

《朔方备乘》学术上亦多可取之处,其有关西北地理沿革及北方诸少数民族历史的记载,都是以补正史记载之阙。何秋涛在系统总结前人有关研究成果方面也作出了有益的贡献。如考订和辨证诸书二十卷,对清初以来有关俄罗斯的记载,如《职方外纪》、《使俄罗斯行程录》、《异域录》、《龙沙纪略》、《绥服纪略》、《俄罗斯佐领考》、《俄罗斯事辑》、《俄罗斯事补辑》、《俄罗斯国总记》、《俄罗斯盟聘记》、《海国图志》、《元代北方疆域考》、《康輏纪行》、《西域闻见录》、《檐曝杂记》、《癸巳存稿》、《瀛环志略》等著述逐一作了考订,纠正了其中的若干讹误。

《朔方备乘》在当时是一部有重大成就的著作。近代史学家陈汉章在《〈蓬莱轩地理学丛书〉后叙》中曾说："自林文忠公译西人《四洲志》，邵阳魏默深、光泽何愿船因以考订列史外国传及《佛国》、《西游》、《西使》诸记为《海国图志》，并及《异域录》、《宁古塔纪略》诸书为《朔方备乘》。"事实上，他们的工作开创了新的研究风气，开拓了新的学术研究领域，反映了时代变动在文化领域里的脉搏。他们的影响在当时及后来都是相当大的。但由于时代和阶级的局限，《朔方备乘》也存在着一些缺点。何秋涛从他的封建正统史观出发，在书中一再"宣圣德"，称颂清廷所谓"天威远震，环海镜清"之词随处可见，对于清廷日益衰微的史实却避而不书，表露出他对清朝腐败统治的认识非常不足，和龚自珍、魏源等相比较在政治认识上是相差很远的。这反映了何秋涛受封建正统史学思想的影响较深，表现在强调"考证皆以钦定之书及正史为据"，所谓"载籍浩繁，必折衷于圣言"，即清朝皇帝的谕旨和其他官方文件，这就不能不带来一些弱点和错误。如《朔方备乘》中取于汉、唐、元时北方边疆情形皆有所述，唯独不书明代关于北疆的史实，这显然是为了突出清朝的"功迈前朝"和明清关系间的忌讳。其实，在元代朱元璋和朱棣当政期间，曾先后派遣大将冯胜、傅友德、蓝玉等出兵东北，统一了东北各地，先后设立了辽东都司、奴儿干都司，建立了卫所、驿站和管理钱粮司法等机构，对巩固东北边疆的安全起了积极作用，提供了一些治理北疆的宝贵历史经验。何秋涛对明代巩固东北和北方边疆历史避而不载，除了忌讳外，主要是以清廷"钦定之书"为依据的。尽管《朔方备乘》存在着这样那样的缺陷，但何秋涛编撰该书，激发了人们的爱国思想，使人们关心民族危亡的命运，把视线转移到边疆，了解历史和现状，并从历史地理方面，从军事防御角度作了许多可贵的论述和提供研究边疆的史料，是值得肯定的。《朔方备乘》是研究我国北部边疆历史地理集大成之著作，在近代史学发展史上占有重要地位，应予以珍惜和研究。

第　二　章

鸦片战争时期改革派史学的发展

　　鸦片战争期间，由于清廷投降派气焰嚣张，影响着道光皇帝抵抗外敌入侵的信心，致使鸦片战争几起几落，最后以失败而告终。经济技术落后，明显表现为军队装备落后，虽然爱国官兵们英勇抵抗，但无法改变败局。鸦片战争的失败和《南京条约》的签订，中国从此一步步走向半封建半殖民社会的深渊。在民族危机日益加深的历史背景下，林则徐、魏源、梁廷枏、姚莹等具有强烈爱国思想的地主阶级改革派，大声疾呼"开眼看世界"，并积极开展世界史、鸦片战争史的研究，魏源的《海国图志》、梁廷枏的《海国四说》、徐继畬的《瀛环志略》、姚莹的《康辅纪行》、夏燮的《中西纪事》等先后问世，从而把史学研究由本国史、当代史扩大到对世界历史的研究，为中国近代史学的发展起了推动作用。

第一节　外国史地研究的兴起和
《海国图志》的编撰

一、中国人"开眼看世界"

鸦片战争期间,史学研究领域兴起了外国史研究的热潮。这一热潮的兴起,不仅冲击了当时学术界沉闷的局面,为中国史学的发展开拓了新的视野、新的局面,而且在介绍和输入西方近代思想文化方面起了重要的桥梁作用,对中国近代思想史和史学史的研究产生了深远的影响。

由于鸦片战争的失败,彻底暴露了清王朝封建统治的腐朽无能,一些有识之士,看到了战争惨败的重要原因之一,是由于清廷闭关自守,对"夷情"一向漠不关心。他们对当时大多数知识分子只知读经书、搞考据,漠不关心政治和脱离现实的学风深为不满。"正由于中国书生狃于不勤远略,海外事势夷情平日置之不讲,故一旦海舶猝来,惊若鬼神,畏如雷霆,夫是以偾败至此耳!"因此,林则徐、魏源、姚莹等大声疾呼:"开眼看世界",力图对海外国家能够"一一考其事实,作为图说,著之于书,使中国童叟皆可见可闻,知彼虚实,然后徐筹制夷之策。"①

这种"开眼看世界"的认识,是在付出了相当惨重的代价后才产生的。鸦片战争爆发前,中国知识界由于受到传统观念的束缚,对外国情况的了解是十分肤浅的,如林则徐至广州禁烟时就曾认为:"茶叶、大黄,外国所不可一日无也。中国若勒其利而恤其害,则夷人何以为生?"②甚至盲目地以"天朝上国"自居,从衣冠服饰和发须等外观方面对外国人表示鄙夷。③ 姚莹也提出,只要"天朝绝彼贸易",英国便会出

---

① 姚莹:《中复堂全集·东溟文后集》卷8《复光律原书》。
② 林则徐:《林则徐集·公牍六》,中华书局1962年版(下同),第126页。
③ 参阅林则徐:《林则徐集·日记》,第351页。

现"无计资生"的情况。① 尤其严重的是林则徐低估了英军大肆侵华和用武力进攻中国的危险性,说英国距离中国太远,其发出的战争叫嚣,"本系恫吓,固不足信。"②但是,鸦片战争的严酷现实,使他们清醒地看到了英国殖民者对中国发动的战争,从根本上说,绝非由禁烟引起或出于什么"报复",乃是欲遂其"平日垂涎之素志耳"③。林则徐更深刻地认识到并且指出:"夷性无厌,得一步又进一步,若使威不能克,即恐患无已时,且他国效尤,更不可不虑。"④透过这场战争的硝烟,他已看到了西方列强将竞起仿效,侵凌中国的危险情景。同时,他还看到英、法、美等国为了解中国的政治、经济、军事情况,"日夕探习者已数十年,无不知之。而吾中国曾无一人焉留心海外事者,不待兵革之交而胜负之数已较然矣。澳门夷人至于著书笑中国无人留心海外,宜其轻中国而敢肆猖獗也"⑤。因此,了解"夷情"实为反侵略战争中刻不容缓的要策之一。

林则徐和姚莹等人不仅提出了"开眼看世界"的进步主张,并且积极从事世界形势的了解和各国历史、地理的研究。林则徐在广东禁烟时即"日使人刺探西事,翻译西书,又购其新闻纸",搜集外国人编撰的各种书籍,将译出的资料,亲自审阅修订,先后译编成《四洲志》、《华事夷言》、《滑达尔各国律例》等。《四洲志》根据英人慕瑞《世界地理大全》译出,叙述了世界三十多个地区和国家的历史、地理概况,是中国近代第一部较有系统介绍世界史地的译作。

姚莹在台湾抗英战争中,根据英俘颠林供词作成图说,以考求世界地理形势。道光二十三年(1843)他被贬往四川后,更抱着"冀雪中国之耻,重边海之防"的爱国热忱,将多年搜集的有关世界各国情况的资

① 姚莹:《中复堂全集·东溟文后集》卷4《复邓制府筹勘防夷状》,第18—19页。
② 林则徐:《林则徐集·奏稿》,第762页。
③ 姚莹:《中复堂全集·东溟文后集》卷7《复福州史太守书》,第9页。
④ 林则徐:《林则徐集·奏稿》,第883—885页。
⑤ 姚莹:《中复堂全集·东溟文后集》卷8《复光律原书》。

料,参以查访所得,撰成《康輏纪行》十六卷,记载了不少有关英、法、俄、印度等国历史、地理知识,考证了天主教、回教、佛教的源流,绘制了世界和中国西南边疆地图,并揭露了英国对西藏的觊觎与英、俄两国在中亚西亚的矛盾斗争情况。

当然,由于林则徐、姚莹的研究外国情况主要是从反侵略战争的实际需要出发的,所以带有较浓的资料汇编色彩,就史学的整体说,尚未形成自己的史学体系和严密的史学方法,在内容方面也较庞杂,尚未形成专门的史学著作。可是,他们"开眼看世界"的思想和对世界史地的初步研究,不仅在当时制定抗英、抗日策略方面发挥了重要作用,而且对冲破笼罩思想界的守旧沉闷气氛起到开辟鸿濛的启蒙作用。此后,魏源《海国图志》、梁廷枏《海国四说》、徐继畬的《瀛环志略》等史著,正是在此思想基础上编撰的。这些史著的刊刻问世,对国人"开眼看世界",探索新知识,无疑起了推动作用。

二、《海国图志》的编撰及其成就

魏源在鸦片战争失败后,悲愤填膺,爱国心切,为了抗御西方殖民主义者的侵略,积极了解英国及其他各国情况,在林则徐《四洲志》的基础上,扩大编撰《海国图志》。道光二十九年(1840)九月,林则徐被清廷革职,次年三月奉命赴浙江军营效力,五月又被革去四品卿衔与邓廷桢遣发新疆伊犁。五月二十六日即乘船从镇海出发,沿甬江,经梅市、宁波,再沿姚江,经余姚、上虞而北上。① 同年七月三日,林则徐在扬州奉命折回东河,效力"赎罪"。在从浙江到扬州途中,林则徐在京口(今江苏镇江)会晤了魏源,嘱其将自己译编的《四洲志》扩充撰为《海国图志》,而魏源也早就有志于此,便欣然接受了。《四洲志》简述世界五大洲三十多个国家的地理、历史,其称四洲者,乃沿佛书旧称。魏源编著《海国图志》,即以此为蓝本。据西人记载有道光二十一年

---

① 参见《林则徐集·日记》,第 373、389、404、405 页。

(1841)刊本。通行有《小方壶斋舆地从钞补编》本。

　　魏源编撰《海国图志》的成书年代,近人多从魏耆的所谓"丙午说",认为是在道光二十六年(1846)至二十七年(1847)母丧守孝时所作。但在五十卷本、六十卷本和百卷本中,魏源自叙署称是"道光二十有二载,岁在壬寅嘉平月"。后左宗棠为重刻本作序时也称"《海国图志》六十卷成于道光二十二年(1842)。"近人综合二论,认为《海国图志》于道光二十二年(1842)开始编撰,完成于二十六年(1847),先后历时四年。这个说法,虽合乎情理,但由于不知有五十卷本,故始编于何时尚待研究。

　　《海国图志》的版本较多,现通行易见的有一百卷本和六十卷本,其实六十卷本以前还有五十卷本。据道光二十九年(1849)古微堂重订《海国图志》六十卷本叙文最后一段载:"原刻仅五十卷,今增补为六十卷,道光二十七载刻于扬州。"故是书的最早刻本是五十卷本,而不是六十卷本。① 而光绪二年(1876)至三年(1877)《邵阳县志》载有魏源撰《海国图志》三十二卷语,语言不详,不知以何为据?

　　就书中内容来看,《海国图志》第一、二卷之《筹海篇》系魏源亲撰,分《议守》上、下及《议战》、《议款》。据作者在本文中及《道光洋艘征抚记》、《筹办夷务始末》有关资料考订,知魏源自道光二十一年(1841)六月在京口受林则徐嘱撰《海国图志》后,立即动笔撰写,到次年冬成五十卷本,后在道光二十六年至道光二十七年增补成六十卷本,咸丰二年(1852)增补成百卷本。

　　魏源编撰《海国图志》时,参考和征引的文献资料数量颇多,范围也很广,涉及近人和中外古今各类著作。如百卷本除了以《四洲志》为基础外,还引证了历代史志十四种,中外古今各家著述七十多种以及各种奏折三十多件。在编撰方法上,魏源将《四洲志》的材料放在首位,注明是"原本",然后将《英吉利夷情纪略》、《澳门纪略》等书的有关资

---

① 参阅吴泽、黄丽镛:《魏源〈海国图志〉研究》,见《历史研究》1963 年第 4 期。

料作为"重辑"列入《四洲志》文字之后。唯在介绍弥(美)利坚时,把美国人高理文所著的《美理哥国志略》辑在前面,称《弥利坚即美理哥国总记上》,而将《四洲志》原本,作为《弥利坚国即育奈士迭国总记下》列于后,并加按语说:"志例当原本,次重辑。惟《美理哥志》出其本国,实校原志尤提纲挈领,故先之。"①《海国图志》还采用了《汉书》、《后汉书》、《魏书》、《晋书》、《宋书》、《南齐书》、《隋书》、《旧唐书》、《新唐书》、《宋史》、《元史》、《明史》等历代史志和明以来岛志中的有关资料,特别是后者数量最多,主要有:叶钟奇《英吉利夷情纪略》、陈伦炯《海国闻见录》、《天下沿海形势录》、俞正燮《癸巳类稿》、王大海《海岛逸志》、黄可垂《吕宋纪略》、汪大洲《岛夷志略》等。《海国图志》在咸丰二年(1852)增补为百卷本时,引用了徐继畬《瀛环志略》中的有关资料。

魏源在《海国图志》中不仅介绍了世界各国的情况,而且提出了自己对政治、经济、海防的见解,阐述了自己对这一系列问题的看法,抒发了自己对鸦片战争失败后的义愤,内容远较《四洲志》丰富、浩博。因此,是书虽多辑录之作,并不是把上列诸书作简单的汇集,而是下了很大"钩稽贯串"的工夫,引用资料,大都经过"三易"②,方才定稿。

《海国图志》是中国近代史学史上第一部较为详尽较为系统的世界史地著作。该书不仅奠定了中国近代世界史地研究的基础,而且初步触及了研究世界史地的理论方法,这在中国史学史上,是前无古人的。

《海国图志》在世界史研究上有着多方面的成就,最突出的有以下三个方面:

其一,对国外沿革地理的整理和研究。《海国图志》中有东南各

---

① 《海国图志》道光二十二年古微堂刊五十卷本,卷三十八《弥利坚总记》(上),第1页。

② 魏源:《海国图志》百卷本卷4,第43页"图说"。

国、西南洋印度、小西洋利来亚洲和西洋欧罗巴各国沿革图四幅。海国
沿革图虽然早已有之，但大都不完善，且错误颇多。如利玛窦、艾儒略、
南怀仁所撰各国地图，大多是详海口而略腹地，地名多用土语，且不注
意古称，以致观图者"如适异国，闻群咻，有声无词，莫适谁主"①。魏源
在沿革图中把中国历史上对外国的古名旧称一一用阴文标上，如朝鲜
有高丽、新罗和百济等旧称，中印度有天竺、身毒、温都等古名，给后人
研究提供了很大方便。在《海国图志》中，指出了明代郑和下西洋图的
许多错误，如将柯枝、古里、小葛兰作为一岛，将旧港小爪哇与苏门答腊
作为州，等等，并一一予以纠正。当时，绘画技术很差，所绘图形很不准
确，但在鸦片战争期间能绘出这样的地图，已非易事。该书所绘地图，
较前人所绘地图已有很大改进，这实是地图学史上一大进步。

其二，对东南洋各国史地的介绍和研究。在《海国图志》中，魏源
对东南洋各国史地的研究用力最大。刘禺生在其《世载堂杂忆》中说：

> 道咸间西北史地学盛时，魏默深另树一帜，为东南海疆，成
> 《海国图志》一书。故读辽、金、元史地者，京师以张穆为滥觞，论
> 东南、西南海史地者，以魏默深为先河。②

林则徐所编译的《四洲志》中，关于东南洋只介绍了越南、暹罗、缅
甸三个国家，而仅寥寥几千余字。对日本东南洋中数以百计的大小岛
屿，甚至一字未提。魏源在《海国图志》百卷本中，介绍东南洋各国史
地情况竟用了 14 卷（第 5 卷至 18 卷）的巨大篇幅，引证了《晋书》、《宋
书》等九种正史和《万国地理全图集》、《瀛环志略》等近四十种中外史
地著作，达十万字，较《四洲志》丰富得多。而在这 14 卷中，魏源除亲
撰《叙东南洋》外，还写了大量按语，或考证、或补充、或辨误，更主要的
是议论。其主要内容是反对鸦片输入、赞扬越南严禁鸦片，介绍越南、
缅甸等国抗英斗争经验，总结吕宋、爪哇亡国历史教训，以期为中国的

---

① 魏源：《海国图志》百卷本卷 3。
② 刘禺生：《世载堂杂忆》，中华书局 1960 年版，第 37 页。

御侮抗敌提供借鉴。他说：

> 夷烟夷教，毋能入界，嗟我属藩，尚堪敌忾，志东南洋各国第三；吕宋、爪哇，屼嵲日本，或噬或毗，前东不远，志东南洋各岛第四。①

在魏源看来，越南、缅甸尚能勇敢地抵御外侮，以致夷烟夷教不得入界，偌大中国何以在西方侵略者面前节节败退，使其夷教泛滥，夷烟横流呢？他的这种诘问，正是对清廷妥协投降的有力鞭挞。作者以日本与吕宋、爪哇做对比，以日本强而吕宋、爪哇亡的历史事实；告诫国人当借鉴日本，自奋图强，否则将重蹈吕宋、爪哇亡国之覆辙。魏源出于爱国情怀，故在介绍东南洋各国历史地理情况时，每遇于中国御侮抗敌有借鉴之意之事，总是不厌其烦地予以介绍。如当他发现缅甸以大木立栅自环打败英国和安南用札船打败过英夷兵船的史事后，就以大量篇幅介绍这些情况，希望中国作为御敌之借鉴。他说："观于缅栅之足拒夷兵，而知我之所以守，观于安南札船之足慑夷舰，则知我之所以攻。"②他不仅主张效法东南洋各国，而且通过广南水战一事，大胆而肯定地说："彼谓西洋水犀戈船无敌海南外者，抑知五行迭相克，阴阳迭相胜，天下有不可制之物耶？"③魏源认为侵略者船器虽强，但总是可以打败的。这种看法，不仅带有辩证观点，而且具有鼓舞士气和激励斗争的作用。

其三，对西洋史地和英国史的研究。对西洋史地的介绍，早在秦汉时代，中国史书中就有关于欧洲国家情况的零星记载。明末清初，西洋传教士频频东来，东西交通日趋频繁，介绍西方史地书籍也纷纷刊出。清修《明史》，就有《欧洲四国传》，介绍西班牙、葡萄牙、荷兰、意大利等欧洲国家情况，但记载十分疏略，且舛误甚多。鸦片战争前后，广东地

---

① 魏源：《海国图志》百卷本卷首。
② 魏源：《海国图志》百卷本卷10。
③ 魏源：《海国图志》百卷本卷6。

区中外贸易发达，国人出于了解"夷情"的需要，先后辑译了《地球全图》、《平安通书》等外国书报，但这些著述"多出于洋商"，详于山川、气候和物产等，亦不全面。魏源《海国图志》中，征引中外古今多种著述，用了十七卷的篇幅，较系统叙述大西洋欧罗巴洲各国历史地理情况，涉及英国、法国、意大利、瑞士、西班牙、葡萄牙等欧洲主要国家的建置沿革、政教风俗、气候物产、交通贸易等各个领域，其涉及国家之多，记述范围之广，大大超过以前有关西洋史地之书籍。

尤其在介绍欧洲各国的史地知识时，对英国历史的介绍和研究占有重要地位和篇幅。全书叙述大西洋欧罗巴洲各国的共十七卷，其中有四分之一的篇幅是专门介绍英国情况的。他说："绕地一周，皆有英夷市埠，则筹夷必悉地球全形，故观图但观英夷本国之图，非知考图者也，读志而但阅英吉利本国数卷，非善读志者也。"①魏源认为英国是当时中国最大、最直接的敌人，而且也是欧洲乃至全世界最强盛、最有"长技"的国家。只有全面地"知其形"，"知其情"，然后才能"师夷之长技以制夷"。故而，他在介绍欧洲各国时，十分强调英国的特殊地位，并再三申明："志西洋正所以志英吉利也。"②

魏源在《海国图志》里通过对英国历史的研究，提出了不少有价值的看法。首先，他分析了近代英国之所以能够迅速发展和富强，称雄世界的原因。他认为：

> 自意大利裂为数国，教虽存而富不竞，于是佛郎机、英吉利代兴，而英吉利尤炽，不务行教而专行贾，且佐贾以行兵，兵贾相资，遂雄。③

这就说明，英吉利之所以富强，是由于"不务行教而行贾"，"佐行贾以行兵"，是"兵贾相资"的结果。这里，魏源已初步看出发展资本主

①　魏源：《海国图志》古微堂重刊六十卷本，卷2。
②　魏源：《海国图志》百卷本，卷37。
③　魏源：《海国图志》五十卷本，卷24。

义工商业的重要性,在一定程度上触及英国资本主义发展的某些实质性内容。

其次,魏源根据自己的研究,发现英国之所以富强,与它海外殖民对殖民地国家的残酷剥削和压迫密切相关。他说:

英吉利三岛,不过西海一卷石,揆其幅员,与面广之台湾、琼州相若,即使尽为沃土,而地力产能几何? 所以骤致富强,纵横于数万里外,由于西得亚美利加,东得印度诸部也。①

魏源还进一步指出,英国是"四海之内,其帆樯无所不到,凡有土有人之处,无不睥睨相度,思朘削其精华"②的国家。在鸦片战争前后,能对英国侵略本质有如此深刻的认识,魏源应该算是第一人。当然,由于时代的局限,魏源并没有也不可能真正认识资本主义社会,所以他在书中只是直觉地揭露了凶狠无耻的英国殖民者的强盗行径,而没有认识到其他西方国家殖民者也都是一丘之貉,同是殖民地人民的敌人。

从上所述表明,在中国近代史学史上,第一部较为系统地研究世界史地的专著,当属魏源的《海国图志》。它不仅在编纂内容上弥补了《四洲志》和《康輶纪行》等著作的种种缺陷,而且初步形成了自己的著作结构和理论方法。所以,人们谈到魏源的《海国图志》,总称之为国人研究世界史地之"开山",誉之为"近来谈海外掌故"之"嚆矢"③,称其详备、浩博,实非虚语。

《海国图志》从理论上提出了研究世界史地的时代意义和方法。在魏源之前,虽然也有一些记载外国史地的著作,但从未有人将其视为一个单独的史学分支而从理论上加以探讨研究。在旧的四部分类中,这类性质的书籍或归类于杂史之列,或附于地理之类。魏源在《海国图志》中,首次从理论上肯定了研究世界史地的必要性。从"气运"变

---

① 魏源:《海国图志》百卷本,卷52。
② 魏源:《海国图志》百卷本,卷52。
③ 王韬:《瀛环志略跋》,《弢园文录外编》卷9,中华书局1959年版,第272页。

化的历史变易观出发,他指出过去那种东西方互不通气息的状态已结束,世界各国将不可避免地卷入一种相互联系的运动趋势之中。故而,他明确地说:"岂天地之气,自西北向东南,将中外一家欤!"①在这种形势下,如果还抱着"八荒之外存而不论"的传统观念不放,必然是行不通的。据此,他明确地提出"地气天时变,则史例亦随世而变"的史学理论命题。要求顺应历史潮流,重视世界史地研究。

在研究方法上,他主张把研究建立在坚实的史料基础上,应从"立译馆翻夷书"入手,尽量采用外国人的著述,"以西洋人谭西洋","以夷人谭夷地",避免"以中土人谭西洋"的牵强附会之弊。在编撰时,尽可能照顾到世界各国史地的完整性和系统性。《海国图志》还初步运用对比法,研究东西方历史的异同和联系性。如《南洋西洋各国教门表》、《中国西洋历法异同表》、《中国西洋纪年通表》等,分别对佛教、回教、基督教各世界宗教和中西纪年历史作了对比考察。这种考察,不管何等粗浅,却已露出了"合人类全体而比较之,通古今文野之界而观察之"②的近代史学方法之端倪。

在编撰上,《海国图志》也自成体系。鸦片战争前,中国的世界史地研究几乎是一片荒芜,偶有几部论及海外之作,亦多为航海游记杂录随笔之类,很少自成体系的史学著作。魏源在这方面作了大胆尝试。他针对西方列强对华侵略日益加剧的形势,力图将《海国图志》编成一部可为反侵略斗争提供各种应敌方略和有关情况的海防全书。在内容方面,全书主要分为两部分:一、自撰部分,包括《筹海篇》及各总叙、后评和文中夹注,它集中体现了魏源的反侵略的爱国思想,是全书的灵魂;二、资料汇编部分,是全书的内容主体。它搜集了当时所能得到的外国史地资料,编排时,由近而远,首南洋、印度,次非洲、次欧洲,次南北美洲,并根据当时反侵略斗争的需要,分类介绍船炮、火轮船、地雷水

---

① 魏源:《海国图志》百卷本后叙。
② 梁启超:《变法通义》,《饮冰室合集·文集》之一。

雷、望远镜等西洋技艺,脉络分明。其中何者当详,何者简略,都经过了仔细斟酌,鲜明地体现了反侵略的经世意图。如英国是当时侵略中国的主要敌人,故记载特详,共占了四卷,以便人们明其底里,在制订反侵略斗争策略时有所依据和参考。在叙及印度、安南、缅甸等国时,魏源不仅以印度等国的亡国教训告诫国人不忘边患,还想从缅甸、安南抗击侵略的史实中,求得某些反侵略的经验。

《海国图志》的划时代意义还在于,它启迪了闭塞已久的中国人以新的世界概念看世界。在此之前,中国正史之中外国史地,多简略而失实,记载外国史地的专著更是寥若晨星,而往往带有海外奇谈色彩,即有少数航海家记其闻见的叙述,如汪大渊《岛夷志略》、马欢《瀛涯胜览》等,也大抵走马观花,挂一漏万,所记不出水路途径和土产、风俗之类,而鲜及其社会制度和历史原委。明末清初,西方传教士利马窦、艾儒略、南怀仁等带来世界史地新知,虽一度引起人们重视,但旋即冷落。《四库全书总目提要》谓利、艾之书皆据西汉东方朔《神异经》等,“因依仿而变幻其说,不必皆有实迹。”①尤侗撰修《明史·外国传》,仅本诸《明外史》及王圻《续通考》,而不知参考利、艾之书,以致记载外国情况谬误百出。《海国图志》不仅向人们提供了几十幅新的世界各国地图,还以六十六卷的巨大篇幅,详述各国史地,大大丰富了中国人的世界知识,特别是对人们一向生疏的西方世界作了较系统介绍,内容广涉各国历史、地理、商业、铁路、银行、学校、新闻制度、婚姻习俗等,为人们展现了一幅新的概貌图。

由于条件的限制,《海国图志》也存在一些不足和错误之处。全书除掉《筹海篇》和各部分的叙文和按语,以及《元代北方疆域考》等文字为他精心撰述外,大多是辑录他人著作汇编而成,而且在汇编时对原著中的欠缺与错误没有加以纠正或说明。例如,百卷本所辑之世界各国分图,虽然大体方位已具,国名、地名亦大多与现名相近,但原来的绘制

①　《四库全书总目提要》卷71。

技术较差,在位置、形状、距离等方面颇多偏差,魏源未逐一加以指出和纠正。另一方面,魏源自己所写的某些论点,也多可议之处。但在一百多年前,他能够编撰出这样的巨著,不失为中国近代史学史的一部重要著作。《海国图志》的刊出,打破了孤陋寡闻的状况,详述世界各国史地,使人们对西方世界有了初步了解。如果说鸦片战争时期中国人对西方的了解还只是井蛙观天,那么,《海国图志》则正好是这眼井的井口。透过这个井口仰首翘望,中国人不仅看到了大西洋彼岸的惊涛骇浪,看到西洋的"坚船利炮",而且还看到商业、铁路、银行、学校等新事物,并朦胧地看到了西方国家的议会民主制度。所有这些,不仅大大地开阔了人们的视野,而且跨出了中国人认识近代世界的重要一步。

《海国图志》影响思想界最大的,莫过于倡导"师夷长技以制夷"的"师夷"思想,这是魏源先进思想的重要方面,在中国近代思想史和史学史上放射出光芒,给人们以希望和力量。

魏源的"师夷"思想,早在其《圣武记》中就有表述,其后的《道光洋艘征抚记》中有所发挥,在《海国图志》五十卷本中,他更加明确地提出"师夷长技以制夷"的完整主张。在《海国图志》五十卷本中,魏源斥责那些墨守成规,反对"师夷"的顽固派为"夏虫"、"井蛙"。他说:

> 今日之事,苟有议征用西洋兵舶者,则必曰借助外夷,恐示弱,及一旦示弱数倍于此,则甘心而不辞;使有议置造船械,师夷长技者,则曰糜费,及一旦糜费十倍于此,则又谓权宜救急而不足惜;苟有议缮夷书刺夷事者,则必曰多事,则一旦有事,则或询英夷国都与俄罗斯国都相去远近,或询英夷何路可通回部,甚至廓夷效顺,请攻印度而拒之,佛兰西、弥利坚愿助战舰,愿代讲款而疑之。以通市二百年之国,竟莫知其方向,莫感其离合。尚可谓留心边事者乎?[①]

当时,顽固派唱着传统的反奇技淫巧的老调,反对"师夷长技"之说。魏源引征古代历史予以驳斥说:

---

① 魏源:《海国图志·筹海篇》,道光二十二年古微堂刊五十卷本,卷1,第39页。

圣人刳舟剡楫,以济不通,弦弧剡矢,以威天下,亦岂非形器之末? 而睽涣取诸易象,射御登诸六艺,岂火轮、火器不等于射御乎? 指南创自周公,挈壶创自《周礼》,有用之物,即奇技而非淫巧。今西洋器械借风力、水力、火力,夺造化,通神明,无非竭耳目心思之力。①《海国图志》中一再强调"师夷"的重要性,明确指出:"善师四夷者,能制四夷、不善师外夷者,外夷制之。"②并强调"夷之长技"有三:战舰、火器和养兵练兵之法。认识到要真正"制夷",必须迅速向西方学习,"转夷国长技为中国之长技",最后达到"制夷"之目的。

魏源倡导的"师夷长技"的思想,在增补《海国图志》六十卷本时有着进一步发挥。原先的五十卷本中,对如何具体地"师夷长技"还是模糊不清,书中对先进技术介绍还不多,仅将丁拱辰的《铸造洋炮图》、奕山的《进呈演炮图说疏》以及西洋器艺杂述一组作为《附录》列于全书最后一卷。在增补六十卷本中,他将原来第 50 卷的内容由 1 卷增补成 8 卷(第 53 卷到 60 卷),并将"附录"二字删去。原来只是介绍洋炮,增补则扩展到对火轮船、地雷、攻船水雷、望远镜等器械的制造和使用方法的介绍,并附有更多的插图,以便国人了解、仿造和使用。其中主要有:郑复光的《火轮船图说》、黄冕的《地雷图说》、潘仕成的《攻船水雷说》以及《西洋用炮测量说》等。《海国图志》除大量介绍世界各国史地情况外,六十卷本中用大量篇幅介绍西洋器械制造和使用方法,其用意是非常明显的。魏源从倡导"师夷"主张学习西方"长技",进而具体介绍和传播西方先进的科学技术,"以资博识,备利用"。他的"师夷"思想,到增补六十卷本时,发展到新的阶段。

《海国图志》百卷本内容更加丰富,除进一步增选西洋人所撰《火轮舟车图说》、《火轮船说》、《地理天文合论》等内容外,对各国史地情况,增补特多。在书中大量辑录马吉斯《地理考备》、马礼逊《外国史

---

① 魏源:《海国图志》道光二十二年古微堂刊五十卷本,卷 1。
② 魏源:《海国图志》五十卷本,卷 24,第 2 页。

略》等有关史地资料,由原来的 41 卷增加到 66 卷,并增补了许多新的按语,阐发自己的思想主张。突出的是,在《海国图志》百卷本,作者由科技、经济扩展到政治体制,由原来对西方"坚船利炮"等奇技的惊叹,发展到对西方近代资本主义民主体制的介绍,并对其羡慕不已。至此,魏源的"师夷"思想发展到高峰。

魏源原先在《海国图志》五十卷本《外大西洋墨利加洲总叙》中称赞美国独立战争与民主政体。他说:

> 呜呼,弥利坚国,非有雄才枭杰之至也,涣散二十七部落,涣散数十万黔首,愤于无道之虎狼英吉利,同仇一倡,不约成城,坚壁清野,绝其饷道,遂走强敌,尽复故疆,可不谓武乎? 创开北墨利加者佛兰西,而英夷横攘之,愤逐英夷者弥利坚,而佛兰西助之,故弥与佛世比而仇英夷,英夷遂不敢报复,远交近攻,可不谓智乎? 二十七部酋分东西二路,而公举一大酋总摄之,匪惟不世及,且不四载即受代,一变古今官家之局,而人心翕然,可不谓公乎? 议事听讼,选官举贤,皆自下始,众可可之,众否否之,众好好之,众恶恶之,三占从二,舍独苟同,即在下预议之人亦由先公举,可不谓周乎?①

这些话,充分流露了魏源对美国初期资本主义的政治、经济、外交等各方面的仰慕之情。而在增补为百卷本的《后叙》中更宣称:"至墨利加北洲(美国)之以部落代君长,其章程可垂奕世而无弊。"②在魏源看来,当时美国所以能"武"、"智"、"公"、"周",正是因为有了这种"可垂奕世而无弊"的近代资产阶级的联邦制度的缘故,在介绍瑞士时,不仅大大扩充了篇幅,增加了内容,而且把"至于朝纲,不设君位,惟立官长贵族等办理国务","推择乡官理事,不立王侯"的瑞士,誉之为"西土桃花源"③。

---

① 魏源:《海国图志》五十卷本,《外大西洋墨利加洲总叙》卷 38,第 1 页。
② 魏源:《海国图志》百卷本"后叙",卷首,第 5 页。
③ 魏源:《海国图志》百卷本卷 47,第 712 页。

魏源依据历史进化观点,对美国、瑞士等联邦制和议会制国家的仰慕和向往固然说明他已看到了西方国家近代资产阶级民主政体的某些表象,比起中国清廷封建君主专制政体来有某些进步的地方,但他毕竟是封建地主官僚,为其阶级和历史所局限,不可能洞察到西方国家近代资产阶级民主政体虚伪的本质,更没有朝向资产阶级转化,仅仅具有一定的资产阶级思想倾向,对腐朽的清廷封建专制统治的强烈不满。魏源《海国图志》中"师夷"思想的实质,仍属封建地主阶级改革派。

但是,必须看到魏源和他的好友林则徐,都没有地主阶级顽固派那样迂腐的偏见和固执保守的心理,对外来文化思想采取了积极的吸收态度,他们不仅主张发展正当贸易,严禁鸦片,抵抗帝国主义者的侵略,而且也是中国近代史上最早主张对西方资本主义国家进行了解和研究的先进代表。林则徐主持编译了介绍世界地理知识的名著《四洲志》,选译了《各国律例》、《对华鸦片贸易罪过论》、《华事夷言》,并且搜集了当时西方的大炮瞄准法、战船图式等军事技术资料。林则徐努力了解和掌握西方技术,直接为反抗帝国主义侵略服务。与林则徐相比,魏源的历史地位和先进作用,是在理论上明确论述了学习西方先进技术的必要性,提出了"师夷长技以制夷"的思想,尽管他当时对西方资产阶级的认识还十分肤浅,对外国长技的学习还仅仅停留在军事技术方面,但这种思想却有十分重要的意义,这主要在于冲破了封建士大夫的天朝至上的陈腐观念,倡导向西方学习的新思潮。然而,不论是林则徐或者魏源,基于地主阶级改革派立场,无论是倡导"改革"或是倡导"师夷"(学习西方),旨在缓和阶级矛盾、挽救民族危机,以维护封建地主阶级统治政权,都只是做些洗衣、沐浴的去污除垢的表面,学些西方皮毛,而没有触及封建统治制度的实质,这就不可能寻找到富国强国之路。

《海国图志》毕竟是当时最有影响的著作。它出版后,引起了思想界、史学界的极大关注,在当时和以后产生了广泛的深远的影响。梁启超在《清代学术概论》中说:"治域外地理者,(魏)源实为先驱"。《海国图志》的问世,有力推动了当时及以后世界史地、元史及西北史地等史学研究的发展。特别书中的"师夷"思想,对中国当时和后世不同社会阶级、阶层都有相当大的影响。首先受魏源"师夷"思想影响并加以发挥运用的,要数晚清的洋务派了。曾国藩、李鸿章、左宗棠等洋务派官僚,在"自强"、"新政"的口号下,倡导的"中学为体,西学为用"的指导思想,是由魏源"师夷"思想发展而来的。在洋务派之后,受《海国图志》思想影响是资产阶级改良派。早期资产阶级改良主义者冯桂芬,在读了《海国图志》后,一面对魏源的"以夷攻夷"、"以夷款夷"之说有所批评,一面对其"师夷长技以制夷"的主张非常赞誉,并把魏源"不必仰赖于外夷"的观点,进一步具体发挥为"自造、自修、自用",不可"购船雇人"的思想。① 另一位早期改良主义代表人物王韬,对《海国图志》的"师夷长技以制夷"之说也非常赞誉。他说:

> 当魏默深先生时,与洋人交际未深,未能洞见其肺腑,然师长一说,实倡先声。②

康有为早年也曾读过魏源的《海国图志》。当他后来进一步接触有关西方历史后,始知"西人治国有法度,不得以古旧之夷狄视之。"为了探其究竟,他在光绪五年(1879)再次重读《海国图志》等书时,并以此书为讲"西学"的基础。③ 后来拟出了较为完整的资产阶级改良主义维新变法纲领,发动了中国近代史上的戊戌变法运动。

魏源的《海国图志》在国外,尤其是在日本,也有着一定的影响。梁启超说:

> 魏氏又好言经世之术,为《海国图志》,奖励国民对外之观念,其书在今日,不过东阁覆瓿之价值。然日本之平象山、吉田松阴、西乡隆盛辈,皆为此书所刺激,间接以演尊攘维新之活剧,不亀手

---

① 冯桂芬:《校邠庐抗议》,《中国近代思想史参考资料简编》,第143—144页。
② 王韬:《扶桑游记》,同治十二年至十三年东京铅印本,第20—21页。
③ 康有为:《康南海自编年谱》,《中国近代资料丛刊·戊戌变法》(四),神州国光社1953年版,第115页。

之药一也,或以霸,或不免于洴澼絖,岂不然哉![①]

《海国图志》出版后,不久便和徐继畲《瀛环志略》一起传入日本。咸丰四年(1854),日本翻刻了《海国图志》六十卷本。日本嘉永、安政年间,许多迫切希望了解西方情况的"开国"论者,如佐久间象山、吉田松阴、安井息轩、横井小楠等纷纷争读《海国图志》。日本学者井上清在所著《日本现代史》中说:

> 幕府末期日本学者文化人等,经由中国输入的文献所学到的西洋情形与一般近代文化,并不比经荷兰所学到的有何逊色。例如,横井小楠的思想起了革命,倾向开国主义,其契机是读了中国的《海国图志》。[②]

日本明治维新运动,推翻了封建幕府统治,《海国图志》等"中国文献",在介绍和传播"西洋情形与一般近代化"以及"关于国际法和立宪政治的知识"[③],确实曾起过影响和推动作用。

魏源在《海国图志》中在介绍西方史地,倡导"师夷"的同时,还一再强调"中国智慧无所不有"[④]。并断言:不久的将来,中国定会出现"风气日开,智慧日出,方见东海之民,犹西海之民"的新局面。[⑤] 他这种强烈的民族自信心和自豪感,也是值得继承和发扬的。

第二节　梁廷枏、徐继畲的外国史地研究

一、梁廷枏和《海国四说》

梁廷枏(1796—1861),字章冉,号藤花主人,清广东顺德人。早年喜诗词骈文,后"为科举、为辞章、为词典、为金石考据之学"[⑥]。年29

---

① 梁启超:《饮冰室合集》第三册,文集之七,第97页。
②③ 井上清:《日本现代史》第1卷,《明治维新》,第214—215页。
④ 魏源:《海国图志》百卷本卷1。
⑤ 魏源:《海国图志》百卷本卷1。
⑥ 梁廷枏:《藤花亭骈文集》"自序",道光二十九年刊本。

岁，撰《金石称例》、《论语古解》、《曲话》及杂剧等著作多种。道光九年（1829）撰成《南汉书》十八卷。道光十四年（1834）中副榜贡生，后选州判，改就教职。次年秋，入广东海防书局纂修《广东海防汇览》。道光十六年（1836），任广州越华书院监院。他在广州任职期间，正值外国殖民者为掠夺廉价原料和寻找海外市场，加紧准备入侵中国。对此，他深感忧虑，为探明那些来华的西方国家"岛屿强弱，古今分合之由"①，开始究心时务，从事外国史地研究。道光十八年（1838），应聘总纂《粤海关志》，他常与学人"纵谈海洋形势"，规划海防设施，于"地方险要，靡不指掌列眉"②，并在《广东海防汇览》、《粤海关志》中详载有关广东海防资料。翌年春，林则徐赴粤禁烟，驻华越书院，曾向梁廷枏询问广东海防事宜，他即"为规划形势，绘海防图以进"③。林则徐禁烟时，他力斥鸦片贸易"竭中朝尽有之宝泉，贻庶姓无涯之害壑"④，并积极参加查收烟具，同时又提出有关禁烟措施。道光二十年（1840）初，兼任广州学海堂长。这年秋，禁烟失败，林则徐、邓廷桢均被革职。投降派首脑人物琦善到广州，立即裁撤海防战备，私允赔款与割让香港给英国侵略者，梁廷枏闻此消息，甚为气愤，遂即联合当地有识之士上书反对。道光二十一年（1841），梁廷枏受命出任广东潮州府澄海县训导。他赴任时，沿途询访建造炮台之法，并与潮州总兵李廷钰商谈造战船事宜。同年十月奉调回广州，入总督祁塏幕，向当局提出"四省合巡"，建立海防舰队之议，未被采纳。

鸦片战争失败后，他致力于著述，从道光二十四年（1844），先后撰成《耶稣教难入中国说》、《合省国说》三卷、《兰仑偶说》四卷、《粤道贡国说》六卷，于道光二十六年（1846）合刊为《海国四说》，稍后，加以修订，复刊于咸丰年间。《耶稣教难入中国说》，叙述耶稣产生、行教及其

---

① 梁廷枏：《合省国说》"自序"，见道光二十六年《海国四说》。
② 邓廷桢：《藤花亭诗集》"序"。
③ 《清史列传》卷73本传。
④ 《藤花亭骈体文集》卷1《销烟钟铭并序》。

传入中国的历史。《合省国说》即美国史;《兰仑偶说》为英国史。《粤道贡国说》收录清初至道光间由海道至广州贸易和入贡的暹罗、荷兰、西班牙、英国、意大利、葡萄牙等国与清廷来往文件和有关清帝谕旨、大臣奏章等,是一部按年汇编的清朝鸦片战争前中外关系史文献集。

道光二十九年(1849),他参与组织广州人民反英军入城的斗争,因功受内阁中书加侍读衔。梁廷枏生平著述达四十多种,其史学方面著作,除《南汉书》、《海国四说》外,尚有《夷氛闻记》、《南越五主传》、《顺德县志》等。在中国近代史学史上,《海国四说》、《粤氛闻记》,最具学术价值。

《海国四说》在规模上虽不及魏源的《海国图志》,但不同于《海国图志》式的资料汇编,而是形成自己的编撰体例。道光十五年(1835),梁廷枏入海防局编纂《广东海防汇览》时,即着手搜集海外旧闻和各种报章、西人著述中有关西方历史资料,研究西方史地,于道光二十六年(1846)完成《海国四说》的刊刻出版。他编撰《海国四说》时,国内有关外国史地著述大多缺乏贯通性,如对英国历史,"当世立言之彦,偶记见闻,亦堪荟萃,然大率详今略古,穷未得立国之所由来,故译字纷歧,且动称千有余年,未免群疑满腹。"①而某些西人汉字著作,又"未悉著述体例",故他强调中国人应编撰外国史。

他的《合省国说》、《兰仑偶说》是以国别史体例编撰的。其编纂方法,一方面继承传统纪传体,先集中叙述历代统治世系,后按类论述地理、宗教、文化、经济、风俗等。另一方面受西方著作的影响,亦采用以年为经,史事为纬,穿插其政治、地理、经济等叙述,这种方法,开创了近代中国人编写外国别国通史之先例。如《合省国说》,记叙从美洲新大陆发现至清道光二十四年(1844)中美签订《望厦条约》间的美国历史。该书对美国地理、文化、宗教、物产、商业和民主共和制度等一一介绍和论述,为中国史学界最早编写的一部美国通史。《兰仑偶说》记叙纪元

---

① 梁廷枏:《兰仑偶说》"自序",道光二十六年《海国四说》刊刻本。

初至清道光十八年(1838)不列颠岛屿政治沿革、统治世系、古代诸部族(民族)兴起衰亡等历史,并对近代英国外交、贸易、赋税、银行业、保险业、文教和工业科技,以及海外殖民侵占掠夺均有介绍和揭露。该书在当时亦不失为介绍和研究英国通史的重要著作。

《海国四说》,除了记载叙述西方一些资本主义国家的经济、军事、文化等情况外,并着重对其政治制度作了较详细的论述。在《合省国说》中,梁廷枏对美国民主共和制作了重点研究。他称赞美国总统轮换制、议会民选制和司法等制度,说:

> 凡事无大小缓急,必集议而后行,议必按例,否则虽统领不自专。故凡统领初受事辄誓于众曰:我必循例,自正其身而后尽力民事云……省之正副首领,若府州县主,其初受事誓众亦如之。首禁贪墨,有馈遗虽统领必使议于其属而后敢受。岁于省官集国会议时,统领者尽举一年征课度支及原议已行与现在应议各事详晰示众官,各省官议毕散归后,忽有事非例所常,有不能即决俟再议乃定者,辄示召省官令来复议。①

又叙美国立法、司法权分立和律师制度说:"察官专司案牍,按制谳断,既事归审理,则不令与议国事,而会议国事者亦不复能出兼审诘也。又设律例院,无职官;惟延师教习律条……如两造中有愚民不谙诉语,则以一识例文通言语者代,自具词迄,堂质均许旁为剖诉,不以事非切己为嫌。"②《海国四说》中除了介绍美国的政治制度外,梁廷枏还特别提到英国历史上的《大宪章》,认为它是形成近代英国立宪制的历史渊源之一。他认为英国大封建领主迫使英王约翰签署《大宪章》,规定非经领主代表会议同意,国王不得向领主征款或随意逮捕领主和剥夺他们的土地财产,并设立由二十四位诸侯组成的常设委员会来监督国王。《大宪章》的确立,削弱了国王法庭权力,被认为是英国史上的重

---

① 梁廷枏:《合省国说》卷2,第13—14页。
② 梁廷枏:《合省国说》卷2,第10—11页。

要转折。英国资产阶级革命时期,《大宪章》曾被用来作为争取权利的法律根据。这一史实,当时中国人的著述中是极少提到的,梁廷枏在《兰仑偶说》中指出:"至若(约)翰性暴虐,虐遇其众。教师因民性不忍,聚众困迫之,国内旧受封爵者亦群起围所居,不得已与民约,凡事听民自专不问、沿为风俗。"[1]上述记叙,使一般中国人眼界大开,由此看到一个与"天朝"迥然不同的西方文明世界,加深了对资本主义国家社会面貌的了解。

鉴于鸦片战争后外国资本主义国家侵略中国的日益加深,《海国四说》继承了近代以来世界史地研究紧密结合现实的反侵略思想传统,对西方列强的侵略性及其兵势强弱和外交等情况作了进一步的考察。

梁廷枏在论及美洲的开发时说,欧洲人"初至时,其地已先有土著如中国之苗者十数万人……各国商船始不过以贸易至,货尽即行,继侦知其力弱谋拙无能为,又人少土旷,谓可夺而有之……各国遂先后劫以兵而分裂其地"[2]。指出欧洲殖民主义的侵略实质。同时,他对英国殖民者在东方灭印度、攻缅甸、占南洋群岛的侵略行径亦一一作了揭露。其用意是要使国人了解和认清西方资本主义列强的侵略特性,从而整饬军备,以维护国家民族的安全。

在史学研究上,《海国四说》对世界史地的研究较前人有所深入。虽然这部著作的编撰距第一次鸦片战争仅几年时间,但正是经过短短几年的痛苦摸索和斗争实践,加之西人著述的日渐输入,中国人民开始对西方资本主义有了一定的了解,就必然反映到史学上。如在鸦片战争时,一些先进的中国人士虽已在不同程度上看到了中国的落后和西方的某些先进优势,但在初期,差不多所有的人认为差距主要是船舰、火器方面,故林则徐、姚莹、魏源等对西方的研究,多侧重于船舰、洋炮、

---

① 梁廷枏:《兰仑偶说》卷1,第4页。
② 梁廷枏:《合省国说》卷1,第20页。

洋枪等军事武器方面,他们讲"师夷长技",一般也是指军事技术方面。但是,随着时间的推移,人们了解的不断深入,其注意力才逐渐转至对资本主义经济和政治方面的了解和研究。

梁廷枏在《海国四说》中指出,英美等国强盛的重要原因,"实以贸易为本务,所入视农工远甚,统领之所劝奖者固在此。盖税之所出,国用攸资也。"①并且还进一步认识到英国政府采取免税进口农器和国内矿藏"听民自开采而征其税"②等政策,对促进和发展生产有积极的作用。梁廷枏的看法,虽然还没有达到能揭示西方资本主义国家发达的根本原因,但较之仅从轮船、火器方面看问题,却要深刻得多了。

对美国的民主共和制度,魏源和梁廷枏都表示过羡慕和赞许,但彼此的认识程度却完全不同。魏源称赞美国总统制"匪惟不世及,且不四载即受代,一变古今官家之局,而人心翕然,可不谓公乎!议事听讼,选官举贤皆自下始,众可可之,众否否之,众好好之,众恶恶之……可不谓周乎!"③所议虽有所据,但停留在表面现象上。梁廷枏在探讨这一问题上,其见解便深入了一层,他说:

予盖观于米利坚之合众为国,行之久而不变,然后知古者可畏非民之未为虚语也。彼自立国以来,凡一国之赏罚禁令,咸于民定其议而后择人以守之,未有统领先有国法,法也者,民心之公也,统领限年而易,殆如中国之命吏,虽有善者,终未尝以人变法。既不能据而不退,又不能举以自代,其举其退一公之民,持乡举里选之意,择无可争夺、无可拥戴之人,置之不能作威,不能久据之地,而群听命焉。盖取所谓视听自民之茫无可据者,至是乃彰明较著而行之,实事求是而征之。为统领者,既知党非我树,私非我济,则亦惟有力守其法,于瞬息四年中殚精竭神,求足以生去后之思,而无

---

①　梁廷枏:《合省国说》卷3,第15页。
②　梁廷枏:《兰仑偶说》卷4,第7—8页。
③　魏源:《海国图志》五十卷本,卷38,《外大西洋总叙》,第1页。

使覆当前之悚斯已耳！又安有贪侈凶暴,以必不可固之位、必不可再之时,而徒贻其民以口实者哉?①

梁廷枏首次对美国资本主义政治制度的作用、特点与民主选举对监督官吏和防其滥用权力进行了论述,特别是提出了法制在资本主义政治制度中的重要作用,认为坚持法制、不以人易法是保持其政治清明和国家力量日益增强的根本基础。这在当时确实是可贵的。值得注意的是,梁廷枏还在《合省国说》中从地理环境、政治、民情等三方面提出了美国民主共和制得以建立的原因,其观点虽然还没有从美国当时资本主义经济发展壮大和民主意识深入人心的历史考察中去揭示科学的答案,然而这样来探讨欧美国家资本主义政治制度形成的原因,在中国还是第一次。当然,也应当看到梁廷枏是封建地主阶级知识分子,长期的受封建思想熏陶和现实的封建经济关系的影响,使他的眼光不可能摆脱封建观点,因而对西方资本主义的认识仍处于感性认识阶段,仍然存在着陈腐观念。如梁廷枏在《合省国说》中一面赞扬美国民主共和制,一面又强调"是必米利坚之地之时之人而后可",说美国所以能建立合众国是因为"地既有所凭恃,以自立时又迫之不遑他计,而人人复安愚贱,泯争端,三者相乘,夫是以创一开辟未有之局,而俨然无恙以迄于今也"。把资本主义政治制度的出现视为独特的地理、政治因素的产物,这实际上否定了其普遍的历史意义,当然更不敢提倡向它学习了。但这并不是否定梁廷枏在中国近代史学史上的贡献,他所撰写的《海国四说》开创了编写外国史的新途径,使中国近代世界史地研究前进了一步,其开创之功绩是应当肯定的。

二、徐继畬和《瀛环志略》

徐继畬(1795—1873),字健男,号牧田,又号松龛,山西五台县人。道光进士,选翰林院庶吉士、授编修,迁御史。道光二十六年(1846)升

---

① 梁廷枏:《合省国说》"自序"。

任广西巡抚,未赴任即改任福建办通商务事,兼署闽浙总督。咸丰元年(1851)奉命调回京师任太仆寺少卿,次年赴山西督办团练,防范太平军。同治二年(1863)任总理各国事务衙门行走,同治五年(1866)授太仆寺卿,不久,又任京师同文馆大臣。由于他长期在福建、广东沿海地区做官,广泛搜集西人著作,致力于外国史地的研究。道光二十三年(1843)他从美国传教士雅俾理处了解到许多外国史地情况,并见到了绘刻极细的外国地图,乃依图立说,"采诸书之可信者,衍之为篇",经"五阅寒暑","稿凡数十易",于道光二十八年(1848)撰成《瀛环志略》,刊刻出版。①

《瀛环志略》是一部继魏源《海国图志》后记叙外国史地的又一重要史地著作。全书共十卷,勾摹地图,按世界五大洲分国叙述。各卷卷首均有较粗略地图,共 42 幅。卷一,东、西半球、清一统舆地、亚细亚、东洋二国、南洋滨海各国;卷二,南洋各岛国、东南洋大洋海各岛国;卷三,印度、回部四国、西域回部;卷四,欧罗巴、俄罗斯、瑞典、丹麦;卷五,普鲁士、日耳曼、瑞士;卷六,土耳其、希腊、意大利、荷兰、比利时;卷七、佛兰西、西班牙、葡萄牙、英吉利(包括英伦、苏格兰、阿尔兰三岛);卷八,阿非利加、麦西(埃及);卷九,北亚墨利、南亚墨利加、北亚墨利加各国英吉利属部、米利坚合众国;卷一〇,北亚墨加南境各国、南亚美利加各国、巴亚、亚墨利西海湾群岛。全书所记载五大洲近 80 个国家和地区,体例基本依照地理位置、国家或地区沿革、物产、民族、宗教、政治制度等,系统介绍了世界各国历史、地理概貌。其中特别是对中国人很少了解的南美洲、大洋洲及非洲都有所记叙,尤对亚洲、欧洲和北美洲的记叙甚为详细。

《瀛环志略》和《海国图志》相比,所记载世界各国史地资料比较准确。徐继畬认为:"泰西人善于行远,帆樯周四海,所至辄抽笔绘图,故其图独为可据。"①全书 44 幅地图,除日本与琉球一幅取自中国资料

---

① 《瀛环志略》"自序"。

外,其余全是从西方地图集中勾摹的。在中国当时刊行的外国地图中,该书所载地图可以说是好的。书中所引证资料除以西方各国资料为主外,还引用了二十多种中国著作,如顾炎武《天下郡国利病书》、陈伦炯《海国闻见录》等,对西人利玛窦、艾儒略、南怀仁等人著作资料的引用,多经考订、识别、校正,纠正地图或文献中的差误。故书中所记叙大多数国家的沿革都比较符合史实。记叙亚洲,以中国为中心,"坤舆之大,以中国为主"①。叙欧洲,瞩目土耳其、希腊、意大利等文明古国;对"长于法海,善于运行"的葡萄牙、西班牙、荷兰等国,则注意记叙其海外贸易对其他国家的影响;介绍英国,则侧重于"其商船四海之中无处不到,大利归于商贾,而工则贫"的殖民掠夺。② 介绍美洲,着重介绍美国,称"南北亚墨利加,袤延数万里,精华在米利坚一土。"③对于非洲的认识,认为"阿非利加一土……其气重浊,其人颛愚……而淳闷如上古,风气不能自开。"④用此观点看待非洲历史是不正确的。

《瀛环志略》介绍世界历史,由于视野局限和世界之大,只能略古详今,侧重于近世。该书用了将近一半的篇幅记叙欧洲和北美洲国家面积、收入和军力状况,特别叙述在海外的殖民过程,反映出作者对中国处于欧美列强包围之中的忧虑。

《瀛环志略》虽首先介绍西方的先进技术,但重点是放在对资本主义的民主政治制度的介绍上,对其西方民主制度的形式、职能以及程序均作了系统的记叙。并认为古希腊的奴隶制民主制度,是近代欧洲国家的效法模式,还以一定篇幅介绍欧美国家实行的民主政治。在卷七"英吉利三岛"中论述英国议会制度时说:

> 都城有公会所,内分两所,一曰爵房(即上议院),一曰乡绅房(即下议院)。爵房者,有爵位贵人及耶稣教师处之。乡绅房者,

---

① 徐继畬:《瀛环志略》卷1。
② 徐继畬:《瀛环志略》卷3。
③ 徐继畬:《瀛环志略》卷9。
④ 徐继畬:《瀛环志略》卷8。

由庶民推择有才识学术者处之。国有大事,王谕相,相告爵,力聚众公议,参以条例,决其可否。复转告乡绅房,必乡绅房大众允诺而后行,否则寝其事勿论。其民间有利病欲兴除者,先陈说于乡绅房,乡绅酌核,上之爵房,爵房酌议,可行则上之相而闻于王,否则报罢……大约刑赏、征伐、条例诸事,有爵者主议;增减课税,筹办帑饷则全由乡绅主议。①

在卷九《米利坚合众国》节中,又介绍了美国"三权分立"的民主政体说:

> 米利坚政最简易,榷税亦轻,户口十年一编,每二年于四万七千七百人中选才识出众者一人,居于京城,参议国政。总统领所居京城,众国设有公会,各选贤士二人,居于公会,参决大政,如会盟、战守、通商、税饷之类,以六年为秩满。每国设刑官六人,主谳狱,亦以推选充补。有偏私不公者,群议废之。

在对西方民主制的认识上,徐继畲比魏源等人前进了一步。在《瀛环志略》中除了介绍西方的船炮、火器等先进技术外,更欲力图探讨西方的政治制度与国家独立富强之间的联系。在他看来,资产阶级民主制度实行比较好的瑞士,是"西土之桃花源",是个较为理想的世界。当作者谈到美国历史时,称赞华盛顿领导人民赶走英军后,"谢兵柄欲归田。众不肯舍,坚推立为国主。顿乃与众议曰:'得国而传子孙,是私也。牧民之任,宜择有德者为之'。"于是,美国有了四年一选,不得连任两届以上的总统选举制。对这种总统选举制,徐继畲作了高度的评价,写道:

> 华盛顿,异人也。起事勇于胜、广,割据雄于曹、刘。既已提三尺剑,开疆万里,乃不僭位号,不传子孙,而创为推举之法,几于天下为公骎骎乎三代之遗意。其治国崇让善俗,不尚武功,亦迥与诸国异。

---

① 徐继畲:《瀛环志略》卷7。

米利坚合众国以为国,幅员万里,不设王侯之号,不循世及之规,公器付之公论,创古今未有之局,一何奇也。泰西古今人物,能不以华盛顿为称首哉?①

在封建专制时代的清朝,敢于提出:"得国而传子孙,是私也",敢于称赞"公器付之公论",确实是十分难能可贵,这种大胆称颂资产阶级的民主政治,是《瀛环志略》中的精华。徐继畬在该书中还看到,英国之富强,是和对广大殖民地的掠夺分不开的,指出"其骤致富强,纵横于数千里外者,由于西得亚墨利加,东得印度诸部也。"②他还进一步看到了英国社会的利归富商而工人贫困的差别。同时,徐继畬也看到了西方列强间的矛盾。他分析英法与沙俄的矛盾时,认为英法反对沙俄吞并土耳其的阴谋,并非出于什么保护弱国的仁义之心,而是由于土耳其所据地位十分重要,倘若沙俄侵占土耳其野心得逞,"则地兼三海(波罗地海、黑海、地中海),于欧罗巴一土已扼其吭而拊其背矣。彼且制船炮,阅形势,一旦拥十万之众,卷甲西驰,诸国岂能宴然已乎?故英、佛(法)之存土,非爱土也,惧俄之兼土而事未有所止也……欧罗巴情势颇类战国,故纵横之谋,有不期然而然者。"③他从殖民者争夺势力范围的矛盾中来分析列强间钩心斗角的关系,在当时能看出列强的本质,确为不易之卓见。

《瀛环志略》刊刻问世后,即遭顽固派和正统守旧势力的极力反对。正如徐继畬所说,"甫经付梓,即腾谤议"。《五台新志》载其情况说:"言者撼中外交涉事劾之,并指是书为口实,欲中以奇祸。"然而,却为改革派和有识之士所瞩目。魏源增订百卷本《海国图志》时,从该书中辑录了大量材料,计达三十三处之多,约四万字,为《瀛环志略》总篇幅的四分之一左右,仅欧洲部分就摘引了一万三千多字。但《瀛环志

---

① 徐继畬:《瀛环志略》卷9。
② 徐继畬:《瀛环志略》卷7。
③ 徐继畬:《瀛环志略》卷6。

略》刊刻问世后，不如《海国图志》那样受到人们的重视，而是"罕行世，见者亦不重"，其初期影响是不明显的。清咸丰十一年（1861）《瀛环志略》传入日本后，其影响起了变化。该书传入日本立即刊刻出版，全图采用红、黄、绿三色印刷，人名、地名用日文、英文注出，年代用日本年号注于边上，其印刷和装帧质量，远远超过中国刻本。先有对峙阁刻本，后又几次翻刻再版，对日本人民了解世界各国情况，推动明治维新变法产生了一定的影响。后来，日本出版的《瀛环志略》反过来流回中国，成为一些坊肆翻刻的摹本。直到洋务运动兴起，要求了解世界的呼声日高，《瀛环志略》的社会价值才为人们所认识。同治五年（1866）总理衙门特刻印此书，以后又作为同文馆的教科书之一，对洋务运动起了一定的推动作用。王韬对《瀛环志略》推崇备至，说：

> 近来谈海外掌故者，当以徐松龛中丞之《瀛环志略》、魏默深司马之《海国图志》为嚆矢，后有作者弗不可及也……此诚当今有用之书，而吾人所宜盱衡而瞩远者也。
>
> 中丞莅官闽峤，膺方面之寄，蒿目时艰，无所措手，即欲有所展布，以上答主知而下扶时局，而拘牵义者动以成法为不可逾，旧章为不可改，稍有更张，辄多掣肘。中丞内感时变，外切于边防，隐愤抑郁，而有是书，故言之不觉其深切著明也。①

在戊戌变法前后，《瀛环志略》更广为流传。康有为、梁启超等人都精读过该书，对于他们了解西方国家和倡导变法产生过重要的影响。

《瀛环志略》一书也存在一些缺点和错误。首先在资料来源上主要取之西方资料，不少地方带有西方殖民主义观点的痕迹。如把非洲社会的落后说成是"黑番愚懵，无经营创造之能，遂至人禽杂处，长此榛狉。"②显然，这一观点是西方殖民主义者的历史观。徐继畬把西方民主制说成是"三代之遗意"，用中国古代传统大同理想社会来比喻西

---

① 王韬：《弢园文录外编》卷9，中华书局1959年版，第273—274页。
② 徐继畬：《瀛环志略》卷8，第21页。

方资产阶级的民主制,是不符历史事实的。可见,徐继畬受封建传统观念的束缚不可能从本质上认识资本主义社会,也不能理解西方资本主义制度所存在的问题,只能停止在感性的认识阶段。

应该指出,这一时期的世界史地研究,其史学思想十分复杂。魏源、梁廷枏都承认西方国家技术先进,魏源提出"师夷长技"的思想,但梁廷枏却不以为然,认为"延其人而受其学,失体孰甚"①,表现出保守性。在如何看待西方国家侵略问题上,其态度亦不尽同。林则徐、魏源、梁廷枏、姚莹等均持坚决抵御的立场和态度,而徐继畬则不同。在鸦片战争时,徐继畬更多地看到英国侵略者船坚炮利的军力优势,对抵抗侵略者能否胜利信心不足。他认为:"海中断不能与之角逐,即在海岸安炮与之对击,亦是下下之策",从而产生了抵抗"竟未知作何了局"的悲观情绪。② 这种悲观情绪,越到后来,认为"夷不可敌",说中国海岸线长,对英军防不胜防,"以兵勇血肉之躯与浮沉之巨舰相争拒,鲜不为其炮火所攻溃"。并且攻击主战言论为"血性之谈,胪之篇章而甚易;耳食之说,施之实事而多诬。"③由此,在外交政策上,他深恐"决裂溃败",只求"暂可相安。"④上述事例证明,在中国近代早期社会动荡的年代,反映在政治思想、史学思想上的交错斗争状况。那些地主阶级改革派中小官吏和有识之士,通过对西方史地研究,初步了解西方国情,从挽救国家民族的危亡出发,急切要求改变中国落后的面貌,要求"师夷长技"达到"制夷"的目的,充分表现了爱国史学思想。徐继畬代表那些位居高官的阶层,虽然重视世界史地的研究,但是他们了解西方国家的历史和现状,更多地则是从维护封建统治政权的利益来思考问题的,后来的洋务派便是从这些人中产生的。尽管徐继畬研究和介绍世界史地的目的和视角不同,但《瀛环志略》作为一部中国人介绍和研

① 梁廷枏:《夷氛闻记》,中华书局1959年版,第172页。
② 徐继畬:《致赵盘文明经谢拓珊孝廉书》,《松龛全集·文集》卷3。
③ 徐继畬:《揣度夷情密陈管见疏》,《松龛全集·奏疏下》。
④ 徐继畬:《致薛觐唐少宗伯书》,《松龛全集·文集》卷3。

究世界各地史地的早期著作,仍然值得研究和总结。

第三节　魏源、梁廷枏对鸦片战争史的研究

一、《道光洋艘征抚记》及其爱国史学思想

鸦片战争是中国近代史的开端。关于这次战争的历史记载,中国和英国都有许多文献资料和著述。在中国比较全面记叙鸦片战争的史著,以《道光洋艘征抚记》(下简称《征抚记》)为最早,后来流传的一些记述,大多受到这本书的影响。

《征抚记》的原本早已散佚,现在能看到的各种抄本,题名不相同,计有《夷艘入寇记》、《夷舶入寇记》、《英夷入寇记》等,这些当系较早的传抄本。这些抄本,除了杜定友所藏抄本题有"魏默深著"外,其他均没有题署作者姓名。据我们分析,《征抚记》之所以不署作者姓名,因为该书中对鸦片战争时期的抵抗派林则徐、邓廷桢、关天培、葛云飞、陈化成等爱国将领极力称颂,而对投降派琦善、耆英、伊里布、牛鉴、奕山等人,严加揭露和贬斥。尤为突出的是,《征抚记》通过指责林则徐"骤停贸易"一事,而实际上指责道光皇帝,因为曾下令停止一切对外贸易,包括鸦片输入与一般正常贸易的,正是道光帝本人。道光十八年十一月八日诏曰:"英吉利自禁烟之后,反覆无常,若仍准通商,殊非事体……其即将英吉利贸易停止。"又于林则徐原奏中"洋船遵法者保护之、桀骜者惩拒"的区别对待政策,批谕云:"同是一国之人,办法两歧,未免自相矛盾。"由此,魏源在《征抚记》中明确认为:"此因禁烟而并断英人贸易之本末也。"①这样的著作(包括和是书差不多同时、同样性质的著作如《粤氛闻纪》、《中西纪事》、《壬寅闻见略》),在当时投降派掌握军政大权的政治气氛下,不准人们谈论国事。《软尘私议》记述当时京城的政治气氛说:

---

① 魏源:《道光洋艘征抚记》上,《魏源集》,第172—173页。

"和议之后,都门仍复恬嬉,大有雨过忘雷之意。海疆之事,转喉触讳,绝口不提。即茶坊酒肆间,亦大书'免谈时事'四字,俨有诗书偶语之禁。"

投降派这样钳制社会舆论,是害怕人们揭露他们投降的罪恶面目。私下谈论尚被禁止,著书则要冒更大风险,作者当然不敢公开署题自己姓名,也不可能公开出版,以免祸害。因此,在古微堂自刻本中,只有道光二十六年(1846)修订本的一个版本目录中收有《征抚记》,而删其文。故在相当长时间内,《征抚记》只有不署作者姓名的抄本形式流传下来,完全是避祸的缘故。由于《征抚记》没有署作者姓名,因此,是书系何人所作,引起学界的争论。一种意见认为该书是以《洋务权舆》为祖本,加以增删而成,其作者为李德庵和他的女儿李凤翎①,一种意见认为出于魏源的手笔②。主张《征抚记》为魏源所作者,早在清代有李慈铭和汤纪尚等人。李慈铭在《越缦堂读书记》中说:"《夷舶入寇记》传是魏默深作,即《圣武记》所载之《道光征抚夷艘记》。"又说:"余初以《入寇记》多支词,似非默深所为,顷观其叙次语气,亦与魏氏近,其上下两论尤近出其手,盖晚年才力稍逊,文笔渐颓唐,故不免夹杂,不及其前之俊悍耳。"汤纪尚在《纪定海兵事》中说:"予览魏源《夷艘寇海记》,独于定海战事不具首尾。"③葛士浚编《皇朝经世文续编》收入《道光洋艘征抚记》,朱克敬编《边事续抄》亦收入此篇并署名魏源著。又中国社会科学院近代史研究所所藏抄本《夷艘寇海记》一册,有娄东福桥居士所作前记一篇,记云:"道光丙午夏六月上旬,墩皖江邓君守之(完白山人之令子,申耆先生之高弟),触暑来访余于石墩馆舍,倾盖定交,纵谈甚快。行箧中携有邵阳魏氏所纂《夷艘寇海记》二卷。魏时在林制军少穆先生幕中,悉夷事最详,所记自足以征信……细读一过,曾

---

① 《关于〈洋务权舆〉一书》,《光明日报》1959 年 9 月 3 日。
② 《关于〈道光洋艘征抚记〉的作者问题》,《历史研究》1959 年 12 期。
③ 《盘薇文》甲集《纪定海兵事》。

著跋语,以明向往。惜其匆匆别去,不获录副也。抄竟书于爽来精舍之南轩。娄东福桥居士记。"①

从《征抚记》的内容看,亦可证明出自魏源手笔,是魏源研究和记叙鸦片战争史的代表作。该书的思想甚至文句和魏源的著作《海国图志》的某些部分极为相似。如《夷艘寇海记》云:

> 乾隆三十年以前,每年多不过二百箱。及嘉庆元年,因嗜者日众,始禁其入口。嘉庆末,每年私鬻者至三四千箱。始则囤积澳门,继则移于黄埔。道光初,严旨查禁,复移于零丁洋之趸船……而总督阮元密奏,请暂示羁縻,徐图驱逐,于是因循日甚。其突增至二十五艘、烟二万箱者,则在道光六年两广总督李鸿宾设巡船之后。巡船每月受规银三万六千两,私放入口。

《海国图志·筹海篇》载:

> 乾隆三十年以前,岁不过二百箱。及嘉庆元年,因嗜者日众,始禁其入口。嘉庆末,每年私鬻者至三千余箱。始则囤积澳门,继则移于黄埔。道光初,奉旨查禁,复移于零丁洋之趸船……而大吏密奏,请暂事羁縻,徐图禁绝,于是因循日甚。其突增至二十五艘、烟二万箱者,则在道光六年,设巡船水师。巡船水师受月规私放入口,于是藩篱溃决。

上述两段文字几乎完全相同。又如叙述廓尔喀请助攻印度孟阿腊事,从"(道光)二十年秋"到"天朝从不过问。"一段和《圣武记》的《乾隆征廓尔喀记》所述,也都完全相同。在《征抚记》上下两卷的末尾,作者都提出了总结性的意见。上卷末尾说激起战争的原因,"不由于缴烟而由于闭市"。主张"尽除海关之侵索","准以艘械,火药抵茶叶湖丝之税"。招法美两国工匠制造战舰,使"西洋之长技,尽成中国之长技"。下卷末尾说,"中外朋议,非战即款,非款即战,从未有专议守者"等等议论和主张,都可以在《海国图志·筹海篇》中找到。从史学思想

---

① 李瑚:《魏源诗文系年》,中华书局1979年版,第85—86页。

尤其是政治思想与魏源所著《圣武记》、《海国图志》、《元史新编》有内在的联系，它反映了魏源强烈的爱国思想与追求进步的思想以及向西方学习的思想。由于是书成书时间可能在道光二十二年左右①，因此《征抚记》中贯穿了魏源前期的思想认识，在新的历史条件下又有所发展。

《征抚记》上、下两篇，起自道光十八年（1838）黄爵滋奏请严禁鸦片，迄道光二十三年（1843）耆英赴粤办理中英交涉止，全面、系统记叙鸦片战争的过程。它一开头就追述鸦片烟在明代乃至明以前作为药材已流入中国，但数量不多。清乾隆年间，每年输入也不过二百箱左右，到嘉庆二十三年（1818）增至三四千箱（实际已增至五千三百八十九箱之多），道光年间，每年猛增二万箱上下。鸦片的大量入口，导致白银大量外流，才引起清廷的严重注意。道光十八年（1838）四月，鸿胪寺卿黄爵滋奏请严禁鸦片，湖广总督林则徐奏言"烟不禁绝，国日贫，民日弱，十余年后，岂惟无可筹之饷，抑且无可用之兵。"②其他大臣对鸦片问题也纷纷上疏，言及鸦片的危害性，清廷遂决定林则徐以兵部尚书衔，佩钦差大臣印，驰赴广东查禁鸦片。《征抚记》把禁烟来龙去脉作了忠实完整记载，是当时人记当时事的宝贵记录。

鸦片战争爆发，《征抚记》中，对英国侵略者在鸦片战争的全过程中所表现的贪欲和狡诈行为，特别是对中国人民残暴罪行进行了揭露和谴责。对投降派琦善、奕山、耆英、伊里布、穆彰阿等人的妥协投降行为也以大量事实进行揭露和严厉抨击，并把批判锋芒直指道光帝和权臣。如道光帝开始时是虚骄昏聩，及至战败之后，则被英国侵略者洋船洋炮吓得魂飞胆裂，虽然用笔不多，但记述得相当清楚。

《征抚记》对主持禁烟和抵抗英国侵略者卓有功绩的林则徐等依

----

①　李瑚《魏源诗文系年》一书，据《征抚记》中有"英夷自去年夏困于三元里"的文字，认为"成书时间当在道光二十二年"，此说可参考。

②　魏源：《道光洋艘征抚记》上，《魏源集》，第168页。

据事实加以记载,给以有力的支持和称颂。表明魏源反对投降,主张抵抗的立场。他评论说:

> 西变以来,惟林公守粤,不调外省一兵一饷,而长城屹然。使江、浙、天津武备亦如闽、粤,则庙堂无南顾之忧,岛寇有坐困之势,子何不责江、浙、天津之无备与粤、闽后任之不武,而求全责备于始事之人? 且林公于定海陷后,固尝陈以敌攻敌之策矣,又奏请以粤饷三百万造船置炮,苟从其策,何患能发之不能收之矣。①

对抵抗派将领,则进行歌颂和肯定。如抵抗派裕谦,在当时曾被投降派诬陷,魏源据事直书说:"余步云先后两奏,尚以裕谦先走为词,及殉难事闻,朝廷赐谥、赐祠、赐袭,无可再诬,则又流言此次洋兵至浙,皆为报复裕谦夏间枭斩白夷嘅哩之仇,亲驻曹娥江,以此语遍谕渡江难民。浙江巡抚刘韵珂至据以入告,而无如敌之在广东,先已败盟,索尖沙嘴,索九龙山,不许修虎门炮台也。且诡称国王褫义律,改命他帅,未至定海,先破厦门也。又无如在浙先后投敌书,悬敌示,皆以欲索各省埠地为词,无一言及裕谦也。"并且在上述记载的注文中又补充说明:"明年,伊里布在乍浦移书英酋,诘其何故再犯,彼复书至,亦一字不及裕谦。"②《征抚记》依据确凿的事实有力地驳斥了投降派加在裕谦身上的诬蔑不实之词。魏源在书中评论裕谦说:

> 裕谦有攘寇之志,而无制寇之才,同于张浚。议者不咎其丧师失地,而翻以英之在粤在闽败盟诬咎于浙帅。不据英书英示为词,而据余步云逃罪之语为词。则是责张浚不如汪、黄,而汪、黄遂堪退敌也。③

上述评叙,对投降派的斥责,对抵抗派的称颂,字里行间充分表明了作者的抗战立场和爱国史学思想。

---

① 魏源:《道光洋艘征抚记》上,《魏源集》第186—187页。
② 魏源:《道光洋艘征抚记》上,《魏源集》第192页。
③ 魏源:《道光洋艘征抚记》下,《魏源集》,第192页。

《征抚记》对鸦片战争作了系统总结。该书记述道光二十年
（1840）六月义律率领英国船舰四十余艘和士兵四千余名进入中国海
面，封锁珠江口，开始了鸦片战争，至道光二十二年（1842）十月清廷战
败，订立了屈辱的《南京条约》止，持续两年多的第一次鸦片战争的全
过程。总结这次战争失败的原因，归咎于清廷内政腐败，明确指出了所
谓"春秋之义，治内详，安外略，外洋流毒，历载养痈。林公（则徐）处横
流溃决之余，奋然欲除中国之积患，而卒激沿海之大患。"①魏源认为，
内政腐败，岂能取得反侵略的胜利呢？他说：

> 夫戡天下之大难者，每身陷天下之至危；犯天下之至危者，必
> 预筹天下之至安。古君子非常举事，内审诸己，又必外审诸时；同
> 时人材尽堪艰巨则为之，国家武力有余则为之，事权皆自我操则为
> 之。承平恬嬉，不知修攘为何事，破一岛，一省震，骚一省，各省震，
> 抱头鼠窜者，胆裂之不暇。冯河暴虎者虚骄而无实。如此而欲其
> 静镇固守，严断接济，内俟船械之集，外联属国之师，必沿海守臣皆
> 林公而后可，必当轴秉钧皆林公而后可。始既以中国之法令，望诸
> 外洋，继又以豪杰之猷为，望诸庸众；其于救敝，不亦辽乎？②

魏源根据当时的交际情况，又认为林则徐对禁烟和对英交涉过程
中，有所谓过分操切之处。他幻想在英国侵略者侵入中国时，暂缓与侵
略军直接武力抵抗，以此换取一定的时间，以便于整顿清廷水师的武
备。提出的具体办法是，仿宫廷中"钦天监用西洋历官之例，行取弥
（美）利坚、佛兰西、葡萄牙三国各遣头目一二人，赴粤司造船局"，教会
中国人造洋炮洋枪洋船。而中国则派遣内地的能工巧匠精兵去学习，
以便于自己制造这些武器。一方面又收买洋船、洋炮、火箭、火药，不仅
准其以货易货，而且准许以货易船易火器，"准以艘械火药抵茶叶湖丝
之税"，他认为只要这样做，"则不过取诸商捐数百万，而不旋踵间，西

---

① 魏源：《道光洋艘征抚记》上，《魏源集》，第185页。
② 魏源：《道光洋艘征抚记》上，《魏源集》，第187页。

洋之长技,尽成中国之长技。"并且建议在采取这些措施的同时,还应该"增修粤省之外城,内河之炮台;裁并水师之员缺,而汰除其冗滥,分配各舰,练习驾驶攻战;再奏请遍阅沿海各省之水师,由粤海而厦门而宁波而上海,城池炮台不得地势者移建之,水师缺冗者裁并之,一如粤省之例,而后合新修之火轮战舰,与新练水犀之士,集于天津,奏请大阅,以创中国千年水师未有之盛,虽有狡敌其敢逞? 虽有鸦片其敢至,虽有谗慝之口其敢施? 夫是之谓以治内为治外,奚必呕呕操切从事哉!"①魏源在著《圣武记》、《海国图志》和写作《征抚记》时,对国内的情况有一定的了解;对国外如英国等资本主义国家也有一定的了解,但是还停止在感性阶段上,对其侵略的本性是认识不清的。当然,他毕竟是当时一位封建地主阶级改革派,不了解也不可能了解这次侵略战争,是资本主义国家侵略掠夺落后的封建国家,腐朽的清封建统治政权,在鸦片战争前后的时期内,在内政方面根本不可能进行什么改革,不可能进行什么国防的整顿,即使购买了西方的洋枪、洋炮、洋船舰,学到了西方的一些长技,如后来的洋务派所作的那样,也不可能对外取得反侵略战争的胜利。魏源还是站在封建地主阶级改革派的立场,以传统的封建观点认识问题,因此只能是表相之见。

就第一次鸦片战争本身来说,在战略方面,魏源也认为存在着许多带根本性的错误,因而导致了这次战争的严重失败。他归纳为以下几个方面:

(一)不战于可战之日,而偏战于不可战之日。道光十九年(1839)林则徐至广州后,了解到敌强我弱的形势后,决定对敌采取防御的战略,并采取了一些切实可靠的措施,从防御方面来说,这样做,是可以取得预期的胜利,当然只限于广州一时一地。但是清廷不战于可战之日,而偏战于不可战之日。琦善一至广东,"欲吹求林则徐罪不可得,则首诘劫船之役,何人先开炮,欲斩副将以谢之,而兵心解体矣。撤散壮丁

---

① 魏源:《道光洋艘征抚记》上,《魏源集》,第186页。

数千,于是水勇失业,变为汉奸,英人抚而用之,翻为戎首矣。撤横档水中暗桩,屡会义律于虎门左右,洋船得以探水志,察径路,而情形虚实尽泄矣。"严重的是琦善完全听从义律建议。"义律与琦善信云:'若多增兵勇来敌,即不准和。'于是已撤之兵,不敢再调……一切力反前任(林则徐)所为,谓可得外洋欢心。"①义律遂乘我无备,攻占虎门外第一重要门户沙角炮台。在这种情况下,应采取什么对策才能战胜敌人呢?靖逆将军奕山、参赞大臣隆文和新任总督祁埙,"以不战则军饷无可开销,功赏无由保奏,急欲侥幸一试",在毫无准备的情况下,盲目对英侵略军开战,结果大败。这是偏战于不可战之日的严重错误。

道光二十一年(1841)二月大宝山之战时,"敌遂遣火轮舟焚我火舟数十于姚江,而以兵二三千,自慈谿登岸,陆行十余里,进攻大宝山,并自撤原舟,以绝反顾。朱桂以炮兵四百御之,自辰至未,击死洋兵四百余,歼其头目巴麦尊,我兵隐崖石树木间,无一伤者。时洋兵离其船数十里,深入死地,使得一队伏兵截其后,可获全胜。"但是,当此关键时刻,"而谢天贵军不至,张应云城中伏勇已散,刘天宝火器已半丧于镇海,虽据左山,不能下山截贼后。其地即在长溪岭之麓,距参赞营仅十余里,朱桂请援兵数百,文蔚坚不许发。"②致使这一战役功败垂成。这是不战于可战之日又一事例。

(二)不守于可守之地,而皆守于不可守之地,致使遭受失败。如定海孤悬海中,本不必守之地,而统帅裕谦不懂军事,不分析具体情况,只依据地图,筑定海外城守卫,最后定海被攻陷。又如宝山在吴淞口外,海面辽阔,本不如内东沟、江湾二隘之易于设伏。宝山知县周恭寿建议伏兵口内诱敌,不要死守海口炮台,但统帅牛鉴拒绝接受这一合理建议,而令贪生怕死的总兵王志元防守要地小沙背,军纪败坏,终日骚掠,居民汹汹,当英军进犯时,王志元望风西逃,提督陈化成中炮身亡,

① 魏源:《道光洋艘征抚记》上,《魏源集》,第 177—178 页。
② 魏源:《道光洋艘征抚记》下,《魏源集》,第 195 页。

牛鉴走嘉定,宝山被攻陷。这一战役的失败,影响甚大,上海因而失守,英军封锁海口,断绝海上交通,并以此进犯长江,接连攻陷镇江,兵临南京,逼清廷签订了屈辱的《南京条约》。

(三)不款于可款之时,而专款于不可款之时。道光二十年(1841)英侵略军头目伯麦、义律率军驶赴天津投书,虽多所要索,但当时英军和舰船并未北上,"意在求款通商,尚未决裂"①,魏源认为这时如果控制得宜,盟约可以立就,是款于所谓可款之时,但清廷却放过"款夷"这一时机。当英军攻占广州后,激起了广大人民群众的愤慨和反抗。《征抚记》载:"洋兵千余自四方炮台回至泥城淫掠,于是三元里民愤起,倡议报复。"掀起人民群众的反侵略斗争。义律驰赴三元里救应,复被重围,乡民愈聚愈众,至数万。义律告急于知府余纯保,要求议和。魏源认为:"是时讲和银尚止送去四分之一,又福建水勇是日亦至,倘令围歼洋兵,生获洋人,挟以为质,令其退出虎门,而后徐与讲款,可一切惟我所欲。"②魏源十分惋惜当时在广州的清廷官吏,不款于此可款之机。《征抚记》翔实记载三元里人民抗英的斗争,可以看出魏源具有依靠人民抗敌的战略思想。这一点是非常可贵的。

魏源在《圣武记》中提出"以彼长技,御彼长技","以夷攻夷"的"师夷"主张③,但其内容不够具体,到他撰写《征抚记》时,论及"师夷"时,就明确提出:要"尽收外国之羽翼为中国之羽翼,尽转外国之长技为中国之长技。"④在《海国图志》五十卷本中,又进一步提出:"师夷长技以制夷"的"师夷"、"制夷"的完整的战略思想。魏源明确认识到要打败外国侵略者,要想达到"制夷"的目的,必须学习西方,"转外国之长技为中国之长技",自己制造大炮、战船,只有这样,才能摆脱"外夷"的牵制而富国强兵。

① 魏源:《道光洋艘征抚记》上,《魏源集》,第176页。
② 魏源:《道光洋艘征抚记》上,《魏源集》,第184页。
③ 魏源:《武事余记·军政篇》,《圣武记》,第515页。
④ 魏源:《道光洋艘征抚记》下,《魏源集》,第206页。

魏源编撰《征抚记》的目的,在本书末尾的"论曰"中清楚地表现出来。他说编撰本书的目的是寻求富国强兵之道,是在总结历史经验。他明确说:"智者能不失时,又其次者过时而悔,悔而能改,亦可补过于来时",指出鸦片战争的失败,除了内政方面外,在战略上也犯了"不以守为战"等错误。这些认识,在当时是非常重要的,其影响也是深远的。

《征抚记》是记载第一次鸦片战争历史最早的一部著作。由于魏源亲身经历过这场战争,并与当时的主帅林则徐、裕谦、伊里布等人曾有过共事和往来,因而了解鸦片战争的许多实际情况。他能够看到道光皇帝所下诏书和有关各省抚和领兵将帅的奏折,以及军务、海防的设施等,并对战争的发生、发展和议和交涉过程有较全面了解,加上他的史识、史才,故《征抚记》在学术价值和在近代史学发展史上有一定的影响。

道光二十二年(1842)英国伦敦出版了参加过对华侵略战争的海军军官宾汉所撰写的《英军在华作战记》。该书提出,当时英国的"普通人",从中国的立场看问题,认为这次战争,是由于中国政府,为了挽救民族的道德而禁止鸦片入口引起的,因为谬称这次战争是"鸦片战争",而英国政府出兵是否正义问题,宾汉为其侵略行径狡辩。他胡说什么引起战争的原因是"大不列颠民族从愚昧而骄傲的中国官员手里所受到无数的侮辱","因中国政府的固执和狡诈行为,迫使我们不得不对他们加以打击。"书中到处歪曲历史,颠倒黑白,对中国人民进行恶意诬蔑和诽谤。

清廷投降派也歪曲历史为自己的卖国行为辩护。如直接参与筹划签订《南京条约》的黄恩彤,为洗刷和掩盖投降派的臭名,竭力歪曲鸦片战争爆发的原因,诬蔑抗战派代表人物林则徐、诬陷抗英将领姚莹等。黄恩彤先后撰《抚夷论》、《道光抚远纪略》,极尽歪曲历史之能事。如果将魏源的《征抚记》与黄恩彤的《道光抚远纪略》相对照,可以清楚看出两种记载之间的对立,是"直书"与"曲笔"的鲜明对照,也是主战与妥协、爱国与卖国之间斗争在史学领域的具体表现。魏源具有鲜明强烈的爱国感情,并且确实把握了鸦片战争的来龙去脉,加上他善于叙事,不怕触犯时忌,勇于和封建地主顽固派及卖国投降派斗争,他撰写的《征抚记》,得到人们的尊敬和喜爱,在未刊前,人们广为传抄,产生了广泛的影响。

二、《夷氛闻记》的史学思想和史料价值

《夷氛闻记》是梁廷枏记述和研究鸦片战争史的代表作。梁廷枏在撰成《海国四说》后,于道光二十九年(1849)着手撰写《夷氛闻记》。至于何时撰成书,一说是道光末年,但从该书末"论"中屡称林则徐为"文忠"看,最后定稿在道光三十年(1850)十一月林则徐逝世后,即咸丰初年。故其成书时间晚于魏源《道光洋艘征抚记》,而早于夏燮《中西纪事》。全书五卷,记载中英通商由来、禁烟运动、鸦片战争期间广东、浙江、福建、江苏等地战事和《南京条约》签订后广东等地人民继续坚持抗英斗争的史实。

《夷氛闻记》对鸦片战争原因的分析,是全书最具卓见的部分之一。梁廷枏在书中一开头就说:"英夷狯焉思逞志于内地久矣。"接着叙述英国长期以来垂涎葡萄牙人得居澳门的利益,三番两次派员向中国提出不合理要求,以后以鸦片贩卖种种不法行为,从而揭露英国觊觎中国是由来已久的。通过鸦片战争起因的研究,他已初步意识到这场战争与英国资产阶级利益的某些联系。他指出:"英夷自乾隆初年攻据孟阿腊,即古印度海口,驻守至今,凡租地开花取液出口,四征其税,所以资于鸦片者甚厚。"因而断定"英夷"是不愿轻易放弃罪恶鸦片贸易的。因此,中国单方面禁烟并不能有效阻止鸦片入口,"纵设法不令入虎门,而自老万山外,蔓延诸省,灌输内地者,安所底止。目前虽缴烧净尽,恐不转盼而航帆至者",在这种情况下,即令鸦片贩子作出不"夹带鸦片的具结","亦不过一时虚故事耳。"并不能根本解决鸦片祸害问题。他明确认识到,"英夷"为"争市牟利",甚至会"倾国以求尝试"[1],

---

[1] 梁廷枏:《夷氛闻记》,中华书局1959年版(下同),第28—29页。

不惜动武达到侵略中国的目的。书中虽未阐明当时英国政府对外侵略扩张的根本经济、政治原因，但注意从英国经济利益分析鸦片战争的原因，这在当时确是不易的。

梁廷枏对鸦片战争的上述认识还是建立在对西方资本主义国家侵略性的一定认识基础上的。他在《夷氛闻记》中一再指出"夷欲未厌"①，其情况是"我愈退而彼愈进，盖情事之常"②。英国资产阶级制定了"争市牟利，倾国以求尝试"的侵略方针，所以鸦片战争一开始，英侵略军头目就已经"先定旷日持久之谋，不得逞于粤，则肆毒于闽、浙"③，必欲达其侵略目的而甘休。鸦片战争爆发后，清廷遭受了失败，投降派为推卸丧师失地的责任，故意散布流言，胡说什么英军大肆侵华是出于报复。他们首先把鸦片战争发生说成是林则徐禁烟时操之过急的缘故，梁廷枏在其所撰《东行日记》中进行批驳说：

> 去火贵抽薪，遗烬清泉沃。或云一网收，致败缘缚束，孰如挥令去，持之毋太促；或云厚厥偿，投桃报琼玉，我法一以伸，彼亦盈其欲。不知由前说，具文空相勖，接济遍海壖，转瞬如常局。尚执后说论，调停殊委曲……第就成败观，所见皆流俗。④

投降派又以英军侵占浙江、福建沿海，占我舟山、厦门等地，出于报复之证，以攻击抵抗派和禁烟运动。梁廷枏不同意这种荒谬论调，并引征姚莹的话驳斥说："敌占舟山、厦门是出于报复，那么敌攻上海又岂有仇乎？论者每谓宁波之失，由裕谦督师之剥皮逞忿，厦门之失，由陈守备之箭射夷酋，非衷论也。台(湾)先后交锋，死及囚不下千人，丧赀甚巨，彼欲甘心于我，岂待戮其人乎？"他明确地指出："广东、浙江两次还其夷俘，彼未尝因是稍生感激。则闽以台湾之俘还之，亦未必能动其

---

① 梁廷枏：《夷氛闻记》，第 99 页。
② 梁廷枏：《夷氛闻记》，第 76 页。
③ 梁廷枏：《夷氛闻记》，第 170 页。
④ 梁廷枏：《东行日报》，道光二十一年(1841)刊本，第 6—7 页。

天良,遽然舍去。盖其所求者大,声言报怨,皆虚作恫喝之长技耳。"①

　　梁廷枬所言"其所求者大,声言报怨,皆虚作恫喝之长技"等话语,深刻地揭露了英国侵略者本质和狡猾手法,同时也给顽固派和投降派沉重一击,而且是切中要害的。依据这种认识,他告诫清廷和教育人民,对外来侵略者,不要抱幻想,只有坚决抗击,别无出路可走。

　　梁廷枬在鸦片战争时,积极参加了反侵略的斗争。道光十九年(1839)林则徐一到广州禁烟,他就极力支持,为林则徐"规划形势","绘海防图"。其后,他又反对琦善出卖香港,多次参加组织群众反对英国侵略军入城。他强烈的爱国主义思想,在《夷氛闻记》中有突出的表现。对林则徐、邓廷桢、关天培、姚莹等抵抗派将领深为敬佩,一再称引他们的书信、奏章以张其说。他记叙林则徐到粤后"详考禁令,访悉近年情事与夷商轻蔑所由来",以及与英国侵略者义律坚持斗争又讲求策略的过程。当林则徐遭投降派排挤免职后,有人攻击他在禁烟中对英人缴烟数虚报不实,梁廷枬反驳说:"不知义律当时实尽缴无存,林公同官役,万眼同视,且委员下船收缴,亦开箱点足,无空箱事。"②有人说:"粤中缴烟时,先许以值,后负而激成。"③想把战争责任归咎于林则徐欺骗英人所致,梁廷枬力为辩诬说:"林公至粤,居越华书院。洋行总散各商,侨寓其侧,备日夜传讯,义律呈缴禀至,夜传总商入见。责以'汝为官商,倘有私许夷人以价而后设法赔补事,慎汝脑袋'。总商叩首,力言不敢而出。"④并盛赞林则徐说:"文忠聪达谙练,集思广益,视国为家,兵旅所过,文戒预颁,村市秋毫无忧,及遇敌临阵,又教以成法,人人争先,其忠勇之气,早有以慑服远人,推诚士卒。夫是以信于事先,万口同词耳。"⑤

---

①　梁廷枬:《夷氛闻记》,第132页。
②　梁廷枬:《夷氛闻记》,第18页。
③　梁廷枬:《夷氛闻记》,第22页。
④　梁廷枬:《夷氛闻记》,第43页。
⑤　梁廷枬:《夷氛闻记》,第170页。

在记录爱国将士抗击侵略军的可歌可泣事迹时,梁廷枬笔下更倾注着一片爱国挚情,如记沙角、大角炮台之战说:"义律不俟回文,突攻沙角、大角炮台……夷船驶至二十余……沙角台隔水相对为穿鼻湾,夷众哄入,先焚草棚,亦越后山至,四面受敌,(陈)连升急发大炮,夷稍却,我兵无药,炮不复发,发者又以省局掺杂炭屑,力弱无济,贼弹箭迸落如雨,身无完肤,其子方在侧,见父死状,挺戟大呼,左右跃杀数夷,袍皆血染,与千总张清龄等同时死。"接着,又特插入一段追叙说:战前二夕,"连升叹曰:'台不可守矣。夷能登岸即能越山,咫尺已及我后。'谓清龄曰:'观汝才气可大用,盍留汝身,图他日报效乎?'语至再,清龄誓同死不移。连升乃顾其子曰:'予久不食肉矣,汝盍往太平墟为市之。'子知其父意欲出而生之也,亦不行,至是皆及于难。"①这些记载,热情歌颂了爱国将士为保卫祖国视死如归的精神,真实反映了鸦片战争中中国人民坚决抗击外来侵略的英勇情景。

而对那些卖国的投降派,梁廷枬则给予严厉的鞭笞。如叙琦善一到广州,由于畏敌自动撤去海防,以不抵抗显示自己的投降意愿,并"首诘开炮肇衅者,将罪副将以谢夷,兵心由是解体。"②特别是沙角炮台失守后,他更一意主降,在莲花山与义律会面时,"义律欲示其军伍之整肃,饮已,领兵队,携枪炮,列阵山坡操演,请琦善出阅……琦善既目睹夷阵,怯其兵炮,愈执初见,以为非和则事未可知,特自惘无以回天也,遽以'粤中地势无要可握,军械无利可恃,兵力不固,民情不坚'陈奏。"③当其投降行径遭到爱国人士反对时,竟说:"诸君未识情形,争执如是,早晚祸及,可自为计,仍举所陈四事为言"④,可谓不知廉耻之极。还有那些奉旨"大申天讨"的天潢贵胄也在梁廷枬的笔下现出原形,如宗室奕山一战即败,而且最后竟出卖广州城,向侵略军拱手纳款六百万

---

① 梁廷枬:《夷氛闻记》,第51—52页。

② 梁廷枬:《夷氛闻记》,第50页。

③ 梁廷枬:《夷氛闻记》,第55—56页。

④ 梁廷枬:《夷氛闻记》,第60页。

元；奕经临阵求助梦境，宁波一仗，军资尽弃，一路望风而逃；以镇压天理教起义凶狠出名的"宿将"杨芳，竟至依靠"妇人溺器"破敌。这些记载，将清统治集团的腐朽昏庸无能暴露得淋漓尽致。

梁廷枏的爱国主义史学思想，还表现在他对人民群众反侵略斗争的同情、支持并着意记载，加以称颂。如道光二十七年（1847）广东黄竹歧村村民反抗英军暴行斗争发生后，清政府官吏慑于侵略者的压力，要求人民对外国侵略者凶杀劫掠"且勿向拒"，只许"赴官喊诉"，梁廷枏对清廷这一举措表示反对。他指出："劝其（案指村民）缚夷送署，势已难认，况令其任夷横肆，袖手旁观，止以一二父老报官，听夷行凶后从容以去，此可以告养如木鸡之君子，不可以强血气方刚之村民子弟。盖夷自入村启衅，于彼义愤所激，众怒难犯。"并警告说，以后如"夷人率众入栅，以捕鸟为名，或者调戏妇女，枪杀平人"等，还应将他们捆缚送官严办。① 充分表明了梁廷枏维护民族自尊和同情民众反侵略的鲜明立场。

三元里人民愤起抗击英国侵略者是中国近代史上值得大书特书的光辉业绩。《道光洋艘征抚记》和《中西纪事》中都有所记载，但都语言不详。梁廷枏以亲见亲闻，在《夷氛闻记》中作了生动而翔实的记叙：

> 方议款时，夷兵以船泊泥城，登岸肆扰，沿西及北……村民大哗，举人何玉成，即柬传东北南海、番禺、增城、连路诸村，各备丁壮出护。附郭西北之三元里九十余乡，率先齐出拒堵。对岸之三山等村亦闻声而起，老弱馈食，丁壮赴战，一时义愤同赴，不呼而集者数万人……及天明，入林内，搜杀几尽，逃者不识途径，亦多被截击。有叩首流血得免者……夷兵方舍命突围出，无奈人如山积，围开复合，各弃其鸟枪徒手延颈待戮，乞命之声震山谷……夷自是始知粤人之不可犯，克日全都退虎门外。②

---

① 梁廷枏：《夷氛闻记》，第 147 页。
② 梁廷枏：《夷氛闻记》，第 75—76 页。

梁廷枏在详记三元里人民英勇抗击英侵略军同时，还详细记载了广州人民"火烧夷馆"，以及以社学为核心的反对英军入城等民众反侵略斗争过程，并对人民群众在斗争中表现的高尚品质和昂扬斗志表示赞赏。说"火烧夷馆"时，"万口齐呼杀贼"，"夷货迁出，尽为百姓推掷地上，无丝毫夺归己者"。在反对英人入城斗争中，人民群众"不假招募，不领经费，旬日之内如响斯应，如辙斯合，得十万人"等。人民的爱国正义行动，与书中所载贵族官僚的腐败无能形成了极为鲜明的对照！

梁廷枏详记这些人民群众反侵略史实是有深意的。鸦片战争爆发时，他一度担心抗击侵略者"人心未固"，认为"承平既久，则人鲜知兵，奸宄难防而地皆滨海……设使借箸未筹，揭竿偶起。则垂涎久而瞬成乌合，染指众而视同虎眈。当时回首乡关，伤神异地，杞忧之切于此，首屈一指焉"①。但道光二十年，当他从澄海县调回广州任职时，"而后知当时家自为守，民胜于兵，补岛屿之藩篱，成其犄角，壮闾阎之锁钥，励乃同心……随呼而应，真如臂指相关，内顾无忧，顿使腹心可恃"，不觉叹道"能毋浩叹哉！"②通过斗争实践，梁廷枏对人民力量有所认识和了解，因此主张借用民力来抗击侵略。三元里人民围困英侵略军及头目义律时，广州知府余保纯十分软弱妥协为他们解围而去。本书对这些史实一面作了真实的记录，对投降派的所作所为极度不满，指出："倘官民同志，稍善机宜，村民万口同声，索其缴还原赀（指广州城下之盟被英军勒索去的六百万银两）而后散，官为调停其间，续给者当可免。"梁廷枏指出英侵略军"目睹民情，计无复之，未有不可行者，惜乎策不及此也"③。

不过，梁廷枏对人民群众的认识并没超出其封建史学的局限。他虽然看到了人民群众的巨大力量，而且主张借用这种力量以对付侵略者，然而又害怕人民起来后危及地主阶级的统治，故他一方面主张借用

---

① 梁廷枏：《东行日记》，第 2 页："五月十八日诣方伯梁楚香，座中语及夷务，予以人心未固，当首先鼓励为言。"
② 梁廷枏：《关封翁寿序》，《藤花亭骈体文集》卷 2。
③ 梁廷枏：《夷氛闻记》，第 76 页。

民力;另一方面又忧心忡忡。他说:"粤中已款夷且堵河矣,募勇至众,日教以抬枪弓箭。及裁撤失食,则群起为盗。每言,营兵不可靠而后招我。轻视营兵如无物,贻害至不可胜言。"①十分害怕人民力量强大,表明他在待人民群众的态度,终归是站在地主阶级立场上。在记载广东人民反抗英国侵略的历史时,梁廷枏总是把那些"素孚众望"的举人绅士视作中坚人物,甚至把支持学社作为投机资本的大官僚徐广缙等人也描绘成勇谋兼备的抵抗人物。可见,他对人民群众反侵略斗争所起作用的认识是有局限的。

梁廷枏编撰《夷氛闻记》的主要目的,在于总结鸦片战争失败的经验教训,寻求御外之策。由于其阶级的局限,只能看到英侵略者的一些表面现象,在如何对待其侵略问题上,便认识不足。在梁廷枏看来,"夷之伎俩,全在恫喝以取虚声"②,以为只要组织几次如广州人民反抗英国侵略那样的斗争,就能使侵略者"自知之而自止之"③了。这虽然是天真的想法,把侵略者看得过于简单了。因此,当魏源等人提出"以夷攻夷"和"师夷长技以制夷"的策略来对付外国侵略者,梁廷枏都唱反调。他说:"天朝全盛之日,既资其力,又师其能,延其人而受其学,失体孰甚。"④暴露了梁廷枏思想中保守的一面。不仅如此,他还把外国先进器物的发明,统统认为中国早已有之,是外国依据中国的东西而发明创造的。他说:"彼之火炮,始自明初。大率因中国地雷飞炮之旧而推广之。夹板舟,亦郑和所图而予之者。即其算学所称东来之借根法,亦得诸中国。但能实事求是,先为不可胜,夷将如我何。不然而反求胜夷之道于夷也,古今无是理也。"⑤这表明了梁廷枏的夜郎自大思想。

梁廷枏虽然反对"师夷之长技",却主张利用列强间的矛盾。道光

---

① 梁廷枏:《夷氛闻记》,第88页。
② 梁廷枏:《夷氛闻记》,第170页。
③ 梁廷枏:《夷氛闻记》,第169页。
④ 梁廷枏:《夷氛闻记》,第172页。
⑤ 梁廷枏:《夷氛闻记》,第172页。

十九年(1839)林则徐在广州开展禁烟运动时,大理寺卿曾望颜提出"封关禁海",主张闭关自守,具有远见的林则徐不赞同这种做法,认为当时"别国货船皆遵例呈结,查无夹带,乃准开舱,惟英船屡谕不遵,是以驱逐。今若将未犯法者一同拒绝,事出无名。且米利坚、佛兰西外,余皆仰英夷鼻息,彼荣此辱,此中控驭,可以夷治夷"①。梁廷枏是赞同这种意见的。关于这一点在他所写的《海国四说》中也有反映。但梁廷枏认为"以夷攻夷"作为反抗侵略的手段是可以的,作为抗敌的基本方针则力持异议,提出:"今天下非无讲求胜夷之法也,不曰以夷攻夷,即曰师夷长技,姑无论西夷同一气类,虽日为蛮触争,而万不肯为中国用也。就令乐为我用,而一舟之费,内地可调兵数千,败必索偿,胜更求无底止,终难以善其后。"②从对资本主义国家唯利是图特点的认识出发,他认为在自己力量软弱的条件下指望借西方国家之间的矛盾来抵抗侵略是根本靠不住的。事实也确实如此,鸦片战争中,尽管到广东的各国商人因英国启衅,贸易受到影响而对英不满,但"由于它展示了打开对华贸易的前景,各列强也就耐心地观望着"③。他们企图在英国得利时继之以进,不然则出面调停,坐收渔翁之利。因此,他主张把抵御外侮的力量建立在自强的基点上。

他主张以自己的力量发展国防,保持国家独立主权。为了能有效地抵抗侵略,他建议:

(一)刺探洋情,知夷制夷。梁廷枏很赞赏林则徐在鸦片战争前夕采取"刺取其新闻纸与月报,洞悉其情"的做法,知其"制驭准备之方多由此出",是反侵略斗争制胜的重要条件。但这种思想仍是从兵家"知己知彼,百战不殆"的传统战略思想出发,还停留在"知夷制夷"阶段而未能发展成魏源那种向西方学习的思想。

---

① 梁廷枏:《夷氛闻记》,第 32 页。
② 梁廷枏:《夷氛闻记》,第 172 页。
③ 卡尔·马克思:《英中冲突》,《马克思恩格斯全集》第 12 卷,第 117 页。

(二)实事求是,先为不可胜。梁廷枬认为要抵御外国侵略者,就是要正视现实,认真对付。在他看来,我国在鸦片战争中本来可以不败,其所以致败之原因是由于清廷腐朽,没有重视和信任林则徐为代表的抵抗派,对于许多重大问题,"非文忠无见及者,惜乎其去之稍速也"①。这种看法虽然不十分正确,但他提出"先为不可胜",即各方面必须做充分的准备,尤其是必须起用人才,明罚厚赏,则是完全必要的。

(三)铸炮造船,加强国防。梁廷枬对鸦片战争中中国因国防落后而被动挨打深有感触,他在《东行日记》中感慨地说:

> 海宇久无事,仓卒修边防。亦有哨巡舰,曷恃冲汪洋。
>
> 火铳逐波逝,箭镞沉沧浪。束手长太息,英杰眉不扬。②

因而主张发展铸炮造船等军事工业。他向清廷当局提出"四省合巡之议",说:

> 夷泊在洋,如履平地,各省虽有战舰,从未闻有驾兵出洋攻剿之事。故其驶行数省洋道,如入无人之境……设使环洋经过之地,有船可以堵截,有兵可以攻击,彼方却退之不暇,又安能饱挂风帆,瞬息百里,出没超忽之若此其捷哉?今宜创造坚大战舰百艘,艘各配以弁兵百人,于广东、福建、浙江,江南四省外海水师营分,各选精锐二千五百人,多储水食炮械以实之,抽移内河陆路名粮,补其空籍。擢提镇大员有世功威望者,别颁敕印,为四省统巡……西界越南夷洋,北抵盛京,无论内外诸洋,咸责巡哨。③

并建议在广东、潮州等地设造船厂,"招募善工,设官监造"战船,以解决武器供应问题,这实际上是想建设国防海军以抗外国侵略者的坚船利炮。

(四)主张避长击短,"遇便散攻"的方法打击入侵者。梁廷枬对鸦

---

① 梁廷枬:《夷氛闻记》,第171页。
② 梁廷枬:《东行日记》,第6—10页。
③ 梁廷枬:《夷氛闻记》,第143页。

片战争中英国侵略军的长短优劣情况作了具体分析,认为"火器为西海数百年长技",但"夷性畏强欺弱",其"兵食资于商人,货滞则商无所出,船愈多而费愈重。汉奸虽有供火食者,究非可长恃……果使粤中无六百万之与,帆航鳞集,售烟为食,所得几何,曷敢他出?"①据此,他主张以某种近似游击战的战术胜之。他对当时两江总督牛鉴不用周恭寿"弃海口,伏口内"的建议表示惋惜,而对臧纡青"不区水陆,不合大队,不克期日,水乘风潮,陆匿丛莽。或伺伏道路,见夷即杀,遇船即烧……人自为战,战不择地。务令住舟登岸,诸夷出入,步步疑忌惊惶,所在皆风声鹤唳"②的反侵略战术极为赞同,以为这样做可与自己的"四省造船抽兵以尾追为牵制之策"相参用,以有效的打击入侵的外国侵略者。此外,主张在一定程度上可借用人民的力量抗击侵略军,前例已说明了这一点。

上述梁廷枬的思想,已具有一定的军事改革的倾向。鸦片战争前后的改革思潮,主要包括两个方面的内容,即政治改革和国防军事改革。梁廷枬的改革主要还局限在发展国防军事力量方面,对国内政治和清廷上层统治集团腐败的认识还不十分深刻,故其政治改革思想处于不成熟阶段。

《夷氛闻记》保存了比较丰富的直接材料,是记载鸦片战争史的重要著作。例如,林则徐在禁烟过程中曾二次照会英国国王,表明中国人民的禁烟决心和同外国保持正常通商,所谓"各享太平之福"的真诚愿望。但有些人在撰写鸦片战争历史时不了解,故未记载。梁廷枬由于亲自参加与起草过有关照会的一些讨论,并建议由西洋在粤商船将照会转呈英王,《夷氛闻记》不仅录入照会原文,而且还详记事情经过。记载三元里抗英斗争的历史,除作者亲身经历所得材料外,还取材于《道光洋艘征抚记》所载的有关资料,并纠正其中一些不确的记载。尤

---

① 梁廷枬:《夷氛闻记》,第 169—170 页。
② 梁廷枬:《夷氛闻记》,第 101 页。

为可贵的是，《夷氛闻记》中的奏折、文告、笔记、书信、澳门新闻稿和亲身经历等资料，都一一注明出处，即使是其他史籍的记载，他也寻找原所依据的第一手资料进行校核，这就使《夷氛闻记》所记载的历史事实更为可靠，从而保存了较为丰富的鸦片战争史的一些第一手资料，它的学术价值自然比当时以录采文牍为主的一些著作更具较高的学术价值。

第四节　夏燮与《中西纪事》的编撰

一、夏燮生平和《中西纪事》的编撰

夏燮（1800—1875），字季理，号谦甫，亦作嗛父，因仰慕全祖望（谢山），别号谢山居士，笔名江上蹇叟，清安徽当涂县人。他精通声韵，"兼深史学、留意时务，时论宏通。"①他的父亲夏銮、哥哥夏炘和夏炯，均为名儒，可谓家学渊源。夏燮于道光元年（1821）中举人，初任安徽青阳县训导。鸦片战争时，任直隶（今河北）临城训导。咸丰元年（1850）冬，"需次京邸"②。三年后"摄安仁篆"③。清咸丰十年（1860），调入两江总督曾国藩幕下。时英法联军攻陷北京，咸丰皇帝避乱热河，夏燮曾随北上。《北京条约》签订后，出任江西永宁县知县，曾亲自参与长江设关及西洋传教士传教案等事。他的史学著作，除《中西纪事》外，尚有《明通鉴》、《粤氛纪事》、《校汉书八表》等。并编有明吴应箕《楼山堂遗书》、《陶安学士集》、《国朝汪莱算学书》。另有《谢山文集》若干卷，未见刊印。

他一生主要精力从事史学研究和著述。他的好友平步青说他："覃精五十年，聚书千百种，贯串考订，卓然成一家言。"又说："事核文赡，不愧史才；《考异》尤为精博"④。虽有些过誉，但可见夏燮治史之

----

① 《清儒学案》卷155《心伯学案》。
② 夏燮：《中西纪事·次序》。
③ 夏燮：《中西纪事》卷21《江楚勘教》。
④ 《樵隐昔寱》卷4《与夏嗛父书三》。

专博。而《中西纪事》是夏燮"留心时务"的代表作,对研究鸦片战争史有较高的学术价值。

《中西纪事》是中国近代较早的一部记载两次鸦片战争的历史著作。该书的初稿成于道光三十年(1850),重订于咸丰九年(1859),修订于同治四年(1865)。从初稿撰写到最后完成全书,前后共用了十五六年的精力。由于初稿和修订稿都是在两次鸦片战争期间完成的,是当时人撰写当时历史的一部著作,从内容看,又是一部反对外国殖民主义侵略的爱国主义史书。

他目睹鸦片战争后清廷签订丧权辱国的条约,致使我国东南沿海门户洞开,外国商品源源不断地涌入中国,严重地破坏了中国自给自足的封建经济基础,而且危害最深的首先是东南沿海地区。这使夏燮受到极大的刺激,感慨国事,蒿目时艰,于是着手编撰《中西纪事》一书。他愤慨地说:

> 道光庚子之夏,洋氛不靖,蔓延三载……时承乏临城司训,一官首蓿,无预忧危,而恶声方藋于村鸡,讹言又传于市虎。于是蒿目增伤,裂眦怀愤。爰搜辑邸抄文报,旁及新闻纸之据者,录而存亡。[1]

霅中人在《中西纪事·后序》中叙述鸦片战争后的情况和夏燮撰书起因时说:

> 阴拱而观,仓皇失措,偿赀竭泽,互市漏卮。阳托和戎,阴同让衅,实昧抽薪之计,早贻伏莽之戎。此华夷之变局,亦千古之创局也。方其索香港之赇,要白门之抚,偪天津之溃,怙海淀之骄,予取予求,输银输地,天地为之震撼,沧海听其横流,爝火争光于曜灵,破猰砺牙于当道。漆室女闻而啜泣,况乃须眉童,汪锜誓以身殉。翄曰:壮士凡有血气者,莫不抚膺浩叹,指发狂呼,数卫律之罪,上通于天,系中行之颈,欲笞其背,流氓而雅声变,哀郢而骚体兴。此当涂夏嗛甫先生《中西纪事》所由来,而隐其名为江上蹇叟也。

---

[1]　夏燮:《中西纪事·原序》。

《中西纪事》采用纪事本末体,始于通商起源,讫于咸丰十年(1860)各国换约止。全书二十四卷。首卷"通番之始",次"猾夏之渐",三"互市档案",四"漏卮本末",凡四卷,记叙鸦片战争之原因,从卷五"英人寇边请抚"至卷十四"大沽前后之役",凡十卷,记载鸦片战争的经过,多据邸抄和奏咨条案,并参照西人著作有关记载。从十五卷"庚申抚约之役"到二十一卷"江楚黜教",凡七卷,续录"庚申"后的条章颁发各省后执行情况。又附卷二十二"剿抚异同",卷二十三"管蠡一得",是作者结合史实,自抒己见。最后二十四卷"海疆殉难",仿吴伟业《绥寇纪略补遗》,按时间先后,记录殉难人士的姓名和事迹,分上下两子卷,以表彰为国捐躯的志士仁人。

从以上各卷内容看,《中西纪事》是一部较为完整地记叙鸦片战争和第二次鸦片战争的历史,和当时同类性质的论著比较,其学术价值是较高的。

二、《中西纪事》对鸦片战争的评论及其爱国主义史学思想

夏燮在《中西纪事》中首先评述了道光庚子以来中外通商始末,说"夷人贪利,志在通商"[1],"通商日久,中外错居,各以诈力相尚,水火生于畛域,枘凿起于锥刀。于是官袒民则番怒,袒番则民怒。番以其强,民以其众,而交哄之端复起。"[2]他把当时中外通商矛盾冲突归结为通商问题而引起的,初步意识到外国殖民者的"通商"本身是一种贪利的掠夺。夏燮从这一认识出发,对鸦片战争爆发原因作出了如下论断:"论者皆谓中西之衅,自烧烟启之。今载考前后,乃知衅端之原于互市(互市即通商的异称),而非起于鸦片也。"并明确指出:"即使鸦片不入中国,亦未能保外洋人终于安靖而隐忍也。"[3]在当时历史条件下,夏燮

---

① 夏燮:《中西纪事·原序》。
② 夏燮:《中西纪事·次序》。
③ 夏燮:《中西纪事》卷3《互市档案》。

已初步认识到西方殖民者为了扩大海外市场,进行掠夺,必然要发动侵略中国的战争,用这种历史观去评论鸦片战争爆发的必然性,这是难能可贵的,在认识上比同时代的人更具卓见。

在夏燮看来,鸦片之害,"虽自外洋贻之","而外洋之利实自中国启之",只要中国人自己不吸鸦片烟,外洋就无法输入。因此,他提出先于内而后及外的解决办法,具体是:"吸者先严于官幕,贩者先治其牙窑,内地之禁既严,则外来之烟自滞。"①他认为,在"内"的办法实行数年之后,再与"外洋"交涉鸦片的输入问题。提出:"当日欲与之申明烟禁,必先取中西互市之全局,通盘打算,平其百货之税则行用,更择其胥侩之尤者而惩之,必使番人憬然于生计之赢绌,不在鸦片之有无,但使关税行用之积蠹渐除,则湖丝茶黄之转输自便,此为中外一体,威福并行,制夷抚夷之策,似无逾于此者。"指出解决鸦片问题,如果"不清其源,而图塞其流",其结果必然是"一旦决堤溃防而莫之遏,虽籍十七省商民废著之赀,不足以填其无厌之壑。"②夏燮的这一看法固然有近于事实的一面,但另一面,鸦片输入是英国殖民者以鸦片打开中国大门的手段,是侵略者的重要决策,正是这一本质的一面,夏燮却恰恰认识不清。他设想以减轻关税,"补偿"其他"货物"之利③,就可以断其鸦片输入之"源",是万万行不通的。

由于夏燮对鸦片输入本质缺乏正确认识,他主张对付英国侵略者的办法只能是所谓"以夷服夷"、"以毒攻毒"的办法。他的具体策略是"远交近攻"。基于这一思想,他提出,林则徐在广州禁烟时下令停止贸易是"因噎废食之见。"认为在当时应当准许美国商船和其他各国商船入口贸易。不仅准许其他国家来华贸易,而且需要"大张通商之谕",其结果必然出现"制夷兵者即在夷人,彼英人岂能梗阻,以自速其

---

① 夏燮:《中西纪事》卷4《漏卮本末》。
② 夏燮:《中西纪事》卷3《互市档案》。
③ 夏燮:《中西纪事》卷3《互市档案》。

寇仇邪!"这样,"英人求战不得,开舱无期,仍必由法、弥(美)二国讲解,又岂敢索烟价,索香港,以肆吠声邪!"①夏燮只看法、美与英国矛盾方面,但没看到他们的共同侵略中国一致性。

在鸦片战争的"和"、"战"问题上,夏燮是站在主战派一边。他以汉武帝击匈奴的史实举例,认为"匈奴之患,起于高祖之末,高后及惠、文、景因天下初定,与民休息。深持怀柔不拔之德,其于兵也,固惮言而厌用之也。然反之于匈奴,非深惩而大治之,其为患也可胜言哉!"至汉武帝时发兵匈奴,前后用兵十年,使匈奴"单于穷遁漠北,遂收两河之地","遗后嗣之安"。②以此来说明只有战才能言和,并以这一观点评论汉时对匈奴的战争说:

> 虽曰劳师匮财,而功烈之被远矣。使微孝武,则汉之所以世被边患,其戍役转饷,以忧累县官者,可得而预计哉?乃昧者不知求夫天下之势,强弱之任,而猥以其黩于兵,与秦皇同日而讥之,岂不痛哉!

他批评鸦片战争时的主和派说:"今之议抚者,不过曰以息兵以安民也。"然而不是战而后和,是不可能真正达到目的的。他说:

> 汉高帝白登一蹶,遽议和亲,抚之不为不速,而高后及惠、文、景四世贻患,安见与民休息之终收其效哉?③

他严肃地指出:

> 抚而后剿,虽汉之文景不能得之于匈奴,何况其他,今之英吉利,未必大于明之日本也。其为患于中国,不如日本之久也。然沙角之毙夷兵者数百,吴淞之毙夷兵者数百,定海之毙夷兵者千余,是官兵之剿,未尝无成效也。一创于粤东之三元里,再创于厦门之陈姓,三创于靖江之居民,是乡勇之剿未尝无成效也。乃自粤东议款以来,在我则曰罢战而议抚,在彼则曰先战而后商,粤东就抚而

---

① 夏燮:《中西纪事》卷3《互市档案》。
② 夏燮:《中西纪事》卷22《剿抚异同》。
③ 夏燮:《中西纪事》卷22《剿抚异同》。

扰于闽浙,乍浦就抚而扰于吴淞。①

他的结论是:"抚之无益可睹也。"出现这种情况的原因,在于"昧者不知求夫天下之势,强弱之任。"他明确主张"剿而后抚,其庶几诸葛武侯之于孟获,唐太宗之于颉利乎?"②然而清廷做不到这一点,因为王公大臣畏夷如虎。他揭露主抚派(投降派)对英军头目怯懦无耻行为说:"义律、马利逊者,其明之徐海,汪直乎? 天津不诛,失几一也,粤东夷馆不擒,失几二也,三元里解围而出,失几三也。夫其罪十百于徐海、汪直,而其时擒之之易,如釜中之鱼,几上之肉,而交臂失之。然则当日之断断焉,持抚议者有能如胡宗宪之不激夷祸,不损国威,浮沉而速决者乎?"③在他看来,如果对义律、马利逊采取先"擒"而后"抚"的强硬态度,侵略者就不会如虎似狼发动侵略战争。

对外国传教士在中国的传教活动,夏燮十分担忧,他认为中国本来不准传教于华民,白门条约把准许在中国传教"载入约中,将来白昼公行,何所顾忌,用夷变夏之渐,不可不防。"尤其令人气愤的是白门条约内,"明指汉奸勒官放回"一项。他说,汉奸受雇于外人,或充其间谍,或助之打仗,叛逆彰彰,漏网而出,"昔日有罪,尚须远投外洋"。可是,"自夷人寄居内地,则窜身尤为自便矣。"腐朽的清统治者,"今不责汉奸于夷人,而夷人及索汉奸于中国,是胥天下而为汉奸也。"④长此下去,中国的前途岂堪设想。

对于在鸦片战争中殉难志士,夏燮极力表彰。他说:"自英夷犯定海,裕帅(谦)谓其犯兵家之忌者八,上书主剿。虽未免言过其实,而一腔热血,报国拳拳。至其身任钦差大臣,予阅其前后章奏及来往咨会之文,古谊忠肝勃然义形于色……矧以今日,沿承平之积习,文弛武玩……至于事之既偾,而自以其身殉之,亦可哀已。而论者谓其以刚取

---

① 夏燮:《中西纪事》卷22《剿抚异同》。
② 夏燮:《中西纪事》卷22《剿抚异同》。
③ 夏燮:《中西纪事》卷22《剿抚异同》。
④ 夏燮:《中西纪事》卷9《白门原约》。

败,比之子玉赵括之辈,不亦冤哉?"①他对陈化成吴淞口奋战极表同情,以充沛的感情和笔力歌颂其牺牲精神,说"陈军门竭三年热血,尽瘁匪躬,固已操胜而后战之算,不意乖其所遇,乃与恇怯观望之元帅共事,以杀其身,岂非天哉?"夏燮明确地指出,这些爱国将领的牺牲,完全应当归罪于投降派头目,如"关军门之死,琦相实杀之。裕帅之死也,余步云实杀之。陈军门之死也,牛督实杀之。"他感慨地说:"观于三忠殉难之本末,则千载而下,必有援曲端、武穆之律,以成定谳者,其亦可为长叹也已。"②

《中西纪事》对鸦片战争时期的投降派进行了无情揭露和谴责。如咸丰八年(1858)前后大沽口两次战役,假如统帅得人,是可能取胜的,但由于"制使恇怯无能,首先溃败",导致了战争的失败。尤其令人痛恨的是那些投降派官僚,在"既败之后,花俄讲款,钦使抵津,一切毫无把握。而塞港之舟筏不整,未占之炮台无备,夷船来往,又复如常,此岂堪再战乎?"③

《中西纪事》对清廷官吏浑浑噩噩,腐败无能,置国家民族的命运于不顾,亦多揭露。如夏燮至九江时,觉察城内小南门有英人房屋一所,与九江道署相距不远。居民每于夜间闻其内有妇女喧笑声。他记叙说:"予询之德化县令,则并不知城内有夷人房屋一事。吁,可慨也!"④夏燮举此小事以见大,说明清廷官吏之昏庸腐败。

揭露清廷统治集团的昏庸,尤以《台湾之狱》一节最为突出。他说:"道光二十二年间,英夷舟过闽洋,屡犯福建之台湾皆败焉。"两次战役清兵都获胜,生擒白夷十多人,黑夷一百多人,红夷一人,粤东汉奸五人,以及刀仗衣甲及夷图夷书等物件。打败侵略军,本是一件好事,应对英勇战斗的官兵给予奖励,但当时的闽督"憾功不自己出,又以夷

---

① 夏燮:《中西纪事》卷7《闽湘再犯》。
② 夏燮:《中西纪事》卷8《江上议款》。
③④ 夏燮:《中西纪事》卷4《大沽前后之役》。

人性好报复。"当投降派协议已成定局时,投降派头目竟颠倒是非,所谓台湾"镇道昌功之狱起矣。"他们对抗敌有功官兵,"横加诬谤,以为台中两次俘获,均系遭风难夷,而镇道乘危徼功⋯⋯实无兵勇接仗之事"。夏燮对此案特加评论说:

> 台湾之狱,外则耆相主之,内则穆相主之。怡制使之查办此案,竟以莫须有三字定谳。因由忮功,亦奉政府枋臣指授也。当日真镇道于劾典,辄以恐误抚夷之局一语为金针。①

他清楚揭开冤案的真相,表示对投降派耆英、穆彰阿等人的不满。对那些投降派将领畏敌如虎,望风溃败,反而虚级冒功,得到赏赐的官吏极表愤慨。他说:"若夫粤东之抚,靖逆奏称四月初八之捷;浙江之抚,扬威奏称镇海、定海之捷。又从而保举在事之文武员弁,是又明之邢玠、杨镐辈,虚级冒功,张濂所谓罚罪之典,移而为赏功之令者,今昔情形,异代同揆,可胜慨哉?"②

英国税务司头目赫德操纵中国海关,夸张税额大增,以此证明清和各国通商有裨于清政府的国计。本书指出这完全是一种虚假现象,是玩婴儿于股掌的诡计。作者分析,一般商品的出入口征税暂可不论,就洋药(即鸦片)一项而言,海关之税每箱不过三十两耳,以六万箱计之,应岁增税额一百八十万两;去其扣饷之二成,则余一百四十四万;扣除各项开支,实际上只剩下一百三十余万两。但是,六万箱以及偷漏的一万多箱鸦片烟,要换中国价银三千数百万两。每年如此巨大的银两都是中国人民的膏血,"以附益外洋者也",这对中国是极其不利的。"夫两利相形,则取其重。两害相形,则取其轻,今取其至轻之利,而受其至重之害,岂但失算哉,谓之无算可也。"③严重的情况是,"洋药之入中国,犹曰我自取之。若夫米谷豆石铜钱,向不准出口;硝磺白铅,向不准

---

① 夏燮:《中西纪事》卷10《台湾之狱》。
② 夏燮:《中西纪事》卷22《剿抚异同》。
③ 夏燮:《中西纪事》卷18《洋药上税》。

进口。今一概弛禁，任其择肥而噬，甚至藉兵船护货，凡违禁之物，通贼济奸，惟利是视。而中国无不出口之货物，外洋无不入口之货物矣。"①

　　本书还搜集转录了一些暴露清贵族统治集团腐朽事实的私人函件。如卷六附录的《王廉访廷兰致闽中曾方伯望颜信》中记载，鸦片战争时广州清兵溃败的原因，"实由当事既鲜有章程，用兵复漫无纪律，有笔墨之所不能言，而又有所不敢言者"。卷二十二所载《殷兆镛请罢天津抚议原奏》也说："琦善、耆英、伊里布等既误之于前，致贻今日天津之患。今之执政者，复误之于后。""以堂堂大一统之中国，为数千夷人所制，输地输银，惟命是听"，完全是卖国投降派所造成的。

　　夏燮激于爱国义愤，在揭露清廷统治集团腐败和斥责投降派卖国行径的同时，《中西纪事》以相当的篇幅介绍和称颂人民抗英斗争的史实。书中列《粤民义师》专章，叙述抗英义师的起源。写道："道光二十一年夏，粤东义民创夷人于肖关、三元里，遂起团练之师。始自南海、番禺，而香山、新安等县继之，绅民喋血、丁壮荷戈，誓与英夷为不共之仇。"该书又记载了广东义师的抗英斗争又和反对清廷投降派的斗争交织在一起。记载当人民群众得知屈辱的白门条约签订时，两广总督耆英、广州将军伊里布、广东巡抚黄恩彤三人，"皆前在江宁，同预于抚事之约，英夷来往粤东，方挟之以为质"，对耆英等恨之入骨，并"执通商旧制，起而争之"。因此，"南海、番禺之绅士耆老，传递义民分檄，议令富者助饷，贫者出力……按户抽丁，除老弱残废及单丁不计外，每三丁抽一，以百人为甲，八甲为总，八总为社，八社为一大总。旬日之间，城乡镇集灯楮旗布为之一空。自是众议汹汹，不藉官饷，亦不受地方官约束……浸浸乎与官为仇矣。"②以农民群众为主体的抗英义师进入广州城的斗争迅猛之势展开，打击了侵略者，也惊动了清廷统治者。

　　但投降派伊里布、耆英之流对英侵略者仍一昧妥协退让，特别是广

---

① 夏燮：《中西纪事》卷19《小国换约》。
② 夏燮：《中西纪事》卷13《粤民义师》。

州知府刘浔奉耆英之命亲至英船，"谓将晓谕军民，订期相见"，商谈英军入城问题，激起了人民群众的公愤，遍张揭帖，约以英人入城之日，在广州起事，反对英侵略者和投降派官僚。而刘浔适自英船归，卫从人员群多，前呼后拥，威吓群众，引起广州人民大哗，认为这是"官方清道以迎洋鬼"，其结果必将鱼肉人民。当刘浔回至府署时，群众数千人闯入其宅门内，捣毁其衣物，以示对投降派的惩罚。

　　由于广大人民坚决斗争，伊里布忧死广州，耆英也秘密活动才得以由广州逃脱至北京。于是人民群众反英军入广州城的斗争更加高涨，终于迫使英侵略者不敢进入广州城。对三元里人民抗英斗争的英勇行为，夏燮评论说："按粤东义勇，犷悍成风……迨洋氛渐近，则皆欲以有名之师，报不共之仇。故三元里之役，一朝啸聚者，百有三乡。惜粤中大吏不能鼓而用之也。"①夏燮对人民的力量虽然主张"鼓而用之"，但由于他站在地主阶级的立场上，对人民是不可能真正相信的。因此，他在同情三元里人民抗英斗争的同时，又将其功劳归之于爱国士绅，尤其归功主张抗英的官吏。②

　　由于夏燮具有强烈的爱国思想，因而有时能从中国的前途着眼考虑问题。如当小刀会起义失败，清军占领上海后，夏燮虽任过清廷官吏，却明确提出，此举"徒为夷人肃清港口、俾使通商，而鹊巢鸠居，其势已不可复返。"并指出其严重影响："窃惧东南异日之忧，不在长毛而在椎髻也。"③他清醒地认识到，在清廷腐朽统治下，在投降派左右朝政的情况下，外国侵略势力进入中国已是大势所趋，表明他对中国前途的忧虑。因此，他在《中西纪事》中对东南沿海人民反侵略斗争的史事，

---

①　夏燮：《中西纪事》卷13《粤民义师》。

②　夏燮：《中西纪事》卷13《粤民义师》载："己酉之役，不发一兵，一折一矢，而夷人敛手，易倨为恭，遂寝入城之议。予未见原奏，以为宜僚弄丸而解两家之难，郦生掉舌而下七十余城。今粤东义师以先声而收后实之效，意必有在粤之巨室，排难解纷，如鲁仲连其人者。越数年，番禺许星台太守应镳，同官江右，询之，则当日主持其间者，实太守之老阮也。"

③　夏燮：《中西纪事》卷11《五口衅端》。

尽量搜集资料,详加记载,以激励人民反抗侵略的爱国热情。

三、《中西纪事》的史料来源及其学术价值

夏燮编撰《中西纪事》最可贵之点是"实录"。他用了很大精力,搜集鸦片战争时清廷上谕、奏疏、公文、私人信件、中外照会,以及条约、章程和时人著作中有关资料,随时"录而存之",为编撰此书累积大量的文献资料。同时又参考了魏源《海国图志》等著作,完成编撰工作。夏燮在取舍资料上,贯串了他的政治标准。如"英夷窥省,粤中议和,则靖逆原奏无一征实语,惟王廉访信函得自目击……多系确探,今悉本之。"①摒弃了投降派的正面奏报,而用抵抗派的旁奏和私人函件作为主要资料加以叙述。又如记《北京条约》的经过,指出"是役邸抄多不具。大沽炮台之破,津门之陷,皆无一语及之。"夏燮据其在曾国藩幕府中所搜北京、天津等处的信函及胜保咨文、奏疏,六部九卿官员的奏疏等有关资料,"悉据实书之,不敢诬亦不敢讳也。"这些文件,由于是在所谓"乾坤震撼,沧海横流,凡在断輓攀槛之俦,沥血叩心,忧危入告,不避文字之忌。"②从而暴露了清廷统治者一些真实情况。

夏燮于是书正文之后都附录重要文件及资料,注明其来源,并且每每在篇末说明它的根据,保持了史学的优良传统。如记载鸦片战争中沙角大角之役、虎门之役时,他多据邸抄,参以琦善供词中合乎事实的部分,又核之粤抚参奏及将军参赞在途次所奉前后上谕廷寄,更证以裕谦咨会江苏巡抚之文,以及粤东抄传林则徐函件等。因此,他认为在《粤东要抚》一卷中,"义律称兵要抚之本末,略具于此。"③又如《互市档案》一卷中指出:"以上所辑,前半据《海国图志》,所采粤中旧档,参以西人所撰《华英通商事略》。自十九年边衅以后,则皆得之闻见

---

①　夏燮:《中西纪事》卷6《粤东要抚》。
②　夏燮:《中西纪事》卷15《庚申换约之役》。
③　夏燮:《中西纪事》卷6《粤东要抚》。

者。"①《猾夏之渐》一卷记载了杨光先与汤若望交讼事,并说明其资料来源"具见于王渔洋《池北偶谈》及阮仪征《畴人传》",以及汪衡齐所纂修的天文时宪志稿本及残本等。

是书虽然采用了《海国图志》不少资料,但纠正了其中一些谬误。如"《海国图志》谓佛朗西、葡萄亚之入澳门入钦天监,皆自意大利亚开之,考其年日,殊不符也"。夏燮认为:意大利亚之入中国进入香山澳门,在佛朗西、葡萄亚之后,"至于供事历局,则澳中人皆因缘而至,《明史》言天启、崇祯间,东北用兵,数召澳中人入都,令将士学习。盖其时大西洋各国俱有人,而意大利亚、葡萄亚之人为多,皆利玛窦开之也。"②

道光二十二年(1842)八月二十九日,代表清廷办理投降交涉的耆英、伊里布在英国侵略者的胁迫下,全部接受了璞鼎查提出的议和条款,订立了不平等的《南京条约》。由于它是屈辱的卖国条约,清廷初时不敢公之于众。夏燮在《白门原约》中说:"壬寅白门之抚,是时所议各条抄传在外,予答友人书论其事,兹核以后来之事多亿中者。"所谓"亿中者",主要是指割让香港、五口通商和赔款等问题。他在叙述《南京条约》主要内容及其严重危害性之后,卷末还附录《浙抚刘韵珂致金陵三帅书》。虽然他在书后指责刘韵珂说:"白门之抚,耆、伊二相成之。二相之来浙,中丞使之。当日保荐伊相,明明为请抚作张本。若谓二相之抚败于失策,则何以同时在浙,不身入局中而谋之。予故谓其救目前之急,又欲惜身后之名,非刻论也。"但其主要用意在保存信中所说"抚局既定,后患颇多","不可不虑者有十"的事实,以及清廷"文官爱钱而又惜死,武官惜死而又爱钱,加以兵无斗志,民有'乱'心,帑藏空虚,脂膏竭尽,战亦败,和亦败",处于所谓"法穷银尽"的危急情景。在这一卷中,不仅保存了有关《南京条约》等许多原始材料,更可贵的

---

① 　夏燮:《中西纪事》卷3《互市档案》。
② 　夏燮:《中西纪事》卷1《通番之始》。

是细心考察时变,并且直率地发表了作者的评论。

由于夏燮致力于搜集各种资料,因而使本书在史料上有较大的参考价值。尤其是其中有些资料,现在已不可多得。如主张严禁鸦片的许球于道光十八年(1836)所上奏折原文,现已失存,本书卷四中节抄其中段,保存了这一重要文献的部分内容。由于夏燮较翔实记载了一些史实,在投降派当权时,不敢署自己的真实姓名,而托名江上蹇叟。在序言中说:"两相枋国,防口綦严,珍此享帚之藏,窃怀挟书之惧。"雪中人在《后叙》中也指出:"某大吏见是编,以为忤时,削其板",其书遂难以流传。至同治十年(1871),鸦片战争时的权臣多已过世,雪中人(笔名)根据藏本重印,才使该书得以流传。之后刘锦藻撰《清朝续文献通考》,在《征榷考二》录《中西纪事》卷17《长江设关》,《市籴考二》录卷3《互市档案》,皆署夏燮真名。《中西纪事》除同治年间刊刻本外,光绪十年(1884)、光绪二十年(1898)都有翻印本,另有石印小字本。

《中西纪事》是我国近代史学史上较早的近代史历史著作,是研究近代史不可少的参考书之一。夏燮在该书的记叙和评论中反映出的反对侵略的政治立场和爱国思想,是值得肯定和称赞的。从史学角度看,《中西纪事》编撰取材仅限于当时公文档册,故其记载史实不如梁廷枏《夷氛闻记》那样全面、翔实,有一定的局限性。

第五节　为投降派辩护的《抚远纪略》和《庚申夷氛纪略》

一、黄恩彤和《抚远纪略》的编撰

黄恩彤(1801—1883),字石琴,山东宁阳人。道光六年(1826)中进士,授刑部主事。道光二十年(1840)任江南盐巡道,道光二十二年(1842)迁江苏按察使。英国侵略军由浙江沿海经长江侵犯南京时,他为时任两江总督伊里布出谋划策。伊里布、耆英遂命他与侍卫咸龄赴敌舰议款,具体办理投降交涉。李星沅在当时的日记中载:七月十二日,"以和议将成,允银二千万圆,现交五百万圆,准银三百五十万两,余分三年交完,又码头五处,官员平行,香港仍不退还……闻成松圃麟、黄石琴恩彤以初九日,丑刻往晤夷通事,数言定议,寅刻即颁发折子,而片稿陈及银数,即以捐项作抵,殊太易易。至局得黄石琴书,亦多敷衍门面语。"①八月二十六日"至局见(黄)石琴致筼翁书,盛称逆夷(英)好礼,而以慎重办理为妄启猜疑,殊属荒谬,所续议八条,亦多将就,此何等事,乃儿戏为之,尤可慨也。"②八月二十七日又载:"石琴热衷曲迎逆意,太不得体,至朴夷入城,先往候于道,更为可笑。"③《南京条约》签订后,黄恩彤随伊里布赴广东筹办通商事宜,参与签订中、英《五口通商章程》。道光二十三年(1843)正式调任广东按察使,旋迁布政使。道光二十五年(1845)擢升广东巡抚。他疏陈"欲靖外海,先防内变",诬蔑广东人民"性情剽悍","不足信赖"等。次年,广东人民掀起反英侵略者入城的斗争时,他被劾革职还乡。咸丰初年,在家乡办团练,同治年间以防御捻军有"功",授予三品封典。他晚年编撰《抚远纪略》,极力歪曲鸦片战争历史,为清廷顽固派官僚卖国投降辩护。

《抚远纪略》,一名《道光抚远纪略》,一卷,凡《禁鸦片烟》、《绝市用兵》、《金陵抚议》、《粤东复市》、《收复定海》、《抚米利坚》、《抚佛兰西》七篇,叙几次和议经过颇详,录有往来函牍、谈话要略。同治四年(1865)成书,现流传于世的有宣统元年(1909)济南国文报馆石印本。他说:"抚远为道光中一大事,当时首建其议者,两江总督牛公鉴,办赞其决者,前协办大学士伊公里布,而始终其事者,则钦差大臣大学士耆公英。余初从牛公防守金陵,并未与闻抚议,迨耆公、伊公允彼所请,余始见其使,与之定约释兵,又从伊公赴东粤筹办通商善后事宜。伊公

---

① 《李星沅日记》1842 年 8 月 17 日条,中华书局 1987 年版(下同),第 423 页。
② 《李星沅日记》1842 年 9 月 30 日条,第 431 页。
③ 《李星沅日记》1842 年 10 月 1 日条,第 432 页。

蒉,耆公继之,而大局始定。"他叙述鸦片战争之后,特别是《南京条约》签订后,所谓"迨英吉利互市开关,粗就条理,而米利坚、佛兰西各使踵至,均不免非分之干,其余各小国亦窃睨其旁,妄生觊觎,洵数百年来中外一大变动也。"他与伊里布、耆英等和英、法、美各西方列强打交道,代表清廷办理议和妥协投降交涉是所谓"刚柔迭用,操纵互施,虽有时俯顺其情,要未敢稍失国体,盖亦不料其幸底于成焉。"①黄恩彤自知投降派卖国行径不得人心,怕他们的卖国投降罪名无法洗刷,因为"惟是此事虽累经入告,而枢延祕牍,外间罕得而窥,其留于羊城节署者,又因咸丰之变,毁失无存",真是无法证明他是好人了,所谓"恐世人悠悠之口,无从征信"。为了洗刷自己的罪名和为投降派辩护,"爰于暇日检核文案,参以默识所及,芟烦录要,粗加排比,手缮成书,名曰:《道光抚远纪略》,聊存箧衍,用示后昆云尔。"②黄恩彤编书的目的昭然若揭了。

《抚远纪略》对抗战派代表人物林则徐等横加诬蔑,歪曲林则徐在广州收缴外国鸦片商鸦片时,曾答允以茶叶若干斤偿烟价,可是到了缴烟时仅以一斤予之,纯系侵略者造谣,实则林则徐以茶叶五斤为赏,非为偿。黄恩彤即据此以林则徐欺骗英商从而启衅,又说林则徐要求外商不携带鸦片进口并具法保证,如夹带鸦片者,船货入官,人即正法,引起英人不满。黄恩彤谓衅在林则徐不允义律以英犯英官审理及泊船澳门小船剥货黄埔之请所致。这完全是歪曲历史,把鸦片战争爆发归之于林则徐禁烟和欺骗英商引起的。至于林则徐坚持独立国家的司法主权,杜绝英国烟贩从澳门走私鸦片,都是维护国家利益,是完全正确的。而黄恩彤不以为是,反以为非,而力加反对,谓"当日起衅之由,肇自禁烟,成于绝市。"③于是"兵端自此起矣。"④竟把启衅之罪不归罪英国侵略者,反而归之林则徐等抗战派。

---

①② 黄恩彤:《抚远纪略》,《鸦片战争》第5册,上海人民出版社1955年版,第409页(版本下同)。
③ 黄恩彤:《抚远纪略》,《鸦片战争》第5册,第409页。
④ 黄恩彤:《抚远纪略》,《鸦片战争》第5册,第434页。

　　对台湾抗英将领达洪阿、姚莹抗英斗争,也颠倒黑白,极尽歪曲之能事。达洪阿、姚莹于道光二十二年(1842)两次击败英国侵略军,并俘虏一百多侵略军,这是值得称颂的历史事实,而黄恩彤在《抚远纪略》中歪曲历史,说英军"实系西国商人遭风破船,凫水上岸被俘,并非阵擒。"①"朝命浙闽总督怡公良,渡海确查,捏奏冒功属实,镇道治罪有差。"②关于此案,夏燮在《中西纪事》中指出其真相说:"台湾之狱,外则耆相主之,内则阿相主之。怡制使查办此案,竟莫须有三字定谳。固由忮功,亦奉政府权臣指授也。当日置镇道于劾典,辄以恐误抚夷之局一语奉为金针。"表明此案完全是投降派诬陷抗战派所导演的一幕丑剧。

　　极力宣扬外国船坚炮利,中国断难力敌,亦无术可破,鼓吹向侵略者屈膝投降妥协的谬论。黄恩彤抹杀鸦片战争时军民英勇抗敌的事实,特别是在抗战派林则徐等人领导和指挥下,英侵略军进犯广东沿海地区无法得逞,然后才移军进攻防守薄弱的浙江沿海地区,使敌军得以侵占定海、宁波等地区,以致最后进入长江,攻陷镇江,逼攻金陵。他诬蔑主张抗战的人是所谓"大约言战守者均未与该夷接仗,不能悉其伎俩,而但参考成书,如《练兵实纪》、《纪效新书》、《金汤十二筹》、《洴澼百金方》所云云者,以为可以施之今日,甚或误信稗史,以周郎江上之火,鄂王湖中之草,乃水战之秘诀。而不知该夷之船坚炮烈,断难力敌,亦无术破"③。黄恩彤之流被敌人坚船烈炮吓破了胆,说什么"以肉身御大铳,虽铜筋铁肋,立成齑粉,往往备之累岁,败之崇朝。夷船在海中,浪涌如山,束薪灌脂之小舟,岂能拢近?即近矣,而彼随带舢板多只,不难即时扑灭,至以草网轮之法,或可施之小小轮船,若近日内地所造之水轮船耳。夷人以十余丈之火轮船,大船水激轮飞,奋迅飘忽,木

① 黄恩彤:《抚远纪略》,《鸦片战争》第5册,第418页。
② 黄恩彤:《抚远纪略》,《鸦片战争》第5册,第419页。
③ 黄恩彤:《抚夷论》,《鸦片战争》第5册,第434页。

簰大链，且不能遏，而欲以盈尺径寸茎柔干弱之腐草，投诸茫茫巨浸之中，将以缚其轮而胶之，此真梦呓之语，不足值一噱者也"①。极力夸大武器在战争中的作用，似乎除了他所提出的几种破敌无效的办法外，就别无其他破敌之法。在黄恩彤之流看来，英侵略军不能制者大约有五："舟如坚城，铜墙铁壁，舵水纯熟，驾驶如飞，一也；一切炮火猛烈，机法灵巧，连环轰击，竟日不休，二也；彼伏舟中，我立岸上，以逸乘劳，反主为客，三也；孤军深入，有进无退，我军失利，顿成瓦解，四也；朝东暮西，瞬息千里，我备其七，彼攻其一，五也。"②因此，黄恩彤得出的结论：在侵略者面前，似乎除了屈膝投降外，别无其他出路。

黄恩彤主张对敌妥协投降的另一理由是，错误地认为英侵略者并无占地野心，其目的惟在通商。他在其所写的另一专论《抚夷论》中分析英商在广州向林则徐呈缴鸦片烟，"非畏法也，虑绝其通商也。"又说英军之所以侵略中国，"非谋逆也，图复其通商也。其所以滋扰他省而不肯蹂躏广州者，非畏靖逆也，自护其马头也。"表现在贸易方面，"不求让税而甘心纳税者"，也是因为"无税则我得禁止华商不与交易，故遵例输将，以餍我之心而平我之气也"③。由于他对英国侵略中国的本质的认识错误，而所持的政治立场又采取妥协投降来换取对内的统治。因此，黄恩彤提出的所谓"驭夷之法"，是什么"捐释前嫌，示之宽大，裁减陋规，明定税则，无事则抚以恩，有事则折以信，彼既灼然知用兵之害，通商之利，自当伏首帖耳，歌咏皇仁，不复有盗弄潢池之事矣"。完全是一派对外屈膝投降的谬论，怪不得当时舆论界认为他是中国八大汉奸之首。《李星沅日记》载：

> 章星石自粤回，谈悉省城（广州）……有八大汉奸之目，而黄石琴为首，次则耆介春、刘浔、吴廷献、赵长龄、潘仕成也。④

---

① 黄恩彤：《抚夷论》，《鸦片战争》第 5 册，第 434—435 页。
② 黄恩彤：《抚夷论》，《鸦片战争》第 5 册，第 435 页。
③ 黄恩彤：《抚夷论》，《鸦片战争》第 5 册，第 435—436 页。
④ 《李星沅日记》1846 年 6 月 4 日条，中华书局 1987 年版，第 655 页。

　　黄恩彤不仅主张对英国妥协投降,对世界各国莫不皆然,提出什么"中国之待各国,不容有偏,偏则各国不服,是以新定英吉利章程,凡一切有益远商之事,不俟各国请求,即通行一体照办"①等荒谬主张,并本着这一出卖国家民族利益的原则,与美侵略者"商定约册"签订了不平等条约。接着对法国侵略者的要求,也说:"洋人情固执,不得不曲示羁縻。今姑准所请。"②

　　历史上某些封建王朝每当外敌侵略和国内阶级、阶层矛盾斗争交织激剧,临于存亡续绝之际,封建地主阶级中的某些顽固保守分子出于其阶级的偏见,为了维护其阶级利益和反动的封建统治政权,往往采取先安内而后攘外的反动政策,不顾国家民族的前途,对外屈膝投降,充当为人所不齿的投降派、卖国贼。黄恩彤认为当时的"粤患""不在外而在内",公然提出"欲靖外侮"必须"先防内忧"的反动主张。他说:"时粤东新遭警扰,内民与外人为仇,募勇数万,结队横行,骄悍难制,余窃忧之。私谓伊公曰:'粤患未已,不在外而在内也'。伊公曰:'内外何以和辑?'余曰:'徇外人则民谤,徇内民则外嗔,此地议抚,难于金陵十倍矣。'伊公曰:'且徐图之'。"③他和伊里布磨刀霍霍,把矛头直指抗战派,准备伺机镇压人民反抗外国侵略者的斗争。广州人民为抵抗英国的武装侵略,自发地奋起团练之师,展现出一派绅民喋血,丁壮荷戈,誓与英夷为之不共之仇的悲壮斗争场面。以农民群众为主体的人民大众是当时东南沿海抵抗外国侵略的主力军,可是在黄恩彤等投降派的眼里,"粤民见利忘义,剽悍轻浮,难与争锋,亦难与持久,必不可倚以为用。"④黄恩彤站在地主阶级顽固派的立场上,害怕人民力量起来之后,"骄悍难制",对粤东人民组织的抗英武装深怀忧惧。道光二十五年(1845)黄恩彤担任广东巡抚后,在疏陈洋务的奏折中更明确

---

①　黄恩彤:《抚远纪略》,《鸦片战争》第5册,第428—429页。
②　黄恩彤:《抚远纪略》,《鸦片战争》第5册,第432页。
③　黄恩彤:《抚远纪略》,《鸦片战争》第5册,第419页。
④　黄恩彤:《抚远纪略》,《鸦片战争》第5册,第434页。

认为："欲靖外侮,先防内变。粤民性情剽悍,难与争锋,亦难与持久。未可因三元里一战,遽信为民足御侮也。该夷现虽释怨就抚,而一切驾驭之方与防备之具,不可一日不讲。但当示以恩信,妥为羁縻……尤必抚柔我民,所欲与聚,所恶勿施,以固人心而维邦本。"①黄恩彤是个彻头彻尾的攘外必先安内的反动主张者,是以出卖国家主权换取对内统治的投降派。

对投降派极力吹捧,将卖国说成是爱国。他说鸦片战争起衅之由,是所谓肇自禁烟,而成于绝市。"夫以宣宗成皇帝之圣神文武,林大臣之公忠体国,将以救民命而肃国法,岂料其决裂乃至是哉? 迨至兵连祸结,江海鼎沸,自非牛公周知情伪,孰敢据情上陈? 非伊、耆二公洞悉机宜,安能动中肯綮? 而非圣主如天之度,煮覆无垠,又安能以尧阶干羽化覃海外哉?"②黄恩彤竟如此厚颜无耻地将伊里布、耆英等一批卖国投降的头子们誉之为富有远见的爱国爱民的政治家,将屈辱夸耀为荣誉,真是颠倒历史事实,不以为耻,反以为荣。

黄恩彤虽然自诩他所编撰的《抚远纪略》七篇共一卷,所纪皆紧要节目,至今粗能记忆,及尚有文案可稽者,据事直书,不加增饰,似乎是实录。其实,出于黄恩彤阶级本性和政治立场,必然歪曲鸦片战争历史。因此,我们研究鸦片战争历史时,对该书所载史料和观点,必须进行分析,对其中资料,需加辨伪考证,慎重选用。

二、《庚申夷氛纪略》的编撰

《庚申夷氛纪略》一卷,署名赘漫野叟撰,北京图书馆藏稿本。《庚申夷氛纪略》说:"实因无地而不可迁,无赀而不能徙,惟诵守死善道一言以自矢耳。"③说明作者为一位较低的京官,第二次鸦片战争时仍居

---

① 《清史稿》卷371《黄恩彤传》。
② 黄恩彤:《抚远纪略》,《鸦片战争》第5册,第434页。
③ 《庚申夷氛纪略》,《第二次鸦片战争》第2册,上海人民出版社1978年版(下同),第14页。

北京城内,遂将其耳闻目睹事实及其对这次战争的看法,撰写而成。

　　该书记载了咸丰十年(1860)英法联军攻陷天津、北京时的历史。作者从维护清廷封建统治政权这一基本立场出发,对一些官吏的腐朽作了一定的揭露。书中记叙咸丰十年(1860)五月,"夷众大举入寇"时,清廷统治集团的一些官吏"乃依然漫不经心,反借以援拔私人,诋排善类,以畅其所欲",治理政事,"泄泄沓沓,唯唯诺诺","视国事甚轻","谁为国认真办事者?"①作者以惋惜的笔调,批评当时的上层统治集团对抵御英法联军进犯天津、北京,"乃毫不介意,优游乐逸如常,海疆重地,委之不学无术之僧王(僧格林沁)"②,在作者看来,僧格林沁目不知书,是个独断横行,勇而无谋的人,要他防御海疆,失败早在意料之中。

　　作者赘漫野叟根本不了解鸦片战争爆发的原因,他惶惑不解地写道:"海国作乱,自古无闻,明时有倭寇之警,亦未尝连衡诸海国,直犯神州赤县也。至若四夷乱华,则历代有之,然亦有所不同者。"他不了解不同的原因,故又说:"从未有无因而至,若英逆无道之其甚者。"认为:"纵使林(则徐)、裕(谦)肇衅,既已讲和,相安十余年,何以又起争端,此其无厌及我,殊出情理之外,古无此比也。"③赘漫野叟不了解英国发动侵略中国的鸦片战争是蓄谋已久的阴谋,当林则徐到广州查禁鸦片后,英国侵略者就把禁烟视为挑起侵略战争,用武力打开中国大门的良机。道光十七年(1837)四月义律在给英国外交大臣巴麦尊的密信中说:中国严禁鸦片,"乃是陛下政府对过去所受一切损害取得补偿的最好理由,这是把我们将来和这个帝国的商务安放在稳固而广阔的基础之上最有希望的机会。"④一个曾到过中国十六次的商人讲得更为露骨,他说,中国禁烟运动,"给我们一个战争机会,这对英国是很有利

---

① 《庚申夷氛纪略》,《第二次鸦片战争》第2册,第5—6页。
② 《庚申夷氛纪略》,《第二次鸦片战争》第2册,第5—6页。
③ 《庚申夷氛纪略》,《第二次鸦片战争》,第25页。
④ 《中国近代对外关系史料选辑》上卷第1分册,第58页,《义律致巴麦尊的密信》。

的,因为这可以使我们终于乘战胜之余威,提出自己的条件,强迫中国接受。这种机会也许不会再来,是不能轻易放过的。"①而当时清政府的腐朽无能,英国政府通过各种手段,早已了解了清王朝的纸老虎本质,对中国的军事力量作了比较准确的判断,这从巴麦尊在《致海军部》的公函中完全可以看出,该公函说:"陛下政府有理由相信中国政府的海军数量很小,其性能与装备极端无用;因此,上面所说的行动(指到中国沿海占领岛屿、封锁港口、扣留商船等——引者),可以用很小的兵力就执行成功,这兵力远较其活动的漫长海岸线及其任务规模初看起来所需要者少得多。"这就是英国资产阶级政府之所以敢于以一支为数不大的海陆军,远渡重洋,对中国发动侵略战争的原因。

英、法等国再度发动侵略中国的第二次鸦片战争,是为了攫取比《南京条约》、《黄埔条约》更多的特权,目的是迫使中国沦为半殖民地半封建社会的深渊,是外国侵略者处心积虑侵略中国无法避免的一战。赘漫野叟站在只求苟安的立场上,不分析也不可能正确分析第二次鸦片战争爆发的原因,错误地认为英法联军进攻天津大沽炮台时,清军英勇开炮还击,重创英法舰队,击伤英舰队司令何伯,因而导致了第二次鸦片战争的爆发,将战争归咎于清军抵抗的结果,认为是督军僧格林沁"刚愎自用,一意孤行,强欲拒之,炮轰夷船,至启衅端",是僧格林沁"取快一时,自居不世奇功,遂种来年大举入寇。"显然,这是歪曲历史,为英国侵略者进一步扩大在华势力的罪行辩护。

《庚申夷氛纪略》对清兵在战争中的溃败叙述得非常具体。他指出僧格林沁仅在海岸保卫炮台,而不在陆路设防,致使英军在北塘顺利登陆后,无兵防御,僧格林沁遂弃天津府城,逃奔杨村。因此,指责僧格林沁,"保身之念太重,驱战士于虎狼之口,而自居泰山之安,谁肯为之尽死力者? 是以罔费心神,虚靡国帑,迄无成功,每战辄败。若论失津

————————

① 中国近代史料丛刊:《鸦片战争》第 2 册,第 661 页,《安德鲁・韩德森先生致拉本特函》。

丧师,任性违悖,焉得无罪?"又说:"夷众自天津进发,窥伺帝乡,迢迢三百里,毫无阻碍,故无恐怖。"①其原因是因为僧格林沁自天津溃败后,即逃至北京,"收兵退扎朝阳门外,瑞(麟)相退扎德胜门外,东南领兵将帅,只知自宗藩篱,按兵不动,竟使东郊数十里之内,无一官一兵防守,夷人进据八里桥,任其出入游徼,无有过而问之者。"他感叹道:"自古两军对敌,未闻有玩寇如此之甚者,人事颠顶,至于此极,尚诿之天数乎哉?"对英国侵略军侵犯天津、北京时清军将领的无能,以及缺乏统一指挥,致使英国侵略者不战而陷北京的过程作了具体的描述,表现了作者对清廷腐败的将领们作战无能的不满。

但作者在"和""战"问题上,完全站在妥协投降派一边。凡是倡议和的言论一概赞同,并对投降派赞颂备至。当战争一开始,作者即以赞许的笔调写道:斯时"当道诸公,意皆主和",特别把咸丰皇帝对外屈辱求和,说成是"朝廷恩同覆载,四海一家,矜恤夷情、亦在许和,示怀柔而安畿甸,圣虑深远,通都无不欣感。"说什么"此时果与之和,犹是申明前约,尚不至大伤国体。"②因而对清廷中主和投降派推崇备至。称颂"其善为抚驭,消患未萌者,以钦差大臣大学士两江总督讳伊里布为第一,大学士侯爵两广总督讳琦善次之,大学士两广总督宗室讳耆英又次之,赞襄枢密,始终其事,任劳任怨,安天下者,则军机大臣大学士讳穆彰阿一人也。"③如此称颂投降派首脑人物,在当时实属少见。

伊里布(1772—1843),道光十九年(1839)任两江总督,次年,英军侵犯浙江定海,他奉命前往抵御,驻军于宁波府,"独出己见,不议攻战,但惟体察夷情,同其好恶,曲意抚绥,示以信义,时以牛酒犒之,始犹不受",再派家丁张善偕员赴定海犒赏英军,并无条件释放英军战俘,与英军头目义律达成了屈辱的停战协定。如此不战而和的行为,被撤

---

① 《庚申夷氛纪略》,《第二次鸦片战争》第2册,第11页。
② 《庚申夷氛纪略》,《第二次鸦片战争》第2册,第9页。
③ 《庚申夷氛纪略》,《第二次鸦片战争》第2册,第12页。

其两江总督官职,下刑部审问,结果被遣戍军台。道光二十二年(1842)英军由海道侵入长江,并攻陷镇江、瓜州,进逼南京,迫使清政府签订城下之盟。伊里布遂与耆英同赴江宁议和,与英侵略者谈判议和条件,结果签订丧权辱国的《南京条约》。因谈议和有"功",道光皇帝又起用伊里布任广州将军、钦差大臣,负责办理所谓善后事宜。但他目睹广东人民英勇抗击侵略军的决心,而英法等帝国主义贪欲又无法满足,遂忧惧而死。就这样一个出卖民族利益的历史罪人,在赘漫野叟的笔下,都被美化成为"含垢纳污,坚执不移,老成谋国,忧深虑远"的人。《庚申夷氛纪略》是一本是非颠倒、黑白不分,抹杀历史事实真相,为投降派歌功颂德的史著。

琦善(1790—1854)更是臭名昭著的主和投降派首脑人物。鸦片战争爆发前后,林则徐曾先后五次请旨饬沿海各省督抚布防,准备抵抗英国侵略者。但琦善却以"水师不必设,炮不必添设"复奏[1],并宣扬"夷船不来则已,夷船若来,则天津海口断不能守。"[2]斯时他正奉命驻天津筹办防务。当英舰驶至天津海口,清廷命他与英谈判。他一方面向英侵略军头目义律献媚求和;另一方面竭力宣扬英军"船坚炮利","边衅一开,兵结莫释"等论调。琦善无耻地向英国侵略军表白,林则徐等广东查禁鸦片,"办理不善","操持过急",保证要"重治其罪",希望英军撤回广东,等候清廷派遣钦差大臣"秉公办理"。之后,琦善得到道光皇帝的支持,以钦差大臣赴广州继续办理中英交涉,并将林则徐、邓廷桢等抗战官员革职查办。琦善一到广州,即采取与林则徐完全相反的做法,撤除珠江口附近防务,遣散水勇乡勇,直接导致了虎门炮台的失守,守将关天培英勇牺牲。在谈判过程中,琦善对义律所提出的各项侵略要求,一一许诺,以满足侵略者的欲望。《清史稿》载:"罢战言和,始发于琦善,去备媚敌,致败之由。"道光皇帝在人民抗击侵略的

---

① 《林则徐关于鸦片战争的书札》,《鸦片战争》第 2 册,第 570 页。
② 张喜:《抚夷日记》,《鸦片战争》第 5 册,第 353 页。

声浪中,被迫下诏斥责琦善擅予香港、擅许通商之罪,下令将他革职并逮捕入狱。这样一个连道光皇帝也公开宣布有罪的人,而《庚申夷氛纪略》却把他写成"善为抚驭,消患于萌芽者",将投降卖国看作是有远见的人。说明作者完全站在投降派立场,不惜对外屈辱投降,以换取苟安,以换取维护清王朝的统治。英侵略军进犯广东和浙江沿海等地,清廷在革去琦善官职后,又任命投降派耆英为广州将军,授钦差大臣,督办浙江洋务,赴浙江向英军求和。当英侵略军侵入长江时,他与奕经先后奏请羁縻招抚。在南京与英国代表璞鼎查谈判,完全接受英国提出的条件,签订屈辱的《南京条约》,并在璞鼎查要挟下,诬陷在台湾坚决抗英有功的将领姚莹、达洪阿。次年再任钦差大臣,与英在虎门签订《中英五口通商章程》。道光二十四年(1844年)任两广总督,与美国签订《望厦条约》,与法国签订《黄埔条约》。第二次鸦片战争期间,被派赴天津与英法侵略军交涉,因擅自回京获罪自杀。这样一个出卖国家民族利益的贵族官僚,连《清史稿》也无法为之隐讳,评论他"结束和议,损威丧权,贻害莫挽。耆英独任善后,留广州入城之隙,兵衅再开,浸至庚申之祸……不保其身命,宜哉。"①

穆彰阿是投降派的总头目,自道光十六年(1836年)起充上书房总师傅、武英殿大学士、文华殿大学士,受到道光帝的信任,任军机大臣二十余年。他包庇鸦片走私商和受贿的官吏,阻挠禁烟,鸦片战争中卖国投降,对力主禁烟和抗击英国侵略军的林则徐、邓廷桢等进行诬害。他罢撤林则徐官职,而以投降派琦善代之,并先后任命投降派奕山、奕经督师广东、浙江皆溃逃。他怂恿道光皇帝严谴被诬陷的抗战将领达洪阿、姚莹,支持琦善对英议和。当道光皇帝对签订《南京条约》犹豫难决时,穆彰阿以抵御糜饷无效,剿与抚费亦相等为由,支持道光皇帝批准丧权辱国的议和条款。穆彰阿出卖国家民族利益的勾当,久为"海内所丛诟",连咸丰帝也深恶痛疾,继位后即下诏数其罪,指出"从前夷务之兴,

① 《清史稿》卷370《耆英传》后。

倾排异己,深堪痛恨!如达洪阿、姚莹之尽忠尽力,有碍于己,必欲陷之;耆英之无耻丧良,同恶相济,尽力全之……英船至天津,犹欲引耆英为腹心以遂其谋,欲使天下群黎复遭荼毒。其心阴险,实不可问!潘世恩等保林则徐,屡言其'柔弱病躯,不堪录用'"等,穆彰阿实为祸国殃民的贵族官僚,在《庚申夷氛纪略》中却说他"赞襄枢密,始终其事,任劳任怨",美化为"安天下者",如此歪曲历史,为投降派辩护的丑恶嘴脸,令人发指。

由于作者顽固坚持为投降派辩护的立场,凡是主张禁烟或参加抗击英国侵略者的将领,他一概反对,并且不顾历史事实,肆意歪曲。如前所述,关于鸦片战争爆发的原因,众所周知是由英国侵略者首先开战,意在用武力打开中国大门,使中国成为殖民者掠夺原料和倾销商品的殖民地,要中国人民供其剥削和奴役。显然,鸦片战争的爆发,是英国殖民者的长期策划的阴谋。可是,赘漫野叟在《庚申夷氛纪略》中却不顾历史事实,说什么"回思夷患之兴,自浙东始,致乱之原,自福建林则徐始。"①事实上,"夷患之兴",不自浙东始,而是始于广东,挑起战乱的是英国侵略者。

林则徐是鸦片战争时期抵抗的著名代表人物。赘漫野叟对林则徐进行了恶毒的攻击,说林则徐在广州主持禁烟时,"行不顾言,旋即强夺夷船,获其烟土数千箱,委员载至零丁洋,烧而沉之,委员有被烟毒熏毙者,为请恩施,独未计及挑怒英夷,起意寻衅,以索偿烟价为名,兴兵犯顺。"②这段记叙是对当时史实的最大歪曲。道光十九年(1839)三月,林则徐到达广州后,即"察看内地民情,皆动公愤,倘该夷不知改悔,惟利是图,非但水陆官兵军威壮盛,即号召民间丁壮足制其命而有余。"他一方面与两广总督邓廷桢、广东水师提督关天培等严拿烟贩,整顿水师、惩办不法官吏;另一方面责令外国鸦片贩子将趸船上所存鸦片造具清册,听候收缴,并出具甘结,声明"嗣后来船永不敢夹带鸦片,

①② 《庚申夷氛纪略》,《第二次鸦片战争》第2册,第14页。

如有带来,货尽没官,人即正法。"①在禁烟运动的压力下,英国鸦片商人按法令缴出鸦片二万余箱,美国烟商也缴出鸦片烟一千五百余箱,事情经过就是这样,哪有什么"强夺夷船,获其烟土数千箱"的事,完全是作者捏造出来的。该书说林则徐"未计及挑怒英夷,起意寻衅",也是作者不顾事实的恶意攻击。林则徐一到广东,为了解西方情况,派人翻译外文书报,自编《四洲志》。主张对外商分别对待,孤立输入鸦片的英商。同时,积极筹备海防,下令加强虎门一带海面所安设的木排铁链,添置炮台炮位,购买西洋大炮布防珠江口附近,督促水陆官兵认真操纵。并在沿海招募渔民,编为水勇,日夜加紧训练。他针对当时中英双方军事力量的状况和实力,认为在抗击英国侵略的战争中,必须坚持"以守为战","以逸待劳"的策略。后来的事实表明,英侵略军到达中国海面后,看到广东军民早已严加戒备,乃乘隙侵占防守薄弱的浙江定海,再由海道侵入长江。第一次鸦片战争的失败,责任不在林则徐身上,而是投降分子琦善,一到广东,尽撤沿海防备,不准抵抗英国侵略军的进攻,致使敌人阴谋得逞。不是林则徐束手无策,而是投降派琦善,穆彰阿之流处处加以掣肘、打击,使其不能有所作为,最后且被道光帝"褫职远窜",是投降派尽反其所为,最终导致了战争的失败。

　　作者又在本书中指责"林则徐历任封疆有年,未闻有所建树,而虚名满天下",也是不顾事实的歪曲。林则徐一生从政将近四十年,从京官的编修、御史到外官的监司、督抚以至钦差大臣。曾与龚自珍、黄爵滋、魏源等人提倡经世之学,故从政期间,所至治绩皆显著,主要表现在努力发展生产和关心民生上。他无论是修治黄河、兴修白茆、浏河等水利,还是戍守新疆时兴屯田、浚水源、辟沟渠等方面都表现了非凡的才干。赘漫野叟不仅闭眼不看林则徐一生所作的贡献,相反,力加贬责,甚至将"中国凋弊,万民涂炭",归咎于林则徐的广州禁烟,并诬蔑人民群众支持林则徐禁烟是所谓"篾片一流","虽亿万篾片,交口为之揄扬,予未见何者

---

① 林则徐:《谕各国商人呈缴烟土稿》,《林则徐集·公牍》,第59页。

是其功业,循名责实,任彼虚张虚附,终不为其所惑也。"①在赘漫野叟看来,林则徐所犯的罪责主要就是严禁鸦片和抵抗英国的侵略,所谓"若论肇开夷衅一节,古人重首祸,是其罪浮于裕(谦)与僧(格林沁)也"②,说明作者完全站在投降派的立场上,对林则徐谴责不遗余力。

对率军抗英的裕谦和僧格林沁也指责备至,说"追思致乱之由,初作难者,以林则徐为首,而成之者裕谦也,甚之者僧格林沁也"③。道光二十年(1840年)六月,英侵略军在义律率领下进攻舟山,占领定海县,两江总督伊里布不加抵抗,激起浙江人民的愤怒反对,被清廷撤职。次年二月裕谦受命为钦差大臣赴浙江,负责海防,于镇海县各口隘,添兵置炮,积极采取防御措施。九月英军再犯定海,次月进攻镇海,他率四千人抵抗,因提督余步云溃退,镇海陷落,他投水自杀。赘漫野叟指责他"矜才使气","自炫其能",将所俘获夷人,"封章入告,达于宸聪,而天下自此多事矣。"将英军侵入镇海、宁波,并陷石浦、奉化、慈溪、余姚等地归咎于裕谦抵抗的结果。

该书的最后部分作者将英国的侵略与唐代吐蕃攻唐相提并论,这完全是错误的。认为唐有郭子仪御敌成功,使朝廷转危为安,而鸦片战争时英众不及吐蕃之二三,慨叹"终无一夫出而当之,自古史册中,未尝有海国犯京师者,亦无玩寇有如此者"。事实上,不是没有人出来抗英,也不是不能战胜侵略者,而是道光皇帝的无能和投降派专权,从而导致两次鸦片战争的失败,中国近代从这开始逐渐沦入半殖民地半封建社会的深渊。

《庚申夷氛纪略》是研究鸦片战争史的一本反面教材,它除了有助于认识鸦片战争时期投降派的种种罪责外,书中所载史料并无多大参考价值。

---

① 赘漫野叟:《庚申夷氛纪略》,《第二次鸦片战争》第2册,第20页。
② 赘漫野叟:《庚申夷氛纪略》,《第二次鸦片战争》第2册,第16页。
③ 赘漫野叟:《庚申夷氛纪略》,《第二次鸦片战争》第2册,第12页。

第 三 章

太平天国时期的元、明史研究

鸦片战争失败后,进一步激发了人民群众对清廷封建腐朽统治的不满。鸦片战争后的第九年,爆发了太平天国农民起义。太平天国农民起义,是西方资本主义侵略与封建统治相勾结,加深国内社会矛盾和阶级矛盾的必然结果。

太平天国农民革命运动震撼了清廷的封建统治,也打击了西方侵略者,并影响着中国当时的社会政治、经济和文化思想各个领域。反映在史学领域里,以魏源、徐鼒为代表的改革派学者,他们面对汹涌澎湃的农民运动在全国迅速展开,内心非常恐惧和不安。为了使清廷统治摆脱衰亡的命运,着重元、明史研究,总结元、明两朝兴亡的历史经验教训,以史为鉴,企图维护封建统治的长治久安。魏源编撰了《元史新编》,夏燮编撰了《明通鉴》,徐鼒编撰了《小腆纪年附考》等,纠正了以往元、明史研究之不足,推动了元明史研究的深入开展。

第一节　魏源的《元史新编》及其在史学上的影响

一、《元史新编》的编撰

鸦片战争时,英国侵略军用坚船利炮打开了我国东南沿海的门户,而沙俄也在这时屡次派遣官员进入我国西北边境巴尔喀什湖地区,进行所谓的"勘察"、"测量",甚至派遣军队侵犯这一地区,在巴尔喀什湖和斋桑湖之间建立军事据点。鸦片战争后,沙俄更把魔爪伸向东北黑龙江流域,建立兵站和据点。同时,又一再要求清廷开放伊犁、塔尔巴哈台、喀什噶尔为通商城市。咸丰元年(1851),沙俄胁迫清廷签订了不平等的《伊犁、塔尔巴哈台通商章程》,加紧对我国西北地区的侵略。咸丰四年(1854)又侵占了阿拉木图,强占我国伊犁河下游一带领土。正如魏源所说的那样,当时的形势是"鄂罗斯兼并西北,英吉利蚕食东南"①。面对这种形势,魏源等有识之士,深切地感到要抵抗外国侵略,除了改革内政外,还必须改变那种论时事"惟知九州以内",至天下大势则"若疑若昧"、"若有若无"的现象。因而反映在史学方面,出现不少学者究心于西北历史地理和元史的研究。开始他们仅仅局限在新疆有关问题的范围内进行研究,继而扩大到对蒙古全部,后来又将重点转移到元史方面的研究,如徐松撰写《西域水道记》、《新疆识略》,并企图重修元史,但未能如愿。龚自珍也编撰了《蒙古图志》、《西域置行省议》。鸦片战争后,学术界研究西北地理与元史学蔚然成风,正如梁启超所说:"大抵道咸以降,西北地理与元史学相并发展","而名著亦往往间出,其大部分工作在研究蒙古,而新疆及东三省则其附庸也。"②事实表明,近代元史学的兴起,是在民族危机和阶级矛盾日益加深的情况下发展起来的。

---

① 魏源:《海国图志》卷71《南洋西洋各国教门表》(百卷本)。
② 梁启超:《饮冰室专集》第17册《中国近三百年学术史》。

魏源在这一历史背景下,愤而从事元史研究,企图总结历史经验,吸取教训,能为清廷统治所借鉴。他意识到,当时的清廷已走到与元朝中叶以后的政局差不多,如不及时改革,以"元亡为鉴",其结果必将蹈元亡之覆辙,故而撰《元史新编》,以元亡的历史教训来告诫清廷统治者。

魏源在《拟进呈〈元史新编〉序》中,阐明他编撰该书的动机和目的。他说:

> 元有天下,其疆域之袤,海漕之富,兵力之强,廓于汉唐。自塞外三帝,中原七帝,皆英武踵立,无一童昏暴缪之主;而又内无宫闱、奄宦之蛊,外无苛政、强臣、夷狄之扰;又有四怯薛之子孙,世为良相辅政,与国同休;其肃清宽厚,亦过于汉唐……遂至鱼烂河溃不可救者,何哉?

关于元亡的原因,魏源认为要结合实际情况,具体分析,不同意在元初即有"内北人而外汉人、南人"的种族限制政策的说法,因为元太祖时曾任金人耶律楚材为丞相,元太宗也以刘汇宗主机要,而汉相数人为副,元宪宗时则史天泽、廉希宪、姚枢、许衡、窦默等理学名儒皆参与朝廷机密,并没有因其为汉人而不用。直至元中叶以后,朝廷才逐渐改变用人政策,高官要职多由蒙古人、色目人担任。到后来,州县长官也由他们担任,汉人、南人只能为之佐。因而加深了民族间的矛盾,为元亡原因之一。元之财赋耗于僧寺佛事者十之三,耗于藩封勋戚者十之二,以致贫极江南,富归塞北,激起汉族人民的反抗,为元亡原因之二。海都乃颜诸王叛于北,安南、缅甸等叛于南,穷年远讨,致使元廷虚敝,外强中干,为元亡原因之三。黄河溃于北,海漕梗于南,兵起后大盗一招再招,曲奉骄子于燎原之后,致使人心涣散,为元亡原因之四。[①] 他认为这些原因都是元统治集团所造成的,是值得后人借鉴和吸取教训的。

---

① 魏源:《古微堂外集》卷3《拟进呈〈元史新编〉序》。

　　魏源论述元中叶以后蒙古统治集团制造蒙汉间民族歧视政策，以及蒙古贵族的腐败，导致元亡，是寓有深意的。因为在鸦片战争后，清王朝的国内外形势日趋恶化，清贵族统治集团的腐朽暴露无遗。魏源于此时编纂《元史新编》，目的是在于提醒清贵族统治者，在"民愤日增"的情况下，不要在政治上歧视排挤汉族地主官僚，避免造成统治阶级内裂而削弱统治力量，共同对付农民起义和外国侵略者。这是编撰《元史新编》的主要目的。

　　在魏源编撰《元史新编》前，记载元代历史的史书主要是明修《元史》。此书是明洪武元年（1368）由宋濂、汪祎等负责编纂的，二月开局，八月成书，第二次重修也仅六个月。由于迫于速成，潦草疏漏，历来批评者多。顾炎武指出："《元史》列传八卷作速不台，九卷雪不台，一人作两传；十八卷完者都，十九卷完者拔都，亦一人作两传"，其原因是该书不出于一人之手，全书又未进行核对史实，二是案牍之文，不加熔范，而是根据原材料一字不易的照抄，"如《河渠志》言耿参政、阿里尚书，《祭祀志》言田司徒、郝参政，皆案牍之称谓也。"①钱大昕指出宋濂、汪祎"本非史才，所选史官，又皆草泽迂生，不谙掌故，于蒙古语言文字，素所不可，所以动笔即伪，即假以时日，犹不免秽史之讥。"②在编纂例上，结构紊乱，《元史》二百零三卷，《纪》、《志》有百卷之多，竟占全书二分之一，章学诚认为"不待观书，而知无节度矣"。③

　　由于旧《元史》存在的问题颇多，后世学者思改编续作者继起。明成祖永乐年间，先是胡粹中作《元史续编》，用纲目体，经纬有元一代史事，其内容元成宗以下较详。其后陈邦瞻又编撰《元史纪事本末》，列二十七个专题，分别论述元代有关史事。此外，还有梁寅的《元史略》、王光鲁的《元史备忘录》等，但这些著作，大多是改编旧《元史》之作，在

---

① 顾炎武：《日知录》卷28《元史》。
② 江藩：《国朝汉学师承记》卷3《钱大昕传》。
③ 章学诚：《章氏遗书外传·信摭》，吴兴刘氏刊本。

内容方面增补无几。清康熙年间，邵远平编撰《元史类编》，也是旧史"芟其繁，理其棼乱"①，重新加以整编。魏源评述该书说："邵远平《元史类编》，袭郑樵《通志》之重僮，以天王、宰辅、庶官分题，已大倜史法，且有纪传无表志，于一代经制，阙略未详。"②但是，应该看到邵远平是独立成书，并且征引《圣武亲征记》等有关重要资料，是下了工夫的。乾隆年间，又于《永乐大典》中发现《元朝秘史》，增加了元史的大量资料，填补了元初史料之缺。钱大昕见到《元朝秘史》和《圣武亲征录》以后，抄录付本，悉心进行研究，有志于重新编纂元史，但未实现心愿。

在魏源看来，正史中史书之疏陋，以《元史》为最突出。例如"地理志末仅附西北地名二页，毕竟孰西孰北尚未能辨也。"在列传中动辄言西北诸王兵起，但是这些诸王是"西方之王欤，北方之王欤？"未能叙述清楚。特别是关于行省之外的地区，"一则曰西北地理难以里计，再则曰边外羁縻之州莫知其际，更何诘其部落本末山川之界划？"③作为纪传体史书也存在严重问题，"世祖以前四朝失于荒陋，世祖以后七朝失于繁冗。其列传之敝，亦于开国功臣失之疏，而世祖以后诸臣失之冗，其疏者虽以元勋硕辅，而并佚其名氏，其冗者或一人二传，甚至数篇之多。"④因而他认为有必要重新编纂一部元史。他在《元史新编》卷首《拟进呈〈元史新编〉表》文中说：

> 臣源于修《海国图志》之余，得英夷所述五印度、俄罗斯元裔之始末，枨触旧史，复废日力于斯，旁搜四库中元代集数百种及《元秘史》，芟其芜，整其乱，补其漏，正其诬，辟其幽，文其野，讨论参酌数年，于斯始有脱稿。乌乎！前事者后事之师。元起塞外有中原，远非辽金之比也，其始终得失，固百代之殷鉴也哉！

道光二十七年（1847），魏源于《海国图志》增补脱稿后，即着手重

---

① 席世臣：《元史类编序》。
②③ 魏源：《元史新编》卷首《拟进呈〈元史新编〉表》。
④ 魏源：《元史新编》凡例。

编元史。这时国内的政治形势发生重大变化。咸丰元年(1851)他任高邮知州时,爆发了太平天国革命。当太平天国军攻克南京后,继而又占领了镇江等地,魏源到离高邮州城四十余里的台伯埭,便"首倡团练,亲督巡防……于城外沿河,率吏卒擒斩百余人"①,州城附近的太平庄农民群众响应太平天国农民起义,魏源亲自领军前往镇压。鲜明地表现了他的封建地主官僚立场。这一年因迟误驿报被撤职。咸丰四年(1854)随钦差大臣周天爵咨军务,不久,官复原职,但他已无心仕宦,毅然辞官侨居兴化。据其子魏耆说:"府君年逾六十,遭遇坎坷,世乱多故,无心仕宦……至是辞归……全家时避兵侨兴化,自归不与人事,惟手订生平著述,终日静坐,户不闻声。"②他辞官后两年多的时间完成了《古微堂内·外集》校订,《元史新编》的定稿大致也是在这时完成的。他在《拟进呈〈元史新编〉表》中就说是书"于斯始有脱稿。"这和邹代过所说的"晚值粤寇乱东南,罢官侨江淮,绝笔成新《元史》"之说相符合。

　　咸丰六年(1856)也就是魏源逝世前一年的秋天到杭州,其时任浙江巡抚的是何桂清,魏源曾说"讬浙抚之渊源,随奏疏而上进"③,魏光焘也说"先族祖自叙篇末明言托时贤奏进"④。然而,魏源曾托何桂清代为奏进,却不知何故未成事实。咸丰七年(1857)三月魏源病逝,《元史新编》虽已脱稿,但未定稿,正如魏光焘所说:"论次略就而殁,稿落仁和龚氏,已而复入于莫君祥芝。光焘承乏新疆,闻王益吾祭酒言,亟寓书索还。"⑤魏光焘得到书稿后便委托同里学者邹代过、欧阳俌为之校勘。据邹代过说:"所遗原稿,其中录清本者十余册,多有抄胥倒乱"之处,不仅草稿中有别人窜改之迹,就是净本也散佚很多。故邹代过校勘《元史新编》时,除了进行校勘外,还进行续补工作。在《元史新编》

①② 魏耆:《邵阳魏府君事略》,《魏源集·附录》。
③　魏源:《元史新编》卷首,《拟进呈〈元史新编〉表》。
④⑤　魏光焘:《元史新编》序。

续补的内容中,较有学术价值的是《宗室世系表》下所作的考证。邹代
过是擅长于历史地理的学者,他见《宗室表》尚未订定,并参考近代各
家考订,"审其名字之异同,推其生世之先后,据事迹以详考其时代,辨
分地以别其宗支。"①将考订结论散附于表后,确是续作者一大功绩。
其他部分的补作大致是移入旧史或《元史新编》草稿中片断,如《吕文
焕》由《元史类编》补入,《地理志》中上都略及岭北、辽阳两行省及西北
区附录由旧史《地理志》补入。当然也有些传的叙和论,如《百官志》叙
论,系邹代过、欧阳俌等人合作撰写的。通过邹代过的勘校整理,《元
史新编》初具规模,其中本纪十四卷、列传四十二卷、表七卷,志三十二
卷,共九十五卷,约百万字。除列传中《元末群盗》、《释老传》、《遗逸
传》有目无传外,其他部分基本上统一了体例。光绪三十一年(1905)
由魏光焘以湖南邵阳魏氏慎微堂名义刊刻印行,1936 年上海书局又铅
印出版。

二、《元史新编》的史学思想

魏源认为清廷的衰败,乃"运会之所趋",陷入了"运会"、"天意"
命定论的绝境。

这种思想溯源于公羊、董仲舒以来今文经学家的"天人感应"论的
神学天道观。他在《书古微·顾命篇》中论及古代政治演变时说:

> 古今气运之大阖辟,其在颛顼乎? 开辟之初,圣而帝者以天
> 治,不尽以人治,纯以人治者,自颛顼始。
>
> 天之所复,皆得而治之,其政令灾祥祸福,一以天治,而不纯以
> 人治。②

应该看到魏源所说的"天",已不是老子道家的自然观下的"天",
而是公羊今文经学家天人感应论下神学性质的神秘观念的"天"。这

---

① 邹代过:《元史新编》卷 57《宗室世系表后记》。
② 魏源:《魏源集·默觚》上《学篇》14。

种"天"不是纯自然的,而是具有主宰人类社会神秘威力的"天"。魏源认为唐虞或颛顼前的太古时代是"天治"时代,自颛顼始,天人隔绝,纯以"人治",人类对天的信念动摇了。而从颛顼经尧舜至禹时,天人之间的感应关系被最后隔绝了。但是,魏源认为"天道之与人事一",两者不可分绝,"故卜筮者,天人之参也,天地之通也"。强调"惟圣人通于幽明之理,故制礼作乐,飨帝飨亲,进退百神五祀,声气合莫,流动充满于天地之间,则天神降,地祇出,人鬼享,而制作与造化参焉,阴教与王治辅焉"①。

　　这里所谓"阴教"即"天治",也就是神道设教,所谓"王治"即"天治"。圣人参天,通幽明,进退百神,制礼作乐,两者相辅而行。魏源把古代统治者如尧、舜、傅说、文王等列为"圣人",神化为升降于人的世界和神的世界间的神化人物,将人类社会描绘成所谓"明明在下,赫赫在上",充满着天神、地祇,人鬼、"圣人"统治的历史。这种"天人相参"的宗教神学式的唯心主义的天道观和古史观,实承董仲舒的"天人相参"学说而来的。另一方面,也必须看到,他的天道观还渗透了老子学说,从而形成了自己一套新的说法。魏源认为"天"的本身包藏着阴阳的矛盾对立斗争,这个矛盾斗争的演变之"道"完全是顺乎自然的。这种自然演变的过程,表现为自然进化的法则。指出历史的进化是由太古而中古,由中古而末世,由治平世而升平世,由升平世而衰乱世,这种情况是历史进化的"大势",是所谓"运会"的自然趋向。在他看来,当历史自然地进化到末世、衰乱世,人民已陷于乱离苦难时,就需要"圣人"出来及时加以挽救。人道主阳,"圣人"用人道设教,"扶阳以抑阴","拨乱以反正"。人道与天道在这种情况下,是"相左""相逆"的,同时又是"相辅""相成"的。

　　魏源的"运会"思想,早在鸦片战争前便已形成。到太平天国时,他迫于农民革命的力量和大势"运会"所趋,对清廷统治差不多已绝望

---

　　①　魏源:《魏源集·默觚》上《学篇》14。

了,虽然厌倦仕宦,但仍希望能"逆情欲"、"逆气运",以便拨乱反治,故从事元史研究,以元亡为鉴,寻找清廷避免走向"运会"降临的绝境。

《元史新编》总结元代灭亡的原因之一,就是推行民族歧视政策。他主张满汉地主联合统治。他认为蒙古贵族初起漠北,以铁木真、窝阔台等为首的蒙古部族,先后灭金、灭西夏,征服中亚及西方一些国家。至忽必烈灭南宋,统治中原地区,确立了以蒙古贵族为主体的蒙汉联合统治政权。随着统治政权的确立和巩固,元朝采取了民族歧视政策,实行所谓"内北外南"的统治办法,第一等是蒙古族,第二等包括畏兀族(回族)、唐兀族(西夏)、康里族等在内的色目人,第三等是汉族人,通称为南人。在官制、法律等方面作了种种规定和限制,重用蒙古人、色目人,排斥南人。这种现象在明修《元史》列传中,第四卷至三十二卷尽是蒙古人、色目人,汉人、南人只在三十三卷至七十五卷中占一席之地。界限十分鲜明。魏源对元代的民族歧视多有指责,并且把民族矛盾放在元朝兴亡的重要地位上。但在评论具体史实时,又不是以近百年元代历史笼统而论,而是叙述这种民族歧视的历史发展过程。他具体论证元初期"无内色目,外汉人、南人之见",只是到中叶以后,才出现等级森严,并愈演愈烈。他认为明朝是代元而起的,因此在论述元统治者用人蒙汉有别时可能有些夸大,但中叶以后,始分畛域,台省长官皆不准汉人、南人担任,这是历史事实。由于这种民族歧视政策,招致了汉族人民特别是以汉族农民为主体的农民起义的重要原因。魏源固然看到了民族歧视是导致元亡原因的一个方面,但未从本质上认识阶级剥削压迫,是元亡的最主要原因。

清朝和元朝一样,也是外族入统中原,统一南北,因而也存在着和元朝相类似的问题,以清廷贵族为主的统治集团执掌着全国军政大权,尤其是雍正十年(1732年)成立军机处之后,军政大权由内阁移到了军机处,实际上是移到了皇帝一人的手里,皇帝的命令可以直接从军机处"廷寄"。军机大臣、内阁学士、六部尚书虽然采用满汉复职制度,汉族官僚占有一定比例,但实权完全操纵在清贵族官僚手中。地方上总督、巡抚也多半由满人担任。鸦片战争后虽然随着清廷的腐朽,清贵族官僚集团势力日趋削弱而有所改变,但清贵族还是没有放弃对汉族官僚的防范、排挤,有时竟以汉族官僚充当他们的替罪羊。如鸦片战争时,定海被英侵略军攻陷后,道光帝归罪于林则徐,将其革职处分。奕山在广东大败,又归罪于林则徐、邓廷桢,将他们充军到新疆。因其时黄河决口,留林则徐在河南办理治河事务,虽历尽辛劳,将河患治理竣工,照例可得到奖赏,至少是可将功抵罪,可是又碰上奕经在浙江大败,道光帝仍将他遣戍伊犁。清廷将鸦片战争失败的责任全部归咎于林则徐等人。魏源与林则徐是知交,过从十分密切,林则徐等人的遭遇他是一清二楚的。所以他在《元史新编》中提出告诫,要重视民族矛盾,不可为之过甚,要当心"天道循环,物极必反"!

魏源在批评元朝廷内北外南的民族偏见的同时,另一方面又对元代皇帝重视汉族文化,袭用汉人制度大加赞赏。他说元代诸帝,"读汉书而不用翻译者,前惟太子真金从王恂、王恂受学,后惟文宗潜邸自通汉文而已。及践阼后,开天章阁招集儒臣,撰备《经世大典》数百卷,宏纲钜目,礼乐兵农灿然,开一代文明之治,即其声色俭澹,亦远胜武宗,此岂庸主可希及哉。"①这种评论在鸦片战争前后,社会主要矛盾已有阶级矛盾和国内民族矛盾转移为全国各族人民与西方殖民者的矛盾的时候,魏源呼吁满汉地主阶级联合起来,共同抵御外来侵略,表现了他的爱国主义的史学思想,在当时是有积极意义的。但在太平天国革命爆发后,农民革命直接威胁着地主阶级的统治,魏源毫无选择地站在清廷统治政权一边,要求清廷消除满汉民族隔阂,团结汉族地主官僚,共同对抗和镇压太平天国农民革命运动。

《元史新编》以元亡为鉴,主张整顿吏治,改革官僚机构。

该书记载元世祖忽必烈在位时,先后任用阿合马、卢世荣与桑哥等为聚敛之臣,至元七年(1270年)和二十四年两度设立尚书省掌中书省

---

① 魏源:《元史新编》卷13《文宗纪》。

之权力,以致专权纳贿,增加赋税,闹得国无宁日,民不聊生。魏源在记载这些事实时,笔端充满了谴责之意。他说:

> 入继大统,谓有宏图,而始终误听宵人以立尚书为营利之府,何哉?夫世祖之制,以天下大政归于中书省,任相任贤,责无旁贷。故小人欲变法,忌中书不便于己,则必别立尚书省以夺其权。阿合马、桑葛之徒相继乱政,毒流海内,是以世祖深戒,前辙不复再蹈。①

在《食货志》中魏源特别补录了一首民谣,曰:"堂堂大元,奸佞擅权,开河变钞祸根源,惹红巾万千。官制滥,刑法重,黎民怨。人吃人,钞买钞,何曾见。贼作官,官作贼,混愚贤。哀哉可怜。"②魏源对权奸的指责,并不仅仅在于揭露其一些事实,而是认为他们之所以能横行霸道,是因为皇帝"惑于言利之臣"③,以及朝廷中大臣不敢直言,曲意逢迎以取悦于上。

魏源对于叛将降臣也进行了尖锐的揭露和批判,直书其恶,以昭人耳目。在《平宋功臣传》后附宋降臣传中说:

> 论曰:《春秋》书三叛人名,以惩恶而劝善,其人皆以土地归鲁,鲁史直书其事,不少讳焉。刘整、吕文焕、夏贵、留梦炎之徒,身为将相大臣,乃亦趋降恐后,无复愧耻,不章其恶,则贼臣接踵,岂尚有所顾忌哉。④

魏源的这些看法,在晚清时代,对投降派是有力的一击。另一方面,对元代的所谓忠节之士大书其功德,例如,倒剌沙是元泰定帝也孙铁木耳的心腹之臣,在相位五年,君臣关系十分密切。泰定帝死时托孤于倒剌沙,而廷臣金枢密事燕帖木尔谋废皇太子,另立武宗子图帖睦尔为帝,于是大动干戈,倒剌沙以身殉职。旧《元史》对倒剌沙的史实颇

---

① 魏源:《元史新编》卷 8《武宗纪》。
② 魏源:《元史新编》卷 87《食货志·钞法》。
③ 魏源:《元史新编》卷 30《世祖相臣传·论曰》。
④ 魏源:《元史新编》卷 29《平宋功臣传》。

有歪曲，说他"肉祖奉玺出降，至燕京下狱死"。魏源力辩其诬，认为旧
《元史》这一记载来源于《泰定实录》，而实录是修于文宗之时，犹如明
代"建文革除事迹修于永乐之世，以方孝孺而有叩头乞哀之诬"一样，
文宗发动宫廷政变篡立登基，诬陷倒剌沙"奉玺出降"是不足为怪的。
魏源批评旧《元史》和胡粹中《续通鉴》①关于此事的记载违反了事实，
感叹地说："乌乎！《春秋》作而乱臣贼子喜，是之谓矣。"②

　　对于元代之政治，魏源也进行了褒贬。他认为元代前期太宗、定宗
之时六载无君而未至大乱，关键是因为宦官外戚没有干预朝政。"前
代宫闱之祸，必宦官外戚表里相煽乃能助虐阶乱"③。元朝君臣采取了
措施防制宦官外戚的专权，所以虽无君主，政局仍能相对稳定不乱。另
一方面，魏源也认为君王应当讲求为君之道，说元仁宗"首革尚书省弊
政，在位九年，仁心仁闻，恭俭慈厚，有汉文之风。"④极力加以称赞。对
于元顺帝"宫闱秘事，月池泛舟……男女妖冶百出"，内外大乱等，则进
行了揭露说："天生亡国之孽，无事不能为而独不能为君焉，何哉？"⑤

　　桑哥独揽大权时纳贿行奸，政治上"由是以刑爵为货而贩之，咸走
其门，入贵价以买所欲，贵价入，则当刑者脱，求爵者得，纲纪大坏，人心
骇愕"⑥。对这种腐败现象，魏源指责说，元政府"中书政以贿成，台宪
官皆议价得之，出而分巡，竞相渔猎以偿债帅，不复知纪纲为何物。"⑦
指出元代的官吏是"所用非所养，所养非所用，历朝士风之不振，未有
如元代者"⑧。他主张任用官吏时应考察其实际能力，同样是世祖理财
之臣，如张昉、郝彬、杨湜、吴鼎、梁德珪五人，"天下掊克于民，上不支

---

①　案：《续通鉴》即《元史续编》，因其是纲目体，故魏源称它为《通鉴》。

②　魏源：《元史新编》卷41《倒剌沙传》。

③　魏源：《元史新编》卷15《后妃传》。

④　魏源：《元史新编》卷9《仁宗纪》。

⑤　魏源：《元史新编》卷15《后妃传》。

⑥　《元史》卷205《桑哥传》。

⑦　魏源：《元史新编》卷首《拟进呈〈元史新编〉表》。

⑧　魏源：《元史新编》卷46《儒林传序》。

绌于国,曷尝必如阿合马、桑哥、卢世荣之焦然中国、敛怒为德哉。"①

魏源对元代官僚政治的斥责,除了针对元代的问题进行针砭外,还在于总结历史经验教训,告诫清贵族统治集团,促使清廷赶快整顿吏治,改革各种弊政,否则,必将蹈元亡的覆辙。

《元史新编》重视经济史实记载。元代几次有关经济方面的重大争论,如治河之策、钞法之议,都作了详细记载。魏源搜集了《元典章》、《元文类》以及元代文集中有关经济方面的资料,以补旧《元史》的疏漏和缺失。

《河渠志》是《元史新编》中写得最出色的篇章之一。特别是黄河一节,与旧《元史》所载相比较,一是资料集中,二是文省事增,深得要领。旧《元史》有关黄河的内容分散在几处,如《河渠志》(二)、(三)分别记录元代历次治河经过,《地理志》(六)又载《河源附录》,不注明互见,故《元史》编排甚不得体。魏源在《河渠志序》中指出说:"旧志淆杂冗复,漫无统纪,今以黄河、运河列前,而捍水患兴水利,以类次庶,若网在纲。"②他在编排上将黄河的有关史实分为上、下篇,上篇历述元代修治黄河的情况和关于治河的几次大争论;下篇基本沿袭了旧史的《河源附录》并补入了刘郁《西使记》中有关资料。旧史的《河源附录》是根据实际调查材料所写成的。至元十七年(1280)元世祖忽必烈曾派招讨使名叫都实者进行黄河河源的实地考察,这是继郭守敬之后所进行的第二次专程考察。③ 都实从河州出发到达火敦脑儿(星宿海),发现了黄河的上源。元延祐二年(1315),潘昂霄根据都实之弟阔阔出的追述写成《河源志》一书,这是详细记载河源情况的最早的一部专著。旧《元史》的《河源附录》大部分也是引自《河源志》一书。魏源了解了这一情况,深知此书的史料价值,"故全录旧史大文小注,略加节润,以存

① 魏源:《元史新编》卷33《世祖文臣传》。
② 魏源:《元史新编》卷77《河渠志》。
③ 案:郭守敬于1266年左右曾专程考察河源。

中国河源之梗概。"①

　　关于治理黄河的争议过程，《元史》仅依据官方意见，将《至正河防记》全文照录，并大加赞赏。对余阙建议使河北流归故道的方案和精审的分析只字不提。魏源采取了和旧《元史》编纂截然不同的态度，在《元史新编·河渠志》中叙述了欧阳玄奉命作《至正河防记》后说："其言治河有疏、浚、塞三法甚详，然其言皆吏卒河工舍本治标束水于堵之法，但图防河不图治河，视余阙改河北流一劳永逸之策相去天渊。故今不载。"②魏源宁舍《至正河防志》不载，而补入《元史》中未载的余阙的治河策，保存了可贵的资料。

　　魏源对治理黄河的研究并不是从编撰《元史新编》才开始的，而是早有所注视。清代乾嘉道咸时期，黄河的泛滥已成为十分严重的问题。黄河甚至一年两次缺口，给人民的生命财产造成了严重的危害。因此治理黄河成为关心"时务"的重要课题。道光二十二年（1842）魏源写了《筹河篇》上中下三篇，提出："人知国朝以来，无一岁不治河，抑知乾隆四十七年（1782）以后之河费既数倍于国初，而嘉庆十一年（1812）之河费又大倍于乾隆（时期），至今日而底高淤厚，日险一日，其费又浮于嘉庆，远在宗禄、名粮、民欠之上。"③他认为元朝贾鲁治河的见识，"尚出余阙之下"④，并力主治河，"宜改复北行故道。"⑤他在《筹河篇》中大声疾呼："吁！国家大利大害，当政者岂惟一河，当改而不改者，亦岂惟一河！"魏源的主张在当时没有得到重视。直到咸丰五年（1855）黄河于铜瓦厢（今河南兰考县西北黄河边）缺口，黄河复北流，改道由大清河入海，恰与魏源所论相吻合。其后，黄河问题虽没有彻底解决，但从改道至清末总的趋势看，都是由东北入海。这反映了魏源的见解一定

---

①　魏源:《元史新编》卷77《河渠志》。
②　魏源:《元史新编》卷77《河渠志》。
③　魏源:《魏源集·筹河篇》上。
④　魏源:《魏源集·筹河篇》中。
⑤　《清史列传》卷69《魏源传》。

程度上是符合客观实际的。

《元史新编》所载元代钞法之议亦有精到之处。他在该志序言中说:旧《元史》对钞法的议论一概不加记载,是一大缺陷,如"刘宣有更钞铸钱之议,叶子奇有以货权钞法之议,危素有《浸铜要略》之序,皆裨益国计",而旧史不载,《元史新编》撷拾有关资料进行补遗,故其对钞法的记载较旧《元史》为详。并且评论说,刘宣之议,"最握钞法之要",在他看来元代的钞法,"非其法之不善,由后世行法之失其本也",认为元代钞法之坏,"非钞之罪也"①,而是行法失其本源也。

三、《元史新编》的学术价值及其在元史学上的地位

《元史新编》在历史编纂学上,"创定体例,独出己裁"②,这是后人对《元史新编》在编纂学上所作贡献的评价。综观全书的编纂体例,在历史编纂学上有其自己的特点。

其一,列传采用分期方法,"俾类相从","传人与传事相兼"。传的安排用以人系事,以事系时的方法,这样做改变了旧史中列传纷杂,不便查阅的弊端,基本上做到了见人知事,因事明其时。他创立了元代诸朝平服各国传。魏源认为:"《元史》不仿《宋史》立南唐、吴越诸世家之例,无削平各国之传,故读史者茫然于西北疆域,而本纪所书兵事,亦莫测其道理方位所在,今参考诸书创立数传,以为读史先导。"③于是在编纂上立《太祖平服各国传》、《太宗宪宗两朝平服各国传》、《中统以后屡朝平服各国传》诸传,以详元代西北疆域所及。元中叶以后,东北藩王叛乱,"正朔不逾金山,萧墙内阋,盛衰攸关"④,立《中统以后屡朝平服叛藩传》,以了解其始末。其余列传,按"开国"、"世祖"、"中叶"、"元末"四个时期,分为各合传。如开国时期有《开国四杰》、《开国武臣》、

---

① 魏源:《元史新编》卷87《食货志·钞法》。
② 魏光焘:《元史新编·叙》。
③ 魏源:《元史新编》卷17《太祖平服各国传序》。
④ 魏光焘:《元史新编·叙》。

《开国文臣》等传。世祖朝有《世祖相臣》、《世祖文臣》、《世祖言臣》等传，以此类推至元末均按此标准立传。

对于一些有过特殊功绩和在特殊事件中建立过功劳的将相大臣，则另立合传，如元太祖铁木真称"合罕"时，受克烈部王罕父子的攻击，敌势强盛，胜负未决。这时太祖铁木真全体将士饮班尼河（一作浑河）水发誓死战。因此，"凡与饮此水者，十有九人谓之'饮河功臣'，言曾共艰难也。旧史散见各传，计除四杰四先锋，今可考者十五人"。① 魏源将这些功臣的传记集中起来，专立《誓浑河功臣传》，以标榜这些人的事迹。另外有《平金功臣》、《平蜀功臣》、《平宋功臣》、《平叛藩功臣》、《治历治水漕运诸臣》、《平南夷东夷功臣》、《天历交兵诸臣》、《至正讨贼诸臣》等传，以记载与这些事件有关的将领臣僚的史实。

除去上述创立的各种专传以外，《元史新编》还在《元史》原有《儒学》、《文苑》、《良吏》，《忠义》、《孝友》、《列女》、《奸臣》等传的基础上，又增加《遗逸》、《艺术》、《群盗》诸目。

纪传体史书中列传的分类方法，是自司马迁《史记》以来二十四史的史学传统。各史书不同的分类都反映了各个朝代不同的历史特点。如《汉书》立《外戚》，《后汉书》立《党锢》，魏晋南北朝时期各史重《孝义》，新、旧《唐书》特设《宦官》、《藩镇》，《五代史》置《僭伪》，《宋史》创立《道学》……诸如此类，无不是时代特点的缩影。魏源觉得元代历史的特点，无论是《旧元史》还是《元史类编》都没有很好地反映出来。他批评邵远平《元史类编》："徒袭郑樵《通志》之重僵，分天王、宰辅、侍从、庶官、忠节、文翰、杂行等类，甚以廓扩之忠勋列入杂行……甚至本纪直以世祖为始，而太祖、太宗、宪宗三朝平漠北、平西域、平金、平蜀之功不载一字，更旧史之不如。"②

魏源根据元代历史的特点，创立各朝平服各国传，以明其疆域所

---

① 魏源：《元史新编》卷23《誓浑河功臣传序》。

② 魏源：《元史新编》卷首《拟进呈〈元史新编〉表》。

至,知其道里方位的情况。同时又因元朝人名极为复杂,据魏源统计,在《元史》中同名的帖木儿有一百二十四人,不花八十人,脱脱十五人,伯颜九人,孛罗帖木儿七人,月鲁帖木耳六人,也失帖木儿六人,失烈门五人,安童二人,太平二人,等等,实际还不止这些。因此,如果"诸臣工皆入列传,不分文武将相,不分时代先后,在汉唐宋史则可,若元代臣僚,则名字侏傜,文武错杂,自非以事分人,何由一目了然? 故于累朝文武将相功臣俾类相从,以及天历交兵、末年讨寇诸臣,分别部居,皆以各朝为先后,可无旧史荒芜颠倒之憾。"①同名同姓者人数众多,如果分时期排列,则较易辨别与区分。邹代过说:"新史复于列传变立史法,分之以事类,别之以时代,凡名同者,观其时代不同而可辨;名同而时代复同者,观事类不同而可辨。又别立名字异同表,以综比而分合之,如治乱丝无不缕析焉。"②这里值得注意的是魏源对元代历史提出了分期的看法。列传分类相从,在我国历史编纂学上早已有之,历史划分为阶段,也有先例。然而以两者结合在列传编排上,则是魏源所创新。魏源将元代历史分成"开国"、"世祖"、"中叶"、"元末"四个时期,这种分期方法虽然是用形式逻辑和归纳的方法,分为几个阶段,以便分类集中,便于列传的排列。然而这种列传的编排方法,在历史编纂学上是有所创新和有所发展的,是值得珍视的。

《元史新编》在历史编纂学上的另一特点是讲究书法。孔子《春秋》问世以后,讲究书法成了封建正统史学的传统之一。魏源早年曾学过《公羊春秋》,对于"文见于此而起义在彼"③那一套"微言大义"的书法,当然是熟悉的。魏源在《元史新编》中多次提到《春秋》,甚至于以《春秋》自比。当然,同样是春秋笔法,各史家所反映的评论观点是不一样的,史学家都在以自己的观点,利用春秋笔法进行对史事、对历

---

① 魏源:《元史新编》"凡例"。
② 《元史新编》,邹代过"跋语"。
③ 杜预:《春秋左传》"序"。

史人物的评论。在史书体例上，何人可以立本纪，何人不可以立专传，魏源认为应该有个标准。例如，他认为宁宗懿璘质班不该立本纪，而可以将他的史迹附于《文宗纪》之末。他说：

乌乎，《春秋》未逾年之君称子，故子般不与闵公并立庙谥。宁宗以负扆币月之殇，而入庙称宗，立后媵谥，无一人引大谊以匡正之，斯元代礼臣博士之陋也。修史者又踵其失而立本纪，斯又明臣之陋也。今以附诸文宗本纪之末。①

魏源在另一处又嘲笑《元史》编撰者不懂史法。他说："末哉元世之儒臣乎！至顺帝之弟懿璘质班，年甫七岁，一月而觞，不但非逾年之君，乃亦入庙称宗，且追立皇后，尤史册未有之笑柄也。"②有些蒙古贵族统治者不应当立本纪者，而旧《元史》也为之立纪，如蒙古汗国没有统一全国前的第三代国君定宗贵由，在《元史新编》中没有独立列本纪，而附于《太宗纪》之后。这样做的理由是：一是成吉思汗逝世后，拖雷监国者一年，元太宗逝世后六皇后称制当政又四年，定宗贵由的皇后当政又几乎四年，在这一段时间里定宗并未当政。一是元廷无君的九年中，能创业垂统上继汉唐，主要是依靠宗王宿将能维持拱卫，深根盘踞之力。一是定宗事迹文献无得而征，资料缺乏，故将他附于《太宗本纪》之后是合适的。所以魏源说："吾知元未一统以前三宗而已。"③

魏源认为《元史》列传的编纂也不得要领，有些人物并非主要，如旧史对平服东南少数民族的怯烈、脱力世官、昔都尔、张禧、王国昌等人都列有专传。魏源认为这些人"皆偏裨鹰犬，止宜附传大帅之末，而动辄专传，此史法之所以不尊欤！"④平金的文臣武将旧史有四十余人，魏源并为十一，其中赵迪、杜丰、邸琼等人，因其无一突出事迹可记，故仅

---

① 魏源：《元史新编》卷 13《文宗纪》。
② 魏源：《元史新编》卷 16《皇子诸王传》。
③ 魏源：《元史新编》卷 3《太宗纪》。
④ 魏源：《元史新编》卷 37《平南夷东夷诸臣传》。

附其姓名①而已。

《春秋》书事为"惩恶而劝善",在这点上魏源亦以此作为史料取舍、议论与否的标准。为了揭露投降派的罪恶,故《元史新编》在《平宋功臣传》后特附宋降臣传。

魏光焘也说魏源"申《春秋》之义而书亡宋降臣",是"慨宗社之墟而记末年群盗"②。其用意是很明显的。

对于劝诫元贵族统治集团穷兵黩武,好大喜功而言之成理的谏臣,魏源则专门为之立传,"若陈天祥谏征八百媳妇(今泰国境内)之疏,刘宣谏交趾、日本之役,剀切深痛,垂鉴百世……列传之立非纪耀武,乃惩黩武也。"③

魏源对书法的重视和孔子《春秋》不注重史实的叙述有所不同,他主张"直书其事"以明善恶,反对一字隐寓褒贬。他没有恪守《春秋》"为尊者讳,为亲者讳,为贤者讳"④的笔法,而是据事直书,他尽情地揭露了元顺帝的荒淫腐朽生活,揭露成吉思汗皇后孛儿台旭真曾被蔑里吉部落俘虏而有孕,救回后生了长子术赤。此事《元史》为尊者讳只字未提,魏源依据《元秘史》记载,在《后妃传》和《皇子诸王·术赤传》中如实地作了记载。

《春秋》中日星风雨之灾备书,《元史·天文志》中也说:"诚以玑衡之制载于《书》,日星、风雨、霜雹、雷霆之灾异载于《春秋》,慎而书之,非史氏之法当然,固所以求合于圣人之经者也。"并在书中列《日薄月晕珥及日变》、《月五星凌犯及星变》之文,完全记载灾变。魏源对此极为不满,《元史新编·历志》中指出,日星、风雨之类的自然灾害,虽曾载于《洪范》、《春秋》,但那是"穿凿附会……滋奸民之惑,失圣人之意",因此魏源认为诸如此类的灾害,不应该加以记载。所以《元史新

---

① 魏源:《元史新编》卷 27《平金功臣传》。
② 魏光焘:《元史新编叙》。
③ 魏源:《元史新编》卷 37《平南夷东夷诸臣传》。
④ 《春秋公羊传》闵公元年。

编》将《元史》中记载灾变篇目及《庚午之历》中《求五星天正冬至后平合及诸段中积中星》等十八段完全删去，提出："历以授时，其要在民时，如置闰、步日、步月，测中星，皆敬天勤民之巨典，五星之迟速伏见，于人事无关"，"故今不赘录，以归简易，而崇实政。"①

显然，魏源是以与人事有关的史实作为叙述的重点。因此，《元史新编》将《天文志》中专讲灾变的部分摒弃不载，其余如《简仪》、《仰仪》、《灯漏》等天文仪器使用方面的内容，并入《历志》，遂取消《天文志》。《元史》中的《五行志》，《元史新编》亦弃之不录。

《元史新编》对于纪传体史书的结构顺序亦有所改进，魏源指出："诸史皆以表志列本纪之后列传之前，唐代刘知几《史通》及宋夹漈皆谓隔制度于记事之间，不便观览。今从其说，以表志居列传之后，亦欧阳氏《新五代史》以司天、职方考次列传之例也。"②这样，纪传体史书记载史实便能较为一贯。梁启超在《中国近三百年学术史》中说：

> 魏著讹舛武断之处仍不少，盖创始之难也。但舍事迹内容而论著作体例，则吾于魏著不能不深服，彼一变旧史"一人一传"之形式，而传以类从，但观其篇目，即可见其组织之独具别裁。章实斋所谓"传事与传人相兼，"司马迁以后未或行之也。故吾谓魏著无论内容罅漏多至何等，然因属史家创作，在斯界永留不朽的价值矣！

梁启超对魏源在历史编纂学上的贡献和得失的评论，从史学史角度看是比较公允的。

《元史新编》是系统、全面改编《元史》的第一部著作。魏源自称为"窃比柱下潜修整齐一代简书之旧"，"无上下古今之识，特文省而事增，于山海崇深之中，聊管窥而蠡测。"③《元史新编》虽多史料失误之处，但

---

① 魏源：《元史新编》卷69《历志》。
② 魏源：《元史新编》"凡例"。
③ 魏源：《元史新编》卷首《拟进呈〈元史新编〉表》。

亦多创新之说,仍不失为近代元史研究中一部有影响的重要史著。

该书博征国内史料,力求"择善而从"。魏源对元史的研究,用力最大的部分,从时间上看元统一中原以前的元太祖、太宗、定宗、宪宗诸朝历史。从地域上看,则是在西北疆域所至。而这两方面正是《元史》和其他元史著作最为薄弱的部分。《元史》世祖以前四卷本纪部分还不到世祖本纪一卷的六分之一。如蒙古汗国开国四杰中博尔忽、赤老温无传,有关西北疆域记载更少。魏源在编撰《元史新编》时,力求补其缺失。他强调说:

> 开国肇造之初,以版图疆域为最重要。故《新唐书》叙平刘武周、窦建德、王世充等群雄于各列传之首;《宋史》亦列蜀、楚、粤、闽、南唐、吴越诸王世家于各传之后。而旧史太祖、太宗所平漠北、西域数十部无一传,何以知疆域之所至?世祖中叶北藩、东藩叛者并无一传,何以知边徼之情形?今特先叙各部各国并通之事,复详中叶疆场尾大之势,并列于各传之首,以昭一代形势。

魏源在《拟进呈〈元史新编〉表》中对《元史》存在问题提出了批评。他说:

> 《元史》国初三朝本纪,颠倒重复,仅据传闻;国初平定部落数万里如堕云雾。而《经世大典》于西北藩封之疆域、录籍、兵马皆仅虚列留名,以金匮石室进呈乙览之书,而视同阴谋,深闭固拒若是。是以《元一统志》亦仅载内地各行省,而藩封及漠北、辽东、西域皆不详,又何怪文献无征之异代哉?是以疆域虽广与无疆同,武功虽雄与无功同。①

因此,《元史新编》增补了《太祖本纪》、《太宗本纪》(附定宗)、《宪宗本纪》三朝本纪,以及《太祖平服各国传》、《太宗、宪宗两朝平服各国传》、《中统以后屡朝平服叛藩传》等,通过这些记载,使原来"如堕云雾"之处粗具轮廓。其次对西北地名还进行了考证,用小字夹注附于

---

① 魏源:《元史新编》卷首。

本纪之中①，如"阿木河—作阿母河，即《大唐西域记》之缚刍河，水入咸海"②、"别什巴里，今乌鲁木齐"③，在《郭侃传》中将旧史的"天房"改为"天方国"，并注明"即汉之条支国也"等，使读者易于明了一些古地名。对魏源所作的这些贡献，邹代过指出：

> 有元疆域远过汉唐，而开国所平漠北西域数十部，地方数万里，旧史并无一传，简策所见地名多与唐以前不相沿，其古名存而未改者，亦屡经变译，如薛迷思干之原为萨末鞬；如蒲华之原为布豁；如吉利吉思之原为黠戛斯；如斡端之原为于阗。类皆译文屡更，译音亦转离其本。若夫斡罗斯、钦察、阿速各国更为汉唐驿使所未至，学者欲求辨方而不能，遑问其山川疆域邪？新史创补《太祖太宗宪宗三朝平服各国传》，部画州居，俾穷荒绝域，数百年如堕云雾者豁然得睹。其方位虽间有疏略，而其高瞻远瞩，开榛莽而启津途，足以补《禹贡》之缺，步章亥所未穷已。④

魏光焘也指出《元史新编》中所新增加的内容说：

> 其书之特出于新增者，则以开国启宇，远轶汉唐西北所互，沿革当章，立太祖三朝平服各国传。中叶正朔不逾金山，萧墙内阋，盛衰攸关，立东北叛藩传。至宫闱内治，垂化之淑慝备书，宗子维城，传嗣之荣枯悉谱。圣武佐命，补录其元勋，泰定承宗特纪其良辅。申《春秋》之义而书亡宋降臣，概宗社之墟而记末年群盗。其制度之不沿前代者，礼志广殿陵寝之篇，版图之原掌职方者，地志辨和林阿母之域。此皆详旧史所未详也。⑤

魏源编撰《元史新编》时采取了"择善而从，不必己出"⑥的态度。

---

① 魏光焘：《元史新编·叙》。
② 魏源：《元史新编》卷4《宪宗纪》。
③ 魏源：《元史新编》卷16《皇子诸王传》。
④ 邹代过：《元史新编》"跋语"。
⑤ 魏光焘：《元史新编·叙》。
⑥ 魏光焘：《元史新编·叙》。

全书中魏源重点记述的有太祖、太宗、宪宗三朝本纪、部分列传，以及《河渠志》、《食货志》部分。本纪自世祖以下，袭用邵远平《元史类编》，因为在他看来，邵著尽管在列传方面编排欠妥，然而他所写的本纪还是可取的，于是稍稍损益之，收入自己的著作中，《氏族表》、《艺文志》悉取钱大昕所著，魏源认为钱大昕立志重修元史，然其本人肯拿出来的仅此二篇，是钱著元史之精华，所以一字未动，原文照录。其余部分，均根据《元史》删改取舍而成。对于旧《元史》魏源也并不是一概否定，而是辨别优劣，恰如其分。如旧史《历志》全文照录了郭守敬的《授时历》四卷，对此魏源高度评价说："有元一代制度莫善于时历。历出于郭守敬，全凭实测，不事虚算，故西法未至以前，惟《授时历》为无敝。"①故魏源在《元史新编》中，基本上照录了这篇科学文献。关于魏源对别人著作"择善而从"的实事求是的态度，参加整理原稿的邹代过，欧阳俌评论说：

> 原稿有删易旧史者，有创补新篇者，亦有全用成文者，列史如班之于马，率多袭其辞，缘事迹掌故，须有实证，未可凭虚臆造，非掩取前人之作以为己有也。旧史疏舛四出，魏先生重加讨订，兼取众长，集为杰构。体例笔削，是非褒贬，不惮独用主裁，至于文辞，固不期尽自己出也。②

《元史新编》所征引书目，魏源在《拟进呈〈元史新编〉表》中自言"旁搜四库中元代文集数百种及《元秘史》"，其中包括"元代官私之所记录，明初诸臣遗老之所记载，辽金宋明诸史之所出入，与夫佚事遗闻见于近人及泰西各家之说"③。所参征著作主要有《元经世大典》、《元典章》、《元文类》、《元秘史》、《蒙古源流》、《元圣武亲征录》、《宋史》、《金史》、《明史》、《通鉴纪事本末》，以及陈桱《通鉴续编》、玄奘《大唐

---

① 魏源：《元史新编》卷64《历志序》。
② 《元史新编》附《校勘节略》。
③ 魏光焘：《元史新编·叙》。

西域记》、孟珙《蒙鞑备录》、张师颜《南迁录》、权衡《庚申外史》、李志常《长春真人西游记》、耶律楚材《西游录》、刘郁《西使记》、耶律楚材《湛然居士集》、刘统勋《西域图志》等等。当然，魏源在采各家之书以证补元史时是有所选择的。他认为：《元经世大典》八百卷，是旧《元史》诸志的史科依据，但仅仅详于天历（文宗年号）以前，顺帝一朝则是"徒抄吏牍、毫无剪裁"；《元典章》"皆钞集案牍，出于胥吏之手，不经馆阁，故四库全书目已钞而复不取。邵氏《元史类编》，乃多取《元典章》以补正史，殊不足道也。"①

《元史新编》力求做到"芟繁补阙"，纠谬存异。魏源认为，一代史书应具有自己的特点，所记叙史实亦必须以反映这个时期的政治、经济、典章制度、文化的特点为选材标准，与前朝史籍重复之处全部删去。如《礼志》，他说："大凡元代祭礼之事，备于《太常集礼》及《经世大典》之《礼典》篇，参以累朝实录，其沿袭唐宋旧文者一概不重录，惟其参用本俗与前代异者录之，以备因革。至群臣博士等先后所议郊祀，既未举行，空言何益？存其梗概，不复详焉。"②

南宋开禧二年（1206）时，成吉思汗建国号为"大蒙古"。但这件大事不见于《元史·太祖本纪》。魏源在《元史新编·太祖纪》中补入了这条重要资料："岁在丙寅（1206），群臣宗族大会斡难河，共议以帝功德隆盛，天顺人从，请上尊号曰成吉思皇帝……即皇帝位于斡难河之源，国号大蒙古，时帝年四十有四。"又武宗海山与仁宗爱育黎拔力八达是兄弟，仁宗继武宗帝位是兄弟相及，当时约定再世亦兄弟相及，先传武宗子和世㻋，再及仁宗子硕德八剌。然而仁宗在位期间毁约变卦，封和世㻋为周王遣至西北边藩，而立己子硕德八剌为皇太子。周王和世㻋举兵反抗而被平息。此事《元史》避而不提。魏源在《皇子诸王传》中备书其事，在仁宗策立硕德八剌为皇太子诏书后说："此诏仁宗

---

① 魏源：《元史新编》"凡例"。
② 魏源：《元史新编》卷78《礼志序》。

本纪讳不书,今从《元典章》补入,其周王举兵事仁宗本纪亦讳不书,据明宗本纪补入。"①这虽然只是一出统治集团内部争夺帝位的闹剧,但魏源认为记下来有益于"惩恶劝善",也便于说明元代帝室世系,所以魏源将它原原本本补入《元史新编》中。

在志书和列传中,魏源也有所补充。如《食货志》中补入了"裨益国计"的刘宣的"更钞铸钱之议"、叶子奇的"以货权钞之议"、危素的《浸铜要略序》。《河渠志》中补入余阙治河策。又因开国四杰中旧史博尔忽、赤老温无传,魏源亦据史料补入。为了方便查阅,《元史新编》本纪在记载几个政权并存的年代,采用并书年号的办法,如"太祖即位之元年丙寅,金主璟泰和六年宋宁宗开禧二年也。"使读者一目了然,此亦纪传体本纪之变例。

邹代过称誉《元史新编》能"芟繁补阙,文省事增,辞严义正,一洗昔人所讥旧史之敝。"②这虽有过誉之处,但魏源在这方面确实下过一些功力,尤其对有些史事进行细致的考订,纠正了其中的一些谬误。如畏吾儿阿里海牙在世祖攻宋的战争中,曾接连屠江陵、潭州、静江三城,而《元史·阿里海牙传》却不言杀戮之事,魏源认为这与当时历史不符。他说:

> 曹彬下江南,兵不血刃,而曹翰上游专制尽屠江州。伯颜下江南,亦不戮一人,而阿里海牙独屠潭州、屠静江,甚至江陵宣抚朱禩孙、制置高达已降尚戮其妻,此武夫屠伯之常,不足深怪。而议者反誉阿里保全潭民,称其未尝专事杀戮……故舛错若是。③

《元史》在元太祖三年记载"讨蔑里乞部,灭之","再征脱脱及屈出律罕……不战而降……屈出律奔契丹"。④　魏源查考《元秘史》,发现其误,于是在《太祖纪》三年下注云:"旧史以蔑里吉汗及屈出律汗之败

---

① 魏源:《元史新编》卷16《皇子诸王传》。
② 邹代过:《元史新编》"跋"。
③ 魏源:《元史新编》卷29《平宋功臣传》。
④ 魏源:《元史新编》卷2《太祖纪》下。

叙于是年,误以元年事为三年事也。据《秘史》正之。"① 又如,旧《元史》以定宗贵由为太宗长子,魏源根据元代帝室世系纠正说:"定宗简平皇帝讳贵由,太宗次子也。长子合失台早逝,故旧史以次为长焉。"②

对于一时无从查考或说法分歧的问题,《元史新编》采取存异的方法,几说并存,留待后人研究。在《皇子诸王传》中说:"(元、金)禹山钧州三峰之战,金、元二史所载互异,或云元兵尾金兵之后,或云金兵尾元兵之后;或云金兵为元兵所围,或云元兵为金兵所围;或云南北两军皆至夹攻,或云拖雷不俟北路兵至即先破敌。传闻异辞,今不能定也。"③又《元史·亦都护传》载至元十二年都哇、卜思巴等围亦都护于火州,魏源认为,火州即吐鲁番,在天山南路极东,而都哇等部在金山以北,相去甚远。"都哇等不先取和林、伊犁、别失八里,而越国鄙远以攻火州何为乎? 抑围火州者或斡端宗王而非都哇等乎?"魏源认为诸如此类的记载,"旧史谬戾,难以猜测,姑以质诸旷览之儒。"④

元代史书原始记载是蒙古文字,翻译成汉文后,在译名上特别混乱,各有各的译法。《元史新编》中的译名多本自《圣武亲征录》,并对某些异译较多的地名人名均加备录,并作注解,以利查考。如"怯绿连河"下注云:"即喀鲁连河也,或作克鲁伦河,或作怯吕连河,或作卢朐河,或作龙朐河,或作陆局河,或作龙居河。"⑤

元代疆域辽阔,事迹纷繁,加上语言不一,可供研究之资料又不足,因而研究中出现一些失误和疏漏,是在所难免的,魏源也不例外。如《开国四杰·赤老温传》,元代有两个赤老温,一为速勒都孙氏,一为札剌赤儿氏,钱大昕《氏族表》以两人各异,而《元史新编》开国四杰传,则合两人为一人。⑥《元史新编》中这类"讹误武断"、"内容罅漏"之处,

---

① 魏源:《元史新编》卷3《太宗纪》。
②③ 魏源:《元史新编》卷16《皇子诸王传》。
④ 魏源:《元史新编》卷19《中统以后屡朝平服叛藩传》。
⑤ 魏源:《元史新编》卷1《太祖纪上》。
⑥ 魏源:《元史新编》附《校勘节略》。

确实是存在的。

《元史新编》是魏源晚年的一部规模较大的史学著作。他于鸦片战争失败、太平天国革命爆发之时,编著该书,为人们了解边疆历史地理情况提供资料,以利于抵抗外国侵略的同时,也借评论元朝史事,意在消除清廷民族矛盾之防,指责弊政,阐发改革思想,并以"元亡之鉴"告诫清贵族统治集团,改革内政,维护其统治政权。《元史新编》在史料学方面博征元代文集数百种和《元朝秘史》、《蒙古源流》、《元典章》、《元文类》等重要资料,着重补充了元太祖、太宗、定宗、宪宗四朝史实,并重视经世之学,于经济、钞法、治河等方面多有增补。其史学成就不仅超过了邵远平《元史类编》等史著,而其后的柯绍忞《新元史》亦难超越。特别是魏源治史"面向清代危亡的现实",对国家民族前途忧虑和关注,是中国史学的优良传统,其精神是值得后人继承和发扬的。《元史新编》是研究元史的重要著作,在元史学和中国史学发展史上占有重要的地位。

第二节　夏燮的明史研究

一、冲破钦定《明史》的束缚,编撰《明通鉴》

夏燮是鸦片战争时期系统研究明史的第一人。他受魏源的影响,认为钦定《明史》,"半系先朝遗老、亡臣子孙",或"以师友渊源,或因门户嫌隙者"所编纂,不能编写出符合明代史实的明史。他说:"近阅明季稗史,参之官书,颇有《本传》所记铮铮矫矫,而明季稗史摈之不值一钱,亦有野史所记其人之本未可观,而正史贬抑过甚者,岂非恩怨之由!"①又说:"若谓野史不可信,则正史何尝无采自野史而折衷者,安见登之正史遂无传闻之误乎!"②他认为野史中存在错误是易于辨识的,因"野史之原于正史,正史之本于《实录》,明人恩怨纠缠,往往借代言

---

①②　夏燮:《与朱莲洋明经论修〈明通鉴〉书》,见《明通鉴》卷首《义例》。中华书局 1959 年版。(以下同版本)

以侈怼笔。"如"《洪武实录》，再改而失之也诬，《光宗实录》重修而其失也秽。"认为钦定《明史》初稿和审定是万季野，万卒由王鸿绪续成和修定。"季野当鼎革之际，嫌忌颇多，其不尽者，属之温晒园，别成《绎史》。"可见《明史》在修纂时，就存在很多问题，而这个问题很多的"草创之稿"，后来据以修改时又"多不能辨，率以窜改之《实录》阑入其中，殊非信史。"《明史》经过清廷反复修改后，出现的问题更多。夏燮通过对明史的研究，指出明亡前后的史实，钦定《明史》或者是不敢如实记载，或者是记载太简单，特别是一些重要人物不立传，如张煌言，在明亡后，坚持抗清，失败后，"流离海上，与宋之陆秀夫相似，就刑杭城，与宋之文天祥相似，若其身膏斧锧，距我大清定鼎已二十年，疾风劲草，足以收拾残明之局，为史可法以后之一人。列之《忠义传》犹非其例，况无传乎！"有些重要的历史事实，"如太湖义旅，但载云间，山寨殷顽，不登只字，以及沈寿民不附《黄道周传》中，顾杲不列《吴应箕传》后，此则不无可议者耳。"①

《明史》记载史实时，在时间上也不够确切。他说："《明史》《纪》、《志》之文，皆本之《实录》、正史，而《列传》则兼采野史。"所以《明史》本纪就其叙事时的月日干支虽然最为详细，但是和有关传、志所载史实进行核对，则时间多不合。因为《实录》所记攻战剿抚及克复郡邑之类的事件，多据奏疏至京师的月日，而传中所记事，本之原奏者多据交绥月日，"故有近者数十日，远者数月不等。然准系月、系日之例，则原奏中如有事系确凿之月日，俱宜考证书之，方为纪实，若但据奏至月日，则叙事参错，而先后之次第不明。"②夏燮指出，这一点是很重要的，因为不搞清楚历史事实的时间，就无法发现史事产生错误的原因。他说："夫记事之体，偶差旬日，不足为病，而干支一误，遂至此后之朔、闰、大小建皆不可推，则关系非细也。"因而他主张"先推历而后系事"，《明通

---

①　以上引文俱见夏燮：《明通鉴》卷首《义例》。
②　夏燮：《明通鉴》卷首《义例》。

鉴》视此为第一事,所谓"考年月以定事系,一年之朔望既准,乃考定干支日分,排入月纬中,择其事之宜系者,提之为纲,日之所不能定者则系以'是月';月之所不能定者,则系之以'是春''是夏'之等。又不能定则系以'是岁'。"从而使历史事实年经月纬,以达到历史事实产生的时间在记载上的真确。

清同治元年(1862),夏燮在《与朱莲洋明经论修〈明通鉴〉书》中,对《明史》所存在的问题曾归纳为十个方面,其重要者,一是许多重要史实,如庚申、建文等事,《明史》不载,应该就各家引证之书而补之。二是有些史实众说纷纭,如建文帝出亡,《从亡》、《致身》二《录》虽不可信,而明人野史,汗牛充栋,无以惠帝为自焚者。自焚之语,仅见《永乐实录》,进行考证后,应当删除其不可信而信其所可信者,据有关资料进行增补或删除。三是挺击、红丸、移宫三案本末,后人都认为是疑案,实则挺击非疑案也。他认为要叙述三案,必须详明首案经过。至于明清之间的关系,以及清灭明的事实,清统治者更是讳莫如深,尽量加以隐瞒、歪曲、篡改,这一方面的问题,夏燮在当时的条件下还不敢触及。

在夏燮看来,《明史》既然存在着这么多问题,则另行编撰一部明史的史学著作,是刻不容缓的事。至于什么时间具体着手进行编撰《明通鉴》,则尚未见明确记载,但就夏燮同治元年(1862)与《朱莲洋明经论修〈通鉴〉书》,以及同治十二年(1873)《明通鉴》初刻于江西宜黄县官署和他自谓用二十余年的精力著成该书等记载来看,在鸦片战争前已着手搜集有关资料,而编撰是在鸦片战争之后进行的。有关明史研究著作,在明末清初谈迁著有《国榷》,清季陈鹤著有《明纪》。这两部书夏燮没有看到,他认为明代之史事,"非《通鉴》不足以经纬之"[1]。

《明通鉴》是继司马光《资治通鉴》和毕沅《续资治通鉴》之后的明代编年史。全书九十卷,又前编四卷,附编六卷。该书以《明实录》、

---

① 夏燮:《与朱莲洋明经论修〈明通鉴〉书》。

《明史》、《通鉴纲目三编》资料为主,参考《明会典》、《一统志》及稗官野史数百种,编撰而成。对明代朝廷纲纪、礼乐、刑政、天文、历法、河道、漕运及营兵练饷、折色、加赋等"有关一朝治乱之源者",均有较详细的记载,反映了明代社会经济发展和社会矛盾逐步加深的过程。对难以深信的史事,撰成《考异》,分注正文之后,不仅纠正了《明史》中不少错误,并保存了丰富的史料。同治十二年(1873)初刻于江西宜黄官署,光绪二十三年(1897)又由湖北官书处重校刊行。1959年中华书局据湖北刻本标点刊行。

二、《明通鉴》的编写原则和史学思想

寓"评"于"编"是《明通鉴》编写原则最为突出的特点。夏燮对当时清廷内政在表面上避免正面批评,而以论学的形式表示他的政治立场和态度。他对清廷奉行的文化专制极为不满,不同意钦定《明史》的有关记载,也反对以乾隆皇帝署衔御纂《资治通鉴纲目三编》。他对"钦定"、"御纂"不敢公开反对,于是用寓"评"于编的笔法,在评论中把《通鉴》和御纂《三编》属于不同史体区别开来。说前者是"取记事而已,固不敢操笔削之权",后者则是效法《春秋》,以褒贬为主。关于这一点"御纂《三编》原叙"中表白得很清楚,明确提出"通鉴纲目盖祖述春秋之义,虽取裁于司马氏之书,而明天统,正人统,照鉴戒,著几微,得春秋'大居正'之意。"夏燮提出他编写《明通鉴》,主要是记事,而书法较宽,而且因为是专记明朝一代之史事,故采取"义取简明,不主褒贬"的手法。[①] 并且明确提出:"史评自有专书,四库书别为一类。"因此,他认为凡是属于史评一类的史学著作,应当是"直书其事而得失劝惩寓焉。"实际上,夏燮是以史学著作体例不同为理由,不完全采用《三编》的"春秋笔法",即反对当时清廷的封建文化专制主义的统治。当然,夏燮身为清廷中下层官吏,不可能从根本上反对《三编》中春秋笔法的

---

① 夏燮:《明通鉴》卷首《义例》。

史学观点,在《明通鉴》中还转引了《三编》、《御批》的观点。在史料方面,大部分以清朝的官书为依据。尤其是对农民起义,对少数民族的历史记载,如和谈迁所著《国榷》相对照,谈迁就客观的记载了当时的历史真相,在史料价值上《明通鉴》远不及《国榷》。但不能因此就看不到夏燮的寓"评"于"编"中编写原则的积极意义。从《明通鉴》全书的观点看,夏燮是倾向于改革派的。他明确表白:

> 考其事之本末,则其事之是非自见;听其言之公私,则其言之诚伪自见;观其人居与游,则其人之清流浊流自见;若必欲臧否而短长之,非史事也。①

因此,要了解夏燮的史学观点和史学思想,必须从《明通鉴》如何记载史实,从字里行间去分析,从他对历史人物和历史事件的评论中去分析研究,才能得出比较正确的结论来。

夏燮治史,主张"苟事有鉴于得失,义有关于劝惩,虽稗官外乘,亦宜择而书之",明确提出"知人论世者折中一是耳。"他谓"得失"、"劝惩"、"折中一是"等等,都须依据一定的政治标准和思想观点来衡量。这表明,夏燮并不反对史评,他所反对的是春秋笔法的某些史评原则,而提倡的是为改革服务的史学评论。

因此,反映在《明通鉴》中对改革方面史实的记载是重视的,凡是《明史》及《三编》所没有记载的史实,他都加以搜集和增补。如朱元璋洪武元年闰七月诏征天下贤才至京,授以守令条下,即增辑了朱元璋"谕中书省曰:'布衣之士,新授以政,必先养其廉耻,然后责其成功。定制,自今除府州县官,赐白金十两,布六匹'。"以及"又谕新授北方守令曰:'新附之邦,生民凋瘵,不有以安养之,将复流离失望矣。尔等宜体朕意,善拊循之,毋加扰害,简役省费以厚其生,劝孝励忠以厚其俗。能如朕言,不特民有受惠之实,即汝亦获循吏之名,勉之!'"①

关于明朝提倡"节俭"方面的资料,夏燮也尽量予以增补。洪武元

---

① 夏燮:《明通鉴》卷1,第198页。

年即增辑了朱元璋所谓"节俭"的事实,如臣下奏请朱元璋的"乘舆服御应以金饰,诏用铜。有司复言:'万乘尊严,此小费,不足惜。'上曰:'朕富有四海,岂怜乎此! 第俭约非身先无以率下,且奢泰之习,未有不由小而致大者。'卒不许。"诸如此类的话,《明通鉴》中增补了很多。

对一些曾整顿吏治的大臣,夏燮也极力标榜。如张居正是明朝后期整顿吏治的主要代表人物,但由于张居正存在着所谓"褊衷多忌、刚愎自用"的严重缺点,当政后又"威柄震主"等原因,后来的封建统治者对他毁誉不一,《明史》在《张居正传》后的"赞"中说:"张居正通识时变,勇于任事。神宗初改,起衰振隳,不可谓非干济才,而威柄之操,几于震主。卒致祸发身后。书曰:臣罔以宠利居成功,可弗戒哉!"①虽然肯定了张居正的有利于封建统治者的"功绩",但就《张居正传》全文看,还是贬多于褒的。夏燮认为,这是和历史事实不相符合的。他说:

> 江陵当国,功过不掩,訾之固非,扬之亦非。《明史》所载,似不如《〈明史〉纪事本末》之据事直书,为得其实。至于结冯保,构新郑,固不能为之词。而至援高拱自撰之《病榻遗言》,则直是死无对证语。高、张二人易地为之,仍是一流人物。今但取正史可信者书之,而闰月顾命等词,一律删汰,以成信史。②

因此,夏燮对张居正的评价,虽然引用了《三编》的评语作为自己的看法,但更主要的是夏燮在《明通鉴》中记载有关张居正的史实时,采取了"叙而不断"、"直书其事而得失劝惩寓焉"的办法,从记载张居正的有关史实中来看张居正功过得失的肯定或否定。

夏燮对明君主专制主义的严刑峻法也十分不满,他搜集了许多《明史》和《三编》中没有记载的史实,按年月编入《明通鉴》中,并加以评论。如洪武四年(1371)三月条载刘基谏朱元璋减缓严刑峻法时,他评论说:

---

① 《明史》卷213《张居正传》。
② 夏燮:《与朱莲洋明经论修〈明通鉴书〉》。

观太祖惩元宽纵失天下,当时臣下,多以峻法绳之。故元年王忠文之上书也,曰:"上天以生物为心,春夏长养,秋冬收藏,其间岂无雷电霜雪,然可暂而不可常。若使雷电霜雪无时不有,则上天生物之心息矣。"刘文成(即刘基)之致仕也,上手书问天象,条对而焚其草,大要言:"霜雪之后,必有阳春。今国威已立,宜少济以宽大。"呜呼,二公所论,岂非仁人之言哉? 而卒不能止太祖晚年之诛戮,岂太祖之明反出齐景下哉? 毋亦狃于其自用者专而虚受之意少也。

又说:

观太祖当日召对元臣,谓"以宽失天下,吾未之闻",及手书问天象,则谓"元以宽失天下,朕救之以猛",何其言之相反也! 盖为子孙之远虑,欲遗之以安强。重以勋旧盈廷,猜嫌易起,而不嗜杀人之志,惜未能始终以之。若使如二公之言,培养元气,感召天和,安知不足以弭靖难之变哉。①

对朱元璋加强封建君主专制统治,夏燮通过史实多方加以揭露和论列,认为严刑峻法在某一特定的条件下,实施一下是可以的,但是,如果依赖严刑峻法来维护和巩固统治政权是不可能的。他说:"夫去杀期以百年,兴仁俟之必世,自古渐仁摩义之主,犹恐浃于天下,不能得之于其身,况积其威约之势而欲遗子孙之安,诚未见其可也。"②这虽然是在论证明史,但也以这一事实告诫清统治者,依靠严刑峻法是不可能"遗子孙之安"的。

对明朝中朝、后期阶级矛盾、民族矛盾以及统治集团内部矛盾的情况,夏燮罗列了当时臣僚奏疏中的许多话,来说明其时的种种情况。如对严嵩、仇鸾以及宦官的暴虐,《明通鉴》中按年月增载了许多事实。世宗嘉靖二十年(1541),他在"时上经年不视朝,日事斋醮,工作烦兴,

---

① 夏燮:《明通鉴》卷4,第268页。
② 夏燮:《明通鉴》卷7,第377页。

严嵩等务为诌谀”的记载后,引杨爵奏疏中的话说:

> 今天下大势,如人衰病已极,腹心百骸莫不受患,即欲拯之,无措手地方。且奔竞成俗,赇赂公行,遇灾变而不忧,非祥瑞而称贺。谗诌面谀,流为欺罔,士风人心,颓坏极矣。诤臣拂士日益远,而快情恣忌之事无不敢龃龉于其间,此天下大忧也。①

明嘉靖三十一年(1552)二月己巳,“建内府营,上以营制既定,命改旧内教场为之,以操练内侍。”夏燮对这一事实,引《三编》的评论,作为自己的见解,他说:

> 明之末造,营务尽领于中官,而宿卫禁军之制渐就隳废,史称内臣之势,惟嘉靖时为少杀,乃忽创为内府营以练诸内侍,实则惩于庚戌之变,京兵不足御敌,而为此苟且之计。夫兵之怯弱,由于将帅非人,改弦而更张之,岂无良法? 区区内侍,即使简练有方,又岂足以厚拱卫而备寇警? 徒使阉侍习兵,贻患来世。厥后魏忠贤遂有内操之事,盖实托昉于此。作法于凉,毕将若之何!②

内侍权力的增大,是君主专制统治的产物,是皇帝利用亲信(内侍)作为加强君主专制的手段。但是夏燮反对用增强内侍的权力来加强君主专制的做法。

嘉靖四十五年(1566)世宗病死,以徐阶为首的一些大臣欲借此时机革除一些弊政,以世宗的名义载入遗诏中,俾继位的穆宗得以实施。高拱、郭朴等极力反对,郭朴说:“徐公谤先帝,可斩也。”夏燮引《三编》的话评论说:“观徐阶所草诏,犹能切中当时弊政。高拱、郭朴者,自当赞助其成,何至以己未与之故,而遂生忌嫉,造谤媒孽,竟欲各分门户,甚至数年后拱专国政,一切尽反阶之所为。而启其衅者,实为郭朴一言,朴安得无罪哉!”③

---

① 夏燮:《明通鉴》卷57,第2173页。
② 夏燮:《明通鉴》卷60,第2292页。
③ 夏燮:《明通鉴》卷63,第2488页。

明末,以李自成、张献忠为首的农民起义的序幕于天启七年(1627)三月揭开。对这一时期的历史《明通鉴》记叙较多,尤其对明朝廷内部为抢救其政权的各种建议、活动及其对弊政的揭露,也都作了较详细的记载。如在崇祯三年(1630)十二月,增田赋条下,即追记了"户部尚书毕自严,以度支大绌,复列上十二事,曰'增关税,捐公费,鬻生祠、酌市税,汰冗役,核虚冒、加抵赎,班军折银,吏胥纳班,括河滨滩荡之租,核京东水田之赋,开殿工冠带之例'上悉允行,而兵食犹不足。"又载这时兵部尚书梁廷枬的话说:"今日闾左虽穷,然不穷于辽饷;一岁之中,阴为加派者,不知其数。"指出"今日民穷之故,唯在官贪。"认为加派赋税的政策如不改变,其结果必然形成无地非兵,无民非贼,刀剑多于牛犊,阡陌决为战场,其前途是不堪想象的。

对明朝一些重要的政治争论,夏燮提出自己的见解。如明世宗初年对自己的父亲,议加尊号的仪礼问题,是当时统治集团争论最为激烈的问题之一。对此,他认为"大统之干,在帝与不帝不分,非皇与皇之异也;帝则未有不皇,而皇则容有不帝者。自古三皇称'皇'五帝称'帝',秦始合二字称之,故加皇于'帝'之上,则'皇'为专称。如果殊'皇'于'帝'之外,则'皇'为通称。故皇考、皇妣可以通于所生之父母,若以'帝''后'尊号而追崇其不为天子之父母,则自开创之天子外,无此例也。"他引证蔡邕《独断》中的话说:"汉高得天下而父在,上尊号曰'太上皇',不言'帝',非天子也。"汉宣帝、光武帝皆不加尊号于祖父,汉殇帝追尊生父清和王为"孝德皇",桓帝追尊所生父蠡吾侯为"孝崇皇"。以这些史实作为他反对世宗追尊其父为皇帝的立论依据。他批评大臣杨廷和等对世宗对其父母称"帝"称"后"的问题不敢力争,而徒较量于"皇"字之有无,至争"考"争"皇"不得,乃议加"本生"二字,夏燮认为加"本生"者,亦添足续胫之赘文,因之希旨进谀者,反以为自外其亲之词,于是激而称"皇考"、"皇帝",与继体之称先君无异矣。又激而去"本生"二字,于是竞考兴献,不考孝宗,而黜孝宗为"皇伯"矣。他评论说:

　　夫以孝宗为伯父,是臣之也。非但臣之,向也以考孝宗而兄武宗,遂使武宗无后。今又以考兴献而伯孝宗,遂使孝宗亦无后。何者? 世宗而后兴献,则将使兴献上为宪宗后,而孝、武两朝之世次俱灭,此则议礼之大变,国家之奇祸。一时杨慎等三百余人,大呼高孝皇帝而哭于左顺门者,诚以有明一代之统至此几绝,而世宗入为天子,若汉、晋之分为东西,宋之分为南北,所谓统绝而复续者,岂不可为痛哭哉!①

　　明末挺击、红丸、移宫三案,也是官僚集团间展开斗争的主要方面之一。夏燮认为"三案者,天下之公议",但是记载三案的《三朝要典》一书,却是出自内侍逆竖之手,故倪文正说它是宦官魏忠贤之私书是对的,但不能因此就连三案的事实也加以抹杀和否定。问题在于史臣对《三朝要典》如何论断,因为当日张差的口供,法司原谳,具载其中,故《明史·王之寀》一传,全录其词,具有深意。在夏燮看来有关三案的资料,"与其毁之以资逆焰之扬灰,曷若存之以作妍媸之对镜也"②,保存资料,留待后人研究和评论,自然是较为妥当的。

　　关于借神道以设教的观点,已早为一些史学家所否定,如宋代史学家司马光撰《资治通鉴》时就曾极力避免"怪语"。可是,处于近代社会开始阶段的夏燮,却将这种早被淘汰的破旧武器即神道设教的观点,重新搬出来加以宣扬,在《明通鉴》中有很多关于灾异和鬼神的迷信记载。如洪武十三年(1380)六月丙寅,《明通鉴》载:"雷复震奉天门,上避正殿,省愆。"他认为这是由于"尊贵罪所不加,圣人因天地之变,自然之妖以感动之"。并且评论说:

　　　　盖五行之气,乖则致戾,人自召之,天何与焉! 观于十三年之震者二,正胡惟庸之狱后事,二十六年之震者一,正蓝玉之狱后事。是二人者,皆以谋逆诛,宁得谓太祖用刑之失! 而二狱之株连三万

---

①　夏燮:《明通鉴》卷51,第1926页。
②　夏燮:《明通鉴》卷81,第3112页。

余人,死于捕者不知凡几,死于狱者不知凡几,死于桎梏箠楚之下者不知凡几,而诛戮其显焉者耳。阴气郁而阳不得宣,则激而为雷,岂非感伤和气之所致哉!①

他将自然现象中如雷雨之类,看作为灾异告警,上天垂诫,说在洪武三十二年,"雷之震宫门者凡三,震殿者四,而震谨身殿者三,何天独警太祖之深也?"说明夏燮受封建正统史学天道史观的影响是根深蒂固的。

夏燮不满清贵族的专权和腐朽统治,在其《明通鉴》中字里行间表现出反对满清贵族的民族思想。这是他史学思想的重要方面。这一思想主要表现为他怀念明朝汉族地主政权,表彰抗清忠节思想。在《明通鉴》中记载明万历后期,清贵族统治集团对明不断发动进攻,直至灭亡明朝为止,对这些战争的态度,夏燮是站在汉族立场上,对明朝表现出无限的同情。如崇祯十一年(1638)清兵攻入北京附近,京师戒严,崇祯帝惧,命宣大总督卢象升至武英殿晋见,他谈及对清的和、战态度时回答崇祯帝说:"'臣主战'。上色变,良久曰:'和乃外廷议耳。象升因奏备豫形势甚悉,上壮之,而戒象升持重。'"②并命与和议派杨嗣昌、高起潜商议。并令杨嗣昌、高起潜削减卢象升兵力,使其兵不满两万人。《明通鉴》中记载卢象升斥责杨嗣昌沮师不准抗清的话说:

"公等坚主和议,独不思城下之盟,《春秋》所耻! 长安口舌如锋,恐袁崇焕之祸立见。"嗣昌频赤,曰:"公直以上方剑加我矣!"……嗣昌曰:"公毋以长安蜚语陷人!"象升曰:"周元忠赴边讲和,往来非一日事。始于蓟镇监督,受成于本兵,通国闻之,谁可讳也!"③

不久,卢象升在抗清战斗中战死,杨嗣昌派人"察其死状,察者归,言'象升实死'。嗣昌怒,鞭之三日夜,且死,张目曰:'天道神明,无枉

---

① 夏燮:《明通鉴》卷7,第377页。
② 夏燮:《明通鉴》卷86,第3300页。
③ 夏燮:《明通鉴》卷86,第3300页。

忠臣.'于是天下闻之,无不歙歔嗣昌矣。"①这段记载,对杨嗣昌之流的丑恶嘴脸揭露无遗,同时也看到他同情卢象升等主战派的立场。

他对明末抗清的"忠节"之士,也极力表彰。在夏燮未编撰《明通鉴》前,即校正吴次尾《楼山堂集》,并编撰了《忠节吴次尾先生年谱》。吴次尾是明末复社的领导人之一,明亡后,清兵南下时,他在家乡安徽组织义兵抗清,后被清兵杀害,据说他在就义时不去明朝衣冠,"其受刑处血迹洗之不去,持其首入国门如生,历三日不变,观者咸异之。"在年谱中对吴次尾充满着同情和敬意,表达了他的反清民族思想。对于明末抗清志士的事迹,他认为《明史》和《三编》记载极少,遗漏太多,在《与朱莲洋明经论修〈明通鉴〉》中,明确提出:

> 甲申之变,正史语焉不详,所记殉难诸臣,亦多遗漏。宜博采《北略》、《绎史》、《绥寇纪略》及甲申以后之野史,必使身殉社稷之大小臣工,悉取而登之简策,以劝千秋忠义。

他一面说:《明史·忠义》一传,于封疆死事及甲申前后殉节诸臣,详加采撷,著其事实。中间牵连附录,多至数十人,百余人不等。钦定《明史》成书后,清廷又下令编撰《通鉴辑览》及重修《三编》,后又撰《钦定胜朝殉节诸臣录》,肯定其这一方面的成绩。另一方面又指出,明末的忠节之士除《明史》所见者外,散见于《大清实录》、《一统志》、各省《通志》,多至三千六百余人,这些人都是《明史》所没有记载的。他叙述清代官书逐渐搜集明末忠节之士的有关资料的经过说,重修《三编》时其人数较《辑览》时增多数倍。后又续辑《唐桂二王本末》,又较前修之《辑览》逐渐加详,遂有《殉节录》所遗而续补者。如《三编》载甲申殉难之巡视中城御史赵谋,云南人,骂"贼"被杀,乾隆四十一年追谥忠愍,《殉节录》没有记载他的事迹。辑唐、桂二王事时,所记顺治三年,在广信殉难的都司刘芳伯以下十三人,四年记太湖地区先后阻兵的镇

---

① 夏燮:《明通鉴》卷86,第3305页。

南伯、金公王以下十五人，俱赐谥入祠有差，但是在《殉节录》中则佚其姓名。他慨叹地说，"然则湮没而不彰者，可胜道哉！"① 他说《明通鉴》所记明季死事诸臣，以《明史》、《辑览》、《三编》为主，参之《殉节录》，旁稽野史，凡正史所不具者，俱附著在《考异》中。

夏燮所补辑的忠节之士，在性质上可分为两种，一是为对抗明末农民起义，在战争中或其他形式的阶级斗争中被杀或战死的官僚地主，夏燮强调他们的"忠"。从而表明其地主阶级的鲜明立场。二是在清兵入关和南下时，汉族人民和其他各族人民因抵抗清兵而牺牲的忠节之士。关于他们的抗清事迹，在《明通鉴》中增补了不少，有些突出的代表人物并作了评论。如评论张煌言说：

> 自奉迎监国后，支持十九年，委蛇于干弱尾大之侧，转徙于蛎滩鳌背之间，中历黄、王之交哄，熊、郑之强死，屠、董诸君子之大狱，零丁皇恐，有人所不能堪者……直至鲁王之死，灰心夺气，始散其军，其亦可为流涕者矣！

> 若夫南田被执，在宁有肩舆之迓，入浙无桎梏之加，其可以求死者亦自易易，而恐委命荒郊，志节不白。故煌言之授命杭城，与文信国之就刑西市，先后同揆。而《明史》不为之立传，宁毋贻刘道原失之瞠眼之讥乎！

> 残明自福王以后，遗臣之死事者，楚、粤则何腾蛟、瞿式耜，浙、闽则钱肃乐、张肯堂，而煌言殿其后，遂以收有明二百七十年剩水残山之局，其所系岂浅鲜哉！②

夏燮意识到，自鸦片战争后，清王朝日暮途穷，他从维护封建地主统治出发，因而搜集明末的抗清忠节之士的史迹，以表示对满清贵族的不满。另一方面，也借此激发汉族人民感情，起来与清贵族的腐败统治作斗争。为表明其汉族地主阶级的立场，在《明通鉴》中"所载明季殉

---

① 夏燮：《明通鉴》卷首《义例》。
② 夏燮：《明通鉴》附篇卷6，第3765页。

难诸臣，其书赠谥者，皆明之恤典。"他强调遵循传统史例，拒不记载清廷对这些人所加追赐专谥，说"若《殉节录》所载，皆出自本朝追赐专谥、通谥者，以非明事，故不入，亦史例也。至死封疆，而一时传闻之误，遂为恤典所不及者，加贺世贤之战没，有疑其叛者，遂不予赠谥，孙传庭没于阵，或言其未死，帝疑之，故不予赠荫；而二人死事之烈，具见《明史》本传中。如此之类，皆入正文，而附著我朝追谥于《考异》中，然非例也。南都赠谥，去取未公，不足为重，而以系明事，故于正祀、附祀之等亦见《附记》中。"①应当提及的，夏燮在搜集明末抗清的事迹史料时，采集了当时禁书中的许多记载，史料的搜集范围突破了清廷统治所规定的种种限制，使史料较为丰富全面，为研究明史提供了宝贵的史料。

《明通鉴》肯定南明为明史，明史遂首尾完备。崇祯十七年（1644）三月，李自成农民军进入北京，推翻了明朝的统治政权。紧接着，明辽东总兵吴三桂迎清兵入关，合兵入京，击败李自成农民起义军，建立清王朝。清政权建立后，全国各地相继开展了英勇的反清斗争。历时四十多年没有停息过抗清斗争。明朝遗臣于崇祯十七年（1644）五月，支持福王在南京建立了政权，其后又相继于绍兴建立了鲁王政权，闽中建立了隆武政权，西南建立了桂王政权。这些以明王室亲王为首所建立的政权，通称为南明政权。这些政权虽然是明腐朽政权的延续，但在抵抗派的支持下，都在不同程度上进行了抗清斗争。这一时期的历史很重要，应当加以研究和编撰。可是，清廷害怕因此激起汉族和其他少数民族的抗清感情，对清廷统治不利，遂利用政治高压手段，禁止研究和记载这一时期南明各政权的历史，不准将它编入《明史》内，致使《明史》中缺少南明部分。

夏燮怀着强烈的汉族民族感情，在所谓"谨遵""圣谕"的原则下，将南明史作为附篇而列入《明通鉴》中。他说由于此书是明史的专门著作，所以在崇祯十七年五月后，始纪清顺治元年，而对南明福王、鲁

————————

① 夏燮：《明通鉴》卷首《义例》。

王、唐王、桂王等政权概不书伪,以保持史实的原始面目,使明史研究首尾完备,开拓了明史研究的新体系。其后,南明史研究进一步受到学术界的重视,并成为近代政治思想领域反清斗争的一个侧面。资产阶级民主革命时期,南社学者和章太炎、孟森、朱希祖等人都对南明史进行研究,对反清斗争产生了一定的影响。

夏燮的《明通鉴》是编年体史学传统的继承和发展。《明通鉴》在编纂体裁上虽承袭了司马光《资治通鉴》和毕沅《续资治通鉴》的编年体的形式,记载了明代的历史,它不仅继承了通鉴编年体的史学传统,而且在编年体例上有所发展。他说:"温公《通鉴》,汇正史之本纪、志、传,合而成书。朱子因之,修《纲目》以法《春秋》,纲则孔子之经,目则丘明之传也。"但是,他认为这种编撰体例是有缺点的,因为《纲目》以书法为主,而对于时间相隔不远的历史事实,多汇集在目中,中间系以"先是"、"至是"及"初"字"寻"字等,而对时间相隔较远的,则递著其年月而统系之一纲下,故其书法严而对史事发生时间的先后则不甚严格。因此,它在体例上虽然仍属于编年体,但和《通鉴》记载史实严格按时间的先后相比较,情况是不相同的。夏燮认为《通鉴》主要着重于记事,因而对于史事发生的时间在记载上必须严格,应以事系日、以日系月,以月系时,以时系年,严格地按其年、月、日的先后次第记载。他说:"今撰《明通鉴》,以此为第一事,盖系年、系月,编年之专例然也。"①

但是,夏燮认为如果完全按照《通鉴》的办法编撰史书,还是存在问题的,因为"正统改元",必须"先明授受",如明太祖朱元璋之得天下,虽然是取之于元,但不是受之于元,其情况和宋太祖赵匡胤之受周禅是完全不同的。他以汉高祖刘邦纪年的史实为例说:"汉高之即帝位在五年,而元年至霸上,秦王子婴降,则亦有所受之矣。汉时无建元事,乃以子婴降之年为元年以继秦统,此史例也。若明太祖,自元至正十二年(1352)归郭子兴,越十五年始即帝位建元,又七月始克元都,中

---

① 　夏燮:《明通鉴》卷首《义例》。

间起兵拓地,节目繁多,非洪武元年(1368)之下所可追叙者。"因此,他对通鉴的编年体例作了一些改进,将有明一代历史分为《明前纪》、《明纪》及《附编》三大部分。《明前纪》的时间,始于至正十二年(1352),终于至正二十七年(1367),他说:"凡此皆以元纪年,非关涉明事者不书。""自洪武元年(1368)至崇祯十七年(1644)五月一段的历史事实为《明纪》。《附编》自崇祯十七年甲申五月我大清兵入京师,福王称号于南京,逾年明亡,《三编》、《辑览》仍存弘光年号于二年五月之前,乾隆间复奉诏附《唐桂二王本末》于《辑览》后。今谨遵其例,列为《附记》于大清纪年下,别书曰'明'以存闰位也;不曰'纪',以非帝不纪也,凡此皆取关涉明事者书之,亦别为卷目。"①

夏燮明确地指出,上述做法是此前《通鉴》未有之创例。他就是创用这种新体例,把南明时期的历史事实,尤其是抗清斗争的事实,完全网罗在《附编》中,使其与明其他部分的历史连成一体,因而在某种意义上恢复了明的正统,纠正了清廷出于政治斗争的需要,不准研究和编撰南明这一段历史的严重缺陷。由于他长期的努力,致力于搜集南明时期的有关史实,尤其是抗清斗争中的许多可歌可泣的事迹,使我们对南明时期的抗清斗争历史有较具体的了解。

夏燮又指出:"温公《通鉴》,以所受者为正统,故于汉建安二十五年之正月,即去汉统书魏黄初元年(是年十月始受汉禅),朱子谓其夺汉太速,予魏太遽。《纲目》虽以正统予蜀,而用分注例,遂为后世史法。"他说他也采用分注例,按照《御纂通鉴纲目》的办法,用一岁两系之例,所以洪武元年仍首书元顺帝至正二十八年,而分注洪武元年于其下,直至闰七月元亡以后,乃以明统为正。南明部分的历史也是依照"圣谕","于崇祯十七年甲申五月以后,始纪顺治元年,其福王立于南都,仍从分注例,逾年五月始去明统,以示大公。今撰《明通鉴》,谨遵

---

①　夏燮:《明通鉴》卷首《义例》。

此例。"①他以这些理由为根据,力图说明:"于明自福王以后鲁、益诸
王,亦从例概不书伪,而诸臣将吏,亦不没其残明所授之官。惟李定国
自附桂王后,尽瘁边陲,迄无异志;而郑成功窃据一方,犹拥明号,即李
成栋父子,托名反正,终于一死,亦似较金声桓、王体仁差胜一等;今革
其爵号,书其姓名,仍系之残明下。若孙可望附'贼'叛明,罪无可宥;
而金、王等,目为叛将,亦复何词! 盖《通鉴》取记事而已,固不敢操笔
削之权,亦取与《纲目》之例稍别也。"②

他又提出,《明通鉴》专记明一代事,自应以明为主,朱元璋即皇帝
位,就直书太祖即位于洪武元年正月,而以元至正二十八年入分注中。
又如英宗天顺元年又为代宗景泰八年,而分注天顺元年于其下。夏燮
在这种历史编纂体例的基础上又稍加变通,采用一月两系的办法,于天
顺元年正月丙戌英宗后纪,而以正月丙戌以前,则书景泰八年,存其年
号。至于万历四十八年以后,书泰昌元年,出自当时所定,以存先宗之
统,《三编》说这一情况和一岁两系之例是不相同的。夏燮进一步说明
这是明代一朝之所特有的专例,其他朝代并不存在这种情况。

夏燮编撰《明通鉴》时,参考明人记载和著作,有几百种之多,有时
对于同一件史实,众说纷纭,莫衷一是,"而同异得失之间不能无辨,遂
有一事非累幅不能了者。"他采取的应对办法,是"择野史之确然可信
者,参之《明史》及《明史纪事本末》等书,入之正文,而以杂采稗乘疑信
相参者,夹行注于其下,是即裴松之注《三国志》之例"。他说在《明通
鉴》内,"采野史者不过十中之一二,而其为世所传而实未敢信者,俱入
之《考异》中,其正史有未敢信者而删之者,亦入之《考异》中,四库全书
提要谓温公特创此例,自著一书以明其去取之故,故较之《三国志》裴
注又加择焉。"③

夏燮继承了司马光考证史实真伪的方法,把不敢深信的史事,仿照

___

①②　夏燮:《明通鉴》卷首《义例》。
③　夏燮:《明通鉴》卷首《与朱莲洋明经论修〈明通鉴〉书》,第22—23页。

司马光《通鉴考异》撰成《考异》，并依胡三省注《通鉴》例分注正文之下。这在史学方法上可说是比较完善的。他在《明通鉴》中所引证的各种资料，尤其是他撰写《考异》所引用的有关资料，今天大部分已散佚，《明通鉴考异》中所保存的这些资料，有些是很可宝贵的，为我们研究明代历史提供了较多的资料。尤其是他在《考异》中，坚持先推历，按时间的先后，找出某些史实的致误之由，除了使我们明了某些史实的真相外，在方法上也可为我们所借鉴。

综上所述，在鸦片战争后，夏燮"留心时务"，与魏源同时致力于明史研究，"参证群书，考其异同"，写成了《明通鉴》这部二百万字的巨著，在明史研究上作出了贡献。其中将南明史纳入明史研究的范畴和体系内，著成一部首尾完备的明史著作具有重要的意义和影响。《明通鉴》较全面地记载了明代历史，而且繁简适当，附有《考异》，便于参考。《明通鉴》在明史研究中是一部值得肯定和珍视的著作之一。

第三节　徐鼒的南明史研究

一、徐鼒生平及其封建正统史学思想

徐鼒(1810—1862)，字彝舟，号亦才。江苏省六合县人。青少年时"折节力学"①，好读经史著作，并取明清"诸名家文，探索源流"，"尤好方楘如《集虚斋稿》，批点至再"。道光十七年(1837)赴北京，应科考未中，遂留京任司寇史向山家塾师，得尽读其家藏丰富典籍。次年，专心研究《易》经，辑《周易旧注》，后又成《老子校勘记》。道光二十五年(1845)中进士。② 选授庶吉士，后擢任翰林院检讨。道光二十九年(1849)，撰《务本论》二卷。道光三十年(1850)入清史馆，开始系统地

---

① 徐鼒:《敝帚斋主人年谱》，《未灰斋文集》首册，光绪丁丑仲冬重刻本。(下同版本)

② 徐鼒:《敝帚斋主人年谱》。

研究南明史。

在政治上,徐鼒为曾国藩赏识,曾向清廷极力推荐,引起咸丰皇帝的重视。太平天国农民起义爆发后,他在家乡六合积极筹办团练,组织地主武装,又上书清廷,为之出谋划策,并亲自带领团练至前线与太平军作战。咸丰八年(1858)升任福建福宁知府,在任期间创团练方,以镇压人民反抗运动。同治元年(1862)病逝。

徐鼒是地主阶级顽固派封建正统史学家。鸦片战争之后,清朝封建统治面临着严重的统治危机,地主官僚们纷起谋补救之法。徐鼒认为财源的枯竭,不是"由于银少"而是"恃银以为用之弊也"①。其理由是"自古国家未有恃银以为用,而国不贫者,银愈多则贫愈甚。"并以两汉史实为例说,"两汉赐予黄金动至千万斤,舍一斤直钱万,银八两直钱千,非其时矿穴之所出多也",而是"公私不以为常贷,而天下无藏之者",后来如明朝,"以仓储有余,折银入官,民间交易之禁亦弛,库银累千百万,而国愈困。"②因此,徐鼒反对用增加银两的办法,特别是用"开矿"以增加银两数量来解决财政危机的办法,提出矿不可开的原因有六,而其焦点则集中在害怕阶级矛盾加深和人民反抗斗争的加速爆发,认为"银少之病浅,开矿则病益深,银少百病发之迟者,开矿则病且发之益速。"他在《拟上开矿封事》中明确提出:

> 饥寒失业之民,散四方之糊口,一旦开矿之令下,则旬日之间召募或千百人,事诚不难集也……或穴开无银……此千百应募之人,将何以为之所乎?平时逃亡山泽之间,鼠窃狗偷所以不能大力为害者,以其散处而势不能聚也。今聚千百万人于一乡一邑之间,露宿野居,饥寒交迫,小则劫掠商贾,大则啸聚山林,固势之所必有也。③

---

① 徐鼒:《未灰斋文集》卷3《务本论自序》。
② 徐鼒:《未灰斋文集》卷1《拟上开矿封事》。
③ 徐鼒:《未灰斋文集》卷1。

徐鼒认为，人数众多的失业之民聚在一起，易于爆发反抗斗争，如"招人以煮盐，灶户裁而枭匪出矣，招人以运漕，水手多而强劫出矣。"他由此提醒清廷说："自来大众聚之甚易散之甚难，秦汉以来'盗贼'之兴，由于工役其已事也。"①后来，在《小腆纪年附考》中记载吴适疏谏开采云雾山矿不听的事实后也说："自来言利者多进开采之说，而卒之得不偿失，祸害旋见……庸人好奇异而狃目前，宝金银而忘本计也。"

徐鼒和历史上那些封建正统论者一样，指斥工商业是"奇技淫巧"，认为"民之所以乐商贾而不乐耕织者，耕织劳而商贾逸，耕织之所获少，而商贾之所获多也。"②在封建经济日趋衰弱，资本主义经济因素不断增长的历史条件下，他不是正视当时的现实，提出有利经济发展的措施，而是站在地主阶级顽固派的保守立场上，主张采取"务本"的复古办法。说什么"大治病者贵知病源，治国者贵知国本"，认为"崇节俭，务农桑，固国家之元气者也，金银其旁为通者也"，"病在元气，而欲以外本内末之剂，枯竭其血脉以求强于肢体肤革，则元气伤而病且不可为矣。"怎样重农桑呢？他分为两个步骤：一是"必先贵粟帛，贵粟帛，必先禁淫侈，淫侈禁，而后商贾之利微，商贾之利微，而后耕织之人众，耕织之人众，而后粟帛之所出多，粟帛之所出多，而后银价贱，银价贱，而后泉货之源通。"二是重农桑的具体办法有六："广开垦，开西北水利，讲树艺，广教习，设爵赏，节烟酒。"贵谷帛的办法有五，"酌征收，定支销，立市法，易关税，核奸伪。"③

徐鼒的上述主张，是正统的"重农抑末"思想在新的历史条件下的翻版，没有丝毫新的内容。其政治目的，是防止农民起义威胁封建统治的长治久安。他没有也不敢触及当时清王朝的腐败，不敢揭露满汉间的民族矛盾，对外国入侵所造成的民族危机，他的觉察也非常迟缓，他

---

① 徐鼒：《未灰斋文集》卷3《务本论·馨辨篇第六》。
② 徐鼒：《未灰斋文集》卷3《务本论自序》。
③ 徐鼒：《未灰斋文集》卷3《务本论自序》。

根本看不到中国社会在鸦片战争后正在发生的巨大变化,而是顽固保守依靠正统的"辨尊卑,抑奇巧"的办法以维护清廷的封建专制统治。他说:"辨尊卑何? 自今卿士大夫以下逮工商皂隶,衣服玩好无别,岂特无以明等威哉! 亦非所以节省物力也……今宜裁之以礼,庶人无顶戴者,夏葛冬棉,妇人首饰用骨角,不得衣皮饰银。生监以上八品官员以下,夏细葛冬羊皮,妇人首饰用珐琅银器,不得衣狐鼠皮饰金珠……违者论如僭侈律。"①显然,他所指的尊卑即封建社会的等级制度和严刑峻法,用之抑制和限制人的情欲,力图要农民过维持农耕的辛勤贫困生活,并永远束缚于地主的土地上,承受压迫和剥削。

徐鼒研究南明史,力图以明亡之鉴告诫清廷统治者,以防止"大乱不止"的局面出现。在论及明崇祯十七年(1644)二月崇祯帝下诏罪己时,他写道:"苛政既深,寇氛日迫,铤而走险,何知爱君! 有国者当省厥愆于民心未去之日也。"②在论及明永历帝封孙可望为秦王的问题上,也提出:"谋国者,贵识时哉。"③否则将"长'贼'氛而损国威",发展至不可收拾的地步。他在《小腆纪年附考》、《小腆纪传》中,用很大篇幅来揭露明末和南明政权的腐朽。这些明亡史实,为清廷统治者提供了历史借鉴。

徐鼒的封建正统史学思想还表现为忠君思想。当太平天国革命运动兴起时,清廷震恐惶惶,徐鼒通过南明史研究,竭力宣扬忠君思想。他表彰明末的"忠臣"、"义士"的忠君思想,企图以此激励当时的清廷官吏们,效法明末"忠臣"、"义士"忠于清廷,维护清廷统治政权。他认为应当表彰的第一等人是那些在国亡君死之后,仍坚持斗争的人;其次是国亡君死能殉节的人。最下等的是那些"既不能为其上,又不肯为其次,隐忍贪昧,廉耻道丧"的人。认为对这种人要严厉地加以谴责。

---

① 徐鼒:《未灰斋文集》卷3《务本论·条法篇第十三》。
② 徐鼒:《小腆纪年附考》,中华书局1957年版(下同),第64页。
③ 徐鼒:《小腆纪年附考》,第660页。

徐鼒在表彰明末的"忠节"之士的同时,还着重宣传"君臣之义"的封建正统思想。他强调"明君臣议,正人心而维世运"。在他看来,"两汉近古,气节未尽泯亡,其祸变亦数十年而即定。自魏、晋、南北朝以及隋、唐、五代之季,人心波靡,伦纪荡然,或一人传见两史,或一官而命拜数朝,荣遇自夸,恬不知耻。故其间篡弑相仍,两千年中,可惊可愕、绝无人理之事,层见迭出;盖人心之变,世运之穷极矣。"又说自朱熹作《资治通鉴纲目》一书之后,"稍识文字者能读之而知其说,于是愚夫妇亦晓然于君父之义,怵然于名节之防",收到了所谓"正人心而维世运之明效大验"。将南宋后七八百年中,有所谓递嬗之世,而无篡立之君的局面①,完全归之于朱熹作《纲目》一书的结果。徐鼒处于太平天国的所谓"紊乱"时期,便极力以继承朱熹的事业自任,所谓"仰遵纯庙圣谕,窃取《春秋》、《纲目》之义,汲汲以正人心,维世运之愚衷",因而进行《小腆纪年附考》、《小腆纪传》两书的编撰。这表明他是以封建正统史学思想为指导来从事南明史研究的。

徐鼒为了维护封建正统思想,极力宣扬宗法嫡嗣爵位制。他通过刘孔昭弑其叔父莱臣事加以评论说:"莱臣,嫡嗣也,应袭诚伯爵",可是,"孔昭诱而毙之",抢袭其爵位,因而他在《小腆纪年附考》中不载刘孔昭袭爵事,说是以"黜之也",目的是以此贬责方法维护封建宗法嫡嗣制度。对臣下是如此,对君上也是如此。南明福王之立为皇帝,史可法等不赞成,因为在当时的形势下,福王不可能担当领导抵抗清军进占中原的重任。可是,徐鼒对这位昏庸的明朝皇室嫡孙,都寄予同情。说当时"神京倾覆,宗社丘墟,立君既不可谖,福王未为失正。"又说:"观其谕解(左)良玉,委任(袁)继咸,词气婉而处置当,而且拒纳银赎罪之请,禁武臣罔利之非,盖非武、熹之昏骇比也。使得贤者辅之,安知偏安之不可为邪!"力图通过一些事例,为福王辩护。至于较福王稍有作为的潞王,因系庶出,则不惜抓住一些史事,力加贬责。说:"潞王之在杭

---

①　徐鼒:《小腆纪年附考》自叙。

州也,命内官博访古顽,拒监国之请,稽首归命。是其懦弱无能,岂所谓贤明可定大计者乎。"①事实,潞王的这些罪状,福王不仅有,而且是有过之而无不及。可是,徐鼒从封建正统史观看问题,在许多史实上可以为尊者讳,理由是:"《春秋》之讳不书者,圣人有不忍书者也。"②由于为尊者讳,徐鼒对福王的评论便可以堂而皇之采取所谓恕辞的办法,如记载福王走卫辉失母的问题上,他评论说:"不曰弃其母何? 恕辞也。中宵仓皇,路隔涕泣,骨肉离散,事非得已,诋以弃母,无乃刻诸,南都立君,有福王不忠不孝之议,至有疑王室无存,为世子窃以献'贼'者。由崧虽愚,胡乐为此;此盖恶之者已甚之词,非笃论也。"③徐鼒的这一观点,渗透到各个历史人物和各个历史事件的评论中,为了宣扬封建正统史观,不惜笔墨掩盖历史真相。

综上所述,作为官吏,徐鼒是一个顽固保守者,作为史家,他是一个封建正统主义史学家。

二、《小腆纪年附考》的编撰及其对南明史学的影响

徐鼒着手编撰《小腆纪年附考》(以下简称《纪年》)是在道光三十年(1850)入清史馆之后,至咸丰十一年(1861)成书。全书二十卷。为编年体南明史。起自明崇祯十七年(1644),迄永历三十七年(康熙二十二年,1683)。记载了农民起义推翻明朝,福王朱由崧在南京建号称帝,至台湾郑氏政权为清朝所统一,共计 40 年南明历史。书名"小腆",意味书中所纪南明各政权均偏安一隅,以示与清廷区别。

徐鼒编撰《纪年》,其原由主要为如下两方面:

从史学角度看,清初设馆所撰《明史》缺南明史事记载。《明史》是一部官修史书,是在清廷多方钳制下完成的。而在《明史》成书前,几

---

① 徐鼒:《小腆纪年附考》,第 157 页。
② 徐鼒:《未灰斋文集》卷 6《春秋书系同生说》。
③ 徐鼒:《小腆纪年附考》,第 59 页。

次文字狱都与私撰明史有关联。因此,凡涉及明清关系的史事,尤其是清兵入关以前及以后南明的史实,《明史》大多回避隐讳,不写或少记载。万斯同因《明史》有关南明史实"记载寥寥,遗缺者多"①,不得已嘱托友人温睿临另撰《南疆逸史》,以期补救缺陷。徐鼒受夏燮编撰《明通鉴》的影响,从而发愤研究南明史,编撰《小腆纪年》一书。

从政治角度看,徐鼒从事南明史研究,着手编写《纪年》时,正是太平天国农民革命运动兴起前夕,清王朝面临岌岌可危的局势,他企图通过《纪年》揭露南明政权的腐朽,为清廷统治提供历史借鉴。在徐鼒看来,要摆脱统治危机最重要的是"正人心、维世系"。他认为,"世系治乱之大小,人心之邪正分之也。""彝伦叙则人心未死,天理犹存,兵戈水旱之灾,人力可施其补救。"反之,"彝伦敦则晦盲否塞,大乱而不止。"②因此,为了维护清朝的封建统治,他竭力专心于《纪年》的编写。《纪年》基本采用朱熹《通鉴纲目》体例,纲以提要,目以叙事。先书清朝年号,再附南明政权年号。对于传闻互异,记载不一的史书,加附考,列于正文之下。《纪年》参考前人所著有关南明史书六十多种,以及各省府县志和诸家诗文集等有关资料,博采诸家之说,荟萃而成此书。他在晚年就《纪年》同时期的各个人物,编写成纪传体的《小腆纪传》(以下简称《纪传》)。据其子徐承祖题跋说:"昔先大夫作《小腆纪年》既成,而作《纪传》,谓《纪年》一书取《春秋》、《纲目》之义,凡明季衰乱及诸臣贤否固在可考,然读迁、固之史,其人事必综其生平言行各予纪传,令观者得悉其毕生之善恶。此史家之例,而先大夫《纪传》之所由作也。"但《纪传》未完稿即病逝,临终前对其子说:"余平生精力,尽此两书。而《纪年》刊成,方识讹舛,《纪传》草荆十一,旧得稗乘,遭乱散亡。"③希望儿辈继承其学,完成此稿。后来其子徐承礼据遗稿整理补

① 温睿临:《南疆逸史》。
② 徐鼒:《小腆纪年附考》自叙。
③ 徐鼒:《小腆纪传》目录后徐承礼识语。

订成书。《纪传》全书六十五卷,《补遗》五卷,又有《补遗考异》一卷。但全书只有纪传而无表志,其子徐承礼曾表示要"甄综散亡,仿裴松之注《三国志》例,补纪传所未及,别为志表,无阙史裁",然无下文。《纪年》、《纪传》两书,一以年经,一以人纬,堪称研究南明历史的姐妹篇。

如前所述,徐鼒撰写《纪年》、《纪传》的指导思想,为的是"防止大乱不止"的政治局面的出现,以挽救世道衰微,维护清朝封建统治。

徐鼒十分重视历史的借鉴作用。在《纪年》、《纪传》中,用很大篇幅揭露了南明政权和明末的腐朽情况。他在论述明崇祯皇帝亡国历史时,称崇祯的最后殉难是"亡国之君,千古一人。"认为崇祯初登皇位时,"承神、熹之敝,慨然有拨乱之志",杀魏忠贤,罢黜阉党,整顿朝政。但他"好谀恶直","暗于用人","思宗信任恶人","驯至祸败"。同时,政苛饷繁,致使"民穷财尽",起义蜂起,终至家国破亡。在论述明代朝政时,徐鼒认为明崇祯所任非人,信任宦官,"缘此抵于危亡,而终于宦官同绝"。通过这一历史教训,《纪年》指出:"其所由来,非一日之积矣,可不戒哉!"①在他看来,帝王既然不能任用"良臣",当国家危难之时,朝臣们"亦能以死报国,又不能遁迹保身,依违不决,以陷囹圄,辱亦甚矣。"②臣子不能以死报国,责任应归之于皇帝的身上。他引证钟峦《岁寒松柏集》中的话说:

"诸君子之死节诚忠矣,然无救于国之亡也,子何述焉?"应之曰:"……临难而能励其操,必授命而能尽其职,使人主早知而用之……安得有亡国事乎!惟不知不用,且用之而不柄用,且惮其方正而疏之,惑于谗佞而斥之,甚且锢其党,而并其同道之朋一空之,于是高爵厚禄,徒以豢养庸禄贪鄙之辈,相与招权纳贿,阻塞贤路,天下之事,日就败坏而不为补救。"③

徐鼒引用这段话,认为其意与他撰写《纪年》之旨意相吻合,而是

---

①② 徐鼒:《小腆纪年附考》,第 134 页,第 560—561 页。

③ 徐鼒:《小腆纪年附考》,第 134 页,第 560—561 页。

针对现实有感而发的。当时,他站在"食清之禄"的官吏立场上,对清廷统治者不信任大臣(主要是不信任汉族大臣),是有所不满的。但他慑于清廷的压力,不敢明加斥责,然而迫于形势,期待清廷"早知而用之"。

通过总结明代宦官的祸害的教训,徐鼒认为一个政权能否维持,注意公论是很重要的,"公论亡,则国亦亡"。这里所言公论,自然是封建地主阶级统治的公论。在记载崇祯重用寡学无才的陈演时,说陈演升任礼部左侍郎兼东阁大学士,完全是买通宦官的缘故。崇祯十六年(1643)五月,陈演为首辅,朝廷局势已危如累卵,但陈演"无所策画,顾以贿闻"。① 任用这样的人为首辅,自然为"公"论所不容。故徐鼒说:"触邪之臣而公论如此,明之所以亡也。"②

宦官专权,南明政权更为突出。徐鼒在论述南明福王政权以宦官韩赞用为司礼监秉笔太监、卢九德提督京营时,他强调说:"特书何?伤宦官之害与明相终始也。诗曰:'殷鉴不远,在夏后之世。'启、祯中官之害,南都君臣所闻目睹者,奚俟远鉴哉! 朝政维新,革除宜急,胡愦愦若是也。呜呼,此明之所以亡也。"③

《纪年》在记述南明弘光帝时,说弘光帝是一个极端昏聩的傀儡,终日只知沉湎在醇酒女色之中,马士英、阮大铖等操纵朝政,排斥史可法督师扬州,蓄意压制,并报复东林党人。对南明政权用人不当,致使奸邪当道,良臣失职,徐鼒予以重点揭露。《纪年》写道:"是时王政不纲,奸邪在侧,会推不废,则正论犹存;中旨频行,则私门日进。上下不交,小人道长,明之所以亡也。"④南明福王政权原先任用大臣由大臣会推举,而马士英之流为纳贿招权,唆使弘光帝改变这一会推制度,改由皇帝直接任命。这样,马士英等操纵王权,把朝政搞得腐败不堪,加速

---

① 徐鼒:《小腆纪年附考·陈演传》。
② 徐鼒:《小腆纪年附考》,第71页。
③ 徐鼒:《小腆纪年附考》卷6。
④ 徐鼒:《小腆纪年附考》卷7。

南明福王政权的灭亡。在徐鼒看来,如果福王有贤臣相助,何至很快分崩瓦解?《纪年》在叙述九江总督袁继咸疏争裁饷事不听请罢官职时,徐鼒评论说:"伤良臣之失职","所失由太息痛恨于马、阮也。"①他用诸多史事揭露南明政权的腐败,一再强调"明之所以亡也","可不戒哉!"

为了维护清廷统治,《纪年》、《纪传》所记载的内容重点放在宣扬"劝惩之义",褒奖忠义与贬斥叛降,从而告诫臣下效忠于君主。在徐鼒眼里,"君臣之义"十分重要。"夫国亡君死,为人臣者,仗戈匡复,宏济艰难,计之上也。"②在南明政权中也曾出现不少匡济时艰的人物,他对这些人物给予表彰。如史可法是抗清殉难名将,极力支撑南明福王政权,清兵南下扬州时,坚守孤城,不幸为清兵所执,表示"城存与存,城亡与亡,我头可断,而志不屈"③,最后慷慨殉难,徐鼒称:"予悲可法之孤忠亮节,故辩论者之惑,而摭史书八夫人之事,以见忠烈一门之盛焉。"④对史可法这样的抗清名将,在清初是不能表彰的。可是,时异世迁,到乾隆后期满汉间民族矛盾曾一度趋于缓和,在这种形势下,清廷处于统治的需要,在乾隆四十一年(1776),乾隆皇帝下诏表彰史可法等抗清将领。说:"史可法之支撑残局,力矢孤忠,终蹈一死以殉",是忠臣,并肯定是"一代完人",追谥"忠正公"。不仅如此,乾隆皇帝在表彰史可法的"谕旨"中,还大骂钱谦益,并谴责曾对清廷有功的"贰臣",下令国史馆特地为"降臣"编撰《贰臣传》,把清初入关时降清明臣洪承畴等一百二十人写进去,加以斥责。这看起来是很奇怪的现象。但若揭开其本质,就没有什么难以理解的事。更不是如徐鼒所说的,是所谓"煌煌圣谕,至再至三,盖以前圣人公天下之心,行后圣人正心之教,大

① 徐鼒:《小腆纪年附考》卷9。
② 徐鼒:《小腆纪年附考》卷4。
③ 徐鼒:《小腆纪年附考》卷1《弘光纪》。
④ 徐鼒:《小腆纪年附考》卷10。

中至正,超越千古"①。似乎是乾隆帝"行后圣"之教。其实,这是在新的历史条件下,乾隆皇帝为了适应清统治利益的政治需要所采取的缓和内部矛盾的一种手段,其目的是告诫朝臣死心塌地地忠于清廷,不要做为人唾骂的"贰臣"。因此,乾隆帝表彰史可法,并不是崇拜抽象的忠烈精神,更不是什么"大中至正","超越千古",而是打上为统治阶级服务的阶级烙印。徐鼒表彰史可法等人的目的和乾隆所处时代不尽相同,但政治目的是一致的,都是为巩固清廷封建统治服务的。他是在太平天国农民起义兴起时,大肆表彰"忠节"之臣,希望有更多的为清廷"鞠躬尽瘁,死而后已"的忠臣孽子。他认为,对待历史人物,在不同的历史条件下,应该谅解某些历史人物所处的困难处境,不应作不切实际的批评,而应具体分析,给予公正的评价。

"忠君"、"臣节"的反面是叛主投降。徐鼒对臣节不忠的人非常痛恨。他说:"明之亡也,台省大僚,封疆专阃。视宗社如传舍,奉君父如弈棋。至有平居高谈名节,自附清流,蒙面事仇,甘心唾骂。"②但作为史著,对这些人的记载和评论应区别对待。他提出"降有辱义,叛则乱称"的观点,对于那些在前线作战,兵败途穷而投降者,只是"迫于畏死之念,非有无君之心,诛其降而赦其叛,《春秋》不为已甚之义也。"至于那些"输情敌国,贪一日之荣利"的人,徐鼒认为斥责他们"禽兽所不肯为,靦然人面而为之,其蛇虺枭獍之性,焉可以降臣例哉。"③应该对这些人口诛笔伐。如果就事论事来说,这种意见并不是什么大错,问题是在当时的民族危机加深和阶级矛盾日益激化的历史条件下,他希望清廷官吏不要作"贰臣"。

徐鼒对待农民起义及其领袖极尽诬蔑之能事。该书在记载明末农民起义时,对李自成、张献忠,则进行口诛笔伐。全部称"闯贼"、"献

---

① 徐鼒:《小腆纪年附考》自叙。
② 徐鼒:《小腆纪年附考》卷17。
③ 徐鼒:《小腆纪年附考》卷14。

贼",不书姓名字号,其理由是所谓"书盗之义也。"崇祯十七年(1644)正月,农民起义军拥戴李自成为皇帝,国号大顺,建元永昌。而徐鼒在《小腆纪年附考》中故意抹杀这一重大历史事实。用春秋笔伐贬称为"闯贼僭称王于西安"。他这样记载的理由是:"曰僭称王何? 别于称帝之辞也。"他认为帝位是出自天授,李自成虽有"过人之才",能够"驱驭群'盗',横行海内",①并且亲率大军"荡神京,残原庙",而结果仍然"不能全躯命,而遭天诛,虽曰凶恶使然,抑孰非天为之哉! 特书之,见神器不可争也。"②将农民军的失败,掩盖满汉地主联合镇压的阶级实质,歪曲为"天诛"。尤其严重的是,他隐瞒李自成称帝北京,建立农民革命政权后,驻守山海关防御清兵入关的吴三桂,不顾汉族人民的利益,勾结清兵入关,共同镇压农民起义,致使清兵能攻占北京,李自成西撤牺牲等具体历史事实,而作为归咎于"天命"。徐鼒为了替清兵入关建立清王朝说教,把李自成农民军摧毁明腐朽政权说成是所谓天假李自成"为斧斤,使斲丧明室,而佑启圣人。"③从而将清王朝的建立,说成是"佑启圣人",是天授予清贵族的。

同时,徐鼒以为"嘉死节",激励地主官吏对抗农民起义。《小腆纪年附考》不仅对那些"死难"者详细记载,而将"死难"者,在编撰时作了各种不同的书法。一种是"仗戈起义,而殉故国",给予"特书"的地位,算是一等。有些人虽然"死节",但"不能倡义",则给予"大书"的地位,这些人是"奋不顾身,事虽无成,志则可取",故列为第二等。第三等的则是为了"嘉死节,并录其功",采取了"冠之首"和"变文起例"的编纂方法。第四等则采取"备书""死难"者官爵的办法,所谓"备书官何? 嘉死节也。"如三关总兵周遇吉、兵部副使王孕懋,在山西省被农民攻克后,独"宁武一关,岌然孤注,而乃以即墨未之城,效睢阳死守之

①　徐鼒:《小腆纪年附考》,第 59 页。
②　徐鼒:《小腆纪年附考》,第 241 页。
③　徐鼒:《小腆纪年附考》,第 26 页。

义,虽螳螂当车,有类丸泥之势,而老羆卧道,足寒貉子之心。"①故给予
"备书官"的地位。对于那些所谓"孤忠伟绩"之士,更是极力标榜,如
记载"明使臣左懋第犹在京师,谕降不屈,死之"的事实后评论说:"书
曰犹在京师何? 见懋第之从容就义也。曰使臣何? 懋第于是乎不辱
命矣。"

徐鼒一面攻击农民军领袖为"闯贼"、"献贼",一面为对抗农民起
义丧命的地主官吏大肆歌功立传,这充分反映了他维护封建统治的顽
固立场。

《纪年》、《纪传》两书的史学思想倾向是保守落后的,需要我们在
阅读时加以分析。但从史学角度看,对南明时期历史作了比较系统的
研究和记述,在南明史研究上仍占有一定的地位。

徐鼒编撰《纪年》、《纪传》时,用自己的精力收集了大量的野史笔
记及诸家文集资料。据《纪年》自序说:"参考而知其梗概者",有王鸿
绪《明史稿》、温睿临《南疆绎史》、李瑶《绎史摭遗》等 6 种。"参考而
订其谬误者",有吴伟业《绥寇纪略》、邹漪《明季遗闻》、顾炎武《圣安
本纪》、黄宗羲《弘光实录》、李清《南渡录》等 23 种,及各省郡县志、诸
家文集,唐、桂二王事,有钱秉镫《所知录》、瞿昌文《天南逸史》、闽人
《思文大纪》等 22 种,以及闽、广各志书,鲁监国及郑成功事,有冯京
《浮海纪》、鲍泽《甲子纪略》、陈睿思《闽海见闻》等 11 种,以及台湾、厦
门志和海外诸遗老诗文集。总计参考前人所著南明史书 60 多种。由
上述征引书目,足见他用力之勤。他在全面搜集史料的基础上,加以融
会贯通,完成《纪年》和《纪传》的编写,无论在篇幅、内容全面完整上均
超过以往同类史著,从而奠定了在南明史研究中的地位。后世对这两
本书有较高的评价。如林鹗、宋光伯在"参校诸同人跋语"中说:"《小
腆纪年》一书,详叙福、唐、桂三王始末,自南都之国,至台湾郑氏止,皆
我朝定鼎以后事,有《明史》所未及载,而其人其事不容湮没而不彰者,

---

① 　徐鼒:《小腆纪年附考》,第 74 页。

固人人所欲目而睹之，而又不敢笔而书之者也。""而先生以一人之力兼之，集诸稗史，博采诸家之文集，各地志书，订讹求是，至博至精，成此巨制。"①李慈铭称《纪年》一书"详赡简质，有条不紊，足称佳史"②。梁启超在《中国近三百年学术史》中谈及南明史的著作时，他说："时代既隔，资料之搜集审查皆不易。惟徐亦才薖之《小腆纪年》、《小腆纪传》最称简洁。"

《纪年》、《纪传》考订史料功力颇深，大大提高了两书的史料价值。徐薖强调著《纪年》，"事以日记，本之《明史》，参以诸书，要归有据"③。如有关清朝摄政王多尔衮遣使致书史可法及史可法答书时间，《纪年》根据史可法原札书尾署云"弘光甲申九月十五日，而诸书皆载七月者，盖是时南北间阻，七月遣使，至九月而始达也。"④又如顺治十一年（1654）清朝再次遣使招降郑成功的时间，徐薖也进行了考订，指出："诸书俱云冬十月事。按《台湾外记》载郑成功与郑芝龙书中有八月十九日招使抵省，九月初四日辰时送礼云云，确凿可据，诸书当据二使复命时书也。"⑤对于那些日月难以考订的史事，他则采取"歧闻阙疑"或"以类次之"的做法，表明其治学十分审慎严谨，在叙述方法上有值得吸取之处。

他在史料真实性上以考辨"订讹求是"。如《明史》记载郑成功沉鲁王于海，徐薖"考曰：旧传鲁王在金门，成功礼意寖衰，王不能平，移居南海，成功使人要于道，而沉诸海。今以《台湾纪事》、《鲁春秋》、《鲒𫚉亭集》考之，则此说舛谬之甚。据《台湾外纪》云云，当得实也。今从之。"⑥指出郑成功去世后鲁王才"殂于台湾，诸旧臣礼葬之。"⑦这就纠

① 参见《小腆纪年附考》附录。
② 李慈铭：《越缦堂读书记》三"历史"《小腆纪年》条。
③ 徐薖：《小腆纪年附考》卷1。
④ 徐薖：《小腆纪年附考》卷7。
⑤ 徐薖：《小腆纪年附考》卷18。
⑥ 徐薖：《小腆纪年附考》卷18。
⑦ 徐薖：《小腆纪年附考》卷20。

正了《明史》等书说郑成功沉鲁王于海的诬说。又如顺治二年(1645)清兵围困江阴之役,黄晞、邵子湘诸人记载说清兵"有八王八将皆死城下",徐鼒对清兵南下诸王(贝勒)一一指出其出处行事,说明并无此事。认为这样记载是"文士铺张,快其笔舌,尽信武成之策,遂成演义之诬。今并削之。"①上述事例,说明徐鼒治史十分重视史料的真实性,对那些不可信的史实,通过考辨弃而削之。由于他强调史料的真实性,所以《纪年》、《纪传》二书的史料价值在同类著作中是高出一等。如张煌言是南明鲁王政权的重要人物,徐鼒称"煌言仗剑起义,跋涉海隅,部卒仅三百人,历年几二十载;痛厓门之流离,私草文山之檄;愤钱镠之玩愒,再投罗隐之诗","史传忠义,如公几人!"给予很高的评价。指出《明史》不为张煌言立传,是"史臣之不职。"②有关史可法从浦口殉难于扬州的情况,其他明史著作记载很少,而徐鼒所载委曲详尽。如多尔衮曾致书诱降史可法,《纪年》记叙史可法义正词严地答复多尔衮,申明南都的建立是为"维系人心,号召忠义","法处今日,鞠躬致命,克尽臣节而已。"③根据尚存内阁原札作了载录,保存了这一重要史料。对农民起义,徐鼒是抱敌视态度的。但记载当时起义的历史背景和过程,搜集了不少这方面的史料。《纪年》对李自成攻克北京记载十分详尽,约占全书的五分之一。如《北略补遗》记载了李自成发布的讨伐明朝檄文,但无"公侯皆食肉纨袴,而倚为心腹;宦官悉龁糠犬承,而借其耳目,狱囚累累,士无报礼之心;征敛重重,民有偕亡之恨"的内容,这是说明明末农民起义历史原因和揭露明朝黑暗的重要史料。再如牛金星谗杀李岩及弟李牟等人事件,引起许多农民军将领不满的情况和影响,《纪年》也有具体记载:"宋献策闻二李之死也,扼腕愤叹。刘宗敏按剑切齿骂曰:'彼无寸箭功,敢杀两大将,我当手剑裁之。'文武不和,军士

---

① 徐鼒:《小腆纪年附考》卷 11。
② 徐鼒:《小腆纪年附考》卷 20。
③ 徐鼒:《小腆纪年附考》卷 7。

解体,自成遂不能复战。"①对李自成、张献忠余部后来联合抗清也有较多记载。这些记载为我们研究明末农民起义提供了宝贵资料。

　　总之,《纪年》、《纪传》,对南明史研究具有一定的学术参考价值,不失为研究南明史的重要史学著作。

---

　　①　徐鼒:《小腆纪年附考》卷6。

第 四 章

太平天国史的记载和研究

　　太平天国农民起义,从清咸丰元年(1851)洪秀全领导的农民革命军由广西桂平金田起义,历时十四年,纵横 18 个省,攻克大小几百座城镇,席卷了大半个中国。其规模之大、时间之长、影响之大,在中外历史上是罕见的。如何看待和评价太平天国革命运动的历史,这个时期中外学者、各家各派,从不同阶级的政治目的、不同视角,编写出版了大量记载和研究太平天国历史的论著。如夏燮的《粤氛纪事》、王韬的《粤逆崖略》、王闿运的《湘军志》和法国人加勒利·伊凡的《太平天国革命初期纪事》等,均从不同方面记述了太平天国的历史。太平天国政权,也非常重视自己的历史记载,洪秀全金田起义不久,就建立修史机构"诏书衙",专门负责记载太平天国历史,如《天命诏旨书》、《天国天日》、《天父下凡诏书》等,为后世研究太平天国历史提供了丰富的历史资料。

第一节　《粤氛纪事》及其史学思想

一、《粤氛纪事》是一部记载太平天国作战史

夏燮是一位"留心时务"的地主阶级改革派史学家。鸦片战争时期,他受魏源影响,编撰《中西纪事》,是近代较早的研究中西关系和两次鸦片战争史的史学著作。太平天国革命兴起后,他关注太平天国起义事宜,搜集有关太平天国起义的资料,编写《粤氛纪事》一书,着重从军事上记叙和总结经验教训,为清廷镇压农民起义提供谋略和借鉴。

《粤氛纪事》(以下简称《纪事》)记载太平天国起义和清廷镇压太平军的作战过程,起自清咸丰元年(1851),止于咸丰十年(1861)。全书共 13 卷,在体裁上采用叙议相兼的纪事本末体,分省为篇,以粤西起义、两楚被兵、浔皖失援、长江挺险、西江反噬、七闽用兵等专题分卷。每卷末附记清兵死亡者姓名,以表彰"忠义"之士,充分反映了封建史家的"忠"君思想。

《纪事》在论述太平天国起义原因时,虽然触及清廷腐败统治,但却把根源归咎于鸦片战争和外国入侵者。他说:

> 实胚胎于庚子(道光二十年,即 1840 年鸦片战争)、辛丑(道光二十一年,即 1841 年英军进犯广东、福建,陷厦门、定海、宁波)夷事之后,又乘丙午(道光二十六年,即云南永昌回民起义)、丁未(道光二十七年,即 1847 年湖南乾州苗民抗租起事)、阳九厄运而起。一时士大夫当外寇方平,辄玩视草窃以为此癣疥病不足忧,于是厝薪所积,狃于处堂之安,溢觞不塞,遂有决防之患,论者徒见其弃疾于粤西,而不知其阶乱之在粤东也。①

农民起义的主要原因,是清廷黑暗统治和封建地主阶级残酷剥削压迫。而夏燮却千方百计掩盖这一历史事实,把农民起义"胚胎"归之

---

① 夏燮:《粤氛纪事》卷1。

于"庚子"、"辛丑"外国侵略上，为清廷黑暗统治和封建地主阶级的剥削压迫开脱罪责。他对农民起义持敌视态度，认为鸦片战争后，云南、湖南出现回民起义和苗民抗租斗争，当时士大夫们把小规模的起义看作癣疥之疾，不足忧虑，未及时镇压，才酿成"决防之患"的全国性的大规模的太平天国农民起义。他企图通过这一历史事实，告诫清廷和士大夫们，对待农民起义，要事先防范，以维护封建统治的长治久安。

夏燮分析粤东是英、美、法等国经济掠夺的首冲地区，受害最深，情况复杂，致使"两粤为枭贩海盗会匪之所聚"，出现了严重的社会问题。尤其是在鸦片战争时期，投降派首领琦善一到广州，就向英国侵略者屈膝投降，"尽撤沿海防卫，渔船蜑户无所资以自赡，遂有艇匪名目，而粤省自近年来盗昼入人家，劫财物杀事主，州县莫敢谁何，辄改窃买抵，以图规脱处分。于是义勇聚则仰于练饷，散则结党窜踞山谷间，肆其劫掠，浸寻至于拒捕戕害。"①他把外国侵略者所造成的种种恶果，看作是粤东农民起义的原因，显然是不全面的。他却否认地主阶级的残酷剥削压迫是激起农民起义的根本原因。说什么："我朝深仁厚泽二百余年，遇灾则有蠲缓，遇恩则有豁免，民之不扰于苛政久矣。若夫史策所载，官吏因缘为奸，或以宦官之通赂为名，或以权门之供亿藉口，以至民不堪命，相聚为盗，今有一于是乎？"②在夏燮看来，太平天国农民起义和捻军起义，不是"困于征敛"，不是"迫于饥寒"，而是由于"国家承平既久，奸徒厌治，浸寻至于拒捕戕官，荷戈从'贼'，则未尝不叹宽之难，而治之者未能得其要领也"③。完全是一派地主官僚的论调。夏燮将这次农民大起义的原因，歪曲为地主统治禁网之疏，捕务之弛，以及州县官吏规脱处分等，并且认为洪秀全领导的农民革命之所以发生，就是清朝地方官吏宽纵的结果。他认为，当洪秀全等酝酿和具体准备起兵反清时，清地方官吏是有所察觉的，可是由于感到"欲战而兵未集，万一有劫狱戕官之变，则补牢既已无及，歧路更复可虞"，因而采取宽纵

---

①②③　夏燮：《粤氛纪事》卷1。

的态度,不敢积极加以镇压。他说:"予综核其起事之始末,'贼'萌蘖于东,而燎原于西,实于韦正、冯云山等为之响导,而杨秀清、冯藉以为死党,洪秀全遥制以为外援,是则养痈讳疾",他谴责"秉国成者咎将谁诿哉!"①按照夏燮的设想,地方官吏如能及时加强镇压,很可能将洪秀全等人加以杀害,将这次起义扼杀在摇篮里。但是尖锐的阶级矛盾,起义的社会条件仍然存在,农民起义的斗争或早或迟必将爆发,这是历史必然的客观规律。可是,历史上一切封建地主官僚,对农民起义的看法,无不怀着反动地主阶级的憎恨态度,咬牙切齿地主张残酷屠杀镇压。作为清廷封建地主官僚一分子的夏燮,毫无例外,他这样歪曲史实,甚至抱怨地方官吏镇压不力,"养痈讳疾",有什么不可理解的呢!

　　该书重点从军事上总结经验教训,认为镇压农民起义不在于一城一地的得失。如夏燮在论述太平军之所以能顺利进军湖北湖南地区,其原因是在广西起义时虽遭清军的镇压而兵力并未受重大损失,故能于咸丰二年(1852)七月攻克桂阳、郴州,并在短短的一个月时间里,连克蓝山、安仁、攸县、醴陵等处,并由醴陵小路绕越衡州,直扑湖南省城长沙。夏燮写道:"时则郴州、永兴之'贼'牵制官军踞而不退,燎原之势不可扑灭自此始也。"②从反面说明了农民军势力的强大及其走向胜利的转折点。在记述战争过程时,夏燮完全站在清统治者的立场上,从战略的要求出发,从全国的整个形势来权衡分析,并结合地理形势进行分析和解说,比较全面地论述重要战役。如提出东南重镇金陵发生争夺战时,夏燮认为不能止于金陵而论金陵,因为其控制之权皆在上游,可是清廷当局却未认识到这点,把战略要地的九江看作是一座空城,认为守之无益。殊不知皖省以小孤山为门户,小孤山又以九江为门户。夏燮对咸丰三年(1853)清统治集团放弃九江不守非常不满,认为其时的当事者未能真正权衡利害之轻重,未能认识到九江不守所造成的严

---

①　夏燮:《粤氛纪事》卷1。
②　夏燮:《粤氛纪事》卷2。

重后果。他说当江西省城南昌被围时，巡抚竟弃九江不守，奏调楚军之在浔者移以援省，岂知得省而失浔，南昌之围虽解，九江却为太平军所占领，于是"三年之间，大郡失其八，合之饶（州）与瑞（州）之再陷是十也"。夏燮强调指出："一郡之得于利为轻，十郡之失于害为重，图其至轻而忘其至重，则滥觞嚆矢实自弃九江者基之，是其与金陵成败之相去其间不能以寸者也。"他进一步分析说："彭蠡当长江之要脊，鄂居其上，皖注其下，故皖鄂不守，则豫章未能一日而高枕，何况眈眈之势近在肘腋间，其入湖也则湖之东先受之。四年之祸始自九（江）南（昌），终于饶郡，至五年而信州殃及焉。"①以此说明从全盘战略考虑扼守战略要地的重要性。他明确地提出："善用兵者有剿而无堵，有战而无守，其道莫善于邀之于阨。故兵法曰以一击十莫善于阨，以十击百莫善于险，以千击万莫善于阻。"②

夏燮认为太平军攻占金陵时，金陵清兵首先放弃俯瞰金陵全城的钟山，使太平军得以居高临下进行攻击，而城外其他战役也一一放弃，太平军毫不费力地占领了金陵城外所有的险要地区。夏燮感慨地写道："悉弃其城外地以资敌，于以使之肉搏攻城，距堙蚁附，此必败之道也。"③而金陵失守之后，他认为从战略上考虑，清廷应当考虑如何守住两浙地区，要守住两浙不被太平军攻克，必须坚守由皖东路入浙的要地青阳石棣、西路入浙的要地建德。他认为就安徽全省而言，"北条之水河为大，南条之水江为大，而长淮亘其中，淮之北河之南也，淮之南江之北也。故北方之守在于河，而非淮则失河之险，南方之守在于江，而非淮则失其江之险。历史上曾有这样的事例，如隋初陈失淮而淮南之地，而隋因之以并江东，南唐失淮南之地，而太祖（赵匡胤）因之以成大业。"故夏燮认为"淮之关系于南北者，得失利钝较然易明。"④夏燮又

---

①　夏燮：《粤氛纪事》卷 10。

②③　夏燮：《粤氛纪事》卷 9。

④　夏燮：《粤氛纪事》卷 8。

强调说，就人事方面而论，"淮水最劲，民之生其间者，剽悍喜事，善用之则治，不善用之则乱。其治也，精兵足以御外侮；其乱也，剧寇足以犯中原。"①由于清廷官吏不善于治，不善于用人，故当太平军和捻军一联合，安徽抗清武装"遂为东南之最。"②

从上述议论来看，《纪事》侧重于记载太平天国起义和清廷镇压太平天国作战过程，因而该书可称作太平天国作战史。该书重点从战略高度较为详尽地论述了清廷对太平军作战之成败缘由，为清廷镇压太平天国农民起义出谋划策。

二、《粤氛纪事》旨在总结清廷镇压太平天国起义的经验教训

在夏燮看来，太平天国农民起义的爆发及其未能迅速加以镇压，"虽曰天意，抑亦人事哉。"关于"天意"，他并不赞同，因而论述很少，而主要从"人事"方面总结镇压太平天国农民起义的经验教训。

夏燮认为，在太平天国农民起义以后，清廷统治者在人事方面暴露出来的问题颇多，需要认真地总结其经验教训。他在《纪事》里结合清廷对太平天国作战过程，夹叙夹议地分别论述了如下问题：

其一，夏燮认为统治者对农民的剥削压迫过重，是造成农民起义得以壮大的原因之一。他说：

> 东南之民肝脑涂地抑已酷矣，而皖又甚焉。昔人感时世而吟曰：桑柘废来犹纳税，田园荒尽尚征苗。今吾皖之民悉索敝赋困于官……有佃辞其主，主焚其券，欲求已责而不能者，则诚所谓任是深山更深处，也应无计避征徭也。③

在封建地主官僚残酷的剥削压迫下，农民只有起来进行反抗斗争。故夏燮写道："即使金田（洪秀全起义）不起，而厝薪伏莽，江淮之间亦

①② 夏燮:《粤氛纪事》卷8。
③ 夏燮:《粤氛纪事》卷9。

未必能晏然无事"①。夏燮主观上以为在这种形势下,清统治集团若能先事预防,特别是在太平天国革命爆发之后,更应严加防患其他地区农民的继起反抗。并且力图用恶毒的手法,即所谓:"诛其稔恶,而设法以羁縻其余,俾其感恩效命,悉成劲旅",将原来的抗清力量变为镇压农民反抗的凶恶工具,从而达到"以毒攻毒"的目的。夏燮十分惋惜清统治者没有这样做,"致使皖事且日棘矣。"②当太平军攻克武汉三镇以后,水军又顺流而东,相继攻克长江的险要城市九江、安庆等,直逼东南重镇金陵。而这时的太平军水军,用夏燮的话来说,不过是"裹胁商贾民船"仓促组成的,战斗力并不强,如果清廷有一支水军则完全可以战胜农民军。可是,由于清朝贵族统治集团的腐朽,"海防既弛,操江亦废,自英夷就抚后,始请以捐输之余作为船炮经费,而官吏侵渔,工匠偷减,不及十年皆为竹头木屑,一旦有事,以言制造则无不虞之备,以言招募难为迁地之良。制使阅兵之奏,相距不过半年,即曲突之谋已无及于厝薪之积。"所以夏燮意味深长地叹息道:"然苴漏瓮而沃焦釜,不犹愈于恃陋而不修者乎?"③事实上洪秀全在广西金田起义时,"兄弟不满千人,及破永安始有三千之众,续又有罗大纲统领楚粤劲卒数千来会,声势益大,自过岳州招集洞庭'匪',则水陆之师数十万矣",当太平军浩浩人马疾趋金陵,"务为迅雷不及掩耳之计,浔皖地居要脊,莫能制其冲虚之所过,岂非行千里而不劳者,固行于无人之地哉。"④

其二,清军将帅不和,致使不能将农民起义迅速镇压。如咸丰元年(1851)三月,清军集中兵力围攻广西武宣东乡之太平军,不仅没有将他们镇压下去,而且反被太平军击败,其原因夏燮认为"是时,(清军)各营将士皆不和,而专阃专圻亦各存意见,不能相合"。作为这次战役的主将周文忠见三省之兵持久而困,欲请调北方劲旅万人前来合力进

①② 夏燮:《粤氛纪事》卷5。
③　夏燮:《粤氛纪事》卷3。
④　夏燮:《粤氛纪事》卷3。

行镇压,而钦差大臣李星沅则提出南北情况不同,北兵前来不一定能发挥作用,且劳费甚大,故驰书止之。由于上层统治者各持己见,特别是"中制之出多门",无所适从,故"官兵顿于武宣,怯'贼'不敢进"。① 由于将帅不和,贻误战机之事迭出。例如,当太平军在广西兴起时,清朝贵族统治集团调集广西各路之兵力超过二万余人,再加上地方土豪劣绅团练义勇又数千人,兵力不能说不厚,用于对付刚刚起义的农民群众,似乎绰绰有余。但由于清军一意主守,只督饬守卫城市的士兵日夜击刁斗,举烽燧以防太平军攻城。同时又自募本省五百人以为左右亲兵,致使城中义勇日骄,赏日厚,而城外之兵奔命渐疲,故亦采取坚壁清野的办法进行围困。所以在短短的一个月内,虽进行了水陆之战二十四次,实际上效果甚微,"未尝一创'贼'也"。太平军此时虽未能攻下省城,但旋即移师占领兴安、全州。在夏燮看来,在太平军初起阶段,如清军将帅团结是能够给予农民军以重创,不致贻"大祸"于后来。

咸丰元年(1851)农民军占领永安,清军围而不击,围城之战进行了两个月,仅在外围有所杀伤,其原因是,"盖大帅之意欲以持久者困之,使其粮尽援绝,束手就擒,此亦亚夫以梁委吴之计,而讵知困兽之斗,欲求其生不得不致之于死地;况一时之将……不过乌(兰泰)都统一人,向(荣)提军之才足以办'贼',而自谓统帅不能尽其力,其请病也有怨望焉,君子是以知'贼'之不终灭也。"②关于统帅与将领之间的不和,也反映在金陵的围攻问题上。他说,咸丰六年(1856),沿长江各地太平军兵力强大,向荣自粤西以来麾下之良将锐兵殆亦损其三分之二,元气已伤,"比年以来干城之选如邓绍良、秦定三、虎坤元、周天培等相继萎谢,其岿然而存者,唯张(国梁)军门之才足以办'贼',而统帅不能尽其力,于是屯兵于坚城之下,欲待兔极犬废,而收田父之功,固已彼己之两失,一旦内讧外侮相逼而来,将无致死之心,兵有自焚之祸,至于穷

---

① 夏燮:《粤氛纪事》卷1。
② 夏燮:《粤氛纪事》卷1。

途疾首,末路拊膺,虽藁焉自以其身殉之,而不能无呼负负者,其亦可哀也。"①

其三,将帅贪生怕死,使太平军得以兴起和发展。他说太平军起自桂平,而势力壮大则自永安之役以后,太平军从战略上一开始就注意到楚尾吴头,所以当其攻桂林不克,即全军进入楚界。夏燮认为这时的太平军就其实力而言并不强,特别是离开广西起义地区以后,用夏燮的话来说是,"虎失其负嵎之势,鹿方有走险之虞",当此有利时机,"若使镇将击尾,节师迎头,纵不克摧陷廓清,亦足以使之形格势禁",收到镇压之"功"。但是,清将领既弃兴安、全州于不顾,使太平军得以顺利占领。其所以出现这种情况,一方面是太平军英勇善战,趁敌"见围不进","从容观望"之机,绕出敌围而进占敌不备之地区;另一方面是清军将领贪生怕死。他对清军将帅贪生怕死进行了谴责,说是"见危不救,择地而趋,此史佚之所谓始祸怙乱者,律之以《春秋》之法皆戎首也"。他对于那些对太平军"送往迎来"的清军将领,谴责他们是"巧于避'贼'矣"②。

正因为清军将领贪生怕死,所以太平军所至之处,官皆溃散,如咸丰十年(1860)二月,太平军由皖南进军浙江,很快就占领了余杭,当此紧急之时,坐镇杭州的清军将领,"欲以镇静持之……自谓老吏久历戎行,一旦艰巨之乘,仓卒无兵,穷于应变,又乏虚怀,遂与巨室有隙,不数日而外侮内讧之祸起矣。"③同年四月,苏州之为太平军占领的情形也是如此。《粤氛纪事》卷十三写道:

> "贼"自浒墅关入,溃兵开门有饱飏而远遁者,有投降而向导者,遂陷苏城。是役也,兵勇内变,外寇乘暇,师不血刃,矢无遗镞,君子谓负乘覆𫗧之祸,始于和(春)帅,成于何(桂清)督,遂使土崩

---

① 夏燮:《粤氛纪事》卷 13。
② 夏燮:《粤氛纪事》卷 2。
③ 夏燮:《粤氛纪事》卷 12。

鱼烂。

出现这种情况的原因很多，夏燮认为主要是："将不恤兵，兵不顾将，一旦有事，上惟无贿之患，下为有挟之求，其能免于弗戢自焚之祸哉。"①在他看来，和春虽身为统帅却未统筹全局，没有增兵宁国以固浙西，未增兵高淳东坝以固苏常，是一误也。迨江南大营既退，不阨镇江而遽趋丹阳，是二误也。他分析两浙之被太平军占领，是由于浙省后招之勇内应太平军，苏州之被太平军占领，是由于所招之勇变为太平军，所谓"勇而'贼'首也"。夏燮怀着沉重的心情指出："'贼'而勇者，卧榻之旁他人鼾睡，勇而'贼'者，萧墙之祸，揖盗开门，乱之生也，如水火焉。"他以这些情况警告清朝贵族统治集团，"不可不为谋，可不惧欤！"②希望清封建统治者设法尽快改变这种混乱被动的局面。

夏燮目睹清军将帅的腐朽无能，已知道他们无法战胜太平军及稍后起义的捻军，遂寄希望于地方地主豪绅官僚所组织的团练，他极力夸大这些地方地主武装对抗农民起义军的作用。如说宿迁举人臧纡青，督带团练兵丁，协助清政府官吏袁甲三镇压捻军，称赞该举人是什么战死沙场的"忠烈"。再如咸丰七年（1857）三月，农民军进攻颍上县时，"绅民团练入保，凡攻之四十余日，不能克。"夏燮指出："颍上为皖、豫之门户，以弹丸小邑，当数万'贼'众昼夜环攻，入其郛者再，皆被绅民奋力击退，城赖以完。"在农民起义将要推翻清朝封建地主政权时，夏燮看到清廷的军事主力八旗兵、绿营兵都腐朽，已无能力起到镇压太平天国起义的强力作用，他只好寄希望于组织地方团练来对付农民起义，这充分暴露了夏燮的地主官僚的立场。

地主官僚编写的有关太平天国农民起义的史著，还有代表地主阶级顽固派观点编写的《贼情汇纂》、《粤匪始末纪略》等。

张德坚的《贼情汇纂》是在曾国藩直接授意下编纂的。张德坚原

---

① 夏燮：《粤氛纪事》卷12。
② 夏燮：《粤氛纪事》卷13。

为清朝湖北巡抚衙门的巡捕官,后随巡抚吴文镕为侦探,经常易装往来于太平天国起义军中,刺探情报。他千方百计地通过各种途径收集有关太平天国内部的各种情况,特别是严刑拷打太平军俘虏和难民,逼讯太平天国内情。咸丰三年(1853),张德坚将所得资料编成《贼情集要》一册,呈献给曾国藩,以求得镇压太平天国起义的首脑人物的赏识。这时,曾国藩率湘军在蕲州田镇战败太平军后,也曾收到有关太平天国文献资料颇多,其内容与张德坚所编的《贼情集要》中所载,颇多符合。曾国藩出于镇压太平军的"需要",遂设立采编所,命张德坚为总纂官,邹汉章、方诩元、邵彦烺等为副,完成《贼情汇纂》一书。主要资料断自咸丰五年(1855)秋。但写本不一,如咸丰四年冬写本仅三卷,记"逆首"、"剧贼"、"杂载",关于太平天国典制及其他内情,尚未整理,所载史事断至咸丰四年(1854)。该书本于咸丰五年成书,其后又不断增删修改。北京大学图书馆所藏写本,为成书时的写本,其记事均断至乙卯(咸丰五年,1855)。盋山精舍的影印本所据写本,较之北大图书馆所藏本有删增,且所记事有载丙辰年(咸丰六年,1856)者,可能是最后之写本,但讹错颇多。后两本约为12卷,总目9,分目58,附目27,图71。张德坚自称该书"于彼中一举一动,纤悉靡遗,'贼'情于是乎大备,诚非囿于偏隅,一知半解,及逞才臆造者所得操觚而记述也。至于伪制,有难于简略处。文气庞杂,鄙俚所不敢辞,求实弗求文,工拙故不暇计矣。"[1]该书体裁记传表志体,又似典志体例。其实所写传简略,而对太平天国制度的记载较详,但错误太多,如卷三所载太平天国官级为十六等,一等东王、西王、二等南王、北王,三等翼王,四等燕王、豫王、国宗,五等侯,六等丞相,七等检点,八等指挥,九等将军,十等总制,十一等监军,十二等军帅,十三等师帅,十四等旅帅,十五等卒长,十六等两司马。此表与太平天国有关文献对照起来,不符史实之处甚多。

《粤匪始末纪略》署名杏花樵子辑,一册。据作者自己说,该书是

---

① 张德坚:《贼情汇纂》"自序"。

他随清军镇压太平军见闻编辑成书的。主要记述太平天国起义始末及地主阶级举办团练等事较详。《粤逆陷宁始末记》，陈锡麟撰，四卷。咸丰十年（1860）太平军进军浙江，次年攻占浙江海宁，陈氏逃亡避乱，同治三年（1864）随清军复归海宁，扩充原著《海宁失守纪略》遂成《粤逆陷宁始末记》。原系写本，后收入《太平天国丛书十三种》。

总之，《贼情汇纂》、《粤匪始末纪略》等均出于地主阶级文人之手，所记载内容与太平天国的原来史实颇有出入。我们在引用上述著作资料时，要认真分析，进行考辨，去伪存真后，还可以为我们研究太平天国革命史提供一些有用的资料。

第二节　太平天国对史学的贡献

一、建立史官和修史制度

太平天国领导人洪秀全、冯云山等原是乡村塾师，青少年时代即学习经史，因而在其从事革命活动中，很快便懂得和重视史学的作用。早在金田起义之前，他们就根据革命斗争的需要，开始编写史书，在拜上帝会进行宣传，动员和组织农民积极参加起义，进行反清斗争。现存太平天国最早的史书《太平天日》上便题有"此书诏明于戊申年冬，今于天父、天兄、天王太平天国壬戌十二年钦遵旨准刷印铜板颁行"[①]的字样，可见太平天国史书是以"诏书"形式问世，此书的主要内容在戊申（道光二十八年，1848）冬已基本写成并正式向外面公布流传。起义后，太平天国在与清廷封建统治展开殊死斗争中，逐步建立了自己的政治制度。在史学建设上，建立史官和修史制度。咸丰元年（1851）洪秀全等在金田起义后不久，便着手建立修史机构"诏书衙"，负责撰修太平天国革命史。据《贼情汇纂》载，黄再兴于"辛亥（咸丰元年，1851）二月升卒长，因开功折明晰，洪'贼'知其能写字，令入诏书衙编纂伪诏

_____

① 南京太平天国历史博物馆《太平天国印书》第1册。

书"。咸丰二年（1852），太平军在进军湖南途中，又仿古代史官制度，设置左史、右史正副四人，"主记事记言"。据《贼情汇纂》记载，担任过史官的主要有如下几人：曾钊扬，"壬子（咸丰二年，1852）十月'贼'势大张，设官分职，授与右史，职同将军，掌记伪王之言动。"黄再兴，"壬子十月在长沙，诏书编成，以功升左史，职同将军，掌一切文案，及记各伪王登朝问答之辞，谓之记录，月缴一本于洪'贼'。"何震川，"壬子十二月升伪殿前右史，日登伪朝记洪'逆'之言动，月成一书，与左史联名呈献……（1853）九月改为殿前右正史，十月升左正史。"从上述记载中，可知左、右史的职掌，主要是每日详记天王言行及新政权中的大事，月成一编上缴，名为记录，其制颇类似历朝帝王"起居注"。太平天国史官除上述曾、黄、何三人较著名外，可考者尚有赖汉光、邓辅（虎）廷等人。① 另外，据谢介鹤《金陵癸甲纪事略》、张汝南《金陵省难纪略》和柴萼《梵天庐丛录》等记载，冯云山、卢贤拔都曾两次兼领史馆，主持过编修史书之事。

太平天国所编修的史书，一般称为"诏书"。如《天命诏旨书》称："天王诏曰：戊申岁（道光二十八年，1848）三月，天父上主皇上帝下凡，显出无数神迹权能凭据，载在《诏书》……故特将《诏书》寻阅天父天兄圣旨命令最紧关者汇录镌刻成书，庶使通军熟读记心。"汪士铎《乙丙日记》卷二记洪秀全家世至毁九仙庙事迹后亦云："此上乃洪'贼'自叙，曰新诏书。其中上天宴会及与阎罗交战之类，乃窃《史记》秦穆、赵襄子事，非杜撰也。"盖太平天国最初革命史系以洪秀全自述形式写成，以后续作者亦皆经洪秀全披阅后颁行，故称"诏书"。事实说明，"诏书"不仅和"天父天兄圣旨命令"有区别，而且和天王的诏令也有区别，它是记载很多具体史实的史书。太平天国编写的史书，现可考者主要有以下几种：

---

① 谢介鹤：《金陵癸甲事略》：赖汉光，伪殿前左史，广西人，伪东试翰林。"邓辅（虎）廷，伪殿前右史，广西人，在湖北时代附'贼'"。

（1）《太平天日》，初成于道光二十八年（1848）冬，专记道光十七年（1837）洪秀全病死复苏及后来入广西发动群众组织起义等事迹，迄于道光二十七年（1847）捣毁象州甘王庙事，是有关金田起义前洪秀全早年历史的重要文献。汪士铎所见《新诏书》及抄本《起事来历新（真）传》①所记大事大致皆出于此。

（2）《天父下凡诏书》，凡两部。一为蒙得天（即蒙得恩）、曾天芳记，详载太平天国元年（1851）十二月二十一日杨秀清假借天父下凡，审判并处决充敌内应，企图行刺太平天国领导人的叛徒周锡能一伙之事，刊于太平天国二年（1852）；另一部则记太平天国三年（1853）十二月二十四日杨秀清假借天父下凡，批评、劝诫洪秀全及其后来杨秀清、韦昌辉向洪秀全面请"宽心"和进谏之事，同年刊行。

（3）《诏书》。此书为记载太平天国史最详之书，起道光二十八年（1848），迄太平天国癸好三年（1853）攻克南京，前出冯云山手，后出曾钊扬、何震川诸史官之手，惜都已散佚。《天命诏旨书》、《李秀成自述》及谢介鹤《金陵癸甲纪事略》、张汝南《金陵省难纪略》、柴萼《梵天庐丛录》均曾提及。

（4）《钦命记题记》。此书凡七节，内容包括三部分：（一）宗教部分，如太兄（即耶稣）升天和登极；（二）历史部分，如记天王登极，东王升天；（三）考试制度部分，如记取士程文和题目。今已佚。

（5）《会议辑略》，为太平天国十二年（1862）夏忠王李秀成在苏州召开两次会议全局战略的军事会议重要记录，卷端有李秀成序文。今已佚。

其余如《天命诏旨书》，虽主要录诏旨，然都出自《诏书》，且有简单记事，实系《诏书》摘编本；又《钦定制度则例集编》，也是太平天国会典一类史书。今已佚。

---

① 《起事来历新（真）传》，曾锡（或曾□锡，或曾锡□）撰，收入清佚名辑抄本《太平天国史料》，该书现藏北京图书馆，记金田起义前历史，原题太平天国三年（1853）刻，原刻本未见。曾锡或即曾钊扬之讹。

由于建立了正常的史官修史制度,太平天国的《诏书》便可随着革命斗争历史的发展而经常得到增修充实。如《太平天日》所记为道光十七年(1837)至二十八年(1848)间事,卷首标明为"诏书一",实即太平天国史第一部,以后又不断加以续修。谢介鹤《金陵癸甲纪事略》云:"'贼'令人抄伪诏书,自戊申(道光二十八年,1848)起叙至入金陵城等事,前出冯云山之手,后出曾钊扬、何震川诸'贼'手。"从其内容看,谢介鹤所见《诏书》显系续《太平天日》者。又张汝南《金陵省难纪略》记道:"又添删书衙,使春官丞相卢贤拔主其事……洪'贼'以自起事前诡谋及现在乱迹,令检录之。"按张汝南于咸丰四年(1854)八月逃离南京,而该书记事迄于咸丰六年(1856),则其所称"现在乱迹"当指太平天国起义军占领南京以后之史事。因此,该《诏书》内容当较谢介鹤所见者有所增补。《金陵省难纪略》近人柴萼亦曾见过此书。他说:"殷湘亭先生曾得太平天国实录一册,录乃春官丞相卢贤拔所纂辑。凡二十二页,高尺余,卷端各刻二黄龙,第二页首印天王御玺,方径八寸有奇,印围五爪龙,印泥之色,系深朱微带黄金色。其中所载,颇有为吾人未知者……殷先生获此本于金陵夫子庙前冷摊上,珍若珠璧,予初拟录一副本,传之于世,因循未果。"①此书装潢之美观,很可能是太平天国宫中藏本,可惜后来不知去向,不知尚留存人间否。

总之,太平天国这种修史制度,在中国农民革命运动史上是首创,它保证了起义军对自己起义事实的连续记载,保存了许多鲜为人知的珍贵资料,可供我们研究太平天国历史的参考。

太平天国通过编写通俗史书,普及历史知识,向广大农民群众宣传农民革命道理,以鼓舞农民群众反抗清廷封建剥削压迫的斗争。他们提倡"文以纪实"、"朴实明晓"的文风,明确规定"不得一词娇艳,毋庸半字虚浮。"②如《天情道理书》,即"将自金田起义以来其显明易见之

---

①　蔡萼:《梵天庐丛集》卷18。

②　《钦定军次实录》。

事,聊举大略以为鉴戒,详明辨论,汇辑成书。其语句不藻饰,只取明白晓畅,以便人人易解。"①从这种"明白晓畅,以便人人易解"的要求出发,太平天国领导者和史官所编写的史书大多用浅近的语体文。有的则采用易于诵读的韵文体,适用一般人民群众阅读。《诏书》,"词用七字句,以'话说起',继以'不表'、'且说',又以'下回分解'作卷终。"②洪秀全曾亲自以七言韵句,将"自盘古氏起,讫明季君臣事实,悉加品骘",约万言,朱书楷字,"揭于照壁"③,俾人人皆知。有的史书则采取演义体或民间评话形式,如张汝南与柴萼所见太平天国史书,皆有访石相公(即石达开)一段,"叙事如小说,用'话说起'及'话分两头','按下不提'等语,阅之饶有兴味。"不仅如此,太平天国还以群众喜闻乐见的戏剧形式来表现自己的斗争历史,据一些老艺人传说,太平天国曾建立"同春班"等戏班,自编自演了好几本有关太平军作战事迹的连台本戏,以鼓舞人们的斗志。④　与此同时,太平天国还对一些旧史书进行了改编,如《三国史》、《左传》⑤等,并编印了新《千字文》、《天情道理书》等通俗读物,到处散发,可以说是太平天国的领导者"采用一切办法传播这些书籍"⑥。在封建社会中,农民群众因长期遭受地主阶级的政治压迫和经济剥削,文化水平十分低下,历史知识极为贫乏,太平天国领导者的上述做法,对在人民群众中传播文化和历史知识,无疑起了积极的作用。如三国时期的人物活动和事实,太平军中是十分熟悉的,其重要领导人如杨秀清、洪仁玕等作文写诗,也每引三国人物故事为喻,其中有些故事还启发了太平军将士与清兵展开了巧妙军事斗争的智慧。

---

① 《天情道理书》,《太平天国》(资料丛刊Ⅰ)

② 谢介鹤:《金陵癸甲纪略》,《太平天国》(资料丛刊Ⅳ)。

③ 张汝南:《金陵省难纪略》,《太平天国》(资料丛刊Ⅳ)。

④ 参见李洪春《京剧长谈》第三章第二节《在太平军的科班中》和第三节《洪杨传》到《铁公鸡》。

⑤ 此二书今均不见,但《三国史》之名见于《江南春梦庵笔记》及李圭《金陵兵事汇略》。

⑥ 呤唎:《太平天国革命亲历记》引费熙邦舰长报道。

在封建地主阶级文人的记载中,在论及太平天国所编的通俗史书,往往以轻视的口吻指责为"俚鄙可笑"①这种指责,恰好说明太平天国史学的人民性,它和封建正统史学是有本质区别的。

二、太平天国史学对封建正统史观的冲击

恩格斯在《德国农民战争》中指出:"一般针对封建制度发出的一切攻击必然首先就是对教会的攻击,而一切革命的社会政治理论大体上必然同时就是神学异端。"②如果说,农民对封建制度的反抗,在西欧历史上总是同时表现为对封建统治思想教会神学的攻击,那么,在中国往往表现为对封建正统思想儒学的攻击,太平天国的史学便反映了这一特点。

两千多年来的封建正统史学,反复论述的核心总不外乎帝王将相如何主宰历史以及君臣父子那一套孔孟"万古不变之纲常"。太平天国史学却力图冲破这种封建正统思想的束缚,因而首先将批判锋芒指向了封建统治的精神支柱孔学。《太平天日》指出:"推勘妖魔作怪之由,总追究孔丘教人之书多错",又说孔学之书在内容上"甚多差谬",斥责儒家思想将人"教坏"了。因此,洪秀全明确规定:"凡一切孔孟诸子百家妖书邪说者尽行焚除,皆不准买卖藏读也,否则问罪也。"③为此,太平天国特下令设立删书衙,对历代封建统治者奉为神圣的儒家经史著作进行删改,其情况是:"始以四书五经为妖书,后经删改准阅,惟《周易》不用,他书涉鬼神丧祭者削去,《中庸》鬼神为德章,《书·金滕》、《礼·丧服》诸篇,《左传》所言神降俱删。"④太平天国对旧经史著作中一些荒谬迷信说教的内容进行删改,不仅得到了广大农民群众的

---

① 汪堃:《盾鼻随闻录》。

② 恩格斯:《德国农民战争》,《马克思恩格斯全集》第7卷,人民出版社1961年版,第401页。

③ 《诏书盖玺颁行论》。

④ 张汝南:《金陵省难纪略》,《太平天国资料丛刊Ⅳ》。

支持,而且地主阶级较为开明的文人也不得不承认,其"改四书五经,删鬼神祭祀去礼之类,不以人废言,此功不在圣人下也。后世必有知言者。"①除此之外,太平天国还对封建统治者向广大人民实行精神压迫的其他工具如佛、道及各种神鬼邪说都进行了攻击,斥责它们为"阎罗妖",说:"至今一二千年,几多凡人灵魂被这阎罗妖缠捉磨害。"②并在他们新编的《三字经》中,对秦始皇、汉武帝以下许多封建帝王宣扬神鬼邪说作了毫不留情的指斥,严厉地指出:"至秦政,惑神仙,中魔计,二千年。汉武宣,皆效尤,狂悖甚……汉明愚,迎佛法,立寺观,大遭劫。至宋徽,犹猖狂,改上帝,称玉皇。"这些都充分说明了农民革命的领导者,敢于向几千年传统思想观念发起冲击和批判的巨大勇气。

值得注意的是太平天国史学还表现出不少相当积极的历史变易观点。洪秀全曾明确认为,天道是不断运动变化的,提出社会历史是"乱极则治,暗极则光,天之道也"。其情况有如"夜退而日升矣"。他认为,随着社会历史的变易发展,那种充满杀戮和不平的世道必然要转变为公平正直之世。不仅如此,他还认识到人类社会历史的这一变化,并不是自然而来的,它必须以力挽狂澜的气魄去争取。因此,洪秀全在这一认识基础上,号召人们起来,"相与淑身淑世,相与正己正人,相与作中流之砥柱,相与挽已倒之狂澜。行见天下一家,共享太平,几何乖漓浇薄之世其不一旦变而为公平正直之世也!几何陵夺斗杀之世,其不一旦变而为强不犯弱,众不暴寡,智不诈愚,勇不苦怯之世也。"③

在洪仁玕的著作中,历史变易观更为鲜明。他说:

> 夫事有常变,理有穷通。故事有今不可行而可豫定者,为后之福;有今可行而不可永定者,为后之祸。其理在于审时度势与本末强弱耳。然本末之强弱适均,视乎时势之变通为律。④

---

① 汪士铎:《乙丙日记》。
② 洪秀全:《原道觉世训》。
③ 洪秀全:《原道醒世训》。
④ 洪仁玕:《资政新编》。

　　由于洪仁玕认识到"本末之强弱适均,视乎时势之变通为律",因此,结合当时现实的政治要求,要巩固和发展太平天国革命政权,"其要在因时制宜,审势而行",即实施一系列适应新形势的政治、经济和思想文化等方面的改革措施。洪仁玕较当时其他的太平天国领导人对西方资本主义制度和思想文化有更多的接触,故他所强调的"变通",实际上具有要求在中国发展资本主义的倾向。例如他在所写的《资政新编》中,对世界各国历史作了简要的考察,特别是对资本主义国家的政治制度等方面表示了赞赏。说美国"帮长(即总统)五年一任,限以俸禄,任满则养尊处优,各省再举。有事各省总目公议,呈明决断";其他如取士、立官、补缺及议大事,亦皆取决于公议。由于在政治制度上保证重要的军国大事,都必须公议,因而使得政治得以清明。又以俄国为例说,俄国原来十分落后,"屡为英、佛、瑞、罗、日耳曼等国所迫",受到这些国家的欺凌。但是,后来俄国向法国"学习邦法,火船技艺",遂至"大兴政教,百余年来,声威日著,今亦为北方冠冕之邦也"。他把向西方资本主义国家学习生产技术,作为国家强盛之本。洪仁玕从世界各国兴衰递变的历史长河中,认识到"纲常大典,教养大法必先得贤人,创立大体,代有贤能继起而扩充其制,精巧其技,因时制宜,度势行法,必永远不替也。倘中邦人不自爱惜,自暴自弃,则鹬蚌相持,转为渔人之利,那时始悟兄弟不和外人欺,国人不和外邦欺,悔之晚矣。"①可见,这种"变通"思想的用意,是要变中国封建社会旧制,以便通近代资本主义发展之路。这种崭新的见解,在当时来说是十分难能可贵的,是对封建统治者宣扬几千年的"天不变,道亦不变"观念的否定。

　　太平天国史学对封建正统史观的批判和冲击,是现实社会中太平天国反对封建地主统治的革命要求的反映。在农民起义领导者看来,所有从古至今骑在农民头上作威作福的封建帝王、军阀、官僚、地主及其精神支柱儒、佛、道和神仙鬼怪之流都是一伙"阎罗妖","阎罗妖乃

---

　　①　洪仁玕:《资政新编》。

是老蛇、妖鬼也,最作怪多变,迷惑缠捉凡间人灵魂。天下凡间我们兄弟姊妹所当共击灭之,唯恐不速者也。"他们攻击封建正统观念的目的,就是要打破现有的封建统治秩序,建立一种新的'天下总一家,凡间皆兄弟'的理想平等社会。① 正因为如此,太平天国的革命思想被视为异端思想,被封建地主阶级视为洪水猛兽,集中所有力量必欲斩尽杀绝。镇压太平天国的湘军首领曾国藩就怀着极端仇视的心理表示:"自唐虞三代以来,历世圣人扶持名教、敦叙人伦,君臣、父子、上下、尊卑,秩然如冠履之不可倒置。粤匪窃外夷之绪,崇天主之教,自其伪君伪相,下逮兵卒贱役,皆以兄弟称之。"曾国藩等认为太平天国这种打破封建等级的行为,简直是"举中国数千年礼仪人伦、诗书典则,一旦扫地荡尽"。他说:"此岂独我大清之变,乃开辟以来名教之奇变,我孔子、孟子之所痛哭于九泉。"②可见太平天国对封建正统伦理道德观念的冲击,不仅引起了清廷的惊恐和仇恨,而且还引起了整个封建地主阶级的惊恐和仇恨。

当然,也必须看到,太平天国史学冲击了封建正统史观,力图挣脱封建统治思想的精神枷锁,表达出对创立"新天新地新世界"的渴望,但却仍然存在一定的局限性。太平天国的领导者们强调"变通"的历史观,要求改变现实的不合理封建社会秩序,而建立以小农生产为基础的理想社会,但却找不到实现这一理想的道路,甚至把眼光投向遥远的古代,提出:"遐想唐虞三代之世,天下有无相恤,患难相救,门不闭户,道不拾遗,男女别途,举选尚德。"③于是不由自主地流露出一些历史复古主义情绪。他们固然反对儒、佛、道及各种神怪史观和偶像崇拜,同时又真诚地希望有一个代表他们利益的"上帝"存在,因而一再宣传上帝创造世界的奇迹,认为"天父上主皇上帝六日造成天地山海人物,第

---

① 洪秀全:《原道觉世训》。

② 《讨粤匪檄》。

③ 洪秀全:《原道醒世训》。

七日完工"①。"天下凡间,人民虽众,总为皇上帝所化生,生于皇上帝,长亦皇上帝,一衣一食并赖皇上帝。皇上帝天下凡间大共之父也。死生祸福由其主宰,服食器用皆其造成。仰观夫天,一切日月星辰雷雨风云,莫非皇上帝之灵妙;俯察夫地,一切山原川泽飞潜动植,莫非皇上帝之功能。"②这种上帝主宰历史的思想,充满浓厚迷信宗教色彩的神意史观,说明太平天国的起义农民因长期生活在封建小生产的经济条件下,又缺乏先进阶级的指导,还不可能真正摆脱封建意识形态的束缚。他们要求批判封建正统史观,却因找不到有力的思想武器而使批判流于肤浅;农民革命的领导者们试图提出本阶级的思想,然而农民阶级的局限又使他们无法创造出新的思想体系来,而只能借助西方基督教义中的一些平等观念,改造为反封建的"神学异端"以与旧的封建统治思想相抗衡。一句话,他们的思想还不能从根本上突破封建生产关系的束缚。太平军中的大部分人都不能理解洪仁玕提出的一些带有资本主义倾向的改革主张,因此李秀成对洪仁玕的著作,采取一种"皆不屑看"③的轻视态度,陈玉成、赖文光等人的自述中不提及洪仁玕其人其书。在太平天国所编写的不少书籍中,还不时流露出程度不等的封建意识,如说"生杀由天子,诸官莫得违",以及"妻道在三从,无违尔夫主"④等。洪仁玕在论史时,一面肯定刘邦、刘秀、朱元璋等人的历史功绩,同时又认为李世民"有除隋之乱,然以下伐长,陷亲不义,借戎兵,伤骨肉,而得不掩失也"⑤。从这些方面看来,他显然未摆脱封建传统观念的影响。特别是洪秀全在后期,甚至"一味靠天,军务政务不问",在军情万分危急时,还说:"朕天生真命主,不用兵而定太平一统!"⑥这

---

① 《太平天日》。
② 洪秀全:《原道觉世训》。
③ 《李秀成自述别录》,《太平天国资料丛刊Ⅱ》。
④ 《幼学诗》,南京太平天国历史博物馆编《太平天国印书》第2册。
⑤ 《钦定军次实录》,《太平天国资料丛刊Ⅱ》。
⑥ 《李秀成自述》,《太平天国资料丛刊Ⅱ》。

些思想弱点,不仅造成了太平天国史学的上述局限,也是旧式农民起义往往走向悲剧的重要原因。

三、太平天国史学的历史地位

由于种种历史条件的限制,特别是太平天国起义的十余年间,与清政府的军事斗争始终处于紧张的白热化状态,使其无暇更多地顾及史学方面的建设,因而总的来说,太平天国的史学仍然处于草创阶段,还未形成自己的严密体系。尽管如此,太平天国史学在中国近代史学史上的地位仍然十分重要,不可抹杀。

首先,我们必须看到,太平天国史学是作为一种农民争取自身解放的意识形态出现的,尽管它本身还存在着许多弱点。它对农民起义的歌颂,对封建统治者和封建正统史观的攻击和批判,以及对儒家经史的删改,都在一定意义上否定和动摇了封建正统史学的地位,加速了其日趋没落的过程。

其次,太平天国史学在历史上第一次把服务对象转向广大农民群众,是一件了不起的大事,是农民革命的光辉创造。本来封建社会的史学,总的来说是为封建地主统治利益服务的工具,从古代的纪传体正史到宋代司马光的《资治通鉴》、朱熹的《通鉴纲目》,以及各种典章制度史的编纂,无一不在为地主阶级提供经验和借鉴,它的内容和形式也都体现了这种政治需要。太平天国却在实践上打破了地主阶级史学的一统天下,他们坚持史学形式的通俗化,努力向广大农民和起义军灌输历史知识,这不仅是对当时旧传统史学的冲击,客观上也预示出中国近代史学走向大众化的必然趋势。

再次,中国历代农民进行过无数次反抗封建统治的英勇起义,用鲜血和生命写下了无数可歌可泣的事迹,但却几乎没有留下他们自己有关斗争历史的文字记载,以致今天人们要了解古代农民起义的真相,还只能从各种充满对农民起义诬蔑歪曲的地主阶级文人的记载中去爬梳考辨出一些有用的资料来,用力甚多,所得甚少。中国历史上曾爆发了千百次农民起义,都缺少农民军自己的历史记载,唯有太平天国领导者们创立了自己编纂史书的制度,用文字记载了他们的斗争业绩并及时公之于众。虽然这些用血泪撰成的太平天国的历史文献和书籍经过清廷销毁,残存的甚少,但这些留存的太平天国文献,仍具有任何记载都不能代替的史料价值。例如,太平天国的《诏书》今天虽无法见到,可是其基本内容大部分通过洪仁玕的著述、李秀成的自述而保存下来。《李秀成自述》所记太平天国金田起义、太平天国六年(1856)天京事变前后情况及其与中外反动势力斗争的历史,都具有史料价值。李秀成提出的"天朝十误"和赖文光对陈玉成、李秀成军事失误的评论,都为后世研究太平天国历史有所启示。

总之,太平天国史学中有关农民起义的历史记载,以及对封建正统史学的冲击,在中国近代史学发展中有着重要的影响。

第三节　王韬与太平天国史研究

一、王韬的生平和著述

王韬(1828—1897),原名利宾。清江苏长洲(今吴县)人。王韬幼年即随父读书,于儒家经史之学颇有根底。年十八中秀才,后乡试屡试不中。二十二岁到上海,受雇于英教士麦都思所办的"墨海书馆"工作,前后长达十三年之久。这段时间内发生了太平天国农民起义和第二次鸦片战争。他对待太平天国革命,站在清廷统治的立场,并多次向清廷官僚献"御戎"、"和戎"、"平贼"等策略,甚至主张组织洋枪队以镇压太平天国起义军。咸丰十一年(1861)冬回乡探亲,奉命督办诸乡团练,对付太平军。他又化名黄畹上书太平军苏州驻军首领,主张与清军争上游,缓攻或停攻上海。次年,清廷以他"通贼"的罪名下令追捕,在英国驻沪领事的庇护下逃往香港。从此改名韬,字仲弢,一字子潜,号紫诠,别号天南遁叟。曾在香港居留二十多年。初到香港,他帮助英国人理雅各翻译中国儒家典籍。清同治六年(1867)至同治九年

（1870）间，曾随理雅各去英国译书，并游历了法、俄等国，进一步了解了资本主义国家的社会制度，这对王韬后来的思想发展有很大影响。同治十三年（1874），他在香港创办《循环日报》，宣传变法自强，同时又和丁日昌等洋务派人物有所交往。光绪五年（1879）王韬又东游日本，结识了黄遵宪和一批日本学者。光绪十年（1884）在李鸿章默许下回到上海，主持格致书院，专心著述。他学兼中西，著述颇多。《弢园老民自传》中列举二十六种，《弢园著述总目》则为三十六种，据现有的材料当不下四十种。其有关史学著作方面的有：重订《普法战纪》二十卷、《蘅墟杂志》六卷、《弢园文录外编》十二卷、重订《弢园尺牍》十二卷、《瓮牖余谈》八卷、《扶桑游记》三卷。未刊者尚有：重订《法国志略》十二卷、《西古史》四卷、《俄罗斯志》、《美利坚志》及《四溟补乘》一百二十卷、《台事窃愤录》三卷、《西事凡》四卷，译作《华英通商事略》一卷。王韬在为外人译经的过程中，著有《皇清经解校勘记》二十四卷、《国朝经籍志》八卷，他又曾留心研究《左传》，成《春秋左传集释》六十卷、《春秋朔闰日至考》三卷、《春秋日食辨正》一卷、《春秋朔至表》一卷等，均未刊。

二、王韬的历史变易思想与进化思想

王韬继承和发展了地主阶级改革派的历史变易思想和进化思想的优良传统，在自编的《弢园文录外编》中说：

> 道有盈亏，势有分合，所谓物穷则变，变则通，通则久者，此也。……故草昧之世，民性睢睢盱盱，民情浑浑噩噩，似可以长此终古矣，乃未几而变为中天文明之世，未几而变为忠质异尚之世，且未几而变为郁郁彬彬之世，可知从古无不变之局。[①]

王韬社会历史观的核心也是一个"变"字。他说："三代之法不能行于今日。如其泥古以为治，此孔子所谓生今之世而反古之道者也。

---

① 王韬：《弢园文录外编》卷5《六合将混为一》，中华书局1959年版（下同版本）。

由此观之,中国何尝不变哉!"①这与龚自珍的"大哉变乎! 父子不变,无以究慈孝之隐;君臣不变,无以穷忠孝之类;夫妇不变无以发闺门之德"②以及魏源的"三代以上,天皆不同今日之天,地皆不同今日之地,人皆不同今日之人,物皆不同今日之物"③的思想是一脉相承的。王韬不仅认为历史是变易的,而且是进化的。他认为中国传说时代的"巢、燧、羲、轩,开辟草昧,则为创制之天下;唐、虞继统,号曰中天,则为文明之天下;三代以来,至秦而一变;汉、唐以来,至今日而又一变"④。其进程是由草昧到文明到忠质异尚到郁郁彬彬的阶段。当然这种历史的变易和历史的进化,在他看来,都是"由渐而变,初何尝一蹴而几,自矜速化欤?"认为变化的原因是渐变的,提出"其致之也必有其渐,其成之也必有所由。"⑤然而这种"渐"和"由"又是"不得不变古以通今者,势也。"⑥就是说,他把"变"和"由"提到了"势所必然"的高度上来认识。尤其值得注意的是,他将历史的必然变易结合当时社会的客观情况,提出:"我中国既尽用泰西之所长,以至取士授官,亦必不泥成法,盖当此时不得不变古以通今者,势也。"⑦他明确地要求将"泰西之所长"具体应用于中国,以顺应"变"的形势。

王韬认为历史治乱之源在民心得失,这虽然是来自我国古代民为邦本的传统思想,认为"天下之治,以民为先,所谓民惟邦本,本固邦宁也。"⑧强调"天下何以治? 得民心而已。天下何以乱? 失民心而已。"在他看来,"民心之得失",又是"在为上者使之耳。民心既得,虽危而

① 王韬:《弢园文录外编》卷1《变法》上。
② 龚自珍:《春秋决事比答问第五》,《龚自珍全集》,第63页。
③ 魏源:《默觚下·治篇五》,《魏源集》上册,第47—48页。
④ 王韬:《弢园文录外编》卷1《变法》上。
⑤ 王韬:《弢园文录外编》卷5《六合将混为一》。
⑥ 王韬:《弢园文录外编》卷1《变法》上。
⑦ 王韬:《弢园文录外编》卷1《变法》上。
⑧ 王韬:《弢园文录外编》卷1《重民》上。

亦安,民心既失,虽盛而亦蹶。"①他为了突出"民"在社会历史中的地位和作用,特写了《重民》上、中、下三篇,指出:"今中国之民,生齿日繁,几不下三千余兆,诚使善为维持而联络之,实可无敌于天下。"怎样善为维持呢? 他说:"善用其民者,首有以作民之气,次有以结民之心。其气可静而不可动,敌忾同仇,忠义奋发,勇于公战而怯于私斗。其心可存而不可亡,在城守城,在野守野,虽至援绝矢穷,终不敢贰。"②因此,王韬的重民思想反映了中国近代半封建半殖民地的社会时代特点,一方面他要求实行传统的农本政策,实行所谓"汰浮士,裁冗兵,去游民,使尽驱而归之于农,以辟旷土,垦荒地,给以牛种犁锄,居以蓬寮,时课其勤惰,而递岁分收其所入。"另一方面又主张"若开掘煤铁五金诸矿,皆许民间自立公司,视其所出繁旺与否,计分征抽,而不使官吏得掣其肘。"实际上,他是以后者为主,积极提倡在我国发展与西方一样的工商企业,以开采矿产、修筑铁路、建造轮船、架设电线等一系列的实业,既可提高这些工商业者所谓"民"的地位,又可增强国力,抵御外来侵略者。因此,他强调:"讲求武备、整顿海防,慎固守御,改易营制,习练兵士,精制器械,此六者实为当务之急。而文武科两途,皆当变通,悉更旧制,否则人才不生。其次则在裕财用,如开矿铸银、尚机器,行纺织,通商于远许、贸易于国中者,皆得以轮舶,而火轮、铁路、电气、通标,亦无不自我而为之,凡泰西诸国之所眈眈注视跃跃欲试者,一旦我尽举而次第行之,俾彼无所觊觎艳羡其间,此即强中以驭外之法也。"③毫不隐晦地表示想用西方资本主义的这些东西来改革中国社会。他认为这样做是十分必要的,其理由是:

天施地生,山蕴川怀,此自然之利也;制造操作,佐以机器,此人工之利也;舟车致远,贩有易无,此商贾之利也。是在上之人教

① 王韬:《弢园文录外编》卷1《重民》中。
② 王韬:《弢园文录外编》卷1《重民》上。
③ 王韬:《弢园文录外编》卷2《变法自强》上。

导而鼓舞之耳。上行而下自效,行之十年,当有可观。此非与泰西诸国争其利也,亦欲使我固有之利仍归诸于民耳。民生既足,国势自张,而后一切乃可以有为。①

这样做,既有利于工商业的发展,有利于资本主义经济的成长,有利于国家力量的增强。同时,也反映了太平天国革命前阶级矛盾的尖锐,因此,他要求君与民共其利,做到"上既有余,而下无不足","上有以信夫民,民有以爱夫上,上下之交既无隔阂,则君民之情自相浃洽"②,矛盾缓和下来,此其一。其二是,他认识到社会矛盾确实尖锐地存在着,因此,又提出"使天下各邑各镇各乡,均为民兵而行团练,守望相助",以镇压农民群众的反抗。由此可见,他所说的民,不是广大的农民群众,而是封建地主阶级,特别是新兴的工商业者。他站在统治者的立场上,希冀"朝廷有大兴作,大政治,亦必先期告民,是则古者与民共治天下之意也。"他告诫清贵族统治集团说:"勿以民为弱,民盖至弱而不可犯也;勿以民为贱,民盖至贱而不可虐也,勿以民为愚,民盖至愚而不可欺也。"他主张调和上(君与上层统治集团)与民的矛盾,提出:"夫能与民同其利者,民必与上同其害;与民共其乐者,民必与上共其忧。"③因而在政治上必然得出"君民共主"的结论。关于这一点王韬在《重民》下中阐述得非常清楚。他说:

> 论者谓:君为主,则必尧、舜之君在上,而后可久安长治;民为主,则法制多纷更,心志难专一,究其极,不无流弊。惟君民共治,上下相通,民隐得以上达,君惠亦得以下逮……猶有中国三代以上之遗意焉。④

并进一步申述说:"苟得君主于上,而民主于下,则上下之交固,君

---

① 王韬:《弢园文录外编》卷7《补饪起废药痼议》。
② 王韬:《弢园文录外编》卷1《重民》上。
③ 王韬:《弢园文录外编》卷1《重民》中。
④ 王韬:《弢园文录外编》卷1《重民》下。

民之分亲矣,内可以无乱,外可以无侮,而国本有若苞桑磐石焉。"①显然,王韬的这些思想,特别是"君民共主"的思想来源于英国,他在《纪英国政治》的文章中赞扬英国的君主立宪之制说:"英国之所恃者,在上下之情通,君民之分亲,本固邦宁,虽久不变。观其国中平日间政治,实有三代以上之遗意焉。"他还针对有些人只看到英国"火器之精良","商工之利遂立国之基"等表面现象,提出"不知此乃其富强之末而非其富强之本也……英不独长于治兵,亦长于治民,其政治之美,骎骎乎可与中国上古比隆焉。"②

他要求中国学习西方不要"舍本逐末",而应该"追本溯源",即切实地学习君主立宪制度。因此,王韬的"君民共主"思想,具有近代资产阶级民主思想的性质。但是,他舍不掉"君主",因而他的思想仍属于早期资产阶级改良派,说得更具体一点,是属于君主立宪派的政治思想。正因为如此,所以,他强调富强之效莫不基于君民共主。并以欧洲历史为例说:"泰西诸国以英为巨擘,而英国政治之类,实为泰西诸国所闻风向慕。"而它之所以能达到如此国富兵强,是由于英国实行了君主立宪的政治制度,"君民上下互相联络之效也。"王韬反复强调"合一国之人心以共为治,则是非曲直之公,昭然无所蒙蔽,其措施安有不善者哉!"③将英国的君主立宪制美化得无以复加。

王韬的世界观中具有某些辩证的因素,他说:"道无平而不陂,世无衰而不盛,屈久必伸,否极必泰,此理之自然也。"④这样,他就朦胧地看到了事物对立面的必然转化的趋势。在道与器的关系上他认为是变化的,他写道:"形而上者曰道,形而下者曰器,道不能即通,则先假器以通之,火轮舟车皆所以载道而行者也……盖人心之所向即天理之所

---

① 王韬:《弢园文录外编》卷1《重民》下。
② 王韬:《弢园文录外编》卷4《纪英国政治》。
③ 王韬:《弢园文录外编》卷1《重民》下。
④ 王韬:《弢园文录外编》卷5《六合将混为一》。

示,必有人焉,融会贯通而使之同。"①道既然是假器以通之,而器又可以载道而行,其结果则器变道必随之而变,这和地主阶级改革派所坚持的"天不变道亦不变"的观点,以及洋务派所主张的"中体西用"的"道器观"有着明显的区别,他们都把"道"看作是一成不变之物,而王韬肯定器变必然影响道变,人心如果思变,必有人融会贯通而使之同。不仅如此,王韬还将"道"与西方人直接联系了起来,宣扬东西方之"道"将来要"合一",明确提出:"东方有圣人焉,此心同此理同也;西方有圣人焉,此心同此理同也。盖人心之所向即天理之所示必有人焉,融会贯通而使之同。"②王韬还认为社会历史的盛衰、强弱,以及战争的胜败是可以互相转化的。他说:

> 善体天心者,无虞邻国之难,而益励其修,奋武卫,振边防,习战守,练水攻,造舰炮,精艺术,师长技,明外情,先自立于无间之地,而后敌乃不得伺间以乘我。此之谓折冲于无形,而战胜于不兵。若普、法今日之战,虽为欧洲之变局,而亦庶几普、法之转机,善觇国运者毋以胜为吉,毋以败为凶,盛即衰之始,弱即强之渐。③

王韬以中国历史和普、法两国历史为例说,"勾践卧薪尝胆,卒以沼吴;燕昭礼士求贤,卒以覆齐。法于此时,正当拨乱求治,励精蓄锐,先尽其在我,而后可以得当一洒其耻。故普毋狃乎胜有所恃,则骄心乘之矣;法毋惕乎败有所沮,则怠气中之矣。骄则必覆,怠则不兴,此非以承国运而挽天心也,想普、法必能知所以自警矣。"④他在这里看出了社会历史的盛衰、战争的胜负是可以互相转化的,并且认为问题的关键在于人们善于抓住转化的契机,是"尽其在我",发挥人的主观能动性,努力推动事物的转化。王韬特别告诫那些在战争中的获胜者,要戒骄戒怠,借以保持胜、盛的地位。因而提醒人们要"善体天心","善觇国运",认真分析客观形势,尽量发挥人的主观能动性,从而真正做到"尽

---

①②　王韬:《弢园文录外编》卷,《原道》。
③④　王韬:《弢园文录外编》卷8《普法战纪前序》。

其在我"。王韬这种承认道器可以互相转化,承认历史矛盾对立面可以转化,而人们在这种转化中应各"尽其在我",发挥人的主观能动性的思想,是有辩证因素的思想。

王韬在历史进化论思想指导下,将中国历史发展之"道"划分为三个阶段,第一个阶段为"三代"之道,第二个阶段为"郡县"之道,第三个阶段为"君民共主"之道。他划分阶段的标准和原则完全是从君与民的关系上着眼。如评论第一阶段的"三代"之道说:

> 三代以上,君与民近而世治;三代以下,君与民日远而治道遂不古若。至于尊君卑臣,则自秦制始。于是堂廉高深,舆情隔阂,民之视君如仰天然,九阍之远,谁得而叩之。虽疾痛惨怛,不得而知也;虽哀号呼吁,不得而闻也。①

在王韬看来,三代以前"君与民近而世治",所实行的是民道,因而他对三代之世加以肯定。可是,到了秦始皇之后,情况起了变化,所实行的是"郡县"之道,即实行君主专制之道。他说:

> 自祖龙崛起,兼并宇内,废封建而为郡县,焚书坑儒,三代之礼乐典章制度,荡焉泯焉,无一存焉,三代之天下至此而又一变。②

王韬是从反君主专制的角度来看待郡县制的。他说:"君既端拱于朝,尊无二上,而趋承之百执事出而莅民,亦无不尊,辄自以为朝廷之命官,尔曹当奉令承教,一或不遵,即可置之死地,尔其奈我何?"由于君主实行专制,对广大的人民群众进行残酷剥削压迫,所谓"惟知耗民财,殚民力,敲骨吸髓,无所不至",其结果是在君主专制下的官僚们,无不"囊橐既饱,飞而飏去,其能实心为民者无有也"③。表达了他对君主专政政体的反对,这在当时来说是有现实进步意义的。

王韬在综述中国历史由三代的"民道"向郡县制的"君道"发展之

---

① 王韬:《弢园文录外编》卷1《重民》下。
② 王韬:《弢园文录外编》卷1《变法》中。
③ 王韬:《弢园文录外编》卷1《重民》下。

后,必将发展至所谓"君民共主"之道的阶段。在他看来,社会历史到达这个"君民共主"和"君民共治"的阶段,其情况是上下相通,民隐得以上达,君惠亦得以下逮,是一个所谓理想的完美阶段。这样一个"君民共主"的政权是什么政权性质的"王国"呢?王韬笔下的"民"是什么阶级阶层呢?如上文所述,是封建地主阶级,特别是向资产阶级道路发展的工商业者,其"君民共主"政权的性质实际上是中国版的英国君主立宪制政体。这反映了王韬并不理解西方议会制度的阶级实质,早期改良派只是停留在对君民共主的向往上,想为向资产阶级道路发展的工商业者和士绅阶级争取一些发言权,参政权,如是而已。当然,在半封建半殖民地的中国是做不到这一点的。因为王韬等人在提倡君民共主时,并没有触动君主专制制度。然而也必须看到,它在一潭死水的封建社会中投下了一块巨石,激起了思想上的浪花。

王韬以犀利的目光蒙眬地从近代资本主义的机器生产、轮船火车的交通、工商业发展的情况及各国兵凶战危的局势中,预见到世界终将走向强弱吞噬局面的反面,即走向世界大同。提出:"今日欧洲诸国日臻强盛,智慧之士造火轮舟车以通同洲异洲诸国,东西两半球足迹几无不遍,穷岛异民几无不至,合一之机将兆于此。"①王韬不仅从新式交通运输工具的发展,资本主义世界市场形成等方面的现实中,产生了世界大同的思想,而且提高到从哲理上加以阐明。他说:

> 形而上者曰道,形而下者曰器,道不能即通,则先假器以通之,火轮舟车皆所以载道而行者也。东方有圣人焉,此心同此理同也;西方有圣人焉,此心同此理同也。盖人心之所向即天理之所示,必有人焉,融会贯通而使之同。故泰西诸国今日所挟以凌侮我中国者,皆后世圣人有作,所取以混同万国之法物也。②

王韬的世界大同思想,并不是在反对西方资本主义的前提下提出的,因而它和资本主义国家的世界主义思想,缺乏严格的原则界限。可

---

①② 王韬:《弢园文录外编》卷1《原道》。

是,由于他所处的半封建半殖民地社会和西方学者所处的地位不同,西方学者提出世界大同思想,是为侵略其他国家的政策服务的。王韬对当时帝国主义国家掠夺斗杀的局面不满,从而幻想大同世界的到来,因而在实质上和资本主义国家学者为对外侵略所用的世界主义是不一样的。另一方面,王韬的大同思想虽然受孔子《礼运篇》大同思想的影响,但和孔子的大同思想不同,孔子是在封建领主制向封建地主制转向时提出的,是作为封建地主制的理想王国而提出的。康有为《大同书》所表达的世界大同思想,是在戊戌变法的前夕,作为资产阶级改良派思想家,所提出的地主资产阶级的理想王国。王韬严格说来不是真正的思想家,和孔子甚至和康有为都不相同,他只是在孔子大同思想的影响下,又看到火车轮船等新式交通工具的发展,和资本主义世界市场的出现,察觉到世界大同的到来,因而提出了世界大同思想,但它不是作为近代资产阶级理想王国而提出,仅仅是就事而论事,对世界大同的蓝图没有作进一步的描述。

事实上,王韬的思想是以传统封建思想为基础的。他认为"纲常则亘古而不变,制度则递积而愈详"[①],明确地提出封建的三纲五常是不变之道,即中国古老的封建君主制度是不能变的,所能变的只是某些具体的制度,所谓"递积而愈详"的制度也就是"舟车枪炮机器之制",用哲学语言来说也就是"器"是可以而且应该变的。他以西方进化论观点来解释中国封建儒家某些学说,认为孔子也是主张历史进化论的。认为孔子所说"乘殷之辂,服周之冕","殷因于夏礼,所损益可知也;周因于殷礼,所损益可知也;其或继周者,虽百世可知也。"[②]又说:"诚使孔子生于今日,其于西国舟车枪炮机器之制,亦必有所取焉,器则取诸西国,道则备自当躬。盖万世而不变者,孔子之道也,儒道也,亦人道

---

① 王韬:《弢园文录外编》卷5《六合将混为一》。
② 王韬:《弢园文录外编》卷1《变法》上。

也。"①因此,他和洋务派"中体西用"的主张走到一起了,其结论必然也是"中体西用"。王韬所承认事物的变化、对立面的转化,和洋务派的观点不同,然而只是在一些次要问题上的不同,而主要的即封建统治制度不能变则是相同的。所以,王韬提出君民共主、君主立宪制度等,是有其思想基础的。

王韬历史观另一主要内容是天道观。由于封建史学思想在他头脑中根深蒂固,所以在考察人类社会历史时每每以"天道"作为依归,当然,在这方面进化论思想也有所渗透。例如,他提出人类社会历史大抵有一万二千年,构成一个周期(即邵康节会运说)。在这一周期里,人类社会历史也是由低到高不断变化的。王韬认为大体说来其变化可分为两个大阶段:第一阶段为二千年,"始辟之一千年,为天地人自无而有之天下;将坏之一千年,为天地人自有而无之天下。"第二阶段,约万年左右,"前五千年为诸国分建之天下,后五千年为诸国联合之天下。盖不如此,则世变不极,地球不毁,人类不亡。"②在经过后五千年"天道失明",地球将要全部毁灭,人类历史将随之泯灭之后,再经过一个相当时期之后,地球又逐渐形成,人类历史又由低级向高级阶段进化。类似这样,由"始辟"到"将坏",由"诸国分建"到"诸国联合",人类社会历史就是这样按所谓天道往复地循环着。这和邵康节的封建历史循环论,即所谓"三十年为一世,十二世为一运,三十运为一会"的观点,在具体说法上虽然不尽相同,但就其实质而言并无多大区别,是一种带有进化论色彩的"天道"循环论。

由于王韬相信"天道",所以在解释社会历史现象特别是历史事件时最后都归结到"天"(上帝)为主宰。例如,他对普法战争的看法,认为法国的失败不在于国运而在于"天心",提出所谓"顾我所尤深感者,不在国运而在天心也"。在他看来,"普法启衅之始,不自其先,不自其

---

① 王韬:《弢园文录外编》卷11《杞忧生〈易言〉跋》。
② 王韬:《弢园文录外编》卷7《答强弱论》。

后,而适在去岁(1870)之秋,盖天不欲法以私忿毒天下也,法蹶普兴而俄得志,岂英之福哉! 天其或者特创欧洲之变局而使此后多事,未可知也。"①他分析法国之所以失败完全是由于"天心"注定的。因为他认为法国是西方最先兴起的国家,"造不仁之火器","恃其利以毒他国卒以自毒,谓非天道报施哉!"②他不分析普法战争时普法两国的社会历史条件,不分析两国的客观和主观因素,将法国的失败仅仅看作是所谓违背"天心",是"天"报应的结果,完全用唯心史观来认识和分析社会历史问题。对外国历史是如此看法,对中国历史也是如此看法。他对清廷镇压太平天国等农民起义军,也看作是"天意"。他认为清廷镇压太平军,并"非前之难而后之易也,盖时至使然也"。他十分强调:"时至,则非常之人自能建非常之功,故圣天子在上,则百执事奔走于下"。认为太平天国农民革命成功或失败,完全凭诸"天心",清廷统治集团镇压农民起义只能是"尽乎人事"。把太平天国前期革命形势迅速发展的原因看作是所谓"世运",是命定的结果,后期的失败,也归之于"天意"。总之,王韬在这里所提出的"天"、"天心"、"时"、"世运"等都是不可理解的超乎自然物之上的"神"的力量,这样,就自然地不可避免地必然陷入宿命论的泥潭而不可自拔。

因此,王韬对一个国家和各个朝代兴亡盛衰的历史的考察,不是从其社会经济和阶级关系入手进行具体分析,而是错误地归之于"天道循环"。他说:"或谓有国家者,弱即强之机,强即弱之渐,此乃循环之道然也"。③ 他把非常复杂的社会历史问题,如此简单地归结为所谓循环之道。王韬依据这个观点,在《普法战纪》、《法国志略》等著作中曾多次分析法国由强变弱的原因是"天道"循环的必然趋势和结果。同样,用这个观点来解释中国古代历史,提出商代鬼方,周代猃狁,汉代匈

---

① 王韬:《弢园文录外编》卷8《普法战纪前序》。
② 王韬:《弢园文录外编》卷8《普法战纪后序》。
③ 王韬:《弢园文录外编》卷7《强弱论》。

奴,晋之拓跋,唐之吐蕃,宋之契丹,明之也先等的兴盛衰落,也都归结为"天道之所当然"。王韬生活在中国面临着亡国灭种的紧急关头,还把近代西方殖民主义者向东方扩大侵略,说成是所谓"天道",说不能把它看成是什么坏事。公然提出英国侵略印度、南洋,由南洋至中国广东,使中国"洪波无阻",是所谓"光气大开的时代",为侵略者提供理论依据,完全是错误的。他在上海时由于得到英驻沪领事的庇护,得以逃出上海,居住于当时英国统治的殖民地香港二十多年,帮助英国人理雅各翻译中国儒家典籍,之后,又在香港创办《循环日报》。因此,他为英国殖民主义者说话,不是偶然的,是有其深刻的社会根源和思想基础的。因此,王韬把英国等资本主义国家侵略中国,迫使中国一步步沦为半封建半殖民地国家的悲惨命运,说成是"光气大开的时代",其间虽然他已看到近代资本主义的"光气",比落后的半封建半殖民地的中国社会要进步、要"好"、要"强大",歌颂为"光气大开的时代",虽有其可以肯定的一些合乎事实的内容,但客观上势必为外国侵略者侵略中国提供理论依据。所以,对于王韬的言论中特别是其史学思想中所流露出的爱国情绪,不能估价过高,也不能和同时代的黄遵宪等人的爱国思想相提并论。

在历史观方面,王韬还非常强调人的作用,把历史看作是英雄人物所决定的,但和其他资产阶级历史学家所不同的是,王韬在强调英雄人物的作用时,有时又强调"时"的决定意义。由于他不可能在个人作用与"时"的关系上有辩证的理解,有主次不同的理解,因而他自觉或不自觉地陷入宿命论的泥潭中。他说:"中国自三代以还,其间不无陵替之端,其治不无舛谬之迹,然未及百年必有圣君贤相出而整顿之,以挽回气运而旋转乾坤。"①似乎在大乱之后百年左右,上天必然安排出圣君贤相,使天下大治。他说,这种历史现象是常见的,是必然出现的。所谓"历观载籍,有非常之难,必有非常之人以定之,应若蓍龟,合若符

---

① 王韬:《弢园文录外编》卷5《六合将混为一》。

节,援古证今,历历不爽"。以这种观点来解释历史是非常错误的。

三、《粤逆崖略》和《甕牖余谈》的编撰

《粤逆崖略》和《甕牖余谈》都是记述太平天国革命历史的著作。王韬认为太平天国农民起义,"于今十有五年矣。其始起也,非有坚甲利兵为之用也,非有英豪杰士为之谋也,非有强将悍卒为之先也,非有赢粮重货为之继也。"①他分析太平天国农民起义爆发的原因,是由于官贪虐民,无法活命的广大农民群众,爆发了规模巨大的农民起义。他说自洪秀全等人领导的起义在广西金田村树起大旗以后,势力迅速扩展,所谓"'贼'踞楚、皖、吴、越之地,或三四载,或几至十载,不可谓不久。然十余年间,御'贼'者如积防之川,障东则注西;燎原之火,扑此则灾彼。"②打得清统治者惶惶不可终日,穷于对付。王韬对太平天国农民起义的爆发及其势力迅速壮大的原因,作了如下的概括,他说:

> 天下之坏,不坏于"贼",而坏于吏;不坏于墨吏,而坏于庸吏。军事之坏,不坏于无饷,而坏于无兵;不坏于无兵,而坏于无将。朝廷之坏,不坏于无法,而坏于无人;不坏于无直言,而坏于拘成格。何则?"贼"始本可灭,养成之者,吏也。墨吏殃民,民或乱或不乱;庸吏讳乱以酿乱,而乱斯大。③

王韬认为"天下致病之所由"有三:一、无将。他说如果将能,则天下之人皆可练之兵;将无能,则将且为兵所用,根本谈不上应用兵法以指导作战。二、箝人之口于朝。天下事,言易而行难,所言往往沮于部议,或寝不问。三、能言者不敢行,其结果连能行者亦不敢言。因此,在这样的情况下,朝野所为多苟且不终日之计。出现的怪现象是粉饰、因循、蒙蔽。在这样的局势下,无论何人,"以之治兵,则不能立威;以之治民,则不能取信;以之柔远,则远人轻我;以之理财,则财匮;以之御

---

①②③　王韬:《弢园文录外编》卷6《粤逆崖略》。

'贼'，则'贼'滋蔓，剿则不能涤其源，抚则不能善其后。"①王韬的这些评论确实触及了当时清贵族统治集团的要害，触及了当时社会的一些腐败现象。

《粤逆崖略》是站在统治阶级的立场用相当篇幅总结经验教训。王韬全面地衡量了当时的形势后，针对当时清廷的落后和腐败，首先主张利用外国的坚船利炮等新式武器来镇压农民起义军。尤为严重的是，当外国侵略和农民起义两种矛盾交叉时，向清贵族统治集团提出御外必先"平贼"的建议。他说："当今之务，首在'平贼'。"并于咸丰八年（1858）向清政府的苏州官吏上书，具体提出所谓"和戎、防海、弭盗"的策略，说什么"当今天下之大患，不在'平贼'，而在御戎"，然而要"御戎"即抵抗外国的侵略，必先平定太平天国的农民起义，而要镇压农民起义军，"则请以和戎始"。② 这些话说明了王韬为了维护地主阶级统治的根本利益，在"和戎"的冠冕堂皇的名义下，与外国侵略者进行勾结，首先提出组织洋枪队，以便凭借外国的军事力量，共同镇压太平天国农民起义军。他以李秀成领导的太平军进攻上海失败的事实为例说：

> 沪邑，一丸泥之封耳，而"贼"结队千群，连营百万，集攻者非一次，力争者非一时，瞰其富盛，必欲得而后餍，宜若难以支矣。而西人以数千之众，一战而驱之，使"贼"丧气挫锋，势衄财竭……爰是重臣知其能，悍"贼"慑其威，中外相联，指臂交助。③

王韬认为，历史上这类的史实也不乏其例，如唐代，"突厥有助顺之师，回纥有效命之请，皆愿解辩受职，荷戈前驱"。而这时清朝的局势，"叛者众起矣，苗民逆命，回夷蠢动，捻之骚扰亦将十年，叛服不常"，而整个国家，"民穷财尽矣，军无半岁之赢，民无一月之蓄"，已到

---

① 王韬：《弢园文录外编》卷6《粤逆崖略》。
② 王韬：《弢园尺牍》卷4《上徐君青中丞第一书》和《第二书》。
③ 王韬：《弢园文录外编》卷6《粤逆崖略》。

了山穷水尽的境地。为了迅速将太平军镇压下去,以解清廷之危,他建议:

> 特简一军,俾两人统领,演习训练,号为常胜军,复邑攻城,所向攻利。海关司税李公,又从而驰诣英宗,募兵售舶,不日可至。我抗其前,彼轰其后,轮船激水而风飞,炮火蔽江而雷骇,灭此朝食,抑何难。①

说明王韬站在清统治者的立场,提出勾结"西人",共同镇压中国人民的反抗斗争。而清廷果然实施这一办法,成立以戈登、华尔为首的所谓"常胜军",中外反动势力相勾结,共同镇压太平天国农民起义。王韬还根据太平军所据的地区山川形势,在军事上提出进军的战略,特别根据长江中下游的地形,提出了包围天京的具体作战计划。在他看来,狼山、福山为全吴形势的关键,吴江则是江浙的襟带。昆山为苏州的咽喉,嘉定、青浦、太仓为运输交通要道。因此王韬认为,只有清军占领和坚守住这些重镇,就可以控制太平军在长江下游的活动,并可阻止其向江浙的发展。他又根据长江中游的地形,提出攻取芜湖,控制天京(南京)上游的长江门户,以断金陵之左臂。认为攻取天京,则必先占据雨花台,乘陆路之高阜,攻占九洑洲,以截断长江水道之要塞,并提出先占领镇江以直趋天京之背,然后再攻占瓜州、仪征以捣金陵之腹。这样,就可以使太平军在天京,"譬诸鱼游釜中,烹而食之必矣。"王韬上述建议,早在清同治初编撰《粤逆崖略》就提出了。当时,太平天国农民起义军由于内部和外部的各种原因,在军事上已完全处于守势,而曾国藩等基本上依据《粤逆崖略》中提出的战略思想镇压太平天国起义军的。

《瓮牖余谈》八卷,笔记体,成书于太平天国革命失败后的同治十二年(1873)。王韬在清廷镇压太平天国农民起义后,为总结其统治经验教训,进一步追溯太平天国农民起义爆发的原因,认为是由于"国家

---

① 王韬:《弢园文录外编》卷6《粤逆崖略》。

承平数百年,民不知兵,积弱生玩,积玩生猜",起义领导者和农民群众
"辄取官吏为仇",而腐败的清廷"官吏慑其顽而耽于逸,动则剿之难,
不如抚之易也。'贼'于是乎得逞其志矣。"①显然,他是站在太平天国
农民起义军的对立面,表现在史学上必然歪曲太平天国的历史。由于
王韬在太平天国起义军占领地区居住过,对其情况有所了解,并长期得
到英国传教士和英国驻中国外交官员的庇护,也从传教士及其他人员
中刺探到一些太平天国情报,加上从西方报刊上看到的有关资料,这就
为他研究和撰述太平天国历史提供了有利条件。《甕牖余谈》在《洪逆
颠末记》《洪逆琐记》等标题下,对洪秀全、杨秀清等太平天国起义领
袖极尽歪曲攻击之能事。但书中也保存了一些可供研究太平天国历史
的部分史料。如记载"三河集之役"史料甚详,王韬说:"李忠武公授命
于是役焉,此为上游大局所关,故记之特详。"对陈玉成等著名起义将
领的斗争事迹也作了一些记述,反映了部分历史事实。在《浙江乱后
景说》一节中,他记述了太平军被镇压后农村所出现的萧条景象,也涉
及了揭露清军的残暴。他在该书中写道:

> 肇庆黄君瑞春于同治乙丑(同治四年,1865),随其戚至浙江
> 候补。经督宪委派金衢严稽察善后事宜,经历三府,足迹殆遍,其
> 地皆极荒凉,金华尤甚。

综上所述,王韬对太平天国历史的研究,意在为镇压农民起义军出
谋献策,并总结历史经验教训,为巩固清廷统治提供借鉴。但在太平天
国研究中,分析农民起义的原因时,对清廷统治集团的腐败有所揭露,
作了一些近于历史事实的评论,有一定的参考价值。在历史观上,他继
承和发展了地主阶级改革派历史变易思想和吸取了西方学术思想,突
出了"民"在社会历史发展中的地位和作用,主张君民共主,实行君主
立宪政体,对近代史学发展起了一定进步的影响。但他相信"天道",
认为历史发展决定于"天"、"天心"、"时"、"世运"等超乎自然之上的

---

① 王韬:《甕牖余谈》卷8。

"神"的力量,这就不可避免地陷入唯心史观的宿命论和循环论泥坑中,不能再向前发展了。

第四节　外国人对太平天国史的记述和研究

一、外国人对太平天国史的记述

太平天国农民起义,不仅震动了中国人,而且也引起外国人的关注,一些外国驻我国的外交人员、商人与传教士等,他们将太平天国农民起义所见所闻,记述成册。如法国人加勒利·伊凡的《太平天国革命初期纪事》于1853年在巴黎出版。后来英国人约·鄂克森佛把它译成英文,并增加太平天国起义发展中的一些新史实,于同年8月出版,书名为《中国叛乱史》①,徐健行改译为《太平天国革命初期纪事》。

《太平天国革命初期纪事》一书,主要记载了洪秀全等从金田村起义到太平军攻克南京这一时期的历史,以及当时发生在广东、海南岛、湖南、湖北、台湾、福建等地的反清斗争情况。对清廷如何勾结帝国主义,镇压太平天国农民起义等史实作了记述。如记述美国商船悬挂美国国旗、避免太平天国袭击给清军运输作战物资和粮食;美国公使马沙利、英国公使文翰等去南京,刺探太平军军情等。由于是当时人记述当时事,具有较高史料价值。该书收录的太平天国起义文件,为作者所亲见的原件或抄件,如天德②二年(1850)贴于广州北门的告示,太平天国元年(1851)贴于永安州城墙上的檄文等珍贵历史文献,都不见于其他记载或著录。

该书作者称清咸丰帝为暴君,说他是一个"既残暴又懦弱"的人,他所任用的大臣,文的"愚昧欺罔",武的则"懦弱贪婪",对直接参与镇

---

① 由于该书过去没有中文译本,故在引用时没有统一名称,如萧一山《非宇馆文存》中,谓之《中国叛党起源志》,中国史学会主编的中国近代史资料丛刊《太平天国》第一册谓之《中国之叛乱》。

② 清代天地会起义时领袖应用的称号和年号。

压太平天国农民起义的刽子手如徐广缙、赛尚阿、乌兰泰之流的残暴、怯懦、狡猾、虚伪等,作了淋漓尽致的描述和刻画。称赞太平天国起义的领导者洪秀全为"中国的僭主,是进步的代表",是"革除暴政的革新家",明确认为"叛军代表正义","正义最后总要胜利",称这次农民大起义为革命等,从该书的字里行间可以看出作者的态度,基本上是同情起义群众的。当然,另一方面也应当看到,由于作者受国度和阶级立场的限制,因而在对起义军的某些具体事实的叙述中,往往带着侮蔑性的言词。

基督教巴色会派至中国的传教士韩山文牧师撰写了《洪秀全的异梦及广西起义的始原》一书,太平天国甲寅四年(1854)出版于香港,该书已辑入中国史学会主编的《太平天国》(六)。韩山文在该书中对洪秀全的家世和经历作了简要介绍,认为洪秀全家境十分贫寒,幼年勤奋读书,自学了中国儒家典籍,曾多次参加科举考试都未中。道光十六年(1836)在广州应试时,遇见了两位西方传教士送给他宣传基督教的小册子《劝世良言》,对他后来创立拜上帝会,组织领导农民群众起义有重大影响。由于洪秀全多次参加科举考试都遭受失败,对他的打击是很大的,以致在最后一次落第回家后,因病卧床多时,在病中经历了一连串奇怪的异象或异梦。而这些异象或异梦,洪秀全竟在《劝世良言》等书中寻得了解释,并且感到这些书的内容和洪秀全那时的经历完全符合。该书较详地记载了洪秀全创立拜上帝会和在广西组织起义的经过情况,是研究洪秀全和太平天国初期的重要资料之一。

英国皇家学会会员、下议院议员塞克斯上校编著了《太平天国问题通信》①,1863 年在伦敦出版。塞克斯虽然没有到过中国,但他当时从来自中国的各种通讯报道,包括攻击太平天国革命的许多材料中,看

---

①　该书原名《中国太平叛乱的起源、进展和现状》,副标题是《致〈亚伯丁自由报〉和伦敦〈每日新闻〉书信汇编并附录》。梁从诚翻译本书时改称为《太平天国问题通信》。

到了太平天国农民起义的一些真实情况，看到了英国对华政策的侵略性。1862年左右，当英国公开参与镇压太平天国农民起义，英国舆论界对太平天国的攻击甚嚣尘上的时候，塞克斯在下议院为太平天国农民起义辩护，并揭露英国政府的侵略政策。他为此而写的许多信件，主要发表在《亚伯丁自由报》和伦敦《每日新闻》上，后编纂成书。

塞克斯在该书前言中说，"我的信是以英国政府蓝皮书和在中国出版的报纸为根据的，其他的信是来自一些乐于向我提供帮助的住在中国的朋友。"又说："这种通信从1839年12月6日东印度公司最后一名雇员离开广州时开始，直到今天。它使我对中国的事件发生了兴趣，促使我尽力去核实信里所谈到的事情。"塞克斯指出"鸦片商人，那些每年领几千镑饷银去充当清政府雇佣军的英国臣民，那些拍满大人马屁的家伙"，以及英国驻中国的外交人员等，"蒙蔽欧洲的舆论，不让人们知道中国所发生的事情的真相；借口应当镇压自太平叛乱以来遍及中国各地的'乱兵'，力图使英国人民相信，他们屡次破坏我国已宣布的中立政策的行动是合理的。"

塞克斯根据英国政府当时所实行的政策，提出质问说："我们又是否打算走我们在印度的老路，逐步建立一支由英国军官指挥的中国军队呢？假定这支由本地人组成的军队是忠实于我们的，再加上我国在华常驻部队以及在各通商口岸里的租界，这一切是不是将使我国成为中国的真正主宰呢？对于大不列颠的这种扩张，欧洲各国会袖手旁观、无动于衷吗？我们不会因此与其他国家，特别是法、俄两国发生严重纠纷吗？英国的纳税者会不会同意每年由他们掏腰包来维持这些常驻部队、租界和三十至四十艘兵船呢？虽然这些都是重大问题。"①由于该书所载的通信，都是来自中国的第一手资料。因而作为研究太平天国的资料，该书是有一定参考价值的。

英国皇家海军司令勃林所撰的《太平革命记》一书，也有一些有史

① 塞克斯：《太平天国问题通信》前言，见梁从诚译本。

料价值的记载，如该书写道："在欧洲人中间太平军声誉日降，其主要原因是由于我们和满清政府的政治关系发生了巨大变化的缘故。"在说到"亚罗号"战争之后所签订的《天津条约》时说：

> 其中两条条款，不但不利于太平军的进一步发展，而且使一切企图和扬子江上游诸省进行贸易的欧洲人也都激烈反对太平军的存在。额尔金勋爵前往汉口时，视太平军直同即将被满清政府所剿灭的叛匪。他又认为太平军妨碍了各项条约的执行，因此他自然不会对太平军表示好感。①

勃林以充分的事实表明，英国侵略者不顾中立的诺言，为了维护殖民主义者的利益，竟明目张胆地去扶持满清政府，向太平军宣战。

侵略分子威尔逊所撰的《常胜军》专门记载洋枪队镇压太平天国的战事，成书于清同治七年（1868）。威尔逊是英国侵略者戈登的私人秘书和通讯员，亲自参与镇压太平天国农民起义的罪恶活动。他所记载的多为本人所亲见亲闻的历史，在资料上具有一定的参考价值。

二、呤唎对太平天国史的记述和研究

呤唎，英国人，原在英国海军供职，咸丰九年（1859）来华，由此引起了他研究中国的无穷兴趣。太平天国农民起义爆发后，他耳闻目睹了中国各地反清斗争的兴起，并初步了解到以农民为主体的反清力量的不断壮大与发展。同时，他通过自己的观察和分析，看到了以前欧洲资本主义侵略者带给中国人民恶果，并不是如同有些人所说的"中国人的天性"，而是由于邪恶的清政府所造成的。他为了研究太平天国农民起义，辞去了在海军中所担任的职务，转在一艘名为英国人商船（实为中国商船）上当大副，船长也是辞去军职的同僚。他乘这艘船于太平天国庚申十年（咸丰十年，1860）进入太平天国占领地区，并亲眼看到苏州等地太平天国管辖区一片繁荣的景象，促使他对太平天国情况作

---

① 勃林：《太平革命记》。

进一步调查了解。他通过调查、观察,知道广大农民对太平天国起义军是比较满意的,所以他又亲自至苏州直接谒见忠王李秀成。忠王李秀成对英国政府的干涉政策和背信弃义的行为所发表的意见,他十分心服,由此认识到世界上再没有什么事业比太平天国的事业更公正更神圣,所以他决定自己用最大力量来支持太平天国起义军。吟唎将他的意愿告诉忠王,忠王李秀成委任他担任一个名誉职位,准许他在太平天国境内各处自由来往,支持太平天国革命运动。

太平天国辛酉十一年(1861)夏,吟唎至上海为太平天国采购欧洲军火和粮食,在办妥购买军火、委托代理人和同情革命的报馆建立联系后,迅速回到镇江,从运河上驶到扬州购买军粮。吟唎十分重视舆论宣传工作,除他自己在《中国之友》等报刊上发表宣传太平天国的通讯外,还争取英国在中国的著名传教士洛勃斯克等人到天京,让他们亲眼看看太平天国革命的真实情况,以便通过他们以争取英国人民和欧、美人民对太平天国的支持。

由于吟唎是一位海军军人,所以他努力从军事方面帮助太平天国,随忠王李秀成带炮队出征。他以自身亲眼目睹和自己的经历,搜集资料和研究太平天国革命历史,撰写《太平天国革命亲历记》,以铁的事实,驳斥那些捏造太平军残暴等无稽谰言。

太平天国癸开十三年(1863)六月,天京要塞雨花台失守后,吟唎参加天京保卫战。同年十月,英美侵略者组织由戈登统领的洋枪队会合湘军围攻苏州正急,尤其是戈登利用战船作战取得了极大的优势。李秀成要求吟唎设法捕获戈登战船,以便为太平军所用。吟唎于十一月设法回到上海,进一步了解戈登船队的情况,并于十一月十四日机智地夺取了"飞而复来号"轮船,由上海开抵无锡,太平天国把它命名为"太平号",悬挂忠王军旗,在无锡保卫战中也发挥了威力,给清军以打击。同年,吟唎回到英国。1866年2月在伦敦出版《太平天国——太平天国革命的历史》,约50万字。由于该书为作者亲身经历的叙述,提供了太平天国研究的一些比较可靠的第一手资料,为学术界所重视。

早在 1915 年商务印书馆即出版过孟宪承的节译本，书名改作《太平天国外纪》，字数压缩至 12 万字左右。中华人民共和国成立后，王维周父子又按照原书全文重译，书名改为《太平天国革命亲历记》，1961 年由中华书局出版。该书叙述太平天国的斗争历程，对太平军作战阵法、财政、婚姻等方面，以及太平天国的重要领导人物，均有记载，虽富于传奇色彩，史实记述亦有不妥之处，但作为一个外国人，他同情太平天国农民起义军，并且以实际行动支持太平天国革命斗争，是值得敬仰的。在革命转入低潮时，他决定回英国。他说："我在上海完全不能实现我为太平天国服务的任何计划，因此我决定投戈握笔写出这本著作以实现我从太平天国当局所接受的命令，我相信这本著作可以唤起英国人民的同情，从而有助于太平天国的事业，同时我又期望外国人所发动的战争可以停止，在这种情况之下，太平军就一定可以取得最后的胜利。"①

吟唎是一位基督教新教徒，其历史观充满着宗教神学的色彩，因此，在论述太平天国革命的起因和太平天国革命性质上，作出了历史唯心主义的错误解释。

吟唎认为太平天国革命的起因，是因为洪秀全在参加科举考试失败之后，患过一场大病，在病中经历了一连串奇怪的异象或异梦，后来他又读了基督教宣传小册子《劝世良言》，使他明白了人人必须敬拜天父上帝，帮助他诛灭妖魔的中年人就是救世主耶稣；妖魔就是偶像；众兄弟姊妹就是世上的人类。因此，洪秀全创立了"拜上帝会"，组织和领导太平天国革命。从这里可以看出，吟唎把太平天国农民起义的起因归之于"神的显现"，归功于《劝世良言》的启示。吟唎的这一看法是错误的。

太平天国革命时的确曾利用过基督教，正如中国历史上其他农民起义曾利用过宗教组织起义一样，宗教不过是组织群众进行革命斗争

---

① 吟唎：《太平天国革命亲历记》第二十四章。

的一种手段,其所以能起作用,是因为社会情况已经面临大革命的形势,农民群众迫切需要从思想上武装起来,迫切需要一个能够动员和组织千百万群众的工具,就是在这种形势下产生了"拜上帝会",并使其起了动员和组织群众参加革命的作用。洪秀全所创立的"拜上帝会",虽然披上了天父、天兄的外衣,但跟当时传入中国、掌握在外国侵略者手里作为侵略工具的基督教的实质和作用是完全不同的。前者是服务于中国农民起义的,用来作为动员和组织群众的工具;后者是服务于外国侵略,用来欺骗和蒙蔽中国人民的工具。而"拜上帝会"之所以能够在太平天国革命初期发挥动员和组织群众的工具的作用,正是适应了当时农民革命的需要。如果缺乏爆发革命的社会条件,或者洪秀全不了解当时的现实斗争,不了解农民群众的革命愿望,仅仅得了一本《劝世良言》,是不可能创建出一个"拜上帝会"来的;或者虽然创立了也仅仅是一个单纯的宗教组织。因此,太平天国革命的起因断不是如同呤唎所说的什么"神的显现",更不是一本基督教的传教小册子,或是几个基督教徒传教士的功劳。

呤唎历史观的另一错误,是以马尔萨斯人口论来分析太平天国革命的起因,他说:"成千上万的中国人,不是死于刀下就是死于饥饿,因为人口稠密,土地经过高度耕种的国家内,饥荒总是战争不可避免的可怕伴侣。"并且明确指出,"中国人口增长似乎是满清王朝延续的另一个敌人。各阶层人民又多起来了,他们对于鞑靼及其强加给中国人民的薙发垂辫的奴役标记,勒索行为,官职的垄断,以及高压手段等的旧仇新恨,自然形成了一幅可怕的光景……不满政府的人有增无已,他们日益看出了政府或毋宁说是满清征服者的腐朽无能。"①撇开地主阶级对广大农民群众的残酷剥削压迫,撇开其他社会原因不谈,单纯的以人口增长作为起因的惟一原因也是极其错误的。

呤唎关于太平天国革命性质的论述也不够正确。他把太平天国革

---

① 呤唎:《太平天国革命亲历记》第十三章。

命运动看作是"伟大的宗教运动和中国的政治革命运动",并且把所谓宗教运动置于首位,说"太平天国革命运动的领袖们在革命开始的第一天起,就把他们的教义灌输给那些发出了轻蔑的士大夫阶级,那些感到反感的一般人民,那些无数心怀仇恨的满清政府的雇员,这一事实确凿地证明某种神圣的因素激励了这些领袖及其追随者,使他们抛弃了他们的从古以来深受尊敬的圣教格言,而依靠永恒的上帝的大能和帮助"①。他完全夸大了宗教的作用,"两千多年来的传统积习,古代圣贤的名教格言,世代相传的放荡淫佚和偶像崇拜,全都涤除于一旦。这种情况只能用一种理由来说明,这就是神的显现,正像神曾经显现在古时传下的灵迹中一样奇异、超凡。"还说什么:"目前,一种看不见的奇异的力量却使这个惊人的革命运动影响了广大人类的道德上的新生。"②吟唎希望太平天国革命成功后在中国建立起一个同英国一样的所谓"基督教、自由和现代文明"的国家。然而,这只是吟唎个人的主观愿望而已。太平天国革命的性质根本不是什么宗教运动,而是中国封建社会的农民革命。太平天国定都天京后,迅即颁布《天朝田亩制度》,把全部土地按人口平均分配给广大农民,力图解决农民的土地问题。从太平天国平分土地的方案来看,是对地主封建土地所有制的否定。它反映了当时广大贫苦农民强烈地反对地主阶级残酷剥削的要求,以及获得土地、追求平等平均的理想社会的渴望。太平天国曾利用过基督教,披上宗教的外衣,作为动员和组织群众的工具。然而,工具只是达到目的一种手段,工具与目的是两码事,我们分析问题要看问题的实质,不能因为太平天国革命曾利用宗教作为它进行革命的工具,就说它是推行宗教为目的的宗教运动,手段与目的必须严格区别开来。

　　吟唎所说的政治运动的内容是指太平天国革命为"民族革命"。他说:"1851 年年底以前,民族起义的旗帜举起来了,汉族朝代宣告成

---

①　吟唎:《太平天国革命亲历记》第二十一章。
②　吟唎:《太平天国革命亲历记》第十章。

立了。"①又说:"太平天国的伟大成就,不仅实现了重大的道德革命,而且也实现了解放自己同胞的民族革命。"②这种说法有其一定历史依据的,因为洪秀全在太平天国革命开始时,在其所发布的《奉天讨胡檄》文中,确曾以民族革命为号召,可是一到太平军攻克南京后,随着革命斗争的深入,这场革命的内容和实质就更清楚了,故一定都天京后,即颁布《天朝田亩制度》,把革命矛头即指向清朝封建地主阶级。就太平天国领导者的主观愿望来说,太平天国革命如果推翻了清政府,虽然是"改朝换代",但是这种改朝换代不同于过去历史上一般的改朝换代,它的目的是要创立一个"新天、新地、新世界"的理想社会,达到"有田同耕,有衣同穿,有钱同使,无处不均匀,无人不饱温"的境地。因此,太平天国革命的目的不仅要推翻清统治者,而且要推翻整个地主阶级的封建统治权。当然,吟唎受其阶级和宗教观的局限,因而对太平天国革命性质也就不可能得出正确认识和结论。

三、《太平天国革命亲历记》在太平天国史研究上的贡献

吟唎在《太平天国革命亲历记》自序中写道:"我写这本书是由于我对这个令人敬仰的被压迫的、被残酷伤害的民族深深怀着激动的同情心,也由于我要抗议英国近年来对于弱小国家,尤其是对于亚洲弱小国家所实行的邪恶的外交政策。"因此,他在该书中首先对英国侵略者们为干涉太平天国起义而捏造出来的种种诬蔑予以驳斥。他不仅用自己亲身经历见闻的事实作证,而且还尽力搜集当时各方面的报刊(包括英国政府在华人员的报导)互相印证,以增强其说服力。他针对那些诬蔑太平天国是"土匪强盗",没有组织政府的谰言,他列举上海英国领事密迪乐上英国外务大臣罗塞尔的报告为证,力论"太平天国的权力在中国已经持续了 11 年之久,并且在中华帝国的中心地区也持续了八年之久。"有力地驳斥了认为"太平天国没有正式的政府"的论调。

---

① 吟唎:《太平天国革命亲历记》第二章。
② 吟唎:《太平天国革命亲历记》第十一章。

为了说明太平天国管辖区经济发展的情况,呤唎搜集了当时的中国丝茶出口的统计数字,编制了《中国出口的丝茶表》,统计太平天国建都天京前 8 年间,蚕丝输出数每年平均 16000 包至 26000 包,自太平天国建都天京领有一部分江浙产丝区后,努力发展蚕丝,蚕丝出口就从 25571 包飞跃地增加到 61984 包。当清军与外国侵略者联合向江浙进犯时,太平天国起义军被迫从产丝区撤退之后,蚕丝生产和输出就立刻几乎下降一半。这些事实,有力证明太平天国不是无组织的"土匪强盗",而是有能力发展社会经济的政府。

该书是呤唎参加太平天国革命四年之久写成的,他又亲自随李秀成参加过一些重大战役,对太平军作战史的记叙更具史料价值。如呤唎亲自参加过太平天国的江西鄱阳湖战役,关于这一战役,其他史书记载甚少,而呤唎详细记载李秀成领军进攻鄱阳湖,占领湖口县,对鄱阳湖战役研究提供了极为可贵的研究史料。

呤唎对太平天国军的良好素质予以很高的评价,并认为是"常取胜利的重大因素"。他说:

> 太平军只吸收具有宗教信仰和爱国信仰的人们参加部队,他们毫不羡慕饷银,这是他们经常取得胜利的重大因素。这些人的成分保证了这种制度的优越性,因为他们不像清军的兵士那样是人民中间的渣滓糟粕,而全都是可尊敬的人,来自工人、雇工和商人的阶层。其中许多人的社会地位很高,大抵多是广东、广西人,由于他们具有这种优点,所以往往从他们中间拔升军官。①

呤唎认为,太平军最英明的制度之一,就是各级军官的升迁只凭功绩。他说:"这是非常有利的制度,他们的多数首领都是很优秀的人才,忠王就是其中的一个,他没有任何帮助,全凭自己的光辉功勋,擢升为军中的最高品位。"②

对于太平天国的一些优良制度,在其他史籍中看不到的,该书却有

————————

① ② 呤唎:《太平天国革命亲历记》第九章。

较精确的记载。如太平天国的税收制度,《海角续编》说:"'贼'于城外各乡要路设立伪卡,每遇船只过,搜查有无货物完纳税。税过给以税票,在本境或过他关卡,俱可照票另出钱百文,加用伪印,不必再完。"诸如此类的记载,自然使人很难体会到太平天国税制的优越性,更难看出它与清朝的厘金制度有何不同。然而该书却记叙了呤唎曾经管驾商船在太平天国地区购买蚕丝,也曾为太平天国前往清朝统治地区的扬州仙女庙去购买粮食。他自述在仙女庙装货上船前,已向税吏交清应纳税款,可是,自仙女庙到瓜州就有十五个到二十个厘卡,全都勒索超过法定的税银,清政府官吏强行敲诈过往木船,致使"小民哀告无门"①。太平天国的商税制度与清完全不同,呤唎指出:"太平天国的税收机构与腐败不堪的清政府所设厘卡适成鲜明的对照,是公正的、简便的法规。在太平天国境内进行贸易的各村各镇,一律只设有一个税卡,税率是适度的。这种制度的最大优点就是只缴付一次税款,即发给一张凭照,直到目的地不再于他处纳税。太平天国税署所施行的简便有效的税制是应该受到大大赞扬的,正由于太平天国行政机构的这一环节的完善,有价值的生丝贸易才骤然增加,并且在他们据有产丝地区的期间继续不断发展。"又说:"不仅在南京进行过贸易的人全都可以证明太平天国税卡的优越性,而且那些目前正在英国寻欢作乐的丝茶商人亦应该为他们的发迹感谢革命军的令人敬佩的规章制度和宽容精神。"②

在太平天国的行政机构中,从天王府到地方官的衙署中都设有登闻鼓。呤唎记述太平天国的法庭说:"太平天国的法厅有一种特殊的习惯,大门走廊内置大鼓两面,凡受害申冤或要申诉的人们均可自由击鼓,要求首长主持公道。"他指出在太平天国管辖区内,"有钱有势的人

---

① 呤唎:《太平天国革命亲历记》第十五章。
② 呤唎:《太平天国革命亲历记》第十七章。

绝不能用不正当的手段胜过穷人。"①登闻鼓的设立本来是中国封建社会中的一种旧制度,但从来只是摆摆样子,并没有起过什么实际作用,太平天国的领导者却利用了这种办法,给人民"审断曲直,平反冤狱"。如果不是该书着重提及,是很容易使人忽略过去的。

关于妇女的地位,呤唎也强调指出:"太平天国社会制度中最值得称赞的就是妇女地位的改善,她们已经由亚洲国家妇女所处的卑贱地位提高到文明国家妇女所处的地位了。太平天国革除了两千年来妇女所受到的被愚昧和被玩弄的待遇,充分地证明了他们的道德品质的进步性。"②又说:"妇女摆脱了缠足的恶俗,男子摆脱了薙发垂辫的奴隶标记,这是太平天国最显著、最富有特色的两大改革,使他们的外貌大为改善,和在鞑靼统治下的中国人的外貌显出了巨大的区别,并表现了巨大的改进。"呤唎认为"太平天国妇女的社会地位,大大地超越了她们的姊妹、那些束缚在满清的家庭制度中的妇女的社会地位,这是太平天国的辉煌标志之一。"③

总之,《太平天国革命亲历记》提供了许多第一手资料,在太平天国史研究上具有重要的价值。

《太平天国革命亲历记》对太平天国史事的记载,也有若干错误,如太平天国癸好三年(1853)率军北伐的统帅是林凤祥、李开芳、吉文元,该书说是李秀成是错误的;又如该书第十二章所写《英王传略》,记英王陈玉成在广东读书,与洪氏的亲戚同学。1857 年,洪仁玕在香港伦敦会任传道士,陈玉成赴香港见洪仁玕,皈依了基督教,以及和他的侄女结婚等,都是虚构的。《英王陈玉成自述》,说他自己十四岁就参加金田起义,太平天国甲寅四年(1854)六月参加攻克武昌有功,擢为殿右三十检点,后又升为冬官丞相。太平天国戊午八年(1856)再升任前军主将,成为名将,威震四方。而呤唎说这时的陈玉成正在广州读

---

①　呤唎:《太平天国革命亲历记》第十九章。
②③　呤唎:《太平天国革命亲历记》第十一章。

书,专做劫狱的侠士,直到太平天国九年才随洪仁玕至天京,参加革命,在史实上显然是错误的。罗尔纲在该书《前言》中指出书中较大的错误虽有十四条之多,但是,并不影响该书的基本内容的可确性。该书的优点是主要的,而缺点却是次要的。《太平天国革命亲历记》是一部值得肯定的史学著作。

第五节　王闿运和《湘军志》

一、王闿运和《湘军志》的编撰

王闿运(1832—1916),字壬秋,湖南湘潭人。咸丰举人。喜爱文学和史学,尝手抄《史记》成帙,日夜读之。初为山东巡抚崇恩塾馆教师,继之入京为尚书肃顺聘为家庭教师。他崇尚今文经学,钦佩龚自珍、魏源,力图通经致用,又习研兵书,有从军之志。他指责时政,如"(汉)成宣之政,敝自州郡,法玩盗长,上庸下困,咎延厉极。"①当道咸之际各地农民起义风起云涌时,地主统治集团纷纷办团练,以镇压农民起义。王闿运却不以为然,力持异议。他说:

> 今自倡行乡团之说,民无"盗贼"之累而先有团费之扰,一甲出谷数十石,一邑一岁率敛谷数千石,人置竿木,家县布帊,号为一团,强而后入,籍未聚而求散,此微论"贼"至,一夫妄号而千团瓦裂……岁一敛聚,民不堪民,一县之费大者数万,少必数千,徒足以供酒食耳。②

太平天国农民起义期间,他曾为曾国藩幕僚,因政见论事多有不合而离去。四川总督丁宝桢聘他主持尊经书院。回湖南家乡后任长沙思贤讲舍、衡州船山书院山长。清末,授翰林院检讨,旋加侍读。民国初年任清史馆馆长。王闿运一生以教授学生为主要职业。著有《周易

① 王闿运:《湘绮楼文集》卷5《黄淳熙传》。
② 王闿运:《湘绮楼文集》卷2《与曾侍郎言兵事书》。

说》、《诗经补笺》、《礼记笺》、《尔雅集解》、《湘军志》、《桂阳州志》、《衡阳县志》、《东安县志》、《湘潭县志》、《湘绮楼文集》、《湘绮楼诗集》,并编《八代诗选》。门人辑其著作为《湘绮楼全书》。

《湘军志》是王闿运治史的代表作。发起为湘军作志的是湘军首脑曾国藩。曾国藩死后,其长子曾纪泽于清光绪元年(1875)邀请王闿运编撰《湘军志》,其目的以夸耀湖南地主武装镇压太平天国农民起义的"业绩"。王闿运认为这一历史时期,"端绪颐乱,私论官书,均当兼采"①,为其编撰《湘军志》的原则之一。经过两年的准备,于光绪三年(1877)夏着手编写,至光绪七年(1881)秋成书。全书十六卷,采用纪事本末体,分湖南篇、曾军篇、水师篇、平捻篇、营制篇等十六篇叙述和记载湘军的历史,对研究湘军和太平天国历史有一定学术价值。

二、《湘军志》"依经立干",成一家之言

王闿运编撰《湘军志》,自认为是"依经立干",为有德之言。他说:"三不朽之业……孔子有云:有言者不必德。此是言语之言,不朽立言,是文言之言,未有无德而有功言者。德者本也,功用也,言体也。"②把德提到了本的首要地位,明确提出:"怀私,文必不能工。"③他认为撰史必须为有德之言,端正了治史和撰史的态度,继承了中国史学上的优良传统,为编写《湘军志》奠定了良好的基础。他力图学习司马迁编写《史记》的精神,依据史实,成一家之言。

《湘军志》依据史实系统记载了湘军的历史,寓褒贬于史事中。

他认为湘军的创立,虽出于曾国藩的决策,但最早用练勇代替制兵方案的是左宗棠而不是曾国藩。咸丰二年(1852)十二月十九日左宗棠以湖南巡抚张亮基的名义上了一道《筹办湖南防守事宜折》,除了历

① 王闿运:《湘绮楼尺牍》,第 8 页。

② 王闿运:《湘绮楼尺牍》《复黎公使》,第 39 页。

③ 盛康辑:《皇朝经世文续编》卷 82,李祖陶《江西团练卮言》述在江西亲见的卢某语。

陈湖南防务吃紧、兵力短缺外，并明确提出"臣再四思维"而后作出的决策："委明干官绅选募本省有身家来历、艺高胆大之乡勇一二千名，即由绅士管带，仿前明戚继光束伍之法行之，所费不及客兵之半，遇有缓急，较客兵尤为可恃。"折末表示等钦命办理团防的曾国藩到省城后，"当面相商榷，妥为办理。"①故《湘军志》说："咸丰初元，巨'寇'洪秀全自金州出永、郴，围省城，掠舟洞庭，遂连破各省，天下莫能当。文宗忧之，诏湖南治团练善后，以乡人副巡抚，湘军始萌芽矣。"②但湘军毕竟不同于团练，团练是各地的地主阶级临时招募乡兵，团集训练，兵士粮饷均不出于官。曾国藩认为敛钱兴办团练，会对地主发生扰累的流弊，同时，他目睹绿营腐朽不可用，要镇压太平天国革命就必须有新的武装，于是利用团练大臣的权力来创立新军。他在咸丰二年（1852）十二月向清廷上《敬陈团练查匪大概规模折》说：

> 自军兴以来，二年有余，时日不为不久，糜饷不为不多，调集大兵不为不众，而往往见"贼"逃溃，未闻有与之鏖战一场者，往往从后尾追，未闻有与之拦头一战者……其故何哉？皆由所用之兵，未经练习，无胆无艺，故所向退怯也。今欲改弦更张，总宜以练兵为要务。臣拟现在训练章程，宜参仿前明戚继光、近人傅鼐成法，但求其精，不求其多，但求有济，不求速效，诚能实力操练，于"土匪"足资剿捕，即于省城防守亦不无裨益。③

曾国藩在《湘乡昭忠祠记》中叙及湘军的缘起也说：

> 咸丰二年十月，"粤贼"围攻湖南省城，既解严，巡抚张公亮基檄调湘乡团丁千人至长沙备防守，罗忠节公泽南、王壮武公鑫等以诸生率千人者以往。维时国藩方以母忧归里，奉命治团练于长沙，因奏言团练保卫乡里，法当由本团酿金养之，不食于官，缓急终不

① 《张大司马奏稿》卷1。
② 王闿运：《湘军志·湖南防守篇第一》。
③ 《曾文正公奏稿》卷1《敬陈团练查匪大概规模折》。

可恃，不若募团丁为官勇，粮饷取诸公家，请就现调之千人略仿戚元敬（继光）氏成法，束伍练技，以备不时之卫。由是吾邑团卒号曰"湘勇"。①

又曾国藩在《宋梦兰办皖南团练片》中也明确提出：

> 伏查团练本是良法，然奉行不善，县官徒借以敛费，局绅亦从而分肥，"贼"至则先行溃逃，"贼"退则重加苛派，转为地方之弊政。臣自咸丰二年奉旨办团，初次折内即奏明自行练勇一千，是臣所办者乃"官勇"，非"团丁"也。

王闿运在《湘军志》中说："曾国藩既请练军长沙，奋然以召募易行伍（即绿营兵），尽废官兵，使儒生领农民，各自成营。"②组成了一支镇压太平天国农民起义的武装力量。

《湘军志》折射出太平军的壮大发展。湘军既成立，咸丰三年（1853）春，先在衡山、桂东镇压农民起义。这年夏，太平天国遣军进攻江西南昌，曾国藩的门徒江忠源入南昌助守，向湖南请救兵。曾国藩增募湘勇（湘乡人）两千人、楚勇（新宁人）一千人，派罗泽南等率领去救南昌。七月，至南昌城下，与太平军接战，营官谢邦翰、易良干等都被打死，收军入城，湘军习战，自此始。次年十二月，太平军战船在湖口诈败，诱敌深入。湘军果中计，将冲锋陷阵的轻利战船长龙三板一百二十余号，扬帆上驶，进入鄱阳湖，太平军将湖口水卡堵塞，并筑垒增栅守着湖口，遂不得出。接着，九江与富池口两岸太平军，各抬小划几十只入长江，乘月黑迷漫，钻入湘军战船夹内，合围曾国藩座船，曾国藩跑上小船奔赴陆军逃命。《湘军志》记载是役说："'寇'出小队砍缆者，水师遂大乱。陆军至者，合团丁攻'寇'，'寇'出，团丁遽反奔，官军亦退，争浮桥，桥以门扉床板，人多桥坏，死者百余人，国藩亲仗剑督退者，立令旗

---

①　《曾文正公奏稿》卷4。
②　王闿运：《湘军志》十五《营制篇》。

岸上曰：过旗者斩，士皆绕从旗旁过，遂大奔。国藩愤，自投水中。"①是为曾国藩被击败第一次企图自杀。《湘军志·湖北篇》也记载说："'寇'兴四年而湖北军五溃，杨霈之败也，实未见'寇'，乱民一呼而万众瓦解。省城初才二千兵，及城陷时，城内外防守军万二千。见黄旗则争缒城走，外兵亦走。"太平军至城下，根本未遇清军一兵一卒，因而太平军"用缒城绳引而上。城中唯巡抚陶恩培、署按察使武昌知府多山，及仆从五六人。思培先赴水死，多山……自到死。"咸丰四年（1854）九江之战时，太平军并力踞湖口城，与九江相犄角。清军虽攻至九江城下也无法攻下。王闿运站在清地主阶级统治者立场描述说："我军屡胜贪战，冒炮丸，犯锋刃以相夺，塔齐布以大将频独身陷阵，受石伤，水军恒度'寇'垒间，炮丸坠仓中可埽，莫有退志。塔齐布既屯九江南门，日仰兵攻，士卒死伤相继，罗泽南攻湖口，苦战不能克，夜夜自戒备，至不能寐，闻者为之寒心。"连最高统治者咸丰帝了解其情况后也"尤以为忧"。直至咸丰八年（1858）再度爆发九江大战时，太平军虽遭受了失败，但从该书的字里行间，也透露了太平军的英勇善战和可歌可泣的牺牲事迹。王闿运说，城"寇"被围久，以数千人婴城种麦以为食，其守愈暇，频伤攻城军。凡围九江十五个月，最后被湘军将领李续宾从地道攻下，太平军散出城外者，被清水师阨之，也一一被杀无余。②

咸丰十一年（1861）祁门之战，王闿运也依据当时情况记载说："国藩之驻军祁门，本倚江西粮台，景德镇转运，水军炮船护饷以为万全。"但是，太平军打破了曾国藩的如意算盘，袭占了景德镇，闻名于军中的守将陈大富被击毙，切断了湘军的饷道。这时的曾国藩被逼"留军屯祁门，自将亲军五百人出驻东流，于是娄云庆、唐义训防渔亭，张运兰守休宁，朱品隆在祁门，左军往来广饶，鲍超军专赴急，御巨'寇'，裁自救，不复论进取。"而这时的太平军则"纵横驰突，动行千里，北则自英山出，破蕲黄，遂北踞德安，南则攻建昌抚州，陷吉安瑞州，西出义宁，扰

①② 王闿运：《湘军志·曾军篇第二》。

崇通，东则越衢州，陷龙游汤溪，踞金华，掠遂昌，至义乌，破处州，卒莫知其所为。"①

王闿运在叙述湘军与太平军的战斗过程中，违背其主观愿望，折射地透露了农民起义军英勇善战外，还偶尔涉及了太平军严明的纪律。他说："始'寇'之起，所行无留难，其踞省府，胁取民财谷而已，行道掠人夫不用则遣还，未尝增众。"及至后来积累了经验，才结合所谓"土寇"，"屯城镇，颇收拔悍挚者，而石达开、陈玉成用事，'寇'乃盛于此时矣。"②反映了太平军在发展过程中逐步采取了一些新的措施，来壮大自己的力量。

曾纪泽等人命王闿运编撰《湘军志》，本在夸饰湖南地主官僚集团的"功绩"，垂所谓"乡邦之荣誉"，其政治目的是十分显然的。王闿运不负所托，秉承了曾纪泽等人的旨意，在编撰该书时，除了围绕一些重要战役突出表明湘军将领的"功绩"外，将湘军创始人曾国藩，是放在"帅"的位置上进行论述的，除了记载他具体指挥某些战役的"卓越"指挥"才能"外，主要是叙述有关湘军成败的一些关键性问题的决策和作用。如记述湘军建立的缘由，重用抚标中军参将满人塔齐布，以取得满洲贵族统治者的信任，以及调和湘军和绿营军之间的矛盾，重视团结拉拢地主阶级各阶层、各集团人士，使他们支持湘军等方面，都突出了曾国藩的决定作用。《湘军志》详细记载了曾国藩对太平军和捻军的不同特点的分析，认为洪秀全踞金陵，是所谓"窃号之'贼'"，石达开由浙而闽，而江西、湖南、广西、贵州，是所谓"流贼"，捻军分合无定，也是所谓"流贼"，因而在战略上确定，要镇压太平军，"必先攻金陵，攻金陵必先屯滁和，取滁和必先围安庆，诚能围安庆，攻庐州，略取旁县，使其备多力分，何敢北窜哉？且不特不敢北而已，并不敢东顾江浦六合。盖窃

---

①　王闿运：《湘军志·曾军后篇第五》。
②　王闿运：《湘军志·曾军篇第二》。

号之'贼'未有不竭死力以护其本根者也。"①事实表明,曾国藩这一战略是十分险恶的,清廷镇压太平天国农民起义基本上就是按照这一战略进行的。同时,对骆秉章、胡林翼、左宗棠、彭玉麟等湘军的骨干人物,《湘军志》对他们的"业绩",也作了扼要的叙述和记载。王闿运竭力渲染湘军将领的战绩,把湘军"南至交趾,北及承德,东循潮汀,乃渡海开台湾,西极天山玉门大理永昌,遂度乌孙"②等"业绩",归之于曾国藩、左宗棠几个首脑人物的谋略。

《湘军志》尽管按曾国藩等人的意志去编写,但王闿运站在地主阶级改革派立场,对湘军失误如掳掠暴行也有所揭露和贬斥。如《湘军志》载:"同治三年(1864)五月,江浙逸'寇'犯江西,大增防军逾二万,分屯诸府,自厘货盐茶税兴,公私饶裕,冗军益多,皆坐营无战事,比于额兵,而滑惰诡巧之将亦由此进。咸丰以前,讳言'寇'入,自毛鸿宾以后,每奏事,必言东西警,群'寇'迭至,以希大举。"③又如指责说:"今之湘军非昔也,况其将帅昔愚而今骄,昔惧而今侈,昔戆拙而谝柔,虽复用儒生将农人,则所谓儒者不儒,而农者不农。曾国藩之所为咨嗟于暮气者耶?"④这就将曾国荃以下当时活着的湘军将领一笔骂倒,而湘军的素质和成分实际上在后来也发生了变化,主要不是真正的农民,透露了真实情况。

王闿运又指出湘军建立以后,所费浩繁,其筹饷办法为捐输与厘金。而事实上,"捐输之所行,必避富贵权势之家。曾国藩初治湘军,慨然欲抑豪强摧并兼,令故总督陶澍家倡输万金,以率先乡人。澍子恹于巡抚,籍其田产文券送藩司,官士大哗,遂以得免。其后湖南布政使李榕,倡言米捐,当先大户。是时曾国荃号有百顷田,于法当上户,榕不能问也,而京朝流言,卒以败榕。故凡捐输徒以虐良善肥不肖,行之愈

---

① 王闿运:《湘军志·湖南防守篇第五》。
②③④ 王闿运:《湘军志·湖南防守篇第一》。

久愈不效。乃通计天下岁得不出二十万金。"①这样不仅揭露了曾国荃，而且也指出了军阀官僚办理所谓捐输实为盘剥，而厘金则更为病商害民，剥削广大的平民百姓。湖南厘税，初年百四十万，江西货饶地广，所入更多，初期依靠这些收入以供军用。湖北厘税以川盐为大，岁益银至百余万，其后骆秉章任四川总督，设夫马局，津贴捐输，则更是一大弊政。由于加强对广大劳动人民的剥削，迅速增加了大量财富。《湘军志》中举了一个例子说，"湘军初起时，水师大将从南海新来，当设宴，议用钱二万，犹咨嗟以为巨费"；其后，"饷皆自厘金给之"，"至平捻时，京朝官至湘淮军中，各以私情馈遗，动酿万金。""人人足于财，十万以上赏殆百数，当领未发之饷，辄公输县官，计银动数十万金。"②王闿运指出："方厘金之兴也，虽津逻诃索，固不敢问达官朝使舟……言事者辄以病商害民为词，交章请罢征。曾国藩初授江督，军饷无出，黄冕始建议增湖南厘税十之三，号为东饷，专供曾军"，有反抗者，"辄以炮船及营兵往助"，而地方官也"争佐捕治"，故"商贾纳税恐后"③。因而剥削了大量财富以供湘军。湘军头目和士兵之所以能攫取大量财富，还不仅仅是靠军饷的收入，更为严重的是趁战争之机大肆掠夺抢劫人民财物，王闿运在《湘军志》中揭露说："军兴不乏财而将士愈饶乐，争求从军，每破'寇'所卤获金币珍货不可胜计。"例如"复苏州时，主将所斥卖废锡器至二十万斤，他率以万万数，能战之军，未有待饷者也。"④这种把湘军、淮军抢掠成性，特别是淮军在苏州的抢掠，通过锡器这一典型事例，点得非常明白。《湘军志》的学术价值就是作者坚持如实记载了某些史事。

三、《湘军志》的影响和学术地位

《湘军志》编撰完竣后，王闿运对其"自成一家"的著作深为满意，对当时政界、学术界产生了一定影响。《湘绮楼日记》光绪四年二月二

①②③④　王闿运：《湘军志·筹饷篇第十六》。

十七日条载："作《湘军篇》,因看前所作者,甚为得意,居然似史公矣。不自料能至此,亦未知有赏音否。"同年三月十七日条又说："撰《军志篇》成读一过,似《史记》,不似余作诸图志之文,乃悟《史记》诚一家言,修史者不能学也。《通典》、《通考》乃可学,郑樵《通志》正学之智矣。惜其笔殊不副,然不自作不知之,则余智不如郑久矣。"①《湘绮府君年谱》光绪二十三年条记载王闿运答陈深之论文说："余少能为文,思兼单复,及作《桂阳图志》,下笔自欲陵子长,读之乃颇似《明史》,意甚恶焉。比作《湘军志》,庶乎轶承祚睨蔚宗矣。"②王闿运将自己所撰《湘军志》认作可与《三国志》、《后汉书》相媲美。

《湘军志》在四川成都刊刻问世后,誉之者认为该书"文质事核,不虚美,不曲讳,其是非颇存咸同朝之真,深合子长叙事义理,近世良史也,大体皆善"③。近人钱基博也说："《湘军志》叙曾国藩之湘军及戡平太平军始末,虽表扬功绩,而言外见意,于国藩且有微辞,不论其他……文辞高健,为唐后良史第一。惟骄将惮其笔伐,造作裴（蜚）语,谓得暮夜金,所纂有乖故实,购毁其版,欲得而甘心焉。"④事实上,王闿运站在中小地主立场上,主张政治改革,不完全同意曾国藩的政治见解及其所作所为,但反对和镇压太平天国革命则是一致的,在编撰《湘军志》时,也完全秉承曾纪泽等湖南军阀官僚的意旨,完全赞同湘军将领镇压太平军的罪恶"业绩",在字里行间进行了表彰。同时,他又继承了司马迁以来的史家优良传统,强调文不怀私,要忠于史实,如实地加以记载,因而对曾国藩兄弟镇压人民的凶残面目、掠夺成性,以及军阀集团间的互相排抵倾轧和清贵族统治集团与曾国藩集团之间的一些矛盾,作了一些记述,有所谓"微辞"。因此,引起了前湘军将领和湖南大地主官僚如曾国荃、郭嵩焘等的反对。《湘绮府君年谱》载,光绪八年

---

① 王闿运:《湘军篇》初稿篇名,后改为《曾军篇》,《胡军篇》后改为《湖北篇》。
② 王闿运:《湘绮府君年谱》卷14。
③ 黎庶昌选:《读古文辞类纂》卷28。
④ 钱基博:《现代中国文学史》,第41页。

(1882)"正月,人日登定王台。城中(长沙——笔者)多言《湘军志》长短者。府君闻之,以谓直笔非私家所宜为,乃送刻板与郭丈筠仙(嵩焘),属其销毁,以息众论。"①次年三月,王闿运再度入蜀至成都尊经书院,九月,"重校《湘军志》毕。蜀中诸生闻原版已送郭氏,故复刻之也。府君因语诸生曰:'此书信奇作,实亦多所伤,有取祸之道,众人喧哗宜矣。韩退之言修史有人祸天刑,柳子厚驳之固快,然徒大言耳。子厚当之,岂能直笔耶?若以入政事堂相比,则更非也。政事堂就事论事耳,史臣则专以言进退古今人。无故而恃大权,制人命,愈称职愈遭忌也。若非史官而言人长短,则人尤伤心矣。"②郭嵩焘有致陈士杰一信,信中深斥《湘军志》,可代表反对派的言论。他说:

> 湘军本末,宜有述录,发议自吴南屏,嵩焘实倡行之,曾劼刚(纪泽)一以属之王壬秋。始见其《曾军篇》,于曾文正多所刺讥,寓书力戒之。去腊自蜀归,其书遂已刊行。沅浦(曾国荃)宫保指证其虚诬处,面加诘斥,几动湘人公愤,将其板销毁。然闻蜀人已有翻刻本,贻害固无穷矣。壬秋文笔高朗,而专喜讥贬。通志局初开,嵩焘力援之,为罗研生所恃,言:"若壬秋至,湘人攻击且尽,曷云志也?"其后所修三志,《东安志》板已毁,《桂阳志》亦有纠谬之作,《衡阳志》托名彭雪芹宫保,无敢议者,衡人私论亦皆隐憾之,自王船山先生已遭其讥议,其他可知,要其失不在秉笔而在包修。劼刚踵行其失,鄙心不能无歉然。③

郭嵩焘指责《湘军志》:"专叙塔忠武,多忠武战功,湘人一皆从略,江忠烈直没其名,至江西始载其以一军赴援,并帮办军务之命亦匿不书,而于李勇毅、杨厚庵则竟诋斥之。"就以这么几条"罪状",指责王闿运,并借张笠臣个人的偏见,说什么"张笠臣指为诬善之书,且言:'楚人读之惨伤,天下之人无不爽心快目'。"郭嵩焘又说,《湘军志》"开端数行中,便谓洪'寇'之盛,实自湖南始,始合围而纵之,又起偏师追而

①②③　王闿运:《湘绮府君年谱》卷3。

奸之，直以是蔽罪湖南，亦竟不测壬秋之果为何意也。今其势不能不重加修辑，又万不能开局，当由思贤讲舍任之。壬秋高才积学，极谋以讲舍相属，而终见忤如此，所损声名实多"。

对郭嵩焘等人的指责，并没有对《湘军志》所存在的问题，提出充足和像样的理由，自然不能使王闿运心服，所以王闿运在《致丁亲家》信中说："沅弟（曾国荃）鞅鞅未知所由，昨乃怪怨闿运以所作《湘军志》，为诋诃功烈金刚之徒，附和一词，怒于市而色于室，已为可叹。而鄙州人士怙于名位，竟成积习，身与交游，莫能救之。以此知史公论淮阴未能学道，诚见其所以然。而闿运德望俱无，坐观扰攘亦实无挽回之力，湘人愚直之风，遂已衰矣。"①在信中有力地回答了曾国荃、郭嵩焘指责《湘军志》的真正原因，是"怙于名位，竟成积习"，对他们只能阿谀奉承，说好话，给予全面的肯定，不能有半点指责。王闿运在曾国荃、郭嵩焘等大地主大军阀大官僚势力面前，感到势单力薄，缺乏有力的办法予以对付，因以走上消极的道路。这些思想在他《致陈亲家》信中有充分反映。他说："闿运自今十月朔日以后当天发誓，不复议论纵横。缘昨日得长孙言及文史流传之人，多无后福，故欲以阴功补前过……后之王闿运，则醇谨老成，言不轻发矣。"②表现出中小地主知识分子的软弱性。

湘军建立时，郭嵩焘、崑焘兄弟都参加过谋议，对有关事实有所了解，故在阅读《湘军志》时，对某些具体史实曾加以批识，以纠辨的姿态加以辩驳。

《湘军志》问世后，曾国荃尤为不满，为消除该书之影响，特令王定安重撰《湘军记》以取代《湘军志》。曾国荃在《湘军记》序言中说："今海内人安，湘中宿将存者十二三，惧其战绩之轶也，议为一书，与方略相表里，而执笔者传闻异辞，乃匄东湖王鼎丞定安为之。"王定安系曾国

---

① 《湘绮楼尺牍》，第78页。
② 《湘绮楼尺牍》，第74页。

藩门人,曾为曾国藩、曾国荃幕僚,又一度为李鸿章幕僚。他是曾氏兄弟的亲信,对湘军和淮军的内情比较了解。王定安自己叙述《湘军记》的编撰过程和撰写态度时说:

> 及壮,佐湘乡曾文正公戎幕,从今宫太保威毅伯(曾国荃)游者二十余年,湘中魁人巨公什识八九,其他偏裨建勋伐者不可胜数。东南兵事饫闻而熟睹之久矣。其后官游天津,稍习淮军将帅,而湘阴左文襄公(宗棠)及今陕甘总督茶陵谭公(钟麟)、新疆巡抚湘乡刘公(锦棠),钞录西北战事累百数十卷,先后邮书见畀。最后从云贵总督新宁、湘乡两刘公(长佑、嶽昭)家,得其章奏遗稿,于是又稍知滇黔越南轶事。①

在曾国荃的大力支持下,为编撰《湘军记》,湖南军阀官僚们几乎全部动员起来,尽力提供湘军镇压太平天国和捻军的种种资料,所提供的资料大多是为湘军大小将领夸耀“功绩”。王定安吹捧说:“昔日民谣有曰:长发恶,逢僧灭。世或以蒙古亲王僧格林沁当之,其后乃知僧者,曾人也。呜呼,岂非天哉,岂非天哉!”②“曾人”,系指曾国藩兄弟,可见王定安是曾氏兄弟最忠实的奴仆。

有人认为王定安的《湘军记》在资料上较《湘军志》丰富,但必须指出,王定安编撰《湘军记》是在《湘军志》的基础上加以修改补充而成的。创者每易疏漏,因者易于周密。《湘军记》增补《湘军志》疏漏之处,是不足以称赞的。尽管《湘军记》在记载每次战役时,史料较《湘军志》具体,但由于王定安完全按照曾氏兄弟和湘军将领们的旨意和口述编写湘军历史,就不可能全面真实地记载历史,特别是太平天国的历史,更不可能真实地记载下来。就学术价值而言,《湘军记》远不及《湘军志》。

---

①　王定安:《湘军记》自序。
②　王定安:《湘军记》卷12,光绪己丑年江南书局版。

中国近代史学史

（修订本）» 下

吴　泽　主编

桂遵义　袁英光　著

人民出版社

下册目录

第二编 太平天国革命失败后至义和团 运动时期的史学(1865—1901)

— 1 —

第 二 编

太平天国革命失败后至义和团
运动时期的史学（1865—1901）

第 一 章

洋务派史学和资产阶级
改良派史学的兴起

太平天国革命运动失败后,清廷统治得以暂时稳定。清廷统治者把这一短暂的稳定,称之为"同治中兴"。所谓"同治中兴",就是以奕䜣、曾国藩、李鸿章、左宗棠等洋务派在"自强""求富"的号召下,兴洋务,向西方学习,开创一些官办军用工业,之后发展为官商合办,出现了一些民族资本工业,但没有得到正常的发展。中日甲午战争失败和《马关条约》的签订,宣告洋务派"自强"兴政的破产,中国更面临着严重的民族危机。在这种形势下,兴起了资产阶级改良主义运动。从洋务运动的兴起到失败,反映在史学上,地主阶级改革派史学退居次要地位,代之而起的是洋务史学和资产阶级改良主义史学。洋务派史学是为了洋务派办洋务的需要产生的。如王之春的《国朝柔远记》、曾纪泽的《使西日记》、《中国先睡后醒论》,反映了洋务派思想和政治主张。洋务运动的破产,出现了王韬、郑观应、黄遵宪等早期改良主义史学家。他们是从洋务营垒中分化出来具有维新思想的知识分子,他们有的在外国留过学,有的与外国人交往多,有的在英、日、美等中国驻外使馆任职,对外国资本主义国家的政治、经济等有所了解,认识到外国长技,不仅在科学技术之类,而主要在政治制度上,他研究西方历史,为开展变法维新提供历史依据。至康有为、严复时,资产阶级改良主义史学已初步形成。梁启超在批判封建旧史学中提出了建立新史学的理论和体系,力求"新史学"与旧史学有所区别,从而使中国近代史学进入一个新的时期。

第一节　洋务派史学

一、王之春与《国朝柔远记》

王之春(1842—?),字爵堂,湖南清泉(今衡阳)人。曾任浙江、广东按察使。光绪十六年(1890)迁湖北布政使。光绪二十年(1894)出使俄国,光绪二十四年(1898)在四川任布政使时参加镇压余栋起义。次年,擢升山西巡抚,后调任安徽巡抚。光绪二十八年(1902)任广西巡抚时,主张以让出广西矿产权条件,"借法款、法兵",依靠外国侵略势力的力量镇压广西人民起义,激起人民拒法运动,次年,他被革职。他以文人兼懂一点军事,跻身于洋务派官僚行列。著有《国朝柔远记》、《防海纪略》、《谈瀛录》、《椒生随笔》等。

《国朝柔远记》是王之春治史的代表作。全书共二十卷,系据谕折、中西著述等资料编撰而成。前十八卷按年月顺序记顺治元年(1644)至同治十三年(1874)清朝对外交涉事。附编二卷,记述荷、英、法、美等国势力消长及西方东侵之势,分篇论议约、办校、开矿、团练、禁烟、禁贩奴、防漏税、固边强兵等策。并列《环海总图》、《沿海舆图》、《三岛分图》(琼州、台湾、澎湖)和《天下四海总图》,图后附说,道其地理形势、风俗人情、物力盈缺等。初刻刊于光绪十七年(1891)。光绪二十一年上海宝善书局石印本改名《国朝通商始末记》。该书从内容上看,实为清代外交史。王之春编撰《国朝柔远记》,是利用自己"以文人兼武事,驰驱江海间,防北塘、驻京口、游历日本长崎、横滨,于中外交涉事见闻周洽"①等条件,其资料主要是"恭录列圣上谕及颁发官书外,并搜录当时诸臣奏疏与名臣撰述,西人图志及各家私著可采掇者,荟萃而成。间有得之闻见者,要必采访确实,不敢稍涉虚诬。"②可见,他治学态度是比较严谨的。

王之春编撰《国朝柔远记》时,正是洋务运动极盛时期。李鸿章等洋务派官僚,购洋船,建水师,自以为北洋海军从此可以成为一支强大的军事力量。光绪十七年(1891)海军举行大检阅,认为"自强新政"大有起色,洋务派官僚们此时完全沉醉在所谓"同(治)光(绪)中兴"的虚假现象之中。他们满以为从此可以和西方列强"和戎"相见,维持"中外和好"的局面,以保住清廷封建统治地位。因此洋务派官僚们尽力利用封建传统的所谓道义恩泽的屈辱妥协的外交观念,美化清朝的"厚泽深仁",以所谓"柔远抚夷"的怀柔政策,掩盖他们向外国侵略者妥协投降的外交政策。《国朝柔远记》正是迎合洋务派官僚们的政治需要而编撰的,是洋务运动时期洋务史学的代表作之一。王之春自叙其写作动机,是谓"搜辑陈编,考证往事……就中外交涉之端,详晰编次"的,是为了"欲使善于约束羁縻,或有裨于久安长治"的目的。他为寻找妥协投降政策的历史依据,竟说什么"魏绛和戎,实深沉之至计","范文虎舟矜远泛,卒至祸延君国",企图以中国历史某些"和""战"事例为"殷鉴",为洋务派"和戎"妥协投降政策辩护。

《国朝柔远记》以清廷统治为中心,贯彻所谓"立诚信","怀柔远"的编纂宗旨,以简练的文笔叙述了清廷二百多年中外交涉的史实,尤详于鸦片战争以后各次交涉事件,其篇幅占全书十一卷之多。该书资料主要来源多为当时皇帝诏谕、官书、奏折及私人撰述,其中不少歪曲粉饰之词,如果认真分析和细加甄核,是具有一定史料价值,可供研究近代外交史的参考。

---

① 彭玉麟:《国朝柔远记·序》。
② 王之春:《国朝柔远记·凡例》。

　　该书虽采辑资料汇编而成，但王之春在叙述中每每发表评论，鲜明地表露了洋务派的立场观点。如记述咸丰十年（1860）九月结束的第二次鸦片战争屈辱的议和后，为清廷奕䜣主持签订北京条约的投降活动加以辩护。他说：“按和议既成，论者每归咎当时王公大臣不肯力争，任洋人之予取予求，致卧榻之侧为他人所鼾睡，不知当时京兵新败于内，援师远鸯于外，其平日矢口以忠愤陈说者按手咋舌，不能发一策出一谋，甚或逃匿不暇。恭亲王以天潢之胄，躬捍大难，屹然不摇，虽迭蒙行在密旨，趣其沪跸，而以社稷为重，不动声色，力持大体。既杜其无餍之要求，卒能委曲成和，此其所保全者大而其所设施者远也。执事后之议论以訾局中之艰危，乌乎可哉！”①他还特别为曾国藩涂脂抹粉，当北京被攻危急时，咸丰帝将胜保请飞召外援折抄给曾国藩，希望曾国藩能率军迅速北援，但曾国藩却建议咸丰帝“俟该夷就抚”，不愿出兵，经咸丰帝再三催促，他才提出北援议八条，让处于燃眉之急的咸丰帝去“圣裁”。这本是“借词延宕，坐视君国之急”②的问题，但王之春却为北援议八条吹嘘说：“按英人连兵各国乘虚内犯，原恃我东南未靖，故敢妄肆披猖。当时若阳以和议与之羁縻而待外省援师，戮力奸剿，翠华北狩，狐鼠无城社之凭，义旅南来，虎狼入围阱之内，纵不能聚而歼之，其能不俯首帖耳以听命于我哉？上欲以诚信待外洋，且不忍生民之涂炭，既允和议，即止援兵，固足以昭复载之仁，毋亦运会所开，欲使中外一家，以辟数千载未有之创局耶？”这样笔锋一转，把对外妥协投降的罪责都统统推到咸丰帝的身上。王之春在叙天津教案事件时，也为曾国藩开脱而诿罪责于崇厚。因为王之春编撰该书时，崇厚正以伊犁交涉中出卖民族国家权益为国人所谴责，是无人为他辩护的。记同治元年（1862）招募洋将授华尔以官职以镇压太平天国农民起义等史实时，完全暴露了王之春的洋务派立场，他说：

　　　　英法两国自换约后，彼此均以诚信相孚。此次上海帮同剿

---

　　①②　王之春：《国朝柔远记》卷14，第18—19页。

"贼",具见真意为好,克尽友邦之谊。著传旨嘉奖并嗣后如有外国协同助剿之处,著薛焕督随时迅速具奏,以章中外和好同心协助之意。

王之春还极力表彰镇压太平军的华尔所组织的"常胜军",暴露了封建统治者勾结帝国主义侵略者共同镇压太平天国农民起义的罪恶行径。可以说,王之春这部外交史基本上是反映了洋务派的思想路线。

王之春所谓究心于当世之务,编写《国朝柔远记》,完全是出于统治集团兴办洋务的需要。他在附卷十九《瀛海各国统考》中叙述荷兰、英、法、美等国的势力消长及西方东侵之势。并在分析当时的国际形势和中外关系时,提出了"欲保中外之和局"的所谓"可以强兵、可以富国、可以兴利、可以除害"的《蠡测卮言》十三篇:慎约议、联与国、广学校、精艺术、固边圉、修船政、兴矿利、防漏税、强兵力、练民团、禁贩奴、编教民、论鸦片等。在这些篇章中,集中阐发了他的洋务思想。当然,其中也反映了民族资本主义的某些要求。如在《慎约议》中,王之春在大量事实面前,也不得不承认在外国侵略者武力压迫下所签订的中外和约,使国家民族"受损害多,往往有出乎地球公法之外者",主张在条约期满后应进行修改,废除领事裁判权,以及以军功例鼓励在官厂订购商船出洋贸易等,这仍是反映洋务派的主张。在《联与国》中,王之春赞同"以夷制夷"和联合结盟的洋务派外交政策。他用中国历史分裂和统一时期的历史现象,比作当时中国与外国侵略者"和""战"关系为其洋务派联合结盟等妥协投降政策说教立论。他说:"秦之所以兼并者远交而近攻,蜀之所以抗魏者联吴而释怨,多助者强,寡助者弱。"明确指出:"俄人狡诈强悍","久视我为弱肉,而不能为我用者也。"对日本也作了近于事实的分析,认为"日人短小精悍,性情坚僻",近年来,"有得进步之势",此亦不能为我所用也",认为"日之不敢逞志于我者,恐俄之乘其虚也。俄之不敢逞志于我者,恐德之蹑其后也。"他对美国的看法,认为"美国志在通商",出于自己的利益要求,曾遏制日本侵占琉球,"亦为我用矣"。他对世界形势作上述分析后,在对外策略上,他认为:"中国欲驱日人而制俄人,首宜交德次宜交美。""法人因畏俄,不敢结俄,而其心未尝不嫉俄也",但中国"欲牵制俄人,不得不与羁縻"。王之春虽然看到列强之间矛盾,其中有些见解也不无道理,但他看不清列强侵略、瓜分中国的一致性,列强不会为我所用,因为他们不希望中国成为一个独立富强的国家。因此洋务派"和戎"策略是不可实现的。

在《广学校》、《精艺术》、《修船政》、《兴矿利》、《防漏税》等篇章中,王之春反对顽固派的守旧言论,主张向西方学习,提出了一整套洋务派的救时急务。在《广学校》篇中,他说:"方今海防孔亟……正宜培养人才,攻彼之盾,即藉彼之矛。谁谓西学可以废哉。"并且指出清廷当时所举行的武科考试,只以骑射技勇见长,而不懂现代武器的使用,不懂现代的武器。是太落后了,不适于用。因此,他建议武科设三等考试之,一试以山川形势进退之方,二试以算学机器制造之能,三试以测量枪炮高低之度。在派出国学习的留学生问题上,他担心青少年出国学习之后,"愈染而愈失其本来,尽弃其学而学,恐尽变于夷者也。"因为洋务派提倡的是学点西方的技术,而不能改变君主专制制度。所谓"西学"就是制造船炮、铁路、火车、电报、电话等技术以及商务、对外贸易、万国公法等,"中学"就是维护君主专制制度。同治四年(1865)李鸿章明确提出:"中国文物制度迥异外洋榛狉之俗,所以郅治国邦,固丕基于勿坏者,固自有在。必谓转危为安,转弱为强之道,全由于仿习机器,臣亦不存此方偶之见,顾经国之略有全体偏端,有本有末,如病之亟,不得不治标,非谓培补修养之方,即在是也。"把"中学"看作是治国兴邦的基础,"西学"不过是一种救急和治标的方法。"西学"在洋务派的心目中的地位和作用,仅仅是用来巩固封建统治的一种手段和工具。因而王之春认为与其多派留学生出国留学,不如在国内广开学校,译西国有用之书,请精于泰西之学者任教师,俟学生学成之后再派赴外国大书院学习或直接参加洋务。在王之春看来,"西人之所长者技艺耳",由于中国"执行不精,故让他人之我先耳"。一方面,他主张中国应该自己设立军火工厂制造机器轮船,强调"自强之机,自固之术胥于此矣。"并且吹嘘说:"自闽沪设立船厂以来",是所谓"成效益彰";另一方面,他也看到了这些官办军事工业对外国有很大的依赖性,出现了"彼为我用,而我实为彼用也"的现象。他企图改变这种受制于人的被动局面,甚至担心"诸外国一旦有事,群起而为闭粜之谋"的再现。他还提出了开煤矿、铁矿的建议,以济当时轮船之需;主张去厘金而增加关税,以便"寓强于富"。在《强兵力》篇中,他要求清廷实行曾国藩式的改立练勇,组成湘军式的军队,以增强政府的兵力,明确指出:"洋人之所畏者不在中国之官,而在中国之民,则何弗因其所畏而为未雨之绸缪耶",因而他极力主张练民团。

　　该书附卷二十《沿海形势略》,鉴于鸦片战争之后,海氛日炽的形势,他论述了河北、山东、江苏、浙江,福建、广东等沿海各地形势险恶。并附《环海全图》、《沿海舆图》、《三岛(台湾、澎湖、琼州)分图》和《天下四海总图》等,"以备披图便览"。王之春在凡例中提出:"各直省沿海疆界岛屿与前人虽间有图绘,恒苦略而不详",为了纠正这一缺陷,故他"详细绘列,著为图说"。上述图说反映了王之春对海防重要性有一定的认识,在资料方面有一定的参考价值。

　　《国朝柔远记》颇为清统治集团中一些人所重视,并大肆吹嘘渲染,如李元度在"序"中说,该书"欲使尧舜孔孟之教,自中国以施及蛮貊",其中《卮言十三篇》,"皆时务切要之言"。彭玉麟也在"序"中称赞王之春"见闻周洽,暇则博稽","弹岁月之功,成为是书,诚抚远之宏图,缓远之良策也。"卫荣光在"序"中认为该书较之近时《朔方备乘》、《瀛环志略》诸编,更切合"经世之实用"。统治集团中有些人之所以如此吹捧该书,主要是由于该书反映了洋务派的思想,适应了他们的要求。

二、曾纪泽与《使西日记》、《中国先睡后醒论》的编撰

　　曾纪泽(1839—1890),字劼刚,湖南湘乡人。曾国藩长子。同治九年(1870)由二品荫生补户部员外郎。光绪三年(1877)父忧服除,袭

侯爵。光绪四年(1878)出任驻英、法大臣,补太常寺少卿后转大理寺少卿。光绪六年(1879)使俄大臣崇厚因与沙俄擅自签订《里瓦几亚条约》,被革职,曾纪泽遂被委任兼充驻俄大臣,赴俄交涉修改《里瓦几亚条约》,次年签订中俄《伊犁条约》,收回伊犁和特克斯河地区。旋授宗人府府丞、都察院左副都御史。中法战争期间,疏陈备御六策,主张抗法。由左宗棠举荐,光绪十年(1884)擢兵部右侍郎,赴英议定洋药税厘并征条约,岁增入银二百余万两。回国后,调任兵部左侍郎,兼总理各国事务大臣,继后调任户部左侍郎及管理同文馆事务。卒谥惠敏。著作有《曾惠敏公遗集》,该书于光绪十九年(1893)刊刻。共十七卷,分奏议六卷、文集五卷、诗集四卷、日记二卷四大部分。奏议起自光绪四年四月(1878年5月),讫于光绪十五年八月(1889年9月),主要是关于与沙皇俄国谈判,签订中俄《伊犁条约》的内容。《使西日记》起自光绪四年(1878),讫于光绪十二年(1886)。该书中所辑奏议、日记等涉及中俄、中西交涉事甚多,是研究近代中外关系史的重要资料。

　　曾纪泽受其父曾国藩影响,成为湘系洋务派后期代表人物之一。他早年受地主阶级改革派思想影响,不满地主阶级顽固派拒绝学习西方的思想,表现了他既要学习西方又要坚持封建统治者"尊严"的洋务思想。他说:"士大夫方持不屑不洁之论,守其所知,拒其所未闻。若曰:事非先圣昔贤之所论述,非六经典籍之所载,足以穷尽宇宙万物之理,若道而不必赅备古今万世之器与名,学者于口耳之所未经,遂慨然持泛泛悠悠茫无实际之庄论以搪塞之,不亦泥乎?"①他又强调:"今之学者不耻不知,顾且为虚骄夸大之辞以自文饰,一旦有事,朝廷不得贤士大夫折冲樽俎之材而用之,则将降而求诸庸俗龃龉之间,诗书礼义无焉,唯货利是视,其于交际之宜,措施之方,庸有当乎?抑或专攻西学,不通华文,鉴其貌则华产也,察其学术情性无以异于西域之人则其无益

---

① 曾纪泽:《曾惠敏公全集·文集》卷2《文法举隅序》。

于国事,亦相侔耳。"①可见,他的思想与洋务派首脑人物曾国藩的思想是一脉相承的,既主张学习西学之长技,又要根固传统儒学,维护清廷封建统治。《使西日记》和《中国先睡后醒论》比较突出地反映了曾纪泽的洋务史学思想。

《使西日记》记载了曾纪泽光绪四年(1878)至光绪十一年(1885)出任驻英、法大臣兼驻俄大臣期间的外交活动。该书值得重视之处,一方面记录了洋务派关于同外国交涉,向西方学习的主张和看法;另一方面记叙了和顽固派在内政外交上的分歧和争论。他出使英、法、俄等国时,正面临着列强瓜分中国之时。当时中国的处境是"弱国无外交"的局势,但曾纪泽以他精明干练的才气,主张办外交、遣使节,是为了以"折冲樽俎"的外交手段,来维护国家的利益。在这种形势下,他提出向西方学习,认为"上古之世不可知,盖泰西之轮楫,旁午于中华,五千年来未有之创局也。天变人事,会逢其适。其是非损益轻重本末之别,圣人之所曾言,学者得以比例而评骘之。其饮食衣饰之异,政事言语文学之风俗之不同,尧、舜、禹、汤、文、武、周、孔之所不及见闻,当时存而不论,后世无所述焉,则不得不就吾之所已通者,扩而充之,以通吾之所未通。则考求各国言语文字,诚亦吾儒之所宜从事,不得以其异而诿之,不得以其难而畏之也。"②然而曾纪泽学习西学,学习英文,奉使出国,却受到了顽固派"清议"的排挤,反对他学西学的主张。他对顽固派"清议"言论,尖锐地予以反驳。他说:

> 今世所谓清议之流,不外三种。上焉者,硁硁自守之士,除高头讲章外,不知人世更有何书。井田学校必欲遵行,秦汉以来遂无政事。此泥古者流,其识不足,其心无他,上也。中焉者,好名之士,附会理学之绪论,发为虚悬无薄之庄言。或陈一说,或奏一疏,聊以自附于腐儒之科,搏持正之声而已,次也。下焉者,视洋务为

---

① 曾纪泽:《曾惠敏公全集·文集》卷2《文法举隅序》。
② 曾纪泽:《使西日记》。

终南捷径,钻营不得,则从而诋毁之,以媚嫉之心,发为刻毒之词。就三种评之,此其下矣。①

曾纪泽认为与世界各国往来,是历史的潮流,它不以人们的主观意志为转移。他说:"中西通商互市,交际旁午,开千古未曾有之局,盖天运使然。中国不能闭门不纳,束手而不问,亦已明矣。"不明白这个道理的人,他认为作为一般人来说是可以理解的,因为"穷乡僻左,蒸汽之轮楫不经于见闻,抵掌拊髀,放言高论,人人能之。"但是,作为一个负责官员来说,就不能不慎重进行考虑,因为"登庙廊之上,膺事会之乘,盖有不能以空谈了事者,吾党考求事理,贵能易地而思之"②。曾纪泽认为,对于外国的政治、经济情况和思想状况,只能由我们自己去考求,才能了解它,和他们打交道。对于洋务,曾纪泽的态度是既不简单地拒绝,也用不着担心害怕。

曾纪泽在出使期间,替清廷办的最大一件事,就是同沙皇俄国重开谈判,收回了伊犁和特克斯河地区。光绪五年(1879)沙皇俄国迫使清使者崇厚签订了丧权辱国条约,激起了全国人民强烈的反对和愤慨,清廷迫不得已再派曾纪泽出使俄国重开谈判,这是一件在"障川流而挽既逝之波,探虎口而索己投之食"情况下的工作,清廷国力又弱,故谈判是在困难之中进行的。曾纪泽在和沙皇政府历时六个月的谈判中,据理力争,《使西日记》中叙述他常常一个人舌战俄国外相、署外相和驻华公使三人,沙皇的大臣们常常对他"面冷词横",有时甚至公然恫吓:"如谓未尝交绥,无索兵费之理,则俄正欲一战,以补糜费。"他针锋相对,义正词严地回答:开战"胜负难知,如中国获胜,则俄国亦需还我兵费"。由于俄国在俄土战争后国际处境孤立,同时这时左宗棠指挥的清朝军队消灭了新疆的叛乱武装,在外交上又坚持谈判,终于在光绪七年(1881)和俄国订立了中俄伊犁新约,中国收回了一部分土地和主权。

---

① ② 曾纪泽:《使西日记》。

在《使西日记》中，曾纪泽断续地记述了他考求西方"政事言语文学风俗"的心得，其中有些是中西交往上很有价值的资料。

《中国先睡后醒论》是曾纪泽出使英、俄时撰写的。约在光绪十年至十二年(1885—1886)期间著成，是一篇有关当代历史的论著。

曾纪泽在该文中纵谈中西交涉诸事，并为鸦片战争时的投降派和后来的洋务派活动作了系统的辩护。但文中不同意"欧洲人遽谓中国即一陵夷衰微，终至败亡之国"的看法，他说："大抵欧洲皆以道光末年为中国危险之时，苟易新君新政略有缺失，即恐灾害并至，纵使幸而无事，终多变故之迭生"，最后必导致国家覆亡。他认为"此说亦非"，辩解说，鸦片战争后的中国，"不过似人酣睡，固非垂毙也"。其原因是因为"缘中国之意，以为功业成就无待图维，故垂拱无为，默想炽昌之盛轨，因而沉酣入梦耳"。在他看来，中国之觉醒在道光末年，提出："沿至道光末年，沉睡之中国始知己之境地，实在至危至险，而不当复存自恃巩固之心"；而全醒则在"庚申圆明园之火"，因为中国人民，"盖自庚申一炬"，"始知欧洲人四面逼近，其地势极形危险"，其情况是"无异于旋风四围大作，仅中央咫尺平静"。以外国侵略作为中国觉醒之刺激的外部条件，原是可以的，问题在于他所说的觉醒是何种觉醒。曾纪泽所执以为据者，是洋务派用其全力整顿海防，使铁舰坚固，战船得力也。他说："盖今正用其全力整顿海防，创立坚固而实在得力之战舰也。水师一军，中国原不可少，咸丰十年间已知其利，当即起办，请英国帮助，得有战舰数艘，并聘英国水师营内之奥士明提督管带，只惜因事中止，假若成功，中国早成一强大之国矣。"曾纪泽以购买外国船舰和洋枪洋炮，作为中国觉醒的证据，并列举事实说："咸丰十年后，李爵相(鸿章)整顿中国军务日有起色，今如他国再有战事，中国终不至有庚申之祸。"他说："窃以中国能顺受其颠沛，而从中渐复其元气，如帆舟之航海，将狂风所损坏之物从船面抛去，修整桅舵，以将杀之风作为善风乘之稳渡，若此之国，不可谓为将灭之国。或以圆明园及所藏之古玩名画珍宝，价值甚巨。失此而长一见识，似乎费大而得小。不知彼苟能教我如何整饬军制,如何坚固炮台,如何精利器械,致胜于前三倍,则所失者不得谓之太贵。"他就是以这样的理由为帝国主义者侵略中国辩护,为洋务派所进行的洋务活动辩护,并把洋务运动看作中国"觉醒"的标志。

曾纪泽反对中国人民在鸦片战争时及其以后奋起对外国侵略者的坚决抵抗,而他所拥护的正是奕䜣为首的妥协投降派的"永以和好为上策"的妥协投降路线。他说:"窃以此际中国忽然醒悟,假如作事颠倒,妄行妄为,要为常事;即使异常泼悍,亦不足怪。岂知深悟前失,改弦易辙,贤明亲藩上章入告,永以和好为上策。中国先既失算,含忍优容以为后图,今日舍此,殊无他法。"不仅如此,曾纪泽还为他在中法战争镇南关大捷后坚持妥协投降路线辩护。他说:"或以(中国)前此屡败为耻,欲雪耻而生报复之心乎?昨中法起衅时,观时度势之人谓中国必有是举,每闻彼人云:中国一经战胜,势必昏怀骄傲,今若法人不获全胜,则中国必贱视诸西国,以后难于相交矣……时法国索赔军费,中国却以言讽刺之,强其归还所侵之地,凯旋后复与立约。然中国此际并无骄傲于诸西国,并无异视交涉事件,并未亢不相让,反而中国与西国人相交更亲睦,更出以实心,为从前所未见,其于英国尤为莫逆。诸国有所请于中国,苟能合理,每许虚衷妥议,可从则从,从前亦无以舍己从人之美意。近日与诸国交接,中国可谓和谐而无强求,以后当复如是也。"他明确说:"愚以中国虽记其前之屡败,绝不愿弃其和好之心。盖中国不似他国,一受灾害,始终切齿。"他认为中国"败衄之故,在于国之柔弱及多错误,而辱亦在是。如果弱而能强,错而能正,一经自知,稳固无敌,则国耻已雪"。曾纪泽认为中国从来就不把对侵略者的仇恨记在心上的,这当然只是洋务买办们心目中的中国如此。他担心外国侵略者怀疑中法战争中国获得军事上胜利之后,会放弃妥协投降的外交路线,他急忙解释,让帝国主义者放心。不仅如此,他还把外国侵略中国的罪责都包揽过来,说什么这是由于中国弱的结果,似乎外国侵略中国是中国所自取。基于他这种妥协的主张和态度,所以虽然提出了加强国势的三个要求:"一、善处寄居外国之华民;一、申明中国统属藩国之权;一、重修和约以合堂堂中国之国体。"表面看来似乎有些爱国的意味,实际上他将这些预备做的事拖到不可知的将来,他说:"以上所云三事,中国决派钦使分诣诸国往复妥议,必不隐忍不问。"但是,他又认为:"第事体重大,其整顿也,自不免多延时日。然此一世界固非将近终穷,太阳又非行尽轨道之圈数,为时尚永,中国尽为国之职分正可以暇日行之,而无事亟迫也。"

曾纪泽虽然认识到"一国之强不在于兵多,而在亿万之民力作以济军实。兵之于国仿佛躯壳,民则为活泼之心,实能使兹躯壳存立运动"。但是就其全文来看,曾纪泽的着眼点仍在于强兵。另一方面,他这篇论著虽"专在国外之事",但就其所提强国的措施避而不提内政的改革,而是单纯地认为:"今所急务在整顿海防,藩篱巩固,内政各事,暂可勿言",殊不知腐朽的清廷统治不进行改革,要想使国家臻于富强,只是梦想,后来的历史进程完全证明了这一点。曾纪泽大谈其所谓整顿海防,购买洋枪洋炮洋船,大谈其所谓军事实力增强,不过是为当时的清廷以大办北洋海军为中心的洋务运动吹嘘。

因而,曾纪泽这篇《中国先睡后醒论》所论"醒"的标准是洋务买办的所谓"醒"。实际上正是帝国主义侵略者所欣赏、所希冀清廷军阀、官僚、买办所实行的对外政策,外国侵略者力图通过洋务派推销其破烂机器,巩固其市场,反映了帝国主义国家企图维护他们半殖民地半封建的罪恶统治。这篇当代史论文实质上充分反映了洋务买办的历史观点和政治主张。

曾纪泽等为代表的洋务派,其史学观点,将清廷统治者对外妥协路线看作是识时势,顺天意的"英雄",把有利于外国侵略者控制中国,扩展其侵略势力的洋务运动,说成是救国救民的措施。他们的历史观,从根本上否认人民群众推动历史前进的作用。因此,这些史学论著不可能反映真实的历史。

洋务派史学宣传学习西方,虽是继承了魏源以来地主阶级改革派的"师夷长技以制夷"的思想,但他们"师夷长技"的目的,主要不是"制夷",而在于"制民",用西方先进武器来镇压人民,维护清廷的封建统治。他们鼓吹的兴洋务,向西方学的结果,并没有阻止列强对中国的侵略,甲午战争的失败,宣告洋务派的破产。当资产阶级改良派的维新运动兴起时,他们却又站在地主阶级顽固派卫道的行列,抵制维新运动。

第二节　王韬对普鲁士、法国和日本史的研究

一、《普法战纪》的编撰

王韬长期居留上海、香港,又和外国人交往甚多,对中国与西方资本主义社会的差异有一定的了解。同治六年(1867)至同治七年(1868),他游历了法、英、日等国家,眼界大为开阔,进一步加深了他对西方资本主义社会的认识。英国是当时西方资本主义发展走在前面的国家,王韬把它当作中国学习的榜样。认为"英国以天文、地理、电学、火学、气学、光学、化学、重学为实学,弗尚诗赋词章。其用可由小至大。……又知水火之力,因而创火机、制轮船火车,以省人力,日行千里,工比万人。穿山、航海、掘地、浚河、陶冶、制造以及耕织,无往而非火机,诚利器也。"[①]找出了英国"重实学"与中国"尚诗赋"的差别。他所说的"实学",是指自然科学及应用技术,而"尚诗赋"则是指中国传统的"器""道"说。而在哲学思想上,他认为"器"可以载"道"。因此,王韬对"西学"感兴趣的事物,除自然科学知识外,对西方国家的图书馆、博物馆、印书局等文化事业,以及教育、科学等联系在一起进行研究,得出这样的结论:"至今日而欲办天下事,必自欧洲始。以欧洲诸大国为富强之纲领,制作之枢纽。舍此,无以师其长而成一变之道……设我中国

---

① 王韬:《漫游随录》,湖南人民出版社《走向世界丛书》,1982年版,第122—123页。

至此时而不一变,安能埒于欧洲诸大国,而与之比权量力也哉!"①显然,他的态度很明确:一是中国必须改革;二是改革的方向是学习欧洲。

学习欧洲,所以王韬时刻关注欧洲历史。当欧洲爆发普法战争时,他十分关心普法战争和国际形势的变化。普法战争一结束,他立即编撰了《普法战纪》。

《普法战纪》依据当时日报所载文献资料,张宗良口译材料及采集其他文献,汇编成书。同治十二年(1873)七月由中华印务总局第一次出版,仅十四卷,重版时,增加六卷,共二十卷。该书按照时间顺序,记述普法战争发生原因、经过、议和与战后事宜,以及巴黎公社等一一作了介绍。

王韬为何急速的编撰《普法战纪》呢?他在《前言》中说:

> 余之志普法战争,岂独志普法哉?欧洲全局之枢机,总括于此矣。普强法弱,此欧洲变局之所由来也。普中欧洲而立国,西有法而东有俄,皆强邻也。曩者为法所制,几于一步不可复西。日耳曼南北列邦势涣而不聚。虽推奥为盟主,亦仅虚名而已。以春秋列国之大势例之欧洲,普仅等宋卫焉耳。英法俄奥则晋楚齐秦也。近十余年间普国势日尊……昔普兴而奥衰,论者遂以普法英俄为四大,今普强而法弱,论者乃举英普俄为三雄,然法国之兴衰强弱,实为欧洲变局一大关键。何则?以地当冲要也。

可见,王韬著《普法战纪》的原因,首先在于观察"欧洲全局之枢机",认为普鲁士与法国皆欧洲强国,只要对普、法两国的形势作深入的分析,欧洲局势即了如指掌。其次在普法战争之后,欧洲形势发生了急剧的变化,法弱普强,其形势发展的趋向值得注意。王韬研究世界史是为了探索改良中国政治体制和对外政策。因此他在《普法战纪》中十分注意欧洲的新形势变化必然对亚洲、对中国产生影响,认为研究普法战史,将有助于中国人了解世界形势,并在通观世界形势的前提下,

---

①　王韬:《弢园文录外编·变法中》,中华书局1959年版,第13页。

制订中国的内政外交方针。

《普法战纪》以大量篇幅对战争的前后经过作了详细的叙述与描写。该书首先叙述了两国对战争的发动与准备阶段；其次论述了普法相持与普军攻入法国境内作战阶段；第三论述了普、法两国议和及善后阶段。关于这次战争的起因，王韬说："同治九年庚午（1870）秋，法国因争立西班牙王子一事，与普构兵。普先兴师伐之，悬军深入，所向皆捷。"①王韬把法国争立西班牙王子一事，作为普法战争的原因，是仅看到了历史表面现象，而并没有真正了解这次战争的内在原因。当时普鲁士是一个后起的资本主义国家，它在西方列强中争夺殖民地方面处于劣势地位，而法、英等国都已侵占了大量殖民地，因此当它于19世纪中叶国势暂强以后，立即意识到必须与英法列强争夺殖民利益，要这样做，首先必须击败近邻的法国。这是普法战争之所以爆发的真正原因。王韬是早期改良主义思想家，戴着有色眼镜看问题，自然看不清帝国主义国家间战争的本质，因而在分析普法战争爆发原因时，不可能抓住问题的实质。他说："近十余年间，普国势日尊……而法方晏然于其际，犹复自恃雄盛，轻启衅端，此法之所以几覆也。"②在王韬看来，若要战胜强国必须首先了解敌情，做到知己知彼，并且要认清世界局势，如果夜郎自大，不加守备，不作增进国力的努力，其结果必然是国亡家败。这既是对外国而言，自然也包括中国在内，因为它是作为一个普遍的原则，世界上一切国家都包括在内。

王韬还指出，两国交战不仅是武器装备的角力，而且认识到是两国制度优劣的比较，指出不论哪一个国家政府凡是得到民众的支持必然获胜，否则必然败亡。他记述普鲁士向法国宣战期间，普鲁士政府与议会所起的作用时说：

　　七月十四夕亥正，普王乘车至行宫，召集群臣筹议军事。国民十万见普王来，无不免冠祝贺，群歌爱国之诗。国民皆环立宫门，

---

①②　王韬：《普法战纪·前序》，第1页。

静俟王命，王时出宫外，以温语拊循之，民咸感悦，悉愿为王致死。①

普法战争期间，普鲁士的政体是议会君主制，王韬认为这种政治制度，民众能通过议院表达自己的要求和意愿，所谓民主与民众"两相无隔"，因此当战争发动之后，能君民一致，同仇敌忾。王韬对这一点是非常向往的，并力图以此作为样板，向世界（也包括中国在内）表明君主立宪制度的优越性。法国当时实行的是民主政体，对于法国议会在战争中所起的作用，王韬叙述得很少，这表明其政治倾向是不赞成法国民主政治制度的。

王韬又把武器精良与否，看作是决定战争胜负的关键。他说："普所用火器，专恃墨迭儿鲁士炮。迥与别炮不同，制作略如六门枪。四周有八轮，皆可旋转，每轮纳弹三十七枚。"指出在近代战争中，刀枪弓箭已无用武之地，而钢铁、炸药、巨炮、精良火枪则大逞其威力。因而《普法战纪》中，王韬对当时较先进的武器，如发火极迅而绝少渣滓的火药，"腾飞载人"的气球，一触而即发的新式枪支，乃至描绘精确的军用地图皆有详细介绍。他还认为近代战争迫切需要科学文化，普鲁士上至将帅下至士卒，都有一定的文化军事知识，士卒皆能"依地图辨识方位"，因而虽深入异国并不感到地理生疏。

同时，王韬对普法战争时的欧洲形势作了介绍和估量。他说，法国战败后，将牵一发而动全身，使欧洲力量失去平衡，局势将出现新的变化。他分析当时的形势，认为英法联合抗俄，俄与西欧势均力敌，使俄国力量被西欧牵制，无力东向侵略。但是，法国败弱之后，英法联盟解体，西欧力量被严重削弱，因而俄国所受的牵制也必然减弱，其势力有可能西侵欧洲，也有可能东侵中国。王韬的这些看法无疑有其近于事实之处。19世纪末俄国之所以大肆侵略中国，并与日本开战，其源盖出于此。

----

① 王韬：《普法战纪》卷1，第27—28页。

总之，《普法战纪》是近代中国人所写的第一部史实丰富的欧洲战争史。该书出版后对日本也有很大影响，日本学者说："《普法战纪》传于我邦，读之者始知有紫铨王先生；（先生）之以卓识伟论，鼓舞一世风痹，实为当世伟人矣。"①如果说《海国图志》等书是近代启发人们开眼看世界的最初著作，那么《普法战纪》就是引导人们深入观察西方政治、军事、经济等情况的著作，在当时来说，是一部影响较大的史著。

二、对法国史的研究和《法国志略》的编撰

王韬对世界史的研究重点放在欧洲，而其欧洲史的研究重点又在法国史。他说：法国国土居欧洲之中，历史上为欧洲大陆最强大国家，与英、俄，普鲁士相峙，在他看来，研究法国史即能抓到欧洲形势之枢纽，可以说以法国之一角即可以管窥欧洲之全貌。王韬分析欧洲国家制度基本上有两种类型，一为共和制度，一为君主立宪制度。他力图通过对法国历史的研究，考察西方民主共和制度的利弊。在半封建半殖民地社会，资产阶级改良派，既要君主，又要民主，所以他们主张"君民共主"。这与当时王韬的法国史研究所起的影响也不无关系。普法战争是19世纪震动世界的欧洲大战，这一战改变了欧洲的形势，对整个世界力量的均势发生了猛烈的冲击，面对这一形势，中国应该如何办？这是摆在王韬面前的一大问题。他编撰《法国志略》的目的，即在于"探本求源"，所谓"求法之所以衰，俾便为中国之殷鉴"。②

王韬的《法国志略》，共二十四卷，是根据日人冈千仞著《法兰西志》、冈本监辅著《万国史记》，以及《西国近事汇编》等和报刊有关资料，采用传统的纪事本末体，编撰成书的。该书于法国纪元、王朝递嬗、路易十八复位、新建议院、法英联盟、法英助土攻俄、法奥战和始末，以及疆域总志、巴黎志、郡邑志、藩属附志等，分门叙述，而尤以地理为详。因成书于普法战争之前，所分疆域依旧，普法战后又增补了史实。对法

①②　王韬：《扶桑游记》，冈千仞跋，第1页，明治十二年至十三年版。

国历史诸大事作了系统介绍,有助于当时人对法国兴衰历史的了解,以求自强之道。

王韬在《法国志略》中对资产阶级民主共和制度及法国大革命持反对态度。他说:

> 两经法都,览其宫室之雄弱……人民之富庶……其外观之赫耀也。及徐而察其风俗之侈靡,习尚之夸诈,官吏之骄惰,上下之猜忌,亦未尝不虑其国不可以为国,而初不料一蹶不振如是之速也![①]

在王韬看来,法国之所以在普法战争中遭受失败,其关键是由于国家政治制度问题,即所谓共和民主制度"流弊过甚"。他论述法国政治情况说:

> (法国)千余年以强国称于欧洲,乃自近今数十年来政令倾颓,纪纲坏乱,国人分党,互相仇视,诛戮横加。叛者接踵。虽英雄如拿破仑,顺众志,由公选,握重权,而一旦尚虞不测之变。[②]

可见,王韬将法国政局的混乱归咎于民主共和制度,结论是民主共和制度行不得,中国更不应该师法。他极力鼓吹行君主立宪制度,并且提出法国若是实行君主立宪制度,国家将不至于大乱,王公大臣和将军武将将不至于大量被杀,百姓将不至于被所谓"乱党"所挟制。他明确地提出说:

> 人君之所以不敢挟其威虐其民,以国宪限其权也。国民之所以不敢负其力凌其君者,以国宪定其分也。路易既不难挟其威虐其民,则为之民者亦何难负其力凌其君乎哉? 故欲其国之永安久治,以制国宪定君民权限为第一义也。[③]

王韬将君主立宪制度如此加以美化,是有其阶级根源的。由于他长期和英国人接触,对英国的君主立宪制度了解得多一些,因此极力想将它移植到中国来。这在当时来说,资产阶级民主革命的领导力量还

---

①②③　王韬:《法国志略·原序》,光绪十六年本卷首。

没有正式出现在政治舞台之前,王韬等资产阶级改良派的言和行,应作历史主义的肯定。但必须指出,在半封建半殖民地社会中,由于资产阶级先天不足,走改良主义道路是没有前途的,也是走不通的。

三、日本史的研究和《扶桑游记》的编撰

王韬编撰《普法战纪》、《法国志略》等史著后,对日本学术界影响也很大。日本著名史学家重野安绎曾把《普法战纪》备于桌上,朝夕翻读,并邀请王韬访日。王韬于清光绪五年(1879)闰三月东渡日本访问,进行学术交流,于同年七月回国,历时四个月,遍游日本各地,收集了大量日本国家的历史文献,并对日本明治维新后的政治、经济、文化等现状,作了深入的观察,而且详加记述。他以日记体记录了访日的经过,撰成《扶桑游记》。该书尤重记叙日本政治制度,对日本明治维新予以充分肯定。他说:"日本自二百年前与西国告绝之后,惟与荷兰相通。自美利坚以兵船临之,然后讲好结盟,开埠互市。维新以来,崇尚西学,仿效新法,一变其积习而焕然一新。"他通过对日本政治制度的考察和分析,认为进行改革必须改革政治。在此同时,他对国内洋务派办洋务的所谓"自强运动"进行了剖析批判。他记叙与重野安绎的一次谈话说:

> 重野谓予曰:或序先生之文,谓为今时之魏默深。默深所著《海国图志》等书,仆亦尝一再读之,其忧国之心深矣。然于海外情形,未能洞若箸龟;于先生所言,不免大有径庭。窃谓默深未足以比先生也。余曰:当默深先生之时,与洋人交际未深,未能洞见其肺腑,然师长一说,实倡先声。惜昔日言之而不为,今日为之而犹徒袭皮毛也。鹿门曰:魏默深血性人耳,得先生继起,而后此说为不孤也。[①]

王韬对魏源的改革思想和经世致用学风,确有继承之处。但魏源

---

① 王韬:《扶桑游记》上册,第20—21页。

的"师夷长技"与王韬改良主义的"君主立宪"制是有原则上的区别的。王韬与另一友人谈话时又说:"余谓仿效西法,至今日可谓极盛,然究其实,尚属皮毛。并有不必学而学之者,亦有断不可学而学之者。又其病在行之太骤,而摹之太似也。"①

在王韬看来,当时洋务派学习"西法"办洋务,"可谓极盛",又操之过急,"然究其实,尚属皮毛",没有从改革政治制度实行"君主立宪"制,只是学习西方的"皮毛",达不到富强的目的。

王韬倡导学习西方思想中的可贵之处,在于他主张应当"择其善者,而去其不可者"。他说:"法苟择其善者而去其所不可者,则合之道矣。道也者,人道也,不外乎人情者也;苟外乎人情,断不能行之久远。"②这里所说的"人情"、"人道",是指人类社会发展中的一般原则,王韬认为西方之所以可学,是因为它符合"本国之道",但西方各国的"人道"、"人情"各有不同,因而必须选择西法之适合"本国之道"者而学之,不能强求一律。日本在学习西方时曾出现过"全盘西化"的倾向,民族虚无主义也有所抬头。王韬当时从日本看到这种情形,提出这一问题是有远见的。《扶桑游记》记录了王韬与日本学术界的交往,保存了中日文化交流的若干宝贵史料。

王韬在普鲁士、法国和日本史的研究中有其自己的特色,他继魏源《海国图志》等书之后,研究世界历史,引导人们更深入一步观察西方政治、军事、经济等方面的情况,用皮毛与肺腑比喻西方"技艺"与"政治"的关系,提出学习西方技艺而忘记学习西方政事,是徒袭其皮毛,而忘却其肺腑,是不能真正学习西方的,在认识上确实深入了一步,达到了新的阶段。王韬之所以能有此认识,是因为 19 世纪六七十年代,随着外国资本主义国家对我国入侵的加剧,民族资本家的产生,故在政治上出现资产阶级早期改良派。王韬就是这一历史时期出现的改良主义先驱之一。他们广泛接触了西方先进科学技术,以及资本主义国家

①② 王韬:《扶桑游记》上册,第20—21页。

的政治和经济制度,因而对西学的认识和吸收,比魏源等地主阶级改革派和之后的洋务派大大前进了一步,逐步从学习西方的皮毛,深入学习西方政治制度。王韬将中西政治体制作过比较研究,得出西方资本主义制度优越于清王朝封建君主制度的认识,呼吁在中国实行资产阶级议会制,在历史观上主张实行君民共主、仿效英国式的君主立宪政体。在当时历史条件下,由于资产阶级民主革命派领导力量尚未登上政治舞台之前,对王韬等早期资产阶级改良派的思想,特别是反对君主专制,重视"民"的地位的史学思想,应给予一定的肯定。但王韬等人不理解在半封建半殖民地社会的中国,帝国主义和清廷封建统治者,不容许中国走近代化的改良主义道路,因此,王韬希望在中国实现君民共主,实现君主立宪,自然是不会实现的。

王韬在中国近代史学上,对世界历史特别是对普鲁士、法国和日本史的研究,是作出了贡献的。

第三节　郑观应的史学思想

一、郑观应生平和著述

郑观应(1842—1922),原名官应,字正翔,号陶斋,别号杞忧生、罗浮待鹤人、慕雍山人。广东香山(今中山)人。咸丰八年(1858)到上海学商。先后在英国宝顺洋行、太古轮船公司任买办。光绪六年(1880)李鸿章等人推派他为上海机器织布局总办、轮船招商局帮办、总办、上海电报局总办。中法战争期间,反对李鸿章在上海议和,受到洋务派排斥,但其思想逐渐由洋务派转向资产阶级改良派。光绪十八年(1892)经盛宣怀保举,重入轮船招商局,后任汉阳铁厂总办、粤汉铁路公司总办。他关心时务,热心西学,以"道""器"关系论述旧学和新学(西学)关系,以"由博返约"作为向西方学习的途径。他认为"欲张国势",必须改革专制政治,实行议院制,广办学校培养人才。他虽为洋务派办洋务尽过力,但其思想与洋务派有分歧。他批评洋务派"舍本图末","遗其精义而袭其皮毛"，根本不可能富国强兵,抵御外侮。他指出:"欲制西人以自强,莫如振兴商业",即发展本国民族资本主义工商业。要求保护关税,实行护商政策,以利于发展本国民族资本主义。他晚年的思想趋于保守,竟拥护清政府的假立宪,敌视资产阶级民主革命运动。辛亥革命后,寓居上海,成为商界代表人物。他的著作有《救时揭要》、《易言》、《盛世危言》、《盛世危言后编》、《罗浮偫鹤山人诗草》、《南游日记》、《西行日记》。他虽不是史学家,其著作中的历史变易思想和进化论历史观等,对近代资产阶级改良主义史学的形成和发展起着重要的影响。

二、《易言》中的历史变易思想

《易言》是表达郑观应历史变易思想的代表作。光绪六年(1880)香港中华印务总局刊行,共三十六篇,分上、下两卷。该书诸篇大都是郑观应刊行《救时揭要》后的作品,小部分是《救时揭要》中的重新整理与改写。该书是他在光绪五年寄居香港时辑成,次年由王韬代为出版。书中着重指出外国侵略形势的严重,同时揭露清王朝封建统治的腐败和黑暗。该书出版后,曾流传朝鲜、日本,影响颇大。面对民族危机的加深,要"富强救国",在政治上就必须实行变法。他说:

> 欲攘外,亟须自强,欲自强,必先致富;欲致富,必首在振工商业,欲振工商业,必先讲求学校,速立宪法,尊重道德,改良政治。

郑观应改良政治的内涵,就是向西方资本主义国家学习,主张设立议院,实行"君民共治",并通过法律形式发展工商业,实行关税自主,反对治外法权,从而达到"富强救国"的目的。要变法,必须清除传统守旧思想的阻力。在他看来,"天不变道亦不变"的思想束缚着人们的思想,是顽固派反对变法的思想武器。为了实行改良变法,郑观应在其著作中多次引《易经》中"穷则变,变则通,通则久"之类的话,并以此作为《盛世危言》总纲的《自序》的开头语,以突出历史的变易观点,从郑观应一生的思想言行看,变易思想是他的基本观点。他在《易言》三十

六篇本《论公法》篇提出说:

> 夫天道数百年小变,数千年大变。参诸上古,历数千年以降,积群圣人之经营缔造,而文明以启,封建以成。自唐、虞迄夏、商、周,阅二千年莫之或易。洎秦始并六国,废诸侯,改井田,不因先王之法,遂一变而为郡县之天下矣。秦以后虽盛衰屡变,分合不常,然所谓外患者,不过匈奴、契丹西北之塞外耳。至于今,则欧洲各国兵日强,技日巧,鲸吞蚕食,虎踞狼贪,环地球九万里之中,无不周游贩运。中国亦广开海禁,与之立约通商,又一变而为华夷联属之天下矣。是知物极则变,变久则通。虽以圣继圣而兴,亦有不能不变,不得不变者,实天道、世运、人事有以限之也。①

郑观应之所以强调历史变易思想,是由于他认识到"天下之事,守常不变则难与图功,因时制宜则无往不利"②,特别是到了近代中国,"欧洲各国,动以智勇相倾,富强相尚,我中国与之并立,不得不亟思控制,因变达权。"怎样变呢? 在他看来,根据清政府当时的实际情况,"兵制阵法宜练也,不练则彼强而我弱;枪炮器械宜精也,不精则彼利而我钝;轮船、火车、电报宜兴也,不兴则彼速而我迟;天球、地舆、格致、测算等学宜通也,不通则彼巧而我拙;矿务、通商、耕织诸事宜举也,不举则彼富而我贫。"他强调说:"世变无常,富强有道。惟准酌古,勿狃于陈言;因时制宜,勿拘于成例。"③认为"当今之世,非行西法则无以强兵富国"。要说明这一点,必须从历史上和理论上寻找依据,因而他提出了所谓"变易者圣人之权也"作为立论的根据,并且抬出孔子作为挡箭牌,以挡住顽固保守派反对变革之口,以鼓舞变革者的信心。他引孟子的话说:

> "孔子圣之时者也。"时之义大矣哉。《易》:"穷则变,变则通,

---

① 《郑观应集》上册,上海人民出版社1982年版,第66页。
② 《郑观应集》上册,第80页。
③ 《郑观应集》上册,第66页。

通则久。"虽有智慧,不如乘势;虽有镃基,不如待时。故中也者,圣人之所以法天象地,成始而成终也;时也者,圣人之所以赞地参天,不遗而不过也。①

如果说郑观应还强调得不够,那么王韬在郑氏所著《盛世危言》所写的"跋"中就说得更为清楚。王韬说:"孔子圣之时者也,于四代之制,斟酌损益,各得其宜。曰:行夏之时,乘殷之辂,服周之冕,乐则韶舞。诚使孔子生于今日,其于西国舟车、枪炮、机器之制,亦必有所取焉。"②郑观应主张变易的方面和王韬一样,也仅仅限于舟车、枪炮、筑路、开矿、铸币、讲艺、制器、行军、防边、备海等。也就是仅限于"用",限于"末",限于西方的先进科学技术方面,用来发展我国的工商业。至于封建统治秩序,即所谓"圣人之经",也就是"体","本"是不能易的。用郑观应自己的话来说,所谓"器则取诸西国,道则备自当躬"。明确指出:"尧、舜、禹、汤、文、武、周、孔之道,为万世不易之大经。大本篇中所谓法可变而道不可变者。"强调"惟愿我师彼法,必须守经固本;彼师我道,亦知正者法天。"③这反映了他同一般洋务派官僚们所提出的"中学为体,西学为用"的方针相同的一面,但另一方面把西方资本主义民主制度也学习过来,主张在我国变君主专制为君主立宪,这就对"圣人之经"的"体"有一定程度的否定或破坏,这表明郑观应所讲的"体""用"关系,又与洋务派官僚们所主张的又有所不同,有它自己的特点。郑观应的这种看法和主张不是偶然的,他的思想体系是有其哲学观点作指导的。在他表述自己哲学观点的《道器》篇中,充满着辩证观点。

郑观应在《易言》中虽然还没有明确标出道器篇篇目,但王韬为《易言》所写的"跋"语中却明确地概括了书中所提出道器的观点,王韬

---

① 《郑观应集》上册,第233页。
② 《郑观应集》上册,第167页。
③ 《郑观应集》上册,第244页。

说："形而上者，道也，形而下者，器也。"郑观应在《易言》中列举了一系列对称的概念，道与器、阴与阳、虚与实、物与理、博与约、体与用、本与末、主与辅等，他这样列举的目的，是为了把中学与西学、旧学与新学结合起来，并要求把西学、新学学习过来，致中国于富强太平之域。从政治上说，郑观应站在改良主义的立场，要求把社会各种对立的矛盾因素统一到君主立宪上来。所以，当他写《盛世危言》时，即把《道器》列为首篇，就内容来说，道器事实上是《盛世危言》的总纲，是郑观应其他各篇论述的指导观点。王韬很了解这一点，所以，他替郑观应把《易言》提高到哲学上说："杞忧生之所欲变者器也，而非道也。"后来，郑观应撰《盛世危言》时，即采纳了王韬的意见，将道器列为正式的篇目，这说明他的思想认识已有所提高，事实表明，郑观应把道器同虚实、体用、本末、主辅等有机地结合起来加以阐述，就哲学观点的本身来说也是一种新成就。

郑观应为了论述西学与中学可以互相融合，道与器、体与用、虚与实，也可以互相渗透的问题，他在理论上作了阐明。他用《论语》中"由博返约"的原理说道："博者何？西人所骛格致诸门"，即科学技术之学，也即所谓"器"；"约者何？一语已足包性命之原，通天人之故，道者是也。"按照哲学上一般的解释，道本来是"虚"，器本来是"实"，二者是对立的，但郑观应却认为"虚中有实，实者道也；实中有虚，虚者器也"。从而肯定了虚与实是统一的，它们之间可以互相渗透，甚至可以互相转化。所以他肯定虚与实"合之则本末兼赅"。这就为传统所说的"体"与"本"赋予了新的解释，为西学与中学的融合，虚与实可以互相渗透奠定了理论基础。

郑观应早在光绪十年（1884）就说过：

> 余平日历查西人立国之体，体用兼备。育才于书院，论政于议院，君民一体，上下同心，此其体；练兵、制器械、铁路、电线等事，此其用。中国遗其体效其用，所以事多扞格，难臻富强。①

---

① 《郑观应集》上册，第967页。

后来在《盛世危言·自序》中又申论说:"治乱之原,富强之本,不尽在船坚炮利,而在议院上下同心,教养得法。"故郑观应所讲的"主以中学,辅以西学"的"西学",与张之洞所讲的"西学为用"的"西学",是有着性质上的区别的,因为张之洞的西学是不包括社会政治学在内的。郑观应对于"中学"的理解也和张之洞不同。张之洞的"中学"就是所谓道,就是"孔子之道",就是封建统治制度,而郑观应的"中学"不仅仅是"孔子之道",而且还包括议院制等西方资产阶级政治学说在内的。因为,郑观应既然认为"虚中有实","实中有虚",虚实既然可以互相渗透,那么,道与器、本与末、体与用之间,就没有不可逾越的鸿沟,"器"、"用"、"末"的某些内容未尝不可以变为"道"、"体"、"本"的一部分内容。① 郑观应力图通过他的论据来说明西学不但可以转化为中学,而且西学中有些内容就是中学,为他学习西学提出一条冠冕堂皇的理由。

三、《盛世危言》的历史进化思想

《盛世危言》是郑观应宣传求富求强、维新变法的代表作。全书初版为五卷,后曾改编增订重印,有十四卷本,有八卷本。该书论述广泛,举凡西学、议院、吏治、商务、商战、纺织、火器、电报、矿务、船政、防务等,皆有记述,详为发挥。

郑观应继承和发展了龚自珍、魏源以来今文经学派的历史进化思想。他说:"世界由弋猎变而为耕牧,耕牧变而为格致(工业制造)。"认为这种变化为"此固世运之迁移,而道天地自然之理也"②。这也就是说弋猎、耕牧、格致的历史发展过程是不以人们意志为转移的客观规律。郑观应的历史进化思想又受生存竞争进化论的影响,提出所谓"夫天下之生久矣,一治一乱,古今诸国莫不弱肉强食,虎视鲸吞"③。

---

① 参阅夏东元先生《郑观应传》,华东师范大学出版社1981年版,第89—91页。
② 郑观应:《盛世危言》初编卷2《教养》。
③ 郑观应:《盛世危言》初编卷5《弭兵》。

他从这一观点考察当时的中国社会,感到问题十分严重,就国际环境而论,认为"方今各国之人航海东来,实创千古未有之局。而一切交涉之事,亦数千百年以来所未有之科条"①。就国内形势来说,当时清统治者"泥古不通今,所学非所用,偏重科甲,上下相蒙,植党营私,卖官鬻爵……吏治不讲,流弊甚多,惟身家念重,畏难苟安,以聚敛为才能,以废弛为节俭,以因循为镇静,以退缩为慎重,以调停掩饰为熟谙夷情",在文臣方面是如此。在武将方面是"将相昏庸,国势危急"②。在如此危急情况下,清贵族统治者,"犹拘留旧法,蹈常习故,其将何以御外侮,固邦本哉?"又说:"亚洲之事匦矣!强邻窥伺,祸患方萌,安可拘守成法哉?"③由此可以看出,郑观应一再强调的欲自强非变法不可的政治主张和他的历史进化思想是分不开的。

郑观应运用进化论看历史,看到了格致优于耕牧,耕牧优于弋猎,而且是一个阶段比一个阶段进步。他以这样的观点分析和认识古代历史,也以这样的观点看待当时资本主义的生产方法,这在他评述"格致"时可以清楚地看出,他说:"顾格致为何?穷天地之化机,阐万物之原理,以人事补天工,役天工于人事,能明其理,以一人养千万人可,以一人而养亿兆人亦无不可。"在这样的条件下,因此,他极力主张清廷废除长期以来所行的"八股之科,兴格致之学"④。要求用西方的先进科学生产技术来发展当时中国落后的工农业生产,以造福于我国人民。当然,郑观应在有些地方把西方先进的东西,说成是"暗合古意",是"我固有之",以及所谓"有三代遗风"等,但从其本意来看,并不是真正对古昔的落后怀有思古之幽情,而是着眼于今,着眼于现实,着眼于将来,认为只有兴格致之学,发展近代工商业,才能"复三代之盛"。明确提出不兴格致之学,"而犹欲以空名自跻于三代之隆,则吾谁欺。"郑观

---

① 郑观应:《盛世危言·西学》附录:英士李提摩太《七国新学备要论》。
② 郑观应:《盛世危言·吏治下》附节录:名贤《奏语》。
③ 郑观应:《盛世危言·西学》附录:英士李提摩太《七国新学备要论》。
④ 郑观应:《盛世危言》初编卷2《教养》。

应提出古出三代,意图是援古以证今,为今而用古,与复古主义者显然是不同的。在郑观应看来,只要是对"国与民皆利,上与下交益,目前与日后均收益无穷"者,就应毫不犹豫地加以学习和吸收,绝不能因为"古所未有而疑之",或者"西人所有中国所未有而弃之",这样的立场和态度,表明郑观应不是复古保守主义者,而是一个勇于接受新鲜事物的人,和历史复古倒退论皆是完全不同的。

正因为郑观应的历史观是进化的,因而他不仅认为资本主义国家的科学技术比中国进步,中国人应当学习,而且认为西方的社会历史制度也比中国进步,中国人也应当学习。在当时的历史条件下,他认为西方的君主立宪制比清朝的君主专制制度进步,主张当时的清政府应实行君主立宪制度,明确地指出:"今欲反弱为强,须无利己之心。方知爱国,既知爱国,必变专制,欲变专制,须开国会设内阁。一以统合庶绩,一以固结民志。"①这虽然是郑观应从爱国主义思想出发,所谓"参内外之消息,了中西之情形,深悉天时人事"之后,认识到中国欲要富强,必须通过学习西方的君主立宪制,才能达到目的的结论。然而从历史观方面来说,它是以进化观作为其思想基础的。

因此,当袁世凯借民主共和国之名,行专制独裁之实,尤其是袁世凯黄袍加身做皇帝,进一步倒行逆施时,他极力反对,吟诗道:"古今尧舜华盛顿,择贤禅让名不磨。欲求万世家天下,强秦洪宪今如何?"②袁世凯死后,在政局上接着出现的是军阀混战、府院之争、张勋复辟和议员贿选等事件相继而起,把当时的中国搞得民穷财尽,危如累卵。即使在这样极其恶劣的政治局势下,郑观应在历史必然进化思想支配下,对中国的前途仍然没有丧失信心,仍然深信这是暂时的现象,历史绝不会倒退到以前的老制度中去。他说:

以前袁世凯总统之势力与才能,尚不足以压制全国之进步而

---

①　郑观应:《盛世危言后编》卷3《致潘兰史征君书》,第14页。
②　郑观应:《待鹤山人晚年纪念诗·专制当道叹》。

反帝制,张勋复辟之无效,亦可为之前车。最近亦有挟武力以攘权,籍(藉)外债以填欲壑者。为犯众怒,亦终归土崩瓦解。时至今日,断无反诸过去制度也。①

"断无反诸过去制度"一语,画龙点睛地表明了历史是向前进化发展的,断不会倒退到过去的君主专制时代中去,不管是袁世凯或张勋之流具有多大势力,终究阻挡不了历史前进的趋势,终究要以民主制代替君主制制度。

郑观应分析了当时中国的社会历史情况,认识到"当今之世,非行法则无以强兵富国"②。他说:"余尝阅万国史鉴,考究各国得失盛衰,而深思其故。盖五洲有君主之国,有民主之国,有君主共和之国。君主者权偏于上,民主者权偏于下,君民共主者权得其平。凡事虽有上、下议院议定,乃奏其君裁夺,君谓然,即签名推行,君谓否,则发下再议。其立法之善,思虑之密,无逾于此。此制既立,实合亿万人为一心矣。"③在他看来,西方实行的政治制度,之所以不为当时的清廷所接受,是因为"今之公卿大夫,墨守陈编,知古而不知今;游士后生,浪读西书,知今而不知古,二者偏执,交相弊也。"④尤其那些"幸而事权在握,自谓可一展其才,然和衷少而掣肘多。往往创办一事,聚议盈廷,是非莫决;甚且谓其更张成法,蜚语中伤,谗书满箧。于是不得出之因谓粉饰,以求苟安,卒之豪杰灰心,而国势日趋于不振矣。"⑤他尖锐地指出当时社会的时弊,是"思薏也,琐屑也,敷衍也,颟顸也,皆弊之太甚而不可不去者也。"他既批评那些不关心时务的"游士后生",又指责官僚们昏庸无能,希望革去这些弊病。他既主张变法,又不敢言之过急。为了减少变法的阻力,在理论上提出了西法西学就是中国古代的法和学。在论述西学与中学的关系时,他认为西学源于中学。关于西学提倡的议会制,中国古代已实行了。为其变法找历史依据。他说:"窃考

① 郑观应:《盛世危言后编》卷3《致翦淞阁主人书》,第40页。
②③④⑤ 《郑观应集·盛世危言·跋》。

三代之制,列国如政事,则君卿大夫相议于殿廷,士民缙绅相议于学校。故孟子有左右诸大夫之言未可尽信,必察国人皆言,而后黜陟乃定,汉朝饬博士议复,尚存遗意。"可见这种议会民主制度由于"后世不察,辄谓:天下有道,庶民不议。又惩于处士横议,终罹清流之祸。故于政事之举废,法令之更张,惟在上之人权衡自秉,议毕即行,虽绅耆或有嘉言,未有上达"①。可惜,"三代之制"(指类似西方议会制)"后世不察",抛弃了三代议事制度,而在西方却继续保存这一制度,其原因是,"泰西开国至今,历来未久,故其人情风俗,尚近敦庞,犹有上古气象。即此一事,颇与三代法度相符。"②但郑观应确认识不到夏、商、周三代是奴隶制和封建领主制,其实的政治制度虽有"君卿大夫相议于殿廷"的史实记载,但与近代西方资产阶级的议院制是完全不同的。郑观应等为推行改良主义的君主立宪的政治主张,因传统思想阻力很大,故托"古已有之"之"祖训"、"陈规",作为变法的历史依据和理论依据。因此,他美化三代制度,并希望中国上效三代之法,下仿泰西之良方,体察民情,博采众议,实行君主立宪制,设议院,"务使上下无扞格之虞,臣民泯异同之见,则长治久安之道,固有可豫期矣。"③当然,我们也必须看到,在郑观应的思想深处,也不一定真正认为西方的议会制度,"颇与三代法度相符",这从咸丰二十年(1894)刊行的《盛世危言·议院上》附言中并不强调"上效三代之遗风",而是直接提出中国当仿行五大洲中"权得其平"的"君主共主之国"的立宪制。可见,郑观应的君主立宪制不过是借用所谓"三代法度",以消除顽固派的"用夷变夏"的攻击。

郑观应不仅强调议会制度"颇与三代法度相符",是"我国固有之"的东西,而且在西方的科学技术方面的论述上非常强调"礼失而求诸野"。在他看来,西方先进的科学技术是中国所固有的,现在我们学习它不过是把丢失的东西重新拾回来了罢了。郑观应一面认为泰西之学,如商政、兵法、造船、制器,以及农、渔、牧、矿诸务,实无一不精,"而

---

①②③　《易言》三十六篇本,《论议政》,《郑观应集》上册,第103页。

皆导其源于气学、光学、化学、电学……故能凿混沌之窍，而夺造化之功。"①他认为这些科学技术并不是创自西人，他批判那些"今人自居学者，而目不睹诸子之书，耳不闻列朝之史，以为西法创自西人"，是错误的，他在论述中国祖先的许多发明创造之后说：

> 一则化学，古所载烁金腐水，离木同重，体合类异，二体不合不类。此化学之出于我也。一则重学，古所谓均发，均悬轻重而发绝，其不均也均，其绝也莫绝，此重学之出于我也。一则光学，古云'临鉴立影'：二光夹一光，足被下光，故成影于上，首被上光，故成影于下，近中所鉴大影亦大，远中所鉴小影亦小。此光学之出于我也。一则气学，亢仓子：蜕地之谓水，蜕水之谓气。此气学之出于我也。一则电学，关尹子：石击石生光，雷电缘气以生，亦可为之；淮南子：阴阳相薄为雷，激扬为电。此电学之出于我也。②

郑观应如此强调化学、重学、光学、气学、电学等西学，把它们都说成是"出于我"，是有其客观原因的，是针对当时的现实需要而发的。同治十二年（1872）起，中国民用的资本主义工商业发生并逐步发展了，随着这种发展，对西方先进的科学技术的需求越来越迫切。但是，当时许多人对于西方先进科学技术的态度，一种是诧为巧不可阶，一种是斥为卑不足道。前者是把西学看作是高不可攀而不敢学，后者则是不屑乎学，不管是前者或是后者，其结果都将导致拒西学于国门之外。在这种情况下，郑观应利用中国古代科学技术上的发明创造，说这些自然科学均"出之于我"是有其必要的，有其正确的一面。因为我国古代确是有这些化学、光学、气学、电学等科学技术，绝不是郑观应等所虚构的。问题在于，这些古代的科技知识，在我国没有得到应有的发展，确实落后了，比西欧的落得太后了，不承认这个事实也是错误的。当然，我们必须知道中国古代四大发明无不早于西欧，可是近代没有及时发展起来；西欧古代也有，近代又及时发展起来，而且发展得又快又好。

---

① ② 《盛世危言·西学》，《郑观应集》上册，第274—275页。

郑观应等怀有强烈的爱国主义思想,不承认自己落后,硬是强调我们"古已有之"的一面,同时又强调西欧似乎"从古没有"似的,从而说西欧今日的那些科学技术没有任何自己的历史根源,全是"出之于我",这是很不实际,也是不符史实的。郑观应这样看问题难免有所偏激,但其目的是为了消除人们的顾虑,为广泛利用西方的先进科学技术在思想上清除障碍,是有进步意义的。当然,这种"礼失而求诸野"的理论,又反映了郑观应思想的软弱性。因为他是由封建地主阶级向资产阶级转化的改良派,在他的学说思想里就有这套封建传统思想和妄自尊大的封建民族自尊心。同时又由于他本身与封建地主政权、思想传统等有"割不断"的"先天病",导致他与封建政权作斗争时,必然思想软弱,这是他先天不足而无法医治的病症。

还应看到郑观应在作了西方科学技术源出于我国的论证之后,又概括地指出说:"不知我所固有者,西人特踵而行之,运以精心,特以定力,造诣精深,渊乎莫测"。强调西方发展了中国古代学说,肯定历史是进化的,这一点,他比同时代的改良主义思想家是高明得多。然而,就学习西学而言,在半封建半殖民地的中国,仅学点西学,同样是无法解决现实社会问题。

四、郑观应的爱国史学思想

郑观应的爱国史学思想在同时代的维新志士中表现最为突出。他的爱国史学思想围绕救国救民族这一中心而显现出来。鸦片战争之后,他目睹日益加深的民族危机和中国濒临被瓜分的命运,忧心忡忡。正如他自己说:"庚申之变,目击时艰,凡属臣民,无不眦裂。"[①]强烈的爱国思想促使他反对外国侵略者、反对半封建专制制度。他说,列强侵占我国领土,"无异嬴秦"[②]这一比方固然不确切,但其用意是指责列强

---

① 《易言自序》,《郑观应集》上册,第 173 页。
② 《盛世危言·边防七》,《郑观应集》上册,第 808 页。

暴掠成性,在当时历史条件下是可以理解的。郑观应在《盛世危言》中多次提及嬴秦,对秦始皇统一中国的历史功绩均略而不提,而集中攻击"暴秦崛兴,焚书坑儒,务愚黔首"①。这是因为他把秦始皇作为封建专制独裁的化身来批判,批判嬴秦的目的是在于说明专制独裁是中国前进的最大障碍,只有反对君主专制才能实行君主立宪制度,历史才能进步。

郑观应认为锢蔽天下人才,采取愚民政策的始作俑者是嬴秦。他说:"自秦焚书坑儒以愚黔首,欲笼天下于智取术驭,刑驱势迫之中,酷烈熏烁,天下并起而亡也。"由于愚民政策对统治者有利,故后世君主"喜秦法之便于一人也,明诋其非,暗袭其利,陵夷而肇中原陆沉之祸。"②自汉魏直至清末莫不如此。郑观应感慨地说:"此三代以下人才不世出,民生所以日促也,悲夫!"

郑观应对嬴秦的专制暴政也进行了揭露和批判。他说:"徒善不足以为政,徒法不足以自行。故有其人,然后有法;有其法,尤贵有人……中国三代以上立法尚宽,所设不过五刑。读《吕刑》一篇,虽在衰世,犹有哀矜恻怛之意。"可是,"自后一坏于暴秦,再坏于炎汉。"秦汉统治者不以法为依据而任意屠杀,"动至夷三族。武健严酷之吏相继而起。"③其目的是为了"直欲锢天下之耳目,缚天下之手足",以使统治者能"为所欲为",④肆无忌惮地实行专制独裁,其结果必然是数千年无辜而死者不可胜计。他说:

> 从前民间举动,虽合公理,顺人心,苟与政府意见相背,小则斥为惑众,大则指为叛逆。自疆吏以至州县,但知仰承意旨,虽明知其冤,不敢代白。甚至藏弓烹狗,诛戮功臣,酷吏权奸,残害忠荩,

---

① 《郑观应集》上册,第480页。
② 《盛世危言·日报上》,《郑观应集》上册,第345页。
③ 《盛世危言·刑法》,《郑观应集》上册,第499页。
④ 《盛世危言·原君》,《郑观应集》上册,第331页。

数千年无辜而死者不可胜计。①

郑观应批判嬴秦的专制独裁,批判嬴秦的严刑峻法,目的是为了在中国实行改革,是为了设立议院,实现民主,健全法制,所以他提出:"若设议院,则公是公非,奸佞不得弄权,庸臣不得误国矣。"②他认为"中国病根在于上下不通,症成关格,所以发为痿痹,一蹶不振"。所谓对症下药,就必须设立议院以实行民主,这样既能通上下之情,一人心以御外侮,又能更快地发展科学技术促进资本主义近代工商业的发展,臻中国于富强之域。因此,郑观应虽然一再批判嬴秦的消极面,但其愿望是为了改君主专制为君主立宪,在反对清贵族统治集团专制独裁,在光绪二十一年(1895)前后写作此文时,资产阶级民主革命派势力没有兴起以前,是有其积极意义的。

他认为在近代,沙俄是威胁中国最大的国家。他说:

观其(指帝俄——笔者)用兵于回部以西,恣其蚕食;通市于回部以北,潜欲鲸吞。复乘发逆披猖,遂与喀什噶尔酋长霍璧立约通好,俾彼恃有外援,甘心叛逆,抗拒天朝。由是据伊犁,并霍罕,心怀叵测,更宜思患豫防,善为之备……俄人又欲由惠远城设立电报,越蒙古诸边直达京都。由此观之,举凡藩属要荒,半为外邦侵占,藉此窥伺中原,积久生变,遂可长驱直入矣。③

他又针对当时的形势,分析各帝国主义国家情况说:"查立约诸国,最强者莫如英,而美、法与俄皆堪颉颃。然英人险诈,法人鸷猛,势力相敌,迹其离合,实系安危。俄则地据形胜,兵严纪律,惟以开疆拓土为心,向为诸国所忌,而尤为中华之所患。"④根据分析提出了防俄为先的主张。他的看法是中国四边皆有强邻,如果"一有衅端,逐处可以进攻,随处可以进攻,随时可以内犯"。在四面皆敌的情况下,"防英乎?

---

① 《盛世危言·议院下》附论《答某当道设议院书》,《郑观应集》上册,第 322 页。
② 《盛世危言·议院下》附论《答某当道设议院书》,《郑观应集》上册,第 323 页。
③ 《易言·论边防》,《郑观应集》上册,第 113—114 页。
④ 《易言·论边防》,《郑观应集》上册,第 114 页。

防法乎？抑防俄乎？"他客观地分析了各国情况，认为将来如果发生侵略战争，其必由陆不由海也，故防海犹可从缓，防边实为要图。就防边来说，"在南则与法之越南，英之缅甸交界，在西则与印度比邻，在东北、西北由东三省、内外蒙古迤逦而至新疆，又在在与俄接壤。"①帝俄利用这一地理条件，加紧对我国进行侵略。他提出说："盖俄人包藏祸心，匪伊朝夕，为我边患亦已数见不鲜。"他以事实为证说，如咸丰八年（1858），"乘中国方有兵事，据我乌苏里江东之地五千里，诳占我沿边卡伦以外之地万余里。薄人之危，幸人之祸，其处心积虑可想而知。"尤其是从彼得堡修造铁路直达珲春，用心尤为险恶。因为"各国铁路大都造于繁庶之区。今俄人独不惜巨款造于不毛之地，非有狡谋更何为乎？"②况且俄国的实力很强大，它地"跨欧、亚二洲，毗连一片，气局之闳如高屋建瓴，大有手擎六合，口吞八荒之概"。郑观应衡量当时帝俄的国力，如果它"东合中华、日本，可为亚洲盟主；西合德意志、法兰西，可为欧洲共主"③。在郑观应看来，当时"俄与英、美、普、法、澳、日诸国，争逐海上，何殊战国七雄，论者谓：俄据形胜之地，逞强富之雄，辟土开疆，励精图治，则秦之连横也。英、美、普、法、澳、日诸国，立约要盟，练兵修政，悉意备俄，则六国之合纵也"④。根据当时的国际形势，从我国的实际情况出发，郑观应认为应当采取的战略方针，是"合纵"以拒俄，即联结英、美、普、法等国以拒俄，以巩固我国的边疆。他说："凡近俄疆者，防守之要，一切整顿，军营、戍垒焕然改观。"企图在英、美等国的支持下增强自己的实力，然后才能御俄。他明确表明这是一个策略，随着形势的不同，策略也可以随之而改变，如果有一天出于需要，也可改采亲俄的连横方针，不管是何种策略，其目的都是为了"弭俄也"⑤。

---

① ② 　《盛世危言·边防一》，《郑观应集》上册，第 774 页。
③ 　《盛世危言·边防七》，《郑观应集》上册，第 809 页。
④ 　《易言》三十六篇本，《论公法》，《郑观应集》上册，第 66 页。
⑤ 　《盛世危言·边防六》，《郑观应集》上册，第 800 页。

郑观应反复强调指出:"我中国纵得强邻保护,亦不可有恃无恐。"而是应当"急效俄之彼德、日之明治,变法自强。"因为在他看来,"非变法不能富强,非富强不能合纵、连衡。"因为只有在"势均力敌,而后和约可恃,和约可订,公法可言也"①。

由此可见,郑观应不论是反对帝国主义,还是反对"暴秦"的封建专制独裁统治,其目的都是为了救中国,而在强调上述两方面的同时,鲜明地指出要变法才能富强,要改变封建君主专制独裁的统治,建立议院制以实行民主,才能使中国登上世界强国之林。当然,郑观应所强调的民主,是在君主制下的一点民主,和王韬的"君民共主"论实质上是相同的。受历史条件的限制虽有其局限性,但他要求变法富强的强烈的爱国思想是值得肯定的。

第四节　黄遵宪与日本史研究

一、黄遵宪生平与《日本国志》的编撰

黄遵宪(1848—1905),字公度,别号人境庐主人。广东嘉应州(今梅州市)人。父亲黄鸿藻是清末举人,做过知府。黄遵宪四岁入家塾,学习传统经史之学。同治四年(1865)太平天国农民起义军攻占嘉应州城,他随家离乡"避乱",从那时候起,一方面惧怕农民起义,同时又思索农民起义的原因,从而开始重视"时务"研究经史致用之道。光绪二年(1876)中举,他怀着"非留心外交,恐难安内"的想法,放弃科举,光绪三年(1877),随驻日公使何汝璋出使日本,任使馆参赞。他在日本居住五年,适逢日本明治维新运动蓬勃开展,看到日本推行"文明开化"、"富国强兵"、"殖产兴业"等各项资产阶级改革措施,从而使日本摆脱沦为西方国家殖民地的危机,建立了亚洲第一个君主立宪的资产阶级国家。他目睹了日本在明治维新后的巨大变化,受到很大影响。

---

① 《郑观应集》上册,《盛世危言·跋》。

同时,在日本期间,与王韬相识,受其改良主义思想的影响,他思想由改革派转向资产阶级改良派。光绪八年(1882),他离开日本,改任驻美国旧金山总领。直到光绪十一年(1885)秋回国。之后又任驻英、法使馆参赞及新加坡总领事。他在新加坡任总领事,从光绪十七年(1891)到光绪十九年(1894)历时三年,倡立图南社,又巡视各岛,了解华侨情况,反对清廷对归侨的歧视政策,力争清廷颁布保护归侨的规定,颁发"护照",保护华侨利益。光绪十九(1894)年回国后,任江宁洋务局总办。次年,《马关条约》签订后,他深忧国家被瓜分的命运,关切反抗日本侵略的台湾同胞,指出台湾自古就是中国领土,并在上海参加强学会。光绪二十二年(1896),出资参与创办《时务报》,以宣传救亡图存为己志。次年,出任湖南长宝盐法道,代理湖南按察使,协助湖南巡抚陈宝箴推行新政,并积极参加南学会活动。光绪二十四年(1898),徐致靖向光绪帝推荐他为通达时务人才,被任命为出使日本大臣,因病未能就任。戊戌变法时,因参与宣传维新变法运动遭弹劾,他被清廷革职,"永不起用",遂归家乡居住,在家乡筹办教育事业,仍念念不忘国家民族危亡,表现出强烈的爱国主义精神。他的著作除《日本国志》外,尚有《日本杂事诗》、《人境庐诗草》、《人境庐诗辑外集》等。

《日本国志》是黄遵宪的代表作,是中国近代介绍日本政治、历史、人文、地理的重要史学著作。作者在日本任驻日本公使馆参赞期间,目睹耳闻日本社会、政治的巨大变化,就立志于日本史的研究。他在日本的头两年,习日文、读日本著作,"与士大夫交游",了解日本历史、社会、文化,尤其是日本明治维新以来的历史。随后,"发凡起例,创为《日本国志》一书","朝夕编辑,甫创稿本"(初稿),因改派驻美国旧金山领事,"无暇卒业,盖几乎中辍矣。"直到光绪十一年(1885)秋回国,"乃闭门发箧、重事编纂,又几阅两载",最后完成《日本国志》的编写。

《日本国志》近于史志体,全书共四十卷,分国统、邻交、天文、地理、职官、食货、兵事、刑法、学术、礼俗、物产、工艺等十二类,记述日本从古代至明治维新三千多年的历史,涉及政治、经济、文化各个方面内容,而其重点叙述日本明治维新以来的历史。

黄遵宪编撰《日本国志》的主要目的,是想将日本明治维新的"百务更新"历史介绍到中国来,要国人"知其所取法",进行变法维新,以富国强国,抵抗外来侵略。《日本国志》,自光绪二十一年(1895)羊城富文斋刻本问世后多次再版,对中国近代思想和推动戊戌变法产生了重要的影响。

《日本国志》出版十几年后,国内形势起了很大的变化,以康有为为代表的资产阶级改良主义运动在日渐高涨,而此时的黄遵宪完全倾向于改良派一边,为宣传维新变法,自感以往著作跟不上形势的需要,有必要进行修订,作为维新变法的借鉴。他在《改定日本杂事诗序》中说:

时值明治维新之始,再度草创,规模尚未大定……余所交多旧学家,微言刺讥,咨嗟太息充溢于吾耳……及阅历日深,闻见日拓,颇悉穷变通之理……偶翻旧篇,颇悔少作,点窜增益,时有改正。①

他修订《日本国志》,主要增加议论和史料的充实。如在追述日本幕府末年与列强签订不平等条约时,增加了"此皆幕府末年所订之约,当美约定议时,但以城下之盟隐忍屈从,期暂行目前之祸,以待后举。而治愈纷,燎原愈烈,每改约一次则外人愈得利,日本愈受损,而当君臣上下,夹全力以争约者固知之也。"②以日本幕府之借鉴,告诫清廷要变法维新,以免燎原之祸。修改较大的,如卷八大量补充明治维新变法数十条。其要有:一、撤除各港口侮辱性"耶稣踏像",实行宗教自由;二、派遣留学生,详记伊藤博文等出洋经过;三、吸收外资,聘请外国人,传播西方文化技术;四、分驻公使、领事各国,积极开展外交活动;五、改兵制、练海军、变刑法、研医学、架电线、敷铁道。总之,他不厌其详,增列明治维新措施,其目的是为清廷变法提供参考。他正是通过《日本国

① 黄遵宪:《日本杂事诗》卷首,长沙富文堂自刻定本。
② 《日本国志·国统志》,上海图书集成书局版。

志》的修订时机,为当时支持维新变法呈上一份日本式的精详周密的
新政蓝图。在尔后戊戌维新变法时,光绪皇帝所颁布的"维新上论"和
施政方案,与修订本《日本国志》所言维新措施大体相近似。这说明
《日本国志》对康梁维新变法有着直接的影响。

总之,《日本国志》是中国近代较为系统介绍和研究日本史的代表
作,对中国近代史学的发展和日本史研究起了推动作用。

二、黄遵宪的史学思想

黄遵宪早年学习中国传统文化,其史学思想是继承传统的历史变
易思想。光绪十六年(1890),他随驻英公使薛福成使英,接受西方资
产阶级进化论,对他一生思想的演变具有极重要的影响。当时英国是
世界上最早发动资产阶级革命,推翻封建专制统治,建立起资产阶级君
主立宪制,对当时的世界产生了重要影响,它"宣告了欧洲新社会的政
治制度"的诞生,不仅反映了欧洲历史发展趋势,而且"反映了当时整
个世界的要求"①。黄遵宪居住英国期间,对这个国家的社会变化感到
惊异与兴奋,在政治制度上,他对君主立宪制表示向往,对议会制度啧
啧赞叹。他把英国与日本的政治制度进行比较,得出"欧洲(人)其政
治学术竟与日本无大异"的结论。他早就想寻找日本明治维新所仿照
的西方资产阶级政治制度的"原本",到了英国,他的愿望实现了,对日
本明治维新确立的政治制度,终于"溯其流而见其源",使他坚定地走
上了资产阶级改良主义的道路。他的史学思想由传统的历史变易思想
转化为资产阶级的进化论。

他研究历史,撰写和修订的《日本国志》是以西方进化论为主导思
想。在《日本国志》中,黄遵宪首先强调当今之世是"弱肉强食"的世
界。他说:"挽近之世,弱肉强食。彼以力服人者乃取其土地,不贪其
人民,威迫势劫与之立约……狐媚蛊人,日吸其精血……既经明效大验

---

① 马克思、恩格斯:《资产阶级和反革命》,《马克思恩格斯全集》第1卷。

者,印度则亡矣,土耳其则其危矣。"①他认为,随着历史的前进,世界演变成竞争角逐的战场,"弱肉强食,物竞天择",进取知变者走向强盛,守旧泥古者日趋灭亡,明确提出"相竞而强"的观点,指出欧洲国家富冠全球,是因为"诸国鼎峙","炫文耀武",各不相让,以致越竞越强,越争越富。相反,中国长期以来偏安一隅,老大自居,丧失了竞争性,不知振作,积弱积贫。他疾声呼吁,赶快觉醒奋起,否则殷鉴不远,必蹈印度、埃及、土耳其亡国的覆辙。

黄遵宪的"弱肉强食"、"相竞而强"的观点显然是受达尔文社会进化论的影响。其用意为了说明在"物竞天择"、"生存竞争"的时代,清廷必须实行改良,才能适应时代的潮流。在中国,系统介绍进化论思想的是严复,而严复的《天演论》较《日本国志》稍晚出版,可见黄遵宪介绍西方进化论思想是开风气之先。

最为可贵的是,黄遵宪对西方进化论,并不是原封不动的照搬过来,而是结合中国传统历史变易思想有所改造。他在探讨历史进化原因时,认为是由于"势相逼而成",在他看来,日本上自神武天皇,下至明治天皇,漫长的历史过程中,有其不被人力左右的"势"的力量支配着。认为日本明治维新以前的社会历史存在两个对立的社会阶层,即"平民"与"藩士",他们之间等级森严,尖锐对立。"藩士"是统治阶层,作威作福,残酷压榨欺侮平民,而平民则"含辛茹苦,无可控诉",压迫愈烈,反抗愈力,终于形成维新的巨大政治力量。这种政治力量的产生,是"势实相应而生,相逼而成",将历史进化看成是社会政治力量对立、抗衡斗争的结果。这一思想,是柳宗元以来"封建非圣人意,势也"②的传统史学思想的继承和发展。

黄遵宪在编撰《日本国志》后,于光绪二十一年(1895)七月加入强学会,与康有为交往,"纵谈天下大事",其政治主张完全站在改良派一

① 黄遵宪:《日本国志》卷20《食货志》,上海图书集成本1898年版。
② 柳宗元:《封建论》。

边。为宣传变法，他提出了完整的"三世说"历史进化观点，为变法建立历史理论依据。他把中国历史发展的进程划分为三个时期，即"封建世"、"郡县世"、"共和世"。"封建世"指秦始皇统一中国之前的春秋战国时代。这一时代虽然实行"世卿、世禄、世官"的世袭制度，但封建官僚制度尚未形成，不仅士大夫可以参与政治，而且国家大事还"谋及庶人"，所谓"谋及卿士，谋及庶人"，一刑一赏，"亦与众共之。"黄遵宪认为这一时期，"其传国极私，其政体乃极公也。"①继"封建世"之后，出现的是"郡县之世"。这一时期包括秦至清代长达两千年的漫长历史。他说："自秦一后，国不一国，要之可名为郡县之世。"在这一时期，政府设立了"至周至密，至纤至悉"的官僚机构，以统治人民。出现"官之权独揽，官之势独尊"，官吏们凭借手中的权力，"舞文以弄法，乘权以肆虐"，人民在官吏的残酷压榨下，而不敢稍发怨声。黄遵宪以强烈的资产阶级改良主义的爱憎感情，以君民共主的观点，直斥"郡县之世"是"官吏专政"，是世界最不文明、最不公道的制度。他指出：这种制度延续至今，早已百孔千疮，弊端累累，亟待改革。

黄遵宪认为第三个历史时期，即"共和之世"，是最好的历史时期。在这个历史时期，"官民上下同心同德"，君民共主，"以联合之力，群谋之益"，②共谋社会福利。在"共和世"社会里，"郡县专政"之弊已消除，"民众"再也不受郡县及中央官僚的压迫，这个社会在中国尚未到来，而在欧美诸国已实现。在欧美各国既然能够实现，而在中国也并非难以实现，只要通过努力是可以实现"共和世"的。当然，黄遵宪心目中的理想社会，实质上是一个使资产阶级获得最大的政治经济权益，而使他梦驰神往的社会，实际上不过是资产阶级的民主共和国的政治体制。

在黄遵宪提出封建、郡县、共和三世说之前，康有为早先提出了所谓"公羊三世说"。康有为的"三世说"是依据汉代今文经学家公羊三

---

①②　黄遵宪：《南学会第一、二次讲义》，《湘报》第5号。

世说发展而来的。认为社会历史的进化由"据乱世"进入"升平世"再进入"太平世"。康有为的公羊三世说与黄遵宪的"三世说"之间存在着一定的差异。康有为的"公羊三世说",主要是对今文经学变易思想的改造和发展,借古人,援引封建传统经义,其进化学说不得不受传统儒家的束缚。黄遵宪则不同,他主要接受西方进化论,其"三世说",没有渗入今文经学的微言大义,封建儒学影响少,宣传资产阶级政治学说也更直接和明了。康有为的历史进化观坚持"循序渐进",强调"据乱"必须由"升平",才能到达"太平"。同样,"君主专制"必须由"君主立宪"才能达到"共和民主",但"三世不可飞跃"。因此,康有为的"公羊三世说",虽然主张进化,也讲"共和民主",但认为"君主立宪制"是不可逾越的必经阶段,"民主共和"的理想却置于遥远的将来,是可望而不可即。黄遵宪的"封建"、"郡县"、"共和"三世说,从"郡县"可以直接进化为"共和"。当然,康、黄的"三世说",也有一致的地方,其共同目的都是为戊戌变法运动寻找和确立理论依据,并力图证明,既然社会是按照"三世"递进的规律向前发展,那么由封建走向欧美、日本资本主义道路,就是历史进化的必然,是大势所趋,没有什么力量可以阻挡。

黄遵宪在《南学会第一、二次讲义》中批判封建官僚制度是等级森严的家长制度。认为这种制度致使人民与官吏之间的关系"沟而分之,界而划之",造成不可逾越的鸿沟。他严肃地指出,官吏和百姓间的关系如不改善,长此下去,官吏威势越重,百姓受害越深,其后果,必然是"寝假相怨,相谤相疑",必将出现流血斗争,危及清朝统治政权。

黄遵宪以西方民权思想分析官与民的关系,认为官与民同样都享有自由平等的权利,指责封建官吏以家长制奴役民众是违反"自然之理",是妨碍社会历史进步,是阻止文明发展的愚昧丑恶行为。他主张启发民智,鼓动民意,起来与官分权。在当时历史情况下,黄遵宪意识到自己的思想已超越封建统治思想所能允许的范围,所以他在《讲义》结尾时激愤陈言道:"今日讲义,誉之者曰启民智,毁之者曰侵官权,欲断其得失,一言以蔽之曰,公与私而已。诸君能以公理求公益,则余此言不谓无功,若以私心求私利,彼擅权恃势之官必且以余为口实,责余为罪魁。迄诸君共鉴之,愿诸君共勉之!"①这里,可见黄遵宪反对封建官僚制度溢于言表。他这种"民分官权"的思想,无疑闪耀着资产阶级自由平等思想的光彩。封建"官权"即封建官僚主义的统治,黄遵宪力斥封建"官权",击中了封建统治的症结所在,在反封建统治的斗争中起了积极作用。但是,我们也应该看到,黄遵宪的所谓"民",不是工人、农民等广大劳动人民群众,而是资产阶级。"民分官权"实质上是指那些有产阶级向封建专制统治争夺政治、经济的权益。作为资产阶级改良派的黄遵宪对广大劳动人民群众从来都是抱着畏惧、怀疑和反对的态度。因此,黄遵宪在戊戌变法时期,积极模仿西方警察制度,在湖南创设保卫局,在我国建立第一支近代警察部队,主张以"官家"力量"剿灭""流民"与"匪贼"。"民分官权"论虽把矛头指向封建官权,却绝口不提反对封建君主的权力。这说明黄遵宪跟康有为等改良主义者一样,对清朝皇帝仍寄予希望,企图依靠皇权开展维新变法。因此,"民分官权"论毕竟局限在资产阶级改良主义范畴之内,最后只能把人们引向建立与封建专制统治妥协的君主立宪制度。

　　戊戌变法失败后,黄遵宪因受变法牵连被革职回乡。他虽蛰居乡间,却关心时局,抚时感事,常常自歌自泣,陷入极度矛盾痛苦之中。他晚年,除从事教育外,完成了《人境庐诗草》的编辑。该书共十一卷,收同治三年(1864)至光绪三十年(1904)所写的诗六百余首,版本有钱仲联笺注本,附有年谱及各家诗话。他诗的特点是以史入诗,以时事入诗,是反映黄遵宪一生历史变易思想、历史进化思想产生发展的自叙传,是刻画晚清社会矛盾的历史长卷,也表现了他的强烈的爱国主义思想。

　　《人境庐诗草》中深藏着黄遵宪对资产阶级民主的追求与向往。在《己亥杂诗》中说:"滔滔海水日趋东,万法从新要大同。后二十年言

------

① 黄遵宪:《南学会第一、二次讲义》,《湘报》第 5 号。

定验，手书心史并函中。""一夫奋臂万人呼，欲废称臣等废奴。民贵遂忘皇帝贵，莫将让国比唐虞。"①光绪三十年（1905）黄遵宪已处于生命垂危之际，仍念念不忘资产阶级共和国的理想世界。他赋诗致梁启超说：

> 呜呼专制国，今既四千岁。岂谓及余身，竟能见国会。
> 以此名我名，苍苍果何意。人言廿世纪，无复容帝制。
> 举世趋大同，度势有必至。②

他把实现大同社会（建立资产阶级共和国）看作必然趋势。他的这种思想的产生不是偶然的。在戊戌变法前，他积极支持变法，实行"君主立宪制"，变法失败，无情的现实使他的理想破灭了。光绪二十六年（1900）八国联军入侵，义和团运动被镇压，中国的内政进一步腐败，加以外交屡折，他期待清廷"重振朝纲"的希望最后彻底破灭，所谓"既不能望政府死灰之复燃，又不忍坐视国家之舟流而不知所届。"他经过较长时间思考之后，并受孙中山为代表的资产阶级民主革命思想的影响，脱离了康有为改良主义思想的羁绊而转入革命的营垒，其思想由实行"君主立宪"转向建立资产阶级共和国，是他思想的一大进步。他在和梁启超的通信中，认为革命形势的到来是"流而不知所届者，势也。"当然，黄遵宪历史观和思想的转变是有其思想基础的。如上所述，他早在戊戌变法运动高潮时，就曾提出"封建、郡县、共和三世说"，晚年民主共和国思想是他"三世说"历史进化观发展的必然结果。

三、《日本国志》的编纂体例和版本问题

史著编纂体例和版本问题是史学史研究的重要内容。黄遵宪编纂《日本国志》采取并改造中国传统的典志体裁，使之适应新内容的需要。典志体源于《史记》八书，以后历代相传，许多纪传体史书，都列有

---

① 黄遵宪：《人境庐诗草》卷9。
② 黄遵宪：《人境庐诗草》卷11《病中纪梦迷寄梁任公》。

书志一门。至唐代杜佑撰《通典》一书,综合了历史史志中有关典章制度的资料,分门别类,竟委穷源,收会通之效。后来马端临撰《文献通考》以及明、清两代所修的续《通志》、续《通典》等,都属于典志体体裁。黄遵宪编撰《日本国志》时采用这种体例,是为了更好地容纳明治维新时所提出的新的历史内容,因而在体例方面有所创新。主要突出的有以下特点:

其一,"详今略古,详近略远。"在《日本国志》凡例中指出,"检昨日之历以用之今日则妄,执古方以药今病则谬,故杰俊贵识……今所撰录皆详今略古"。由于编写该书主要是为清廷能借鉴明治维新,以启迪清廷统治者实行维新变法,故有必要"详今",把明治维新的有关内容放在最重要的地位,作详细论述。如《国统志》记述日本古代历史时简明扼要,记维新历史细致周详,特别是事关重要者甚至逐日、逐月记载。《国统志》三卷,合记日本三千年史事,而明治维新部分即独成一卷。全书诸志除《国统志》、《职官志》、《邻交志》、《学术志》略记日本古代史事外,其余八志全部记载明治维新历史。

其二,该书每卷都有著者的议论,以"外史氏曰"开头,动辄千言,论史论政。黄遵宪关于维新变法的许多设想创见都包含其中。全书史论计二十余条,三万余字,按其性质可分为三类:一是评论日本史事。如评论"尊王攘夷"这一口号在明治维新中所起的作用时说:"源光编大日本史……崇王黜霸,名分益张,而此数君子者……张皇其说,继续而起,盖当幕府盛时而尊王之议浸淫渐渍于人心,国已久矣。"①黄遵宪认为,明治维新前日本积弱不振,是因为幕府执政"王权旁落","名分不正",而明治维新时政府所采取的对策是"张名分"、"复王权",从而使国家强盛起来。他赞同日本官方所流行的观点,认为维新是"王政复古",即"万世一系"的天皇恢复王权,并以"君臣名分"说明倒幕的合理性,其将日本这段历史介绍至中国,为康有为、梁启超等倡导的改良

---

① 　远山茂树:《明治维新》。

变法提供了理论和历史依据。二是评论西方史事追溯日本政治改革之源。如论及日本刑法后又论西方刑法说："余观欧美大小诸国,无论君主,君民共主,一言以蔽之曰,以法治国而已矣。自非举世崇尚,数百年来观摩研究讨论,修改精密至于此。"他通过中西制度比较研究,认为凡是先进国家都是"以法治国",中国也应当实行法治。

三是针砭中国弊政的建议。黄遵宪认为中国士大夫"喜言空理",轻视工艺之学,因而使"实学"荒废,进而主张知识界应关心和亲身实践"制器",摒弃帖括无用之学,把精力集中到有益于国计民生的自然科学上。

该书另一特点是灵活运用"史表"、"自注"。表在书中的数量最多,总计有89个表,每卷2—3个表,单是《兵志·陆军》一节就有征兵表、陆军文官表等共8个之多。它完全脱出了传统典志体格局,叙述日本政治、经济、文化、军事各个方面情况,与现代统计表类似。该书又多用"自注",通过自注,"事同异而连累并及",把相同的史事并为一处,前后连缀,起到纪事本末体的作用。该书在"凡例"中曾提到"所撰地理志以图附志后",可知原书附有地图,今所见《日本国志》没有见附图的版本,不知何因,有待进一步研究。

总之,黄遵宪所撰《日本国志》无论在内容和体例创新等方面,堪称一代史学名著。所以该书出版后,广受读者欢迎,一再重版,影响海内外。其版本之多,在近代史著中是不可多见的,当为近代史学史研究的重要课题。

关于《日本国志》的版本问题。现流行的《日本国志》为四十卷本。据我们研究,羊城富文斋初刻本,首卷有李鸿章《禀批》、张之洞《咨文》。光绪十六年(1890)付刊,大约于光绪二十一年(1895)冬出版。这是该书的第一次刊本。华东师范大学图书馆藏有此版本,扉页有黄遵宪亲笔题词,他说:

　　此为初刻未校之本。而吾友素观者甚众。伯严考功谓《无邪堂答问》与此均近世奇作。爽秋观察言,自有《职方外纪》以来第一书。善余大兄更推为国朝大著作,足与梅定九《历算全书》、顾宛溪《方舆纪要》鼎足而三。面乞函催,需之甚殷,辄先赠一部,并求为删校,再行刊定。遵宪以八年精力于此书,美恶不能自知,但能免诸君不阿好之讥,则甚幸矣。乙未腊月八日遵宪自识。

乙未(1895)腊月八日,是黄遵宪赠书的日期,说明此书第一次出版在光绪二十一年(1895)腊月之前的几个月,与《黄遵宪年谱》记光绪二十一年(1895)袁昶向张之洞出示《日本国志》,亦可证明《日本国志》初版是光绪二十一年(1895)。此后,有羊城富文斋改刻本,卷首刊记,字形与前本相同,惟抽去卷首李鸿章《禀批》、张之洞《咨文》,补入梁启超《后叙》。其改刻时间,约在光绪二十三年(1897)春①,至于发行时间在光绪二十四年(1898)前后,与前本相校,在内容上"改之十数页"。从改刻时增补梁启超《后叙》和出版的年月看,完全为适应宣传变法需要而改版的。同时,光绪二十四年(1898)有浙江官书局重印本,版式、内容与初刻本同。光绪二十八年(1902),有上海图书集成印书局本,版式、内容与改刻本同。光绪二十四年(1898),汇文书局据改刻本重印。上述是《日本国志》四十卷本流行于世的主要几种版本。从初刻到修订再版,不仅看出黄遵宪思想的演变和发展,也可以看出《日本国志》对社会的影响。

第五节　严复前期史学思想

一、严复和《天演论》

严复(1853—1921),初名传初,曾改名宗光,字又陵,号几道,晚号瘉壄老人。福建侯官(今闽侯)人。父亲严振生是乡间儒医,严复十四

---

①　上海图书馆藏黄遵宪致汪康年信:"知《日本国志》概送尊处,应改之十数页,已寄粤省梁诗五,催其速印,就寄到。即就饬人改订,并撤出李批张咨……补入卓如后序,即由报馆发售。"梁启超《后叙》写于1897年11月,故改刻本应为1897年。

岁时父亲病逝,家中生计靠母亲辛劳维持。他幼年随乡里塾师读四书五经,接受传统儒家思想教育,传统文化根底较深厚。同治五年(1866)冬,考入洋务派创办的福州船政学堂,同治十年(1871)以优秀成绩毕业,被派在海军军舰上实习,曾至新加坡、槟榔屿、日本各国。同治十三年(1874),日、美侵扰台湾期间,他随船政大臣沈葆桢至台湾测量海口,筹办海防。光绪三年(1877)派赴英国留学,入格林尼治海军大学,学习海军技术。他在英国学习期间,亲自考察英国社会制度,醉心于西学,研究西方政教学术,辨析"西学"与"中学"之异同,系统地接受了西方资产阶级政治学说和进化论。光绪五年(1879),学成回国,派任福州船政学堂教习。次年,李鸿章在天津创办天津北洋水师学堂,调严复为总教习,后以道员衔升任总办。他在北洋水师学堂执教,长达二十年之久。在北洋水师学堂期间,曾与王绶云合资创办河南修武县煤矿。中日甲午战争后,严复除资助《时务报》和支持张元济办通艺学堂外,又集资同夏曾佑、王修植等人创办《国闻报》。他先后在《直报》上发表《论世变之亟》、《原强》、《救亡决论》、《辟韩》等论文,抨击封建专制主义,主张向西方学习,支持维新变法,逐步从洋务派营垒中转化为资产阶级改良主义者。又译述赫胥黎的《天演论》(今译《进化论与伦理学》),以宣传"物竞天择,适者生存"的进化论思想,唤起国人变法维新。在戊戌变法高潮时,受光绪皇帝召见,深受其赏识。戊戌变法失败后,光绪二十六年(1900)又爆发了义和团运动,他自天津避居上海。在上海开名学会,讲演名学。参加唐才常组织的国会,被推举为副会长。光绪三十一年(1905)协助马相伯创办复旦公学,曾短期任该校第二任校长。辛亥革命后,他一度主张复辟帝制,提倡尊孔读经,并列名发起孔教会,1915年参加筹安会,但始终未参加会议。他的译著,自光绪二十八年(1902)至三十三年(1907),先后出版了亚当·斯密《原富》、斯宾塞《群学肄言》、穆勒《群己权界论》、甄克思《社会通诠》、孟德斯鸠《法意》、耶芳斯《名学浅说》等名著。其译著汇辑为《侯官严氏必刻》、《严译名著丛刊》。

严复的诸多译著中,《天演论》是影响中国近代政治和史学思想的代表作。

《天演论》是严复译自英国著名生物学家托·赫胥黎所著《进化论与伦理学》一书,分上、下卷,三十五篇。首卷有严序。光绪二十一年(1895)译成,光绪二十四年(1898)正式出版。该书主要介绍"物竞天择"、"适者生存"的生物进化学说,并吸收斯宾塞庸俗进化论某些观点,结合中国传统变易思想,宣传历史进化论。严复翻译原著时,不是照本宣科地生硬翻译,而是有目的进行增删、加工,每节都附加上自己的案语(粗略统计占全书三分之一)。这是译文的补充和引申,又与译文互相渗透,对中西学术源流,一一加以介绍和评述。

《天演论》出版,在当时起了震耳发聩的思想启蒙作用,深得学术界、政治思想界的好评和重视。桐城派著名学者吴汝纶对《天演论》十分称赞与倾倒。他在致严复的信中说:

> 得惠书并大著《天演论》,虽刘先主之得荆州,不足为喻,比经手录附本,秘之枕中。盖自中土翻译西书以来,无此宏制,匪直天演之学,在中国为初凿鸿蒙,亦缘自来译手,无似此高文雄笔也。

又说:

> 前读《天演论》,以赫胥黎氏名理,得吾公雄笔,合为大海东西奇绝之文,爱不忍释,老懒不复甄录文字,独此书则亲笔细字,录副袭藏,足以知鄙人之于此文,倾倒至矣!

吴汝纶为《天演论》作序时,在序言中也推崇备至,说"文如几道,可与言译书矣",又认为:"自吾国之译西书,未有能及严子者也。"

至于康有为等资产阶级改良派更是赞不绝口,大力宣传《天演论》一书。梁启超依据《天演论》的内容撰写文章,宣传维新变法。康有为阅读《天演论》后,感慨地说:"《天演论》为中国第一西学。"夏曾佑更是"钦佩至不言喻"。可见,《天演论》出版后,在当时中国的政治和学术思想界,的确起了大开眼界,使之耳目一新,并成为资产阶级改良派推动变法维新的理论基础。

二、严复的历史进化思想

严复的政治思想和史学思想的核心是历史进化思想。这一思想早在英国留学期间就逐步形成了。

他在英国留学期间，当时在政治和学术思想占统治地位的是政治学说、经济学说和生物进化学说。像亚当·斯密、孟德斯鸠、卢梭、达尔文、赫胥黎、斯宾塞等人的学说，广为流传，几乎家喻户晓，渗透在各个领域。在这些学说思想中，对严复影响最大的莫过于进化论。达尔文是生物进化论的开创者，赫胥黎、斯宾塞则是达尔文进化学说的继承发展者。赫胥黎依据达尔文生存竞争的理论，强调优胜劣败，适者生存只适用于自然界的法则，认为人类有高于动物的相爱相助的天性，因而人类社会的伦理关系不同于自然法则和生命过程。《进化论与伦理学》中的一个基本观点是，"社会进化意味着对宇宙过程的每一步的抑制，并代之以另一种可称为伦理的过程。"①斯宾塞把达尔文的生物进化学说引向人类社会，提出"人口压力和它所引起的竞争是过去和现在人类进化的最有力的工具"，认为自由竞争，弱肉强食是自然的公理，为资本主义国家侵略弱小民族国家提供了理论依据。严复对赫胥黎和斯宾塞的学说同时接受，取其有用的部分，将这两种学说思想，结合中国传统的变易思想形成严复独特的历史进化思想。他的进化思想，可谓中西学术的复合体。他将自然进化和社会进化合二为一。他既赞成斯宾塞的普遍进化论，又接受赫胥黎的"天人争胜"的思想，力图用天人争胜的精神，"救斯宾塞任天为治之末"，确信人力可以胜天演，以唤起中国人民的自尊心、自信心，并引申出"人治"胜"天行"的历史观。他指出：天道常变，"人欲图存，心用其才力心思，以与是妨生者斗。"惟有不断自强、自力，"与时偕行，流而不滞，将不止富强而已，抑将有进种

---

① 《进化论与伦理学》，科学出版社 1971 年版，第 57 页。

之效焉。"①强调"世道必进，后胜于今"的历史进化发展观。

严复的进化思想，强调人在竞争环境中合群的作用与价值。他把斯宾塞"宗天演之术，以大阐人伦治化之事"的观点概括为"群学"，认为"非群不足以言存，非群不足以学问政治"。他根据生物进化论内聚力强的种族比内部涣散或呈解离状态的种族有更强的生存能力为例证，明确指出："天演之事，将使能群者存，不群者灭；善群者存，不善群者灭。"②可见，严复对赫胥黎、斯宾塞学说的取舍，完全服从于他寻找改变中国落后现状和救亡图存真理的需要。当以康有为、梁启超为代表的资产阶级改良派倡导变法维新时，任职于天津北洋水师学堂的严复，怀着挽救民族危亡的满腔爱国热情，抛弃洋务派的官吏身份，由军界转向政界，投身于宣传维新变法的时代潮流，推动维新变法的发展。

他认为变法维新乃是"运会"所趋，亦即人类社会历史发展的必然法则。他说：

> 观今日之世变，盖自秦以来，未有若斯之亟也。夫世之变也，莫知其所由然，强而名之曰运会，运会既成，虽圣人无所为力。盖圣人亦运会中之一物。既为其中之物，谓能取运会而转之，无是理也。彼圣人者，特知运会之所由趋，而逆睹其流极。惟知所由趋，故后天而奉天时；惟逆觌其流极，故先天而不违，于是载成相辅，而置天下于至安，后之人从而观其成功，遂若圣人真能转移运会者也，而不知圣人之初无有事也。即由今日中倭之构难，究所由来，夫岂一朝一夕之故也哉！③

严复认为中国近代社会动荡变化乃是"运会"所由趋，似乎模糊地看到了有一种力量在支配着人类社会历史的发展进程。而它是不以人们主观意志为转移的，即使是"圣人"也是"运会"的人物，也改变不了

---

① 严复译：《天演论》，富文书局石印版。
② 严复译：《天演论》。
③ 严复：《论世变之急》。

潮流,也无力"取运会而转移之。"人们只有顺应历史进化的潮流,"载成相辅",人类社会历史才会前进。

　　这种"运会"说历史进化观,主要来源于赫胥黎的《天演论》。赫胥黎在《天演论》中曾提出过"运会"。"运",其原意为"天运",亦即"绵延无数年不断变化的过程";"会",其原意为"会者所指所遭值"。这里的"运会"与邵康节所谓"三十年为一世,十二世为一运,三十年为一会"的历史循环论是截然不同的,前者是资产阶级学者所提出的,后者是封建学者所提出的,两者的含义不一样。但必须指出,严复的"运会"思想虽取自《天演论》,但它受到中国传统的变易思想和历史进化观点的影响。如《易》云:"日月运行",释文引姚注云:"左右周天解而会也"。注云:"会犹合也",这是"会"的古义。严复兼汲中外学说,对"运会"作了这样的解释:"自递嬗之变迁,而得当境之适遇,其来无始,其去无终,蔓延连衍,层见迭代,此之谓世变,此之谓运会。运者以明其迁流,会者以指所遭值,此其理古人已发之矣。"①这说明了严复的"运会"说历史进化观是综合《天演论》中的"运会"说和中国传统的变易思想而形成的。

　　赫胥黎用"运会"解释人类社会历史,是指由草昧游猎进入"文明之世"而言的。而严复据此作了进一步发挥,推广于解释整个人类社会历史发展的全过程。他认为:中国春秋战国和秦汉之际是代表世界历史发展的两大历史潮流。在他看来,春秋战国是民智大开时期,中国出现了孔、墨、老、庄、孟、荀和战国诸子,印度产生了佛教,希腊出现了理家,与中国"相雄长"②。秦汉之际,中国有秦政,欧洲有亚历山大,希腊之国窄,犹秦之短,中国有刘项战争,西方有罗马与迦太基之战争。

　　他将上述历史现象看作是历史发展的不可阻挡的潮流,这在当时来说是有积极作用的。但必须说明,严复研究历史的方法,基本上是资产阶级形式逻辑的归纳法(即名学的内籀法)。这种归纳法,由于受其

---

　　①　严复译:《天演论》导言二。
　　②　严复译:《天演论》论三按语。

阶级立场所局限,每每得出极为错误的结论。例如,他利用归纳法研究中国近代的历史时,对曾国藩、李鸿章等人内政外交进行百般辩护。他说:"当曾文正公办理塘沽教案之日,几人人以为媚夷,李文忠办理甲午东事之时,几人人以为卖国,使吾党而心习如是,则于名学内籀之术,遏乎远矣。"①显然,这种归纳法不是从社会经济和阶级关系去认识异常复杂的人类社会历史现象,只能认识其表象,不能认识其本质,更不可能真正的揭示人类社会历史发展的客观规律。

严复和康有为等人一样,依据公羊三世说把中国历史划分为"治世"、"乱世"、"衰世"三个历史阶段,说明历史演变的规律及当时的中国所处的历史阶段,进而说明维新变法是历史演变的必然结果。他说:

> 吾闻深于《春秋》者,推《春秋》于天下,说世有三等:治世为一等,乱世为一等,衰世为一等……②

如何划分这三个不同历史阶段呢? 严复认为:所谓"治世",乃"教宗、政法、学术均能推极。夫人所受于天之智,而人与物各得其情"。这样的"治世",在他看来,全世界没有一个国家能达到这个历史阶段,或许有之,那也是非常渺茫的未来。所谓"乱世",即"智识初开,世运初变",战争频繁,不相统一。如中国的周秦、南北朝,欧洲的希腊、罗马以至英法之民变,都属于这一历史阶段。至于"衰世",乃是处于政教倾颓的历史阶段,如埃及、波斯和印度等国家均属于"衰世"。而近代的中国所处的历史阶段,他认为"不幸近之",③是属于"衰世"的时期。

既然中国接近"衰世",必须"救中国之亡",在政治上要维新变法。他说:

> 天下之理最明,而势必所至者,如今日不变法则必亡是已。④
> 嗟夫,若由今之道,毋变之今俗,再数百年,谓为种灭,虽未必

---

① 严复:《名学浅说》。
② 严复:《论中国教化之退》。
③ 严复:《论中国教化之退》。
④ 严复:《救亡决论》。

然,而涣散沦胥,殆必不免,与欧人何涉哉!①

显然,严复依据"运会"说历史进化观,通过中外历史的比较研究,说明中国面临"世变"的历史潮流之中,如不及早维新变法,就将要步入亡国灭种的"衰世"。他为了有力地推动自上而下的变法,又进一步阐发《天演论》以"人治"促进化的思想。

吴汝纶在《天演论·序文》中写道:

> 古今万国盛衰兴坏之由,而大归于任天为治,赫胥黎氏起而尽变故说,以为天不可独任,要贵以人以持天,以人持天,必究其极乎天赋之,能使人治日即乎新而后其国永存,而种族赖以不坠,是之谓与天争胜,而人之争天而胜天者,又皆天事之所苞,是故天行人治,同归于天演。

又说:

> 严子之译是书,不惟自传其文而已,盖谓赫胥黎氏以人持天,以人治之日新,卫其种族之说,其义富,其辞危,使读焉者怵焉知变,于国论殆有助乎是恉也。②

赫胥黎认为"天择"只是适用于一般的生物界,而人类社会历史之进化则归于"物竞",即国与国,种与种之竞争,其兴亡成败归之于"人治"。因为在他看来,人为"万物之灵",是"有知觉运动"的动物,所谓人贵在于"且有气质之体,有支体管理知觉运动的形上之神,寓之以为灵。"正是有此区别,所以在人类社会,"人欲图存,必用其才力心思,以与是妨生者为斗。负者日退,而胜者日昌。胜者非他,智德力三者皆大是耳。"③指出了人们的竞争是德智力三者的较量,所以人类社会的进化,不能完全看成是"天行自然",而重在"人治"。并且强调指出,"无异、无争","非吾人今日所居之世界也。"④赫胥黎把历史上历代君主

---

① 严复:《论中国教化之退》。
② 严复译:《天演论》。
③④ 严复译:《天演论》。

"人治"的好坏，看作是一个国家兴亡的先决条件，把刑罚、礼制当作太平之治的"法术"。

严复认为"自然之物"不经人力而存其宜种固然是一个方面，而另一方面要视其外来物种与本土物种之竞争情况，故他强调外来物种与本土物种之竞争，这是针对当时外国侵略者入侵中国的历史条件密切联系的，其目的在于说明中国只有维新变法，才能强国保种，挽救民族的危亡。

严复宣传"人治"促进化的思想，实际包含了双重意义：在反对资本主义国家侵略、挽救民族危亡的斗争中，它鼓舞人们奋发图强，救亡图存；同时也隐晦、曲折地表现了近代中国资产阶级对自身的存在、意义、价值、尊严和力量的认识。他们要用自己的力量开创新世界。当然，由于中国的特点，他们较少西方以自我为中心，而是更多地与当时反帝反封建的救亡任务、维新变法等活动联系在一起。这是不同的文化传统在时代精神中的不同显现。

在中国如何实行"人治"呢？洋务派主张"中学为体，西学为用"，即在维护封建统治制度的前提下点缀一点"西学"，如练兵、制枪炮、开矿山和办邮政等以实现"富国强兵"。严复在批评洋务派的政治主张时指出，"大抵皆务增新，而未尝一言变旧"。这个意见击中了洋务派的要害。他说：

> 故中学有中学之体用，西学有西学之体用，分之则两立，合之则两亡，议者必欲合之为一物，且一体而用，斯已六艺违舛，固已名之不可言矣，乌坐言之而可行乎？①

他又说：

> 且客谓西学为迂涂，则所谓速化之术者，又安在耶？得毋非练军实之谓耶？裕财富之谓耶？制船炮开矿产之谓耶？讲通商务树畜之谓耶？开民智正人心之谓耶；而之数事者，一涉其流，则又非

---

① 严复：《与外交报主人论教育》。

西学格致皆不可。①

严复明确地认为"人治"之本在于提倡西学,那种"中体西用"是达不到目的的。如果坚持"中体",点缀点"西学",就等于"蒸沙千载,成饭无期"。这个意见是正确的,但也有其不全面的地方,他把欧洲资本主义历史阶段的所谓"富强"和"文明"仅仅归之于"格致",显然是不对的,因为所谓"西学"、"格致",绝不只是自然科学的范围,而是应当包括自然科学和社会科学在内。他说:

> 然而西学格致,则其道与是适相反。一理之明,一法之立,必验之物物事事而皆然,而后定之为不易。其所验也贵多,故博大;其收效也必恒,故悠久;其究极也,必道通为一,左右逢源,故高明。②

所谓"一法之立","必验之物物事事",都涉及社会科学范畴的问题,也属于他所申论的维新变法问题的范围。因此,严复提出要学习西学,不只是单纯的自然科学问题,而是要按西方资产阶级早期所建立共和国的蓝图改变"中国之俗"。

如何维新变法使中国臻于富强呢? 严复明确地说,欧洲之富强,一是政治,一是学术。在政治方面,除了提倡鼓民力、开民智、新民德外,在《天演论》中作了更系统的阐述,他不仅强调"要痛除八股,大讲西学",而且举凡宋学、汉学和词章等封建旧文化都要束之高阁。在他看来,这些东西都是"富强而后","怡情遣日"的东西。学习西学在政治方面主要是涉及民权问题。严复认为民权是"西学"中的重要内容,讲"西学"就非提倡民权不可,他在《辟韩》一文中已作了充分的阐述,他无情地抨击了几千年的封建专制统治,宣扬资产阶级民权思想。他从社会物质生活方面说明君臣刑律的产生,"皆缘卫民之事而后有","而民之所以有待于卫者",是由于"强梗欺夺患也",这就是"君也者,与天

---

① 严复:《救亡决论》。

② 严复:《救亡决论》。

下之不善而同存"，"君臣之伦，盖出于不得已"。严复指出因为社会上有相欺相夺，有强梗患害，所以才要君，才制定刑（法律），设立兵（军队），来保卫人民和维护社会秩序。因而，严复认为君是为民办事的，其主权在民。他说："西洋之言治者曰：国者，斯民之公产也，王侯将相者，通国之公仆隶也。"①说明君和臣（官吏）都是人民的公仆。但是，在君主专制制度下统治的中国人民是没有自由的。他说："夫自由一言，真中国历古圣贤之所深畏，而从未尝立以为教者也。彼西人之言曰：惟天生民，各具赋畀，得自由者，乃为全受。故人人各得自由，国国各得自由，第务令毋相侵损而已。侵人自由者，斯为逆天理，贼人道。其杀人伤人及盗蚀人财物，皆侵人自由之极致也。故侵人自由，虽国君不能。而其刑禁章条，要皆为此设耳。"②这里严复介绍了西方"自由"的概念，以及法律上保障人身自由和私有财产不可侵犯的权利。

严复又引用卢梭的天赋人权论证自由是天赋予的。他说："民之自由，天之所畀也，吾又乌得而靳之！"③"而中国之尊王者曰：'天下富有四海，臣妾亿兆。'臣妾者，其文之故训犹奴虏也。"④他批判君主专政，力图用资产阶级理性之光，照亮封建黑暗愚昧的角落。由此，他认为开民智是很重要的一条。他说："盖泰西言治之家，皆谓善治如草木，而民智如土田，民智既升，则下令如流水之源，善政不期而自举"⑤。严复把社会进化的主要问题归结为开民智，提出："此其消长盈虚之故，其以物竞天择之用而脑大者存乎？"⑥斯宾塞的民智、民德、民力思想，本来是为帝国主义侵略弱小民族国家作辩护的，而严复以此唤起国人自强图存，但改良主义者，不去推翻封建君主制度，这样开民智当然收不到什么效果。

严复早期史学思想对社会影响最大的是历史进化思想。它从根本

---

① 严复：《辟韩》。
② 严复：《论世变之亟》。
③④ 严复：《辟韩》。
⑤⑥ 严复译：《天演论》。

上打破了"天不变,道亦不变"的封建观念,给人们提供了观察自然、世界、人类社会的新的资产阶级历史观,为中国社会实现从封建主义到资本主义的变革作理论依据和指导方法。同时,他又比较完整地回答了中国富强之路,指出,物竞天择、优胜劣败是不可抗拒的自然法则,又强调挽救危亡的办法是依靠群体,团结奋斗,"制天命而用之",以"人治"精神提高民族自尊心、自信心和抵抗侵略的勇气。在当时的历史条件下,这种历史进化思想具有极大感染力和吸引力。康有为、梁启超等人更多地从实践政治斗争着眼,将历史进化思想中"人治"的思想、合群的思想运用于戊戌变法实践中。严复则多从事理论方面的启迪,用进化的历史观分析中西文化、制度的差异,分析维新变法是历史进化的必然趋势,从思想上批判了封建君主专制主义制度。历史进化论思想在中国的传播,标志着近代中国思想和社会革命进入了新的历史时期,即以进化论为指导的资产阶级旧民主主义革命时期。

第六节　康有为前期史学思想

一、康有为生平和著述

康有为(1858—1927),原名祖诒,字广厦,号长素,又号更生,广东南海人。早年受业于广东名儒朱九江(次琦),博通经史,尤好陆(象山)王(阳明)之学。光绪六年(1880),二十三岁时著有《何氏纠缪》。后受常州今文经学派庄存与、刘逢禄以及龚自珍、魏源等人学说思想的影响,渐觉以前所学之非,将其所写文稿烧掉,开始转治今文经学。在光绪十年(1884)二十七岁那年,写成《礼运注》一书。其后三四年着手著《人类公理》。光绪十一年(1885)中法战争以后,康有为积极从事维新变法活动。光绪十四年(1888),他第一次上书光绪皇帝,指出日本"伺吉林于东,英启藏卫而窥川滇于西,俄筑铁路于北而迫盛京,法煽乱民于南以取滇粤",鉴于民族危机深重,建议变法、通下情、慎左右三事,以图中国富强,较系统地提出了改良主义的政治主张。光绪十六年

（1890）至光绪十九年（1893）年间，他在广州长兴里万木草堂聚徒讲学，培养维新人才，致力于变法理论著述。光绪二十一年（1895）中日《马关条约》签订时，他正在北京会试，得知"与日本议和，有割奉天沿边及台湾一省"的消息，于 5 月 2 日，他联合在北京参加会试的举人一千三百多人上书给光绪帝，要求拒签和约、迁都抗战、变法图强。会试榜发，中进士，授工部主事。5 月 29 日再上书光绪皇帝，进一步阐述必须尽快变法的道理和步骤，并提出富国、养民、教士、练兵四项国策，深受光绪帝嘉许。同年八月，与文廷式、陈炽等人在北京组织强学会，编印《中外纪闻》。不久又在上海设强学会分会，创办《上海强学报》，推动各地建立分会，宣传维新变法。光绪二十三年（1897）七月，德国强占胶州湾，康有为从上海赶赴北京，成立保国会，以"保国、保种、保教"为宗旨，在翁同龢、徐致靖等朝中大臣们推荐和支持下，光绪皇帝召见了他，促成百日维新。

戊戌变法失败后，清廷以"结党营私，莠言乱政"等罪名，下令通缉康有为等人。他和梁启超相继逃亡日本，成立保皇会，继续宣传和坚持改良主义政治主张。辛亥革命后，他在上海主编《不忍杂志》，并发起成立孔教会，任会长，宣传尊孔读经，为复辟封建帝制制造舆论。他的著作有《礼运注》、《论语注》、《中庸注》、《日本明治政变考》、《大同书》、《孔子改制考》、《戊戌奏稿》和《康南海先生诗集》等。这些著作，虽然不是史学论著，但其内容比较系统全面地阐发了资产阶级改良派史学思想，与中国改良主义史学的形成和发展是紧密相连的。因此，研究康有为前期史学思想，无疑有助于研究中国近代资产阶级改良派史学的产生、发展及其特点。

二、康有为的变易思想和春秋公羊三世说历史观

甲午战争后，民族危机日益加深，在这一历史条件下，具有改良主义思想的知识分子，为了挽救民族危机，他们认为必须学习西方的政治制度，改变封建专制君主制度。当时，在思想领域围绕着"变"与"不

变"两种历史观展开了激烈的斗争。地主阶级顽固派以文悌、朱一新、曾廉、王先谦、叶德辉等为代表,死守着"天不变,道亦不变"的顽固守旧封建历史观,反对维新变法。康有为在光绪二十年(1895)四月《上清帝第二书》中论及变法时予以驳斥。他说:

> 《易》曰:"穷则变,变则通"。董仲舒曰:"为政不调,甚者更张,乃可为理。"若谓祖宗之法不可变,则我世祖章皇帝何尝不变太宗文皇帝之法哉? 若使仍以八贝勒旧法为治,则我圣清岂能久安长治乎? 不变法而割祖宗之疆土,驯至于亡,与变法而光宗庙之威灵,可以大强,孰轻孰重,孰得孰失,必能辨之者。不揣狂愚,窃为皇上筹自强之策,计万世之安,非变通旧法,无以为治。①

光绪二十四年(1898)五月,他又在《请劝工艺奖创折》中力陈变法维新之意义时说:

> 窃臣深维立国致政之故,当审时变消息之宜。孔子时圣,以其知新,故新民为先,礼时为大。吾中国之政教风俗,数千年如一揆也。只有保守,而绝无进化者,盖尊古守旧为之也。②

由此可见,康有为继承今文经学的变易思想,主变,反对因循守旧,反对"尊古守旧",强调"非变通旧法,无以为治"。

康有为的变易思想和变法主张是以春秋公羊三世说历史观为理论基础的。

公羊三世说始自《春秋公羊传》,认为孔子作《春秋》把社会历史分为"所见世"、"所闻世"、"所传闻世"三世远近不同的历史时期。康有为把《春秋公羊传》中的"三世"之别与《礼运篇》所讲的"大同"、"小康"结合起来,从而形成了他的公羊三世说历史观。

康有为这种公羊三世说历史观,早在撰写《礼运注》时已初步形成,到撰写《孔子改制考》时进一步作了发挥。他依据春秋公羊三世说

---

① 康有为:《上清帝第二书》,见《戊戌变法》第 2 册。
② 《康有为奏议》,《戊戌变法》第 2 册。

以释《礼运》。一面承春秋之拨乱、小康、大同三世说；一面作所谓仁、礼、义、智、信"五德之运"的解说。他说：

> 郑玄目录云，名礼运者，以其记五帝三王相变易附阴阳转旋之道。愚按，孔子之道，有三世，有三统，有五德之运，仁、礼、智、义、信，各应时而行运，仁运者大同之道，礼运者，小康之道，拨乱世以礼为治，故可以礼括之……此篇孔子礼治之本，大义微言多在。①

依据康有为的解释，五德中之"仁运"为大同之道，"礼运"为小康之道，拨乱世以礼为治，故"礼运"包括小康之道和拨乱世之道。孔子是春秋末年人，其生活的时代是诸侯兼并，大国争霸，大夫执政，等级制度败坏，故称之为"乱世"。所以，康有为说孔子"常怀大同之志，制太平之法，而生非其时，不能遽行其大道"②。这里所指的"大道"，应是指太平世之"仁运"，也即"大同之道"而言。

他在《礼运注》中又说：

> 大道者何？人理至公，太平世大同之道也。三代之英，升平世小康之道也。孔子生据乱世，而志则常在太平世，必进化至大同，乃孚素志，至不得已，亦为小康，而皆不逮，此所由顾生民而兴衰也。③

显然，康有为一面承春秋据乱世、升平世、太平世三世说，一面按"德"应时而行运，太平世行"仁运"，大同之道，升平世行"礼运"小康之道，据乱世"至不得已"，亦行"礼运"小康之道，在他看来，春秋时是"礼运"小康之道的据乱世，夏、商、周三代是行"礼运"小康之道的升平世。

孔子主张礼治，用礼来维持君臣父子等级制度。康有为在注释《礼运》时，把礼作为"定法"，乃至"人伦制度"的最高准绳来维持等级制度的统治。他说：

> 其不隆礼由礼过矣，则明著其非违，其能隆礼由礼者，进之以

———
① 康有为：《礼运注》。
②③ 康有为：《礼运注》。

仁礼，立为定法，示民有常。其有悖此义纪人伦制度之礼者，虽在天子诸侯之势，亦在诛绝废黜之中。众人公共以为宜受祸恶者也。礼运之世，乃当升平，未能至大同，而为小康也。

这就是说，三代升平世用"礼治"，能维持等级制度统治的作用，到春秋"据乱世"用"礼治"，虽然在某些时期尚能暂时起作用，但是出于"至不得已"，而且终于失败，必然导致春秋战国之际那样"祸乱繁兴"，"天下不康"的"乱世"。

升平世用礼治，据乱世亦用礼，那么太平世是否也用礼治？他在《礼运注》中说："孔子以未当太平时，未能行大同之道。"因此，康有为的结论：不用礼治。

夏、商、周三代为升平世，春秋战国到秦为据乱世，秦以后诸朝代为何世呢？康有为在《礼运注》叙里作了如下的回答：

> 吾中国二千年来，凡汉、唐、宋、明，不别其治乱兴衰，总总皆小康之世也；凡中国二千年儒先所言，自荀卿、刘歆、朱子之说所言，不别其真伪、精粗、美恶，总总皆小康之道也。其故则以群经诸传所发明皆三代之道，亦不离乎小康故也。

按照康有为的上述解释，汉唐以至元明两千多年来的中国社会，同为行小康之道的升平世。而他所生活的清代同治、光绪年间为何世呢？他认为仍然是小康之道的升平世，按其历史进化观点推论升平世，再进一步进化，便是大同太平世。因此，他认为其时中国社会应该用孔子的大同之道进行大变革，使中国社会早日从行礼运小康之道的升平世，进化到行仁运大同之道的太平世。康有为确认历史进化到大同太平世后，不止于大同，还要前进。他说："且孔子之神圣，为人道之进化，岂止大同而已哉……大同、小康不过神人之一、二方哉！"

康有为从历史不断地变易，不断地向前进步，引导人们向前看，救亡图存，期待中国早日进入"人人皆公，人人皆平"，"人与大同"，行"大同之道"的"太平之世"。这些理想，对当时来说，确是具有重大进步意义的。

　　康有为在《礼运注》中又进一步发挥了变易进化思想。在解释人类社会历史时,他认为社会历史的不断发展,由野蛮到文明,是向前进化的,惟"圣人"能不拘守旧礼,能因时置宜,变通尽利,能"协于事宜",能"合于时义"。他强调说:

　　　　实者,节文也。义为事宜,只是空理。礼者,乃行其节文也,无节文则义不能见。然节文者,因时因地而制,非能永定。若时地既变,若狐貉而居,不能施于南洋之域,太牢而祭,不能行于骆驼之乡。则不协于事宜,反为非义,所在变矣。故礼无定而义有时。①

　　依照康有为的上述解释,"义为事宜",也就是说,合乎事宜者谓之义。但是"事"是随"时"变化着的,要合乎"事"之所"宜",必须随"时"之变化而变化,使之与"事宜"相"合",无所距离。所谓"义有时也","义"的本身充满着时间变易进化的观念。离开"时"而言"义"仅说"义为事宜",不说"时义","只是空理"。"礼"是行"义"之节文,无"礼"则"义不能见"。"义有时",不断变化着,"礼"也应随"义"之变化而随时加以改制,所以说:"礼"因时因地而制,非能永定。康有为在《礼运注》中竭力倡导"时义"进化思想,进而提出"礼"的"因时"的改革思想,为其维新变法起了推动作用。

　　他在论述夏、商、周三代之"道"时,明确指出:"夫礼以时为大,易以变为宜。阴阳旋转,时运穆穆,百王因时运而变,大礼亦因时运而迁。"②因此,康有为满腔热情地赞誉"圣人"维新改制思想。

　　康有为在谈"变"时,把是否承认"变"或"不变"提高到"应天"或"逆天"的高度来认识。这里说的"天"不是指上帝,而是"天道自然",亦即自然发展的规律。他在《俄罗斯大彼得变政记》的"序文"中,以俄罗斯大彼得变政为例,启示光绪帝应急速"自变",以维护其统治,否则

---

①　康有为:《礼运注》。
②　康有为:《礼运注》。

人将"代变"而失天下。他特别强调："善变以应天"，"不变而逆天"，指出"顺天者兴，逆天者亡"。

康有为是今文经学派，但他对董仲舒的"天人感应"说持批判继承态度。他把"天道"赋予变易思想的进化观点的内容，认为"天道"是时时变易，刻刻不断地变化发展着。他认为帝王为政必须"应时"、"顺天"，说孔子"时圣"，教人"顺天"，教人"善变以应天"。认为那些顽固派不善变，不愿变，就是"逆天"。这样的天道观，对光绪皇帝来说，确实有一定的说服力，对推动变法运动是起了积极作用的。

但康有为在宣传变法时，主张"循序而行"的渐变，这就暴露了他的资产阶级改良主义历史观的局限性和软弱性。他说，三世进化，不可"躐等"，不可"乱次"，不可"无翼而飞"。提出孔子虽是圣人，但生当乱世，在"世犹未升"，"乱犹未拨"的乱世，而想越过升平世，跃登行"大同之道"的"太平之世"，这是不可能的。强而行之，也是徒然的。梁启超在论述康有为的思想时说得更清楚。他说："凡世界非经过小康之级，则不能进至大同，而既经过小康之级，又不可以进至大同。孔子立小康义以治现在之世界，立大同义以治将来之世界，所谓六通四辟，粗大精小，其运无乎不在也。"又说："先生为进步主义之人，夫人而知之，虽然，彼又富于保守性质之人也……盖先生之学，以历史为根柢，其外貌似急性派，其精神实渐进派也。"①梁启超对其老师康有为的评价，是十分恰当的。这种"貌似急进派，其精神实渐进派"，正是资产阶级改良派的生动写照。

三、康有为划分三世的标准和疑古思想

康有为将中国历史划分为乱世、升平世、太平世三个不同历史时期。那么，他是根据什么标准来划分的呢？在注释《春秋董氏学》的"三世"时这样说：

---

① 梁启超：《南海康先生传》，《饮冰室合集·文集》第 3 册。

三世为孔子非常大义,托之春秋以明之……乱世者,文教未明也;升平者,渐有文教小康也,太平者,大同之世,远近大小不一,文教全备也。

可见,他是以"文教"(即文化)作为划分历史的标准。在他看来,文教未明是乱世,文教渐有是升平世,文教全备是太平世。这种以文化划分历史进化阶段,是文化史观的体现。他又强调文教的高低是通过"王法"显现出来的。在《春秋董氏学》解释"为善不法"例中说,"春秋义分三世,与贤不与子,是太平世,若据乱则与正而不与贤。"具体论述鲁宣公不传子而传弟,其弟不传子而传兄之子一事时,指出:"宣公在据乱时而行太平之义,不中乎法,故孔子不取。"这里所谓"法"是指"王法"。依据"王法"这个标准,他认为尧舜传贤为太平世;夏、商、周三代进入"传子""与正不与贤"的"礼运""小康之道"的升平世;春秋时代进入据乱,故仍行"礼运""小康之道",在君位继承上仍行"与正不与贤"。认为鲁宣公生当据乱世而行"与贤不与子"的"太平义",是违反了"素王据乱世之法",谓之"为善不法",不足为数,适作为诫。

康有为在评论历史事件时强调"记事发义","在义不在事"。认为诗有周颂、鲁颂、商颂,称为"三颂"。而鲁非"王鲁",何以与商、周同有"颂",鲁为公而非王,"何得有颂"?他在《春秋董氏学》"王鲁"例中说:

诗有三颂,周颂、鲁颂、商颂。孔子寓亲周,故宗王鲁之义,不然,鲁非王者,何得有颂哉?

孔子为了阐明鲁为"王者之义",故托之于鲁,"缘鲁以言王子",把王义寓于"王鲁"。孔子托鲁以言王义,"其义在义不在事",如舍义而求诸事,便本末倒置了。

康有为继承魏源学说思想,抨击东汉马融、郑玄的古文经学而推崇西汉董仲舒的今文经学。他说《毛诗》不言王义,《左氏传》详文与事是史,《穀梁传》"不明春秋之义",故"自伪毛出而古义湮,于是此义(鲁王之义)不复知。"①"自伪左出,后人乃以事说经,于是孔子之微言没,而春秋不可通矣。"②他认为只有《公羊春秋》托王于鲁,深明"素王改制之义","故春秋之传在公羊也。"董仲舒是公羊学家,康有为释"鲁颂""王鲁之义"时说:

> 惟太史公孔子世家有焉,公羊春秋托王于鲁,何注频发此义,人或疑之,不知董子亦大发之。盖春秋之作,在义不在事,故一切皆托,不独鲁为托,即夏、商、周之三统,亦皆托也。③

显然,康有为认为孔子作《春秋》托古代之"王法",托事发义"在义不在事"。认为后人读《春秋》,如不求其义而求其事,把它当作史书看,"用考据求之",那就犹如"痴人说梦,转增疑惑",因此,在康有为看来,《春秋》非史书,书中所载乃"素王改制之义",孔子非史家,乃救世圣人或教主。

康有为在《孔子改制考》中,认为《诗》、《书》、《礼》、《易》、《春秋》都是孔子"托古改制"而作。书中从各方面论证孔子托古改制之说。他认为六经中所载有关尧舜、文王之事迹,乃孔子"托古改制",假托古人,以立其大同小康三世之说,发挥大同学说,为宣传改良变法提供历史依据。

六经是儒家的经典,自汉武帝罢黜百家独尊儒术以来,经书就居于独尊的地位,宗经思想一直支配了两千多年的中国封建社会,人们对经书从来不敢怀疑其真伪,因为儒家经书是封建社会专制统治的理论基石。康有为公然怀疑六经,不仅破除了长期以来人们对经学的迷信,更重要的是在一定程度上动摇了封建专制统治的基础。康有为把六经中所载的我国古代历史事实置于不可知的疑雾中,将六经的史学价值完全抹掉了。梁启超在《清代学术概论》中说:

> 有为……定《春秋》为孔子改制创作之书……又不惟《春秋》而已,凡六经皆孔子所作;昔人言孔子删述者,误也。孔子盖自立

---

①②③　康有为:《春秋董氏学》卷2《王鲁》注,万木草堂丛书刻本。

一宗旨,而凭之以进退古人,去取古籍,孔子改制,恒托于古。尧舜者,孔子所托也,其人有无不可知,即有,亦至寻常,经典中尧舜之盛德大业,皆孔子理想上所构也。

为什么孔子用托古改制的形式提出改革主张呢? 康有为认为孔子这样做是颇费苦心的,因为人们有一种荣古贱今,贵远贱近,厚古薄今的心理,而且孔子是个布衣,提出改制,事大骇人,无征不信,所以只好"托先王以行之",借用先王名义,说明改革政制的必要性和合理性。这样,既可避祸,又能取信于民。康有为有关这一方面的考证并不科学,而且他把封建社会的政治腐败都说成是刘歆的古文经学派的学风所致,也失之武断。然而,康有为的目的是让人们怀疑神圣不可侵犯的经学。经书既可怀疑,那么,封建专制制度也不是不可变的。依据这一点,梁启超评价说:"南海之功安在? 则亦解二千年来人心之缚,使之敢于怀疑,而导之以入思想自由之途径而已。"①康有为不仅认为六经为孔子托古改制之作,并认为先秦诸子书如《墨子》、《老子》、《杨朱》、《庄子》、《列子》、《管子》、《韩非子》、《商君书》和《吕氏春秋》等,亦皆诸子托古改制之作,书中所载古史和六经中的古史一样,皆为诸子所托,不可考。他在《孔子改制考》中总论诸子所以托古的原因时说:

荣古而虚今,贱近而贵远,人哉情哉! 耳目所闻睹,则遗忽之,耳目所不睹闻,则敬异之,人之情哉! ……古之言,莫如先王,故百家多言黄帝尚矣,一时之俗也,当周末诸子振教,尤尚寓言哉!②

在康有为看来,当时诸子纷纷创教,"竞标宗旨,非托之古,无以说人。"③他汇集了诸子书中所载有关托古之事,以证定诸子所记古事为诸子伪托,非实有其事。如《庄子·天运篇》载:老聃论黄帝治天下,"使民心一",尧则"使民心亲",舜且"使民心竞",禹更"使民心变"。认为这些记载,是"老庄之托古,以申其在宥无为之宗旨,岂知太古之

---

① 梁启超:《论中国学术思想变迁之大势》,《饮冰室合集·文集》第3册。
②③ 康有为:《孔子改制考》卷4。

世,人兽相争,部落相争,几经治化,乃有三代圣王,作为治法,安得三皇五帝乱天下之说。"①又如《墨子·节用篇》墨子语:"昔者,圣天之法曰:大夫年二十,毋敢不处家,女子年十五,毋敢不事人,此圣王之法也。"在《墨子托古》中对墨子这段话考释说:"墨子恐人败男女之交,故婚嫁特早。礼男子三十而娶,女子二十而嫁,故知为墨子改制之托先王也。"②考释墨子谓《三代先王不言命》说:"夫先王禹、汤、文、武耳,而书《盘庚》有曰:'恪谨天命'",《金縢》又曰:"无坠天之降宝命。皆显明言命者,今书中不可缕指,然则墨子之言非命,非托之先王而何!墨子托先王以非命,孔子之言命,亦何莫非托先王以明斯义哉!"③再如《吕氏春秋》载:夏后启与扈氏战,不胜,"六卿请复之",夏后启以"战而不胜,是吾德薄",于是"处不重席,食不贰味,琴瑟不张,钟鼓不修……期年而有扈氏服"。对此,康有为考释说:"夏启当天地开辟时,安得盛琴瑟钟鼓与?五帝、三王、五伯,皆托也。其言六卿,周官说盖出于此。"④

本来,诸子书中所载古史,确多诸子为改制而托古之处,康有为在《孔子改制考》中用力考辨揭发其中伪托的部分,是合乎事理和史实的,对古史研究作出了不少贡献,并对后来疑古派史学有一定影响。但有许多考证,却也近于武断、无知。如他所说中国历史在夏后启时尚"当天地开辟"之时,说启时尚无琴瑟、钟鼓和六卿官制,这是狂悖、无知之谈。就今日历史知识来说,中国"人类之生",就出土北京猿人、山顶洞人、河套人的历史来说,至今已有五十万年左右的历史。而且地球已经过四次冰河期,最后一次冰河期也在一万年前左右,康有为为了否认上古历史,把先秦历史看成是"茫昧无稽",完全是主观臆断。

康有为既认为六经、诸子都是孔子和诸子进行政治改制而创教立说的各家宣传教义的著作,因此,把六经、诸子中所载尧、舜、文王等古史,不过作为创教立说的依据而已。这些古史,既然出自各家的伪托,

①②③④　康有为:《孔子改制考》卷4。

有无其事？有无其人？"不可知"。因此,他说六经、诸子所载,"在义不在事",六经、诸子不是史书,六经、诸子所载古史不仅不可信,而且完全是一堆"茫昧无稽"之谈。

康有为为了论证孔子、诸子所作六经和诸子书在于创教立说,托古改制,特著《孔子改制考》一书。此书开宗明义便是"上古茫昧无稽考",这是该书立论的大前提。只要这个前提站住了,孔子和诸子的托古改制就可顺理成章地推论下去。继后,有《周末诸子并起创教考》、《诸子托古改制考》、《孔子创儒教改制考》等论证。全书二十一卷,其主旨固在于证定孔子托古改制说,贯彻"上古茫昧无稽"的怀疑古史存在的疑古思想,对以后疑古派史学产生了直接的影响。

第七节　梁启超建立"新史学"的理论

一、梁启超的生平及其主要著作

梁启超(1873—1929),字卓如,号任公,又号饮冰室主人。广东新会人。他的祖父梁维新、父亲梁宝瑛都是热心科举的知识分子,对儒家经典颇为熟悉,为幼年梁启超学习传统文化提供了有利条件。他四岁就跟随父亲读四书五经,学做八股诗文。九岁即应童子试,光绪十年(1884)中秀才。次年,入广州学海堂读书,同时还就读于菊坡、粤秀、粤华等书院,学习词章训诂之学,打下了汉学的坚实基础。光绪十五年(1889),中举人。次年,他第一次赴北京参加会试,路过上海,购得《瀛环志略》,始知世界上有五洲各国,并购阅了翻译的西方书籍,开始接受西方资产阶级学术思想的影响。因考试未中,仍回广州学海堂读书,经同学陈千秋的引荐,拜见了康有为,遂由学海堂转入康有为执教的万木草堂学习,从此从学于康有为,协助进行变法理论的著述和编校工作,深受其影响,成为坚定的改良主义者,宣传维新变法的志士。

光绪二十年(1894),他随康有为再度入京,准备参加第二年的会试,时逢中日甲午战争失败和《马关条约》签订,激起全国人民的公愤,

他协助康有为联合十八省在北京参加会试的举人发动了轰动全国的
"公车上书",向清廷提出拒和、迁都、变法三项要求,掀起了中国近代
史上资产阶级维新变法运动。康有为发起组织强学会,他被推为书记
员。光绪二十二年(1896),梁启超至上海任《时务报》总撰述,先后发
表了《变法通义》、《论君政民政相嬗之理》等50多篇时论文章,为百日
维新作了舆论的准备。光绪二十三年(1897),梁启超至湖南长沙,担
任湖南时务学堂总教习,并参加南学会活动,积极支持谭嗣同等人开展
湖南的维新变法运动。梁启超宣传维新变法的言行引起湖南地主阶级
顽固派代表人物王先谦、叶德辉等人的攻击,被斥为"专以无父无君之
邪说教人"的"康门谬种"。不久,梁启超又赶回北京,协助康有为进行
变法活动,组织保国会。

　　光绪二十四年(1898),光绪帝下诏戊戌变法时,曾亲自召见梁启
超,给予六品衔,专办译书事务。他与谭嗣同等一起,草拟了新政的几
乎全部条令,参与策划变法有关重要事宜。戊戌变法失败后,他逃亡日
本,仍然追随康有为从事保皇活动。光绪二十五年(1899)在日本横滨
创办了《清议报》,接着又创办接替《清议报》的《新民丛报》,作为继续
鼓吹改良主义的舆论阵地。但必须看到,梁启超在流亡日本期间,广泛
涉猎和介绍西方资产阶级政治、社会、哲学、历史、伦理学、教育学、新闻
学和自然科学等,并发表了鼓吹民权,批判封建专制制度,萌发反清思
想。还就如何对待民族革命、要不要改变封建土地制度等问题,与以孙
中山为代表的民主革命派展开了论战。

　　自光绪二十七年(1901)开始,他专心于史学,在撰写《李鸿章传》
(《中国四十年大事纪》)之后,又撰《南海康先生传》,更进一步"欲草
一《中国通史》,以助爱国思想之发达"。虽然未能如愿,仅完成《中国
史叙论》一章。翌年,复就《叙论》扩充为四方字长文的《新史学》,比较
全面地批判封建主义旧史学,极力主张建立资产阶级的新史学。他又
相继发表了《亚洲地理大势论》、《中国地理大势论》、《欧洲地理大势
论》、《地理与文明之关系》、《五十年中国进化概论》、《历史统计

学》等。

光绪三十一年(1905)同盟会成立,中国国内形势出现了新的变化,进入新的历史阶段,标志着中国资产阶级民主革命高潮的到来。时代变化了,可是梁启超仍原地踏步,仍然坚持资产阶级改良主义信条,把同盟会视作保皇派的极大威胁,对同盟会纲领进行全面攻击。光绪三十三年(1907),在东京组织政闻社,期待推动清政府实行君主立宪。政闻社被封后,他支持立宪派的国会请愿运动。1911 年辛亥革命,民主革命的果实被袁世凯窃取,国内政治形势起了重大变化。1913 年初,梁启超自海外回国,出任共和党魁,5 月,又组织进步党,拥护袁世凯,以进步党身份任袁世凯政府司法总长,参加所谓"第一流人才内阁"。1915 年,袁世凯称帝,要他赞同帝制,他多次上书,婉言力陈,并发表《异哉所谓国体问题者》文章,反对变更共和国体,主张"在现行国体基础上而谋政体政象之进步"。袁世凯称帝失败后,梁启超又以宪法研究会的身份,与段祺瑞合作,出任财政总长。"五四"时期,曾倡导文体改良的"诗界革命"和"小说革命",开白话文风气之先。1920 年欧游回国后,任清华研究院导师,又兼任南开大学教授,以讲学和著述度过他的晚年。他的史学著作,除上述外,还有《中国历史研究法》、《中国历史研究法补编》、《清代学术概论》、《中国文化史》等。这些著作大多收录在《饮冰室合集》中,是我们研究中国近代史和中国近代史学史极为珍贵的文献史料。

二、对封建主义旧史学的批判

经世致用是中国史学的优良传统之一。鸦片战争前夕,龚自珍、魏源重新倡导经世致用精神,主要是针对乾嘉考据学派脱离现实,要求史学研究与现实结合,从而使史学为其政治改革服务。梁启超亦强调研究历史要经世致用,但已超出了封建史学家"垂鉴"、"资治"的范围,他站在资产阶级改良主义立场,要求发挥史学促进化的政治作用。他说:

史学者学问之最博大而最切要者也,国民之明镜也,爱国心之源泉也。今日欧洲民族主义,所以发达,列国所以日进文明,史学之功居其半焉。然则但患其国之无兹学耳,苟有之,则国民安有不团结、群治安有不进化者?①

由于看重史学对推动人类历史进化的作用,梁启超感到封建旧史学不能适应当时现实政治的要求,不仅不适应,而且认为封建旧史学恰恰起相反的作用。因此,他提出进行"史界革命",建立资产阶级新史学。他说:"呜呼!史界革命不起,则吾国遂不可救,悠悠万事,惟此为大。"又说:"今日欲提倡民族主义,使我四万万同胞立于此优胜劣败之世界乎,则本国史学一科,实为无老无幼无男无女无智无愚无贤无不肖所皆从事,视之如渴饮饥食,一刻不容缓也。"②把史学的作用估计如此之高,为中国历来史学所未有。当然,不是任何史学都能起如此大之作用的,在他看来,"遍览库中数十万卷之著录,其资格可以养吾所欲,给吾所求者殆无一焉。"因此,当梁启超一开始进行资产阶级改良运动活动,宣传维新变法的主张和理论的同时,就开始对中国封建史学提出批判。在光绪二十二年(1896)发表的《西学书目表后序》中,论及"读史"部分时,即根据改良主义的要求,提出读史者"当知二千年政治沿革,何者为行孔子之制,何者为非孔子之制",指出"历史制度,皆为保王者一家而设,非为保天下而设,与孔孟之义大悖",强调"读史者以政为重,俗次之,事为轻";认为"后世言史裁者,最为无理"等,对封建旧史学表现了强烈的不满和初步的批判。接着,又于第二年发表了《续译列国岁计政要叙》一文,在该文中明确地将历史著作分为"君史"、"国史"、"民史"三种,并且将"君史"和"国史"及"民史"分别开来,认为中国以往旧史著作多半是"君史",指出这些史书"不过为一代之主作谱牒"。他说:

有君史,有国史,有民史。民史之著盛于西国,而中土几绝。

①② 梁启超:《新史学》,《饮冰室合集·文集》第4册。

中土二千年来,若正史,若编年,若载记,若传记,若纪事本末,若诏令奏议,强半皆君史也。若《通典》、《通志》、《文献通考》,《唐会要》、两汉《会要》诸书,于国史为近,而条理犹有所未尽……后世之修史者于易代之后,乃始摸拟仿佛,百中撷一二,又不过为一代之主作谱牒。若何而攻城争地,若何而取威定霸,若何而固疆圉长子孙,如斯而已。至求其内政之张弛,民俗之优拙,所谓寝强寝弱,与何以强弱之故者,几靡得而睹焉。即有一二散见于纪传,非大慧莫察也。是故君史之敝极于今日。①

梁启超认为中国过去的封建史学所有的著作,包括正史、编年体史书、通典、通考、通志及会要之类的书,都不能"鉴往以知来,察彼以知己",都无法担负起"良史"的责任。关于这一观点,特别是在他逃亡日本,广泛接触了西方资产阶级学术思想,特别是进化论后,他的资产阶级史学观点更为明确,并利用这一锐利武器,向封建旧史学发起猛烈的攻击和批判。在《中国史叙论》中,对封建旧史学的批判,在内容上还比较简单,只指责封建旧史籍:一、"不过记载事实",而不能说明事实之间的因果关系。二、"不过记述一二有权力者兴亡隆替之事,名虽为史,实不过一人一家之谱牒"。而在次年所发表的《新史学》中,便展开了全面的总批判,指责旧有史籍非但不能促进而且有碍国民意识的发达,认为它有四蔽二病,也可统称为六蔽。四蔽是:"知有朝廷而不知有国家",二十四史虽名为史,其实不过是"二十四姓之家谱而已","知有个人而不知有群体";"知有陈迹而不知有今务",不重视当代史,"非鼎革之后,则一朝之史不能出现";"知有事实而不知有理想"。二病是:"能铺叙而不能别裁";"能因袭而不能创作"。综观其批判内容,虽不免存在"卤莽疏阔"和武断之处,但确是击中了封建史学的要害,归纳起来主要在如下三个方面:

第一,批判以帝王为中心的封建正统史观。

① 梁启超:《续译列国岁计政要叙》,《饮冰室合集·文集》第2册。

梁启超提出封建旧史家的最大错误首先是正统问题,他说:"言正统者,以为天下不可一日无君也,于是乎有统,又以为'天无二日,民无二主也',于是乎有正统。统之云者,殆谓天所立而民所宗也,正之云者,殆谓一为真而余为伪也。"①指出一千多年来,封建旧史家斤斤计较于此事,攘臂张目,笔斗舌战,闹得不可开交,就其实质来说,是"自为奴隶根性所束缚,而复以煽后人之奴隶根性而已"。分析封建史家之所以如此看,是因为他们"知有朝廷而不知有国家",关键是"不知朝廷与国家之分别,以为舍朝廷外无国家"。由于这些史家在错误的国家观思想支配下,因而在史籍的编撰上产生谬误,他分析说:"吾国史家,以为天下者君主一人之天下,故其为史也,不过叙某朝以何而得之,以何而治之,以何而失之,舍此则非所闻也。"②不仅所谓正史的二十四史如此,就是司马光的《资治通鉴》,"亦不过以备君王之浏览。""盖从来作史者,皆为朝廷上之君若臣而作,曾无有一书为国民而作者也。"他明确地指出:所谓"正统,实际上是'君统',而'君统'的起源是由于'霸者'",即专持强力以统治天下人民的封建专制主义帝王,封建统治者捏造这种说法,用以压制和愚弄人民。他分析历史上的"正统"与"僭伪"之争论者所持的理由大约可分为六点:一是以得地多寡而定其正不正,二是以据位之久暂而定其正不正,三是以前代之血胤为正,而其余皆伪也,四是以前代之旧都所在为正,而其余皆伪也,五是以后代之所承者所自出者为正,而其余皆伪也,六是以中国种族为正,而其余皆伪也。他认为这六条标准,是"互相矛盾,通于此则窒于彼,通于彼则窒于此",何况每条的理由也因其谬误而站不住脚,梁启超一一加以驳斥后,下结论说:"持正统论者,果无说以自完矣。"③

梁启超分析历史上出现"正统"问题争论的原因有二:一是当代君臣自私本国也,他借司马光对南北朝以来各朝代的互相攻击的评论说:"此皆私己之偏辞,非大公之通论也。"梁启超认为:"凡数千年来哓哓

①②③ 梁启超:《新史学》,《饮冰室合集·文集》第4册。

于正不正伪不伪之辨者,皆当时之霸者与夫霸者之奴隶,缘饰附会,以保其一姓私产之谋耳。"特别是"时过境迁之后,作史者犹慷他人之慨,断断焉辨得失于鸡虫,吾不知其何为也"。二是由于千余年来的"陋儒误解经义,煽扬奴性也"。他批判这种陋儒的思想在于把帝王看作"神圣"不可侵犯,而又以成败论人。他指责说:"成即为王,败即为寇,此真持正统论之史家所奉为月旦法门者也。"然而就成败而论并不是什么客观的是非善恶标准,应该定为标准的倒是"王"与"寇",其标准是"众所归往谓之王,窃夺殃民谓之寇",这两者是不能因为成功或失败而改换其位置的,历史上许多人物有的被称为"神圣",有的为"乱臣贼子",其关键应该是是否得众或殃民。因此,梁启超用非常尖锐的语言,指责那种旧史"今日称之为乱贼、偷盗、仇雠、夷狄,明日则称为圣神焉",但是,"圣神自圣神,乱贼自乱贼","其人格之相去,不可以道里计,一望而知,无能相混者也"。他断言:"断未有一人之身,而能兼两涂者也"。他痛斥旧史家用这种标准编撰历史,评价人物,"安得不率天下而禽兽也。"①

　　梁启超虽然将封建史家的正统观批驳得体无完肤,但他并不否定编撰史籍需要正统,不过,他所主张的正统,仅观点上和封建史家不同而已。他说:"统也者,在国非在君也,在众人非在一人也。舍国而求诸君,舍众人而求诸一人,必无统之可言,更无正之可言。"这种以"国民"为国家主体的思想,实质上是以资产阶级的正统观,代替封建地主阶级的正统观。因而他认为在君主存在的国家,如不得已必须讲正统,只有"如英德日等立宪君主之国,以宪法而定君位继承之律。其即位也,以敬守宪法之语誓于大众,而民亦公认之",才能说是近乎正统,其中心思想还是资产阶级以国民为国家主体的观念,这表明了他的主张,是资产阶级改良主义的。

　　"书法"和"纪年"也是与封建正统论紧密相关联的两个问题,所以

---

　　①　上引均见《新史学》,《饮冰室合集·文集》第4册。

梁启超在写了《论正统》一文之后,紧接着又写了《论书法》、《论纪年》二文。他写道:"史家之言曰:书法者本《春秋》之义,所以明正邪,别善恶,操斧钺权,褒贬百代者也。"这些史家以什么标准来"衡量天下古今事物"的呢？梁启超列举了许多事实说明了他们是站在封建地主阶级最高统治者的根本立场,从维护封建地主统治政权的需要出发,作为历史人物和历史事件的是非善恶的评价标准。梁启超站在改良主义者的立场上,从资产阶级以国民为国家主体的观念出发,指出旧史家所称颂的孔子的"春秋笔法",不能作为评价历史人物和历史事件的准则,他从两个方面进行分析。

就历史上讲,"一民族之进化堕落,其原因绝不是一二人"所决定的,因为"彼一二人乃乘时而出"的,"偶为其同类之代表而已",如果仅去其一二人之代表,是不能解决问题的,原因是其身后的"百千万亿之代表者,方且比肩而立,接踵而来"。梁启超认为"不植其本,不清其源,而惟视进退一二人,其有济乎?"因而提出评价历史人物应"求有益于群治也"。所谓"善为史者,必无暇断断焉褒贬一二人,亦绝不肯断断焉褒贬一二人",然而封建史家恰恰是仅仅褒贬一二人,其结果必然是"专科功罪于此一二人,而为众人卸其责任也。"这样做的后果,不仅应为一二呼冤,而且更为严重的是"上之启枭雄私天下之心,下之堕齐民尊人格之念。"他明确指出历史"非一人一姓之事也,将以述一民族之运动变迁进化堕落,而明其原因结果也。"而封建史家恰恰只知评论个人的善恶是非,而不知团体之善恶是非,从而导致了中国的"群治所以终不进也。"要推进"群治"非否定所奉行的"春秋笔法"不可。

梁启超认为旧史家褒贬人物的标准,不足为凭。因为旧史家在编撰史籍时,对人事的褒贬大多从封建统治和帝王的利害出发,作为评定是非的标准。封建史家们认为历史人物的"一切行谊,有利于时君者则谓之功,谓之善,反是者皆谓之罪,谓之恶。"用这样的标准,作为表彰"死节之臣",或贬斥"叛逆"之徒,真正来说,"所谓功罪善恶,亦何足以为功罪善恶"。因此,在梁启超看来,历史有些人被奉为"神圣",有些人被斥为"民贼"，是不公正的褒贬，只有人物的幸与不幸而已。他认为用这样标准评价历史人物的功过是非，"天下岂有正义哉？惟权利是视而已"。因此封建史家褒贬人物的"春秋笔法"应该全盘加以否定。

梁启超虽然反对"春秋书法"，但并不否定评价历史人物要有标准。他明确地说："吾非谓史之可以废书法"。所不同的是，他要以资产阶级的标准来代替封建史家的标准。他认为评价历史人物应有的标准是："以伟大高尚之理想，褒贬一民族全体之性质，若者为优，若者为劣。某时代以何原因而获强盛，某时代以何原因而致衰亡，使后起之民族读焉，而因以自鉴曰：吾侪宜尔，吾侪宜毋尔。而必不可专奖励一姓之家奴走狗，与夫一二矫情畸行，陷后人于狭隘偏枯之道德之域，而无复发扬蹈厉之气。"基于此，他认为在文字的表达上，应该"以悲壮淋漓之笔，写古人之性行事业，使百世之下，闻其风者，赞叹舞蹈，顽廉懦弱立，刺激其精神血泪，以养成活气之人物。"这样做也可以避免那些妄学"春秋笔法"者，"侈衮钺于一字二字之间，使后之读者，如注释数千言，犹不能识其命意之所在"。也正是这一原因，他认为不是任何史家都可以谈"书法"，有"春秋之志者，可以言书法，无春秋之志者，不可言书法"。因为孔子作《春秋》，是由于"孔子所以改制而自发表其政见"的，"后人初不解《春秋》为何物，胸中曾无一主义，撷拾一二断烂朝报，而规规然学《春秋》，天下之不自量，孰此甚也"。① 言下之意，只有如梁启超一样的改良主义者，才有资格谈论和应用历史上人事的评价标准问题。

关于中国封建史家纪年问题，梁启超也是从资产阶级以国民为国家主体的观念出发，加以反对和批判，早在戊戌变法时，他就写了《纪年公理》一文，反对以封建帝王称号纪年，他说："西汉一帝改元动以十数，如此则几与无纪元等矣。又次纪元稍简之世，如明至本朝，皆一帝

---

① 梁启超:《论书法》,《饮冰室合集·文集》第4册。

一改元",其数量也颇多,如不记历朝的年号,则无法读史。而"纪年"的发展趋势,应该是简便,不能繁杂,检阅中西纪年的方法差不多都是由繁而简,是史家采取纪年的大势所趋。而在《中国史叙论》中,他更进一步批判了"中国向以帝王称号为纪年"的办法。他说:"一帝王死,辄易其符号,此为最野蛮之法,于考史者最不便。今试以数千年君主之年号,任举其一以质诸学者,虽最淹博者亦不能具对也。故此法必当废弃。"就上述两文的内容来看,这时梁启超还仅仅是从学习和研究历史方便的角度考虑问题的。到1902年写《论纪年》一文时,则把反对以帝王称号纪年的问题和反对历史上的封建正统主义思想联系起来了。他明确地提出:"纪元既不以帝号,则史家之争正统者,其更无说以自文矣。"他认为帝王纪元的必当改变,并不是以"正统闰统之辨"才开始的,而是由于帝王纪年之法太繁,无法行于"今日文明繁备之世"。这当然是一个实际问题,而其严重后果不仅仅于此,因为用帝王纪年,则如"新莽之昏虐,武后之淫暴,而作史者,势不能不以其始建国天凤、地皇、光宅、垂拱、永昌、天授、长寿、延载、天册、登封、神功、圣历、久视、长安等年号,厕于建元之下,光绪之上,其为我国史污点也,不亦甚乎!"当然,他反对帝王纪年并不是不要纪年,而是主张"以孔子生年为纪",以维护其今文经学尊孔子为教主的崇高地位。另外,为了对照方便起见,建议可于生年若干为正文,"而以历代帝王年号及现在通行西历,分注于其下。"①

第二,对封建旧史学作用的批判。

梁启超对封建旧史学作用的批判,实际上是对旧史学的性质的剖析,即历史学家的任务是否以研究、记述往事为限? 在考索真事实之外,是否还应该追寻演化的公理公例、因果关系? 即史家编撰史著时是否应该以明道或鼓吹民族意识或爱国思想为宗旨。梁启超的答复是肯定的,认为史家不应以记述往事为限,应该寻求历史进化的公理,发扬

---

① 梁启超:《新史学》,《饮冰室合集·文集》第4册。

民族意识与爱国思想。基于这一原则,他对中国封建旧史学进行了批判,指出旧史学"知有陈迹而不知有今务",史学家编撰史籍时例不重当代史,"非鼎革之后,则一朝之史不能出现"。如司马光虽以"资治"为目的的《通鉴》,"亦起于战国而终五代",不及于宋,故生为清人而欲研究清史,竟无一书可以凭借。照上述办法撰史,假若"其朝自今以往永不易姓,则史不其中绝乎"！旧史家完全不知有今务,不知史学的作用"使今世之人鉴之、裁之,以为经世之用也"。其原因是因为旧史家只"知有事实而不知有理想"。所以史籍在记述事实时,每"呆然曰:某日有甲事,某日有乙事,至此事之何以生,其远因何在? 近因又何在?莫能言也,其事之影响于他事或他日者,若何当得善果,当得恶果,莫能言也。"指责旧日撰史者多不知"史同于人,亦有精神"。① 他说:

> 史之精神为何? 曰理想是已。大群之中有小群,大时代之中有小时代,而群与群之相际,时代与时代之相续,其间有消息焉,有原理焉,作史者苟能勘破之,知其以若彼之因,故生若此之果。鉴既往之大例,示将来之风潮,然后其书乃有益于世界。②

梁启超实际上是批判中国封建旧史学,只是单纯地记载事实,而不能说明历史事实的因果关系,不能指明历史的发展方向。因此,旧史家的著作,虽然是汗牛充栋,其作用只能是"蜡人院之偶像,毫无生气,读之徒费脑力"。指出中国旧史籍,不仅不是增益人民智慧的工具,相反只能起到消耗人民智慧的作用,使我国人民产生"知古不知今"的愚昧现象,便是封建史家的这种罪恶的结果。

第三,剖析封建旧史学编撰方法。

关于封建史籍的编撰方法,梁启超认为病在"能铺叙而不能别裁",史书所取,多为无用的事实,如"某日册封皇子也,某日某大臣死也,某日有某诏书也。"诸如此类,"满纸填塞,皆此等邻猫生子之事实"。因此,"往往有读尽一卷,而无一语有入脑之价值者"。即以《通

---

① ②　梁启超:《新史学》,《饮冰室合集·文集》第4册。

鉴》而论,虽属稿有十九年,又素以别择精善见称,然而以读资产阶级西洋史的眼光读之,"觉其有用者,亦不过十之二三耳。"至如欧阳修所写的《新五代史》,虽然"以别裁自命,实则将大事皆删去,而惟存邻猫生子等语,其可厌不更甚邪!"其原因是因为这些史家只是罗列事实,而不能很好地选择和鉴别史料,不考虑所选择的史料对于人们社会生活的关系和所产生的影响如何。正因为如此,致使"吾中国史学知识不能普及",其原因"皆由无一善别裁之良史故也"。

就封建史学著作的编纂体例来说,梁启超认为病在"能因袭而不能创作"。他细数中国两千年来的封建史学家其稍有创作之才者,感到只有司马迁、杜佑、郑樵、司马光、袁枢、黄梨洲六人。其他千百史家都是"公等碌碌,因人成事",模仿他人编撰体例,所以不可能有所成就。他又认为历代史书陈陈相因,独以政治史最为详明,直至黄梨洲撰《明儒学案》,方有独立的学术史。殊不知政治史、学术史之外,尚有文学史、种族史、宗教史等可作,由于封建史家只知因袭而不能创作,几乎成为空白。

梁启超在对旧史学进行了全面的剖析之后,认为旧史学给读者带来了三大"恶果":一是难读,因为其数量"浩如烟海,穷年莫殚";二是"难别择",如果读史者不是有"极敏之眼光,极高之学识,不能别择其某条有用某条无用,徒枉费时日脑力";三是"无感触","虽尽读全史,而曾无有足以激励其爱国之心,团结其合群之力,以应今日之时势,而立于万国者",①不能适应时代的需要。

综上所述,可以看出梁启超对旧史学批判之猛烈、全面、深刻,在中国史学史上前所未有,是过去的史评所不能达到的。其原因是因为封建学者如王充、刘知几、王夫之、崔东壁和章学诚等人,虽然看到一些封建旧史学之弊病,也曾进行评论过,但他们跳不出封建思想意识的樊篱,离不开地主阶级的立场,因而其批判标准摆脱不了封建主义的观

---

① 梁启超:《新史学》,《饮冰室合集·文集》第4册。

点,如唐代的刘知几虽然大胆提出疑古惑经,但并不敢反对孔子和经书,仍然认为《春秋》是不刊之言。又如清代的崔东壁虽有疑古精神,但对封建的伦理道德仍然信守。以史学理论著称的章学诚,所提出的"公言"、"史德",也仍以封建道德为撰史和读史的先决条件。梁启超在戊戌变法前后,已转化为资产阶级的史学家。光绪二十七年(1901)前后,他站在资产阶级改良主义者的立场去评判以往的史家和史著,这在当时是进步的。他的许多观点是受西方进化论等学说影响而形成的。因此,在反对封建旧史学时起了积极作用,对中国资产阶级史学的建立,起了披荆斩棘的作用。但另一方面,也必须看到,由于梁启超不能历史地看待问题,对旧史学的批判难免存在片面或武断的看法,如说旧史家只知有古而不知有今,只知述事而不知辨因果等,自觉过于偏激,他在以后著述中并作修正和补充。

三、构建资产阶级"新史学"的理论体系

梁启超在批判封建旧史学的过程中,初步构建了资产阶级"新史学"的理论体系。

梁启超最初是根据康有为的公羊三世说,确认人类社会历史的发展,必然沿着据乱世、升平世、太平世三个历史阶段前进的。后来,他接触了西方资产阶级学说思想,对达尔文的进化论十分推崇。他说:"前人以为黄金世界在于昔时,而末世日以堕落,自达尔文出,然后知地球人类,乃至一切事物,皆循进化之公理,日趋文明。前人以为天赋人权,人生皆有应得之权利,及达尔文出,然后知物竞天择,优胜劣败,非图自强,则绝不足以自立。达尔文者实举十九世纪以后之思,想彻底而一新之者也。"①认为自达尔文物种起源说问世以来,"全球思想界忽开一新天地,不徒有形科学为之一变而已,乃至史学、政治学、生计学、人群学、

---

① 梁启超:《论学术之势力左右世界》,《饮冰室合集·文集》第3册。

宗教学、伦理道德学,一切无不受其影响。"①指出:"伟哉,近四十年之天下,一进化论之天下也……实取数千年旧学之根柢而催弃之翻新之者也。"②梁启超的史学理论就是将康有为公羊三世说和达尔文进化论糅合起来形成的。进化论是他史学理论的核心。同时,又接受了地理环境决定论,智力决定论等,虽然庞杂混乱,但对中国近代资产阶级改良派史学的形成起了奠基作用。

根据当时西方自然科学的发展,梁启超确认宇宙万物都是变化的。他说:

> 凡在天地之间者莫不变,昼夜变而成日,寒暑变而成岁,大地肇起,流质炎炎,热熔冰迁,累变而成地球;海草螺蛤,大木大鸟,飞鱼飞鼍,袋兽脊兽,彼生此灭,更代迭变,而成世界;紫血红血,流注体内,呼炭吸养,刻刻相续,一日千变,而成生人。藉曰不变,则天地人类并时而息矣。故夫变者,古今之公理也。③

他认为不仅自然如此,人类社会历史也是这样,如中国古代,"贡助之法,变为租庸调,租庸调变为两税,两税变为一条鞭。井乘之法,变为府兵,府兵变为彍骑,彍骑变为禁军。学校升造之法,变为征辟,荐辟变为九品中正,九品变为科目。上下千岁,无时不变,无事不变,公理有固然,非夫人之为也。"④这里,他似乎承认社会进化是客观存在的规律。不仅认为人类社会历史是"变"的,而且这种"变"是进化的,所谓"数千年之历史,进化之历史。数万里之世界,进化之世界也。"这种历史进化,不是一直线的进化,而是"尺进而寸退,或大张而小落,其像如一螺线,明此理者,可知历史之真相也。"这种螺线型的进化是没有终极的。他说:"就历史界以观察宇宙,则见其生长不已,进步而不知所终。"⑤他依据西方进化论糅合康有为的公羊三世说历史进化观,用之

①②　梁启超:《论学术之势力左右世界》,《饮冰室合集·文集》第3册。
③　梁启超:《进化论革命者颉德之学说》,《饮冰室合集·文集》第5册。
④　梁启超:《变法通义》,《饮冰室合集·文集》第1册。
⑤　梁启超:《新史学·史学之界说》,《饮冰室合集·文集》第4册。

观察人类社会历史,把人类社会历史归纳为"三世六别"。

梁启超说:

> 治天下者有三世。一曰多君为政之世,二曰一君为政之世,三曰民为政之世。多君世之别有二:一曰酋长之世,二曰封建及世卿之世。一君世之别又有二:一曰君主之世,二曰君民共主之世。民政世之别亦有二:一曰有总统之世,二曰无总统之世。多君者据乱世之政也,一君者升平世之政也,民者太平世之政也。此三世六别者,与地球始有人类以来之年限,有相关之理,未及其世,不能躐之,既及其世不能阏之。①

因此,他依据进化观点,指出历史循环论者的所谓"天下之生久矣,一治一乱"的论点,乃是对历史真相的错误看法。他说:"孟子此言盖为螺线之状所迷,而误以为圆状。未尝综观自有人类以来万数千年之大势,而察其方向之所在,徒观一小时代之或进或退或涨或落,遂以为历史之实状如是云尔。"②

梁启超运用历史进化观点具体分析中国历史时,把从远古至今的历史划分为上世史、中世史和近世史三个历史阶段。所谓上世史,是"自黄帝以迄秦之统一","即中国民族自发达自竞争自团结之时代也。"所谓中世史,"自秦一统后至清代乾隆之末年",这一时代,"即中国民族与亚洲各民族交涉繁赜竞争最烈之时代也。"所谓近世史,"自乾隆末年以至于今日",即"中国民族合同全亚洲民族,与西人交涉竞争之时代也。"他认为这一时代是"君主专制政体渐就湮灭,而数千年未经发达之国民立宪政体,将嬗代兴起之时代也。"指出:"此时代今初萌芽,虽阅时甚短,而其内外之变动,实皆为二千年所未有,故不得不自别为一时代,实则近世史者,不过将来史之楔子而已。"③这种分期和分

---

① 梁启超:《论君政民政相嬗之理》,《饮冰室合集·文集》第2册。
② 梁启超:《新史学》,《饮冰室合集·文集》第4册。
③ 梁启超:《中国史叙论》,《饮冰室合集·文集》第3册。

期方法,虽然不完全符合中国古代历史实际情况,是不科学的,但它否定了封建旧史学以封建王朝更替作为划分历史时期标准的传统观念,在当时确是起了促进思想解放的进步作用。

还必须看到,梁启超的这种历史进化观点为变法维新运动提供了论据。他说:"委心任运,听其流变,则日趋于敝,振刷整顿,斟酌通变,则日趋于善。"指出地主阶级保守派如果因循守旧,其结果必然是"泥祖宗之法而戾祖宗之意",因为"变者天下之公理也。""大势相迫,非可阏制,变亦变,不变亦变,变而变者,变之权操诸己。可以保国,可以保种,可以保教"。相反,如果"不变而变者,变之权让诸人,束缚之,驰骤之。呜呼,则非吾之所敢言也。"①他又断言:"按诸公理,凡两种反比例之事物不相容,则必有争,争则旧者必败而新者必胜,专制政体之不能生存于今世界,此理势所必至也。以人力而欲与理势为御,譬犹以卵投石,以螳当车,多见其不知量而已。故吾国民,终必有脱离专制苦海之一日,吾敢信之,吾敢言之。"②

梁启超在宣传历史进化论时,特别强调要注意两个方面:一是必须"合人类全体而比较之,通古今文野之界而观察之",也就是说要全面地观察和分析问题;二是要注意运用其他直接和间接的有关学术成果,如地理学、人种学、宗教学、生物学和化学等辅助学科,以助史学之探索。显然,他在研究历史时,注意到了史学发展与自然科学和社会科学中其他学科之间的联系性,主张运用自然科学和社会科学的成就,以及古今连贯,全面而有比较地研究人类社会历史,这种方法比起封建史学那样孤立而刻板地记述历史要高明得多。这自然是梁启超接受了西方资产阶级的形式逻辑的归纳比较法之后,所取得的成就,它扩大了史学研究的范围,丰富了史学研究的内容,有其值得肯定的一面,其根本的缺点是不能唯物辩证地分析问题。

---

① 梁启超:《变法通议》,《饮冰室合集·文集》第 1 册。
② 梁启超:《论专制政体有百害于君主而无一利》,《饮冰室合集·文集》第 4 册。

　　梁启超的历史进化论,主要建立在社会达尔文主义的基础上。他说:"近四十年来,无论政治界、学术界、宗教界、思想界、人事界,皆生一绝大之变迁,视前此数千年若别有天地者然,竞争也,进化也,务为优强,勿为劣弱也。"认为达尔文的进化论学说,"不能但视为博物家一科之学,而所谓天然淘汰优胜劣败之理,实普行于一切邦国种族宗教学术人事之中,无大无小,而一皆为此天演大例之所范围,不优则劣,不存则亡,其机间不容发。"①在《变法通议》一文中曾明确提出人类的历史就是种族竞争的历史,认为:"自大地初有生物,以至于今日,凡数万年,相争相夺","一言以蔽之曰,争种族而已。始焉物与物争,继焉人与物争,终焉人与人争;始焉蛮野之人与蛮野之人争,继焉文明之人与蛮野之人争,终焉文明之人与文明之人争。茫茫后顾,未始有极。呜呼,此生存相竞之公例,虽圣人无如之何者也。"而这种竞争,"凭优胜劣败之公理,劣种之人,必为优种者所吞噬所朘削","以至于尽,而世界中遂无复此种族。"②因此,他将人类社会进化的历史,看作是"人种之发达与竞争"的历史,认为"无人种则无历史"。基于这种观点,他又将世界历史分为"有历史的人种"和"非历史的人种"两类。区分这二者的原则是,"能自结者为历史的,不能自结者为非历史的"。其原因是"能自结者则排人,不能自结者则排于人"。而"排人者则能扩张本种以侵蚀他种,骎骎焉垄断世界历史之舞台"。那种"排于人者"的种族,"则本种日以陵夷衰微,非惟不能扩张于外,而且澌灭于内,寻至失其历史上本有之地位,而舞台为他人所占"。那么,世界上有哪些人种可称为"有历史的人种"呢? 他认为:"其可以称为历史的人种者,不过黄白两种而已。"③他又将"历史的人种"再分为"世界史的与非世界史的"两种。所谓世界史的种族,他认为"其文化武力之所及,不仅在本国之境

---

① 梁启超:《天演论初祖达尔文之学说及其略传》,《饮冰室合集·文集》第5册。
② 梁启超:《变法通议》,《饮冰室合集·文集》第2册。
③ 梁启超:《历史与人种之关系》,《饮冰室合集·文集》第4册。

域,不仅传本国之子孙,而扩之充之以及于外,使全世界之人类受其影响,以助其发达进步"。按照这个标准,在当代世界上,"察其彼此相互之关系,而求其足以当此名者",乃"不得不以让诸白种,不得不让诸白种中之阿利安种。"而"所谓阿利安人者,则条顿人而已。条顿人实今世史上独一无二之主人翁也"。① 梁启超如此卖力地宣传达尔文主义,宣传世界上某些种族独一无二的优越,宣传欧美种族主义和欧洲中心论,尽管他宣称这是为了激励人们变法图强,是希望中华民族能成为世界最优等的种族,其主观意图虽然无可非议,但这种达尔文主义在客观上所起的消极作用是严重的。

梁启超的历史进化论就本质而言,是社会达尔文主义的庸俗进化论。它根本否认人类社会发展是生产力与生产关系的矛盾运动史,是生产方式的发展史。它只承认一点一滴的进化,主张量变,反对质变,当资产阶级民主革命兴起,坚持庸俗进化观,势必反对革命,阻碍革命形势的发展。

梁启超十分重视地理与历史的密切关系。他在《地理与文明之关系》、《亚洲地理大势》、《中国地理大势》等文中,阐述地理环境是决定历史发展的决定性因素,作为他的史学理论体系的一个重要组成部分。

他提出世界文明之原因,其所由来甚复杂,固非仅以一学科之理论而证明的。例如,"均是土地也,均是人类也,而文明程度之高下,发达之迟速,莫或相等何也?"他引用十七世纪英国哲学家洛克的话,解答这一问题,说:"地理与历史之关系,一如肉体之与精神。有健全之肉体,然后活泼之精神生焉;有适宜之地理,然后文明之历史出焉。"② 洛克的话,有一定的依据,因为社会发展的自然环境、自然条件,是社会物质生活和社会发展的经常起作用的必要条件之一。如地理位置、地形、气候、土壤、水文、矿产、动植物等。梁启超认为,地理环境不同,其

---

① 梁启超:《历史与人种关系》,《饮冰室合集·文集》第4册。
② 梁启超:《地理与文明之关系》,《饮冰室合集·文集》第4册。

所产生的历史文明也不同。他说："寒带热带之地,其人不能进化者何也? 人之脑力体力为天然力所束缚,而不能发达也。"这是因为"极寒极热之地,其人穷日之力,以应付天然界……故文明之历史,独起于温带北半球之大陆。""惟居温带者,有四时之变通,有寒暑之代谢,苟非努力,则不足以自给,苟能努力,亦必得其报酬。此文明之国民,所以起于北半球之大原也。"①在他看来,中国、印度、埃及、巴比伦皆数千年以前成为庞然大国,产生灿烂的文明,其原因即基于这些地区是"平原之地势"与气候的温和。亚洲、欧洲地区如此,北美之墨西哥,南美之秘鲁成为文明先进国之原因,也莫不如此。

关于生存竞争问题,梁启超也认为和地理环境有着密切的关系。例如,亚洲之所以弱于欧洲,即由于亚洲之地理条件虽和欧洲差不多,但它没有亚尔布士那样的大雪山,印度半岛虽然略似意大利,但是它的幅员太大,几为大陆而非半岛,其南虽有澳大利亚洲,但是不如欧洲与亚美利加的接近。至于印度洋和地中海相比较,更加相差悬殊,故亚洲东西南北各自成一小天地,故"文明之竞争不起"。更为严重的是,如中国与印度两个文明古国之间,隔以千八百丈以上高度的帕米尔高原,盛夏积雪,故舍海路以外,就无可以相通之交通道路。由于这些原因,以至于"亚细亚虽有创生文明之力,而无发扬文明之力","盖由各地孤立故生反对保守之恶风,抱惟我独尊之妄见。以地理不便故无交通,无交通,故无竞争,无竞争,故无进步,亚洲所以弱于欧洲,其大原在是"。② 局限于一定的角度,梁启超的话虽不无道理,但是,他是用静止的片面的观点观察问题,他根本不了解地理环境的范围、深度,对人类社会的影响,在社会发展的各个阶段是各不相同的,它是随着人类社会历史的发展而变化的,因为这不仅是自然界本身的发展,更重要的是取决于人类社会的物质生产水平和社会制度,以及由此而形成的人类改造、利用、控制地理环境的能力。所以,地理环境与历史的发展有密切

①②　梁启超:《地理与文明之关系》,《饮冰室合集·文集》第4册。

的关系,但并不是如梁启超所说的具有决定性的作用。例如,上文所提到的,在很长一段时间里,高山和海洋曾经妨碍了人们的交往,但当帆船、轮船和飞机相继出现以后,它们就成了人类最重要的交往途径之一。多少年来,外层空间与人类社会的生产和生活几乎毫不相关,今天由于火箭及人造卫星的发明,它已经深深进入人类社会生活与政治生活领域。无数的事实表明,地理环境作为生产的一个不可缺少的方面在生产过程中起有作用的。但是,必须看到,地理环境对社会的作用首先而且主要表现在人类一切活动中最基本的和最具决定性的方面是生产力,随着生产力的提高,地理环境对社会历史发展的影响将随之而改变。

梁启超又从地理的角度观察中国历史上的某些变化,认为是"最有兴味之事"。他说:"我中国之版图,包有温寒热三带","凡地理上之要件与特质,我中国无不有之"。他认为中国之所以"能占世界文明五祖之一,则以黄河、扬子江之二大川横于温带,灌于平原故也"。同样,由于中国之西北有阿尔泰山,西南有喜马拉雅山,隔断中国与外国的交通,因而中国文明"不能与小亚细亚之文明,印度之文明相合集而成一繁质之文明。"①这种情况的出现,当然和中国的地理环境分不开,但是,我们不能只从自然物质及其运动规律来看待地理环境,还应当从人与自然的交互作用来看待。因为地理环境不单是人类历史活动的沉默背景和消极的旁观者,它本身就是人类历史的创造活动的参与者,是这种活动的对象和材料。因此,地理环境不仅为社会的发展提供有利的或不利的条件,同时它自身也在与人类活动的交互作用中不断改变面貌。历史发展至今天,地理环境不仅和各个地区、各个国家的人类活动构成了一个复杂的大系统,而且整个人类社会和整个地球已经形成了一个十分复杂的更大系统。

梁启超还以地理环境决定论分析中国国内的重大历史问题,提出

---

① 梁启超:《中国史叙论》,《饮冰室合集·文集》第3册。

"中国之面积,十五倍于日本,合欧洲列国,如瑞典、挪威、丹麦、奥大利、匈加利、德意志、瑞士、伊大利、荷兰、比利时、法兰西、西班牙、葡萄牙……中国者名为一国,实一洲也。"何以历史上虽出现过"列国并立",与欧洲大陆相类似的现象,然而自宋以后,"卒归于一统之运,不如欧西之国国抗衡,多历年所者。"他简单地分析欧洲诸国并立的原因,是由于欧洲"山岭交错,纵横华离,于其间多开溪谷,为多数之小平原,其势自适于分立自治"。而中国的地理条件完全不同,它有黄河、长江、西江"三大河,万里磅礴,无边无涯,其形势适与之相反也"①。欧洲各国相互抗衡的原因,是个复杂问题,这里姑且不论,就我国自宋以后卒归于统一来说,虽与地理环境有关,但主要的原因是由于商品经济的发展,加强了全国各地区间的紧密联系,加上在政治制度方面加强中央集权,出现了君主专制中央集权,故中国自宋后未出现过分裂割据局面。梁启超又说,中国虽处于"一统之中",但是"间起冲突","于一统之中,而精神有不能悉一统者存"②,指出数千年来常有南北对立分峙的现象出现,则是由于"长江为之天堑,而黄河沿岸与扬子江沿岸之民族,各各发生也"③。问题远不是如此简单。中国历史上出现南北对峙主要是在魏晋南北朝时期,产生这一局势的原因很复杂,就南北的统治集团来说,他们的政治军事力量特别是经济力量,出现了短时间的均衡和对峙,谁也无法打败谁,但是条件一出现变化,主要是政治军事力量的变化,这种对峙局面很快就被打破了,如隋政权的成立随即统一了南北,可是地理环境在这一时期很少或者基本上没有变化。

地理环境对社会历史所起的作用和影响,在许多方面梁启超的理解都是主观片面的,并极力作了夸张宣扬,如说明代以前的封建统治集团,"何以起于北方者其势日伸,起于南方者其势常日蹙"? 在分析这

---

①　梁启超:《中国地理大势论》,《饮冰室合集·文集》第4册。
②　梁启超:《中国地理大势论》,《饮冰室合集·文集》第3册。
③　梁启超:《中国史叙论》,《饮冰室合集·文集》第4册。

一问题时,梁启超抛开南北的经济生产状况,抛开支持战争的人力、物力、资源,抛开斗争性质、力量对比以及政策措施等方面进行深入分析,而仅仅归结为所谓北方"寒带之人常悍烈",南方"温带之人常文弱"所导致也,这一论断与史实根本不相符合。事实表明,无论是"擅长战争"或是"悍烈"或是"文弱"等所谓特性,不但在我国南北各地,就是世界各国也普遍存在,它与地理环境特别是与气候无关。他所提出的"寒带之民擅长战争,温带之民能生文明,凡此皆地理历史之公例"①的说法,显然是错误的。

中国封建社会君主专制曾延续很长时间,不能实行民主政治的原因,梁启超也归之为中国"地太大,团体太散,交通不便,联结甚难,故一二枭雄之民贼,常得而操纵之也"②。中国封建主义的君主专制制度延续的时间较长和中国封建社会延续的时间较长是一致的。其所以如此,当然和地理环境有相当的关系,因为中国大部分土地适宜于深耕细作,技术要求高,土地又分割为小块,因而封建生产的个体的、细小的、分散的特色十分突出,使以实物地租为主的租佃制的地主经济得以长期存在,建于这一经济基础之上的政权机构,就是以皇权和官僚制度为特征的专制主义中央集权制度,前者不破坏,后者便得以延续下去。但这只是问题的一个方面,一个层次,地理环境只是一个外部条件,研究社会历史的发展,其主要原因,还必须从社会内部的因素去探求。只有从中国社会本身的生产力与生产关系的矛盾的总和去探求,才能找出中国封建的君主专制政治制度的根本原因。

总之,梁启超在探讨社会发展的原因时,把注意力集中到地理环境上,其论述虽有可取之处,但从根本上来说是错误的。因为地理环境虽然是社会物质生活和社会发展的经常的必要的条件之一,但它不是起决定作用的条件。起决定作用的是生产方式。

梁启超在强调地理环境决定论的同时,又非常强调"智力"对于社

---

①②　梁启超:《中国史叙论》,《饮冰室合集·文集》第3册。

会历史发展的决定作用。他说:"智愚之分,强弱之原也。"其理由是:
"大凡含生之伦,愈愚犷者,其脑气筋愈粗,其所知之事愈简;愈文明
者,其脑气筋愈细,其所知之事愈繁。禽兽所知最简,故虎豹虽猛,人能
槛之。野人所知亦简,故苗黎番回虽悍,人能制之。"①然而智力的作用
在历史进化的各个阶段是不相同的,按照康有为公羊三世说的分法,
"据乱世以力胜,升平世智力互相胜,太平世以智胜"。他认为中国"数
千年来,蒙古之种,回回之裔,以虏掠为功","力之强也"。但是到了近
代社会就不同,"欧罗巴之众,高加索之族,借制器以灭国,借通商以辟
地,于是全球十九,归其统辖,智之强也。世界之运,由乱而进于平,胜
败之原,由力而趋于智。故言自强于今日,以开民智为第一义"。② 认
定近代社会要"自强",必须"伸民权",而"权生于智",因此,"欲伸民
权,必以广民智为第一义"。并将智力的作用提到了头等重要的地位。
他说:

> 今之策中国者,必曰兴民权。兴民权斯固然矣,然民权非可以
> 旦夕而成也,权者生于智者也。③

在梁启超看来,有一分之智,即有一分之权,有六七分之智,即有六
七分之权,有十分之智,即有十分之权。设若敌我两国人们的智力相
等,我虽被敌灭亡,而吾权敌却不能灭。基于此,他强调"权之与智相
倚者也。昔之欲抑民权,必以塞民智为第一义,今日欲伸民权,必以广
民智为第一义"。正由于他十分重视智力的作用,所以在戊戌变法时
期便以破闭塞,开民智为己任,主张废除科举制度,积极兴办各种学校,
组织各种学会,创办报刊等,以普及文化知识,为变法维新制造舆论留
下了深刻的影响。但也由于他过分强调"民智",反映在政治主张上,
提出"伸民权"的同时,就以"风气未开","文学未成","民智未成"等

---

① 梁启超:《西学书目表序列》,《饮冰室合集·文集》第1册。
② 梁启超:《变法通议》,《饮冰室合集·文集》第1册。
③ 梁启超:《论湖南应办之事》,《饮冰室合集·文集》第2册。

理由,反对革命。他说:

> 今我国民智未开,明自由之真理者甚少,若提倡革命,则必不能如美国之成就,而其糜烂就有甚于法兰西、西班牙者,且二十行省之大,四百余州之多,四百兆民之众,家揭竿而户盗号,互攻互争互杀,将为百十国而未定也。①

梁启超对史学任务的认识和历史发展规律的看法,也是其资产阶级新史学理论的一个重要组成部分。他在《中国史叙论》和《新史学》中为历史提出过界说,下过定义,力图探求社会历史中的本质现象,并进而说明历史学的任务。如在《中国史叙论》中为历史立界说时,明确区别近代资产阶级史家和古代地主阶级史家对史学任务的不同观点。他说:

> 史也者,记述人间过去之事实者也。虽然自世界学术日进,故近世史家之本分,与前者史家有异。前者史家不过记载事实,近世史家必说明其事实之关系,与其原因结果。前者史家不过记述人间一二有权力者兴亡隆替之事,虽名为史,实不过一人一家之谱牒,近世史家必探索人间全体之运动进步,即国民全部之经历,及其相互之关系,以此论之,虽谓中国前者未尝有史,殆非为过。

他指责封建史家的著作不能称之为史,并不是真无历史,而是因为这些史著"非国民自作之历史,乃受之自他者也",认为"其主动力所发或自外、或自上、或自异国、或自本国",总之,都是"由外部之支配,而非由内部之涨生",其情况"宛如镜光云影,空过于人民之头上",因此,这些史著只可称为王公年代记,而不是国民发达史。他认为历史著作应包括智力、产业、美术、宗教、政治五个方面。提出"凡作史读史者,于此五端忽一不可焉"。而中国过去之史书虽陈陈相因,数量庞大,其内容只有政治一项而已。而且就所记政治内容来说,也只是"纪一姓之势力图,不足以为政治之真相"。对封建史家的史书作了全盘否定。

---

① 梁启超:《变法通议》,《饮冰室合集·文集》第1册。

其后,他在《新史学》中,又给历史下了一个界说,认为:"历史者叙述人群进化之现象,而求得其公理公例者也。"这里,梁启超首先肯定历史是进化的,而且所研究和叙述的对象是人群,明确提出:"历史所当注意者,惟人群之事,苟其事不关系人群者,虽奇言异行,而必不足以入历史之范围也。"他强调史学的任务不仅是"叙述人群进化之现象",更为重要的是要"求得其公理公例"。他认为:"善为史者,必研究人群进化之现象,而求得公理公例之所在。""于是有所谓历史哲学者出焉,历史与历史哲学虽殊科,要之苟无哲学之理想者,必不能为良史,有断然也!"他指责几千年来的中国旧史学,一是没有写出历史进化的现象,特别是人群进化之现象。二是没有寻求历史演变发展的公理公例,也就是社会历史发展的规律。① 要求运用因果关系以增进人群之幸福,使史学为现实服务。这是继龚自珍、魏源以来"经世致用"思想的继承和发展,也是对当时一些人崇尚训诂词章之学,脱离现实,为学问而学问的陈旧学风的有力批判。

梁启超前期的史学思想,不仅有对中国封建旧史学的批判、清算,而且初步建立了中国资产阶级史学理论体系,特别在戊戌变法时期,积极宣传历史进化观点,主张社会历史发展有其"公理公例"可循,并竭力去探索这种"公理公例",为中国近代"新史学"写下了新的篇章。

---

① 梁启超:《新史学》,《饮冰室合集·文集》第4册。

第 二 章

封建正统史学

　　封建正统史学根深蒂固,往往在社会大变革中,封建正统史学成为宣传封建专制君主统治,反对社会改革的历史依据。当资产阶级维新变法运动兴起时,王先谦、叶德辉、缪荃孙等人,坚持封建正统史观,著书说教,维护封建君主专制统治,反对维新变法。王先谦著《日本源流考》,以"世王"为主线,记叙日本建国至明治二十六年(1893)的历史。并热情颂扬日本保持帝位一脉相承的"世王"制度和相传君主血统,为巩固清廷封建君主专制统治提供历史依据。叶德辉更顽固地站在封建专制统治的政治立场上,针对康有为《长兴学记》、梁启超《读西学书法》、《春秋界说》等论著,撰写了《长兴学记驳议》、《读西学书法后》等文,集中攻击改良派提倡的新学和变法思想。缪荃孙虽在政治立场上和王先谦、叶德辉有所区别,但他坚持封建正统史观表现尤为突出。他用很大精力搜集清代碑传,编撰《续碑传集》,正是在所谓"同治中兴"之后,颂扬道、咸、同、光四朝九十年间"中兴伟绩",其用意是为腐朽的清朝封建统治者注射一针强心剂。

　　以上史实说明,维新变法前史学领域封建正统史学的余绪顽强地表现出来,这就告诉人们封建旧史学与康梁所倡导的新史学斗争是非常激烈的。

第一节　王先谦史学

一、王先谦和《日本源流考》

王先谦(1842—1917),字益吾,号葵园,湖南长沙人。同治进士。任翰林院编修、国子监祭酒、江苏学政、湖南学政、湖南岳麓书院、长沙城南书院院长。光绪六年(1880)参劾招商局唐廷枢、盛宣怀贪污舞弊,与湘系官僚关系密切。中日甲午战争后,主张振兴工艺,在刘坤一等人支持下经营官商合办的宝善成公司、湖南炼矿公司。光绪二十三年(1897)湖南巡抚陈宝箴请梁启超主讲时务学堂,宣传变法维新,遭到他的反对,诬蔑时务学堂"伤风败俗",攻击梁启超"专以无父无君之邪说教人",使学生"不复知忠孝节义为何事",指责民权学说"背叛圣教,败灭伦常"。他要求陈宝箴将梁启超驱出湖南,并上书陈宝箴,说康有为"心迹悖乱",要求清廷立即诛杀。光绪二十六年(1900)八月,自立军起事失败后,他和叶德辉向湖南巡抚俞廉三告密,杀害湖南维新人士百余人。光绪三十三年(1907)受清廷嘉奖,赏内阁学士衔。此后,竭力反对资产阶级革命运动。武昌起义后,王先谦改名避居乡间,闭门著书,从事古籍编校刊工作。他治学,承继乾嘉考据学,重考证,而疏小学。撰有《日本源流考》、《汉书补注》、《水经注合笺》。编有《十朝东华录》、《后汉书集解》、《荀子集解》、《庄子集解》、《诗三家义集疏》、《续古文辞类纂》,校刻有《皇清经解续编》等。

《日本源流考》是王先谦在戊戌维新变法前后代表作。该书成书于光绪二十七年(1901),二十二卷。依据历代史籍所载有关日本的资料,参考日本史籍记载,以编年体记叙日本开国至明治二十六年(1893)的历史,略古详今。

《日本源流考》在叙述日本朝政演变历史时,以"世王"制度为主线,认为日本政治沿革虽然复杂,但从开国至今始终保持了帝位的一脉相承和姓氏相传的君主血统。对此,王先谦无限的仰慕,热情的赞颂,认为这种"世王"制度不仅对日本臣民有所借鉴取舍,而且对世界其他国家亦可借鉴。显然,他企图通过宣扬日本君主世代相传的历史,作为巩固清廷封建君主专制政体统治的历史依据。

在王先谦看来,日本之所以能够长期维持"世王"制度,主要是由于它"取则李唐"(即仿效中国唐朝封建统治制度),再加上后来德川幕府时代,"偃武三百年,人士涵濡宋学,晓然于尊王之义"①。所以,日本得以"世王"绵延不断。认为日本正是因为有"世王"制度和臣民的"尊王"思想,故当遭受外来侵略,"重关洞开,情势岌岌"时,国内臣民们能"借口攘斥西人,责(德川幕府)以归政,鼓动群荡,纳上户土,亿兆一心,拱戴王室。"因此,"谋议翕合,上下之情通,从违之机决。"收到"曾不数年,屹然为东方强国"②的巨大效果。

王先谦又认为,日本在明治时期,如果不是"尊王",而是"异议纷起,或复旧制,或倡民权",官吏与官吏之间,矛盾重重,纷争不一,必然"退归而谋乱";被统治的人民不满于统治者,将愤而烧官府,杀官吏,掀起反抗斗争。这样,势必导致所谓"国是丛脞",使国家陷于危亡境地。他以此为理由,反对当时的康、梁维新变法和孙中山领导的资产阶级民主革命。他一方面向往日本在明治维新以后君主政体的日趋稳定,国势也日臻强盛;另一方面,歪曲日本明治维新的历史,企图否定日本兴起是由于明治维新变法的结果。他认为:日本之所以能够强盛,是由于所谓"英杰在位,审时制宜,朝廷规模,悉由创立,倾一国人,乘方新之气,日皇皇焉,惟国制之图。其前无所因,故后并不得谓之变。"③这里,他根本否定日本明治维新是变法。他又对日本刊行的许多维新史之类的历史书,说是"扬诩过情,观之徒乱人意,不可概执为兴邦之

---

①②③ 王先谦:《日本源流考·序》。

要道也"①。显然,这是针对康有为、梁启超为代表的资产阶级改良派宣传以"效法日本明治维新"而言的。

关于日本明治维新的性质问题,他认为:"考其内政,所施惟力课农桑,广兴工艺,为得利之实,而以官金资助商会,知保商即以裕国,从而维持附益之,斯得西法之精者也。"这完全不顾历史事实,蓄意抹杀和歪曲日本明治维新在政治、经济制度上的某些适应资产阶级要求的改革,而将改革的范围、性质局限于封建地主阶级的"力课农桑,广兴工艺"的框框内。并认为日本在改君主专制为君主立宪政体之后,国势虽日益强盛起来,但国内外还存在着不少问题。他说:"日本以专制之国,改为立宪,己未和俄之事交关于中衢,丙午铁路之议忿争于广座,此外风潮,靡岁蔑有。"接着又说:"日本国势隆盛,尚犹如此,若制度流阔,奸宄潜滋,起而与官府相持,殆有不可问者。"②意思就是说,日本那样的国家由君主专制改行君主立宪,尚且如此,况且中国较日本弱,更不能效法日本改行君主政体。故他还警告当时的中国的资产阶级改良派说,如果遽行君主立宪,势必导致"奸宄潜滋,起而与官府相持"之局。王先谦不仅害怕康、梁所倡导资产阶级的维新变法,更害怕资产阶级民主革命,反对实行君主立宪,坚决拥护清廷封建专制统治。

为了维护封建专制君主制度,他百般美化中国封建专制君主制度。说人民视封建君主若"天神","乐其宽然有余",到处能听到"击壤之歌",认为在中国倡导地方自治和实行君主立宪,是与中国的"国情"不符合的。他说:"夫所谓自治云者,从前西国无政教,百姓困苦,不能相忍,自上劙下,以成此局。中国数千年圣帝明王殚其作君作师之力,积累经营,筹宪既用,防检尤密,其立国之事,不侔矣。"③还说,西方资本主义国家"自治之权"是由于"鸠合大朋",互相抑制,不得不如此,而中国"自黄帝、尧、舜以来,戴君如天,望君为神,又乐而宽然有余也,而欣欣焉以

----

① ② ③　王先谦:《日本源流考·序》。

自私,击壤之歌也。"结论是:"引西人自治之政,其不能相合决矣。"①他强调中国的特殊,不能也不需要进行任何地方自治和实行君主立宪。

王先谦又认为,中国即使要变法图强,也不应效法日本维新的做法,搞什么君主立宪,而应当适应中国的国情,只要在地利农桑和工商业方面下些工夫就好了。他说:"开广地利,毋俾他人;我先谦审外商所以欲动吾民,而攫取财。""行是二者,必以放勋之劳来辅翼为心。"又说:"鼓天下之民力以求保我君民共有之元气,国家灵长之祚或在兹乎。"②显然,他是力图用封建统治者所能实行的一些改革措施,来抵制资产阶级维新变法和资产阶级民主革命。

王先谦还强调图强之计在于工艺制造,不在于改变制度,而在于人不在于"空论"。他说:

> 中国学人,大病在一空字……新学兴,又斥西而守中,以西学尤繁重也。至如究心新学者,能人所难,宜无病矣。然日本维新从制造入,中国求新从讲求入,所务者名,所图者私,言满天下,而无以实继之,则仍然一空,终古罔济而已。③

王先谦是地主阶级顽固派封建正统主义者,他的《日本源流考》一书,完全是为了反对康有为、梁启超等资产阶级改良变法而写的。为达到反对维新变法的目的,他不惜歪曲历史事实,否认日本明治维新的资产阶级变法的性质。为了反对地方自治、君主立宪,无耻地为清廷封建专制统治唱赞歌,宣扬"君臣大义,上下名分"等封建纲常思想,并力图用儒学的正统思想来维护封建帝王"万世一统"的封建专制统治。《日本源流考》不仅贯穿着封建地主阶级顽固派的封建正统主义政治观点和历史观点,而且在史料上亦是东拼西凑而成,无多大参考价值。

二、编撰《汉书补注》

《汉书》是中国史学上第一部纪传体断代史著。由于《汉书》中具

---

① ② ③ 王先谦:《日本源流考·序》。

有强烈的封建儒学正统思想,最有利于维护封建统治,因此,历代封建统治者都竭力推崇这部史书,为巩固其封建统治说教。但《汉书》多古字古训,一般读者不易看懂,汉末,应劭等为之注解。到唐代,颜师古撰《汉书注》,集隋以前二十三家的注释,汇为集注,是集大成之作。"然未发明者固多,而句读讹误,解释舛驳之处,亦迭见焉。良由是书义蕴宏深,通贯匪易"。① 宋明以下继有注释刊误之作,清代考据学盛行,"研究班义,考正注文,著述实富,广隆往代。"②为《汉书》作注释或考辨的颇多,其中以钱大昕《汉书考异》、钱大昭《汉书辨疑》、沈钦韩《汉书疏证》,以及后来周寿昌《汉书注校补》等,最为著名。至于清人笔记和集文《汉书》所析疑析难的文字就更多了。

王先谦是封建正统史学家。他一生用力最大的是《汉书》研究,经三十余年的研究,完成《汉书补注》的编撰。全书一百二十卷(一作一百卷)。他认为颜师古《汉书注》虽集二十三家注释之精华,但有讹误,故采用宋、明以来尤其是清人注释和考辨成果,进行补注。其中包括版本上讹脱错乱的校正,史事方面的诠释疏理,政治制度特别是礼书的考订,而对历史地理的考订尤为详审。从学术角度看,《汉书补注》是清代补注《汉书》的重要著作。

王先谦注《汉书》,首先注重史实的诠释、疏理与贯通,使难于理解者通顺可读。如"律天文颜监无注,国朝钱李诸儒洞贯刘术,更推衍三统以明天文,图籍纷陈,管窥积岁,补苴罅漏,藉竟全功。"③难以理解的《律历志》经他补注注释之后,一般可以读懂了。

王先谦对政治制度进行了考证。如大搜客制度的源起,王先谦在《汉书补注》中认为,周寿昌引《淮南子·天文高注》二冬时大搜客。"大搜盖起于战国,至秦益甚。观李斯、商鞅诸传及淮南子可证。汉高混一,法稍弛矣。孝文帝除关无用传,则不独宽于京师。武帝复用此

---

① ②　王先谦:《汉书补注·序例》,商务印书馆1959年版。

③　王先谦:《汉书补注·律历志》。

法,追巫蛊史,盖其禁悉已除矣"①。按孝文帝十二年二月除关无用传,沈钦韩云:"终军传谓之繻,今谓之路引。"终军传言:"军从济南当诣博士,步入关,关吏予军繻。军问以此何为?吏曰:为复传,还当合符。军曰:大丈夫西游,终不复返,弃繻而去。"可见西汉初年战国时期列国分立的制度仍存,各国人民出入关要用传,居住他国称客,还要大搜逐客。消除这种现象,实现统一,是长期历史发展中完成的。

王先谦对礼制的补注特别重视。如吴仁杰对明堂的考证,是下了一番工夫的。王先谦补注吴仁杰考证所提出的:"礼仪觐礼诸侯觐于天子,为官方三百步,四门,坛十有二弄,深四尺,加方明其上。方明者木也,设六色,东方青,南方赤,西方白,北方黑,上玄,下黄,此盖明堂之制也。郑康成但以为会盟之仪。夫明堂所以祀上帝及五帝,而因以觐诸侯者也。明堂者以其加方明于其上,坛也,谓巡狩至方狱之下,会诸侯为坛,加方明于其上"。②吴仁杰此考甚精,解决了汉儒所没有解决的问题。杨琼虽知明堂是坛,但不知引证觐礼,没有说服力,只有吴仁杰提出了有力的依据。

《汉书》流传既久,讹脱错乱在所难免。王先谦在《汉书补注》中进行了校证与纠谬。如《汉书·律历志》三统历冬至日躔在牵牛初,由此二十四节气星宿度都错了。三统历又把二十四气分配在十二次,如星纪则大雪、冬至二气,玄枵小寒、大寒二气。对此,钱大昕提出批评说:"东汉蔡邕,所分宿度较之三统率先六度,所以然者,古人未明岁差之说。三统据周末冬至日在牵牛,定斗十二度为星纪之初。东汉测冬至日躔计二十一度,遂改斗六为星纪之初。盖既以节系于十二次,节气既差而西,不得不减宿度之就矣。其实十二次者,恒星天之一周,二十四气者,黄道之一周,当而分为二,不当而为混一……至十二次之名,多从星象取义,西陆北陆在天自有定位,而冬至日躔,岁岁不同,由于恒星天

①② 王先谦:《汉书补注·礼志》。

亦随黄道东移，汉人未识其故，增减宿度，以就节气，误矣。"①黄道是太阳的视运动，在地球上看来，太阳一年运行，即从冬至绕天不足一周，冬至点七十年余要后退一度。日在牵牛初是战国冬至日躔，至太初年间应在建星，三统历所刊是错误的，十二次应该固定和二十八宿结合，不应该随节气而西移。

《汉书》是在天人相应、阴阳五行学说盛行的时代条件下撰写的。班固是天人相应学说的信奉者。他依据刘向的《洪范·五行传》撰《五行志》，据刘歆的三统历撰《律历志》，天人相应、阴阳五行说渗透在整个《汉书》中。如班固说三统历推法密要，沈钦韩引历代历法专家批评的话说："晋志：刘歆造三统以说左传，辨而非实，班固惑之，采以为志。杜预长历说：刘子骏造三正历以修春秋，日蚀有甲乙者三年十四，而三正惟得一蚀，比诸家既最疏。又六千余岁辄益一日，凡岁当累日，为次，而益故之，此不可行之甚者。案此非也，杨忠辅统天，郭守敬授时并有岁实消长之法。上考往古，则岁实百年长一，周天百年消一。下验将来，则岁实百年消一，周天百年长一。姜岌云：歆历于春秋日蚀一朔，其余多在二日，因附五行传朓与侧匿之说，著春秋诸侯多失其政，故月行恒迟。歆不以己历失天，反以己历害天。宋志：三统历以说春秋，属辞比事虽甚精巧，非其实也。唐志：刘歆以春秋易象推合其数，盖傅会之说。宋明天历议：刘歆三统历复强于古（谓日法），故先儒谓之最疏。明志郑世子历议：春秋前后千载之间气朔交食，长历大衍所推近是，刘歆、班固所说非也。案班氏不知历，故以为密，亦由当时无李淳风、刘义叟者相与切究耳。"②

上述引文中的案语是王先谦写的。他以为班固所以对三统历评价错误，是因为当时无知历者相与切究，但自太初改历起汉代历法专家间论争了一百多年，班固是知道和了解论争双方的观点的，而且刘歆本人

---

① 王先谦：《汉书补注·律历志》。
② 王先谦：《汉书补注·律历志》。

对历法是有研究的,三统历也确实保存了汉代历法的重大成就。太初历和他的理论化的重订本三统历所以"疏",是因为它是用来宣传阴阳五行的学说的,是不惜牺牲数字的精确性来迁就它的学说。

三统历即使在当时是代表了历法学科的水平,但经过三千年来的历法学科的发展,以及历代历法家的批评,是早已进入了历史博物馆的东西了。为什么王先谦要抱住它不放呢?这是因为刘歆的阴阳五行学说和复古怀旧思想,完全符合他的顽固守旧的政治需要。

王先谦的《汉书补注》在资料方面虽然比较丰富,但在注释和考证方面存在着不少缺点和错误。如《天文志》营室东壁并州下,在王先谦列举安定、天水、陇西、酒泉、张掖、武都、金城、武威、敦煌,这些历代都是属于凉州地域。东并舆志雍正下,列举云中、定襄、雁门、代郡、太原、上党,这些属于并州地域。上述错误是《晋书·天文志》的错误,王先谦引证时照抄了。可见,这些极明显的错误他也没有发现。另一方面,他所考证的一些东西也有可疑的地方,如益州郡贲古县,说在今师宗之北,罗平州东,及贵州兴义府,牂柯郡同并县,说在滇池东境,或在今澂江府河阳县地,则同并在益州郡腹地,贲古县反在其东。又且兰县几乎囊括贵州省大部分地区,汉县虽大,恐不能如此宽广。同时本书中错字也不少,如《律历志》引大衍日度议:"上元甲寅岁","寅"误为"历","距义和千祀,昏明中星率差半次","千祀"误作"干祀"等。

《汉书补注》前后互相矛盾。如秦三十六郡,引全祖望说:"秦初并天下,分为三十六郡,后取扬越地,置桂林、南海、象群、辟河南地置九原郡,则此四郡不在初并天下所设三十六郡内。"①认为应有楚郡、广阳、东海、黔中。《高祖纪》补注引全祖望的话说:"项羽所王梁楚九郡是:东海、泗水、会稽、南阳、黔中、东郡、砀郡、楚郡、薛郡。"②而钱大昕、刘文淇、姚鼐所说九郡内有东阳、鄣郡、吴郡、颍川、郯郡、陈郡为非。王先

<hr/>

① 王先谦:《汉书补注·秦本纪》。
② 王先谦:《汉书补注·高祖纪》。

谦又提出:"楚郡地广远,后又分为九江、长沙、东海、泗水、薛五郡。"项羽都彭城,是泗水郡也,楚亡时都寿春,如秦灭楚时置楚郡,郡治亦当在寿春,《地理志》以寿春是九江郡治,楚郡分后,已不存在。《陈涉传》王先谦案:"陈是楚郡治"。而高帝时楚国在彭城,而先谦云楚国秦楚郡改,则何以不在陈。又王先谦在高帝置郡内,涿郡下注渔阳分,如广阳为三十六秦郡之一,则涿郡当分自广阳,不当分为渔阳。《吴王濞传》王先谦案:"高帝文帝时有吴郡,景帝后合并之"。而王先谦于秦郡、高帝所置郡中也没有提到吴郡。诸如此类的问题很多。

王先谦对有些研究或注释《汉书》的重要书籍,也没有收入。如杭世骏《汉书疏证》是《汉书》注疏中的重要著作,未收入。杨树达《汉书窥管》引王荣商、姚振宗、钱泰吉等说,这些人与王先谦同时代或稍前时代人,他们的看法也未能收入。《汉书窥管》还征引李慈铭、周寿昌等人说,他们都是王先谦的师友辈,且参与《汉书补注》的校订工作,这些人的意见也未能收入。其遗落之多,可想而见。《汉书补注》引文也往往有误,如《郊祀志》:"周公加牺告徒新邑",是志本文,王先谦误为沈钦韩语。又如陈景云以王子侯表:湖乡、伊乡两侯同名开,全乡就乡两侯同名不害,还有一误。而《汉书补注》以二注均入湖乡侯下,将四侯混合为一,同名两起事实抹杀无余。

周正权认为:"葵园《汉书补注》风行薄海,考史者均推为第一善本,良非偶然。顾其间撮拾甚详,而不免疵类,征引既博而微欠折衷。"陈直先生也指出:"王先谦之优点,自己创见并不多,排比校雠之役,且多假手他人。但以本书引证本书,予初学以极大便利。王先谦之缺点是名家之精华,如钱大昕、周寿昌诸人,采撷均有未备。且剪裁截合,往往与作者本义相违背。"事实确实如此,如杨树达《汉书窥管》曾说:"景帝三年七国反时,(张)释之正为淮南相,释之将淮南兵,不令王以友,事后卒不录见。《淮南传》不载姓名,本传亦绝不叙入。"这是因为景帝为太子时坐车不下司马门,为张释之所劾,所以有关张释之的功绩不叙。这件事是颇为重要的注疏,周寿昌提出过,而没有为《汉书补注》

所收录。又吴仁杰《两汉刊误补遗》一书中的内容,虽然十之六七已刊入《汉书补注》中,但仍有十分精当的内容被遗落了,如考斟寻、斟灌云:"汲冢书有之,太康居斟寻,相奔斟寻。初斟寻故国在河南,羿遣嗣侯伐之,乃弃国而保平寿,此所以斟寻有二城与……或谓汲冢书恐未足据,是不然,其书言桀亦居斟寻。按《天问》:汤谋易旅,何以厚之?覆舟斟寻,何道取之?则桀亦居斟寻而为商人所取。其言与汲冢书若符契。"《天问》:帝降夷羿,革孽夏民。又云:冯珧利决,后夔取之,而少康伯封同出也。伯封之亡……后羿所为天之者,亦以其党于帝相而不附己邪。羿既获伯封而用之以祭,故天问继之云:"何献蒸肉之膏而后帝不若"。王先谦杂引诸家之说,对有夏之居斟纷争不休,无法得到结论,而吴仁杰一言决之,为现在我们研究夏史者提供了重要的史料。

王先谦对许多专门知识缺乏研究,在注释《汉书》时,自然难免不少错误。如汉光禄大夫本无印绶,可是也误引《通志》资料,说是印,反疑《汉书·百官表》中所载资料不正确,《汉书·南粤传》中的博阳侯陈濞,《汉书·高后文功臣表》有"博阳节侯周聚"语,"博阳"系"傅阳"之误。王先谦承袭了这一错误把周聚说成博阳侯。王先谦不仅在注释典章制度和历史事实方面有错误,就是在注释一般句读时也同样有一些失误。

但是,我们不能因《汉书补注》在注释和考证上存在着缺点和错误,就否定这部书的学术价值。由于它所搜集的资料比较丰富,对史学研究提供了极大的方便。自《汉书补注》出版后,治《汉书》的人,差不多人手一编,在当时的情况下,使《汉书》中封建儒学正宗思想和封建正统主义政治观点和历史观点,得以更广泛地流传,这在当时资产阶级维新变法运动中起了消极作用。

三、《后汉书集解》的编撰

《后汉书》,刘宋时期范晔著。范氏作史,最注重文辞,对历史真实就难免有所亏损。正如清代学者顾栋高所说:范书"比谢承书《东观记》所载人物,去十之四五……是使可传者,不复显于后世矣!"据隋志著录范晔《后汉书》一百二十五卷,梁剡令刘昭注(《梁书》本传作集注),而昭已取全书注之矣。《后汉书》的注疏不同于《汉书》,而类似裴松之注《三国志》,唐章怀太子李贤为《后汉书》作注时就十分着重于补史,但所补仍然缺略很多。清初惠栋为《后汉书》注疏时,如顾栋高所说:"先生仿裴松之注三国之例,以范史为主,悉本《东观记》及皇甫谧《帝王世纪》,谢承、谢沈、袁山松所撰《后汉书》及司马彪《续汉书》,袁宏、薛莹《后汉纪传》为之附,俾事粲然可观,约而不漏,详而不繁。"[1]清代钱大昕著《后汉书辨疑》十一卷、沈钦韩《后汉书疏证》二十卷,周寿昌《后汉书补正》八卷、惠栋《后汉书补注》二十四卷,其分释一篇或数篇等,为数更多,如汪迈孙、全祖望、钱坫、吴卓信、陈澧之于地理,钱大昕、李锐之于律历,徐松之于西域传等。

王先谦在历代注释尤其是清代注释《后汉书》的基础上,编撰成《后汉书集解》(以下简称《集解》)。他在叙述编撰《集解》的目的时说:"唐章怀注成于众手,皆以为美犹有憾,国朝惠栋全书补注,刊见粤海堂丛书中,无人为之合并,余服膺此书有年,于遗文奥义,复加推阐,惠氏外广征古说,请益同人,所得倍夥,爰取而刊行之。"[2]说明此书是合并章怀注与惠栋补注,而以惠注为主。

《集解》一百二十卷,对范晔所著《后汉书》不仅详细校对版本,而且勘合记传异同,纠正记载中之讹误,对名物典章制度也作了较详细的诠释。王先谦于病逝前,该书尚未完稿,其门生黄山完成三十卷后,又得柳从辰等人协助成书。[3]

《集解》用力最多的是对《后汉书》中有关名物典章的舛误作了订正。有关名物典章制度,《集解》中搜集了很多。如:《仲长统传》:法诚篇曰:"事归台阁,三公备员。"章怀注:"台阁谓尚书也。"惠栋曰:"《唐

①②　王先谦:《后汉书集解·序》。
③　黄山:《后汉书集解·补跋》。

六典》云：秦置尚书，禁中有令丞常通章奏而已，事皆决于丞相府，汉武宣后稍委任，光武亲总吏职，天下事皆上尚书，与人主参决。"王鸣盛云："蔡邕传邕上封事，以公府与台阁并称，黄琼、黄香传皆为尚书为台阁。三国魏志王肃传上疏曰：之汉乃初依拟前代，公卿皆亲以事升朝，宣帝使公卿五日一朝，成帝始置尚书五人。盖尚书之官，反以宦者士人迭为之，公卿之权，分于近幸，而君臣不相接见，上下否隔，祸有不可胜言者。尚书因为权要，而汉又别有中书，为尚书者士人多，宦者少，中书则皆宦者也。前汉萧望之以前将军领尚书事，而宏恭、石显则中书令仆射也。望之官之尊在前将军，而其要在尚书，故慕、显使郑朋告其罪，必候其假归洗沐方上之。其后魏文帝黄初中改秘书为中书，以刘放为监，孙资为令，各加给事中，遂掌机密……中书令之为宰相，始于此矣。王肃传注，兰台为外台，秘书为内阁，然则阁台之名本在尚书也，而又属之中书矣。"①上面所引王鸣盛之考据，已经不限于台阁名词，而对中枢权力之转移作了系统研究。

对某些制度创始或终结的注释，也便于认识历史演变。如《章帝纪》："永平十八年十月，其以熹为太傅，融为太尉，并录尚书事。"章怀注："录尚书事由此始。""因是以来每帝即位，辄置太傅录尚书事。"②

《戴封传》：遭伯父丧去官。沈钦韩详考东汉人期功之丧弃官持服风气，而引《通典》说："安帝初长吏多避事去官，乃令自非父母丧不得去职，由是期功之丧无有解官者矣"。③

《范冉传》惠栋曰："汉有谒者景君墓表，在安帝时，此墓表之始。"《郭泰传·注》栋曰："李吉甫曰周武帝除天下碑，惟林宗碑独留。"这些对风行一时事物始末的叙述，对了解一个时代特有的风俗很有作用。

古人撰史重文以载道，通过历史事件和人物的论述来表达自己的

---

① 王先谦：《后汉书集解·仲长统传》。
② 王先谦：《后汉书集解·章帝纪》。
③ 王先谦：《后汉书集解·戴封传》。

社会政治思想。王鸣盛论《后汉书》："贵德义,抑势利,进处士,黜奸雄,论儒学则深美康成,褒党锢则推崇李杜,宰相无多论述,而牧表逸民,公卿不见采,而特尊独行。"①对历史人物的褒贬,不仅见于论赞之中,也体现于编纂方法,史材取舍,文辞抑扬之中。有关史例、史法、史意,《集解》对此颇多阐发和论辩。

新市平林起义胜利后曾推举刘玄做皇帝,并且用更始年号,光武帝纪在光武即位之前也用更始纪元,又另为刘玄立传。《史记》有《项羽本纪》,而《汉书》不为项羽立纪。更始是否应立纪的问题,从东汉中叶张衡起,至《集解》作者王先谦、黄山止,展开了激烈的争论。张衡、袁宏、刘知几、王先谦都主张应为更始立纪。如袁宏说,更始"号令尊乎一人,爵命班乎天下,反定咸阳而临四海,清旧宫而飨宗庙,成为君矣。世祖经略,受节而出,奉辞征伐,臣道定矣"。钱大昕、王鸣盛以及黄山等则认为《后汉书》处理是得当的。钱大昕说:"南阳宗室同时举义,非有素定之分,伯升见戮,光武势不能安,虽受更始官爵,亦由汉高之于义帝耳。更始前无所承,后无所授,始则因人以成事,继遂失道而败亡。史学恶王莽之篡,黜地皇而纪更始之年,因为得之。若欲列之本纪,则失地之居春秋所贬,宣宜跻于中兴令主之上哉。范氏登之传首,篇中称字不名,准以史法,最为得中"。两种见解都是从封建专制主义的伦理观点出发,各有所偏。

立传也有其褒贬意义,如郑玄不入儒林而与张纯、曹褒合传,王鸣盛说:"传次张纯、曹褒之后,此有深意,正是极尽尊崇。盖纯、褒皆汉名臣,手定典礼。康成终身处士未尝一日登朝,乃跻之使与并列。此与司马子长进孔子世家义同。"②

王先谦补论刘表与袁绍合传云:"盖以维雄幽冀,表据荆湘,谓可觭龁曹瞒,摧其逆谋也。与此嵩隽合传,同为史法所在。而皆以偏爱丧

①② 王鸣盛:《十七史商榷》。

业,覆辙相循。"①

褒贬也有寓于笔法之中,如胡广传王鸣盛论曰:"蔚宗于胡乃别一种笔墨,冷讥毒刺寓于褒贬夸誉之中","在公台三十余年,每逊位辞疾及免退归里,辄复升进,鄙夫情状,曲曲道破。"马融传也是如此。王先谦补充说:"范氏所以追踪马班,正赖有胡广、马融等传耳。"②

荀彧与郭泰、孔融合传问题,《集解》说:郭泰、孔融"公业谋杀董卓,北海积忤曹瞒,卒不能克,皆以身殉,范史猥与荀彧合传,而反以此义褒彧。由是涑水有仁过管仲之称,东坡有道似伯夷之誉,皆袭取范史之谬,而拟不于伦者也。"③范晔论荀说:"方时运之屯邅,非雄才无以济其溺,功高势强,则皇器自移矣。"荀彧是处于无可解决的矛盾中,要"济生民",只有帮助曹操消灭割据势力,曹操的势力增大就必然夺取汉政权。范晔、司马光、苏轼都是从"济生民"这点上肯定荀彧,而为他的悲剧处境痛心。司马光在这个问题上体现了儒家正统思想,"孔子称管仲之仁,以其辅佐齐桓,大济生民。汉末大乱,群生涂炭,自非高世之才,不能济也,然则荀彧舍魏武,将谁事哉。"王先谦把忠于一姓放在济民之上,而这些又是在民国时代讲的,可见其封建顽固派的立场。

《后汉书》列传颇多取自家传,在《崔骃传》下钱大昕评曰:"此传叙述家世,词多溢美,盖由东观诸臣阿其所好,蔚宗承其旧文,不加芟削,未为有识也。《东观记·儒林传》有崔篆,乃元嘉初增入,其时崔寔为史官,即篆之孙也。"诸如此类据家传写的如荀淑、陈寔、陈宠、曹腾等东汉魏晋门阀士族家传之溢美不实,《集解》颇多揭发,特别是在荀彧问题上争论更多。

东汉社会风气虚伪造作,许多人因此获得声誉。范晔是根据东汉人撰写的人物传记编撰《后汉书》的。如《独行传》有陈重、雷义,钱大昕曰:"按《袁敞传》言尚书郎朱济、丁盛立行不修,张骏欲举奏之。二

<hr>

①②　王先谦:《后汉书集解·袁绍传》。
③　王先谦:《后汉书集解·孔融传》。

人恐,因陈重、雷义往请骏,骏不听。因私共赂侍史,使求骏短,得其书封上之。"①这说明了为什么后人赞颂东汉风气之美,而终不免导致社会崩溃。范书所表彰的节义,有很多是违背历史事实的。《后汉书》根据多种史料汇编,相互矛盾之处颇多,如《赵典传》说赵典病卒,而谢承书赵典因煊党锢之祸下狱自杀,袁宏纪以陈窦事被祸人名中无赵典。洪颐莹书八俊赵典下:"天下英才赵仲经",岂有同名者复同字。再如《范康传》张俭杀常侍侯览母,校补曰:"案俭杀览母惟见此传及袁纪,而俭本传不载,孔融俭碑亦不叙此事,《宦者传》且明著览建宁二年丧母还家,大起茔冢,不云母为俭杀。《通鉴考异》已辩之矣。而惠氏于俭传反谓俭实先杀览母,而后奏其罪恶。故侯康极论其非,周寿昌亦同侯说。"②又如《党锢传》李膺杀张戍、郭泰哭八隽,及尹勋事迹,均与本传歧异。《集解》认为"盖范氏撰《后汉书》实先成诸总传(按指党锢、儒林、宦者诸传),未及厘订勘合而卒,故总传所载往往有与本纪及其传歧异者。"③

《集解》对章怀《注》也有纠正和补充,有的是在清儒辨伪辑佚的基础上作的。如《班固传·西都赋》:范氏施御,弯不诡遇,章怀以范氏为赵简子御,引孟子王良事。惠栋以为典出《括地图》,夏禹使范氏御两龙。《杨震传》:杨赐上疏:极槃游之荒。章怀引书:内作色荒,外作禽荒,梽从辰以为引晋世伪古文,非桓君章句所有。在地理、人物、训诂方面也纠正了章怀的很多错误。

在版本方面作了详细的校对工作。王先谦所用是常熟毛氏汲古阁本,与清廷官本校对,并参阅其他版本。如汉献帝建安十一年,济北、北海、阜陵、下邳、常山、邯陵、济阴、平原八国皆除。王氏曰:官本济北作齐。钱大昕曰:考诸王传:齐王承、济北之政等八王皆于建安十一年国

---

① 钱大昕:《二十二史考异》卷12。
② 王先谦:《后汉书集解·张俭传》。
③ 王先谦:《后汉书集解·党锢传》。

除,汲古本有济北而无齐,闽本有齐而无济北,两本俱有济阴,皆误。今案济北,闽本、官本作齐,则监本之作齐可知。《通鉴》据北宋监本与今官本同。侯康据《通鉴》胡三省注,济阴范书原文是济北。

光武十五传,广陵王荆诈作郭议与东海王强书,"今天下争欲刻贼王以求功。"王氏曰:官本此下有"宁有量邪,若归并二国之众,可聚百万,君主为之主,鼓行而前"二十四字,此误。

郭林宗传:"初太始至南州遇袁奉高,不宿而去,从叔度,累日不去……太以是名闻天下。"钱大昕说:"予初读此传,至此数行,疑其词句不伦,蔚宗避其父名,此独书其名,一疑也。且其事已载黄宪传,不当重出,二疑也。叔度书字而不书姓,三疑也。前云于是名震京师,此又云以是名闻天下,词意重沓,四疑也。后得闽中旧本,乃知此七十四字本章怀注引谢承书之文,今本皆搀入正文,惟闽本犹不失其旧。闽本系明嘉靖己酉岁按察使周采等校刊,其源出于宋刻,较之它本为善。"①

总之,《集解》在资料的汇集与考据方面作出了一定的贡献。是研究东汉历史的重要参考书之一。

第二节　叶德辉史学

一、叶德辉生平

叶德辉(1864—1927),字奂彬,一作焕彬,号直山,一号郋园。湖南湘潭人。祖籍江苏吴县,后迁湖南长沙,开设钱庄,家资巨万。其父捐得后选直隶知州官衔。清光绪十一年(1885)叶德辉考中举人,深受王先谦、缪荃孙赏识。次年,"以公车偕计入都",开始其政治、学术生涯,与张之洞等人关系密切。光绪十八年(1892)中进士,授吏部主事。次年返乡,跻身于湖南权绅集团。

光绪十八年(1892),叶德辉校辑《鬻子》二卷,认为"楚之开国始于

---

① 钱大昕:《二十二史考异》卷12。

鬻熊",鬻熊主张"为政焉不能生而无杀",因为"人不善者谓之兽",对于这些"兽"就应该采取镇压和屠杀的手段。这是统治阶级用之统治劳动人民的反动史学理论。在清末阶级矛盾及其新旧思想斗争极其尖锐的历史时期,他校辑《鬻子》一书的目的,一方面是对楚文化之源流进行追溯,以强调两湖地区的重要性;另一方面建议张之洞"以鬻子之学治楚","其效必速于黄老之治汉,申韩子治蜀。"他说:

> 湘学肇于鬻熊,成于三闾,宋则濂溪,为道学之宗,明则船山,抱高蹈之节,迨乎乾嘉以后,吴越经学之盛,几乎南北同宗。湘人乃笃守其乡风,怀抱其忠义,经世之作,开风气之先,讲学之儒,奏勘乱之绩,流风广衍,本不以考据为能。

所以,叶德辉校辑此书,其目的不在于考据湘学之源流,主要是通过"讲学之儒","奏勘乱之绩",在维新变法兴起时,以扼杀新政,维护封建统治。

光绪二十一年(1895),正当中日甲午战后,康有为发动"公车上书",要求变法维新,叶德辉先后刊印其校辑的《淮南鸿烈闲诂》、《淮南万毕术》,宣扬所谓"万毕术",说"万物之理尽其于此也","世有博物之士引而伸之,则海西格致之学,不能不引重于东来矣。"这和张之洞"中学为体,西学为用"的观点是一唱一和,相互呼应。

叶德辉站在封建地主阶级顽固派立场上,对康、梁等资产阶级改良派进行恶毒攻击。先是叫其岳麓书院门生宾凤阳等人上书,说湖南"民风素朴",本为一"安静世界",自黄遵宪以来,"而有主张民权之说",自徐仁铸来后,"而多崇康学之人",自梁启超讲学后,"大畅师说",使湘省民心"顿为一变"。又攻击时务学堂违背了"民教纲常","忠孝节义",使学生误入歧途,成为"无父无君之私党",诋毁梁启超等人"自命西学通人,实为康门谬种"。他企图通过《湘省学约》,"正心术"、"核名实"、"尊圣教"、"碎异端"、"务实学"、"辨文体"、"端士习",借以欺骗、麻醉、束缚知识分子,不让他们从事维新变法活动,从而将湖南正在举办的新政全部取消。

叶德辉针对康有为《长兴学记》、梁启超《读西学书法》、《春秋界说》、《孟子界说》，以及徐仁铸的《輶轩今语》，分别写了《长兴学记驳议》、《读西学书法后》、《正界篇》、《輶轩今评语》等文，集中攻击维新变法和改良派提倡的新学与西学。叶德辉胡说什么当时是"学术日漓"，"公羊改制之说，煽惑人心"，①应该去弊，不在变法。

叶德辉攻击康有为提倡的今文经学，说："康有为徒煽惑人心，欲立民主，欲改时制，乃托于无凭无据之公羊家言，以遂其附和党会之私智。"②认为："新学伪经之证，其本旨只欲黜君权、伸民力，以快其恣睢之志。"③提出自古中国"为君主之国，其权不可下移。"他说：

> 西洋有君主，有民主，君有君之史，民有民之史。中国自尧舜禅让以来，已成家天下之局，亦以地大物博，奸宄丛生。以君主之，犹且治日少乱日多。以民主之，则政出多门，割据纷起。伤哉斯民，不日在疮痍水火之中哉！④

他反对西学，反对维新变法的态度非常顽固，俨然以封建道统的卫道士自居，并公然叫嚣"鄙人一日在湘，一日必拒之，赴汤蹈火，有所不顾。"⑤

光绪二十四年（1898）九月王先谦的学生苏舆将叶德辉攻击资产阶级改良派的文章、书信以及《湘绅公呈》、《湘省学约》等收入《翼教丛编》内，同时编入的还有张之洞《劝学篇》中的《教忠》、《明纲》和朱一新攻击康有为的信件以及其他朝臣、官绅的奏牍和论说。王先谦推崇这部书说："于康梁造谋、官乱，备详始末。"

戊戌变法失败后，湖南巡抚陈宝箴被革职，地主阶级顽固派俞廉三继任。叶德辉奉俞氏之命，编撰《觉迷要录》，共四卷。卷一载戊戌八月后的慈禧"懿旨"，"其因臣上奏请明发者，则以原折附合"；卷二载

---

① 叶德辉：《輶轩今语评序》，《翼教丛编》卷4，光绪二十四年武昌重刻本（下同）。
②③④ 叶德辉：《輶轩今语评序》，《翼教丛编》卷4。
⑤ 叶德辉：《答友人书》，《翼教丛编》卷6。

"奏折公牍"，自"禁闽逆报至查拿富有票匪，凡折片、告示、批札依类编次"；卷三载中外人士论康、梁"罪状"者，"按各报年月先后入载"；卷四载康梁所著保国会、保皇会等章程，及讲学信札、湖北起事函件，称之为"逆迹"。他认为此书是"康梁逆案之定谳"，他是遵照清雍正《大义觉迷录》的宗旨而编纂的。本书开始编纂于光绪二十七年（1901），正式刊行于光绪三十一年（1905）。就在《觉迷要录》刊印的前一年，黄兴、刘揆一等人在湖南组织了华兴会，并联络哥老会，策划在长沙等地发动起义。不久，以孙中山为领导的中国资产阶级革命党同盟会正式成立。历史证明，无论叶德辉等封建地主阶级顽固派如何阻止人们觉醒，终究阻挡不了民众的觉醒和时代向前发展的潮流。

宣统二年（1910），湖南因水灾歉收，米荒严重，地主豪绅囤积居奇，叶德辉亦积谷万余石，激起饥民抢米风潮，为清廷削籍，长期离湘出游。辛亥革命后，他唆使地痞大闹长沙，并撰《经学通诰》，提倡尊孔读经，为袁世凯复辟帝制效力。叶德辉在政治上一贯逆潮流而动，是十足的顽固派。他治学，坚持封建正统史观，对版本目录有一定研究。著作尚有校刊《元朝秘史》、《藏书十约》、《书林清话》、《观古堂藏书目》、《郎园读书志》等。

二、校刊《元朝秘史》和编撰《经学通诰》

叶德辉于光绪三十四年（1908），据影抄元定本刊印的《元朝秘史》，进行校刊，这是校刊书中较有价值的一部分。

《元朝秘史》，原名《蒙古秘史》，明人误译称《元朝秘史》，亦称《元秘史》，未署作者名。现流传有十五卷本和十二卷本两种。该书成于元太宗窝阔台十二年（1240），由正集十卷，续集二卷组成。正集大约撰于成吉思汗时代，续集撰于窝阔台时代。明代宋濂等修《元史》，因不懂蒙文，未能引用本书史料。明成祖修《永乐大典》时收入，名为《元朝秘史》，但仅有十五卷而无续集之目，当时尚未发现十二卷本。清钱大昕为杨氏连筠簃刻本作跋，说："元太祖创业之主也，而史述其迹最疏舛,惟《秘史》叙次颇得其实,而其文俚鄙,未经词人译润,故知者甚少,良可惜也。"后来,藏书家顾千里先在苏州金德舆所藏的《元朝秘史》残元椠本,后又在扬州见到影印元椠本为正集十卷,续集二卷,通体完善,是一个较好的版本,王先谦据本书进行校刊,但他把该书卷首标题下分注二行,在忙豁仑纽察五字,右脱察安二字,误认为是所署撰书人名衔。但叶德辉刻本的优点在于它保持了元钞本的特色,尤其是保存了用汉字拼写的蒙古语读音,便于我们进行校勘重译。他在"序"中说:

> 原本每行长今工部营造尺七寸六分至八寸均不等,宽五寸八分,今据缩刻,于行款无所改易。书中原有墨线横记一仍其旧,其原有朱线则刻为双行白线,以示分别。朱线者人名也,墨线横记者字音之长短读也,皆较杨刻为详。世不乏通重译之人,我据原译,推其原因,其纠正《元史》之误谬者,当不仅钱氏大昕考异所载数事而已。

《元朝秘史》内容记述蒙古族的起源和成吉思汗、窝阔台汗时期的事迹,为研究蒙古族早期的社会历史、语言文字提供了宝贵资料。

《经学通诂》是叶德辉于辛亥革命后在湖南讲授经学的讲义,共六卷。对经学流派表面上不分汉宋、不拘今古,对经学各派均作介绍,实际上在他所写的案语中看出他的倾向性。他说:

> 两汉经师皆分门户,至郑氏而集大成,有清一代,为许郑之学者,以江浙为最盛。刘逢禄、龚自珍、魏源、宋翔凤为今文之学,摭拾西汉残缺之文,欲与许郑争席。至康有为、廖平之徒,肆其邪说,经学晦盲而清社亦因之而屋焉。追原祸始,至今于龚、魏犹有余痛。

显然,他是通过研究经学,继续宣扬其顽固保守政治观点和史学思想,并借攻击康有为、廖平之学说,攻击维新变法和反对革命。

在读经方法中提出要做到"六征"、"四知"、"五通"、"十戒"。所谓"六征",是"以经证经","以史证经","以子证经","以汉人文赋证经"，"以《说文解字》证经"。叶德辉把哲学、文学、史学、文字学等统统看作经学的附庸。说《史记》中《五帝本纪》、《夏本纪》、《殷本纪》、《周本纪》可以证《尚书》，《春秋列国世家》可以证《尚书》，亦可证《左传》，《孔子世家》、《仲尼弟子列传》可以证《论语》，《荀孟列传》可以证《孟子》。他力图把史学作为经学的注释和附庸品。所谓"四知"，是"知源流"、"知存亡"、"知体例"、"知其伪"，要求读经者"毋逞毛奇龄之口辨，毋蹈王夫之之冥想，毋染龚自珍、魏源之猖狂，无效王闿运之杜撰"。总之，一切疑古惑经的念头都不能有。他大骂"廖平、康有为虚诞陋儒，托经术以祸天下，此乃亡国之妖孽，更不必与之言学矣。"又认为"（通）章句为治经第一要义"，力图把人们引入儒家经典的故纸堆中寻章摘句。他引班志的话说："仲尼没而微言绝，七十子丧而大义乖。"提出："微言已绝，不可复续。"谁要借"微言"为名，"无端倡为怪诞之论托于公羊，如康有为其人，未有不祸国家害风俗者，故吾不言微言，而言大义。"他说："大义虽乖，可以随时匡正，君不君、臣不臣、父不父、子不子，是之谓乖。君君、臣臣、父父、子子，是之谓不乖。"在其时来说，谁要反对这个含义，也就是反对袁世凯复辟帝制，那就是"有乖大义"的"乱臣贼子"。

叶德辉还反对资产阶级改良派提倡写"民史"，强调考据，散布古史中传说的封建儒学正统主义政治和史学观点，进行思想毒害。资产阶级改良派认为史学的最终目的是使人"知一朝所以立国之道"，应以民间风俗为其主要内容。说西方的历史著作就多记载国家政事和民间风俗，读史便可考察到当时整个社会情况。而中国的所谓"正史"，仅记一家一姓"经营天下保守疆土之术，及其臣翼戴褒荣之陈迹"，只不过是家谱，不能称之为"史"。叶德辉反对这种说法，他借刘知几的话反驳说："州闾细事，委言琐谈，聚而编之，目为鬼神传录，其实非要，其言不经。"而且以地主阶级士大夫观点的"民"，为封建史书辩护。他说历代正史并不是不记载民间风俗之事，如《史记》的游侠、货殖列传，《汉书》的货殖传，《后汉书》的逸民、方伎传，《晋书》的隐逸传，《魏书》

的释老志等等,都是"民史"。至于"工商之政",时刻演变,固然无法去写它,何况中国历史就是"官不护商,商不利国"的,与国事无关大旨,根本不必去写它。资产阶级维新派主张经世致用,反对乾嘉考据,而叶德辉害怕人们正视现实,他装出一副道貌岸然的学者面孔说,读书的目的在博学、明理,史书上一字之讹误得失,关系到一朝一代的风俗,一人的品格,如果不搞考订,会丧失或湮没"昭善显恶,功戒后人"的用意。其实,他之所以如此强调考据,和王先谦撰《汉书补注》的目的相同,利用注释、考订古史书,宣扬封建正统思想,反对人们接受新的思想。

三、版本、目录学研究

戊戌变法时期,康梁等人提倡译西书,介绍西方学说思想,作为推动变法的重要措施之一。光绪二十二年(1896),康有为刊《日本书目志》十五卷,介绍日本明治以来的日本书刊;梁启超在《时务报》上刊登了《西书提要》,编写了《西学书目表》,著录了甲午战争以前二十余年间翻译出版的西书三百余种。梁启超在"序列"中强调"国家欲自强,以译西书为本,学子欲自立,以多读西书为功。"叶德辉反对维新变法,反对读西书,写了《读西学书法后》,攻击"梁氏之学","欲亡中学","欲兴西教","倡言乱教","居心诡谲"。[①] 叶德辉认为"中国二千年间,孔子之道,如日月之经天,江河之行地",[②]"中国自古为君主之国,其权不可下移。"因此,他坚决反对西学中的"平等"、"民权"之说。为了宣传封建正统思想,遂从事于校刊与编撰书目工作。当然,这不是说凡是从事校刊古书都是宣传封建文化,问题在于叶德辉研究校刊目录,当时是为反对西学,反对维新变法。

《观古堂书目丛刻》是叶德辉校刊十五种前人所撰书目的总称。从光绪二十一年(1895)开始编撰,至1919年编定。最早刊行的书目,是梅鷟编的《明南雍圣籍考》,光绪二十八年(1902)又刊印《绛云楼书

---

① ② 叶德辉:《读四学书法后》,《翼教丛编》卷4。

目补遗》附《静惕堂宋元集书目》。其后,又刊行《万卷堂书目》、《竹庵庵书目》、《潜来堂书目》、《百川书志》、《术古居宋本书目》等。叶德辉在二十多年的时间里,前后校刊书目十五种,1919 年他把这些书目汇编为《观古堂书目丛刻》。他死后,其子启倬于 1935 年刊《郎园先生全书》,将其编著和书目全部收入,其目的虽然是为了继承其父所提出的"守先待后","阐扬幽潜"的思想,但就从事版本、目录学的研究,是有一定参考价值的。

　　叶德辉出于为自己树碑立传的目的,于 1911 年至 1915 年为其所藏书编了一部《观古堂藏书目》,于 1916 年刊行。其藏书,"至辛亥已得卷十六万有奇,以重刻计之,在二十万卷以外",是"上下三四世,南北三十年"搜集的结果。他说:"余藏书及四千余部,逾十万卷,重本别本数倍于四库。宋本以北宋胶泥活字本《韦苏州集》、金刻《碑雅》、宋刻《南岳总胜集》,南宋刻陈玉父本《玉台新咏》为冠。元刻以敖继公《仪礼集说》,婺州本《荀子》,大德本绘图《列女传》,张伯颜本《文选》为冠。明刻本至多……铭心镂骨,一日不妄者。此外旧刻孤本,各校集部,更不暇详举矣。"

　　《观古堂藏书目》是叶德辉"一生精力之所注",他自称"分类与《四库》不同"。其实,它的分类基本上与《四库总目》、《书目答问》相似。经、史、子、集四大类完全相同,只是在每大类内部的分类上略有增减,次序上略有变化而已。如他将纪事本末附属于"编年体"。在编年类史中再分"古史之属"、"通鉴之属"、"纲目之属"、"纪事本末之属",明显贬低纪事本末的地位,与梁启超在《新史学》中赞扬袁枢的创造性,恰好是一个鲜明的对照。这种做法,与叶德辉反对西学的态度是分不开的。

　　叶德辉于 1916 年开始编撰《郎园读书志》,1926 年基本编成,由其子侄及弟子刘肇隅于 1928 年印于上海。本书在体例上援引晁公武、陈振孙所著的体例,并采钱曾《读书敏求记》、《四库全书总目》存目提要之体,按经、史、子、集四库排列,于每书首载作者姓名、籍贯、仕途及著书大略,然后述授源流,及缮刻之异同,重点放在版本方面,夹杂发挥一些他自己对时事、史事的评论,反映了他的政治思想和历史观点。

《郋园读书志》是叶德辉对其藏书所作题跋的汇集。他一面怀念所谓康乾盛世,赞扬乾隆皇帝"尊崇经学"、"爱护典籍","御宇六十年,文治之盛,为汉唐所未有",一面把清前期和同治年间镇压太平天国的"成功"统统归之于经学。认为经学的变化与清王朝的盛衰息息相关,在《经义杂记》一书的题跋中,把清代二百年来的经学划分为三个阶段:第一阶段为汉学、宋学"并无鸿沟之划","说经之书,未尝显示汉帜";第二阶段为"纯粹汉学";第三阶段为"汉学既盛,又分为今文、古文。嘉道之间,刘逢禄得阳湖庄氏之传,以公羊倡今文之学,龚魏为其门人,咸同诸儒遂承其习"。他认为清亡的原因,主要是由于公羊学惑经疑古的流弊,由经学的晦盲最终造成国家的灭亡。

在叶德辉看来,自光绪年间"废书院,兴学堂"才"酿成今日之大乱",所以"与其为今日学堂之亡国家,毋宁为旧日之书院之守文谈道"。他要人们"笃守宋儒之学",强调"大德则以读宋儒书而先入为主耳"。他把宋明理学作为传家宝,期望子孙后代能继承儒家经典封建之学的旧传统。

叶德辉又于1911年编写两本书:一为《藏书十约》,讲藏书应注意的事项,于当年冬刊行;一为《书林清话》,于1920年春刊行,这是在版本学方面较成熟的作品,它提供了有关古代雕版书籍的各种知识,不仅叙述了唐宋以来刻板、套色各种印刷方法的创始和传播,而且对历代刻书的规格、材料、工价、装订、鉴别、保存和宋元明清四代许多著名刻本的掌故都有所介绍,可供我们了解中国史籍发展的历史和考证宋元明清四代典籍版本真赝时的参考。

叶德辉编撰版本书的目的,与他编撰目录学方面的著作一样,也是为了"守先待后"、"阐扬幽潜"。他在《自序》中说:"宋元明刻……国朝汇刻雕仿明雕有南皮张文襄《书目答问》,福山王文敏懿荣《补编汇刻书目》,二书十得七八,可备参考。吾书虽废于半途,藏书家固不患无考证也。嗟呼! 五十无闻,河清难俟,书种文种,存此萌芽。当今天翻地覆之时,实有秦人胡灭之厄,语同梦呓,痴类书魔。"

他企图以保存"书种文种"来对付"天翻地覆"的大变,因而他所编撰的《书林清话》,从学术上看,由于他的偏见和疏忽,在书中存在着不少谬误。如卷五,"明人刻书之精品中",他坚持自己所藏的九行本《盐铁论》是涂祯刻本,而不相信十行本。卷十《日本宋刻书不可据》中,以为杨守敬刻《太平寰宇记》是伪撰。上述两书原大都保存着,可见叶德辉的看法是错误的。在《书林清话》卷上里,由于他抄辑时的疏忽,把撰《读书敏求记》的作者钱曾,误认为是与吴焯同时代的人。1936 年李沐先生曾在《文澜学报》上刊载一篇《书林清话校补》,纠正了叶德辉的不少错误,现已附印在古籍出版社 1957 年版《书林清话》之后,可供参考。

第三节　缪荃孙史学

一、缪荃孙生平和对清史的研究

缪荃孙(1844—1919),字炎之,一字筱珊,晚号艺风。江苏江阴人。幼年习《四书》、《五经》,后读《国语》、《史记》、《汉书》和《续资治通鉴》等史学著作。咸丰十年(1860)中秀才,同治六年(1867)中举人,又经四次会试,于光绪二年(1876)中进士。光绪三年(1877)任翰林院编修。起初,应邀参加《顺天府志》的编修。光绪九年(1883)任清国史(清史)五传纂修,次年任国史馆总纂。光绪十四年(1888)成《儒林》、《文苑》、《循良》、《孝友》、《隐逸》等传。同年九月,主讲于江阴南菁书院,十二月应张之洞之聘,任职于广州广雅书局。次年,返南菁书院。光绪十七年(1891),主讲山东泺源书院,又受聘为湖北经心书院讲习。光绪十九年(1893),任国史馆提调,因与徐桐不合,弃官离京,应张之洞之聘修《湖北通志》。光绪二十二年(1896)至二十七年(1901),主讲江宁钟山书院,兼常州龙城书院讲习。光绪二十八年(1902),钟山书院改为学堂,次年正月,他奉张之洞之命,以江南高等学堂总教习身份,赴日本考察学务。他从日本回国后,继续主持江南高等学堂学务工作,在课堂设置上开始提倡中西并重。光绪三十三年(1907),被端方奏派主办江南图书馆。又二年,由学部奏充任京师图书馆监督,至辛亥革命爆发离京南下。

晚年,任清史馆总纂,还参加了《江苏通志》、《江阴县续志》的编修。他学识渊博,熟悉文史掌故,精于金石碑帖、版本目录之学。著述宏富,主要有《艺风堂文集》、《续集》、《艺风堂藏书记》、《续记》、《再续记》、《艺风堂金石文字目》、《辽文存》、《续碑传集》、《云自在龛丛书》、《顺天府志》、《昌平州志》等。

他由于长期担任清国史馆的编修,利用其有利条件,在清史研究上作出了一定的贡献。《续碑传集》、《羽琌山民逸事》和《云自在龛笔记》,是他叙述清代历史的代表作。

《续碑传集》是钱仪吉《碑传集》的续编。追溯其源,可推源于宋代杜大珪之《名臣碑传琬琰集》和明代徐纮的《明名臣琬琰集》。钱氏《碑传集》是清代人物传记的汇编,凡一百三十卷,首尾各一卷。而缪荃孙《续碑传集》所搜集的碑传并不限于"名臣",其着眼点尤重文献的收集。他辑录道光、咸丰、同治、光绪四朝人物传记,凡收入一千一百一十一人,引用文章作者三百五十九家,志书十六种,自光绪七年(1881)开始编辑,至宣统二年(1910)完稿刊刻,计八十六卷,历时三十年,可见,此书编辑,他用了大量的精力。钱仪吉《碑传集》"悉收他人之作",而缪氏《续碑传集》不受这一限制,自己所撰,"重其人,不敢避嫌而不登载"①,这和全祖望《鲒埼亭集》收载其自己所撰写碑传的做法是一致的,从保存文献的角度看是应该提倡的。

缪荃孙对名人文字记载,在采录时注意鉴别,他强调:"要皆借名人之文字,则以存名人之事迹,亦或删节而改易,事有误者,间作夹注而已。"②这种"删节"和"夹注"本身也就起着订正的作用,能保持文献的真实性,和全祖望的做法略有差异,目的却是一致的。缪荃孙一生注重

①② 缪荃孙:《续碑传集·叙》。

于碑传的收集,"为文私淑全氏《鲒埼亭内外编》,以翔实为主,不尚空言",正是继承了全祖望的遗绪。辛亥革命后,他所写的《题全榭山先生像》一诗云:

> 梨洲授四明,史学冠当代。先生尤卓荦,识见越流辈。
>
> 微言兼大义,抗论必千载。事迹辨是非,人材拟进退。
>
> 上可继毛朱,下足开钱戴。走也私淑殷,遗书颇津逮。
>
> 祠堂拜公像,静挹温和态……我愿摹万本,瞻仰同泰岱。①

这首诗,绝非一般游山玩水的即兴之作,而是充分表达缪荃孙对全祖望的敬仰之情。从指导思想看,如果说全祖望生当乾隆盛世,搜集明代人物史料,表扬明季忠臣义士,强调气节,是为了崇明教,正人心,那么缪荃孙搜集清代人物碑传,正是在所谓"同治中兴"之后到辛亥革命前夕,他颂扬道、咸、同、光四朝九十年内的"中兴伟绩"②,其用意是给腐朽的清朝封建统治注射一针强心剂。

在编纂体例上,缪荃孙"一准前编",与钱仪吉的《碑传集》一脉相承。分卷除"开国宰辅,国初功臣,明臣宰辅外,如宰辅、部院大臣、内阁九卿、翰詹、科道、曹属、督抚、监司、守令、教官、杂职、武臣、忠节、外藩、文苑、烈女各目,今悉仍之。"所不同者"外藩后添客将一目,烈女中又添辨通一条(目)",不再分经学理学或道学儒林,"悉改为儒学"③。这种增改,主要是由时代的不同所决定的。

清朝封建统治者历来以"天朝"自居,把其他国家视作"外夷"、"外藩"。鸦片战争打开了中国封建闭关大门。第二次鸦片战争后,面对日益兴起的农民革命运动,清政府已不得不借助外国资本主义的洋枪洋炮来镇压人民革命,所以,《续碑传集》在卷七十增添"客将"一目,将华尔、法第福、戈登等镇压太平天国革命的刽子手与"藩臣"僧格林沁等并列,大加表彰,说明了缪荃孙的史学思想,正适应了清王朝勾结外

---

① 《艺风堂文漫存》(癸甲稿)卷1。
②③ 缪荃孙:《续碑传集·叙》。

国侵略者的政治需要。

至于"儒学"不分经学理学或道学儒林,更是维护清朝统治的需要。乾嘉时考据风行,汉学大盛。道光以降,今文经学兴起。而曾国藩专习程朱。在太平天国革命的冲击下,曾国藩曾大声疾呼:"士不能诵孔子之经……举中国数千年礼义人伦诗书典则,一旦扫地荡尽。此岂独我大清之变,乃开辟以来名教之奇变,我孔子、孟子之所痛哭于九泉,凡读书识字者,又乌可袖手安坐,不思一为之所也。"①

可见,农民起义的客观形势要求地主阶级联合起来,从政治思想上消除门户之见,共同对抗革命运动。《续碑传集》卷七十一至七十五关于"儒学"的编纂不分经学理学或道学儒林,也正是统治阶级维护统治需要的写照。

《续碑传集》的史学价值,主要在于为清史和近代史研究提供资料。中国近代史上的一些重要人物,如鸦片战争时期的禁烟派领袖黄爵滋、林则徐、邓廷桢,投降派人物穆彰阿,为抵抗英国侵略而牺牲的关天培、葛云飞、郑国鸿、王锡朋、陈化成,投水自尽的两江总督裕谦,被贬官削职的台湾道员姚莹,第二次鸦片战争中被俘死在印度的两广总督叶名琛,镇压太平天国的曾国藩、左宗棠、李鸿章、胡林翼、罗泽南、李续宾、张国梁,咸丰时进行币制改革的王茂荫,中法战争时的爱国将领冯子材,戊戌变法时期支持维新变法的湖南巡抚陈宝箴,反对变法的朱一新,义和团运动时发起"东南互保"的两江总督刘坤一,经学家王念孙、刘逢禄、阮元、俞樾,还有史地学家张穆、何秋涛、徐松、徐继畲,金石学家吴大澄,藏书家杨以增、丁丙,文学家张维屏、张际亮、包世臣等人。都可在《续碑传集》中翻检到他们的生平资料。

缪荃孙一生所撰碑、传、铭、记甚多,而在《续碑传集》中,仅收载记述曹毓瑛、郭嵩焘、周家楣、俞樾等有关事迹十三篇,确是经过精心编选的。如:

---

① 曾国藩:《讨粤匪檄》,《曾文正公全集·文集》卷3。

《赠太子少保兵部尚书曹恭悫公神道碑》，写曹毓瑛，属同治朝部院大臣，在咸丰帝临终前，他不附端华、载垣，及两宫太后垂帘听政，恭亲王奕䜣辅政，同治即位，在军机大臣上学习行走，常说："军旅之事，患信任不专，事权不一，古来良将多以掣肘不能成大勋。"缪荃孙说他："一言之褒贬，一事之成败，皆足以斡旋大局，辅佐中兴"①。说明清朝的统治政策在咸丰帝死后作了重大调整。这一调整，加强了封建统治集团中以曾、左、李为代表的洋务派的力量，是所谓"同治中兴"的一个重要原因。

《书郭筠仙侍郎事》，所记郭嵩焘，属光绪朝部院大臣，曾出使英国，是洋务派中湘系集团的重要人物。缪荃孙说他"以鸦片为当禁，教民应分别约束，铁路应办，矿务应开，一切内政当整顿，而练兵为后，皆阅历有得之言。"②反映了缪荃孙对清廷办洋务及对兴办民用工业的重视。在《陶勤肃公遗事》中，他详尽地记叙了陶模在新疆"属地当争，边要当守"的业绩，表明了他对西北塞防的重视和对开发边疆的关注。在《艺风堂文续集》卷四中，缪荃孙还撰《可萨克兵考》，专门考证俄国可萨克骑兵的由来，并指出："与中国通之哈萨克分左右北三部"，"左右两部乾隆间属于我朝，北部先属俄，而左右两部近亦为俄所取。"并揭露沙俄侵我边疆的卑劣行径。

《前钦差大臣贵州提督兼署贵州巡抚田公祠碑文》和《尚书衔甘肃提督周公神道第二碑》所记湘军将领田兴恕、周达武，分别在骆秉章、李续宾部下参加镇压太平天国革命和镇压西南、西北少数民族起义。缪荃孙的父亲曾在贵州做过田兴恕的幕僚。同治元年（1862），田兴恕因在贵州杀法国传教士文乃尔，被免去公职，缪荃孙之父也受牵连罢官。同治三年（1864），缪荃孙入蜀，其父已在周达武驻扎的平武县蒿溪营办事。同治四年（1865），田兴恕被发往新疆，行至甘肃，被左宗棠

---

① 《续碑传集》卷 12，又见《艺风堂文续集》卷 1。
② 《续碑传集》卷 15。

奏请留防秦州。像田兴恕这类湘军"武臣",在镇压革命人民时是杀人不眨眼的刽子手,但对外国帝国主义的传教士,却也是不讲客气的,所以能为左宗棠这样的洋务派首领留用并为缪荃孙所欣赏。

《州判衔候选训导张先生墓志铭》、《中书衔处州府学教授黄先生墓志铭》及《清诰授奉直大夫诰封资政大夫重宴鹿鸣翰林院编修俞先生行状》所记的张文虎、黄以周、俞樾,都是著名的儒学大师。

上述事例说明,缪荃孙所记叙的当代历史人物是以曾、左、李为代表的靠镇压太平天国起家的封建统治集团中的洋务派为主要对象的。这些人上至朝廷,下至地方,其中有官僚武臣,也有学者文人。尽管他们的表现各有差异,但共同的特点都是为维护和巩固封建统治服务的。缪荃孙为这些人树碑立传,歌功颂德,无非是为了讴歌洋务运动,宣扬"同治中兴"。然而,历史的辩证法是无情的,在《续碑传集》编撰的三十年里,中国社会发生了深刻的变化,由于半殖民地半封建社会的加深及其社会基本矛盾的激化,洋务派的行动并没有能达到预期的目的。他们所谓学"西学",只是一点皮毛,对外抵挡不住帝国主义日益扩大的侵略,对内更无法阻挡封建经济的日益瓦解和人民群众的觉醒。当宣统二年(1910)江楚编译书局刊印该书时,不仅"中学"之体动摇,而且代表这个"体"的清王朝也已面临它的末日,所谓"中兴业绩"完全成为历史的陈迹。《续碑传集》的价值也仅为后世研究清代这段历史提供一些参考资料。

缪荃孙在清国史馆期间,"续修《儒林》、《文苑》两传,创修《孝友》、《隐逸》两传,均有定稿"[1],因受总裁徐桐的排斥,离开京师时将所撰《儒林》等书稿"留箧中,本欲刊入私集",后因"费重而止"。[2] 辛亥革命后,缪荃孙在《古学汇刊》上正式刊出其所撰《国史儒林叙录》二卷。清代《国史儒林传》最初于嘉庆间由阮元创修,后又陆续增修。光

---

[1]　缪荃孙:《艺风堂文集》卷5《国史隐逸传序》。
[2]　缪荃孙:《艺风堂文漫存》卷3(乙丁稿)《国史儒林文苑两传始末》。

绪九年(1883)清廷派缪荃孙专办,因分宋学为上卷,汉学为下卷,宋学分派,汉学分经,援《经典释文》例编叙录,上下两卷。这篇叙录,是缪荃孙对清儒的总结。

清代的儒学是在明代儒学基础上发展起来的。明自王阳明倡导良知之学,弟子遍天下。清代的宋学,大多受王守仁姚江之传。由于阳明之学,流于空疏,不求实用,缪荃孙是不赞同的。他推崇"合中外,有体有用,莫能出其范围,非空谈心性者能及。"认为颜(元)李(塨)学派的某些"法语学规","与泰西暗合",德清戴望所撰《颜氏学记》,"偏于空言心性"①,未反映颜氏之学的全貌。缪荃孙把颜李与"泰西"之学比较,正好说明他的"中体西用"思想。

在论述清代汉学时,充分表现了缪荃孙维护朴学的倾向。在谈《诗》时,他认为魏源《诗古微》"专申三家,以难毛",将"坠绪之三家"当作"珠璧",把"未亡之毛氏"看作"弃履",是"门户之见,不可从矣"。在谈《礼》时,他鉴于毛奇龄等人"词多空衍,义少发挥",主张"皆不录"。至于宋代王安石所著《周官新义》,缪荃孙更加反感,说:"安石不宗传注,大异前儒之说,则非恃新法足以祸国,即《新义》亦足以祸经。"在春秋三传中,他推崇《左传》,认为"春秋三传优劣,终以刘子骏左氏亲见,公谷传闻之说为确","汉代左氏学初未得立","此实左氏之不幸",而"国朝治左氏者,不如治公羊之勇,遂至邪说横行,天下大乱,滥觞燎原,失于求新学者,抉择不可不慎也已"②。他企图从学术的变迁上,去寻求清末天下大乱的原因,最后归罪于"新学",反映了其思想上的保守倾向。

由于缪荃孙长期在史馆任职,他极其关心清代掌故的搜集。他认为:"掌故,军国大事,治乱休关,祖宗家法,沿革备载,诚立国者之所资,亦秉笔者之盛业也。"在清代,由于清统治者的民族压迫政策,造成了满人知而不记,汉人不使知,或知而不敢记的局面。如果不把当代的

---

①② 《国史儒林传叙录》上,《古学汇刊》第一集(一)。

掌故及时记载下来,将来"文献无征,转流为郢书燕说,亦势所必然也。"①在《古学汇刊》上,缪荃孙发表了不少关于清代掌故的笔记。他搜罗掌故更多,内容更丰富的则是《云自在龛笔记》,曾在《古学汇刊》上先后发表过其中的书画、顺治朝补记、康熙朝诸臣等部分,尚有未刊部分。新中国成立后,由邓之诚作序,补编为《云自在龛随笔》,分论史、书画、金石、书籍四卷,1958年由商务印书馆出版。这些笔记和随记,出自私家之手,忌讳较少,对清代掌故的记载,有些地方比官方的记载更为翔实,可互为对照、补充。如:清初的开国功臣范文程,有疾时,顺治帝"亲调药饵贻赐",在顺治初即位时,他曾提了不少建议,对清兵入关后的决策有重大作用。《云自在龛笔记》顺治朝补记,所记事实,比《清史稿·范文程传》详细具体。至于清初剃发令,是民族压迫的象征,曾经给汉族人民带来极大痛苦,但出此主意的不少是汉人,并非全是清贵族。《云自在龛随笔》卷一"论史"记道:

> 清朝入关,初准元制,满洲剃发,明臣仍冠服如旧,分为满汉两班,有山东绅士孙之獬者,先剃发,易衣冠而出,归满班,满班以其汉人也,不受。归汉班,汉人以其满装也,亦不容。之獬羞愤上书,疏略谓:'陛下平定中国,万事鼎新,而衣冠束发之制,独存汉旧,此乃陛下从中国,非中国从陛下也。'于是削发令下,而江南百万生灵尽膏锋刃,皆之獬之言激之②。

缪荃孙除自己用笔记记载外,还用抄书的办法,大量保存清代的掌故。北京图书馆现藏有《艺风堂杂钞》二十二册,搜集了不少清代文献、清人书札、日记以及书目。如第一辑卷一中的《天聪时诏奏》,记载了清军入关前书房中用贝勒,编修国史开始汉字、金字并用,以及纳粮赎罪和清查土地等法令规定。卷五录《顾亭林与朱长孺书》,则记载了顾炎武对自己编《日知录》的看法,说:"吾辈所恃在自家本领,足以垂

---

① 《古学汇刊》序,《古学汇刊》第一集(一)。
② 缪荃孙:《云自在龛随笔》,第18页。

之后代,不必傍人篱落,亦不屑与人争名,弟三十年来并无一字流传坊间,比来刻《日知录》二本,虽未敢必其传后,而近代二百年来未有此事,则确乎可信也。"这反映了顾炎武的崇高气节与其所从事的学术活动的自信。《艺风堂杂钞》第二辑卷二中,还著录了"嘉庆十九年(1814)英吉利国遣使臣罗尔阿美士德等入贡方物"的贡单,详载三十九种贡物,反映了当时中西交往的历史情况。总之,这类杂钞,虽未经分类编排或按时代整理,比较零乱,但在搜罗清代掌故上是作出了贡献。

二、《晋书》、《辽史》的补编

缪荃孙在中国古代史研究上主要从事《晋书》和《辽史》的补编。

《晋书》修成于唐代,是唐太宗亲自下令重修和直接参与修撰的,号称"御撰"。在这部书之前,曾有十八家晋史,唐太宗认为这些史书"虽存记注,而才非良史,事亏实录","其文既野,其事罕传",①全部推翻,下令重修,把其中不符合当时或后世政治需要的内容全部删去。《晋书》一成,因此,其他不合要求的晋史逐渐亡佚,后世史家,对官修《晋书》的缺陷,既不敢批评,也不敢补阙。清代从万斯同起,开始对《晋书》的表志,补编甚多。②《晋书》以封建正统史观为指导,对少数民族建立的政权被列入"载记",记载粗略。晋代十六国中,惟有张轨所建前凉和李暠所建的西凉编入列传,反映了唐太宗的用意。万斯同补阙《晋书》,由于怀念已亡明朝,对清贵族入主中原不满,在编撰《晋僭伪诸国世表》、《晋僭伪诸国年表》及汉、赵(包括后赵)、燕、秦等九国将相大臣年表时,表名前均冠以"伪"字,以示鄙薄。但因当时文网甚严,也不敢再有任何其他发挥和评论。此后,陈恕撰《西秦百官志》,表前略加小序,叙述编撰缘起,表名不用"伪"字,反映了满汉矛盾日渐缓

---

① 《晋书》(中华书局点校本)附《修晋书始末》。
② 详见《二十五史补编》第 3 册。

解。缪荃孙补编《晋书》、《辽史》是清代乾嘉学派辑佚补阙、补志补表史学的继承和发展。他编撰《后凉百官表》、《北燕百官表》①,基本上沿用了陈恕撰《西秦百官表》的体例。但在各表之间,增加了对史事的评论,突破了乾嘉史学单纯考证、辑佚、补阙、注释的传统,这是和当时文网松弛分不开的。

缪氏补编《晋书》,正面临清代社会鼎革之时,他对史事的评论,首先着重在总结历史上政权成败的经验教训。如建立后凉政权的吕光,带兵七万五千进军凉州,正是苻坚为姚苌所杀之时,缪氏评论他说:

> 文武具备,锵锵济济,苻祚既陨,中原糜烂,夙抱风尘之志,适值鼎沸之时,远则蹈窦融之长策,保五郡以自娱。近则效张轨之成规,贻数世之留后,欲成大业,类有明证,择福地之可居,非叛乱之挺险矣。②

吕光的军队,骨干是氐人,他本人也是氐人,正是依靠这支队伍,称雄河西。缪氏总结其经验说:

> 光武定鼎,图寇邓于云台,琅邪渡江,倚顾周之巨室,上既加之青眼,臣亦报以赤心,后先奔走之劳、舟楫盐海之寄,斩荆披棘,乃萧曹之故人;附翼攀麟,尽栾郤之世族。带砺千秋,本支百世,立国之道,莫过于斯。③

吕光于己亥咸宁元年(395)病死,太子绍立,光庶长子吕纂杀绍自立,不久光弟子吕隆又杀纂自立,自相残杀,政事败坏。后秦姚兴、南凉秃发傉檀、北凉沮渠蒙逊相继入侵,癸卯神鼎三年(403)后凉亡。缪荃孙在总结后凉灭亡的原因时说:

> 卧榻之侧,酣睡有人,萧墙之内,干戈自动,身既老病,子又孱弱,弟兄发难,民众土崩,是则谭尚阋墙,冀土因之沦陷;光傲推刃,吴宗终致覆亡,既无绍统之才,遂贻衔璧之辱,国之不祀,亡也忽焉。④

----

① ② ③ ④　缪荃孙:《艺风堂文续集》卷3《后凉百官表序》。

缪荃孙通过对后凉兴亡的分析，认为后凉政权的兴亡，其领导核心内部的团结十分重要。

缪荃孙对史事的评论，还有些属于揭露性的。姚兴病死，东晋刘裕乘机出兵讨伐后秦，军事节节胜利，不久攻下洛阳，后秦王室内部便演出了骨肉相残的丑剧。他在《夏百官表序》中说：

> 当刘裕兵争之际，正长安鼎沸之时。三秦父老，争睹汉家之威仪；百二关河，犹是晋朝之疆宇，假令裕也移乘舆于洛下，开重镇于关中，以王镇恶之雄武而治军，以王修之详明而治事，于以尘清榆塞，烽靖萧关，彼僭伪之徒，恐固围而未能，况拓疆而可冀乎。东何篡位谋丞，定边志疏，以钟邓之相争，为秦梁之并命。

正是由于刘裕忙于夺取东晋政权，灭掉后秦不久就退回江南，赫连勃勃才乘机夺取长安称帝。但赫连勃勃是个视民如草芥的暴君，极端狂妄、残忍，他的称帝，只是一时侥幸。缪荃孙说他："遂尔功成理外，名著寰中，然残忍众殊，骄奢习重。处士既至，以过礼而杀身；将作益精，以严刑而慑众……民至瘁矣，国亦随之。"①缪荃孙对刘裕这种个人野心家和赫连勃勃这类暴君的揭露，确是击中了要害。

对十六国政权中某些较有才干的少数民族首领的业绩，缪荃孙并不一笔抹杀。在《南凉百官表序》中，他认为鲜卑首领秃发乌孤，"智本兼人，情殷复国……甄西州之豪杰，乐南亩之农桑，假令运祚久长，声名洋溢，虞廷喜起，以契稷为元勋，南国乐歌，嘉周台之夹辅，未可知也。"缪氏还赞扬秃发傉檀执政时，"定鼎而国祚昌，建麾而远人服"，"武功文德，炳炳可观"，认为他具有"天日之威，海岳之量，胡羯之世，罕见斯人"，最后失败在于因功而骄，"骄气溢于言辞"，"有备无患之指失"，因而"蹈志大才疏之弊，罹国亡家破之凶"。② 这个评论是中肯的。

对北凉的首领沮渠蒙逊，缪荃孙说他"博涉史学，通晓天文"，表彰

---

① 缪荃孙：《艺风堂文续集》卷3《后凉百官表序》。
② 缪荃孙：《艺风堂文续集》卷3《夏百官表序》。

他能"搜求贤哲,广进刍荛,纳建忠之言,安我桑梓","不可谓之非豪杰也"。对其晚年用僧人昙无谶,淫风盛行,"乞灵于鬼,终贻闺阃之羞"的荒唐行径,也作了揭露,批评他"耄期之荒,灭亡愈速"。①

北凉的首领比较重视文化,缪荃孙指出:沮渠牧犍(茂虔)嗣位后,"拜宋繇为右相,吏治克昌,尊刘昞为国师,文学日盛"②。十六国时期,由于凉州地区比较安定,河西文化不仅和江左文化息息相关,而且还吸收了西域文化和佛教文化。北凉灭亡后,河西文化被介绍到中原地区,对北魏文化有很大影响,正如胡三省在《资治通鉴》注中所说:"代北以右武为俗","而魏之儒风及平凉州始振"③。缪荃孙能根据历史事实,比较公允地评价少数民族政权对发展我国文化的贡献。这种史学观点是值得重视的。

但是,由于唐太宗"御撰"《晋书》的影响毕竟很大,缪荃孙在评论西凉政权时说:"凉武昭王,以飞将之后人,为西州之望族,博通经史,熟诵孙吴,盛名日彰,惠政可记",基本上是拾《晋书》之牙慧,对前人"累功积德,钟毓有唐"④的荒谬说教也缺乏足够的批判,可见封建正统史学对他影响之深。

缪荃孙补编《晋书》六表的另一成就,是他通过对《晋书·载记》、《御览》、姓氏书、金石拓本全行搜采⑤,纠正了《晋书·载记》在史实上原存的一些谬误。

如:后凉灭亡的时间问题,《晋书·吕隆载记》误为"以安帝元兴三年(404)灭"。《通鉴》卷113在"二年"。《御览》卷125引《后凉录》,称隆灭于神鼎三年,"岁在癸卯",当晋元兴二年(403)。缪氏《后凉百官表》采《御览》之说,与《通鉴》符。

关于南凉存在的年数,《南凉百官表》记载自"丁酉太初元年

---

① ② 缪荃孙:《艺风堂文续集》卷3《北凉百官表序》。
③ 《资治通鉴》晋安帝隆安三年(399)注。
④ ⑤ 缪荃孙:《艺风堂文续集》卷3《西凉百官表序》。

（403）"至"甲寅（嘉平）七年（414）"，凡十八年。与《御览》卷 126 引《南凉录》："自乌孤太初元年岁在丁酉至檀薨之岁甲寅十有八载"符。《通志》卷 192 所记亦作"十八年"。缪氏纠正了《晋书·秃发傉檀载记》："乌孤以安帝隆安元年（397）僭立，至傉檀三世，凡十九年"之误。再如，西凉存在的年数、西凉的灭亡时间，北凉存在年数、北凉的灭亡时间，以及夏政权存在的年数等问题，也纠正了《晋书·载记》在史实上原存的一些谬误。

但是，缪荃孙在某些地方仍沿袭了《晋书》的谬误。如《后凉百官表》"丙戌太安元年（386）十二月，吕光自称使持节、侍中、中外大都督、陇右河西诸军事大将军、领护匈奴中郎将、凉州牧、酒泉公、改元"，即是从《晋书·吕光载记》"建元曰太安"而来。考《御览》卷 125 引《后凉录》："大安元年，苻丕以光为车骑大将军、凉州牧、领西护域大都（督）、酒泉公，光始闻苻坚为姚苌所害"。《通鉴》卷 106 "太"亦作"大"。"太安"乃苻丕年号，此时吕光称大将军、凉州牧、酒泉公，当是用丕年号，非自建元或改元。又《魏书·吕光传》称光纪年始于麟嘉（按：麟嘉元年为公元 389 年），不记载建元太安事。由此可见，缪氏《后凉百官表》中的记载，确属考订欠周。

由于《晋书》的编纂者，不少是文人学士，并非史家，在史料选择上不十分注意甄别取舍，后人批评它"竞为绮艳，不求笃实"①，清代学者万斯同、卢文弨、毕沅、洪亮吉等人以及缪荃孙在补编《晋书》志表的过程中，作了很多扎实的工作，虽难免有时也有疏漏，但在史学上的贡献毕竟还是值得珍视的。

辽、金、宋三史，成书于元顺帝至正年间。当时社会激烈动荡，元政权风雨飘摇。元顺帝欲借前代"治乱兴亡之由"，"垂鉴后世"，但因仓促成书，俱甚粗疏。《辽史》、《金史》皆缺艺文志，此二朝旧著存佚，无可考见。清代考史家钱大昕《补元史艺文志》，曾将辽、金二朝人之著

---

① 转引自《晋书》（中华书局点校本）出版说明。

作,并以附焉。此后,倪灿、卢文昭《补辽金元艺文志》,亦因"辽金篇籍无多,不足分列,故合元以为编"。金门诏撰《补三史艺文志》,也是"取(辽、金、元)三史所载,并旁博采,合为一志"。最早独补《辽史》艺文志的,始自缪荃孙。

由于辽代书禁甚严,凡国人著述,惟听刊行于境内,有传于邻境者,罪至死,故书籍流传于后世者绝少。要补编《辽艺文志》,首先必须做大量的资料搜集工作。缪荃孙补编,正是从这里入手的。《艺风老人年谱》"(光绪)十四年戊子(1888),年四十五岁",有"七月辑《金辽文》"的记载,但实际上他的搜集资料工作,比这要早。据其《辽文存》序说:

> 昔年读《黄琴六文集》,知昭文张氏月霄曾辑金文,心仪久之,癸未(1883)之夏,南海谭叔裕前辈以伍刻《金文存》百二十卷见贻,即张氏所辑者。翻阅累日,如获瑰宝……余因思契丹开国,久于完颜,文教之彰,使命之美,亦与金源仿佛,因采金文见有辽文亦并甄录。惟辽时书禁甚严,不准传入邻境,五京兵燹,缣素扫地,适无人修三史,以文献无征,致蹈简略之谓。今辽人遗书已存《龙龛手鉴》、《焚椒录》、《星命总括》三种,而《焚椒录》尚有与《契丹国志》不合,言其伪者,即记载辽事之书,正史外亦止《国志》一种。降而搜采金石文字,又仅得顺天属易州、宣化一带,山西、奉天,力所未及,晨钞暝写,单词片语,靡不搜采,共得诗文二百余篇,不及金文十分之一,然其难十倍矣。

缪荃孙在张金吾辑《金文最》的影响和启发下辑《辽文存》,历时十余载,于光绪二十二年(1896)成书。该书凡六卷,卷一录诗七十首,附谣谚八首。卷二录诏令三十七篇,附会同六年(943)《下令》:"兵行有伤禾稼,损租赋者,以军法论。"《下有司敕》:"于每村定有力人户充村长,与村人议,有力人户出媵田亩,补贫下不逮,顷亩自愿者,据状征收。"反映了辽初军纪的严明和对农业生产的重视,从中可以窥视耶律德光时代契丹兴盛的原因。另有册文二篇,一为《册立石敬瑭为皇帝文》,一为《册封高师王制》。卷三录策问一篇,文六篇,表十三篇,奏疏六篇,铭八篇,其中《普济钟铭》:"甲戌年(1094)铸,用白铜一万五千斤。录自《东国通鉴》。"反映了辽后期冶炼事业的成就,佛教的兴盛及其与东西文化的交流。卷四著录记二十三篇,其中除大安五年(1089)王鼎写的《固安县固城村谢家庄石桥记》外,大多是宗教史料。反映了汉族文化对辽的影响,也说明辽朝后期契丹民族基本上已与汉族融合。卷五著录序八篇,书十八篇,碑八篇,墓志三篇,其中除书为政治、经济、军事和外交史料外,其余大多是宗教及文化史料。为了便于"考见梗概"①,缪荃孙编了《辽艺文志》和《辽金石存目》,附于书后。《辽文存》收集的材料,很多是金石碑刻。用金石学研究的成果来补充史学,是缪荃孙史学的特点之一。

《辽艺文志》是在编撰《辽文存》的基础上撰写出来的。它著录辽代图书五十一种,包括小学、译语、实录、起居注、杂史、仪注、地理、政书、传记、史钞、五行、医书、释道、别集,凡十四类。研究辽史,苦于资料缺乏,语言又是一大障碍。缪荃孙在编撰《辽艺文志》时,首列小学、译语二类,放在记载帝王事迹的实录和起居注之前,在史学上颇有新意。其后,王仁俊撰《辽史艺文志补证》、黄任恒撰《补辽史艺文志》,俱依经、史、子、集四部分类,在史学见解和历史编纂学上的成就是远远不及缪荃孙的。但是,由于时代的局限和个人精力的有限,缪荃孙不可能在更大的地区和范围内进行搜访。1922年庆陵出土了汉、契丹两种文字对照的帝后哀册,1951年间在锦西西孤山又出土了辽静江军节度使萧素忠的墓志,这些都是缪荃孙生前所未见过的材料。新中国成立后,我国史学工作者对辽史的研究取得了一定成绩,也写了一些较有分量的专著,但深入开展辽史研究,还有待于资料的大量挖掘,缪荃孙在这方面所作的工作,是值得我们吸取借鉴的。

---

① 《辽文存·序》。

三、方志的编修

地方志是我国史学的重要组成部分。早在周代,已有掌"邦国之志"的"小史"和掌"四方之志"的"外史"。春秋战国时代,诸侯各国的历史,如晋之《乘》、楚之《梼杌》、鲁之《春秋》,都带有地方志的性质。随着封建社会的发展,方志也日益发展。缪荃孙说:"昔孔子得百廿国宝书,以成《春秋》,前贤以为即方志也。《周礼》诵训掌道,方志以诏观事,志也者,志地、志人、志事、志物,上之自古迄今,下之由近及远,无饰辞,无私造,则谓之良志。志书至宋而流传始多,志例至宋而体格大备。"①

清朝曾规定各省府州县志六十年一修,方志的纂修随之发达。梁启超在《清代学术概论》中说:"史之缩本,则地志也。清之盛时,各省州县皆以修志相尚,其志多出硕学之手……凡作者皆一时之选,其书有别裁、有断制,其讨论体例见于各家文集者甚周备,欲知清代史家之特色,当于此求之。"缪荃孙编修方志是在清代方志学昌盛的基础上进行的。

(一)《顺天府志》、《昌平州志》的编修

顺天府为京师之地,清代属直隶省。由于北京是元、明两朝之故都,元代曾有《燕京志》、《析津志》,明代有《北平图经》、《北平志》等志书修纂,保存下来的有明万历年间沈应文所撰《顺天府志》六卷。清同治年间李鸿章奏修《畿辅通志》,调取各府州县志书,发现顺天府志需要重修。光绪三年(1877),缪荃孙在京授职编修不久,就应彭祖贤邀参与修志。当时请张之洞拟定义例②,授缪荃孙照例编辑。光绪五年(1879),由周家楣奏请开局,缪荃孙与刘恩溥、洪良品、廖廷相、傅云龙、潘遹、蔡赓年等八人"晨夕搜讨,先成《沿革表》四卷。"③光绪七年

---

① 缪荃孙:《艺风堂文漫存》(辛壬稿)卷2,按:《章氏遗书》卷14。
② 张之洞:《修书略例》,见《光绪顺天府志》卷130。
③ 《艺风老人年谱》"(光绪)五年己卯(1879)年三十六。"

(1881)，张之洞令缪荃孙专任其事，周家楣"催二十四州县采访册，书读并发，舟车踵接"，缪荃孙复引傅云龙、屠寄邦修，并由范思本、李棣林等"周旋琐屑"，管理日常事务，至光绪十年(1884)成书。凡一百三十卷，总纲十一，子目六十九。次年三月，由顺天府尹薛福辰进呈。

《顺天府志》是缪荃孙"中年服官"时期最早参与修纂的一部方志。他代张之洞主总纂事，并亲自撰写其中地理志之疆域、寺观、沿革、经政志之矿厂、钱法，人物志之乡贤，以及艺文志、金石志及序志等。

该志编修的时间，正是在清廷镇压太平天国农民起义之后。总纲以京师志居首，目的在于宣扬"王化"，提高清朝统治的威望。他说："清受天命，抚有方夏……京师之地，王化所始，巨之郊庙，学校、兵卫之制，细之祷祀，风尚、玩好之事，靡不先行畿甸，后及薄海"，"而冠之以京师志者，纪卜宅之隆规，敷睿治之丕烈，邦畿千里，游泳圣泽，使薄海内外，声教所讫，莫不瞻云就日，奉为依归，是以序述规模，恭纪卷首。"①子目中把城池、官禁、苑囿、坛庙、祠祀、衙署等放在前面，也正是和这个总纲相吻合。在京师志七衙署中，记载了总理各国事务衙门和同文馆的建立及总税务司署和外国公署的地点，反映了清朝办洋务的时代特点。《顺天府志》的编修在一定程度上起着为清朝统治者维护其统治的借鉴作用，也反映了缪荃孙的封建正统主义的历史观。但也必须看到，缪荃孙从事方志编修时，正值民族矛盾激化的历史条件下，在述地理志时，"规画区域，脉络山川"，载"建置之方，治所兴废之迹"，意在"因近以缀远，托小以著大"，做到"览形势厄塞，则思握险控御，防患于未然，验风俗盛衰，则思与民休息，维之于不敝。"②显然，他编方志在一定程度上表现了他的"不忘武备"和"居安思危"的爱国主义思想。

缪荃孙在编修《顺天府志》时，按照张之洞的要求，对"前代旧制，近日积弊，均为详采。"在经济政策上主张"务本节用"、"休养生息"等经世致用的传统观点外，还赞同洋务派采用西方近代技术，兴办实业。他主

---

①②　《光绪顺天府志》卷130《序志》。

张开矿、兴办新式邮电事业和发展商业,来加强维护清朝的封建统治。

缪荃孙在编修方志的方法上,严格恪守张之洞拟定的"义例"去编修。张之洞在《修书略例》中提出的具体要求,如,"图地理须用目验、实测、聘通算学者为之,不得凭成书及约略揣度";"赋出于地,役出于民,故户口、物产先于赋税";"官师门多归表,少立专传,立表以省传";"人物以朝代为次,不分州县";"艺文门每书撰一提要,注明存、佚、未见、未刊四等,以时代为次,不分经史子集";"金石门以时代为次,注见存、拓本、存目三类,各缀考释";"各门前为小序一则"等,在编修方志时均一一贯彻。他知识渊博,讲究考订古今之变,十分注意"寻其脉络,观其会通"①,在志书各门中附入了不少考史文章,同样也很有史料价值。《顺天府志》在编修方法上反映了晚清方志学和考据学在受近代科学方法影响下较以前有所进步。对《顺天府志》的研究,有助于进一步探讨我国封建史学向资产阶级史学的转型。

与《顺天府志》编修的同时,李鸿章奏修《昌平州志》,光绪五年(1879)先由刘治平任其事,其门生刘万源主修,最后由缪荃孙编纂,而竟其事,刊刻于光绪十二年(1886),凡十八卷。《昌平州志》的编修,同样也是为了适应清廷宣扬"中兴"的政治需要。分二十二目,以"皇德"居其首。"皇德"中记载了清朝列代皇帝对明陵的保护和对明崇祯的表彰,借以缓和满汉矛盾和发泄对农民起义的仇视,充分暴露了方志编修者的地主阶级的政治态度。

《昌平州志》在编修方法上,多援汉侯瑾《皇德传》例述皇德,援周《舆图》例述舆图,援晋朱育《土地记》等例述土地,援齐周澄之《永初山川古今记》等例述山川,援司马迁《大事表》例述大事表,援班固《百官公卿表》等例述职官表,援唐《选举志》等例述选举,援隋《西域道里记》等例述道里,援晋周处《风土记》等例述风土。援齐《祠庙记》例述祠庙,援魏杨衒之《洛阳伽蓝记》例述伽蓝,援宋李彤《圣贤冢墓记》例述墓冢,援

---

① 《顺天府志》卷15《京师志十五水道》。

宋元无名氏《衙署志》例述衙署,援《辽史·营卫志》例述营卫,援唐无名氏《诸郡土俗物产记》例述物产,援晋华侨《广陵烈士传》例述烈士,援汉刘向《列女传》例述列女,援《汉书·艺文志》例述艺文,援汉王符《潜夫论》序录例述序录。缪荃孙列举这么多事例,反复称引,虽难免不无自诩之词,但从中亦可窥见其旧史学之造诣和对旧史学之敬仰之态度。

缪荃孙自居四民之首的"士"的地位,虽然看到小农经济"一遇凶年,支绌立见",但他还是欣赏"务农为业","无远出百里",认为这是"风俗之善",说明他思想深处十分担忧资本主义工商业的发展会动摇整个封建地主官僚的统治。

(二)《常州府志》和《江阴县续志》的编修

清人修志,或以官于其地,或以生于其乡,如果说《顺天府志》等属于前者,那么《常州府志》、《江苏通志稿》则属于后者。

清光绪三十四年(1908)缪荃孙由江南图书馆至常州,应太守王步瀛聘修《常州府志》。是年七月,"住志局,发凡起例,拟具规模",八月因"怔忡病复发,辞志局"。① 这部方志虽未完成,但所撰《重修常州府志条例》却保留下来。"条例"分修志办法、采访格式、修书体例、志目四部分,是研究缪荃孙方志学思想的重要史料。

修志办法凡九条,从采访资料、测绘地图、编写底本到修改付梓,均作了具体规定。采访格式,自舆图、金石凡二十四目,与所列志目大体相吻合。修书体例,分通例、专例两种。通例二十八条,几乎全录张之洞所撰《修书略例》之通例。专例十七条,着重指出各子目应遵循的体例。如山川(水利附)之河渠、桥梁、闸坝,"均略仿《水经注》例,随水道分载。"寺观,"略仿《洛阳伽蓝记》"。坊巷,"略仿《东西京城坊考》",城内古迹分载。"物产,"略仿《南方草木状》。"天文志,"须实测",学校,记载旧日书院,并附近时学堂。当地人著述,"以人为主,事迹少者,略考仕履,省立专传"。金石,"拓到金石,释文加考证。""佚者另编待访

① 《艺风老人年谱》"(光绪)三十四年戊申(1908),年六十五岁"。

目录,用《潜研堂目》例。"在说明这些专例后,缪荃孙又提出四条建议:其一,把巡幸大事(典)归入大事略,但书某年某月,不再列入卷首。其二,各史列传,凡中已有二十四史的,不再抄录,无专传者,则"必采访事实以补之,以详为贵,于旧传主简,于新传主详。"其三,妇女节孝义烈,有事实立传,无事实者概不记载。其四,艺文,"志书宜采书名及解题","诗文非关涉舆地,例不应收",可按章学诚讲的别创文征一编。可见,缪荃孙在其晚年,编修方志力图改进志书的编纂。从所拟志目看,拟分总纲七(地理志、经政志、故事志、官师志、人物志、艺文志、序志);子目三十五,并有图居首,确实规模均具,惜未有成,不能窥见。

在缪荃孙晚年编修方志中,成就最高的是《江阴县续志》。1917年春,江阴续修县志,由陈思主修,聘缪荃孙为总纂,至1919年缪荃孙逝世前基本修成。1921年由冯煦作《序》刊印。

《江阴县续志》纂修的基本原则是"续",所以整部方志详今略古,富有时代气息。全书凡二十八卷,"起光绪五年,止宣统三年"①,分沿革、天文、建置、山川、民赋、学校、风俗、民族、物产、职官、选举、官师、人物、烈女、艺文、石刻记、前志原委、杂识、前志正误、叙录等二十三门,门内再分若干子目。在叙述事时,凡前志已详,或无所更置者,均从简带过;对前志之误,则加以订正。缪荃孙认为"志书本出于图经",强调"以实测绘图,务征详实",②总成图一,城厢图一,分图四十五、水陆交通图、三角网图各一。这些地图,不同于传统的舆地图,均用近代科学方法绘制,标明东西南北,用比例尺说明比例,县城之街市、衙署、学校、监狱、邮政局、电报局、海关、税所、寺院、桥梁等均一一标明。各乡图之山丘、河港、村镇、集市、道路等,也绘得清清楚楚,一目了然。全书末,另附《江阴近事卷录》三卷,专门记载辛亥革命后之史事。《江阴县续志》的主要成就,在于它具体地记载了19世纪70年代至20世纪初江阴县的变化,为研究中国近代社会变迁提供了缩影。梁启超曾把它列

---

①② 《江阴县续志·凡例》。

入清以来方志中之"最代表者"。在编纂方法上,注意吸收前人成果,并有所创新。由于时代变迁,《江阴县续志》不再像前期编修《昌平州志》那样,以"皇德"居首,而是"法《史记》年表"以"沿革表"、"大事表"、"沿革图"的形式。先总叙江阴县的"沿革",起着提纲絜领,概述全貌的作用。他突破旧志的框架,"采史传及前人之文集,拟十余篇列于汇传之前"①,但由于缪荃孙的封建正统史学思想浓厚,依然未跳出封建的忠君思想和封建伦理道德的规范。

四、目录学与古籍校刊

缪荃孙从青年时代起,尤好目录与古籍校刊,考订典籍,可谓垂老而不倦,在目录学和古籍整理上作出了贡献。

(一)协助张之洞编撰《书目答问》

清同治六年(1867),他中举后,赴京会试,次年复试后"始收书为目录之学"。同治八年(1869)为吴棠招聘入成都书局,校刻书籍。光绪六年(1880),他在张之洞门下受业,协助张之洞编撰《书目答问》。

《书目答问》收图书二千多种,以经、史、子、集四部三十四类排比,在四部之外,另立丛书。创立丛书的做法,始于明末清初祁理孙的《奕庆藏书楼书目》,此后康熙间姚际恒《好古堂书目》,除四部外,另立"经、史、子、集总部"。《书目答问》吸收了上述各家之长,立"丛书目"。《书目答问》各部所分类目,与《四库提要》相比,略有变化,如史部立金石一门即为《四库提要》所无,各类目所加注释,虽不及《四库提要》详尽,但言简意赅,便于初学者利用,且提供各种版本,亦便于读者征求。在所列书籍的选择上,《书目答问》也较审慎,注重抉择,不滥收多载以资炫耀,记载书籍均有一定标准。所以,《书目答问》自光绪二年(1876)刊行后,流传甚广,版本亦很多。缪荃孙通过协助张之洞编撰《书目答问》,丰富了版本目录学知识,为其一生中的目录学和古籍

---

① 《江阴县续志》卷17。

整理校刊奠定了较扎实的基础,并影响着他治史的道路。

（二）编撰《艺风藏书记》、《续记》、《再续记》

甲午战争爆发,缪荃孙离京,开始将所收藏的古籍,按籍编目,撰《艺风藏书记》。"尽录题跋印记,有《四库》未著录者,略举人之仕履,书之大意,得书六百二十七种,一万九百六十二卷",仿孙星衍《孙氏祠堂书目》例,分为十类（经学、小学、诸子、地理、史学、金石、类书、诗文、艺术、小说）,编成八卷。于光绪二十六年（1900）九月付刻。

《艺风藏书记》刊行十年后,缪荃孙开始撰《艺风藏书续记》。据其所撰《藏书续记缘起》说,他在这十年中,曾"先后游日本东西京,又观书于四明天一阁,领江南、学部两图书馆,颇见异书,有购者,有易者,有传抄者,有影摹精绝者,所聚与前相埒。"所以,"重循前例,再编八卷。"[1]并与1912年至1913年间刻印成书,名为《艺风堂藏书续记》。之后,仍继续从事目录学研究,对新收的书籍加以题跋,孜孜不倦,直到逝世。1940年,燕京大学图书馆将其遗著,原题《艺风堂新收书目》铅印问世,为使与正续前后一律,定名为《艺风藏书再续记》[2]。

《艺风藏书再续记》不分卷,收书一百十四种。编目方法与《藏书记》、《续记》不同,是以版本区分为宋刻本、元刻本、明刻本（附清刻本）、旧抄本、校本、影写本和传抄本七类。说明他晚年对书籍研究的兴趣,更侧重于版本,同时也反映了他在目录学上不断探索的精神。

从缪荃孙晚年所编的《艺风堂文续集》、《艺风堂文漫存》中的一些文章,亦可看出他在书目编撰上的见解和主张。他认为书目编写大体分为两派:"一则宋椠明钞,分别行款,记刻书之年月,考流传之图记,以鉴古为高,以孤本为重","一则涉猎四部,交通九流,蓄重本以供考订,钞新帙以备记录,供通人之浏览,补秘府之缺遗。"[3]前派偏重形式,

---

① 缪荃孙:《艺风藏书续记》之分类,除将金石改为目录外,其余皆和《艺风藏书记》同。

② 缪荃孙:《艺风藏书再续记》跋。

③ 缪荃孙:《艺风堂文漫存》（辛壬稿）卷2《平湖葛氏书目序》。

是"鉴赏家";后派注重内容,是"考证家"。缪荃孙认为两派均有所偏,他主张内容与形式并重,"上窥《四库提要》,下兼《士礼居》之长,赏鉴考订两家合二为一。"①在《积学斋藏书志序》中,他明确地说:

> 目录之学,始于向、歆。以私家著录,屹立于天壤者,以昭德晁氏与安吉陈氏为最。国朝以来,钱遵王《敏求记》为人所重,然钞刻不分,宋元无别,往往空论,犹沿明人习气,若《也是园书目》、《汲古阁〈珍藏秘本书目〉》,《(季)沧苇〈藏书目〉》,仅存一名,更无论已。

他称赞许乃昌(字积余)所编《积学斋藏书志》有两大优点:第一,积余此目,其书必列某本旧新之优劣,钞刻之异同,宋元本,行数、字数,高广若干……其开聚书之门径也。第二,"尽载各家之序跋,原委粲然,复略叙校雠、考证、训诂、簿录汇萃之所得,各发解题,兼及收藏家图书,其标读书之脉络也。"具备了这两方面的优点,"藏书读书者,循是而求",就能做到"览一书而精神形式,无不具在"。②他认为书目的作用,就是要指出"精神",又要讲清书的"形式",两者不可偏废。仔细阅读缪荃孙所撰写的《藏书记》,就可以看到他提倡实学,反对空论,要求"精神形式,无不具在"的治学思想。

(三)编撰《艺风堂金石文字目》

缪荃孙不仅是一位藏书家,而且也是一位金石收藏家。清同治三年(1864),他在读欧阳修《集古录》和赵明诚《金石录》的启发下,开始从事金石文字的收藏和研究工作。光绪三十二年(1906)十月正式刊行《艺风堂金石文字目》。他收金石的主要目的,是用于研究历史。并把清代谈金石者分为覃溪(翁方纲)派和兰泉(王昶)派,认为两派各有所长,"皆见重于艺林"。

为了便于把金石研究的成果用于历史研究,《艺风堂金石文字目》

---

① 缪荃孙:《艺风堂文续集》卷5《钱塘丁氏八千卷楼藏书志序》。

② 缪荃孙:《艺风堂文漫存》卷2。

在体例上的特点以时代为次,自三代起到元为止,计十七卷,最后为第十八卷,殿以墓志,每条著录题名、数量、撰人、书写人、书体、碑额、刻时、所在地,有必要时加案语或考订。有碑阴者,另低一格著录有关各项。如有子目,另低三格著录有关各项,著录方法详尽而又清晰,确比前人有所改进。

在《艺风堂金石文字目》刊行后,他仍继续收集金石碑帖,晚年又编《艺风堂金石文字续目》两册,体例按前编。分为三卷,卷一为秦至隋碑刻,卷二为唐至元碑刻,卷三为晋至元墓志。该书实系对前编之补充,惜未刊印,抄本现藏北京图书馆。

(四)编撰《清学部图书馆善本书目》和《方志目》

光绪二十九年(1903),缪荃孙奉张之洞命,往日本考察学务期间,曾参观日本的图书馆。之后,江苏巡抚端方赴欧考察,回国后称道泰西文明首在图书馆之完备,他随即在奏折中提出了创办江南图书馆一整套计划,并要缪荃孙主持其事。缪任职后,总理馆务,第一件事扩充馆舍,增添职员,补充图书,开放阅览,成为我国最早的近代公共图书馆。为了便于读者检阅,图书馆曾编印了一册《江南图书馆善本书目》。该目录所收书籍,与杭州丁氏《善本书室藏书志》、《八千卷楼书目》相比,略有出入,其著录虽较简单,却开我国近代公共图书馆善本书目之先河。

由于缪荃孙创办江南图书馆有成就,光绪三十四年(1908)张之洞主管学部,特上疏推荐任京师图书馆正监督,次年九月进京任职。先分类清理书籍,内阁大库检出宋、元、明旧帙,又编馆藏善本书目八卷,各省志书目四卷。[①] 辛亥革命后,他移居上海,于1912年在《古学汇刊》上发表了《清学部图书馆善本书目》和《清学部图书馆方志目》。

《清学部图书馆善本书目》的编撰,是"以内阁新出之古籍,江南购呈归安姚氏(姚觐之)、南陵徐氏(徐乃昌)之书,常熟瞿氏钞进之书,敦

---

① 缪禄保、僧保撰:《缪艺风行述》。

煌石室之经,全数发馆",从中"提出宋文旧版,名家钞者为善本,分类编目而成"。体例上,"仍分经、史、子、集记载,行字、尺寸另成一编。"①实际上除著录书名、卷数、版本、作者、行字,尺寸外,还采用了《艺风藏书记》的办法,转录序跋、图记、碑记等,也体现了缪荃孙关于书目编写要"精神形式,无不具在"的一贯主张。这部书目用尺寸记版框之高广,是缪氏之独创。此后,版本学家踵而效之,如涵芬楼影印《四部丛刊》,即于每书扉页后,特记原书版框之高广,更值得注意的是这部书目的子部中,著录了不少自然科学著作,也同样反映了明清之际西学东渐的情况。

《清学部图书馆方志目》是一部记载方志的专题性书目。共著录各省、府、州、县志一千六百七十六部,其中明志二百二十四部,残缺不全的志书三百六十部,编排上"各种志书分各省、各府、各县,再以时代为次。"②每志著录书名、卷数、册数、主修人、刊年或版本、撰序人,两部以上记复本,不全时记实存卷数。这部《方志目》虽然还不是一部全国方志的总录,但实为我国近代公共图书馆方志目的滥觞。

(五)重视丛书的编刻

缪荃孙说:"丛书最便学者,为其一部中,可该群籍,搜残存佚,为功为巨。"③丛书之中,往往经、史、子、集皆有,如能"延聘通人,甄择秘籍,详校精雕,其书终古不废,则刻书之人,终古不泯。"④他正是出于这两方面的考虑,在光绪八年(1882)任翰林院编修期间,即开始编刻丛书。而真正大规模的刻书,则是在光绪二十年(1894)辞官离京之后,所编刻的丛书,主要有《云自在龛丛书》(五集十九种),《对雨楼丛书》(四种)、《藕香零拾》(三十九种)和《烟画东堂小品》(十二册)。

缪荃孙编刻丛书的主要特点,形式上似乎是搜异,实质是保存文

---

① 《古学汇刊书目提要》,《古学汇刊》第一集(一)。
② 《清学部图书馆方志目》例,《古学汇刊》第二集(五)。
③ 《书目答问》卷5"丛书目"。
④ 《书目答问》附一"别录"《劝刻书说》。

献。从流传典籍的角度，他一贯主张像黄丕烈、顾千里那样，"公其书于天下"，反对"私其书于己"。他认为："举古人欲绝之迹，海内未见之本，传之艺苑，播之寰宇，俾又可绵延一二百年，不致泯没；而且勘订脱讹，补缀遗逸，使后人读此一编，尽善尽美，无所遗憾"，这就是所谓"守先待后"。为了使"中国之旧学，得以永保"，他认为藏书家的职责，应"均以流传为主"。其丛书的编刻，为研究历史保存了不少资料。如光绪三十二年（1906）印行的《云自在龛丛书》所收《尚书记》、《吴兴记》、《元和郡县图书志阙卷遗文》、《奉天录》、《北梦琐言》等书，对研究我国的经学、舆地、金石、掌故各有其参考价值。再如光绪三十三年（1907）编刻的《对雨楼丛书》，收《诗品》、《荀子考异》、《茅亭客话》及《南朝史精语》。对读史帮助较大的是洪迈撰《南朝史精语》十卷，他对全书作了校勘，并撰《札记》一卷附后。还有1912年编刻的《藕香零拾》，史学价值最大。该书分三十二册，所收多罕见之本，如金人王寂官辽东提刑时所著《辽东行部志》记自金章宗明昌元年（1190）二月十二日起至四月七日止，一月零二十五日内事。书中详载其在行部之见闻，包括所经之地、所办之事、所作之诗文，是研究东北史地的珍贵资料。但书久不传，清开四库全书馆，自《永乐大典》辑出，而未著录于《四库》，并不见其名于存目。他将其辑本收入《藕香零拾》，才得以问世。其他录自《永乐大典》的书，还有反映宋金战争的《十三处战功录》，记载南宋前期职官情况的《宋中兴百官题名》，详载成周、后汉、魏、晋城阙宫殿古迹与后魏、隋、唐、宋城阙古迹的《元河南志》，以及《苏颖滨（苏辙）年谱》、《曾公（曾布）遗录》等。除从《永乐大典》所录外，有关历史琐闻的笔记、杂史也很多，如记载唐史的就有《大唐创业起居注》、《安禄山事迹》、《东观奏记》、《广陵妖乱志》等。这类杂史、笔记在《藕香零拾》中占有相当比重，其内容详于正史。

1920年冬刊行的《烟画东堂小品》，是缪荃孙生前编成的最后一部丛书。该书分十二册，系他所收昔年所刊诸丛书外的零星碎简，集录而成，其特点是刊印时注意保存原书的版式。其中史学价值较高的有

《康熙朝品级考》、《圆明园记》、《周世宗实录》、《公车征士录》、《东林同难录》、《国史贰臣表》等,是研究中国小说史的重要资料。

综观缪荃孙一生学术生涯,著述宏富,在史学上的成就是多方面的。他治学,主要继承了乾嘉的遗风。这主要表现在注重文献的搜集记载和史料的考证整理。其著述,大多经过长期的资料积累,在资料不完备的条件下,绝不轻易成书。在资料考证上,注重旁征博引,坚持精益求精的作风,不仅善于鉴别图书的版本源流,还善于考证金石碑刻,主张以金石资料补史籍之缺。对历代地理沿革,山川城阙,当代掌故,朝野人物,无论巨细,都广为采摭,并尽量将其成果用于史书和方志的编修。王先谦称他"高才博学",屠寄说他具有"乾嘉诸老之风。"但缪荃孙毕竟不是乾嘉时代的人物,他的思想受洋务派思想影响较深,赞成张之洞的"中体西用"主张。为了维护中学这个"体",他从事金石、版本、目录和当代史学研究。在治学方法上,如方志编修的方法上无论地图的测绘,还是统计表的编制,都注意吸收近代科学成果。在古代史研究上,他已不是单纯地考证、补阙,而注意总结历史上成败的经验教训。在目录学方面更是有所创新,分类方法上,不受四部的束缚,如《艺风藏书记》、《续记》用孙星衍的十分法,《再续记》则以版本分为七类,《金石目》以时为次,《方志目》因地而分,各有独特的风格。尤其是《藏书记》后附题跋,是资考订文集,于史部尤为详赡。辛亥革命后,缪荃孙强调学术研究上不分古今中西,要兼收并蓄,其学术开始由封建正统史学向资产阶级史学转化,由于封建传统思想根深蒂固,致使没有完成这一转化,但与同时代的王先谦等人相比较,则前进了一步。

第 三 章

正统考据派的历史地理研究和蒙元史研究

　　我国历史地理学的发展,历史悠久,延至清代,已积累了大批历史地理学研究的著述。鸦片战争前后,由于民族危机的日益加深,一些具有爱国思想的有识之士,致力于边疆历史地理的研究,企图把地理学作为挽救民族危亡的武器。然而,还有一些学者固守乾嘉考据学风,进行历史地理研究。戊戌变法前后,以杨守敬为代表的正统考据派,仍旧继承乾嘉考据遗风,在整理古代地理名著和历代舆地沿革方面作出一定的成就。他的代表作有《隋书地理志考证》、《水经注疏》和《水经注图》等。

　　与杨守敬同时代的丁谦,尤重西北历史地理的考订和研究。他除了对历代正史西域传地理志详加考证外,并用很大精力从事蒙元史地的考证,撰《元秘史地理考证》,对《元秘史》中一些重大历史事件和蒙古舆地一一考证,对蒙元史研究提供了不少可贵史料。这一时期,洪钧撰写的《元史译文证补》,针对汉文史籍记载薄弱的环节,增补了大量西人著作材料,大大丰富了研究蒙元史的史料。特别值得注意的是丁谦和洪钧治蒙元史,其方法由封建正统考据派向资产阶级实证派转化,这是历史考据学的一大进步。

第一节　杨守敬和历史地理研究

一、杨守敬生平和对古代地理名著的整理和校释

杨守敬(1839—1915),字惺吾,晚号邻苏老人。清湖北宜都人。同治元年(1862)中举人。此后,屡次入京会试不第,遂绝意科名,专心于历史地理研究和著述。光绪六年(1880)清廷任命何日璋为驻日公使,杨守敬为随员赴日,光绪十年(1884)归国,任湖北黄冈县学教习。光绪二十五年(1899)为两湖总督张之洞聘任为两湖书院地理教习。光绪三十三年(1907)任存古学堂总教长。同年,礼部侍郎陈宝琛咨举为礼部顾问官。辛亥革命爆发,他避居上海。民国三年(1914),袁世凯聘为顾问,任参政院参政。次年,在北京病逝。

他生平喜治目录金石之学,尤长于历史地理学,编撰有《隋书地理志考证》、《汉书地理志补校》、《水经注疏》、《水经注图》、《历史舆地图》等,对促进历史地理学的发展起积极作用。

杨守敬在历史地理学上最突出的成就,是对古代地理名著的整理和校释。在其整理考订的古代地理名著中,尤以《隋书地理志考证》和《水经注疏》,在历史地理学上贡献最为显著。

《隋书地理志》为唐初魏征等撰修,是一部记载隋代大业五年疆域(东南至海,西至且末,北至阴山,南至越南)和郡县区划的历史沿革,并记叙了南北朝时期州郡废置史迹的历史地理著作。但由于志文疏误颇多,非经考证有关史料,难以得出正确的结论。杨守敬以他广博深厚的地理学知识,撰《隋书地理志考证》九卷。该书据隋以前诸正史,并引征《括地志》、《后汉书注》、《通典》、《元和郡县志》和《太平寰宇记》等史籍,对《隋志》作了系统整理,凡《隋志》所载郡县置废、政区沿革、人户增加及山川、关隘、城邑位置等,考订其详,而于原文疏脱舛误处亦有所补正。该书于光绪十二年(1886)完成后,两经修订,光绪二十一

年(1895)初刊。因付刊仓促,舛误颇多,再作校订,并分卷作补遗,于光绪二十五年(1899)重刊。《隋书地理志考证》从起草到成书,前后共用了八年的时间,曾三次修改校订。他说:"因复发图籍证勘之,增删几万言。其可铲除者更换之,不能挤入者,别为补遗于后。吁! 余书本未精密,加以草率镌刻(板),贻此斑疵,曾不如不出之为藏拙,今散布者,不可复收,遂不能不更事修饰,恐他日仍蹈再误之悔。"可见,他的治学态度是非常严谨和认真的。

《隋书地理志考证》注文详尽,条理缜密,多有创见。并且征引丰富文献资料,考核隋代郡县区划及其沿革,甚为精审,对真伪难辨之处,不任意曲解,用阙疑的方法,兼采众说,留待后人判断和进一步研究。但是此书对郡县的考释,仍有不少缺误,引用时仍需审慎。

《水经注》北魏郦道元撰。《水经》为三国时人所作,记述河流一百三十七条,内容极为简略。郦道元广搜史料为之作注,大加补充,成为内容极为丰富的地理名著。《水经注》共记河流一千二百五十二条,详细记述了各条河流所经过的山陵、郡县、城市、关津、名胜、祠庙、冢墓的地理形势、建置沿革和历史事件、人物、故事、歌谣以至神话传说。注文共约三十万字,为《水经》的二十倍。引用书籍多达四百三十七种之多,并收录了不少汉魏时期的碑刻,有很高的学术价值,但由于《水经注》年代久远,辗转传抄,使经注混乱,字句舛误散乱。明清学者从事《水经注》研究的不下二三十家,而尤以乾嘉学者全祖望、赵一清、戴震三人功力最深。他们经过辛勤考订,终于使传抄舛误和缺遗的《水经注》逐渐恢复了原貌。

杨守敬承继乾嘉遗风,在乾嘉学者研究《水经注》基础上,以毕生精力,尽瘁于《水经注疏》的撰写,对于以往研究的得失利弊,作了全面的总结。正如在《邻苏老人年谱》中说:"郦氏之阃奥,诸家多有未窥,间有郦氏不误,诸家改订反误者,国初,刘继庄拟为《水经注疏》而未成,道光年,沈文起亦有此作,未付刊。"杨氏与其门人熊会贞发愤为之疏,"原为八十卷,凡郦氏所引之典,皆标所出,批于眉书行间,凡八部皆满。"①《水经注疏要删》自序中又说:"自全、赵、戴校订《水经注》之后,群情翕然,谓无遗蕴,虽有相袭之争,却无雌黄之议。"杨氏"颇觉三家皆有得失……亦有明之斑疵而失之眉睫者,乃与门人熊君会贞发愤为《水经注疏》,稿成凡八十卷,凡郦氏所引之书,皆著出典,所叙之水,皆详其迁流。"对《水经注》,厘析纷杂,作了一次全面的整理和考释。但此书未及完稿而杨氏逝世,由其门生熊会贞继续编撰而成。

《水经注疏》全书四十卷。广集群籍,荟萃诸家之言,实集明、清以来学者治《水经注》之大成。初稿成于光绪三十年(1904),因卷帙过大,镌刻不易,乃取其要者,先刻为《水经注疏要删》、《水经注疏要删补遗》和《续补》。1935年中国社会科学院以熊氏增补全书稿交科学出版社影印出版。因未审校,漏误颇多。另一清稿本,与此本少异,由台湾印行。

《水经注疏》,全书据统计,经注十五万九千二百九十四字,疏五十七万四千七百三十八字。几乎近四倍于《水经注》原书。对于这样一部集《水经注》研究之大成的著作,不能在这里作详尽论述,只是概括地介绍它的突出之处。其一,对于郦氏所述大小河流的迁徙,郡县建置省并,城市兴衰,以及当时各种地理现象均有详尽考述并以今地注释,郦氏所引征书籍,皆详尽注出处。其二,辨析经注,订伪纠谬,网罗明清学者众说,以别是非,其少明证者,则以阙疑,畅抒己见,则附注于案语中。其三,对全、赵、戴三家校勘的纠谬错误,并反复推寻其所以失实的原因,持着"摧陷廓清,无所以依"的严肃态度。其四,对书中叙述历史事迹疏略之处,博采史志记传予以补证,专于增广异闻,补其阙佚。总之,《水经注疏》是充分吸收前人研究历史地理学成就的巨著,为后世历史地理学的形成和发展提供重要的资料和借鉴。然而,《水经注疏》的作者,因受当时历史条件和科学水平的限制,还只是停留在历史沿革地理的研究上,没有进一步从事于历史地理学的探讨,而且在考证校勘

---

① 杨守敬:《邻苏老人年谱》。

方面也有不少错误,尽管如此,杨氏在历史沿革地理学上的贡献是值得肯定的。

二、历史舆地图的绘制和学术价值

我国绘制地图历史悠久,有着卓越的成就。唐代贾耽始用朱墨二色辨别古今地名,所谓“古郡国题以墨,今州县题以朱,今古殊文,执可简易”①这便是绘制历史地图以朱墨区别古今的开端,一直为后世所遵循,到了清末,杨守敬总结古代绘制地图成果,编绘了《水经注图》和《历代舆地图》。

杨守敬于光绪三十年(1904)在完成《水经注疏》初稿的同时,绘制《水经注图》,光绪三十一年(1905)刊刻。杨守敬和门生熊会贞研究《水经注》,认为郦道元《水经注》无图,人们对于汉魏时期复杂纷繁的地理变迁,往往无法获得具体的地理观念。清咸丰年间汪士铎绘制《水经注图》,其绘制方法粗陋,不使用比例尺,不计里画方,往往与郦道元的学说相违异。因此,杨守敬在撰《水经注疏》时,与门生熊会贞复作《水经注图》。《水经注图》自序云:“郦亭自序云录图访迹,又云狂渚交奇,洄湍决复,知其所据必有至精至详之图……寝馈弗谖者,不能得其端绪,惜当日不并其图而传之。沿历千余载,简策夺乱,纵有笃信好学之士,亦不过粗缀津要,未遑究析缠洛的。至国朝常熟黄子鸿始创为补图,而未闻传世。咸丰年间江宁汪梅村(士铎)复为之图,治此学者差有津逮,惜其参稽未周,沿溯不审,往往与郦书违异。余既同熊君会贞撰《水经注疏》,复为图以经纬之,昕夕商榷,年历三周而成。”又据晦明轩稿载:“汪氏(汪士铎)《水经注图》不能参合郦氏各篇互见之文,往往与郦说相违反,余故别作《水经注图》以正之。”杨守敬正视汪图弊病,在编绘过程中,始终遵循“郦氏步趋必一一证合,以书考图,以图覆书”的研究方法。

---

① 《旧唐书·贾耽传》。

《水经注图》是采取胡林翼的《大清一统舆图》为底本，并将胡图每方里扩展为每方五十里（西域每方千里）相当于五十万大比例尺地图，用传统绘图法，今地用朱色，古地用墨色，将《水经注》记载的一百三十七条水道，一千二百五十二条支流和水道所经流州县城邑、湖泽分布、名胜古迹，以及各种自然地理现象，都作了细腻的准确的描绘。他在绘制此图时，尽量参考利用前人的地理著作和研究成果，"凡山水博考《括地志》、《后汉志》、《元和志》、《通典》、《寰宇记》，诸书图之古地志不载者，则参稽《方舆纪要》、《一统志》及近儒说地诸书，西域以历代西域传及《佛国记》、《大唐西域记》诸书为据"。经过他反复仔细地推敲揣摩，使汉魏时代的大小河流、湖泊城邑等变迁，都呈现在地图上，这种研究与绘制方法是比较科学的。事实上，将杨守敬描绘的水道和城邑复合在今日出版的地形图上，发现大多是正确可靠的。在当时科学水平下，能够达到这样的精确度，这是无与伦比的。历史地理学最主要的工作之一，是将各历史时期的地理景观进行"复原"，这样，才能更深刻地探讨古今地理变迁的规律，杨氏不但有系统地整理和注释《水经注》，而且更深入揭示《水经注》论述的地理面貌，其学术上的价值就在这里。固然《水经注图》并非完美无缺，尚有许多简漏谬误之处，但不足以损害全书的价值，尤其在今天，研究各历史时期的古河道变迁，为农业发展开辟水源，具有现实意义。

杨守敬在历史沿革地理学方面的又一重要贡献是《历代舆地图》的编订。《历代舆地图》共三十四册，它是一部内容丰富的历史图籍，其突出的优点在于：图籍包括历代疆域总图和各朝的详图，始于春秋，终于明朝，是一部贯通古今的历史地图。过去虽有许多史地学者从事历史地图的编制，并相继有所创造，但是还停留在断代上的编绘。清嘉庆年间李兆洛编著的《历代地理沿革图》二十二篇，往往把分裂割据各朝省并为一图，因此不够完整，而且内容十分简陋，错误很多。直到清末杨守敬编绘了各朝详细而完整的疆域政区设治为主体的历史地图，这在当时我国地图史上是举世无双的巨著。

　　《历代舆地图》的题材是根据历代正史地理志,无史志则以后人补修的志为据。在图上标绘出每个统一封建王朝和分裂割据时期的疆域范围,勾画出一级行政划境界线,标出各代统治中心、郡县设治和著名历史事件地点,提供了明确的今地概念,为以前任何历史地图所不及。这对于学习与研究历史,特别是研究历代政治地理,具有极重要的参考价值。所以一直为史学工作者所重视。《历代舆地图》不仅采用胡林翼的《大清一统舆图》为底本,每方里约当百万分比例,来绘制《历代舆地图》的。这是清初实地测绘的全国地图,采用这种大比例尺的实测地图来编绘历史地图,更加显示图的内容特别详细和准确。

　　《历代舆地图》编绘始于光绪二年(1876),至 1911 年完稿,其间经历过三十五年时间的艰巨劳动,才完成这一部卷帙浩繁的历史地图集,在学术研究上有如此毅力,实在令人敬佩。在编绘过程中,其弟子熊会贞亦参与绘制,并得到邓永修、饶郭秩、马范畴、陈济等人的帮助。

　　《历代舆地图》是我国现存的一部最精详的历史地图集。但也受到当时科学水平和技术条件的限制,不免有很多脱漏错误之处,今归纳为如下几点:第一,图集编绘的各代疆域,都以中原王朝的极大版图为限,对边疆地区的据点记载过于稀疏,不能体现出我国是一个有史以来各族共同缔造的国家。第二,往往以一王朝先后不同时期的疆界、考证建制杂陈于一图,尤其是南北分裂各代更为严重。第三,图集除前汉、后汉、三国、西晋、隋代诸朝质量较高,其余各朝所引用资料就不够完整,地名考订多有错误,穿凿附会地方也很多。此外,原图一朝一册,多至八九十页,实际上是将一大幅分割成八九十块,而且又非独自成幅,以致同一政区也往往分成数幅,使学者检阅不便,再加以套制印技不够醒目。尽管《历代舆地图》存在着这些错误和缺点,但并不因此使这部巨著有所减色。

　　以上列举的是杨守敬最主要的几部地理著作。此外,他还著有《汉书地理志补校》、《三国志郡县表补正》、《晦明轩稿》等。这些著作,对于补订郡县变革,或是考释地名方位,大多是正确的。《晦明轩稿》答陈仁志篇中,关于三国赤壁之地点,向来众说纷纭,莫衷一是,杨氏征订丰富资料,论证赤壁地点在长江南岸,今湖北蒲圻县境内。这一论断为我们实地调查所证实。

总而言之,杨守敬治历史沿革地理学,是继承乾嘉时期的学术传统,着重于历代疆域政区演变的研究和古籍的整理和校注。他的研究方法,首先在占有大量文献资料的基础上,进行深入细致的分析与考订,然后审慎的作出科学结论。特别值得重视的,是他整理古籍、考订地名沿革与编绘历史地图紧密地结合起来,做到"据书考图,以图覆书"。这种研究方法,容易发现问题,得出可靠论断,所以他的成就也就超越了前人,当时有人称:"段玉裁的小学,李善兰的算学,杨守敬的地理学,为清代三绝学。"今天在他的著作中,留下了丰富的历史疆域政区沿革地理的知识。这是研究历代地理沿革和发展的必要基础知识。因此,对他的著作应充分重视,予以总结,进一步发展我国现代科学的历史地理学。

第二节 丁谦的西北历史地理研究

一、丁谦和西北史地考证

丁谦(1843—1919),字益甫。浙江仁和(今属杭州市)人。清同治举人。光绪七年(1881)任浙江象山县教谕。中法战争期间,因办海防有功,奏加五品衔,后升处州府教授。他博览群书,嗜金石,精医学,尤长于历代边疆史地及域外地理考证。晚年致力于著述,所撰《蓬莱轩舆地学丛书》六十九卷,分为二集。尚著有《元马哥博罗游记补注》、《宋徐霆黑鞑事略补注》、《宋谢灵运山居赋补注》和《元术赤传补注》等书。

《蓬莱轩舆地学丛书》是他的代表作,于光绪二十八年(1902)出版。后为浙江图书馆刊行,即今所见《浙江图书馆丛书》。该书第一集,三十五卷,取自汉至明诸朝正史四裔传,进行考证;第二集,三十四卷,包括《穆天子传地理考证》、《元秘史地理考证》和《元圣武亲征录地理考证》等,其内容多属研究元史范围,偏重于西北历史地理的考证。他研究和考证西北历史地理多以西史为证,力图贯通中外,"全翻旧说"。

丁谦对边疆舆地的研究与考证,就其范围来说,远远超过近代其他学者。陈汉章称赞道:

> 自林文忠公译西人《四洲志》,邵阳魏默深、光泽何愿船因以考订列代外国传及佛国、西游、西使诸记为《海国图志》,并及异域录、宁古塔纪略诸书为《朔方备乘》……仁和丁益甫先生秉铎吾邑,以实事求是之学课士,多所成就。暇日读诸家书,病其疏舛,乃自班、范西域传以降,取晋法显、魏惠生、唐玄奘、元耶律楚材、李志常、刘郁,以迄于图理琛、吕振臣所撰有关于古今中外地理者一一疏通,而证明之,并非诸儒所可及……书成以示汉章,命为之叙,受读数过,何敢赞一辞,惟念我中国轺传之逾葱岭自汉始,军府之建濛池自唐始,兵力之加欧洲自元始……百余年来,海禁大开,中外交通懵然于古今之故,自先生之书出,山川能说常变兼资,我中国其不穷于因应也。夫爰赘数言于后,以验当代之为舆地学者。①

丁谦取近人著作之成果,并参阅西史,以资周边舆地之考证。同时指出了近人著作之弊,阐明古今周边舆地之沿革。如撰《汉书》、《后汉书》、《三国志》、《魏书》、《周书》、《隋书》、《新唐书》、《旧唐书》西域传地理考证等,对历代史书西域传详加考证。《凡例》说:

> 班史西域传,自谓道里翔实,然参互考之,牴牾处极多,如且末去长安六千八百二十里,由且末西行又数百里始至尉黎。尉黎乃尉黎传谓去长安六千七百五十里则反近于且末矣。有是理乎,似此之类,不胜枚举……②

丁谦对历代西域传记载之舛误、弊病进行考证,予以纠正。他认为

---

①② 　陈汉章:《蓬莱轩舆地学丛书》"西域传地理考证""凡例"。

《后汉书》不过补《汉书》之缺，凡《汉书》所有，皆不详记。而对记载不明白处予以考证。如甘英欲渡河远征安息史事，丁谦考证此处大海是指地中海。①

丁谦不仅考证正史西域传之舛误，而且广搜古今中外材料，补正史西域传之遗阙。他说：

> 典午窃国，不久乱生，鹿走中原，安问边裔，考西域者，三国而后不得不继以魏书，但其中间隔绝太远，各国事迹先后颇难贯穿，余合中西各史书，参互推究，始渐得其端绪，如大月氏吐火罗，嚈哒之沿革，罽宾、漕国、簡失密之分合，康史、安何、曹米等国之源流是也。②

此外，又撰辨亚细亚即安息之误、李光廷汉西域图考谓条支在俄南栴里达之误、西里亚即条支之误，等等。撰《昭武诸国非康居之考辨》、《西域无回回国回回教考》等，其主要成就是纠正前人著述之缺陷和舛误。如指出许景澄《西北边地考证》之误时说："汉时天山南道，本由罗布淖尔西达和阗，自唐以后，其道遂湮，与余说正合，惟谓车尔成地即汉且末国，按之本书及水经注，均情形不符，至谓卡墙河，其上游经山北流，即阿耨达大水，下游迳巴什仕里之北，即注宾河，尤谬，盖由误认且末地，不得不任意分配，以求合于古书之所言耳！"他批评徐松治学既死板，又抓不住要点。《凡例》说："徐氏松西域传补注，斤斤核算，真如锲舟求剑。班史尚然，其他可知。兹故但录原文，不加申说，拙著专考西域地理，故于史文以有关地理者为重，若各国政令、风俗、制度、物产，及与中朝交涉等事节录之不能详也。"③

除撰历代正史西域传地理志，于新疆一带地理详加考证外，并用很大精力从事蒙元史地的考证，撰《元秘史地理考证》十六卷，对《元秘史》中一些重要历史事件及蒙古舆地一一考证，纠正前人的错误和补其遗

---

① 陈汉章：《蓬莱轩舆地学丛书》"西域传地理考证""凡例"。
②③ 《蓬莱轩舆地学丛书》"凡例"。

漏。同时又撰《元太祖成吉思汗编年大事记》、《元初漠北大势论》、《元都和林考》等。其著作不仅在研究蒙古舆地上有贡献,对研究蒙元史提供了不少可贵的材料。因此,有些人把丁谦作为研究元史的学者。

丁谦考证西北舆地,其材料多取自西方资产阶级著作,并引申到域外史地的考证、特别对研究东西通道贡献犹大。如在《晋书四夷传考证》中涉及大秦(罗马)历史的发展。他说:

> 大秦即西史之罗马,其本部为今意大利国,当其盛时,兼有欧南、亚西、非北三洲诸地,迨汉之末国大乱,内则军士操立帝之权,外则蛮族有侵略(陵)之患,自晋武太康五年地格利典为帝,始渐平定,但未几分国为四,军队之跋扈虽除,而罗马之不复统一,实基于此,此传不过袭汉书旧文,当时情形,同无从详悉也。西海指地中海,此国近地中海西界,故曰在西海之西。①

同时考证通向大秦的通道。他说:

> 从安息国,周回绕海,乃到大秦,何秋涛谓海即黑海,海北即俄南地,此由未见西史,但据地图,而为此意度之辞也。不知高加索山,自古为野番所居,不通人行。况罗马北界,只及多脑河,东汉时德拉旃帝,虽得河北达西亚一省,不久即失(均见罗马史)。终罗马之世,其声教卒未迄于俄南,观此情形,境外之地,断不能人民相属,十里一亭,三十里一置,终无盗贼,概可知矣。今详核中西史籍,考定此道,庶无大谬。②

又在《朝鲜传考证》着重考证大同江和鸭绿江均有浿水之名。他说:

> 浿水有二,唐高丽南涯浿水指大同江,而此传浿水均在鸭绿江,今考据家但知大同江为浿水,不知鸭绿江亦有浿水之名,盖大同江在平壤南。卫满所都王俭城即平壤,满渡浿水而后居此,则浿

---

① 丁谦:《晋书四夷传地理考证》。
② 丁谦:《宋书夷貊传考证》。

水在平壤之北,可知证一;涉向谕右渠还朝必经浿水,证二;左将军破浿水西军方得至王俭,证三;右渠太子入谢天子,至浿水引归,证四。观此传中,浿水皆指鸭绿江明矣。①

上述考证,对后世研究西北和东北边疆史地是有帮助的。

二、丁谦的学术思想由正统考据派向资产阶级考证派转化

道咸以后,随着西方文化的东渐和传播,西方资产阶级的政治学、经济学、哲学、历史学等著作,如雨后春笋般翻译出版,冲击着中国传统的学术思想。反映在史学领域中,西方史学理论如进化论和实证论等在史学领域广为流传,影响着中国传统史学转向。丁谦从事历史地理考证,接触了西方著作,受西方学术思想,尤其是受实证论的影响,其治学由乾嘉以来正统考据派转向资产阶级实证论考证派。这是他与杨守敬等治学不同之处。他自己说,其治学多取西史为证,"全翻旧说"。

他用很大精力考证人种的起源。因为人种起源问题,在西方学术界中争论非常激烈。当时最为流行的是人种西来说。西方学者大多认为人种起源于西方,西方民族属于优等民族,东方民族属于劣等民族。同时,依据"优胜劣败"的庸俗历史进化论,为西方殖民主义者侵略东方作为"理论"根据。丁谦强烈反对人种西来说,认为人种起源于亚洲西北高原,并以充分证据阐明亚人西去的具体历史过程,其目的是说明亚洲人的祖先在世界文明史上的贡献,而且歌颂东方文明,驳斥西来说和西方为优等民族的种种谬论。他在《匈奴传考证》中说:

> 余著地理考证,遍读自汉以来外国诸传,并参核西史,始知欧洲人种皆起于亚洲北方,而亚洲北方人种始者有三:一为匈奴人种;一为鲜卑人种;一为乌斯人种。②

在《欧罗巴洲人种从来考》中又说:

---

① 丁谦:《朝鲜传考证》。
② 见《浙江图书馆丛书》。

欧罗巴者,亚细亚洲西境也,因亚细亚幅员过大,勉强分画为二洲,其实并无天然之界限,且其地开辟较后,故全洲人种,无一不由亚洲分析而来,而其迁徙之后先参证史籍,均显然有可指之迹象,近人不察,惑于黄种、白种之谬说,弗一推究所从来,殊足嗤已。大抵亚人至欧洲分为两大派:第一派,由南路而入,始自地中海东岸,洎埃及北境,渐次西渡,聚集而成希腊列国,复由希腊各地渐次西渡,久之竟成罗马一强大国,顾罗马盛时,虽曾灭喀颊基据西班牙,征服高卢,自白里登及日耳曼西部,而以上诸地,皆先有土人居之,此土人自别有来源,非尽由罗马人种所移植也,明其夫南迁入亚洲之种,希腊、罗马古史详载之矣。若第二路由北路入之人种,不特中国人素未论及,即久居其地之欧洲人。

同时,丁谦又进一步论述亚人入欧洲可分五个时期。通古斯人沿亚洲北陆而逾乌拉山入今俄罗斯国境,再向南及里海、黑海之间,此亚人入欧之第一时期。欧洲古族,除希腊、罗马外,如德之日耳曼,法之高卢、英之威尼斯,以及荷兰之巴达俄,瑞典、丹麦之斯干的维亚等支派,虽多由粟弋人种所分析,此亚人入欧之第二时期。匈奴西走立脱般国于康居境,乃冒康居之名,此亚人入欧第三时期。梁武帝天监七年,四裔年表记波斯设炮台屯军,北进以御匈奴,即其西徙,今俄罗斯史所称为斯拉夫民族,此亚人入欧之第四、五时期。

关于人种起源之争论,不管是西部亚洲说,或起源于欧洲说(即西来说),其共同点是"单一论"。"单一论"同马克思主义民族理论的一元论是有根本区别的。单一论者,不讲人种起源的一定历史时期和自然条件,而是凭自己主观的臆断假定人种起源的区域。据科学测定,地球的历史分为好几个时期:第一期是"无生代",这一代在地层上是最古的一层,没有生命的遗迹,往后地球的情形复杂起来,生了许多新的原子或原子的合成物,并且发生了生命特征的化合物——细胞。初期的生命,大都是在水中,这种单细胞生物的遗迹,叫做"古生代岩层",这个时期叫"古生代"。再往后,各种生物适应着自然界的变化,原来栖息在水中的生物,逐渐朝水边潮湿地方发展。藻类离开了水变化为有根有干的植物,水栖动物亦离水到陆上去,变为强韧的皮层和肺,且能水陆两栖的爬虫类。有两栖爬虫类遗迹的地层,叫做"中生代地层",也叫做"中生代"时期。更往后,地球愈冷愈凝固,植物的生殖地域已扩展到干燥的平原,地球出现了广大的草原和森林。这时候,动物就向大陆地森林去生活,发展各种各样的鸟类和毛皮哺乳类。人便是由这种低级的哺乳动物渐渐进化而来的。有哺乳动物遗迹的地层,叫做"新生代地层",也叫做"新生代"时期。人类,便是在新生代的第三纪到第四纪,经过冰河期的袭击,由哺乳类的灵长类高级猿猴进化来的,那种脱离生物进化的历史阶段性和形成人类自然条件来大谈人种单一说或多元论,均是不科学的。

丁谦考证方法,取材多用外国资产阶级学者的书籍。如引希腊史考证古代大夏国的地理,他说:"大夏王以地名为国名,希腊史作巴格德利亚、印度史作拔克利安西,四裔年表作巴特里,《万国通鉴》作巴克提阿。盖西人不知古有大夏国名,因以汉时立国,其地之巴格德利亚……中国《史记》、《汉书》又不知此国已易名巴格德利亚地……而巴格德利亚即古大夏国地。"①用《罗马史》、《希腊史》考证安息历史地理。他说:"安息本古波斯地,波斯为马其顿所灭,未几各地分裂,有阿塞西者,于西前元二百五十年(秦孝文王元年)起兵据波斯中境巴提亚省,自立为巴提亚国(一作巴地耳,一作帕而特,一作巴尔而)。其王世世以阿塞西第几为号,汉人误王名为国名,称为安息,安息者阿塞西转音也。"②又引《西洋通史》考证罗马大将凯撒于公元前四十八年西征,由亚波尼城渡海。同时也记述罗马帝国的历史沿革和行政组织。认为"西罗马时各省但有方伯,并无分封王国之事。及其末适丢革利典即帝位,始变旧制,分其国为四,立奥古斯都,立凯撒二,其下则有国王,国王下则有

---

①② 丁谦:《西域传考证》。

属部,属部下则有街邑。但此事诸书不载,只西洋通史有之。"①

丁谦考证历史地理,重实证,怀疑正史。他强调说:"《水经注》一书,地学家与班志并尊,视同圣经贤传,不敢稍参私议,今俨然为之正误,知见者必谓为狂吠无疑。窃思地理者征实之学,水与山之位置,皆造物者豫为排定,岂人力所能意为更张!此书注释校笺自明后已三十余家,硕彦鸿儒,均毕生尽力于此。所不介者,诸公屹屹数于故纸中,讲求水道绝不于实地上探寻水道,以故作者愈众,谬戾愈多,余每取其书与舆图合读,辄憬然如坠云雾,思欲仿董方立残稿遗意,以今为主,证明而疏通之,凡遇颠倒错杂诸条不得不谓之误,非故意讦击也。"②

丁谦治学方法强调实证,他认为"舆地之学,最忌武断"。他把实证看作区别以前学者与封建正统考据派的重要方面。乾嘉以来的正统考据派,恪守旧章,把历代官书作为圣经圣传,不敢以私议,其考据以官书为据,旁征博引,于具体历史事件、地理沿革,尤为精细可取。然丁谦重实证,轻前人著述,特别是假定法用于历史地理研究,多产生主观偏见。但在当时历史条件下,用资产阶级实证论指导治学,较之正统主义考据史学是前进了一步。

第三节　洪钧的元史研究

一、洪钧和《元史译文证补》的编撰

洪钧(1839—1893),字陶士,号文卿。江苏吴县(今属苏州市)人。同治七年(1868)状元,授翰林院修撰,旋任湖北、江西学政。光绪初年,参与修《清穆宗实录》,迁内阁学士。光绪十三年(1887),任驻俄、德、奥、荷四国使臣,光绪十六年(1890)归国,任兵部左侍郎兼理各国事务衙门大臣。

---

① 丁谦:《三国志注引鱼豢魏略西戎传地理考证》。
② 丁谦:《水经注正误》"小引"。

　　洪钧入仕途时,国内大规模农民起义和少数民族反清斗争刚被镇压下去,清朝统治暂时处于所谓"同光中兴"时期。但是,"中兴"的虚假旗号并不能掩盖其虚弱腐败的本质。由于清廷军事上一再失利,外交上又接连失败,先后签订了《中俄瑷珲条约》(1858)、《中俄北京续增条约》(1860)和《中俄勘分西北界约记》(1864),使我国东北、西北地区大片领土不战而丧失。在外患频迫,国土日蹙的形势下,凡爱国志士莫不深怀忧虑,谋自保之策。一部分知识分子,愤于清廷大臣不谙地理边务,外交谈判动辄失地千里,遂群起研究西北、东北边疆史地,而资对外交涉之用。西北、东北边疆地区,皆元朝时版图,故元史研究尤为学者们所重视,李文田、文廷式、沈曾植等积极倡导元史研究,在学术上进一步推动了元史及西北地理研究。

　　洪钧治元史,即在这一历史背景下进行的。他对当时世界形势及国家面临的边疆危机十分关切。时与人"言海国形势之异宜与所以强弱之故,俯仰太息而不能已。"①并一再声称:"六合之外,存而不论,惜哉古人此言,为误不浅。"②他在出使欧洲四国期间,从探索欧亚各国兴衰历史和辨析西北边疆舆地沿革的愿望出发,悉心搜访各种有关蒙元史资料和图籍,组织使馆译员翻译,节录其要,在此基础上编撰《元史译文证补》,"前后稿经三易,时逾两年"③,完成《元史译文证补》(初稿)。回国后,又与沈曾植等学者参证本国史籍,详加商榷,又作了大量修订,可惜全书未及改定,他于光绪十九年(1893)溘然病逝。

　　洪钧病重时,曾将《元史译文证补》改定部分存沈曾植与陆润庠处,嘱他们代为整理成书,而以初稿交其子洪洛收藏。洪洛病逝后,遗稿散失,陆润庠只得将其所藏之缺卷于光绪二十三年(1897)刊行,即是今日通行本《元史译文证补》(下称陆刻本)。陆刻本《元史译文证

---

　　① 费念慈:《清故光禄大夫兵部左侍郎洪公墓志铭》,《碑传集补》卷5。
　　② 洪钧:《元史译文证补》,第431页。
　　③ 陆润庠:《元史译文证补》"序"。

补》目凡三十卷(其中十卷有目无书),包括太祖本纪译证、定宗、宪宗本纪补异、后妃公主表补辑、地理志西北地附录释地、西北古地考、蒙古部族考(阙)、元世名教考、《旧唐书大食传》考证及术赤、拔都(后附勒克)、忙哥帖木儿诸王、察合台诸王(阙)、阿里八哈、阿鲁浑、合赞、合尔班答、不赛因(阙)、阿里不哥、海都、帖木耳(阙)、图克鲁帖木儿(阙)、哲别、木剌夷(附康里)、克烈部(阙)等补传和速不台(阙)、曷思麦里(阙)、郭室玉、鄗德海(阙)等传注。

沈曾植藏清本(以下称藏本)亦有部分刊出,与陆刻本相比较,略有出入。据沈藏本中《元史地理志西北地附录释地》较陆刻本差二十六《地理志西北地附录释地》,多一长案语,约千余字,内容为说明《元史·地理志西北地附录》书法并考《元经世大典地图》绘制年代等,然陆刻本无,该卷末"吉利吉思、撼合纳、谦州、益兰州等处"条及所附"谦河考",其余文字亦互有增删。故陆、沈两本实可互为补充。

《元史译文证补》的资料依据,本书中引用西域书目所列,主要为以下几种:拉施特《史集》、志费尼《世界征服者史》、讷萨怖《算端札兰丁传》、阿黎意本阿拉育勒体耳《全史》、阿卜而嘎锡《突厥世系》、多桑《蒙古史》、霍渥尔特《蒙古史》、华而甫《蒙古史》、哈木耳《奇卜察克金帐汗国史》、贝勒津俄译本《史集》第一卷包括《部族志》和《成吉思汗先世及成吉思汗记》、哀忒蛮《铁木真传》。然细察书中内容及经文说明,可知洪钧实未全部见到上述材料。如拉施特《史集》,当时波斯文原本(只包含第一部蒙古史和第二部世界史)和《阿拉伯、犹太、蒙古、富浪(指地中海东岸之欧洲人)、中华五民族世系谱》,仅少数钞本存世,恐非洪钧所能得,刊本皆片断校注或译注本,法国卡特麦尔的《史集》旭烈兀汗传波斯原文和法文译注本(1836 年刊布)、俄国的哀忒蛮的《史集·部族志》德译本(1841 年出版)和贝勒津的《史集》第一卷波斯原文校勘和俄文译注本(1853—1888 年刊行)等,洪钧亦称《史集》"书用波斯文,惟钞本传世","使署从官无识阿剌比字者,须由两人译本缮出,故原书具在而不能译,亦以憾事。俄、德、英、法皆钞录其书,存官书库。"①从这段话看,他似乎在俄、德等国图书馆参观过《史集》波斯文本,但却并未得到过。故陆润庠《元史译文证补》序所谓"侍郎(指洪钧)之初至俄也,得拉施特书,随行舌人,苦无能译阿拉比文者,见之皆瞠目,侍郎以为既得此书,(随行)当时显于斯世,不可当吾身而失之。"恐怕是一种误会,不可为据。此外,引用西域书目所列志费尼、瓦萨甫、讷萨怖、阿黎意、本阿拉育勒体耳四人之书后也明说"以上皆见多桑书内引用书目",可见这些书,洪钧也来直接见过,全系转引。因而,确切地说,洪钧的《元史译文证补》当以贝勒津所译《史集》第一卷和多桑《蒙古史》为主,参以霍泥尔特、阿卜而嘎锡(所据似为戴美桑的法译本)、华而甫、哈木耳、哀忒蛮诸人之书编译而成。因受当时使馆译员语种的限制,这些书大致不出俄、英、法几种语言。

　　有人认为,《元史译文证补》的主要依据,并非多桑《蒙古史》,而是出自霍渥尔特《蒙古史》。何炳松在所著《蒙古史导言并序》中说:"近日假得英人霍渥尔特所著《蒙古史》,展而读之,涉猎一过,即觉其著实脱胎于此书,唯洪书断章取义,多所传讹,国人不察,靡然从之,良可慨也。"②1986 年出版的朱杰勤《中国古代史学史》进而认为:"洪钧《元史译文证补》的主要参考书,仍然是英人霍渥尔特的《蒙古史》……大抵洪钧引用西域之书都是由此书转译而来,并且断章取义地吸收入自己的著作。洪钧意存夸大,自称得今英人霍尔温特(应作霍渥尔特)书译之,意未妥也。复译德人华而甫之书,继于德国藏书馆舍假得多桑旧本,译以互校。按霍渥尔特之书已把多桑及华而甫书的内容吸收不少,洪钧不过转贩而已。"③这种说法,并未提出什么具体证据。按理说,《元史译文证补》与霍渥尔特《蒙古史》既然都大量引用多桑《蒙古史》内容,自然会出现不少相同处,这并不足以证明洪钧《元史译文证补》

① 洪钧:《元史译文证补》"引用西域书目",第 1 页。
② 见《东乡杂志》第 22 卷 15 号。
③ 朱杰勤:《中国古代史学史》,河南人民出版社 1986 年版,第 415 页。

中资料皆转贩自霍渥尔特的《蒙古史》一书。如将《元史译文证补》与多桑《蒙古史》仔细对照,可以看到,全书正文除太祖本纪译证取自贝勒津《史集》和注明采自他书者外,其余补异、补辑、补传乃至引用西域书目有关作者生平的简介,大抵均不出于多桑书所记(其中术赤、拔都、忙哥帖木尔书),可证洪钧所说的"书中补传,悉本多桑,间引他说"①,确非虚言。再说,洪钧虽对西方各蒙古史著作评价不一,但并不持有偏见,多桑书与霍渥尔特书均为西方史学名著,均属第二、第三手资料,无论洪钧采译两者中的哪一种,都不会影响《元史译文证补》本身的学术价值。

二、《元史译文证补》的特点及史学价值

《元史译文证补》对国外有关蒙古史料的选择,颇有见解。洪钧治史虽主张大胆采用西书资料,但并不盲从,而是力求在对各种资料细加比较、鉴别的基础上作出自己的判断,择真而从之。就其所搜罗列举的蒙古史著作而论,除对《史集》(贝勒津译本)和多桑《蒙古史》评价较高外,对其他几种史著均有不同程度的批评。如霍渥尔特在论及华而甫、哈木耳、哀忒蛮等书时,皆称赞不已,洪钧则不然。他以多桑书与华而甫书"译以互校,乃知华而甫书好逞臆意,引述旧说,往往改易失真。"同时,又提出"拔都西伐,则华而甫叙述较详,且多出于西国当时文报记载,故亦本之。"②而哀忒书,"自谓专本拉施特,然仍时掺杂他说,其文理鄙僿,译述多误,但宜节取,未足深凭。"③对哈木耳书的叙述,取舍也颇严格。在谈到霍渥尔特《蒙古史》时,洪钧认为,其书"搜猎过繁,胸无断制,异说丛积,辄自矛盾,求述作之才于侏禁之文,亦大难矣。"④这些评论,虽不尽妥当,但都有其正确之处。应该看到,洪钧

---

① 洪钧:《元史译文证补》"引用西域书目",第5页。
② 洪钧:《元史译文证补》"引用西域书目",第5页。
③ 洪钧:《元史译文证补》卷1,第1页。
④ 洪钧:《元史译文证补》"引用西域书目",第5页。

在驻使俄、德、奥、荷四国短短三年间,能对西方学者的蒙古史著作提出比较公正的评价,并选择一些至今看来确有价值的蒙元史料节译介绍到国内,这是非常可贵的。

洪钧对元史的研究,大多针对汉文史籍中较为薄弱或缺少部分以补其不足。特别是蒙古部族初兴时期的历史及其西征军事活动、西北四大汗国世系与史事、西北宗藩对元廷的战争、西北地理情况和蒙古汗国境内各种复杂的民族关系和宗教关系等,在汉文史籍中均未留下多少的记载,《元史译文证补》在一定程度上弥补了上述缺陷。如元太祖本纪译证,定宗、宪宗本纪补辑和蒙古部族考(阙)可补先元蒙古史迹。又如:术赤、拔都、忙哥帖木儿诸王、察合台诸王(阙)、旭烈兀(阙)、阿八哈、阿鲁浑、合赞、合尔班答、不赛因(阙)、哲别、板达、木剌夷等补传详于蒙古西征与钦察、察合台、伊利诸汗国事。阿里不哥、海都补传记元代宗室权力之争,元世各教名考专论元代宗教,地理志西北地附录释地和西域古地考则详辨西北地理沿革。这些补缺,丰富了蒙元史研究的史料。

《元史译文证补》的可贵之处,不只是为学术界提供了国内史籍从未见过的蒙元史料,还以此与汉文史籍相参证,作了许多精审的考证。如关于成吉思汗长子术赤的事迹,《元史》本传极为简略,仅一百六十余字,且谬误不少。洪钧据《元朝秘史》及拉施特、阿卜而嘎锡、多桑、哈木耳等人著作,补作《术赤补传》,不仅补充了许多资料,而且纠正了《元史》记载之误。《元史》术赤传及宗室世系表均谓术赤有七子:拔都、撒里答、帖木儿、脱脱蒙哥、脱脱、伯忽、月即别,相继嗣钦察汗位,洪钧以为此说不可靠。他据有关西文资料指出撒里答当为拔都子,忙哥帖木儿、脱脱蒙哥皆属拔都孙(即托托罕子),脱脱为忙哥帖木儿子,月即别为忙哥帖木儿孙(即脱脱古列儿子)。并说,《元史·术赤传》中所记月即别率年有误,"仁宗延祐元年(1314)本纪始见'月思别'之名,英宗、泰定帝本世纪并作'月思别',文宗至顺年间(1330—1332),乃作'月即别',偶然异字,实非异人。而此云'至大元年(1308),月即别薨,子札尼别嗣位',不解其故,反复推求,盖由'至元二年月即别遣使来求分地岁赐'一事误之,此为顺帝之至元,所谓'至元五年己卯',亦为顺帝之至元。"①案月即别嗣位于1312年,其遣使元廷求分地岁赐,应为顺帝至元间(1335—1340)事,而非前此之世祖至元(1264—1294)间。其卒亦不可能为至大之年,据西书,当在公元1340年,即至元六年,《元史》此说,可能因其中"(至)元六(年)"与"(至)大元(年)"字形相近致误。对术赤征乞儿吉思部行军路线,洪钧也作了考证,认为破乞儿吉思后,其军"远迫西南,还军东北,涉西流之谦河(今西伯利亚叶尼塞河上游乌鲁克穆河),既渡河后,仍循河之北流以行,故曰涉谦河水顺下以此注《亲征录》字字皆有下落,当不谬也。"②此外,洪钧还指出:术赤有子十四人,可征者为鄂尔达、拔都、伯勒克(别儿哥)、脱哈帖木儿、若班、唐古忒、伯勒克察耳、桑库尔,另将哈木耳所记术赤子十四人名亦——附载书中备考。这些,都为研究钦察汗国史提供了有益的参考史料。

《元史译文证补》还对一向较少为人重视的元代宗教作了研究。元代疆域广大,欧亚民族错居,加以蒙古统治者对各种宗教的扶植和利用政策,使宗教关系显得十分复杂。除原有的道释教外,还有来自西域的木速蛮、也里可温、答失蛮、斡脱、术忽等名目繁多,《元史》所立的《释老传》根本不能反映其全貌。洪钧对此十分不满,说:"有元一代,释氏(佛教)称极盛,而西北三藩则又渐染土俗,祗奉穆汗默德,与天子异趋,其时重致远人,一切色目,咸与登进。于是殊方诡俗,重译而至袄祠裹教,蔓延宇内,乃元史列传,仅著释老,何明初史局诸公皆不考之也。"③经他考证,木连蛮即天方教(伊斯兰教),亦称木连儿蛮(穆斯林)。"答失蛮亦木速儿蛮教中派别"(实为伊斯兰教士之称,或谓系由阿拉伯人古称大食人之音转来,盏大食皆伊斯兰救)。"也里可温为元

---

①　洪钧:《元史译文证补》卷4《术赤补传》附《元史·术赤传》考误,第142页。
②　洪钧:《元史译文证补》卷4《术赤补传》,第136页。
③　洪钧:《元史译文证补》卷29《元世各教名考》,第451页。

之天主教,有镇江北固山下残碑可证。自唐时景教入中国,支裔流传,历久未绝,元代欧罗巴人虽已东来,而行教未广,也里可温当即景教之遗绪。"①又以为《经世大典·马政篇》所称"斡脱"即犹太教。这些考证,不仅纠正了某些前人说法之误,也启发了后来学者对元代宗教的研究。据今人考证,"斡脱"当指突厥或伊斯兰教商人团体及其成员。

对元代西北地理沿革的考证,更倾注了洪钧极大的精力,这与他力图以此学资边疆交涉的用意是一致的。《元史》于西北地理记述十分芜略含糊,特别是《地理志西北地附录》所列近百个地图,大都无任何说明,不知方位所在。清季以来,徐松、魏源、何秋涛等人虽有所论及,但错误尤多。洪钧使俄期间,得俄人裴智乃耳德(或译作白莱脱骨乃德)有关《经世大典地图》及《元史·地理志》西北史地考证之作,"译其所著书,参以见闻,增订删汰,成《西北释地》一卷",对这些地方地名沿革和今地所在一一作了考证。由于他广泛参证中西史籍,用力极勤,故这些考证即使今天看来,错误仍很少,可供学者研究西北地理沿革之参考。

正因《元史译文证补》有上述特点和史学价值,该书问世后,在学术界获得了很高的声誉,其后治元史者无不从中受益和影响。

三、洪钧的治学方法

洪钧在元史研究上之所以取得如此成就,与他严谨治学的方法分不开。在《元史译文证补》中,他较多地使用了以下方法:

(1)史料对勘比较法。即通过中西史籍对同一历史事件的记载异同比较,从中发现问题,或以汉文记载正西籍之误,如《海都补传》叙及撒里蛮时指出:"西书音似撒儿班,又云将奉以为主,使告海都、忙哥帖木儿。案史表:撒里蛮为宪宗孙,玉龙答失子,多桑云是察合台子,殆误。"或以西书证汉籍之阙,如同传谓:"《元史·李庭传》:诸王昔里吉、脱脱木儿反,庭袭击生获之,启皇子只必帖木儿赐之死。与纪传多不

---

① 洪钧:《元史译文证补》卷29,第453页。

合。其下又云：十四年入朝，世祖劳之。昔里吉之叛，即在十四年，安得于十四年之先，被获赐死，此传误舛殊甚。"并引用多桑书证昔里吉被撒里蛮擒献忽必烈后，乃流放海岛而卒。① 更多的则以中西史籍互为补充，如《元朝秘史》记成吉思汗遣孛罗忽勒征豁里秃马惕，其中"豁里"二字，人皆不得其解。洪钧引西书之说，谓："拜嘎勒湖东有四族，曰呼里、曰不里牙特、曰廓拉夫、曰秃马特，四族总名之曰巴儿忽特。呼里、豁里音同，或此族亦从叛，《秘史》牵连言之。"②其余为叙成吉思汗灭乃蛮，蒙古西征、海都与元廷战争经过，皆用此法。

（2）对音法。由于洪钧搜罗的蒙古史料语言不一，有的还经转译而来，其中人名、地名、部族名时有差异，翻译考证皆极费力。对此，他在参核中外各文献的同时，采用乾嘉朴学家以音韵学辅助考证的方法，以对音法审其异同，取得了相当效果。这在《地理志西北地附录释地》、《西域古地考》，《元世各教名考》等篇中，尤为明显。

（3）以译文与调查咨访材料相参证。鉴于蒙元史地涉欧亚各地，史料来源不一，为使译文更为妥帖、研究结果更具说服力，洪钧常说《元史译文证补》编著中遇到的语言、史迹、风俗等问题，向各国外交官、学者请教，"人名、地名、部族名有缮改致异者，有前后不一者乃复询之俄国诸通人，以及各国驻俄之使臣，如英、如法、如德、如土耳其、若波斯，习其声音，聆其议论，然后译以中土文字。"③总之，其治学态度是严谨认真的。

上述治史方法，今天看来仍有可取之处。当然，应当指出，洪钧的这些治学方法，大抵仍不出乾嘉朴学范围。从洪钧生平而论及《元史译文证补》的内容看，他虽一度身任驻欧一些国家使节，有较多机会直接了解西方文明，并接触了不少西方史书，然对西方近代治学方法却并未给予应有的重视，特别是其史学观点，仍表现出明显的封建烙印。在

---

① 洪钧：《元史译文证补》卷 15《海都补传》，第 229 页。
② 洪钧：《元史译文证补》卷 22 上《西域补传》上，第 251 页。
③ 陆润庠：《元史译文证补序》。

史书编纂方法上,拉施特、多桑等书原均以叙事为主,但洪钧在编纂译文时,却一意仿效以人物传纪为中心的中国正史体裁,其中钦察汗、伊利汗等蒙古宗藩国主传纪,如忙哥帖木儿诸王、阿八哈、阿鲁浑、合赞、合尔班答等补传,用的还是正史本纪笔法,皆只叙其嗣位后事,以前事迹即西书原有,亦概从删略。

因受偏重政治史的封建传统史观的支配,洪钧在采集西书资料时,往往只重政治史、军事史,而忽略经济制度、东西交往史等史实,如阿八哈补传、阿鲁浑补传中,对多桑书所记伊利汗国与罗马教廷、法兰西王菲力普等信使往来之事,尽皆略去。多桑书原记伊利汗国哈赞汗事迹特详,除记载政治、军事外,对当时课税、理财、农业、军事制度设施、货币、度量衡、法律等,均有详细记载。

在史事考证上,《元史译文证补》亦有些不足之处。如铁木真初兴时与札术合的答兰版朱思之战,《圣武亲征录》与《元史》皆谓铁木真胜,《元朝秘史》则相反。而洪钧以《史集》所记与《圣武亲征录》、《元史》相同,遂以《元朝秘史》为误。其实,从此战前后情况看,当以《元朝秘史》为可靠。《圣武亲征录》讳言铁木真败,故有此说,《史集》记蒙古兴起事迹,与《圣武亲征录》出于同一史源,亦不足证《元朝秘史》之误。又如成吉思汗年寿,《圣武亲征录》、《元史》、《蒙古源流》皆谓生于南宋高宗绍兴三十二年(1162),卒于南宋理宗宝庆三年(1227),终年六十六岁。西书则说生于公元1155年,终年七十三岁。洪钧作《太祖年寿考异》颇感于西书之说。据今人考证,说成吉思汗寿七十三实不足取。

《元史译文证补》译叙史事,虽无大的差错,然因洪钧本人不熟外文,仅靠译员帮助译出节录,故在一些细节上亦有不少差误。如《西域补传》中所谓花剌子模算端祖先奴世的斤,"曾事塞而柱克朝后王玛里克沙,执刀卫左右,甚见宠任"①。查多桑书原文应作"为执水瓶来"②,

---

① 洪钧:《元史译文证补》卷22上《西域补传》上。
② 冯承钧:《多桑蒙古史》(译本),中华书局1962年版,第83页。

显然系误译。又《木剌夷补传》中说木剌夷(伊斯兰教十叶派之一)专事暗杀,"塞而柱克后王撒者耳屡遣兵往攻。夜寝时,有人卓刃于地,遗书于案,天晓见之,大恐,遂不敢遣兵。"然据多桑书,植刃于散者床前与遗书非同时事,乃一先一后,洪钧与原意有违。书中译名,可议处尤多,冯承钧曾批评道:洪钧《元史译文证补》根据译人的口述,改了《元史》固有的地名、人名,如《元史》译 Heri 作也里,《元朝秘史》作亦鲁,恐有译例可寻。可是,洪钧根据晚见的 Herai 译作海拉脱,似乎只知其一而不知有二了。像这样的例子,不胜枚举。他这种创译,苦了后来续修《元史》的人。①

当然,随着多桑《蒙古史》、《世界征服者史》、《史集》等汉译本的相继出版,洪钧的《元史译文证补》除考证外,其译文的学术价值已不大了。但从中国近代史学发展看,洪钧在史学领域首开用西方史料以证中文史实之风和成就是不可埋没的。可以说,在中国史学上真正具有世界意义的蒙元史研究是从洪钧《元史译文证补》的编撰问世开始的。在他之前,国内学者研究蒙元史,或因其认识的局限,或为文献所圈,皆不免局限于元朝史或中国蒙古史一隅,故只可称为元朝史。自洪钧《元史译文证补》出版后,国内才真正得以了解蒙元时期蒙古部族在中亚乃至欧洲的活动历史和国外蒙元史的研究成就。就这方面说,洪钧的《元史译文证补》在中国近代蒙元史研究上的确占有十分特殊的地位,应予以总结和继承。

---

① 冯承钧:《多桑蒙古史·"译序"》(一)。

第 三 编

义和团运动失败后至五四运动
时期的史学(1902—1919)

第 一 章

资产阶级改良派史学的发展和衰落

戊戌变法失败后,康有为、梁启超等人相继逃亡日本,成立保皇会,继续宣传改良主义路线。如果说,康有为在戊戌变法时期宣传改良变法,在反对地主阶级顽固派的斗争中有进步意义的话,那么戊戌变法以后,特别是在资产阶级民主革命兴起的年代,他们继续保持改良主义路线,那就落在时代的背后,成为阻碍历史向前发展的绊脚石。

改良派政治上倒退,在思想上和史学上也步步走向堕落。康有为著《中庸注》,并撰《大学注》、《论语注》等,由"公羊三世"说历史进化观倒退为"三世三重"说历史渐进论。严复虽不参加康、梁等人在海外组织的君主立宪运动,但也不赞同孙中山领导的资产阶级民主革命运动,政治上和思想上转向折中、保守。其历史观由宣传"人治"倒退为"任天为治"的自然演进论。梁启超在戊戌变法后,政治上与康有为拉开差距,他浏览"西学"、"东籍",倾心于学术研究,"思想言论与前者若出两人"。他通过浏览"西学"和介绍"西学",从中吸取了不少西方资产阶级史学理论,猛烈批判封建的史学,倡导"史学革命",较系统地阐述和确立资产阶级史学理论体系,对中国近代史学的发展作出了贡献。

夏曾佑受康、梁改良主义思想和严复所宣扬的进化论的影响,把研究历史作为挽救中国危亡之急务。他编著的《最新中学中国历史教科书》(后改名为《中国古代史》),其编纂体例上采用章节体,在中国近代史学史上有一定的影响。

第一节　戊戌变法后康有为的"三世三重"说历史渐进论

一、《中庸注》中"三世三重"说历史观

康有为的历史进化观点,在其戊戌变法前所著《礼运注》时,在叙文中曾多次热情地宣扬当今中国已是小康升平世,应及时变法求进化,走向大同太平世,如果不求进化,泥古守旧,"是失孔子之意而大悖其道也。"他虽然主张"三世"进化,但认为从小康到大同之间的进化过程,必须渐进,不能飞跃,只能用点点滴滴的逐步改良的办法"循序而行",不能以暴力革命促进化。因此,在戊戌变法前,他不愿以大同学说"示人",认为在小康时代而言大同,非徒无益而且有大害。

戊戌变法失败后,康有为等人相继避居日本,成立保皇会。光绪二十五年(1899)春离日游欧美、印度,以及南洋一带,对西方资本主义国家的矛盾和"繁荣"有所见闻,不仅没有促进他的历史进化观的发展,反而起了促退的影响。诚如他自己所说:"吾学三十已成,此学不复有进,亦不必求进。"[①]康有为二十七岁著《礼运注》"演大同之义",二十八岁,依旧年所"演大同之义"着手著《人类公理》,三十岁时《人类公理》写成,由中国推行世界人类。据《自编年谱》说:当年复"推孔子据乱、升平、太平之理,以论地球","立地球公议院,以考语言","立地球公议院,合公土以议合国之公理;养公兵以去不合之国,以合地球之计,其曰所覃思,大率类是不可胜数也。"他的公羊三世说历史进化观点和

---

① 梁启超:《清代学术概论》。

大同学说,早在三十岁已形成了。此后的《新学伪经考》、《孔子改制考》等不过是其学说的具体发挥而已,"不复有进",这是事实。康有为游历欧美,在停居印度时,虽然没有消沉泄气,仍积极从事政治活动,但其维新变法思想,不仅没有进步,相反,更为软弱。显然,他的改良主义的历史观,倒退到点点滴滴,支离破碎。他认为自己在中国所进行的维新变法运动,似乎远过于激进了些。因此在写《中庸注》时又提出了所谓"三世三重之道"。他说:

> 每世之中又有三世焉,则据乱亦有据乱世之升平太平焉,太平世之始亦有据乱、升平之别。每小三世中又有三世焉,于大三世中又有三世焉,故三世而三重之为九世,九世而三重之为八十一世,展转三重可以至无量数,以待世运之变而为进化之法。①

这里,康有为把原有三世说运用此种所谓"三重之道"加以划分成"无量数"的历史小阶段,然后按此"无量数"的小历史阶段,为继续宣传改良主义路线服务。"因时举措,通变宜民",进行改良变法,显然,按照这种"无量数"的历史小阶段进行改良变法,那不是点点滴滴的庸俗历史进化观吗?可见,此时康有为的思想,虽然尚保存其进化的观点,然越走越小,近于龟步的爬行着。他又说:

> 三世三统之变……以其不高、不卑、不偏、不蔽,务因其宜而得人道之中,不怪、不空、不滞、不固,务令可行而为人道之用。尚恐法久生弊,又预为三重之道,因时举措,通变宜民,推其错行代明,故可并行不悖,既曲成万物而不遗,又久历百世而寡过,因使孔子之教广大配天地,光明并日月,仁育覆后世,充全球。②

康有为此时强调"不高"、"不偏"、"不怪"、"不空","务因其宜","务令可行",合人道"中"、"用"之道,把历史分得"无量数"的点点滴滴的小阶段来进行维新变法,其与保守派相比较,还有一定的进步意

---

① 康有为:《中庸注》,演孔丛书刻本,第 36 页。
② 康有为:《中庸注叙》,第 1 页。

义。他仍然是和以慈禧为首的地主阶级顽固派的泥古守旧思想进行斗争。他在注释"君子之中庸"和"小人之中庸"时,说:

> 孔子之道有三统三世焉,其统异、其世异,则其道亦异,故君子当因其所处之时,观其会通,以行其典礼。上下无常。惟变所适,别寒暑而易裘葛,因水陆而资舟车,道极相反,行亦相反。然适当其时,则此时之中庸,故谓之时中。若守旧泥古而以悍狂行之,反乎时宜,逆乎天运,虽自谓中庸,而非应时之中庸,则为无忌惮之小人而已。①

这里强调的"非应时之中庸,则为无忌惮之小人而已",显然是对以慈禧为首的顽固保守派而言的。康有为以"惟变所适"、"适当其时"的思想注释《中庸》,称为"时中"。这种"时中"思想对当时以慈禧为首的地主阶级顽固派的斗争,固然有一定的进步性,但他的"时",如上所说是被划分为"无量数"的小阶段,这种龟步式的庸俗历史渐进论,后来成为坚持改良主义路线,反对民主革命的"理论"依据。他在《答南北美洲诸华侨论中国可行立宪不可行革命书》中说:

> 时势之所在,即理之所在……盖今日由小康而大同,由君主而民主,正当过渡之世,孔子所谓升平之世也。万无一跃飞越之理,凡君主、民主立宪、民主立法,必当一一循序行。若紊其序则必大乱。

可见,康有为在《中庸注》中所宣传的那套庸俗历史渐进论,由于资产阶级改良派的软弱性,当资产阶级民主革命兴起时,其主张进化的步子越走越"渐"、越小,堕落成庸俗历史进化观。

二、《春秋笔削大义微言考》中三世说历史观的退步

康有为在戊戌变法时期,认为当今中国社会是小康升平世,应及时进行维新变法,进入大同太平世,即从封建专制主义走向君主立宪的资

---

① 康有为:《中庸注》,第3—4页。

本主义社会。可是,在变法失败后,对其原来认为春秋为据乱世,秦汉到今二千年的中国历史为小康升平世的看法,是估计过高了,应为据乱世。他说:

> 汉世家行孔学,君臣士庶,俯躬从化,春秋之义,深入人心。拨乱之道既昌,若推行至于隋唐,应进化至升平之世,至今千载,中国可先大地而太平矣。不幸,当秦汉时,外则老子、韩非所传刑名法术,君尊臣卑之说既大行于历朝,民贼得隐操其术以愚制吾民,内则新莽之时,刘歆创造伪经,改《国语》为《左传》,以大攻公谷,贾逵、郑玄赞之。自晋之后,伪古学大行,公谷不得立学官,而大义乖。董何无人传师说,而微言绝……呜呼,使我大地先开化之中国,五万万神明之种族,蒙然芥然,耗矣衰落,守旧不进,等诮野蛮,岂不哀哉。①

此时,康有为对其当时历史进化条件能否继续进行维新变法运动,走向大同太平世已失去信心! 序文中已隐有"退兵之战"的退却言辞。当今中国既然是乱世,那么,康有为按其三世说历史进化观点来说,他当时所努力的维新运动,其前途应该"进至升平",而不是"进至大同"。他说:

> 我国从前尚守孔子据乱之法为据乱之世,然守旧太久,积久生弊,积压既甚,民困极矣,今当进至升平……若守旧法泥古者,以为孔子之道尽据乱而止,是逆天虐民而实悖乎孔子者也……孔子之志实在大同太平,其据乱小康之制,不得已耳。②

那么,这里的"升平"是什么内容呢? 他也作了一些非常笼统的解释。他说:

> 君与臣不隔绝而渐平,贵与贱不隔绝而渐平,男与女不压抑而渐平,民与奴不分别而渐平,人人求自主而渐平,人人求自立而渐

---

① 《春秋笔削大义微言考》卷1"自序",万木草堂丛书刻本卷1,第3页。
② 《春秋笔削大义微言考》卷1,第12—13页。

平,人人求自由而渐平,其他一切进化之法,以求进此世运者,皆今日所当有事也。①

这段表述,虽极模糊,但仍带有一定的西方资产阶级自由、平等、君主立宪等政治纲领的内容,不过为了表示其历史进化必须循序渐进的主张,因此这里连写了这么多的"君与臣不隔绝而渐平"等的"渐平"字眼,其妥协退却之意,已溢于言表。何时能进至太平? 何时能由升平而再"进至大同太平"? 在他看来,就历史进化阶段来说,将是多么遥远渺茫的未来啊!

他对世界历史的看法,在戊戌变法前,把外国资本主义国家想象为太平世。因此,他热情的激励人们向西方学习,变法图强。而戊戌变法失败后,他周游欧美、日本、印度各国后,看到欧美各国也是那么紊乱,特别是工人罢工运动、阶级斗争的尖锐,使他失去希望,满怀忧惧。他在戊戌变法前原来认为欧美各国的大同太平世的说法,此刻也改认为小康升平世了。

他在《春秋笔削大义微言考》中论述土耳其、印度、美国的三世历史进化时期说:

> 每变一世则愈进于仁,仁必去其抑压之力,令人人自由而平等,故曰,升平至太平,则人人平等,人人自立,远近大小若一,仁之至也。此如土耳其、波斯、印度,则日教以西欧之法度,渐去其民生之压力,而升之于平,而美国文明,已至升平者,亦当日求进化乃至太平也。②

这时,他把美国的进化而降为小康升平世。值得注意的是,前面说康有为认为当时中国是据乱世,应"进至升平",这里所说的升平世,并未放弃走资本主义道路,亦未放弃君主立宪的资本主义前途。从这可以看出,康有为此时对美国的看法失望了,对美国式的联邦制认为也远

---

① 《春秋笔削大义微言考》卷 1,第 12—13 页。
② 康有为:《春秋笔削大义微言考》卷 1,第 1 页。

远落后在"大同之道"的后面,特别是中国离"大同之道"更加遥远。

康有为在戊戌变法前,曾把西方资本主义社会作为理想中的太平大同世界,积极宣传变法,走向太平世。戊戌变法失败后,他所希望通过变法由升平进入太平世的幻想破灭了。但他并未改变资产阶级改良派的政治立场,随着政治上的落伍,不得不以"循序而行",反对"越级超进"的渐进历史观来反对革命。这种渐进的"循序而行"的观点,在当时是非常有害的。

三、《孟子微》中"三世三重"说历史渐进论的再退步

康有为在《中庸注》中提出"三世三重"说后,在《孟子微》中又更进一步的阐发了"三世三重"说。他说:

> 一世之中,又有三世,据乱之中有太平,太平之中有据乱。如仅识族制亲亲,据乱之据乱也。内其国,则据乱之太平矣。中国夷狄如一,太平之据乱也。太平之太平也。一世之中有三世,故可推为九世,又可推为八十一世,以至于无穷。①

这一观点,其目的是坚持历史渐进论,坚持改良主义的政治路线。他在《孟子微》中对孟子亲亲、仁民、爱物之道解释时,极力阐发其"循序而行"的历史渐进观点。他说:

> 凡世有进化……未至其时,不可强为。孔子非不欲在拨乱之世遽行平等大同戒杀之义,而实不能强也。可行者乃谓之道,故立此三等,以待世之进化焉。②

在此之前,他论述三世进化时,着重在反对"守旧泥古",而这时宣扬"三世三重"说,则重在反对"未至其时"而"越级""强为"。他强调"可行者谓之道",必须循着"三世三重"的"无量数",以至于"无穷"的点滴的历史进化。显然,这些论点的矛头,是在于打击民主革命思想的成长和发展。这种三世说分得越细,其妥协性越大,大同太平世的实

---

①② 《孟子微》卷1,万木草堂丛书刻本,第4—5页。

现,距离越远,最后势必专注于点滴改良,而把大同理想世界升华到云端,成为虚无缥缈的境界。

同时,他用"三世三重"说,可以把各种不同政治制度的东西方各国历史放在一定阶段上加以解说。正如梁启超在《康有为传》中说:

> 先生(康有为)以为万物并育而相害,道并行而不悖。春秋三世,可以同时并行,或此地据乱而彼地升平,或此事升平而彼事太平。义取渐进,更无冲突。凡法律务适于其地与其时,苟其适宜,必能使其人日以发达。愈发达,愈改良,遂至止于至善。

康有为如此解释世界各国历史发展极不平衡的情况,按其"三世三重"之道,或无不可!但他用这种"三重"之道宣传其点点滴滴的改良主义,确认这种改良主义可以使各国历史到达"止于至善"的大同世界。他的这种思想,与外国资产阶级学者赫胥黎等人的庸俗历史进化论相呼应,对殖民地、半殖民地国家民主革命,特别是半封建半殖民地的中国民主革命起着消极作用。

光绪三十一年(1905)同盟会成立后,中国资产阶级民主革命进入新的历史时期。以康有为为代表的资产阶级改良派公开举起君主立宪的旗号,堕落为反对革命的政治势力。而此时他用"循序而行"的渐进历史观来宣传保皇纲领。他认为君主专制、立宪、民主三法只能循序渐进,若紊乱其序,则必大乱。很清楚,他是用点点滴滴的改良主义进化观来反对革命。以孙中山为代表的资产阶级革命派,严厉地驳斥了康有为等保皇党人宣传君主专制、立宪、民主三法必须循序渐进的谬论。

辛亥革命爆发,推翻了清王朝的统治,结束了中国两千多年的封建专制主义政体。辛亥革命给康梁等保皇党人以致命的打击,但康有为继续坚持保皇立场,1913年康有为在上海主编《不忍杂志》,继续鼓吹改良主义。1917年,康有为支持张勋复辟帝制,复辟帝制失败后,康有为完全绝望了,他忧伤"苦闷",于1927年3月死于青岛,结束了他改良主义的政治生涯。

在中国近代史学中,魏源也曾论述过公羊三世说历史观。他的三世说历史观虽然具有重商主义的特色,但在其解说历史进化的太古、中古、末世三个发展阶段上,没有突破封建正统史学的范畴,而是强调"复返于初","复返于太古",在封建社会历史范畴内循环运行。而康有为是由封建地主阶级向资产阶级转化的知识分子,他的思想在一定程度上反映了资产阶级的利益和要求。因此,他的公羊三世说历史观洋溢着向往中国走向"大同太平世"的理想。这种大同太平世的未来理想社会的前景,在魏源等地主阶级改革的历史观中所没有的。正如康有为在《论语注》中论及孔子三世大同说和"进化之理"时说:

> 人道进化,皆有定位,自族制而为部落,而为国家,由国家而成大统,由独人而渐立酋长,由酋长而渐至君主,由君主而渐至立宪,由立宪而渐为共和;由独人而渐为夫妇,由夫妇而渐定父子,由父子而兼锡尔类,由锡类而渐为大同,于是复为独人。盖自据乱世为升平世,升平世为太平世,进化有渐,因革有由,验之万国,莫不同风……孔子之为春秋,张为三世……盖推进化之理而为之。

他提倡维新变法,其目的在于使小康升平世的旧中国而为太平世的新中国。而这个大同太平世是由小康升平旧中国的专制主义君主制渐变而为君主立宪,再由君主立宪渐变为民主共和。君主立宪和民主共和,已不再是封建主义的政治体制,而是近代资产阶级的政治体制了。他的维新变法的目标,便是使封建专制主义君主制的封建旧中国渐变而为君主立宪和民主共和的资本主义政体的新中国。他说:这个维新变法的目标,正是"孔子之为春秋,张为三世"的意愿。而且孔子的这种春秋三世的前进发展过程,他认为是历史进化的必然之理,并认为孔子的春秋三世说,就是完全依据"进化之理而为之"的。

显然,康有为的春秋公羊三世说历史观,是为资产阶级改良主义政治路线服务的。他宣传维新变法的目的,是企图在不触动封建地主阶级根本利益的原则下,亦即不触动清廷封建统治基础的原则下,自上而下采取改良主义走向资本主义社会。可见,康有为的春秋公羊三世说历史观的实质,已不是封建主义史学思想,而是资产阶级改良主义史学理论。

康有为的方法论,是主观唯心论的史学方法。他研究历史为维新变法提供历史和理论依据,因此主观地解释我国的历史和文化遗产。孔子的儒家学说思想,到西汉董仲舒时,被阐释为充满着阴阳五行、谶纬迷信、"天人感应"的宗教神学思想。公羊学《春秋纬》孔子曰:"乱我书者董仲舒"。孔子时何以能预知后世有个董仲舒来"乱"他的学说呢? 这本来是够荒唐的"预言",而康有为非但相信,而更进一步用其阐发孔子的"微言大义",胡乱解释,使之愈加神秘化了。他在《春秋董氏学》"自序"中解释说:

> 春秋成文数万,其旨数千,大义烺烺然仅二百余,脱略甚矣,安能见孔子数千之大旨哉! 又多非常异义可怪之论,意者不足传信乎?《春秋纬》孔子曰:"乱我书者董仲舒。"乱者,理也。太史公曰:"汉兴唯董生明于春秋,两汉博士公羊家严彭祖、颜安乐皆其后学。"

"乱者,理也。"这样地解释古文,阐发孔子的"微言大义",不仅武断,而且是惊人的狂悖。康有为这种牵强附会的主观唯心主义史学方法,凭自己主观臆断,把很多具有史学价值的史书和古典文献说成是某些人为宣传自己的政治见解所"托",把我国古代许多历史事实完全否定,这种疑古思想对中国古史研究起了很大的破坏作用。但也必须指出,康有为对中国传统的封建旧史学的批判,这对中国近代资产阶级的形成和发展是起着进步作用的。然而,他对封建旧史学的批判是不彻底的。从中国史学史发展过程看,在近代史学思想中,他宣传进化历史观,同坚持"天不变,道亦不变"的形而上学史学思想是针锋相对的,这应予以肯定。而当资产阶级革命运动兴起,其历史观随之倒退为历史渐进论。这一思想蜕变,是受他的资产阶级改良主义的政治立场和世界观所决定的,也是中国近代史上资产阶级改良派软弱性的必然归宿。

第二节　严复的历史自然演进说

一、由宣传"人治"倒退为"任天为治"的自然演进

严复在戊戌变法失败后,既不参加康有为、梁启超等人在海外组织的保皇会,也不赞成孙中山领导的资产阶级革命运动,政治上和思想上转向折中、保守。这时,他认为中国要很快实行君主立宪制的时机尚未成熟,只有在开明君主出现后,经过"文明教育",提高"民智"后,君主立宪才可以提到议事日程上。因此,眼下只能做些准备工作,亦即从事宣传教育工作。依据这一认识的转变,他检查自己在戊戌变法时期的言行,认为是过激了,感到懊悔莫及。

严复不仅责备自己,而且痛斥康、梁为亡清之"祸魁"。他说:

> 今夫亡有清二百六十年社稷者非他,康、梁也。何以言之? 德宗固有意向之人君,而使无康、梁,其母子未必先衅,西太后天年易尽,俟其百年,政权独揽,徐起更张,此不独祖宗之式凭,而亦四百兆人民之洪福。[1]

当孙中山领导的资产阶级革命运动兴起时,严复主张新旧两党调和,以此抵抗革命运动。他说:

> 国之进也,新旧二党,皆其所不可无,而其论亦不可以偏废,非新无以为进,非旧无以为守。且守且进,此其国之所以骏发而又治安也。[2]

严复承认新旧两派并存,不管他主观的意图如何,实际上是向顽固派妥协。他一方面劝导顽固派不要以权势去"逞其禁锢剿绝之淫威",对革命派要因势利导,另一方面又劝说革命派则不要操之过急,因为中国专制制度已有几千年的历史,"其入于吾之心脑者最深而坚,非有大

---

[1] 王遽常:《严几道年谱》,商务印书馆版,第102页。

[2] 严复:《严几道文钞》卷1《主客平议》。

力之震撼,与甚久之折磨",无以改变,如果"期其朝倡而夕喻",那是违背"天然之自然","势必相率为牺牲而后已。"他又说:

> 夫人类之力求进步固也,而颠阶蹉乱,乃即在此为进之时,其进弥骤,其涂弥险,新者未得,旧者已亡,伥伥无归,或以灭绝。

认为采取革命的手段,变化太快,太危险,怕一下将旧制度"灭绝",就造成混乱,所以他说:"吾国变法当以徐而不可骤也。"①又说:"夫牺牲何足辞? 独是天之生先觉也不易,而种有志之士尤难,奈何以一二人倡说举事之不详遂牵连流血以灌自由之树乎?"②虽然也用冠冕堂皇的词句掩盖他怯懦的内心世界,但却掩盖不了他不赞成革命的政治立场。

严复在英国伦敦时,孙中山曾争取他支持革命,但他仍坚持教育救国的主张。他认为"中国民品之劣,民智之卑",即使改革,也不能兴利除弊,"为今之计,惟急从教育入手,庶几逐渐更兴。"③

反映在学术思想上,失去了戊戌变法时期那种提倡"西学",批判"旧学"的锋芒,而主张新旧文化折中调和了。辛亥革命前后,他先后翻译出版亚丹·斯密的《原富》、斯宾斯的《群学肄言》和甄克思的《社会通诠》等著作。企图把中西学融合起来。在《群学肄言》中,说:"窃以为其书实兼《大学》、《中庸》之精义,而出之以翔实,以格致诚正为治平根本……于近世新旧两学者对病之药。"④这显然把中西文化调和作为"治平根本"。

表现在历史观上,由宣传"人治"论倒退到"任天为治"的自然演进论。这时,他认为人类社会历史的进化,只能"任天演之自然",如果用"人治"就违背了"任天演自然"的原则,是注定要灭亡的。本着这一历史观,他完全否定了自己在戊戌变法时期的言行,并抨击维新派是一些

---

① 严复:《群学肄言》第15页眉批。
② 严复:《严几道文钞》卷1《主客平议》。
③ 严璩:《先府君年谱》。
④ 严复:《译余赘语》。

"浅谔剽疾之士,对中西文化未能洞察其利弊,盲慕西方富强和东方日本明治维新","恣肆泛滥","荡然不得其义"。① 他又把资产阶级革命派描写成"搪撞呼号,欲率一世之义,与盲进以破坏之事","破坏宜矣,而所建设者,又未必果有合也。"②他还指责革命派的革命斗争只能带来"流血牺牲","使我国受到损失。"他说:

> 独数千年(载)受成之民质,必不如是之速化,不速化,故寡和。寡和则动者克之,必相率为牺牲而后已……而种有志之士(按:指资产阶级革命派)也尤难,奈何以一二人倡说举事之不详,遂率连流血以灌自由之树乎? 是公等为己谋诛之未臧,而又使我国受大损也。③

他将孙中山领导的资产阶级民主运动看作是操之过急,认为中国"民质"没有"速化",故不能采取革命行动,如急于用暴力去推翻清朝统治,是非常有害的。因此,他坚持用教育提高"民质"的主张。

他不仅不赞同革命,而且认为在历史上发生革命也是罕见的,即使像英法那样典型的资产阶级革命,他也看成算不上什么革命,只不过是历史渐进而已。他说:

> 昔英法革命也,实当胜代之季。法之革命也,近在乾嘉之间,至今考其国史,其酝酿之也皆百余年,而事后之创痍,国之念咿呻吟者又百余岁,夫而后又明获焉,则其难有如此者。④

当然,任何一次革命都有它酝酿的阶段,但革命爆发是由量变到质变的过程。革命是质变(飞跃),以新质代替旧质,即以新制度代替旧制度。像这样的新旧社会的更替不是渐进而是靠革命来实现的。严复把英法革命说成是渐进,这是对英法历史的歪曲。

对于英法之外的其他国家,他认为更谈不上是什么革命。如西班

---

① ② 　严复:《群学肄言·序文》。
③ 　严复:《群己权界论·序》。
④ 　严复:《严几道文钞》卷1《主客平议》。

牙、德意志、俄罗斯,以及"泰西之民","人怀国家思想,文明程度若其高矣,其行民权之说,民智卑下,其期更远",谈不上有什么革命条件。他所列举的国家,除当时中国是半封建半殖民地社会外,其他国家大多经过反封建的资产阶级民主革命,有的已进入帝国主义阶段。这说明他不仅不懂或歪曲历史,而立论也是不正确的。

严复既反对康梁又不赞同革命,那么,中国又是何以强国保种呢?他认为只要保持中国几千年的封建统治制度和封建文化,"且守且进","任其自然"的缓慢进化,否则,"过旧则为墨守,逢新则为更张","惟新旧各无得以相强,则自由精义之所存也。"①

显然,严复已抛弃了戊戌变法时以"人治"促进化的历史进化观点,而是强调旧的制度需经过一点一滴的自然演化,才符合"且守且进"的"天演自然"蜕变法则。他说:"变法之际,无论旧法何等非计,新政之如何利民,皆其今朝颂,民夕狼顾,其目前之耗失,有万万不可免者,此变法之所以难,而维新之所以流血也,悲夫!"②可见,他在戊戌变法时期曾闪烁耀眼的思想火花,此时此刻便完全消失了。

二、翻译《社会通诠》进一步阐发自然演进论

《社会通诠》,一称《社会进化史》,英国甄克思(E. Jenks)著,光绪二十九年(1903)严复译成中文。该书分开宗、蛮夷社会、宗法社会、国家社会(即军国社会)四章。甄克思将人类社会历史的进化分为图腾、宗法、军国社会三个时期。严氏从之演绎,认为中国历史和欧洲各国相同,亦始于图腾,继以宗法,而成于国家。并说中国历史上的唐虞至周中经两千多年,皆为封建时代,而希腊、罗马相当于中国唐宋间社会。他在《社会通诠译者序》中说:

> 异哉吾中国之社会也,夫天下之群众矣,考夷进化之阶段,莫不始于图腾,继之以宗法,而成于国家。方其为图腾也,其民渔猎;

---

① ②　严复:《严几道文钞》卷1《主客平议》。

至于宗法,其民耕稼,而二者之间,其相嬗而转变者以游牧,最后由宗法以进于国家,而二者之间其相受而蜕化者以封建……

这三个不同历史时期的"相嬗进化","若天之四时,若人身之童少壮老,期有速迟,而不可或少紊者也。"而中国历史也是遵循这三个发展时期,所不同的是,中国最早进入宗法社会而迟迟未进入军国社会,其原因何在呢? 在严复看来,其主要原因是,中国宗法社会完备,从而推迟了进入军国社会的历史进程。

甄克思在《社会通诠》中对中国历史进行歪曲,说中国历史停滞在宗法社会的历史阶段,还认为中国的宗法社会性质与精神已发展到极点,处在不再进化,不能再融合的老死绝境。这种观点,完全是为资本主义国家向外扩张和掠夺殖民地制造舆论的。

严复不同意甄克思的看法,认为中国近代社会不是停滞在宗法社会的阶段,而是宗法与军国社会兼备,只不过是宗法居其七,军国居其三而已。他说:

> 作者举事社会,常置支那,盖未悉也。夫支那因宗法之社会,而渐入于军国者,综而核之,宗法居其七,而军国居其三。

严复对中国近代社会的认识,虽然区别于甄克思在《社会通诠》中的观点,但也没有真正的认识中国近代半殖民地半封建社会的性质。关于宗法社会与军国社会的区别问题,《社会通诠》曾有过如下的分析:其一,重视种族而不重视区域;其二,排外;其三,民统于家,家统于族,族统于宗;其四,不为物竞,主保守。严复根据上述区别,认为中国近代社会正处在由宗法向军国社会的过渡历史阶段,其主要任务是:摆脱宗法进入军国社会。那么中国如何摆脱宗法社会而进入军国社会呢? 他反对反清的民族主义革命,把民族主义看作是宗法社会的产物,提倡民族主义会导致中国社会停滞在宗法社会上。所以,他指责资产阶级革命派"只言排外",不言"军国主义"。这一看法,当时是站在清朝统治者一边,并为之说教。故资产阶级革命派章太炎作《社会通诠商兑》予以驳斥。章太炎强调说,中国历史并不像《社会通诠》中所说的那样,只有提倡民族主义,才可打破宗法社会重世系的宗法观念,促使宗法社会的解体,推动社会历史的进化。

严复不甘心中国亡国灭种,他坚信中国是一个"经四千年治化"而历史悠久的国家,有内在力量可使中国避免走向"老死绝境"。他说:

> 吾译前语,于心怦怦然,何则?窃料黄种人前途必将不至于不幸也。①

> 且吾民之智、德、力,经四千年之治化,虽至于今日,其短其彰,不可为讳,顾使深而求之,其中实为强族大国之储能。②

他把强族保种,免于走向"老死的绝境"的内在力量寄托于"经四千年治化"的封建统治制度和封建文化上,他确信若"使一旦翻然","中国必五洲无此国也"。③

严复曾把"西学"作为挽救亡国灭种的"法宝",而这时却指责"西学"为"乱亡之祸"。他说:西学"今日视为金科玉律,转眼则为遽庐刍狗","平等、民权诸主义","百年已往,真如第二福音,乃至于今,其弊日见,不变计者,且有乱亡之祸"。至于他曾向往过的西方资产阶级的政治制度,则斥之为"彼族三百年之进化",只做到利己杀人,寡廉鲜耻"八个字"。④ 他又把第一次世界大战的爆发和中国辛亥革命后建立的民国归之为受西方资产阶级学说思想影响的结果。他叹惜地说:如果孔子之道不破坏,假使"中国真如孔子之道,无所谓义和团之赔款矣!"所以,他认为"耐久无弊,当是孔子之书","回观孔子之道,真量同天地。"⑤他错误认为孔孟之道比资本主义高明,是救中国救世界的良方。1911年孔教会成立,《庸言报》发表了《孔教会序》,发起者二百余人中,为首的便是严复。同年,他又在中央教育会上发表《读经当积极提倡》的演说,接着又写了《导扬中华民国立国精神》,其主要内容都是宣

---

① 《社会通诠》。
②③④ 严复:《与熊纯如书札钞》,《学衡》第13期。
⑤ 严复译卫西琴:《中国教育史》。

扬尊孔读经,提倡封建的传统文化。

严复到晚年,其历史观又进一步倒退到历史循环论。他认为人类历史,"无往不复",像"椭圆之道"循环运行着。他说:

> 然而天地之运,无往不复,一阴一阳之为道,一文一质之为世。孔子之道,剥极于有明,而国初顾、阎、钱、戴诸儒,已由名物制度,以求东京之学。中叶以后,庄、刘、龚、魏诸儒又从群经大义,以求西京之学。以是辨之,他日必有更进西京,以求六艺者,椭圆之道亦殆将返矣。①

又说:

> 世变正当法轮大转之秋,凡古人百年数百年之经过,至今可以十年尽之。盖时间无异空间,古人之途程待数年而后达者,今人可以数日至也。

这种"无往不复"、"法轮大转",不是向前发展,而是周而复始的历史循环论。他把宋朝作为中国历史发展的典范,要人们向后看,回到宋朝历史去。他明确地说:

> 若研究人心风俗之变,则赵宋一代历史,最宜究心,中国所以成为今日现象者,为善不恶,姑不具论,而为宋人之所造就,计八九可断言也。②

他不仅认为历史是循环的,而且是受"天命"(天意)支配的。把历史上任何革命或战争均归之"劫运"的降临,予以否定。他说:"欧洲过激党人,残虐暴厉,报中所言令人不忍卒读,如此中国明季政瘽而有闯献,俄罗斯专制末流而此果,真两间劫运之所假乎!"③同时,把"劫运"与"天意"联系起来,第一次世界大战即将结束时,他观天象,说是天上出现一颗星,是大战结束的预兆。还把刮风下雨等自然现象也完全看作神的力量所支配,如遇天旱,全家斋戒求雨,偶尔下雨,便说是神的恩

---

① 严复:《论入侵存亡关系》,见《严几道诗文钞》。
②③ 严复:《与熊纯如书札钞》,《学衡》第20期。

赐。可见,他又从历史循环论滑到了神秘论的泥潭,成为一个彻底的唯心史观的鼓吹者。

　　他学术思想的倒退,反映在政治上倒退到封建复辟论者。历史发展到 20 世纪初,封建君主制度已经进入博物馆,成为历史的陈迹了,然而,严复却放弃了早年曾向往过的民主制度,主张恢复封建专制主义的统治。他说:"天下仍须定于专制。"①他认为辛亥革命和民国的产生,不是天演之自然,"吾国形势、程度、习惯,于共和实无一合,乃贸然为之,以此争存,吾决其必无幸也。"又说:"往者不妄以革命为深忧……即以亿兆程度必不可以强为。"②所言"吾国程度",亦即他过去所谈及的德、智、力的程度。他认为中国人的"程度"不够,共和政体不能产生,即使产生了也不是好事。然而历史是不以人们的主观愿望为转移的,在中国共和国毕竟产生了,而且民主共和国的观念也日益深入人心,不可动摇。而严复却咒骂民主共和制为"四万万众之罪人,九幽十八重不足容其魂魄。"③

　　他不仅憎恶共和制度,而且仇视民主与自由,甚至认为革命的产生是卢梭的《民约论》影响的结果。这时,他认为人民的自由权利不是天赋的,而且历史上从来也没有出现过人民的民主与自由,又说人的自由民主是乌托邦式的空想。他说:

　　　　夫指一社会,考诸前而无有,求诸后而不能,则安用此华胥乌托邦之政论而毒天下乎? 况今吾国之所急者,非自由也,而在人人减免自由,而以利国善群为职守。至于平等,本法律言之,诚为平国要素,而见诸于出占搜票之时,然须知国有疑问,以每数定其从违,要亦出于法之不得已,福利与否,必视公民程度为如何,往往一众之专横,其危险压制,更甚于独夫,而未必遂为专者之利。是以书名救世……驱煦燠咻,而其实则惨礉少恩,恐唯暴戾。④

----

① ② ③　严复:《与熊纯如书札钞》,《学衡》第 20 期。
④　《甲寅杂志存稿》。

严复不仅把民主制度看成是乌托邦式的空谈，而且认为民主制度比专制统治更坏，"往往一众之专横，其危险压制，更甚于独夫。"他在《民约平议》一文中，全面表明了他反民主、维护封建专制主义的思想。章士钊曾作《读严氏民约平议》一文，对严复的反民主的思想予以驳斥。

严复这种反民主的思想，在五四运动时期表现得更为突出。他不仅反对新文化运动，而且反对学生反帝反封建的爱国运动。他说："从古学生干预国政，自东汉太学，南宋陈东，皆无良好效果。"又说："咄咄学子，救国良苦！顾中国之可救与否不可知，而他日绝非此种学生所能济事者，则可决也。"①他甚至指责五四运动的支持者蔡元培为"人虽良士"，亦归于神经病一流而已。严复的这种态度，足见他的思想远远落伍于时代。

三、严复历史观倒退的社会历史根源和思想根源

严复历史观和思想的倒退，诚然是半殖民地半封建社会资产阶级两面性的表现，但也有他自己特殊的思想根源和社会历史根源。

从思想上看，庸俗历史进化论是他的思想的理论基础。如前所述，他留学英国时系统地接受了庸俗进化论，从而形成了他的改良主义思想体系，以此支配着他的言行。

庸俗进化论只承认事物发展进化中渐变，否认事物发展进化中突变（飞跃），主张一点一滴的进化，反对任何形式的剧烈变化。庸俗进化论者认为，一切社会现存的政、刑、礼、俗，都有其内在的必然性，凡是存在的就是合理的，把一切社会的剧烈变化都视作"揠苗助长"。因此，严复在这种庸俗进化论思想指导下，根本上害怕革命，反对"骤变"。所以，即使在戊戌变法时期，他也死守这一信条，认为康、梁等人的某些言论过于激烈，违背了一点一滴的进化原则。光绪二十二年

---

① 《甲亥杂志存稿》。

(1896)梁启超在上海办的《时务报》上发表宣传维新变法的文章,严复则认为言辞过于激烈,便写信给梁启超,奉劝他立言要慎重,否则,将后悔莫及。当戊戌变法失败后,严复不敢再提倡"新学",并以庸俗进化论来反对"骤变",倒向旧学和顽固派一边。

严复虽然同康有为、梁启超、谭嗣同等人一样,曾要求走资本主义道路,但他们思想深处却存在着差异。康梁反对流血斗争,谭嗣同主张流血斗争,希望"闹到新旧两党流血遍地"。而严复却依据庸俗历史进化论,认为中国要成为独立民主国家,只能先从教育入手。在他看来,中国不可像西方那样行民权政治,因为彼此根基不同,是"专行君政之国,虽演之亿万年,不能由君而民。"可见,就在这关键问题上,严复抱定封建君主专制不放,始终站在清廷封建统治一边。

从阶级根源看,严复不仅是洋务派一手培植出来的知识分子,而且又是长期在洋务派营垒中任职的。尽管他在中日甲午战争后投身于宣传维新变法的时代潮流,但却和洋务派保持着千丝万缕的联系,在思想感情上从未同洋务派彻底决裂。

当中日甲午战争后,社会舆论谴责洋务派腐败无能时,严复却为之辩解和鸣不平。他认为中日甲午战争中国之失败,非洋务派之过失,乃是"臣主"不留心洋务外交而造成的。他说:

> 臣主平时于洋务外交绝不留意,致临事之顷,如瞽人坠陷井,茫无头路,如此今日之事,夫岂倭之狡逞,实中国之谋之不成其实。[1]

当翁同龢、文廷式等人参斥李鸿章,并意欲以刘岘庄代替李鸿章北洋大臣职务时,严复也为之开脱辩护。他说:

> 翁同龢及文廷式、张骞这一班名士痛参合肥,闻上有意易帅,然刘岘庄断然不能了此事也。[2]

总之,他认为社会舆论指责洋务派,"无一语中其要害",至于以刘岘

---

[1][2] 王蘧常:《严几道年谱》。

庄代替李鸿章,断然不能挽救失败的命运,其目的在于维护李鸿章在北洋水师的统治地位。足见严复的思想感情和洋务派李鸿章等是一脉相通的。

在对待帝国主义的态度上,严复不仅认不清帝国主义侵略本质,在某些问题上曾为帝国主义侵略作辩护。在他眼里,有的帝国主义不仅没有侵略中国,而他们"深望中国自强"①。甚至把帝国主义在瓜分中国时因分割不均产生矛盾,看成是对中国的"援助"。这种看法是非常有害的。

从社会历史根源看,严复生活时代,正是西方资本主义相继进入帝国主义阶段。帝国主义各种矛盾充分暴露出来了,严复觉察到了欧洲"文明程度愈进,贫富之差愈烈,而民之为奸,有万世所未尝梦见者。"特别是第一次世界大战的爆发,他便把"民主"、"自由"看成是"乱世之祸",于是西方的"文明",在他心中"扫地遂尽",他向往西方"文明"的愿望也随之破灭了。但他又看不到历史发展的光明前景,走投无路,最后还是认为中国旧制度和旧文化好。这就是思想倒退的社会历史根源。

综上所述,严复思想的倒退,说明他好像一个从封建土壤里培育出来的花木,虽然移植西方,起了一些变化,一旦重回故土,各种旧的因素很快发生作用,使之恢复故有的特性。

第三节　梁启超新史学理论体系和特点

一、梁启超资产阶级新史学理论体系的形成

戊戌变法失败后,梁启超东渡日本,浏览"西学"、"东籍",倾注于西方资产阶级学说思想的研究,"脑质为之改易,思想言论与前若出两人。"他先后撰写了许多介绍"西学"的文章,如《论学术之势力左右世界》、《生计学学说沿革小史》、《论希腊古代学术》,以及对亚里士多德、卢梭、培根、达尔文、孟德斯鸠、康德等人学说的简介。他通过浏览"西

---

① 严复:《上皇帝万言书》。

学"和介绍"西学",从中吸取了不少西方资产阶级史学理论和社会学、考古学、政治学、人类学等研究成果,撰写了《新史学》等论著,并用之于史学研究,从而确立了自己的资产阶级改良主义新史学理论体系,在学术界颇有影响。

(一)何谓史学?

这是梁启超史学理论的重要组成部分。早在《新史学》中,他把史学研究分为三大类:一是研究并"叙述进化之现象"。就广义来说包括"自然科学"与"历史科学"两部分。"历史科学"除历史学外,尚可包括政治学、群学(社会学)、经济学与宗教学等科学。他认为宇宙间进化不外乎两种:一为"循环之状","其象如一圆圈";一为"进化之状","其象如一螺线"。所谓"循环",是讲"其进化有一定时期,及期则周而复始,如四时之变迁,天体之运行。"所谓"进化",意指"其变化有一定之次序,生长焉,发展焉,如生物界及人间之现象。"凡是研究进化现象的,则为历史学,即"历史科学";凡是研究循环现象的学问称为天然学,即今所说"自然科学"。二是研究并"叙述人群进化之现象",而"求其公理公例"的"科学的史学"。三是研究并"叙人种之发达与其竞争"的最狭义史学,实即作为"国民之明镜"与"爱国心之源泉"的史学。而梁启超一心向往的是第二义的"科学的史学"和第一义的"历史科学"。后来,他在《中国历史研究法》一书中对何谓史学又作了解释:"史者何? 记述人类社会赓续活动的体相,较其总成绩,求得其因果关系,以为现代一般人活动之资鉴者也。"显然,把史学由记述"人群进化之现象"改为"人类社会赓续活动之体相",其记叙范围扩大了,但研究的目的却由"求得公理公例"缩小为"因果关系"。后来,又否定了求其因果关系,用"互缘"代替"因果律"。① 可见,梁启超晚期彻底放弃了"求其公理公例",连"因果关系"也被抛在一旁,说明他历史观的倒退。

(二)关于治史的目的与任务

———————————

① 梁启超:《研究文化史的几个重要问题》,《饮冰室文集》之四〇,第2—4页。

　　早在 20 世纪初,梁启超认为研究历史的目的以致用为先。认为中国史家更应以推明优胜劣败的公理公例为急务,以发达爱国思想与民族意识。在《新史学》中说:"所贵乎史者,贵其能叙一群人相交涉相竞争相团结之道,能述一群人所以休养生息同体进化之状,使后之读者爱其群善其群之心油然生焉。"①为此,他要求史家在如实记载历史事实的基础上,打破封建史家以君史和政治史为主体的旧史体系,开阔历史视野,"合人类全体而比较之,通古今文野之界而观察之。内自乡邑之法团,外至五洲之全局,上自穷古之石史,下至昨日之新闻",皆在考察之内,以究人群进化之"公理公例"。并提倡写国史和民史,"使国民察知现代之生活与过去未来之生活息息相关……然后能将历史纳入现在生活界使生密切之联锁。"②这种以求致用的史学思想,是继承道咸以来龚、魏所倡导的"经世致用"的优良传统,包含着强烈的爱国主义史学思想。他在《中国历史研究法补编》中进一步论述了学与用的关系,强调"征实传信为体,以益明道为用",宣称:"'学以致用'四字不能轻"。他又说:"为什么要看历史,希望自己得点东西,为什么要作历史,希望读者得点益处。学问是拿来致用的,不单是为学问而学问……无论研究何种学问,都有目的,在将过去的真实予以新意义或新价值,以供现代人活动的资鉴。"

　　梁启超主张:"凡学问必有客观主观二界。客观者,谓所研究之事物也。主观者,谓能研究此事物之心灵也。和合二者,然后学问出焉。史学之客体,则过去现在之事实是也。其主体,则作史读史者心识中所怀之哲理是也。有客观而无主观,则其史有魄无魂,谓之非史焉可也。"③他从这一立论出发,认为,史学研究的任务,不仅要研究过去和现在的史事和"作史读史者"之"心灵"(亦即"哲理"),而更主要的是

①　梁启超:《饮冰室文集》之六,第 125 页。
②　梁启超:《历史研究法》,见《饮冰室专集》之七三,第 3 页。
③　梁启超:《新史学》,见《饮冰室文集》之九,第 10 页。

阐明人和作为认识对象的历史之间的关系。

研究史学之客体,只能通过各种前人遗存的文字或实物史料作间接的研究。由于种种原因,史料所反映历史事实大多并不完整,加之历代天灾人祸的破坏,尤其是古代史料损失更多,往往百不存一,历史研究的特殊性就要透过这些残缺不全史料去认识过去的历史。为了尽可能全面地掌握史料,梁启超认为要照西方近代史学观点,建立新的史料观念,改变那种仅仅从旧史记载中搜寻史料的习惯,充分吸收地质学、考古学、人种学、语言学等科学的最新成果,"畴昔不认为史迹者,今则认之;畴昔认为史迹者,今或不认。举从前弃置散佚之迹,钩稽而比观之。其所因袭者,则重加鉴别,以估定其价值。如此者则史学立于'真'的基础之上,而推论之功,乃不至枉施也。"①他介绍西方近代用神话资料研究各民族早期思想和宗教文学观念的情况,指出:"我国为文化最古之国,故神话传说必极丰富,其中若言华胥言昆仑等,殊不能谓其史迹绝无系属。"②主张从神话中探寻古代地方风俗和社会心理,如从《山海经》中观察古人的某些思想,从纬书中看古代人的宇宙观,以及从传统节日或地方节日寻找民俗史料等。与此同时,他还提出了新史料分类法,认为非文字记录和文字记录两大类史料各有长短,应结合使用,不可偏废。这种史料观念,正反映了梁启超企图以资产阶级理性来重新鉴定旧史料和建立新的史料价值观的要求。他把这项工作作为治史基本任务之一。

广泛搜集史料,固然是历史研究的前提,但研究的结论如何,还需取决于治史者的主观认识能力。为此,梁启超也强调史家要具备四长:史德、史学、史识和史才。史家四长之说虽取自唐代刘知几和清代章学诚,但他则以德、学、识、才为序,突出了资产阶级的史德观,要求史家须持"公平之心","对于所叙述的史迹,纯采客观的态度,不丝毫参以自

---

① 梁启超:《中国历史研究法》自序。
② 梁启超:《太古及三代载记》,见《饮冰室专集》之四三,第1页。

己的意见。"在此基础上学、识、才方能发挥正常作用。梁启超所言的
所谓"纯客观"的历史研究,是不可能实现的,但其中却包含着提倡求
实的治史态度的合理因素,仍有可取之处。他所说的"学",不仅指旧
史家所谓的深厚文史修养,还包括许多与史学相关的辅助学科。他认
为地理学、地质学、人种学、人类学、社会学、宗教学等,"皆与史学有直
接之关系",伦理学、心理学、逻辑学、天文学、化学等,"其理论亦常与
史学有间接之关系,何一而非主观所当凭借者。取诸学之公理公例,而
参伍钩距之,虽未尽适用,而所得又必多矣。"①这些史学主张,表现了
资产阶级史学家与陈旧狭小封建生产关系束缚下的旧史家治学气质的
不同。

(三)社会进化论是梁启超史学理论体系的核心

梁启超相信社会进化论的思想始终如一,作为信之不疑的常用公
理。他不仅以为史学之主要内容为"叙述人群进化之现象而求得其公
例公理",而且以"人群进化之公理"来理解历史进化缘由。于是"人群
学之公例"、"世界进化之大理"、"天演日进之公理"、"天演之公例",
"天演学物竞天择优胜劣败之公例"等,始终如一地贯串其论著中,离
此,即无史学可言。他说:

　　善为史者,必研究人群进化之现象,而求其公理公例之所在,
　于是有所谓历史哲学者出焉。历史与历史哲学虽殊科,要之,苟无
　哲学之理想者,必不能为良史,有断然也。②

显然,他强调要以进化史观为指导研究历史。在他看来,世界万物
都处于一种普遍的进化状态中,就人类社会而论,其进化主要通过人
种、民族、国家间优胜劣败的斗争来实现的,这种观点是受到社会达尔
文主义影响而形成的。

梁启超对历史哲学的阐述并未停留在承认历史进化观点上,而是

① 梁启超:《新史学》,见《饮冰室文集》之九,第11页。
② 梁启超:《新史学》,见《饮冰室文集》之九,第10页。

试图由此而入,去探讨隐在历史表象之后的各种制约历史进化序列的程度是什么力量。

梁启超认为,历史进化的基本制约力量可分两类:即心力和物力。

心力,即支配人类历史活动的心理意识,其中又可分为个人心理、党派心理、阶级心理、民族心理和社会心理等。他说:"心理之发动,极自由不可方物。无论若何固定之社会,殊不能预料或限制其中之任何人忽起一奇异之感想,此感想一度爆发,视其人心力之强度如何,可以蔓延及于全社会。"①他又认为,个人心理可扩张为团体心理,乃至影响全社会,而后者也借前者而得到集中表现,影响历史进程的诸心理因素中,以英雄伟人之心理最为重要。盖进化虽为全社会之进步,"古今中外能进化的社会,皆其历代圣哲豪杰人格之化成也。"②如中国历史便是大禹、孔子等人格所化成,其学术、伦理、政治、人才亦皆由得孔子而兴,"苟无孔子,则中国当非复二千年来之中国。中国非复二千年之中国,则世界亦非二千年来之世界也。"③故"世界者何? 豪杰而已矣。舍豪杰则无世界。"④梁启超称颂这些英雄伟人为"先时人物"、"历史的人格者"和"社会之原动力"。⑤ 因此,研究历史,他认为只需抓住社会心理的变化动态,特别是由此"精察夫个人心理之所以作成之表出之者,其道何由能致力于此,则史的因果之秘密藏,其可以略睹矣。"⑥这里,他夸大英雄伟人"心力"的作用,是主观唯心史观的反映。

物力,这里所谓物力,并非通常所说的物质条件,按照梁启超的解释,"物者何? 谓与心对的环境,详言之,则自然界之状况,以及累代遗传成为国的风俗。法律与夫政治现象、经济现象,乃至其他社会之物的

---

① 梁启超:《历史研究法》,见《饮冰室专集》之七三,第 116 页。
② 梁启超:《纪夏殷王业》,见《饮冰室专集》之四四,第 3 页。
③ 梁启超:《孔子》,见《饮冰室专集》之三六,第 65 页。
④ 梁启超:《自由书》,见《饮冰室专集》之二,第 33 页。
⑤ 梁启超:《南海康先生传》,见《饮冰室文集》之六,第 4 页。
⑥ 梁启超:《中国历史研究法》,见《饮冰室专集》之七三。

心的抵抗力量皆是也。"①概括起来,即人们进行历史活动时客观存在的各种现实物质条件乃至上层建筑方面的限制因素,因而内涵很广泛。梁启超所论及的物力经常提到的主要有如下几方面:

一是地理环境的影响。他说:"地理与历史,最有密切之关系,是读史者所最当留意也。高原适于牧业,平原适于农业,海滨河渠适于商业。寒带之民,擅长战争,温带之民,能生文明。凡此皆地理历史之公例也。"②地理"环境对于'当时此地'之支配力,其伟大乃不可思议。"③可以影响人们的素质、生产活动、物质生活、对外交通、思想习俗、文化传统乃至政治制度。如中国文明发生较早,历史常出现南北政权对峙、西北民族屡屡在军事上战败汉族和入统中原等历史现象,莫不可从地理环境的影响加以说明。在关于中国学术文化史的研究中,他还从地理环境角度对中国文化的特征、分布及地方风俗的形成作了解释。如中国东南面海,西阻于崇山峻岭,西北流沙千里的地形,限制了它与其他地区的文化交往,从而使其文化成为独立发展系统。④ 中国传统文化之所以比较重实际而少宗教色彩,也因其文明"起于北方,其气候严寒,地味垍瘠,得天较薄,故其人无余裕以弛心广远,游志幽微,专就寻常日用之问题悉心研究,是以思想独倚于实际。"⑤

二是人种因素。因受西方人种史观的影响,梁启超认为,世界上各色人种,"其血管中之微生物与其脑之角度"皆不同。"白人之优于他种人者何也? 他种人好静,白种人好动;他种人狃于和平,白种人不辞竞争;他种人保守,白种人进取。以故他种人只能发生文明,白种人则能传播文明。"⑥因此,人种不同,也是造成东西方历史不同和今日世界

①　梁启超:《中国历史研究法》,见《饮冰室专集》第113、115页。
②　梁启超:《中国史叙论》,见《饮冰室文集》之六,第4页。
③　梁启超:《近代学风之地理的分布》,见《饮冰室文集》之四一,第50页。
④　梁启超:《中国印度之交通》,见《饮冰室专集》之五七。
⑤　梁启超:《论中国学术变迁之大势》,《饮冰室文集》之七,第6页。
⑥　梁启超:《新民说》,见《饮冰室专集》之四,第10页。

西方强于东方的原因之一。

三是文化传统力量。梁启超把这称为"文化共业",它包括先贤学说思想、政治法律和力量"大得可怕"的社会习俗势力等等,对推动或抑制历史进化往往起着很大的作用,并且认为国家的盛衰存亡,"实乃由全国人过去之共同业力所造成,而至今乃食其依者也。"①

梁启超作为一个资产阶级史学家,他不可能摆脱时代的和阶级的局限性,他也无法认识社会的基本矛盾和社会发展的真正动力,因此,他在解释社会进化动因时,夸大人的"心力"的作用。

(四)运用西方近代"科学方法",改造中国传统治学方法,建立新的方法论

在梁启超的史学理论体系中,还包含着大量有关治史方法的专门论叙。这些方法论,主要内容包括搜集史料之法、鉴别史料之法、论次史事之法和撰写史著之法。

就以史料的搜集与鉴别为例,他提出了不少宝贵的建议。他认为史料散在各处,必须搜集方能得之。单一件史料,无足轻重,等到汇集了若干同类的史料,进行比较,则意义及价值全然不同。要想到这些史料,必须经常注意"常人所不注意之处",在常人认为不是史料的东西中去寻找其中可贵的史料来。同时,还要"博搜旁证","随处留心,无孔不入,每有所遇,断不放过",②以补充或纠正旧史家故意湮没或搞错了的史料,并善于运用独到之史加以评判。

在鉴别史料的问题上,梁启超提出为了求得真史料,必须进行正误辨伪。在正误方面,要做到正确地鉴别,除了正面的考察之外,还可以运用反证的方法。反证的材料不足时,又可运用假说的方法,"以待后来之再审定"③。同一历史事件,若史料相互矛盾时,则要坚持"以最先

---

① 梁启超:《国家命运论》,见《饮冰室文集》之二二,第98页。
② 梁启超:《中国历史研究法》,《冰饮室专集》之七三,第65页。
③ 梁启超:《中国历史研究法》,《冰饮室专集》之七三,第73页。

进者为最可信"①的原则。在辨伪方面,梁启超提出了鉴别伪书的十二条方法和证明真书的六条方法。但他认为,伪书中有真事,真书中有伪事。而"伪"与"误"又有所不同。他把伪事分为七类,并提出辨别伪事应采取的七种态度。他强调"求真"就是要"实事求是"。这些方法,虽然由于受到他的唯心史观的限制,但直到今天,仍有一定的参考价值。

梁启超在撰写史著的方法上也有所创建。他写的《新史学》也是为如何编写中国通史从编纂思想、方法等方面作阐述。他撰写中国通史的基本方法,是以每一所划分的具有一些相同的历史阶段为主要构架,从政治、经济、社会、文化等几个方面加以综合的论述,并着重论述这一历史阶段中的军政大事发展经过及其对于历史所产生的影响。他将每一阶段的军政大事作为中国通史的主要线索,在这些军政大事之后,附以年表、事表、书表。这一写作的特点,吸收了西方近代史学的长处,同时也汲取了中国传统史学的长处,基本上采用记事本末体的写法,在史学方法上有许多创新,正如他自己所说的,就体例而言,是"前无古人"的。如《中国通史》稿中的《太古及三代载记》、《春秋载记》,在正文中,用纪事的方法和概述该一历史阶段的主要的军事、政治大事和演变,文中采取夹叙夹议的方法,叙事简单清楚,不做具体的记述,只讲史事大致的发展经过。书中有评论,有的用"梁启超曰"方式评论。梁启超评论的特点,经常用中国历史的情况和西方的历史相比较。用中外历史作比较,对于深入了解历史的发展是大有帮助的。梁启超有时在文中加入考据,如在《太古及三代载记》中就曾考证三皇五帝的记载。这种方法对记述历史中不同看法和有关材料是一种好方法,并不以烦琐的考证损害行文。有的比较大的考证,则放在后边做专门的附录,如附在《太古及三代载记》后的有《三苗九黎蚩尤考》、《洪水考》等。这些事例,说明梁启超编写中国通史的特点及其在方法上创新,的确是"前无古人"的。

---

① 梁启超:《中国历史研究法》,《冰饮室专集》之七三,第75—77页。

关于中国文化史的写法，梁启超在《中国历史研究法补编》中，在讨论"文物的专史"如何写法的时候，做了较详尽的说明。文物专史一般分为政治专史、经济专史和文化专史三大类。梁启超对如何写文化专史做了较多的说明。他认为写作文化专史，可以写专门语言史、文字史、神话史、宗教史、学术思想史。在他的一生著作中，相当重视学术思想的写作。他认为学术思想史可分为四部分：道术史（哲学史）、史学史、自然科学史、社会科学史。他又认为中国哲学史可分为三个系统：主系、闰系、旁系。主系是中国自己产生的思想学派。闰系是某一个主系学派的分支，它继承了主系的思想，并加入了新的内容。旁系是输入的外国思想，经过吸收、消化以后，才能演变成第二主系的思想。按照这种方法编写中国哲学史，既抓住了主系思想，又弄清了主系、闰系、旁系之间主从关系。这种编写的方法，在当时来说，的确是开创性的。

此外，梁启超还对其他各种专史、年谱、传纪等写法都做了很多创新，也做了多方面的探索和努力，大大丰富了他的史学理论体系。

综上所述，梁启超的史学理论体系，是按人们认识和研究历史的进化过程而建立起来的有机整体，主要是作为研究的史家、史料和史家所凭借的治史方法三个方面组成的。虽然，其史学理论在批判封建旧史学，以及建立资产阶级新史学过程中包含着一些合理的和进步的思想方法，但这种史学理论存在着明显的缺陷，就是未能对研究结果进行社会检验以及史家如何根据检验来加深对历史的认识。这一缺陷，一方面反映了梁启超在认识论上的局限，同时，也是他的主观唯心论历史观所决定的。

二、梁启超史学理论的学术渊源和特点

梁启超自幼受着传统的封建教育。十五岁以前读四书、五经、《史记》、《汉书》和段、王训诂之学，尤其是入学海堂后，更系统接受"旧学"训练，在治学方法上受乾嘉朴学影响，认为清代朴学"以实事求是为学鹄，颇饶科学精神"，甚至认为西方近代学者所采用的归纳、比较等"科

学方法",乾嘉学者莫不备之。因此,他的史学理论中不少治学方法,就是吸取了乾嘉考据之学。史学界有些人把梁启超作为五四以来正统考据派的代表人物之一。

光绪十六年(1890),梁启超赴京应试不第,回经上海,购得《瀛环志略》读之,并见到一些江南制造局所译西书,由此稍知世界之事。是年秋,由陈千秋介绍,改从康有为问学,开始走上一条以经世为目的,研究中国传统学术与历代典章制度,同时涉猎"译本西籍",兼吸西学的治学道路。因此,这阶段不仅是梁启超资产阶级改良主义世界观的形成时期,也是他的资产阶级史学理论的萌发阶段。他在湖南时务学堂任总教习时,并将中西兼收的主张付诸实践,学术上要求通传统经史大义,"根柢既植,然后以其余日肆力于西籍,夫如是乃可谓之学。"①这种以传统经史之义为主要内容的"中西杂糅"的学术思想,成为梁启超治史的重要特色。

梁启超在流亡日本期间,阅读大量西籍,许多"畴昔所未见之籍,纷触于目","思想为之一变"。②受其影响,他便积极倡导"读东西诸硕学之书,务衍其学说,以输于中国。"③同时,他表示要与封建"旧学"决裂,走近代资产阶级学术道路。反映在他的史学思想,以吸收"西学"为主,确立了他的资产阶级新史学的理论体系,并积极用于史学研究。

这一时期,他一心向慕"西学",并提倡历史研究中运用各种近代自然科学方法。如认为,生物界生存的共通法则可以推到人类生活上去,"社会学所以能应运用而生,可以说全部都建设在生物学基础上。"在他看来,"凡有关于人事之诸学科,如法律学,如经济学,如历史学,都受了他的刺激,一齐把研究方向挪转。"④至于地理学,梁启超称它为

① 梁启超:《湖南时务学堂约》,《饮冰室文集》之二,第25—26页。
② 梁启超:《三十自述》,《饮冰室文集》之一,第18页。
③ 梁启超:《生物学在学术界之位置》,《饮冰室文集》之三九,第20页。
④ 梁启超:《生物学在学术界之位置》,《饮冰室文集》之三九,第20页。

"诸学科之基础"①,并撰写《亚洲地理大势论》、《中国地理大势论》、《欧洲地理大势论》和《地理与文明之关系》等,考察地理环境及其变迁对人类历史发展的影响。

综上所述,梁启超史学理论的学术渊源,是以西方近代史学理论为主,并改造吸收了中国传统史学的观点而建立起来的。他的史学理论是在戊戌变法失败后确立和不断完善的。

梁启超的史学理论体系的基本特点主要表现为多元论和多变性。

"中西杂糅"是其多元论的主要思想根源。他研究历史,一面强调"历史为人类自由意志的创造品",一面又说,"心力"作用必然受到"物力"的限制。在叙述历史时,虽然突出思想意志的作用,但对客观社会环境等因素也很重视,认为"苟离却社会与时代,而凭空以观某一人或某一群人之思想动作,则必多不可了解者。"②主张把历史人物或历史事件放在一定的社会环境、时代、风俗等背景中去研究分析。他在分析影响历史发展的各种因素的作用时,其史学思想也有多元论的倾向。如论英雄与群众、心理与社会环境的历史作用时,他说:"宇宙间曾无不受社会性之影响束缚而能超然存在的个人,亦曾无不借个性之缲演推荡而能块然具存的社会,而两者之间互相矛盾、互相妨碍之现象,亦所恒有。"③他认为,英雄伟人之所以能成就事业,是因为他们代表了无数无名英雄意志的缘故,甚至说:"凡一国之进步,其主动者在多数之国民,而驱役一二之代表人以为助动者,则其事罔不成;其主动者在一二之代表人,而强求多数之国民以为助动者,则其事鲜不败。"因而主张历史研究既要考察大圣哲、大英雄、大战争和大革命,也要注意某些"微细而难见者"所反映的"一社会一时代之共同心理共同习惯等"④,以期认识人类社会历史的"共相"和"共业"。他认为地理环境对历史

---

① 梁启超:《地理与文明之关系》,《饮冰室文集》之一〇,第106页。
② 梁启超:《中国历史研究法》,见《专集》之七三,第121—122页。
③ 梁启超《先秦政治思想史》,见《专集》之五〇,第183页。
④ 梁启超:《自由书》,见《专集》之二,第84—86页。

的作用力是与人类文明的发展程度成反比的，"愈古代则地理规定历史之程度愈强，且其所规定，不徒在物的方面，而兼及心的方面，往往因地理影响形成民族特殊性格"，随着人类文明程度的提高，控制和改造自然能力的加强，特别是近代科学的日益发展，地理条件对历史的影响力也日渐减弱。同样，英雄的历史作用也是如此。他说："愈在上古，则英雄愈不出世，而愈见重于时……降及近世，此风稍熄。"由于教育日益普及，过去英雄能做之业绩，许多人都能做到，故英雄对历史的影响亦将日渐减弱。①

　　梁启超史学理论所表现的多元论是有深刻的社会历史根源和思想根源的。一方面，与他受到当时西方社会学中有机论和结构主义思潮的影响有关。更主要的是，由于在史学研究中，唯心主义的"心力"决定社会历史进化论对许多历史现象的解释无法自圆其说时，这就迫使梁启超不得不用这种貌似"公允"的多元论历史观来补苴罅漏，企图从制约历史发展的多种因素、特别是从心物两者力量的限度中，去找出历史的因果关系和发展趋势。他在《新民说》中，曾从文化、政治、地理环境、民族心理等多角度探讨中国封建社会长期延续的原因。在《中国历史研究法（补编）》中，他还主张，"我们作史，对于伟大人物的自由意志和当时此地的环境都不可忽略或偏重偏轻。"总之，梁启超史学理论多元论的特点，固然从一个侧面反映了中国近代社会资产阶级改良派史学理论的软弱性，但梁启超的思想较之某些一味以精神思想去解释历史的唯心论者，其眼界毕竟要开阔些，这也是治史能取得较大成就的原因之一。

　　多变性是梁启超史学理论的另一特点。追溯一下梁启超的史学思想的发展，至少经历过三次大变化。20 世纪初，他一心向慕西学，以进化论为理论基础创立"新史学"，所论英雄业绩或国家民族兴亡的历史，都是以进化论为指导思想去解释。辛亥革命以后，他的"新史学"

①　梁启超:《中国历史研究法》，见《专第》之七三，第 121—122 页。

理论体系一变而求中西结合,既重寻求历史的因果关系,亦肯定"据事直书,其义自见"的旧"正轨"。五四运动后,专以发扬光大新老传统,赋旧史学以新意为主题,明显表现史学思想的倒退。

　　梁启超史学理论体系的变化还表现在对进化论的态度上。他的史学理论体系是建立在进化论的基础上,但后来却对此发生了动摇,虽然并未完全否定进化论,却将其适用的范围大大缩小,认为只有"人类平等及人类一体的观念"和"世界各部分人类心能所开拓出来的'文化共业'"这两种历史现象可确认在进化之中,并由此对历史因果律也表示怀疑。① 从表面看,这种多变性,与其史学理论的多元论有一定联系,但实际上,却是他处的时代、社会和阶级在其史学理论上打下的深刻烙印。

　　梁启超史学产生于 19 世纪末和 20 世纪初。此期,世界各主要资本主义国家已先后进入帝国主义阶段,随着其对外扩张和加剧,资本主义文明以更快的速度被传播到了各地。而在中国,资产阶级初步形成并登上政治舞台。正急需吸收西方近代学说思想,以指导自己的社会实践。这种历史机缘的凑合,使西方资产阶级的各种理论学说和思潮很快传入中国,并在中国思想学术界引起连锁反应。梁启超便在这种思潮的影响下提出了研究历史在于"求得进化之公理公例"作为目的。但到 19 世纪末至 20 世纪初,由于物理学的一系列革命性的发展,特别是爱因斯坦相对论的产生,从根本上动摇了伽利略和牛顿建立的古典物理学基础。与此同时,数学、化学、生物学也经历了相应的"危机"。于是,在旧哲学观上建立起来的机械决定论渐渐出现了动摇的裂痕。加之第一次世界大战的发生,也使某些人对现实产生了悲观的幻灭感。思想界的波动在历史学、社会学、心理学等人文科学领域引起强烈的反应。不少西方学者由此抛弃了"决定论"而转向相对主义和不可知论。1918 年底至 1920 年初梁启超欧游期间,正值这股怀疑思潮蔓延欧洲大陆之时,在接触到了法国本格森"生命哲学"、美国詹姆士的实用主

---

　　① 梁启超:《研究文化史的几个重要问题》,《饮冰室文集》之四〇。

义和德国新康德主义者李凯尔特的史学理论后,他也认为:史迹是人类自由意志的反应,而各人自由意志之内容的心情,与其时的史学思想是一致的。

最后应指出,梁启超史学理论体系的多变性,也是中国近代资产阶级史学的共同特点所规定的。中国近代资产阶级史学,是一种半殖民地半封建文化意识形态,一方面,它始终带有浓厚的封建文化残余;另一方面,在吸收西方近代资产阶级史学理论时,因整个过程十分短促,往往囫囵吞枣,缺乏认真的消化和选择,以致形成一种新旧杂陈、中西糅合的不协调的体系。这种学术现象,在中国近代史上其他一些学者身上均有不同程度的反映,梁启超当然也不例外。这种学术思想上的两面性,实际上是半封建半殖民地社会历史条件下资产阶级史学软弱和不健全的具体表现。

第四节　夏曾佑与中国古代史研究

一、夏曾佑生平与《中国古代史》的编写

夏曾佑(1863—1924),字穗卿,号碎佛,笔名别生。浙江杭州人。父亲夏鸾翔(字紫笙),是清代著名算学家。夏曾佑出生后不久,其父病逝,身后没有留下多少财产,故他青少年时代生活并不富裕,在母亲的培育下,十四岁入学,二十六岁中举人。光绪十六年(1890)中进士,任礼部主事。他在京任职期间,与梁启超、谭嗣同等人交往甚密,并接受其资产阶级改良主义思想。光绪二十二年(1896)汪康年、梁启超主办《时务报》,夏曾佑撰文宣传变法。光绪二十三年(1897),他改职知县,在京候选未着,生活困窘,遂离京至天津,应同乡孙宝琦之聘执教于育才馆,历时三年。在天津期间,他与严复、王修植等人创办《国闻报》,继续宣传新学和维新变法。由于办报关系,夏曾佑与严复接触频繁,因而通过严复较系统地接受了西方进化学说。光绪二十五年(1899),任安徽祁门知县,任满寓居上海,旋迁直隶州知州,因母丧未

就任。光绪三十二年(1906)作为清廷五大臣随员出洋考察宪政。光绪三十四年(1908),任安徽广德知州。辛亥革命后,任北洋政府教育部普通教育司司长,后任北京图书馆馆长。

夏曾佑青年时代接受今文经学,后又接受康梁改良主义思想和西方进化论,并以此作为指导思想开展中国古代史的研究。光绪二十八年(1902)应商务印书馆之约,编写《最新中学中国历史教科书》,于光绪三十年(1904)至光绪三十二年(1906)陆续出版,颇受读者欢迎。1933年商务印书馆辑印大学课本,本书列入大学丛书,改称为《中国古代史》(以下简称《古代史》)。

夏曾佑把研究历史作为挽救中国危亡之急务。他在给严复译的《社会通诠》一书作《序》时说:《社会通诠》"胪殊俗之制,以证社会之原理,疑若非今日之急务者,然曾佑读之,以为今日之神州急务,莫译此书者,此其故尝微论之。神州自甲午以来,识者尝言变法矣。然言变法者,其所志在救危亡。而沮变法者其所责在无君父……向者以其争为不可解,乃今而知其然。盖其支离者,皆群学精微之所发见,而立敌咸驱之于公例,而不自知耳。自生人之朔,以迄于今,进化之阶历无量位。——位中,当其际者,各以其所由为天理人情之极,而畔之则人道于是终。"①这说明夏曾佑认为严译《社会通诠》是当时挽救中国危亡的急务,是力图通过西方资产阶级史学著作来说明变法不是无君父,而是认为处在应当变法的时代就应当变法,是想通过《社会通诠》这本所谓论证社会发展原理的书,有助于人们了解社会历史发展的情况,从而理解中国当时确实急需变法。另一方面他在自己所写的《中国古代史》中,专门标了一节《历史之益》,文中说:

> 读我国六千年之国史,有令人悲喜无端,俯仰自失者。读上古之史,则见至高深之理想,至完整之政治,至纯粹伦理,灿然大备……读中古之史,则见国力盛强……此思之令人色喜自壮者也。

---

① 严复译:《社会通诠》夏曾佑"序",商务印书馆版,第1页。

洎乎读近今之史……元气摧伤，不可猝起，而臣国者又非其人。自此以还，对外则主优柔，对内则主压制，士不读书，兵不用命，名实相反，主客易位，天下愁叹，而不知所自始，其将蹈埃及、印度之覆辙乎？此又令人怅然自失者……道光以后，与天下相见，数十年，乃骎骎有战国之势，于是识者知其运之将转矣，又未始无穷之望也。①

所谓"知者知其运之将转矣"，"转"的关键，在夏曾佑看来就是清廷必须改弦易辙，实行维新变法。而变法又必须以历史为依据，因为"智莫大于知来，来何以能知，据往事以为推而已矣。""而命运所遭，人事将变，目前所食之果，非一一于古人证其因，而无以知前途之夷险。"②显然，夏曾佑从事中国古代史研究的目的，是为了挽救国家和民族的危亡，具有爱国主义思想。

夏曾佑主要运用今文经学的变易思想来研究历史。他说："本编（指《古代史》）亦尊今文经学，惟其命意与清朝经师稍异，凡经义之变迁，皆以历史因果之理解之，不专在讲经也。"③他和其他今文经学家一样都尊孔子为教主。在《古代史》中，于叙孔子的事迹之前特设《孔子以前之宗教》上、下两节，其内容抄录自汪中《述学》。接着又用了四节篇幅分别标为《孔子世系及形象》、《孔子之事迹》、《孔子之异闻》、《孔子之六经》，在全书中的比重占有很重要的地位。他以这样安排篇幅，其目的主要是在中国古代史中突出今文经学的地位和作用。他在抬高今文经学的同时，对古文经学则进行指责，他批评刘歆《七略》和班固《汉书·艺文志》为"不通"。他认为："六艺为汉人之国教，无禁绝之理，则为其计，惟有他说以乱之耳。刘歆为莽心腹，亲典中书，必与莽谋，且助成莽事故，故为莽杂糅古书，以作诸古文经，其中至要之义，即

---

① 夏曾佑：《中国古代史》，第 6 页。三联书店 1955 年版。
② 夏曾佑：《中国古代史》，第 1 页。
③ 夏曾佑：《中国古代史》，第 340 页。

'六经皆史'一语。"①他斥责刘歆,是因为刘歆是古文经学家,认定六经是记载历史的书,因而就不能如西汉时今文经学家那样随意演图比谶,"预介无穷矣。"他认为刘歆这样做的结果,"即以孔子为宗教,改为周公之政法,一以便篡窃之渐,一以塞符命之源"。他指出古文经学家们利用秦始皇焚书的事件,假说六经经过秦火之后,已经脱坏,河间献王、鲁恭王等,得到藏在山岩和屋壁之间的原本六经,送给汉朝廷,汉朝廷将它藏在秘府,外人看不见,刘歆等人因而可以上下其手,加以篡改,并把篡改后的六经作为古文经学的依据,认为这样做是古文学家经过精心策划的结果。他列举了很多史实,论证秦始皇焚书并没有烧掉博士官所藏的六经,"所焚者,民间私藏之别本耳,其余固无恙也。况始皇焚书坑儒,在三十四年,下距秦亡凡五年,距汉兴求遗书,不过二十余年,经生老儒,岂无存者……古人文物,彬彬具在,断无六艺遂缺之事,何必二百年后,待之山岩屋壁哉!"②他的这些论点沉重地打击了地主阶级顽固派所坚持的古文经学。但清代的今文经学家们,既没有利用孔子《春秋》明夷夏之防的论点,起来推翻清朝统治,又不能推说汉儒通三统之义逼清统治者退出政治舞台,而以保皇言变法,政治上是十分软弱的。夏曾佑在《古代史》内,也是跟随龚、魏、康、梁之后,寻声逐影,并没有新的发展,因而从学术上说,虽然批判了古文经学,但并没有真正了解西汉古文经学。

夏曾佑的历史观是在今文经学变易思想的基础上吸收西方庸俗历史进化论而形成的。他所编写的《古代史》直接接受严译《社会通诠》的影响。严复在该书的译者序中说:"考夷进化之阶段,莫不始于图腾,继之以宗法,而成于国家。方其为图腾也,其民渔猎,至于宗法,其民耕稼。""方其封建,民业大抵犹耕稼也。"夏曾佑也说:"凡今日文明之国,其初必由渔猎社会,以进入游牧社会,自渔猎社会,改为游牧社

---

① 夏曾佑:《中国古代史》,第 430 页。
② 夏曾佑:《中国古代史》,第 341 页。

会,而社会一大进","自游牧社会,改为耕稼社会,而社会又一大进","而井田宗法世禄封建之制生焉。"①甄克思在《社会通诠》中说:"顾东方社会,以宗法为之命脉,一切现象,必由此而后其义可以明。"夏曾佑接受并应用这一观点来研究中国历史,说:"考我国宗法社会,自黄帝至今日可分为二期:秦以前为一期,秦以后为一期,前者为粗,后者为精,而为之钤键者,厥惟孔子","孔子之术,其的在于君权,而径则由于宗法,盖借宗法以定君权,而非借君权以维宗法"。② 同样把宗法看作是历史的命脉,这当然是错误的。

夏曾佑在《古代史》中谈到包羲"制嫁娶"的问题时,认为包羲之前是处在只"知有母,不知有父"的所谓"陋习"阶段,提出从只"知有母,不知有父"而变为家族,是社会"进化之必历之阶段"。他已开始接触到母系氏族社会向父系氏族社会的转变问题,是人类社会历史发展的必由之路这一命题。

夏曾佑在《古代史》中还十分概括地叙述了渔猎、游牧、耕稼几个不同的社会阶段的物质生产以及文化、思想和政治的状况,并且就其间的关系表述了自己的看法。他明确地认为物质生活是基础,在渔猎阶段时,他认为由于物质生活低下,饮食"无一定之时,亦无一定之数,民日暴风雨,暮溪山,以从事于饮食,饥饱生死,不可预决",在那样一个时期,"文化必不足发达",只有等到人类物质生活有所提高,也就是要在进入游牧社会后,由于"民无忧馁陷险之害",乃有余力以从事文化活动。而且也只有到游牧社会以后,人们才能发展文化。他断定文化是适应生产发展的要求而逐渐发达起来的,与生产发展是有密切关系的。通过具体事实阐明在游牧社会时,人们由于进行游牧,必须逐水草,避寒暑,因此得到以"旷览川原之博大,上测天星,下稽道里",原始的地理学和天文学之类的知识,"遂不能不进矣"。而且,他也了解到

---

① 夏曾佑:《中国古代史》第 10 页。
② 严复译:《社会通诠》夏曾佑《序》,商务印书馆版,第 3 页。

井田、宗法、世禄封建之制,都是在人们定居从事农耕以后才产生的。因为只有"可植田园,长子孙,有安土重迁之乐,于是更有暇日,以扩其思想界。"思想、文化、制度等都属于上层建筑,是经济发展的结果,是经济基础在上层建筑中的反映。夏曾佑对物质生产与文化的关系的看法,是接触到客观历史的某些边际的。

夏曾佑又把中国历史具体划分为三个时期:自草昧以至周末,为上古之世;自秦至唐,为中古之世;自宋至今(指清代——引者),为近古之世。他又结合达尔文生物进化论和当时考古发掘的材料,又将这三大时期"细分为七小时代"。在上古时期内分两个小时期:一为太古三代,因无信史,称为传疑时代;二为由周中叶至战国时期,称为化成时代。中古之世,分为三个时代:一为由秦至三国,称之为极盛时代;二由晋至隋,称之为中衰期;三为唐朝一代,称之为复盛期。近古之世,亦分为两个时期:一为五季宋元明,为退化之期;二为清代二百六十年,称为更化期。上述分期法,是依据历史的进化的演变,依据历史发展的因果关系而划分的。虽然揭示不出历史发展的客观规律,但他打破了几千年封建史学的传统史观,是有一定进步意义的。所以梁启超称颂夏曾佑为"晚清思想界革命的先驱者"。

是什么力量推动社会历史进化的呢? 在这个问题上,夏曾佑完全接受了西方社会达尔文主义的观点,用所谓"生存竞争"、"优胜劣败"的理论来解释中国古代社会历史的发展。他在《诸侯之大概》一节中写道:

> 禹之时,涂山之会,执玉帛而朝者万国;汤之时三千,武王时犹有千八百国,知其残灭已多矣……至入春秋之世,国之见于书者,仅一百四十余,然大半无事可纪,其可纪者,十余国,何其少哉? 盖群之由分而合也,世运自然之理,物竞争存,自相残贼,历千余年,自不能不由万数减至十数。

在《三国末社会之变迁》(上)一节中,关于"生存竞争"的论点表述得更为清楚。他说:

　　循夫优胜劣败之理,服以强权,遂为世界之公例,威力所及,举世风靡,弱肉强食,视为公义。于是有具智仁勇者出,发明一种反抗强权之学说,以扶弱而抑强,此宗教之所以兴,而人之所以异于禽兽也。

应该指出,用这种社会达尔文主义解释社会历史,在当时历史条件下虽然具有反封建的进步意义,但其本质仍然是为帝国主义侵略服务的。夏曾佑没有探究和认识这种学说的实质,而是幻想用它来向中国人民敲起拯救危亡的警钟。因此,用这种观点来解释中国历史,只能对史实作牵强附会的比拟,不能得出正确的、科学的结论。他在论述秦的历史时说:"秦人并天下之故⋯⋯大约内则殖实业,奖战功,此策自卫鞅发之。此策与今日列强,所谓军国主义相同。"①这是对历史的歪曲。秦商鞅变法时,是处于封建地主制的初级阶段,商鞅变法巩固和发展了秦朝地主阶级政权,增强了秦国的力量,为统一六国奠定了基础,这怎能和当时的帝国主义国家的侵略相提并论呢? 当时西方帝国主义国家,对弱小国家进行侵略,逼使它们沦为殖民地或半殖民地国家,怎能和古代秦王朝统一六国相比附呢? 显然,他对秦亡原因的分析也是错误的。他认为:"鞅之大蔽,则在告讦连坐,而民德扫地矣。外则离间诸侯,泊其君臣之谋,而以良兵随其后,此策发自李斯,此策尤与今之外交政策合。今强国,所以兼并坐大者,不外此法。而斯之蔽,则在外交上用此法,内政亦用此法,君臣、朋友之间,均有敌国之道焉。商君、李斯,其术之薄劣若此。宜乎秦用之,才并天下即亡。"②夏曾佑不分析秦统一后的社会矛盾和阶级矛盾,而是分析商鞅变法措施和李斯建议统一六国的外交政策,并将它比作为帝国主义国家的措施和政策,这也是错误的。

二、以文化史观为中心的古史研究

　　封建旧史学把历史现象和本质对立割裂开来,这就不可能从历史

---

①②　夏曾佑:《中国古代史》,第 173 页。

现象的客观联系中去考察问题,更不能透过历史现象辨其本质。夏曾佑与封建旧史家有所不同,他以历史进化观点考察历史,认为历史和现状是有着因果联系的,所谓"运命所遭,人事将变,目前所食之果,非一一于古人征其因,即无以知前途夷险。"他强调研究历史即于"据往事以为推而已矣。"①他说:

> 至于今日,天下之人,环而相见,各挟持其固有之文化,以相为上下,其为胜为负,岂尽今人之责哉,各食其古人之报而已矣……今中国之前途,其祸福正不可测,古人之功罪,亦未可定也。而秦汉两朝,尤为中国文化之标准,以秦汉为因,以求今日之果,中国之前途,当亦可一测识矣。②

因此,他认为社会历史现象和自然科学一样,有必然的因果关系可寻,但他觉察到社会历史中因果关系,比较难以发现,其原因是社会历史现象过于复杂。他认为:"神州建国即古,往事较繁。自秦以前,其记载也多歧,自秦以后,其记载也多仍,歧者无以折衷,仍者不可择别。况史本王官,载笔所及,例止王事,而于街谈巷语之所造,属之稗官,正史缺焉,治史之难,于此见矣。"③

他和严复的观点基本相同。严复说:"夫人事之难测,非曰此中无因果也,乃原因复杂,难于尽知;而使人具无限之智慧……则据已事推未来,真无异畴人之推星变,锱铢分秒不能违也。"④严复认为过去的史学研究者,没有能够找出"因"和"果"的必然联系,并不是因为社会历史发展中没有因果关系,而是因为学者未能精通,提出"原因之未得,不可谓人事为无因果,抑科学之无此门也。"⑤当然,严、夏都是从文化方面去找历史的因果关系,虽然是不科学的,但较之封建史学家是前进了一步。

---

① 夏曾佑:《中国古代史》,第1页。
② 夏曾佑:《中国古代史》,第225—226页。
③ 夏曾佑:《中国古代史》,第1页。
④⑤ 转引自王栻:《严复传》。

夏曾佑急于寻找历史发展的因果关系,目的是在寻找救中国的道路,是为他改良主义的政治思想探索出一条符合中国国情的治国之理。他在《论变法必以历史为根本》一文中说得十分清楚。他说:"变法之说发端于甲午,实行于戊戌,然皆变法而不见变法之效,非变法之无效也。"是因为变法没有以历史为根据,所以遭受失败。如戊戌变法之所以失败,他认为是"失之紊,彼此不相顾,前后不相应,徒使天下陈力就列者,目炫乱于国家之无常,职业之不可保,而不能知其命意所在。故八月而政变,政变而新政熄。"他认为要真正进行变法,必须对"法之性质,变之方法,皆不可不研究之矣"。在他看来,"凡合一群之人同立一国,其国中必有要质数端"。如国家的地形、国民的生计、风俗、宗教、政治等等,这五种要质,"甲可生乙丙丁戊,乙亦可生丙丁戊甲,如循环之无端,如帝纲之无尽,无一定母子宾主之可言"。其间的演变是异常复杂的。就总的方面说来,他认为前"四者为因","而政治为果也",再加上"四者之历史,国国不同,则政治之条理,亦国国不同。"因而他认为要进行变法,首先必须抓住本国的政治特点,不然"立不合于历史之政治",则其统治下的人民"不能一日安",而政治本身"亦无有不归澌灭"。"凡其能行之而不废,循焉而有效者"都必须"推本于历史","致治之密合于历史"。

夏曾佑从变法的需要出发,为寻找当时中国历史发展之原因,还研究了中国社会发展之原。他自光绪二十九年(1903)起,在《新民丛报》上连续发表了四篇《中国社会之原》,在内容上几乎没有涉及任何经济问题,而是集中谈鬼神、术数及老子、孔子、墨子等诸子百家的学术思想(夏称之为宗教)和政治制度。他的看法和主张均纳入了《古代史》中。正如他在该书第二编《凡例》中所说:"本篇与一篇相同,总以发明今日社会之原为主,文字虽繁,其纲只三端",即一为关乎皇室者,如宫廷之变,群雄之战;二为中国境内周边各族,如匈奴、西域、西羌,事无大小,皆举其略;三为关于社会者,如宗教、风俗之类,事实上他主要着眼于"宗教"(即文化)。而大置篇幅极力夸大文化的作用,特别是孔子儒教的作用,把孔子儒教说成是中国社会发展之原。不仅如此,他把宗教上升为立国的根本原则,提出"凡国家之成立,必凭二事以为典范,一为外族之逼迫,二为宗教之熏染是也。此盖为天下万国所公用之例,无国不然,亦无时不然。此二事明,则国成立之根本亦明矣。"他虽然也举了外族逼迫作为立国的原因之一,但其用意是在于通过种族来说明宗教(文化)的重要性,因"宗教复杂之原,则与种族相表里",种族复杂,文化也就复杂,极力强调文化的作用,形成以文化为中心的历史观。

正因为夏曾佑以文化史观为中心考察问题,故在约三十万字的《中国古代史》中,谈及各时代的经济极少,而大部篇幅都是以文化为主体的上层建筑,其中突出的是学术思想的作用。如说老子剔去鬼神、术数的迷雾,一洗古人之面目,写出了《老子》一书,但由于"其宗旨过高,非神州多数人所解,故其教不能大"。[①] 在《墨子之道》一节中,将墨子与孔子的思想作了对比,认为"孔子亲亲,墨子尚贤,孔子差等,墨子兼爱,凡此等等",说明墨子主张"殆无一不与孔子相反",其原因,夏曾佑认为是由于"墨子留鬼神而去术数","既设鬼神,则宗教为之大异","特其中有一端不同,而诸端遂不能尽异,宗教之理,如算式然,则数改,则各数尽改。"在他看来,"墨子留鬼神而去术数",虽然有好的一面,"然有天志而无天堂之福,有明鬼而无地狱之罪,是人之从墨子者,苦身焦思而无报,违墨子者,放辟邪侈而无罚也。故上下之人,均不乐之。而其教遂亡。"[②]夏曾佑对墨子思想虽然进行了论述,但没有触及其阶级本质,自然不可能得出正确的结论。孔子和儒教是夏曾佑论述的重点,极尽渲染之能事,说"孔子之道"之所以能"成为国教",是由于"孔子留术数而去鬼神",是所谓"君子之道",孔教之原理是"富贵贫贱与智愚贤不肖"都是"相应"的。把孔子思想说成是没有阶级性的,是适合各个阶级各种人的需要的,殊不知孔教之所能在当时及以后盛行,

---

① 夏曾佑:《中国古代史》,第91页。
② 夏曾佑:《中国古代史》,第91页。

给予中国社会历史以巨大的影响,是因为孔子儒家思想完全适应了剥削阶级的需要,是统治阶级用作巩固其统治的工具。

夏曾佑在论述周代的历史时,他认为,"有周一代之事,其关系于中国者深,中国若无周人,恐今日尚居草昧。"如果从政治、经济、文化各个方面进行论述,说明周朝在中国历史发展中的地位和作用,无疑是正确的研究方法。但夏曾佑不是这样的研究论证。他强调周朝历史关系于中国至深者,是因为"中国一切宗教、典礼、政治、文艺,皆周人所创也。"①单方面地强调文化思想的作用,显然是不全面的。因为"人的观念、观点和概念,一句话,人们的意识,随着人们的生活条件、人们的社会关系、人们的社会存在的改变而改变。"②夏曾佑不谈经济,不谈经济基础与文化的关系,只谈文化思想的作用,正是文化史观的集中表现。

关于秦亡的原因,夏曾佑也归咎于秦宗教(即文化)之不善,说:"秦本孔子专制之法,行荀子性恶之旨,在上者以不肖待其下,无复顾惜,在下者亦以不肖自待,而蒙蔽其上……社会若此,望其乂安,自不可得。不惟此二千年间所受之祸,不可胜数而已,即以秦有天下十五年间言之,其变亦惨矣。""凡此者,不能不叹秦人择教之不善也。"秦之亡,虽然不能说与夏曾佑所谓的"宗教"没有关系,但说"择教之不善"是秦亡的决定性因素,是不符合历史事实的。因为秦亡于统治集团对人民的残酷的经济剥削和政治压迫,是亡于"亟役万人,暴其威刑,竭其货贿"。是由于阶级矛盾的激化,陈胜、吴广揭竿而起,推翻秦朝的统治。

夏曾佑编撰《古代史》时,正值戊戌变法失败之后,对西太后的残暴独裁极其反对。他反对君主专制,要求君主立宪,虽然在"民智决定论"的思想支配下,认为君主立宪不能立即实行,但不能因此就说他不主张君主立宪。从整个思想来看,他是主张改革封建专制主义的政治

---

① 夏曾佑:《中国古代史》,第 29 页。
② 《马克思恩格斯选集》第 1 卷,第 270 页。

制度的。因而在论及历史上的专制君主和君主专制政治制度时,他是深恶痛绝的。如在论及秦的历史时说:

> 夫专制者,所以为富贵,而其极,必并贫贱而不可得,嬴氏可为列朝皇室之鉴戒矣。至于李斯、赵高辈,皆助成始皇、二世之政治者,而李斯则具五刑,黄犬东门之哭,千古为之增悲。赵高亦夷三族,以徇咸阳,亦何益之有哉!①

在论及政治制度时,也表达了他赞成君主与大臣分权的制度,反对君主专制独裁的思想。认为"三代之世用人,出于世官,七国两汉用人,出于特起,其登进之途虽殊,而其设官分职之法,则原理无贰。大约各官皆有其固有之权限,其权非窃君主之权以为之者,执政大臣之职任,无异于君主之副贰,君主必不能以厮役畜之。"②他对曹操进行贬斥,说曹操"尽去三公卿校之实权,而举天下之实权,一一归之中官之手。自是以来,大臣拥虚位,而散秩握政柄。夫以奔走之官,而寄赏罚之实,名可无图,惟利是竞,此中国之政治,所以千百年,江河日下,而永无澄清之望也。"③他反对君主专制,主张大臣握有实权是十分明显的。

论述汉代历史时,夏曾佑以外戚为主,西汉外戚之祸凡六节,东汉宦官外戚冲突也是六节,占秦汉史的分量是六分之一以上。但他并没有正确说明两汉外戚和宦官擅权的背景,二者之间的关系也没有搞清楚。汉代的外戚就其阶级地位来说,都是贵族大地主,当其政治经济实力增强后,必然与皇帝为代表的中央集权闹分裂,而宦官则是皇帝的御用工具,而且只有依靠皇权才能发挥作用。因此,外戚与宦官的斗争,中心问题表现为集权与分权的斗争。在封建君主中央集权制处于正常的情况下,宦官在政治上是不起多大作用的。在王朝崩溃的前夕,社会矛盾尖锐,外戚势盛,皇帝需要依靠和通过宦官来加强自己的权力,企

---

① 夏曾佑:《中国古代史》,第234页。
② 夏曾佑:《中国古代史》,第509页。
③ 夏曾佑:《中国古代史》,第509页。

图使王朝还能苟延残喘于一时,如宦官势力被消灭,王朝同归于灭亡。东汉王朝的覆灭就是一个很好的例证。

在政治制度方面,夏曾佑认为魏晋南北朝隋代的官制和两汉时官制相比较,是大不相同的。他说:

> 汉之公孤,执实权者,至此(魏以后——引者)皆为虚设,或仅为奸雄僭窃之阶,寻常人臣,不以相处,汉诸卿中,有独立专治一事者,至此大半并省,归入尚书各曹中。而任事之官,则惟尚书、中书、门下三省。而此三省诸官,则其秦汉时少府所属之官者也,至此则省去少府,而改以士人充之。盖汉之丞相,对于国家负责任,与今之各国同……至魏后则宰相不过为皇帝之私人,与国家无涉,实即汉宦者之易名,非古之大臣也……而国家大受其影响,古人之治,遂不可复矣。①

夏曾佑将两汉时宰相权力与近代资本主义国家的责任内阁制首相的权力等同起来,是不了解封建政治制度与资本主义制度有本质上的区别。二者混淆不清是错误的。但其指出两汉和曹魏以后的政治制度,有很大的不同则是正确的。两汉时宰相权力大,而且每每由一人担任;而魏晋以后尤其是隋唐宰相的职权,归于三省长官,相权分散,行政制度日趋严密,君主中央集权不断加强。这是为了适应封建地主阶级经济的发展,适应政治斗争的需要而产生的。夏曾佑看到了前后两种政治制度的不同,但对政治制度的实质则认识不清。如说汉之丞相,是对国家负责,而曹魏以后的宰相不过是皇帝的私臣,与国家无涉等论调,是不符史实的。就官制的沿革和发展情况来看,汉代九卿,首奉常,为帝王之庙祝,次光禄勋宫廷之门侍,次卫尉为皇帝卫队,要说是皇帝私臣,哪一个部门的臣僚不是皇帝的私臣呢?汉时的丞相、御史大夫的权力得统领九卿,即是因为丞相、御史大夫是皇帝私臣的首领的缘故。从这个意义上来说,哪来什么与皇帝权力相对立的、相平等的大臣呢?

---

① 夏曾佑:《中国古代史》,第515—516页。

至隋以后的尚书,分吏、户、礼、兵、刑、工六部,和汉九卿、太常、光禄勋的性质是完全相同的。隋唐之尚书仆射,看起来似如皇帝之私臣,而为其管理国家的行政事务。但有相当一部分的事务属于皇帝之私事,因那时机构简略,分工不细密的缘故。夏曾佑在于不了解两汉之君主中央集权与曹魏以后君主中央集权的特点,不了解两汉时尚书处于地主制封建社会的初期阶段。曹魏以后则进入了封建社会的中期阶段,因而在政治制度方面必然有所发展和不同。

依据文化史观,夏曾佑认为"综古今之士类言之,亦可分为三期","由三代至三国之初,经师时代也";"由三国至唐,名士时代也";"由唐至今(清——引者),举事时代也"。他之所以这样划分,是为了表达和体现其今文经学的观点和进行改革的要求,照他看来,经师时代的经师,是法古守礼,这显然是指古文经学者而言。所以指责说:"其蔽也巫",名士时代的名士,他认为"俶傥不羁",如"阮籍以沉沦自晦,侥免一时,其嵇康、何晏、邓飏、李胜、毕轨、丁谧,皆蒙显戮,东汉气节,荡然无复存矣"。结果是导致了"其蔽也疏"。到了举事时代,他认为"举子者,天地之大,万物之多",一概不了解,所知道的仅仅是"应试之知"。① 为其废古文经学、科举制度和维新变法提供理论和历史依据。

夏曾佑在编撰《古代史》时,虽然也曾标榜写历史不能只写帝王将相一人一家之事,但基于文化史观考察和分析历史事件和历史人物,就自觉地或不自觉地陷入崇拜个别英雄人物的泥坑。他在论述春秋战国时代的历史时,说:"此代至要之事,乃孔子生于此代也。孔子一身,直为中国政教之原","中国之历史,即孔子一人之历史而已。""至孔子教育之指要,既有所窥,则自秦以来,直至目前,此二千余年之政治盛衰,人材升降,文章学问,千枝万条,皆可烛照而计数矣。"又说,假如秦代没有秦始皇,汉代没有汉武帝,则"中国非今日之中国也"。在他看来,"中国之教,得孔子而后立,中国之政,得秦皇而后行,中国之境,得汉

---

① 夏曾佑:《中国古代史》,第388—389页。

武而后定,三者皆中国之所以为中国也。"①他为了夸大某些英雄人物的历史作用,甚至违背其历史进化观点,自相矛盾地认为自秦以后两千多年的历史,基本上没有什么重大的发展。他写道:

> 自秦以来,垂二千年,虽百王代兴,时有改革。然观其大义,不甚悬殊,譬如建屋,孔子奠其基,汉秦二君营其室。后之王者,不过随时补葺,以求适一时之用耳,不能动其深根宁极之理也。②

以上这段话,如果就封建制度来说,我国自周秦以来至鸦片战争时为止,都是封建社会,在社会性质上没有发生根本变化是对的。然而夏曾佑不是就这个意义而说的。在当时的历史条件下,他没有也不可能认识到周秦至鸦片战争是封建社会,他仅仅是就中国的王朝而说的。就这方面而言,不能说没有发展。周秦以来的封建王朝,由封建社会的初期发展到中期,又由中期进入末期。各个时期都有它自身的特点,其间是有所区别的。特别是封建社会末期孕育着资本主义萌芽,表现在经济、政治和文化思想各个方面,都有所发展。怎么说是"不过随事补葺,以求适一时之用"呢? 夏曾佑在应用历史进化论观点分析历史时,曾将中国古代的历史划分为上古之世、中古之世、近古之世,还有所谓传疑期、化成期、极盛期、中衰期、复盛期、退化期以及更化期等,这说明了自秦至清的历史还是有重大变化和发展的。绝不能由于夸大某些人物的历史作用,就抹杀社会历史的变化发展。更不能武断地说自始至终没有超过孔子、秦始皇、汉武帝所立下的所谓"深根宁极之理"。应当指出,历史人物当其顺应历史发展的趋势时,作了一些有利于人民和有利于社会发展的事,确实能起到一定的作用,给历史发展以影响甚至是重大的影响。然而必须明确的是时势造英雄,不是英雄造时势。依据历史唯物主义观点,人类全部历史,虽然看似那些活动家的个人行动构成的,但是,归根结底,推动历史发展的真正力量,是人民群众。

---

①② 夏曾佑:《中国古代史》,第225页。

三、《中国古代史》在中国历史编纂学上的贡献

两千多年来,我国传统史学著作可谓"汗牛充栋",种类繁多,然而就编纂体例来说,不外乎编年、纪传和纪事本末体三大类,其中以纪传体数量最多。自司马迁撰《史记》开其端,继其后的所谓正史,亦即通常所称的二十四史,以及其他类似的史著,在编撰体例上都是采用本纪、列传、表、志的所谓纪传体,其中"纪"以编年,"传"以纪事,"世家"以分国录诸侯,而又益之以表历,总之以书志,卓然成为一较完备的历史编纂方法,被奉为中国传统史学编纂历史的经典体裁。诚如清代史学家章学诚所说,"纪传行之千年有余,学者相承,殆如夏葛冬裘,渴饮饥食,无更易矣。"与纪传体同时并用的还有编年体,它以年系事,如司马光的《资治通鉴》上起战国,下终五代,一千三百六十二年间历史大事,按年记载,一气衔接。司马光曾说过:"春秋之后,迄今千余年,史汉至五代史,一千五百卷,诸生历年不能尽其篇第,毕世不暇举其大略。"因而他所编纂的《资治通鉴》以及类似的编年体史书,对于各类繁富的史书来说,那是简化多了。事实上《资治通鉴》是一种编年体通史。这种史学著作的优点是记载历史事件时,以年月为经,以历史事实为纬,按照时间顺序记载历史事件的发生经过,是比较清楚的,它的缺点是记载同一件史实前后割裂,首尾不相连贯,各个事实之间的相互关系,特别是典章制度沿革无法加以系统地记载。而纪事本末体本来是作为编年体的补充形式而出现的,以弥补编年体历史编纂体例之不足。这种体裁的优点,本末为一体,按时间顺序排列,首尾经过,一目了然。其缺点是事与事之间缺乏联系,对于整个历史不能全面描绘出一条发展的线索。

夏曾佑在编撰《古代史》时,受西方史学的影响,突破了传统史学三种编纂体裁的框框,于传统体裁之外另辟新的途径,即采用章节体编写中国通史,这在中国近代史学家中他是第一人。这种章节体是在新的历史条件下,为适应新史学内容和特点而出现的。夏曾佑与

封建史学家不同，他编撰《古代史》的目的，是在于据往事以推未来，在寻求历史发展的因果关系。夏曾佑对自己编著史书的要求是"文简于古人，而理寓于往籍"，并且为的是"足以供社会之需要"。从这里可以看出，作为近代新史学所要记载的史事，和封建史学家所要求记载的内容是不完全相同的。关于这一点，与夏曾佑史学见解相近的梁启超说得最为明白，梁启超在《中国历史研究法》中，曾明确地说："我国二千年来史学视他国为独昌，虽然彼其体例，多属于千年前学者之所创"，但是，梁启超认为，"彼时所需要之史，与今不同"，即是说封建史学内容已不能适应近代中国的需要，所谓"今日而欲得一理想之中国史"，"欲成适合于现代中国人所需要之中国史"，必须增加新的史学内容。梁启超并列举了二十多个课题，如"中华民族是否中国之原住民，抑移住民？""中华民族由几许民族混合而成，其混合醇化之迹如何？"等等，诸如此类的问题，都是封建的史学家们所没有涉及过的问题，其内容在纪传、编年、纪事本末三大史学体裁史书中也很难安排叙述的。

夏曾佑的《古代史》开头几节就是"世界之初"、"中国种族之原"、"古今世界之大概"等等，尽管在论述方面还不够完善，不完全合乎科学，但他毕竟涉及了以前封建史家们所没有接触过的新内容、新问题。为了适应这些新问题、新内容的叙述，经过探索研究，梁启超、夏曾佑等人，为了表述其历史进化思想，将历史发展的阶段分为上古之世、中古之世、近古之世，而这种历史分期要用旧的史节体裁是无法容纳和表述的，这就促使夏曾佑吸收西学的编纂方法，即用篇、章、节的形式来表述新的内容。

夏曾佑编写《古代史》时，当时西方资产阶级学者的章节体史学著作，陆续介绍到中国来了。如樊炳清译的《中等东洋史》，泰东同文局出版的《东洋史译本》和科学书局出版的《中等东洋史学教科书》等书，都已流传到全国各地。在这一西学东渐的历史背景下，夏曾佑受其影响，采用章节体编写中国通史，对中国近代史学的发展作出了开拓性贡献。

　　夏曾佑《古代史》力图依据社会政治、经济和文化等沿革来划分历史时期,尽管这种三世七期的划分还不可能具体说明中国历史发展的客观规律,不能表明中国历史发展合乎科学的阶段性,但章节体编纂方法,较之封建史学王朝年谱式、家谱式的史书,以王朝的兴衰、帝王的废立,作为划分时期的标准无疑是一大革新。当然,要真正科学地划分历史发展阶段,只有依据马克思主义的社会形态学说为指导思想,才能科学地揭示历史发展的阶段性及其客观发展规律。

　　夏曾佑所采用的章节体编纂方法,基本上是按时间顺序安排同类事件在一起叙述,各个历史事件间的联系有所增强,在一定程度上弥补封建旧史学编纂方法的不足。但必须看到夏曾佑仅仅是史体革新的一种尝试,并没有达到他预期的目的。在章节安排上,全书四章,计一百七十节,如有的一章竟多至七十五节,实际上只起了计数的作用而已。更突出的是,他受西方史学方法的限制,给他寻求历史发展的因果关系,带来了不可弥补的原则性缺陷,其阶级局限性是十分清楚的。但夏曾佑的《古代史》是当时第一部采用章节体编写的中国通史,体裁新颖,文字浅明易懂,故得以广泛流传。有人说读其书,"使人有心开目朗之感","上下千古,了然在目"。这虽是过誉之辞,但说明《古代史》在当时史学界是起过较大影响的。

第五节　柳诒徵前期史学

一、柳诒徵生平与《历代史略》

　　柳诒徵(1880—1956),字翼谋,号劬堂。江苏镇江人。年十七为秀才,二十岁应试列一等三名。光绪二十七年(1901),由陈庆年(1862—1929)介绍入江楚编译局,"编译新书,以开风气"。光绪二十九年(1903),随缪荃孙赴日本考察教育,回国后致力"教育救国",创办小学堂,又从事商业学堂教育。光绪三十三年(1908)起,先后任两江师范学堂、南京高等师范学堂、东南大学、东北大学、北京女子大学、浙江大学、中央大学文史教授,并长期担任南京国学图书馆馆长。1948年,被选为前中央研究院院士,又任考试院委员、国史馆纂修。新中国成立后,受聘为上海市文管会委员。

他毕生精力从事教育与学术研究工作,是中国近现代著名的史学家。他治史可分为前后两个时期;前期史学著作主要有《历代史略》、《中国商业史》和《中国教育史》;后期代表著作为《中国文化史》、《国史要义》等。

柳诒徵步入史坛时,正逢义和团爆发和资产阶级民主革命的兴起,震撼了清廷封建统治。清廷迫于国内外形势变化的压力,下诏"变法",推行"新政",企图缓和矛盾,稳住垂危的封建统治。其新政的指导思想仍然是张之洞等人倡导的"中学为体,西学为用",特别强调要在传统的封建伦理道德"三纲五常"之下实行改革。虽然,中日甲午战争失败,宣告洋务运动的破产,但洋务派的影响并没有立即消除,"新政"实质上是洋务运动的余波和尾声。当时,清廷把张之洞的《劝学篇》奉为经典,广为传播。张之洞最乐道的"中学为体,西学为用"说,"举国以为至言"①。柳诒徵是在这一"新政"的思潮影响下,开始了他的学术生涯。

光绪二十七年(1901),张之洞等响应清廷的号召,"整顿中法","采用西法",提出"新政"具体办法,第一步要从"育村兴学"做起,先在南京设立江楚编译局,"编译新书,以开风气"。② 是年秋九月开局,初名江鄂,后改江楚。编译之事取裁于张之洞,编译局总纂是缪荃孙。同年,柳诒徵由陈庆年介绍③,到江楚编译局担任分纂,编辑教科书,从此,他从帖括制艺的道路转入经世致用之学。柳诒徵自幼接受封建传统教育,潜心帖括经策,有较好的文史要籍根底,为其一生学术活动奠

---

① 梁启超:《清代学术概论》,中华书局单行本,第71页。
② 柳诒徵:《国学图书馆小史》,1928年中央大学图书馆印行。
③ 陈庆年,字善余,江苏丹徒人。

定了基础。而走上社会,留心国事,则是受陈庆年的引导。陈庆年曾为张之洞幕僚,张之洞之《洋务辑要》一书即出其手。柳诒徵与陈庆年同乡,在交往的过程中,从陈庆年那里"得到许多讲学问的门径。"①同时,受到了洋务思想的熏陶。进入江楚编译局供职后,又受业于缪荃孙门下,光绪二十九年(1903)随同缪荃孙赴日本考察教育,在学术思想上受缪氏影响颇深。② 由于他和洋务派人士关系密切,因此对张之洞等人尤为推崇。所作《张文襄祠》一诗有"南皮草屋自荒凉,丞相祠堂壮武昌,岂独雄风被江汉,直将儒术殿炎黄。"不仅如此,他在数年后的《中国文化史》一书中,还是一再称颂洋务派所谓"同治中兴"的业绩,极力赞赏刘坤一、张之洞的变法三折。由此可见,柳诒徵前期是依附于洋务派的知识分子,是有其历史渊源和思想渊源的。

江楚编译局是在洋务派"中体西用"论指导下开展编译事业的,柳诒徵编历史教科书自然不能例外。当时,广传于社会和旧书院的历史读物,大多是《通鉴辑览》、《纲鉴易知录》之类的旧纲目体史书。这种封建史书体裁,是封建经济的产物,编纂体例和内容因循守旧,显然已经不适应近代社会的变化和需要。由于资本主义经济在中国社会的逐步发展,西方新学的相继输入,旧有的史书体裁已容纳不下日益复杂的新内容,而要求一种新体裁来反映新的史学内容和特点。随着新学校的兴起,学校教育的迅速发展,编写新的历史教科书已成为社会的普遍需要。形式是由内容决定的。章节体是在近代资本主义发展的历史条件下,适应资产阶级新的史学内容和特点而产生的一种史书体裁。资本主义大机器生产时代,社会生产力和科学技术迅猛发展,促使社会分工专业化和系统化,表现在文化领域,学术愈发达进步,分科愈精细严密。这种变化,引起了历史编纂方法的进步。欧美和日本史学界,首先采用章节体编写历史教科书,开创了资产阶级的史书编纂体裁。这些

---

① 柳诒徵:《我的自述》,《文献》第七辑,1981 年出版。

② 参见《柳诒徵与缪荃孙轶事》,《文教资料简报》1982 年第 2 期,第 105 页。

外国的章节体历史教科书,在近代学者的主动选择和引进下,流传全国各地,影响日渐扩大。其中有日本人那珂通世著的《支那通史》,光绪二十五年(1899)由东文学社翻印出版。《支那通史》是日本人编写的中国历史教科书,全书四卷,按篇章节编排,依时间顺序,从上古至宋以进化论的观点划分历史阶段。唐虞三代至春秋战国为上世史,秦汉三国至宋代为中世史。并且将几个朝代共同性的问题,如官制、礼俗、学术、思想等,因事立题,分篇综论。另外附历代世系表、职官沿革表等。这种章节体的编排体例,反映了资产阶级对史学的新看法。罗振玉称誉此书为"持今世之识以读古书,故其所作提要钩元,而于政治风俗学术之间,尤三致意。"①这是当时一部所谓"简而赅,质而雅"的历史教科书。为了及时提供新学校迫切需要的历史教科书,柳诒徵于光绪二十八年(1902)"增辑《支那通史》为《历代史略》。"②

《历代史略》分六卷八册,从上古至宋代,以《支那通史》为蓝本,稍加增易而成。有的只是改动了标题,如把《支那通史》首篇第二章人种之别改为历史大旨。第一篇第一章唐虞之国势改为尧舜。第二章数十世开创改为三皇五帝之说。第三章尧舜事迹改为唐虞之地理官爵。第八篇先秦诸子改为教育及学派。第八篇第一章学风之变动改为学校制度。元朝和明朝两卷,为柳诒徵所增辑。体例依照《支那通史》,中世纪末的五代,作为近世史开端。元朝作为近世史中,内分六篇二十一章,并附元及诸国世系表,元帝在位年数及年号表,明朝作为近世史下,内分六篇二十六章,并附说明及诸国世系表,明帝在位年数及年号表。

元朝官制沿革表,明儒传授表等,史实精于诸史,和《支那通史》前四卷连成一体,叙述了自上古至明的历代史事。《历代史略》有江楚书局初印本,曾多次重印刊行③,并被采为南京思益小学堂历史课本,受

---

① 罗振玉:《重刻支那通史序》,1899年东文学社版。
② 柳诒徵:《国学书局本末》,《江苏省立国学图书馆第三年刊》,1930年出版。
③ 柳诒徵:《我的自述》,《文献》第七辑,1981年出版。

到学生的欢迎。① 光绪三十二年(1906),被清政府的学部,列为暂定中学教科书。②

《历代史略》是柳诒徵改编的历史教科书,内容上基本是沿用日本人成说。它的史学价值主要在于体裁形式,较之夏曾佑的《中国古代史》所采用的章节体又前进了一步。

《历代史略》稍晚于夏曾佑的《中国古代史》,亦是区别于传统旧史的新史著。当时,一些要求重新认识和编写历史的学者,相继受到日本学人的影响。采用章节体编写历史教科书。如普通学书室增删日本中等学科教授法研究会的《东洋史》,编成《普通新历史》,供当时中小学教科书之用。陈庆年在张之洞办的武昌两湖文高等学堂,增补日本学者桑原骘藏所著《中等东洋史》,编撰成《中国历史教科书》。采用章节体编纂自己的史学著作,把史学形式和内容统一起来,早在光绪二十四年(1898),梁启超在其《戊戌政变记》中就用了章节体的叙述法。光绪二十七年(1901),他的《中国史叙论》也是采用了章节体。而把章节体形式付诸于编纂新的中国历史教科书,应当首推夏曾佑,柳诒徵、刘师培继之,并进一步完善,在改造旧史学编纂方法上作出了有益的贡献。

中国人自己编写的章节体史书的纷纷问世,突破了封建史书体裁独占史苑的局面,推动中国历史编纂向前跃进了一大步,成为20世纪初史学求"新"热潮的一部分,对中国近代资产阶级史学的形成起到一定影响。柳诒徵的《历代史略》虽然是在"中体西用"思想指导下改编的,然而,他顺应时代要求,善于接受新思想和新方法,力图改造旧史学,这种精神,是值得肯定的。

二、从事实业教育,撰写《中国商业史》

光绪二十九年(1903),柳诒徵随缪荃孙赴日本考察教育,行前,受

---

① 参见柳曾符:《柳诒徵与缪荃孙轶事》。
② 《张文襄祠》,《学衡》第25期,1924年出版。

张之洞嘱"尤当先取吾国近今所能效法者","以后办学堂者,当注意实学为宗旨。"①他们在日本两个月时间,遍访横滨、大阪、东京、神户等地,参观了各类学校,考察了各项文教事业,了解日本的教育情况和办学经验。他们访问日本高等师范校长嘉纳,嘉纳建议中国宜先办小学与高等师范、实业学校与专门学校。实业学校即工农商学校,专门学校即美术、音乐、邮电学校。商业学校是实业学校之一,课程设置有商业道德、商业历史、商业地理、商品学、物产学等科目。日本的实业教育给柳诒徵留下了深刻的印象。更重要的是,通过在日本的参观考察,看到教育对强国的重要性,促进他的爱国主义思想的发展,把"教育救国"当作终生奋斗目标。

柳诒徵在《日游汇编》中记载:

> 游九段国光馆,观庚子天津战役油画,其法张画于暗室用透光法逼现画中色彩。凭栏远视,唯见炮火迷离,田庐狼藉,联军跃马驰突,不见有中国一兵,间有一二裹红巾披辫发仆地不起者,则联军所毙奉拳匪也。日人以此鼓励国民。有游者,则命一僮演说日军战胜之状。吾辈至此愤愤交集,归时当以此普告国人。使知国耻民艰,急宜振奋,不可如故之泄沓也。②

他在日本的所见所闻,愤愤然,"苟有血气,能无愤恨,而坐视祖国人死守旧习而不变哉。"③"国耻民艰"的现实状况,使他"急宜振奋",强烈要求改变现状。归国后,他致力于"教育救国",意欲自己所学,改变中国贫穷落后的面貌。他发起创办南京思益小学堂,并任历史教员。同时,又在江南中等商业学堂兼授商业道德及中国商业史。

《中国商业史》为江南高等商业学堂油印教材讲义,于光绪三十一年(1905)编成。全书二册,用章节体写成,分上古史、中古史、近世史

---

① 柳诒徵:《日游汇编》序,光绪二十九年江南高等学堂刊本,《汇编》是缪荃孙归国后向清廷汇报情况,由柳诒徵整理日记写成的。

②③ 柳诒徵:《日游汇编·序》。

三编。太古至春秋战国为上古史,西汉至五代为中古史,北宋至明为近世史。详细叙述了历代商品、财政、商业措施、商业地理、通商贸易、中外互市的沿革变迁。

柳诒徵写《中国商业史》,显然受到西方进化论和资产阶级经济政治学说的影响。试图以今世之识,整理旧史中的货殖传、食货志、平准书,各省通志、府志、州县志,以及海关税册等有关商业资料,汇编成专门的中国商业史。柳诒徵运用刚刚学到的一些西学知识,在《中国商业史》绪论中,阐述了商业史的范围、性质、材料。如他引用《原富》中亚当·斯密说的治生之四途:转运自产、挹盈注虚、批整售零、周给民用。认为这些均为商业史之范围。又说:"近世各国商法规定商之名义,初不限于行货,如印刷摄影运送保险及购买原料制造加工者,均属之于商业。故今所谓商,较之古代之商,名义较广。商业史之范围,一依今商为断。"

他论述商业史之性质,指出:

> 商业史者,述商业进化之阶段,为商人数往知来之凭借也。然其性质亦有区别。孟德斯鸠曰:商业每缘治制为异,君主之商业,大抵以国俗之奢而后有,虽所通者亦应民用。而其本旨则以玫瑰货奇物,以缋其骄奢娱乐喜新厌故之情。若夫民主之商,则以生计之殷而有事其中,商贾知列国之贵贱有无,常取有余以周不足。故曰生计之商,见于民主。而珍奇之贾,出于王朝也。安息之为帝国也,其商业极张,顾所转输,皆珍异奇巧,非布帛菽粟之属。是故古之商业,大抵先宝货,其历史宝货之历史也(见法意卷二十)。由此言之,商业性质,生计与宝货之历史之别,学者不可不审也。[1]

在论及商业史之材料时,他认为取以为史料者,大别有八:商人、商品、商法、货币、交通、政策、通市、殖民。并说:"综此八端,以徵商业,则与国中贸易、国外贸易、中外贸易三途,举可得其概要。而君主生计进化之故,不难推测而知,其于君主商业宝货历史之弊,庶几免矣。"[2]

---

① ② 柳诒徵:《中国商业史·绪论》,江南高等商业学堂油印本。

上列论述是《中国商业史》中的精华所在。说明柳诒徵接受了主张"吾民生计进化历史"的史学观点。

柳诒徵在吸取"西学"时,不可避免地搬来了严复宣传的社会达尔文主义的庸俗进化论,以此来解释人民生计之变迁。

他在《战国之商业》一章中说:

> 盖周初井田封建之制,务使齐民无贫富之差,列国无强弱之患,竟至善也。然使其制长此不改,则人民之智力,永无竞胜争长之时。而日用生计,咸因仍而不变,是与生民进化之理相反也……人民智力日奋,然后有甚贫甚富之殊,而以其贫富之殊,弥足以促智力之进步。

柳诒徵把人民智力的"竞胜争长",与人们的物质经济利益联系起来,对封建正统派思想家割裂"天理"与"人欲"的"重义轻利"观点是一种否定。然而,柳诒徵从严复宣传介绍的"物竞天择"这种生物进化观点出发,用人民智力的"竞胜争长"来解释"日用生计"的变化和社会历史的发展,是行不通的。因为以物质生产为基础的人类社会发展,是不可能套用生物学的范畴和规律的。只有马克思主义所阐明的历史唯物论,才能正确揭示人类社会历史的发展规律。

对于历史分期问题,柳诒徵也试图从人类经济生活方面探索其原因。他认为:"吾国历史,自汉以前为一时期,宋至明为一时期。其原因有系于学术者,有系于政治者,而实业亦其一因也。隋唐五代与宋辽金元明之所以区别,第就钱钞之变易,海商之繁富,陶瓷漆器之发展,已可觇之。"①他虽然只看到了社会经济关系的一些表面现象,而没有深入这些关系的内部了解到它的本质,但他已注意到了实业在社会历史发展中的作用,而不是单纯寻求上层建筑和意识形态方面的原因,是难能可贵的。

《中国商业史》的编撰,有其一定的时代意义。中国古代没有商业

---

① 柳诒徵:《中国商业史》第三编第一节《北宋之商业》。

专史。二十四史中对有关人民生活和经济动态的记载，只是凤毛麟角。虽然正史中有《货殖列传》、《食货志》、《平准书》等，亦一向被视为正史的附属篇。这种现象，是由于中国封建社会的经济结构，是以农业和家庭手工业相结合的自给自足自然经济为主的缘故。与此经济基础相适应的封建意识形态，是农本主义和重农抑商思想，历来被历代封建统治者奉为正统，并贯彻重农抑商政策。一直到鸦片战争后，随着西方资本主义入侵，使中国逐步变成了一个半封建半殖民地社会。随着古老的自然经济遭到破坏，城乡商品经济得以发展，开始产生了新的资本主义经济关系。正由于社会经济的变化，使封建统治者的重农抑商政策动摇，促使人们对经济问题予以重视。中国近代地主阶级改革派、洋务派和资产阶级改良派都有重商的经济思想。因此，柳诒徵的《中国商业史》的问世在一定程度上反映了近代中国发展工商业的客观要求，在当时是有进步意义的。《中国商业史》是中国近代较早的经济史专著，其在近代专史研究中的地位，也应给予重视。

三、寻求"古圣人教育大义"和《中国教育史》的编写

光绪三十二年至三十三年（1907），清廷正式宣布"忠君、尊孔"为教育宗旨。凡学堂以孔子学说为"正学"，极力宣扬"中学为体，西学为辅，培养通才，首重德育"。当时，出任湖北提学使的后期洋务派代表人物黄绍箕，"并拟参照各国教育情形，采辑中国教育史长编。"①但只商订了义例，未及起草，他就去世了。柳诒徵受陈庆年之嘱托，于光绪三十四年（1908）至宣统二年（1910），辑补《中国教育史》，题黄绍箕撰。②

如果说，柳诒徵的《历代史略》、《中国商业史》带有"西学为用"的

---

① 黄绍箕：《上张南皮书鲜庵文集》，《瓯风杂志》第2册。
② 柳诒徵家藏《中国教育史》底本，有亲笔题字"瑞安黄绍箕创，镇江柳诒徵辑补"，另有手跋三则，详记其事。

色彩,而《中国教育史》则更多地体现了"中学为体"的特点,正是这两者互相交合,给柳诒徵早期史学思想深深打下了洋务派的思想烙印。他在《中国教育史》中宣传的"古圣人教育大义",是符合当时清廷"忠君""尊孔"教育宗旨的。他在《中国古圣人教育大义》一节中写道:

> 中国古无教育专书,而圣哲相传微言大义之散见经籍者,固自有科条纲目之可寻。学者先明其义,则古代教育之制度方法固不溯其原理,而知吾国文化卓越之所以由此。固治史者所宜揭橥也。
>
> 古圣人教育大义有三:一曰贵人,二曰尽性,三曰无类。虽帝王迭兴,文质相代,周衰礼废,庠序不修,而此三义未之或湮也。

柳诒徵在《教育之最高权》一文中更明确地说:"吾国古代尊师重教,视为天经地义,举凡内治外交军事财政,无一重要于此者,故吾谓世界各国之重教,莫中国若也。讲教育而不本之中国古义,徒执欧美近事以为法,洵所谓弃家鸡而宝野鹜矣。"①他对孔子推崇备至,认为孔子是世界上最伟大的教育家。他说:"世以大圣大贤称为亿兆尊崇万世师表者孔子、释迦、苏格拉底、耶稣是也……一言以蔽之曰:孔子之思想实胜于苏格拉底,自苏氏以来欧洲教育家所累代相承,始克有今日之教育真理,固于孔子之时,实久已发明无遗也。"②他还引用日本教育家汤本武比古的话说:"孔子盖冠绝古今超出东西之一大教育家也。其所发见之真理,不但我东方人研究之为有益,即凡世界教育家并在所宜研究。"③他专门写了孔子、孔子之教授法、六艺、四科等节,论述孔子的教育思想和教学方法。

《中国教育史》强调中西教育原理尚同。如认为我国古代教育以尽人之性为主,与欧人之求合人格无异。把孔子不愤、不启、不悱、不发、举一隅不以三隅反的启发式教学法,比成德国近代教育家赫尔巴特的五段教学法。他还吸取智育、德育、体育等名词概念,解释中国古代

---

① 《学衡》第28期,1924年出版。
②③ 《中国教育史·孔子教授法》。

教育。认为中国早在周代，其教育实兼体育、德育、智育三义，中西教育原理相同。他说：

> 昔周成王幼在襁褓之中，召公为太保，周公为太傅，太公为太师，保保其身体，傅傅其德义，师导之教训。说者谓周代教育，实兼体育、德育、智育三义。故王朝保傅之官分职而专其事，不知此特嗣王之典，非为臣民言教育也，体育、德育不能使人不陋，治陋之法非施智育不可。此三者兼重，不可缺一之因也。①

他指出，智育最重史学。"易曰神以知来，知以藏往，管子曰疑今者察之古，不知来者视之往。学莫神于知来，而知来莫大于藏往。藏往之法，史学是已。周代大学教科春秋礼乐，冬夏诗书，一切艺术摈而不舆。疑若于智育之道未臻完备，不知诗书礼乐古史也。人求多闻，学古有获则其增益神知，岂其他科学所可及。故曰智育最重史学。"②柳诒徵德育、智育、体育三者并重的观点，和智育最重史学的看法，在当时是比较新颖的。《中国教育史》详细记载了孔子以前的古代教育原理、教育制度和教育方法，仍不失为一部有参考价值的专史。

综上所述，柳诒徵早期的学术活动服务于洋务派的"教育救国"。随着革命形势的发展，"新政"也挽救不了清廷的腐朽和垂亡的命运。相反，由于科举的废除和学校的迅速发展，在客观上有利于资产阶级文化的传播，培养了一些有新思想的人，成为清王朝统治的掘墓人。柳诒徵曾一度热衷于"新政"，宣传"教育救国"，然而他毕竟是依附于洋务派的知识分子，他和直接从事洋务活动的封建官僚不同，在"新政"中从事一系列教育活动，使他增长了不少新学知识，接受了西方资产阶级的学说思想和历史进化观点。当"革命排满"、"建立共和"的呼号震撼中国大地时，他与同盟会成员赵声等人往来密切，并受其影响。他利用译书局工作之便，提供主张暴力革命的进步刊物《浙江潮》给赵声组织

---

① 《中国教育史》卷2《周之教育兼体育德育智育三义》。
② 《中国教育史》卷5《四科》。

的革命团体,受到赵声等人的好评。① 1911 年,武昌起义,清帝退位,民国成立。资产阶级民主思潮的巨大影响和他本人的爱国热情,促使他的思想起了一个飞跃,迅速转为倾向革命的知识分子。他热烈拥护孙中山为首的民国政府,在镇江首先剪去发辫,亲至车站迎接孙中山,并担任镇江临时参议会副会长等职。② 可是不久,辛亥革命的胜利果实为反动军阀篡夺,许多人对于资产阶级民主革命的理想产生怀疑,对辛亥革命后的局势表示失望。柳诒徵面对辛亥革命后虽悬一中华民国之帜,而实则仅造成武人专制强藩割据之局的事实,无限感慨。他说:

> 辛亥革命,为亘古未有之大事业,然真正革命家,牺牲生命,图灭满清者,大半已死于黄花岗之役,其奔走运动,迄民国成立,不变初志,确然欲树立民治主义者,殆无几人。遂尸创造民国之功,攫党费,猎勋位,购洋房,拥姬妾,大失国人之信用。③

他又说:

> 而其尤可耻者,则自袁世凯以来,所抱持之中国不亡之乐观,专恃各国牵制之势力,以为苟且图存之计,一转而有列国共管之说,又一转而有九国远东公约。而收回胶澳收回旅大退还赔款等事,国民闻之,且欣然色喜,谓吾国势且将由此隆隆日上焉。呜呼,以不自立之国民,造成此他立之国家,而犹恬不知耻。每一念及,不禁涕泗横流,哀吾炎黄胄裔之堕落,何以至于斯极也。④

柳诒徵目击辛亥革命后北洋军阀的腐朽统治和帝国主义的侵略奴役,深感民族自尊心丧失,忧国忧民之情和强烈的民族意识,促使他要求改变现状。他和其他爱国知识分子一样,此时此刻都在迷惘和惶惑中思考:用什么样的济世良方才能救治中国呢? 这是柳诒徵后期探索人生道路的中心问题。

---

① 赵声,字伯先,江苏丹徒人,同盟会成员。曾与黄兴一起参加广州起义。
② 参见申著《记镇江开米市及苏州兵变跋》,《文教资料简报》1982 年第 10 期。
③ 柳诒徵:《论中国近世之病源》,《学衡》第 3 期,1922 年出版。
④ 柳诒徵:《自与他立》,《学衡》第 43 期。

第 二 章

资产阶级革命派史学

戊戌变法失败后,随着资产阶级民主革命思潮的高涨,在史学战线上资产阶级革命派史学随之兴起。著名的资产阶级革命家邹容、陈天华运用许多历史事实阐明革命是历史发展的必然,驳斥改良派对历史上人民革命的攻击,号召和动员人民群众起来推翻清朝封建统治。章太炎在《驳康有为论革命书》中,运用中外历史事实论证用革命手段推翻清朝封建统治的必要,严厉地驳斥了康有为为代表的保皇主张。章太炎并通过修订《訄书》、撰写《官制索隐》等论著,阐发反封建专制主义的民主革命思想。刘师培在章太炎等影响下,接受了民主革命思想,在撰写《中国民权精义》和《攘书》之后,编撰了《中国历史教科书》,对先秦史研究作出了贡献。

值得重视的是,当时史学战线上资产阶级革命派史学与改良派史学围绕革命与改良在世界史和革命史研究上进行了激烈地论战。他们各自依据政治主张的需要,编译了一些世界史和革命史论著,从而使中国资产阶级历史编纂学得到了发展,也推动了对世界史和革命史的研究。

第一节 章太炎前期的古史研究和革命民主思想

一、章太炎生平和古文经学派的古史研究

章太炎（1869—1936），名炳麟，字枚叔，号太炎，一名绛。浙江余杭人。幼年，从外祖父朱有虔读经，"时虽童稚，而授音必审"，接受了乾嘉汉学的启蒙教育。后随父亲课读科举文字，因不感兴趣，改在长兄章篯的指引下"一意治经，文必法古"。光绪十六年（1890）离家赴杭州进入诂经精舍，拜经学大师俞樾为师，学习经史，兼向黄以周、高学治、谭献等著名学者问学。读王夫之、顾炎武的著作，以及记载文字狱和《扬州十日》、《嘉定屠城记略》等史实的《东华录》、《清季稗史》之类的史籍，对王、顾的抗清斗争、学术思想，深为仰慕，对曾静、吕留良等事件，甚抱不平。其反清"革命思想，即伏根于此。"①

中日甲午战争后，开始学习西学，从中觅取"学理"，举凡声光电化，政法史地，都甚为关注。他深感民族危机的严重，钦佩康有为发起的"公车上书"，"寄会费银十六圆入会。"光绪二十三年（1897）到上海，任《时务报》撰述。宣传改良思想，开始投入政治活动。次年到武汉，入张之洞幕，筹办《正学报》，因政见不合被逐。戊戌变法失败后遭通缉，先逃亡台湾，任《台北日报》记者，后去日本，结识孙中山。

光绪二十六年（1900）义和团运动兴起，八国联军入侵北京，给章太炎极大震动，深感维新变法不能挽救民族危机，故在同年七月在上海参加唐才常发起的"张园国会"，反对其既"排满"又"勤王"的宗旨，当场剪辫与之决裂，此后倡言革命排满，不遗余力。光绪二十八年（1902），他再次逃亡日本，立志投身革命，同孙中山讨论中国的土地、赋税和革命成功后的政治体制等问题，并与秦力山等人发起"支那亡

---

① 朱希祖：《本师章太炎先生口授少年事迹》。

国二百四十二年纪念会"。次年春回上海,在《苏报》发表《驳康有为论革命书》,批判保皇派的改良主义谬论,直斥光绪皇帝为"载湉小丑,未辨菽麦"。旋又为邹容《革命军》作《序》,称之为革命的"义师先声"。因苏报案,被捕入狱,监禁于上海"西牢"。三年后出狱,孙中山派专使迎至日本,加入中国同盟会,担任同盟会机关刊物《民报》主编。在此期间,还主持国学讲习会和国学振起社,为留日学生主讲中国文字学、经学、史学、诸子学和文学。光绪三十四年(1908)《民报》被日本政府下令封禁后,他继续在日本讲学。宣统元年(1909)与陶成章等改用光复会名义活动,次年,设总部于东京,被推为会长,与孙中山领导的同盟会分道扬镳。1911 年 11 月上海光复后回国,散布"革命军兴,革命党消"的言论,要求解散同盟会。次年 1 月在上海成立中华民国联合会,任会长,刊行《大共和日报》。3 月中华民国联合会改为统一党,被推举为理事,五月统一党与民社党合并为共和党,他被推为副理事长,拥护袁世凯,主张在北京建都。是年冬袁世凯任命他为东三省筹边使。1913 年春得悉宋教仁在上海被刺,因他策划讨袁,回北京被袁世凯软禁,袁死后获释。1917 年参加护法军政府,任秘书长。"五四"运动后渐入颓唐,反对新文化运动,宣传"尊孔读经"。1931 年九一八事变发生后,主张抗日救国,谴责蒋介石"攘外必先安内"的反动政策。1934 年迁居苏州,第二年设立国学讲习会,出版《制言》杂志。1936 年病逝于苏州。

　　章太炎是著名的政治活动家、经学家、史学家。他在学术研究上有多方面的成就。其著作有亲定《章氏丛书》、吴承仕、钱玄同校刊《章氏丛书续编》和章氏国学讲习会编印《章氏丛书三编》。

　　章太炎作为近代著名史学家,他的史学可分为辛亥革命前后两个时期。他的前期史学,主要沿袭乾嘉考据学治史方法从事中国古史研究,其代表作为《春秋左传读》、《訄书》和《社会通诠商兑》等。

　　《春秋左传读》是章太炎早期的代表著作,光绪十七年(1891)开始撰写,光绪二十二年(1896)完稿,长达五十多万字。是书承乾嘉汉学传统，将《左传》与周秦、两汉典籍进行比较研究，考订《左传》古音古言、典章制度等方面。光绪二十八年（1902）为说明《左氏春秋》"称传之有据，授受之不妄"，他另撰《春秋左传读叙录》一卷。此两书因章氏原拟整理重编未果，仅有1913年据清抄稿缩印的九卷石印本及1939年潘景郑的影印本。后经校点整理，补入章氏遗稿《春秋左传读续录》，作为《章太炎全集》第二卷由上海人民出版社1982年出版。

《左传》长期以来与《公羊传》、《谷梁传》并称，作为解释《春秋》的三部主要著作。三传各有特色，《公羊》、《谷梁》二传以解释《春秋》义法为主，是依据《春秋》原文以发议论，属于史论派。而《左传》则是一部历史著作，它长于叙事，不仅叙述政治、军事，还涉及经济与文化，内容远比《公羊》、《谷梁》丰富而翔实。由于《左传》在学术研究上的重要地位，先后为之诠释的有贾逵的《左氏传解诂》、服虔的《春秋左氏传解》和杜预的《春秋左氏传评》等。到了宋明时期，由于政治需要的不同和学术思想的演变，学者认为《左传》叙事虽详，解经多背离儒家正统观念，主张依据己意，直解《春秋》，出现了孙复的《春秋尊王发微》、孙觉的《春秋经解》、胡安国的《春秋传》等著作。清代汉学复兴后，三传之学的研究才逐渐得到恢复。可是，随着政治形势的变化，地主阶级改革派多以《公羊传》的微言大义作为改革立政的依据，故《公羊传》的研究超过了《左传》、《谷梁》二传的研究，先后出现了孔广森的《公羊通义》、庄存与的《春秋正辞》、刘逢禄的《公羊何氏释例》，以及陈立的《公羊义疏》等著作。而对儒家经典中最为完备的历史著作《左传》却缺乏真正有学术价值的著作。章太炎积极开展对《左传》的研究，正是填补这一空缺。当然，他之所以对《左传》研究产生浓厚兴趣，还因为《左传》在这一时期成为经今古文争论的焦点。

《春秋左传读》，初名《春秋左传杂记》。取名为"杂记"，是因为这部著作"以所见辄录,不随经义编次,效臧氏《经义杂记》而为之也",后来更名"读",则是"取发疑正读为义也。"①章太炎撰写该书提出两点理由,一是绅其微言。他说:"《左氏》古字古言,沈、惠、马、李诸君子即宣之矣,然贾生训故,觕见《新书》,而太史公与贾嘉通书,《世家》、《列传》诸所改字,又皆本贾生。可知刘子政呻吟《左氏》(见《论衡》),又分《国语》(见《艺文志》)实先其子为古学,故《说苑》、《新序》、《列女传》三书,孤文牍字,多有存者。惠氏稍稍道及之,犹有不赒,故微言当绅。"二是大义当绅。他说:"《左氏》古义最微,非引周、秦、西汉先师之说,则其术不崇,非极为论难辨析,则其义不明。故以浅露分别之词,申深迂优雅之旨,斯其道也。"②从章太炎撰《春秋左传读》目的看,该书的学术价值主要表现为如下几方面。

诠释《左传》中难解或疏解极为歧异的古言古字,典章名物,有助于古史研究的开展。

由于《左传》存在着各种难解的古言古文、典章名物,章太炎运用他精深渊博的文字学和古文献知识,承继乾嘉考据方法,将《左传》与周、秦、两汉典籍进行比较考证研究,以考订《左传》古文古言、典章名物。如《左传·隐公篇》立素法之法条,贾逵《春秋序》:"孔子览史记,就是非之说,立素王之法。"章太炎考订说,贾逵之说,本于太傅。他以贾谊《过秦下》云:"诸侯起于匹夫,以利会,非有素王之行也。"认为是说匹夫而有圣德者为素王也。举出《庄子·天道》云:"以此处上,帝王天子之德也;以此处下,玄圣素王之道焉。"在他看来,"庄子诋诃圣人,谯议儒学,而犹不敢削素王之名,是知孔子所自号,明矣。"同时,列举《说苑·君道》篇的话说:"孔子曰:夏道不亡,商德不作;商德不亡,周德不作,周德不亡,《春秋》不作。《春秋》作,而后君子知周道亡也。"因此,"夫子于此又何让焉? 而杜预以欺天拟之。子曰:'罪我者,其惟

---

① ② 章太炎:《春秋左传读叙录·序》,《章太炎全集》(二),上海人民出版社 1982 年版,第 808 页。

《春秋》乎!'正为预辈言之也。"①又如隐公元年《经》:"元年春王,正月"条,章太炎引证《正义》的解释说:"说《公羊》者云:'元者,气之始。春者,四时之始。王者,受命之始。正月者,政教之始。公即位者,一国之始。'"又引《春秋纬》的话说:"'黄帝坐于扈阁,凤凰衔书致帝前,其中得五始之文。'"又云:"杜于《左氏》之义虽无此文,而五始之理亦于杜无害,此非《左氏》褒贬之要,自是史官记事之体。"章太炎认为《左氏》不言五始,而"元年春王,正月"则有义。他征引《说苑·建本》中的话说:"魏武侯同'元年'于吴子。吴子对曰:'言国君必慎始也'。'慎始奈何?'曰:'正之。''正之奈何?'曰:'明智。智不明,何以见正? 多闻而择焉,所以明智也。'是故古者君始听治,大夫而一言,士而一见,庶人有谒必达,公族请问必语,四方至者勿距,可谓不壅蔽矣。分禄必及,用刑必中,君心必仁,思君之利,除民之害,可谓不失民众矣。君身必正,近臣必选,大夫不兼官,执民柄者不在一族,可谓不权势矣。此谓《春秋》之意,而'元年'之本也。"章太炎根据顾炎武《日知录》引李梦阳言秦权亦有"王正月"字,认为当时文法自是每年书王,王即当代之王,与下连续。章太炎指出:"《春秋》则三时不书王,维春三月书王,文同而义异,字同而读异,故《传》必特释。不然,当时常语,人人皆能言之,何必词费也?"②

为了说明《左传》说经之谊,章太炎在该书中列举了不少事实加以说明。如隐七年《经》:"戎伐凡伯于楚丘以归"条,他引《淮南子·泰族训》的话说:"故天子得道,守在四夷;天子失道,守在诸侯。诸侯得道,守在四邻;诸侯失道,守在四境。故汤处亳七十里,文王处酆百里,皆令行禁止于天下。周之衰也,戎伐凡伯于楚丘以归。故得道则以百里之地令于诸侯,失道则以天下之大,畏于冀州。故曰:'无恃其不吾夺也。恃吾不可夺,行可夺之道,而非篡弑之行,无益于持天下矣。'"章太炎

① 章太炎:《春秋左传读·隐公篇》,《章太炎全集》(二),第59—60页。
② 章太炎:《春秋左传读·隐公篇》,《章太炎全集》(二),第60—64页。

指出："前引'天子得道'云云,本昭二十三年《传》语,则此为《左氏》家说此经之谊,明矣。"①

　　至于难解或疏解极为歧异的古言古字,参订的数量更多。如隐公八年："胙之土而命之氏"条,章太炎案:胙土之礼,褚先生《续三王世家》云:"《春秋大传》曰:'天子之国有泰社。东方青,南方赤,西方白,北方黑,上方黄。'故将封于东方者取青土,封于南方者取赤土……主土者,立社而奉之也。'……据此,是胙之以国土者,亦与以社土也。"他参订说:"《艺文志·春秋家》无《大传》,大当为虞字之脱误。虞字从吴,吴从矢,矢从大,故上脱而讹为大矣。又石经《左传》古文虞作虞,亦与大相似,故误为大。"又说:"《春秋家》有《虞氏微传》二篇,即此《虞传》也。此虞氏说《左传》之古谊也。"②又如隐公十一年:"周之宗盟,异姓为后。"贾逵释"宗"为"尊"。但"服子慎解释宗盟为同宗之盟"。孙毓辩驳说:"同宗之盟,则无与异姓,何论先后? 若通共同盟,则何称于宗?"章太炎认为孙毓的意见是对的。他同意贾逵的解释,认为"宗指朝宗,与盟二事。朝宗所以尊王,故训尊也。宗之异姓为后,即《觐礼》所云同姓西面北上,异姓东面北上。盟之异姓为后,即'践土'所叙晋重鲁、申以下是也。此盟持因宗而及之耳。若专作盟解,则与朝之争长何涉而援之邪?"③又如桓公二年:"晋穆侯之夫人姜氏"。洪氏诂曰:"高诱《吕览》注:'暗,国名也,音晋,今为晋,字之误也。'此说未详。然古人或有依据。"章太炎在考订说:"晋从至,即古文日字,见《汗简》。《夨王彝》夨字,阮释为昃字,是也。"因为在他看来,"暗从三日,则即晶字,盖古韵真,太臻与耕、青得通,故晶、晋通用,今诸经史无暗字,盖亡新以三日大盛,尽改为晋耳。"④又如对普、存二字的诠释,桓公六年:"谓民力之普存也。"章太炎案:"存,借为蠢。"他引《说文》

① 章太炎:《春秋左传读·隐公篇》,《章太炎全集》(二),第104页。
② 章太炎:《春秋左传读·隐公篇》,《章太炎全集》(二),第109—110页。
③ 章太炎:《春秋左传读·隐公篇》,《章太炎全集》(二),第113页。
④ 章太炎:《春秋左传读·隐公篇》,《章太炎全集》(二),第128页。

云："畚，盛皃，读若薿。一曰：若存。"所以存得为畚之借。又《士虞礼记》："普淖"。注："普，人也。""普畚者，大盛也。二字并列，与硕大、蕃滋同例。"①

　　疏证《左传》体例、叙事和立论所蕴涵的本义。章太炎为了疏证《左传》体例、叙事和立论所蕴涵的本义，经过精心钩求，仔细辨析，通过周、秦、西汉传授从左氏学大师们，即曾申、吴起、荀况、张苍、贾谊、张禹、刘向、刘歆等人的奏疏、论著，来说明《左传》叙事和立论的古义方面，提出了不少创见。如庄公三年《经》："秋，纪季以酅入于齐。"刘歆注："纪季以酅奔齐，不言叛，不能专酅也。"贾逵注同。贾逵又曰："纪季不能兄弟同心以守国，乃背兄归雠，书以讥之。"章太炎认为，"纪季能存酅，固贤于并酅不能存而身为仇雠之臣虏者，然而功少谊亏，不可为训。哀七年《传》言：'成子以茅叛'。据成子豫知邾必见灭，先据茅不受君命，及鲁既入邾，卒能请救于吴，以存社稷。其功大于存酅而不能存纪者，且但以茅拒命，未尝去事仇敌，而《传》犹以叛书，盖义深君父，虽使有钜烈伟业可以掩罪论赏者，而先有据邑自专之事，则必以叛书之，犹之书盾、止之弑，非加极刑于盾、止、书以示君臣父子之法耳。四年《传》言：'纪侯不能下齐，以与纪季。'则是年以酅入齐，亦必出于纪侯之命，故言'不能专酅'也。"这时，章太炎认为"若无君命，虽有在酅之功，犹当书叛也。有兄命，犹为背兄者，不如共守之命道也。以能在酅，故书字见褒；以不能同心守国，故不讳以酅入齐，以见讥。"他肯定"《左氏》之义，褒贬俱尽，非若《公羊》美而不恶也。"②

　　章太炎认为庄公十四年："入又不念寡人"中的"不念寡人，应诠释为不下寡人，而不下寡人，即不降寡人也。"其理由是《说文》："念，常思也。"既入国矣，无所用其常思。此念即埝字。又说《方言》："埝，下也。"《广雅疏证》曰："《灵枢经·通天篇》：'太阴之人，其状念然下

---

① 章太炎：《春秋左传读·隐公篇》，《章太炎全集》（二），第147页。
② 章太炎：《春秋左传读·庄公篇》，《章太炎全集》（二），第176页。

意。'埝、念同。"章太炎又举《史记·项羽本纪》中所载:"未能下",《正
义》注释说:"以兵威服之曰下。"《史记》、《汉书》中多谓降为下,念字
由陷下引申为降下。所以,"不念寡人,即不下寡人;不下寡人,即不降
寡人也。"①

　　过去有些封建学者提出《左传》不合于事君之道,而不知治《左传》
者,剖析精详,义深于君父之理。《后汉书·冯衍传》载衍与田邑书说:
"衍闻之,委质为臣,无有二心……被畔人之声,蒙降城之耻,窃为左右
羞之……是以大夫动则思礼,行则思义。未有背此而身名能全者
也。"②冯衍是时为更始立汉将军,田邑为更始上党太守,汉光武刘秀攻
田邑,其母弟及妻子被俘虏,邑乃派人请降,光武仍任他为上党太守,邑
因派遣使者约其投降,冯衍因以此书责之。章太炎认为刘秀因"汉祚
微弱,故于更始在时自立为皇帝,诚行权之道,然其遣将与更始相拒,实
犯天下之不韪。"对此,章太炎斥责说:"为更始臣者,固当尽力捍御,以
贼臣视之,虽更始已亡,犹不当其仇敌。"但是,当时"更始故臣以地降
世祖者,人不知其叛主",故不加贬责。"敬通独能援据《左传》,责畔
人,诚所谓忠贯日月,义动金石者也。"③以此来说明《左传》的观点完
全合于事君之道。

　　辨明《左传》并非刘歆伪造。今文经学家刘逢禄认为《左氏》不传
《春秋》,荀子也不受《左氏》,皆刘歆所伪造。这一说法成为经今文学
派反对经古文学派的主要论据之一,在学术界影响甚大。对此,章太炎
在《春秋左传读》中进行了驳斥。如僖二十五年道晋侯围原事,他说:
"《韩非子·外储说左上》述此事讫,乃云:'卫人闻曰:有君如彼其信
也,可无从乎? 乃降公。孔子闻而记之曰:攻原得卫者,信也。'卫人降
者,二十八年云:'卫侯欲与楚,国人不欲,故出其君,以说于晋。'是卫

---

① 章太炎:《春秋左传读·庄公篇》,《章太炎全集》(二),第194—195 页。
② 《后汉书》卷58。
③ 章太炎:《春秋左传读·庄公篇》,《章太炎全集》(二),第199 页。

人久慕晋信而愿降也。"但是,此围原章,《传》有而《经》无。章太炎引韩非的话说:"孔子闻而记之。"因而了解到《左氏》与孔子同好恶。他明确认为,"二百四十二年中有《经》之《传》,皆以发明《经》意,无《经》之《传》,亦皆受孔子意而记录之以为戒劝,其一字一句皆不得有所评驳,明矣。"在章太炎看来,韩非此说,必袭荀子之言。他驳斥说:"而刘逢禄以为《左氏》不传《春秋》,荀子不受《左氏》,皆刘歆所造,然则韩非前于子骏,何为谬称《左氏》为孔子哉?"从而肯定了《左传》不是刘歆所伪造,《春秋左传读》表现了明显的经古文学的倾向。

关于《左氏传》,刘逢禄又提出说:"太史公时名《左氏春秋》,盖与《晏子》、《铎氏》、《虞氏》、《吕氏》之书同名,非传之体也。《左氏传》之名,盖始于刘歆《七略》"对此,章太炎辩驳说,什么叫传体,无非是如《谷梁传》、《礼丧服传》、《夏小正传》与《公羊传》一类的著作。但是,就传体来说,毛公作《诗传》,就训故多而说义少,在体裁上就和上述著作有所不同。而伏生作《尚书大传》,在内容方面是叙事占十分之八,而说义只十分之二,在体裁上和前面所说的著作更不相同。而《左氏》之为传,在体裁上正与伏生相同。章太炎提出:"诸家说义虽少,而宏远精括,实经所由明,岂必专尚裁辩乃得称传乎?"他说:孔子作《十翼》,皆《易》之传也,而《彖》、《象》、《文言》、《系辞》、《说卦》、《序卦》、《杂卦》,其各不相同。一人所述,尚且有异端,况《左氏》与《公羊》,宁能亦同体?①

章太炎又进一步辩驳说,所谓"传"者,有传记、有传注,其字皆当作专。《论语》:"传不习乎?"鲁读传为专。《说文》:"专,六寸簿也。"郑君《论语序》云:"《春秋》,二尺四寸书之;《孝经》,一尺二寸书之(此孔氏《左传正义》所引,与贾氏《仪礼疏》所引不同,此为是);《论语》:八寸。"章太炎从书籍尺寸的长短来论证"传"当称"专"。他说:"《春秋》二尺四寸,六经同之。《孝

---

① 章太炎:《春秋左传读·叙录》,《章太炎全集》(二),第821页。

经》、《论语》，愈谦愈短。然则释经之书，宜更短于《论语》八寸。若四寸，则不容书，故降八寸，则不得不为六寸。郑注《尚书》，谓三十字一简，服注《左氏》，谓古文篆书一简八字。盖《尚书》长二尺四寸，《左氏传》六寸，正得四分之一。三十字四分之，则为七字半，半字不可书，故稍促为八字。此传当称专可知。"①

在章太炎看来，古代书名，质言之而矣，并没有其他意义。如经纬皆以绳竹简得名，专以六寸簿得名，随文生义，则以经纬为经天纬地，而以专为传述经义。《公羊》乃有"主人习其读而问其传"之言，自是言传注者，谓与传记有殊，其实并没有原则区别，传名得兼传记、传注二用。《左氏》释经之文，科条数百，固非专务事实者，如果说它非传之体裁，则《尚书大传》又将何说？因此，《左传》应属于传一类。

章太炎又进一步提出，"《左氏》所载事实，本非从圣门出，犹《周官》未经夫子论定，则游、夏之徒不传也。（刘）歆引《左氏》解《经》，转相发明，由是章句义理始具，则今本《左氏》书法及比年依《经》饰《左》、缘《左》、增《左》，非歆所附益之明证乎？如《别录》经师传授详明如此，歆亦不待典校秘书而后见也。"②

上述说法，章太炎从四个方面加以批驳：其一，刘歆与尹咸共校《左传》，哪里能够私自增损？其二，所谓《左氏》所载事实，本非从圣门出，是一件可笑的事。因为"十二诸侯之事，布在方策，非如覃思空想，以圣门所出为贵。假令事非诚谛，虽游、夏盈千言之，亦安足信？孔子于夏、殷诸礼亦有耳闻，而文献无征，则不敢纂次其事，此所以为史学之宗。若舍王官故府之书，而取决于圣门之一语，则苟率匈臆妄造事状者，皆得托其门户。战国诸子，汉初经师，所举七十子之绪言多矣，其间敷陈事实，能如《左氏》之黭然墒斯邪？"③其三，"左氏本是史官（《艺文志》云："左丘明，鲁大史。"），受学不需师保，《艺文志》所谓'据行事，

① 章太炎：《春秋左传读·叙录》，《章太炎全集》（二），第821页。
②③ 章太炎：《春秋左传读·叙录》，《章太炎全集》（二），第826—827页。

仍人道,因兴以立功,就败以成罚,假日月以定历数,藉朝聘以正礼乐'者,亲闻圣旨,自能瞭如。至如游、夏之徒,玩习经文,人人异端,岂以圣门之资望,遂能强人信受?言之不从,断可知矣。"其四,《汉书·刘歆传》云:"引《传》解《经》,章句义理备者,言《传》之凡例,始由子骏发挥,非谓自有所造,亦犹费氏说《易》,引《十翼》以解经,若其自造,何引之有?"况且杜预《释例》所载刘歆说《经》之大义尚数十条,"此固出自胸臆,抑或旁采《公羊》,而与《传》例不合。若传例为子骏自造,何不并此数十条之《传》文,顾留此以遗后人摘乎?"①因此,刘逢禄的意见是错误的,是不能成立的。

综上所述,可以看出章太炎在《春秋左传读》中,完全是依据考据方法,对古文献进行比较广泛的研究,在考证学形式逻辑的范围内,充分发挥了他在古文字学方面的长处和造诣,解难释疑,取得了一定的成绩,有助于开展古史的研究。但是,章太炎不能冲破封建经学的束缚,从而不可避免拘泥于左丘明为《春秋》作传及《左传》传授系统旧说中,故该书中牵强疑滞之处,也多见于书中。

二、《訄书》的编撰和改良主义史学倾向

《訄书》是章太炎前期史论方面的代表作,始撰于光绪二十年(1894),光绪二十五年(1899)刊刻于苏州。该书汇编了章太炎在戊戌变法前后在《时务报》等刊上发表的有关政治、史学等多篇文章。"述鞠迫言"四字,给《訄书》一书作了诠释。"述"的意思是求索,"鞠"的意思是穷究,"迫"的意思是急迫,其意思是《訄书》中辑集着穷蹙的环境迫使他非说不可的言论。全书正文五十篇,以《尊荀》第一始,以《独圣》下第五十终,另"补佚"二篇。这些论文有多篇曾以同样题目或别题目在报刊上发表过,但收入该书时,大多数进行了修改,然而就其思想来说仍没有超越改良主义思想的影响。

---

① 章太炎:《春秋左传读·叙录》,《章太炎全集》(二),第827—828页。

　　在史学观点上,可以明显看出,章太炎受到了进化论的影响。如论及人类社会历史的演进,他说:"人之生,始未尝不以钓鱼闲处持其寿,少选而用日匮,有不得已焉,故厚其六府,分其九职,出相人偶,以有无相资……古之始群其民者,日中为市,交易而退,其义则取诸《噬嗑》,而明罚饬法自此始。吾是以知先有市井,而后有街弹之室;其卒则立之天王、大司马,以界域相部署,明其分际,使处群者不乱。"①在论及语言与文字的起源时,他也明确地提出:"吾闻斯宾塞尔之言曰:有语言,然后有文字;文字与绘图,故非有二也,皆昉乎营造宫室而有斯制;营造之始,则昉乎神治,有神治,然后有王治……其于图也……以画图过繁,稍稍刻省,则马牛凫鹜,各以尾足相别而已,于是有墨西哥之象形文字。其后愈省,凡数十画者,杀而成一画,于是有埃及之象形字……乃若夫之姓氏,洲国山川之主名,主形者困穷,乃假同音之字以依托之,于是有谐声字,则西域字母根株于是矣。人之有语言也,固不能遍包众有,……乃不得不为之分其涂畛,而文字以之孳乳。"②用进化论观点解释社会历史最突出的是《原变》篇。他说:"物苟有志,强力以与天地竞,此古今万物之所以变。变至于人,遂止不变乎? 人之相竞也,以器……石也,铜也,铁也,则瞻地者以其刀辨古今之期者也。"章太炎较早注意到了生产工具的变化在人类社会发展变化中的重要作用,这是值得称道的。虽然,在这篇文章中所谈到的生产工具和生产活动,主要是作为生产竞争的手段。因此,在他看来,生存竞争是社会进化的基本原则。所以,他强调说:"竞以器,竞以礼,昔之有用者,皆今之无用者也。"③换言之,生产工具也好,礼仪制度也好,人的形体也好,随着社会历史的变化和人类的发展,其演进的情况,都是旧的不断被淘汰,新的不断产生。

---

① 章太炎:《訄书》初刻本,《明群第二十三》,《章太炎全集》(三),第 51 页。
② 章太炎:《訄书》初刻本,《订文第二十二》,《章太炎全集》(三),第 45 页。
③ 章太炎:《訄书》初刻本,《原变第十三》,《章太炎全集》(三),第 27 页。

不仅如此,在《族制》一文中,章太炎又用英国人类学家迦尔敦创立的优生学理论和社会达尔文主义的生存竞争学说,来解释民族的兴亡盛衰。他说:"核丝之远近,蕃萎系焉。遗传之优劣,慧智系焉。血液之祸裸,强弱系焉。细胞之繁简,死生系焉。"又提出遗传,"若冰之隐热矣,隐于数世,越世以发,以类其鼻祖,不必父子。故商均不肖舜,而肖瞽叟;周幽不肖宣,而肖汾王。"可贵的是,他已认识到,仅仅依靠自然的遗传还不足以决定民族兴亡盛衰的命运。提出"性犹竹箭也,括而羽之,镞而弦之,则学也。不学,则遗传虽美,能兰然成就乎?"①也就是说,要使优秀的遗传品质得以发挥其作用,还需要后天的努力,才能"竞存其族。"不然,"今吾中夏之氏族,礧落彰较,皆出于五帝。五帝之民,何为而皆绝其祀也? 是无他,夫自然之淘汰与人为之淘汰,优者必胜,而劣者必败。"②如果"惧其传疾以败吾华夏之种",必须在政治上革新,"与天下更始",必须"去其狼戾,而集其清淑。虽竞存,非私也"。③

章太炎的反清民族意识,自青少年时代起就十分强烈,按其思想发展,其逻辑的必然趋势自应将推翻清王朝的封建统治政权放在首位。但这时的章太炎一方面在康有为、梁启超、夏曾佑等维新派的影响下,并不认为其首要政治任务是推翻腐朽的清封建统治政权,而是恰恰相反,主张保留清王朝的统治,提出所谓"客帝论",说什么军官、税吏可以用欧美人的"客卿",则以清贵族的"客帝","于中国也何损?"接着还明确地表示:"知是,而逐满之论,殆可以息矣。"④他之所以得出这样错误的结论,主要是对当时社会缺乏正确的认识。戊戌变法前后的清政权,在慈禧太后的操纵下,对内专制骄横,镇压人民的反抗,对外不惜

---

① 以上引文均见章太炎:《訄书》初刻本,《族制第二十》,《章太炎全集》(三),第39—40页。
② 章太炎:《訄书》初刻本,《族制第二十》,《章太炎全集》(三),第41页。
③ 章太炎:《訄书》初刻本,《族制第二十》,《章太炎全集》(三),第41页。
④ 章太炎:《訄书》初刻本,《客帝第二十九》,《章太炎全集》(三),第65页。

屈膝投降,出卖国家民族利益,所以,当时一些有识之士纷纷要求维新变法,改变现状,以挽救危亡,以振兴国家,以抵御帝国主义国家的侵略。对这样一个十分腐朽的清政府,章太炎却说:"今夫人以中夏为专制,顾其实亦民主已。"①他从这一认识和观点出发,故而反对改变政体,反对设立议院,认为欧洲国家设立议院十有八周之世,其结果是"严刑厚敛,民无所聊赖"。又如"英吉利之更制也,米人不征,则老农阻之;宽假佣保,则厂主阻之;禁奴黑人,则豪右阻之;免他国商税,则大驵阻之;讦讼三十年,然后大定。"②这虽然看到和揭露了资本主义社会资产阶级专政所存在的严重问题,然而从社会历史的发展角度来说,它和封建社会相比,无疑是一个社会发展阶段的巨大进步。章太炎不了解这一点,不肯定其应该肯定的方面,而全盘加以否定,因而提出:"以是议国政,则戈铤矢石,不翅发于细旒之上;辩而不已,使听者眩于名实,愦眊不渫,而发政益濡缓无期会。"他得出的结论是:"故议院者,定法之后之所尚,而非所取于法之始变也。"③这实际上是反对通过变法,来改变政体,为实行他的所谓"客帝"提供历史依据和理论依据。他在《明群》篇中虽然反对设立议院,却强调"合群"的重要性。他说:"君者,群也。知其群,则万物以是资始。"指出"四民莫不有州居,而今之合群明分者,莫亟于学士,是何也? 将以变法为辟公,必使天下之聪明耳目,相为视听,股肱毕强,相为动宰,则始可以御内侮,是故合群尚已。"又说:"欲事之定,非积众贤,则无以自俦。故学士之有群者,其储之宿也。及夫睿哲仁强者,一昔执政而建大计,则引其所知,所知者又引其所知,既定其分以临制守故者,然后噂沓不起,而五德不代胜。今夫不代胜者,欲群之一而已矣。"④章太炎在民族存亡的关头,用物种竞争的观点,认为要不被淘汰,只有合群,用"群"的力量去斗争才行。在

---

① 章太炎:《訄书》初刻本,《明群第二十三》,《章太炎全集》(三),第 52 页。
② 章太炎:《訄书》初刻本,《明群第二十三》,《章太炎全集》(三),第 52 页。
③④ 章太炎:《訄书》初刻本,《明群第二十三》,《章太炎全集》(三),第 51—53页。

当时的客观形势下,他强调"群"的力量具有积极进步的意义。但是,必须看到,他不讲阶级,只是抽象地提出"合群"的重要性,把自然界的"物种竞争"运用到社会斗争,脱离阶级讲"合群",抹杀了社会斗争的实质,因而不能提出正确的革命策略,不能真正达到动员广大人民团结起来救亡图存的目的。

在什么样的政府领导下,才能真正有效地抵抗帝国主义列强的侵略,章太炎有他自己的看法。自鸦片战争以来,我国经历一次又一次的帝国主义国家的侵略,国土大片沦丧,主权旁落殆尽,中国人民挣扎在水深火热之中,而当时的清政府已堕落为帝国主义的附庸,依靠这样的政府怎么可能取得反对帝国主义侵略的胜利。但是,章太炎分析当时的形势,估量清政府的力量,却认为如果将这样的一个王朝统治者推翻,所谓:"逐加于满人,而地割于白人,以是为神州大诟。"他说:"夫故结肝下首而不欲逞,非其丧志,鉴于蜀、宋也。"他以东汉末蜀、吴联盟抗曹的历史事实为例说:"蜀相之结荆、扬也,非忘报也,彼惎曹氏,则吴不得怨;故覆于南郡,烬于白帝,再挫之忿,而不敢复焉。"又以南宋时赵宋统治集团"引蒙古以灭金,终自戕败,庙算失也。"不能这样做的原因,是因为"地处其逼,势处其隍,九世之仇,而不敢复焉。何者?莘牛之斗,亥熊响怒以格其间,则二牛皆脔也。"[1]章太炎担心在与帝国主义者和清统治者的斗争中,如果先推翻清朝政府,害怕其结果将导致曹魏统一蜀、吴,南宋被元灭的悲惨结局。殊不知当时的实际情况,是清政府与帝国主义者紧紧勾结在一起,共同镇压广大中国人民群众的反抗,而这种镇压和侵略,外国帝国主义者是在直接或间接依靠和通过清统治者来进行的。同样,他所举的另一个历史事例,也是同样不能比附的,即南宋末,赵宋统治集团为了报北宋末及南宋时期对宋侵略之仇,不惜引蒙古之兵联合灭金,在外交上犯了错误,因为当时的南宋统治集团对蒙古统治者的野心和军事实力,缺乏足够的估计,对自己的力量也

---

[1]　章太炎:《訄书》初刻本,《客帝第二十九》,《章太炎全集》(三),第67页。

缺乏自知之明,企图依靠蒙古的兵力灭金,自己坐收渔人之利,殊不知蒙古统治集团在灭金之后,即集中兵力进攻南宋,最后灭亡南宋。但是,清统治者和帝国主义者的关系和宋与金与蒙古统治者的关系完全不同,他们互相勾结共同对付中国人民。但是,章太炎所看到的大敌只是帝国主义列强而没有将清统治者与他们之间的关系认识清楚,因此,错误地认为为将帝国主义势力赶出中国,就不应该同时推翻清王朝,免得再重蹈南宋统治者的覆辙。这也是由于章太炎只看到某些表面现象,对清王朝与帝国主义关系的本质,缺乏正确的分析,因而不了解要反对帝国主义列强必须要反清。

章太炎又认为当时地方方镇势力太弱,"而四夷乘其敝,其极至于虚猇政府,使从而劫疆吏,一不得有所阻挠;割地输币,无敢有异议。彼其所以钳束者,则外轻之效,非乎?"因此,章太炎提出:为了抵抗帝国主义列强的侵略,必须加强地方方镇的实力。其办法是"以封建、方镇为一。置燕、齐、晋、汴及东三省为王畿,注错无所变。其余置五道:曰关陇,附以新疆;曰楚蜀,附以西藏;曰滇黔桂林;曰闽粤;曰江浙。"并且加强地方长官如督府的权力,"行政署吏,惟其所令;岁入贡于泉府者数十万,毋有缺乏;扶寸地失,惟斯人是问。一受其爵,非丧土缺贡,终其身无所易;死则代以其属吏,荐于故帅,而锡命于朝。其布于邻国,则曰:斯吾封建之国也,交会约言在是,天宝勿与知。若是,则外人不得挟政府以制九域……而天下少安矣。"①他分析历代封建王朝不敢加强方镇的力量,是因为中央政权害怕地方方镇力量强大以后,尾大不掉,闹成分裂割据的局面。他以历史事实为例说,"或以唐世河北失驭,其端自方镇之功始。此皆愚儒无知,惩既成之事,而不知其谋始之所以难也。"他明确地认为:"使唐无方镇,十道且不能保,奚翅失河北而矣!"②又说:"宋之季,而祸发于穷庐,州郡破碎,墓无完椁,里无完室,

① 章太炎:《訄书》初刻本,《分镇第三十一》,《章太炎全集》(三),第73页。
② 章太炎:《訄书》初刻本,《分镇第三十一》,《章太炎全集》(三),第73页。

则李纲始有分镇之议。虽未竟行，南宋卒赖是以自完其方部。"似乎是加强了方镇实力才挽救了赵宋政权得以延续下来，这与当时的事实是不符合的，南宋王朝得以建立，完全是由于广大人民奋起抵抗女真入侵中原的结果。何况，清与南宋王朝的情况完全不同，南宋与蒙古族统治集团的矛盾是国内兄弟民族之间的矛盾，是兄弟民族统治集团争夺统治政权的斗争，而鸦片战争后中国与外国帝国主义之间的矛盾是侵略与被侵略之间的矛盾，是国家民族间灭亡与被灭亡的关系，是中华民族救亡与图存的斗争，清贵族统治集团不顾国家民族利益来换取对中国人民的统治政权，不推翻清政权就无法取得抵抗外国侵略者的胜利。因此，当时的中国问题不是增强所谓地方方镇的权力和势力所能解决的。后来，所谓联省自治的历史实践也证明了这一点。所以，章太炎提出的所谓"知封建之说未必非，而郡县之说未必是①"的看法是错误的。他错误地认为，强大的地方势力足以抵抗外国侵略者，而不了解地方势力仍可为帝国主义者所收买和利用，历史事实表明，帝国主义侵略者为寻找殖民地和市场，利用各自的条件，对中国的割据势力进行勾结收买，采取分而治之，以达到控制或灭亡整个中国的目的。章太炎的错误之二，没认真分析当时的世界形势，而纠缠于历史上的方镇势力横行跋扈，不听命于中央，是因为"武夫悍突之将，勇于趋利而未尝知方，故浸寻至不可制"，如果换以文人为方镇长官，则割据一方之类的问题可以避免，提出："今以文臣，而惧其跳踉为桀寇，自唐以来，其孰睹之哉？"章太炎忽视或抽掉历史的实质，来谈论问题，自然不可能得出正确的结论。太平天国起义以后，迅速占领了大半个中国，清统治者面临的局势是"阽阽如累九丸"。在这一险恶形势下，清廷被迫给予地方官吏如曾国藩等以较大权力，所谓"自征自抚，自生自杀，自予自夺，一切属其权于疆吏"②，结果通过曾国藩所组织的湘军，将太平天国革命镇压下去，

---

①②　章太炎：《訄书》初刻本，《分镇第三十一》，《章太炎全集》（三），第72—74页。

湘军固然凶恶,但是,它如果不依靠帝国主义者的支持,是不可能将起义军镇压下去。章太炎抽掉了清封建统治者勾结帝国主义共同镇压农民起义军的主要事实,片面强调清廷加强地方官吏的权力,将太平天国革命镇压下去,是不符合历史事实的。

三、《訄书》修订和革命思想的萌发

光绪二十六年(1900)义和团运动爆发后,章太炎在思想认识上起了根本的变化,其原因,一方面由于民族危机的刺激和受到当时农民反帝反封建斗争的影响;另一方面也由于接受了戊戌变法失败的教训,受到孙中山的启发,使他的革命思想向前跃进了一步,在政治立场上,章太炎已由"尊清"变为反清,由宣传改良变为提倡民主革命,在思想体系方面,由康有为改良主义的理论变为以"光复旧物"相号召的资产阶级革命理论。他以史学为武器,对公羊家所说六经为孔子所托古改制之作,进行了批判,他认为《春秋》之上有《尚书》,《春秋》之下有司马迁《史记》、班固《汉书》,孔子不过是继承过去之史学,而同时开启以后之史学,经史是联系在一起的分不开的。他分析说:"《春秋》有义例,其文微婉,迁、固亦非无义例也。"如果不把《春秋》当作史书,"虽欲观定衰之世,求王伯之迹",必然是"荒忽如草昧。"①

章太炎的《征信论》上、下和《信史》上、下等四篇文章,着重提出了应该把科学的研究和常识的推校分别开来,认为"凡事无期验,推校而得之者,习俗与事状异其职矣。"因此,章太炎提出历史的本身,就应该据期验以明因果,千万不能以一般名理以此推彼。即使是进行平议也应该是寻史之始卒源流为职志,而不应当采取公羊家的平议大义微言的方法。他强调:"诸学莫不始于期验,转求其原",特别是研究历史者,对史事更宜"尽于有征,两征有异,犹两曹各举其契,此必一情一伪矣。"应注意历史的因果关系,"因以求果,果以求因,辨异而不过,推类

---

① 章太炎:《国故论衡·原经》。

而不悖,是故邪说不能乱,百家无所窜。"①此时,章太炎以资产阶级民主革命家的姿态活跃于政治战场和史学战线上,因而对原编《訄书》不满意,并着手校改,重加修订。

《訄书》重修本于光绪三十年(1904)在日本铅印出版。共辑论文六十三篇,附录四篇。这次修订《訄书》的指导思想和苏州初刻本不同,在政治上,章太炎已由"尊清"变为反清,由倾向维新变为宣传民主革命。因此,对初本作了较大修改。首先对初刻本内《客帝》、《分镇》二文中的错误观点,分别作了严厉的自我批评。这时,他认为欧美帝国主义固然是侵略中国的异族,而满族统治也是压迫凌侮汉人的异族,清廷统治腐败,其危害中国"亡异欧美",故要挽救中国的危亡,独立自主,必须把"满洲""驱逐"掉,提出"反满"、"逐满"的口号,这在当时历史条件下具有积极的意义。尤其可贵的是,他在其后所撰写的《排满平议》中区别了满族人民和满洲贵族,说:"排满洲者,排其皇室也,排其官吏也,排其士卒也。若夫列为编氓,相从耕牧,是满人者,则岂欲倳刃其腹哉。"②

在政治制度上,章太炎由赞成改良到反对改良派所主张的君主立宪制度,在《与马良书》中提出了两条理由:一是"中国混一既二千稔,秩纪已弛,人民等……无故建置议士,使废官豪民梗塞其间,以相陵轹,斯乃挫抑民权,非伸之也。"二是"若中国四百兆人,县选其一,得一千四百人,犹二十万分之一也……日本议士三百余员,苟茸流溢,比闻可螯,率为政府爪牙以侵黎庶。中国士大夫,饰身寡过,又不日本若,以是代议,民其有幸乎?"③

章太炎明确指出,想通过确立君主立宪制度使中国富强起来是梦想,他在《与刘揆一书》中说:"立宪者,岂足以张国威,舒民气。突厥、

① 章太炎:《章氏丛书·文录一·徵信下》卷1。
② 章太炎:《章氏丛书·别录一》卷1。
③ 章太炎:《章氏丛书》卷1。

波斯建置议院,无救于衰微……中国为此,徒丧其清明宁渖之俗而已矣。"他提出:"革命之权,国民操之,欲革命则竟革命。维新之权,非国民操之,不操其权。而强聒于政府,亦终难躐此革命之一大阶段也。悲乎,放弃国民之天职,而率其四万万神明之同胞,以仰一异种胡儿之鼻息,是又昌言维新者所挟以自豪乎?"①

在政治制度上章太炎主张实行美国和德意志的资产阶级的联州、联邦制,这是一种资产阶级民主革命派的政治思想,在当时来说,具有一定的进步性。但是,他在论及这制度时又援引中国周秦以来的封建诸侯史实作为立论的依据,把它说成中国古已有之的"古封建"制。所以,他一面反对专制、立宪,主张设立明代那样的布政司的联邦自治,分散君主专制权力,具有民主革命政治纲领的特色,一面又包含着深刻的向后看的封建复古主义思想。他把西周时的分封诸侯国,比之今日美国之州;把康叔一人统治的邶鄘卫,谓之三政府的共主;把具有"专征"的军事权力和统率一方的许多诸侯国的方伯,称为联邦。他认为中国应该像明代那样设立布政司以专方面,如古代的方伯,现在的联邦自治。其实,这种思想在政治实践中,为辛亥后各地封建军阀混战事实所表明,在当时来说,是具有军阀割据性的封建复古思想,与美国、德意志联州与联邦的资产阶级民主制思想,是有原则上的区别。

《訄书·消极篇》中也指斥改良派倡君主立宪、地方自治的错误。他说:

> 立宪地治,何其嚚嚚也。今有造酢母者,投以百味,苦者亦酸,芳甘者亦酸。彼清政府犹酢母矣,利政入之,从化而害。害柢之不除,空举利者以妄投摘,岂不晻于彼己,而昧得失之数邪!②

这种把清政府的统治者作酢母,明确指出什么立宪、地治之类的"新法""利政",到清统治者手中便变成祸害,不推翻清廷这个祸根,一

---

① 章太炎:《驳革命驳议》,《苏报》1903 年 6 月 12—13 日。
② 章太炎:《訄书》重订本,《消极第五十五》,《章太炎全集》(三),第 311 页。

切"新法"、"利政"都是徒然的,这就给了清统治者以沉重的打击。不仅如此,他还在《哀清史》篇中充满胜利信心的预言:"今清室之覆亡,知不远矣。"章太炎对清政府采取坚决决裂的革命态度,反映在《訄书》中的许多史论和政论中,宣传反清的革命思想,正如《消极篇》中所说,清政府即将灭亡,"吾言变革布新法,皆为后王立制"的。

《訄书·消极篇》中还深刻地揭露了清廷镇压戊戌维新派以后,政权完全被顽固派所操纵,以致政事日非,但以慈禧太后为首的统治集团为抢救政权,对其所行弊政,进行了种种掩饰,并且假装要布行"新政",以欺骗人民。可是,他们的内心是害怕汉族势力强大起来,千方百计地设法加以控制,不敢真正实行。章太炎针对着这种情况,指出说:"假权于胡种,使积虑以布法者百亡,伪布亦亡。"他指出,不论清廷采取哪种狡诈手段,其覆亡的命运是同样的。之所以如此,主要原因是由于"清作伪政,以媚大邦,亦有新军陵轹主人。近岁掊克之尽,赂鬻之彰,诼馆之侈,蚩贱所发愤也。而颇修饰缘缋,妄作名誉,既惠臧吏,又使汉权益衰,夫慸汉人,知不可以镇抚,恐富强则权去,故言变政而无实行。然邻国以诈相构,因其用诈而施保扞,此以民亡而政府存。"①这里,他以锐利的目光不仅看到了清廷政权"近岁掊克之不尽",对人民所实行的残酷剥削和压迫,揭露了清统治集团畏惧人民之富强,故只口头上言实行改革,而行动上不敢付之实行。而更为重要的是,章太炎看到了清统治者勾结帝国主义,出卖民族国家利益的卑劣行径,而帝国主义列强则"假权胡种",利用清廷对中国进行殖民统治。因此,他们支持清廷统治,因而出现一种"以民亡而政府存"的局面。在这种形势下,清廷实行所谓立宪、改革、"新政"等等,他认为是徒劳的。

在这篇文章中,他还曾揭露曾国藩搞"泰西船械",编练军队、警察等等,不是用来抵抗外国的侵略压迫,而是用来镇压国内人民,以维护清朝皇帝的位号和统治政权。在当时触及国内阶级矛盾,满汉民族矛

---

① 章太炎:《訄书》重订本,《消极第五十五》,《章太炎全集》(三),第310页。

盾,以及中国人民与帝国主义之间的矛盾复杂形势,是比较清醒的。在他看来,当时的革命如果像太平天国那样能获得成功,则腐朽的清王朝就要被推翻;如果像义和团那样被镇压下去,帝国主义者胜利,清廷的统治政权就会继续下去。所以他说当时是"民胜者位号亡,外胜者位号存,势也。"曾国藩是汉族人,但是他参加了镇压汉族人领导的太平天国革命运动,维护了清朝皇帝的位号,清统治政权继续维持下来了。对此,章太炎不可能从阶级矛盾与民族矛盾的关系来说明问题,也认识不清曾国藩等汉族官僚在维护地主阶级共同利益上和清贵族是一致的。他只能以其资产阶级观点进行解释,认为曾国藩的所作所为,是由于"曾国藩者,渴以富贵",这是不切实际的。

章太炎对康熙以来"永不加赋"的问题,也力加揭露和批判,指出这是清统治者的虚伪欺骗,是"珠申之帝,衔不加赋以示恩","加之则孰不张楚于大泽者乎?既椎脂髓以自肥其族,及势格不可加,而嘷曰吾泽厚矣。若伛偻而钓者,果敬其鱼乎哉?"章太炎根据确切的历史事实,指出清统治者并没有像他们自己所说的那样,减轻人民负担,如"耗费",就是地方官吏向农民私索来的,而美其名曰:"取乎于民。"章太炎还以明崇祯年间加赋的史实来揭露清朝统治者"不加赋"的虚伪。他说:"明愍帝之重敛,非以营驰道,御寇卫民则有焉,而民曰加赋。"他指出清廷所收之"赋",全为八旗所蠹蚀。章太炎愤怒地斥责说:"窃人之财,犹谓之盗,今其妇人未尝刺韦作文之绣织黹黼,其男子未尝作弓矢鞍勒、锻金铁为兵器,以自澹给,而浮食于民,历八世无酬酢,是恣其劫略,而不忧名捕于有司也,于盗甚矣!而曰民不加赋。"[①]当时,清廷向官僚贵族"募资",以弥补国家财政的不足,并夸耀其"德",说什么"吾节大官之饔,珍裘之饰,以惠尔氓也。"章太炎驳斥说:"岁非廪禄其族,而赑取什二以为常平,其安取是惠矣!"换句话说,官僚贵族们的资财,本来就是从农民身上剥削来的,"募资富人",对劳动人民来说,有

---

① 章太炎:《訄书》重订本,《不加赋难第三十九》,《章太炎全集》(三),第 268 页。

什么"惠"不"惠",有什么"德"不"德"呢？此外,章太炎评论冯桂芬在清同治年间为苏州人民减赋时说,苏州围田(即圩田)多被豪强世族地主所占,农民占田很少,大多为地主佣耕,这时的田租亩收钱高达三千文以上,如果稍有拖欠,便立即被绑送官府,看作逃赋一样受鞭笞刑罚。因此,他认为"冯桂芬为世族减赋,顾勿为农人减租,其泽格矣。"他引汉代学者荀悦的话评论说：

> 荀悦言：汉世田制,"官收百一之税,而民输豪强大半之赋","官家之惠,优于三代,豪强之暴,酷于亡秦。是以惠不下通,而威福分为豪民"。今不正其本,务言复除,适足以资富强也。冯桂芬于苏州,仕宦为达,诸世族皆姻娅,通门籍,编户百万,号呼之声,未彻于耳,将厚薄殊邪：其阎立祠堂,宦学者为请之,农夫入其庭庑,而后知报功也。①

章太炎以汉代轻赋的历史事实评论冯桂芬减轻赋税事,是有一定说服力的。但他的这些评论并不是完全对农民的"同情"和"仁慈",而是在总结秦汉以来的历史经验,认为清廷必须减轻农民对国家的赋税负担,才能维护其统治。他在《訄书·定版籍》篇中,更明确指出："夫不稼者,不得有尺寸耕土",说"不躬耕者,无得有露田场圃池沼",并提出了具体的"均田法",企图取消封建地主土地所有制,取消地主佃农制,而不是限于减租、轻租的问题。这是资产阶级民主革命的土地纲领,对宣传民主主义革命思想和推动辛亥革命有一定的影响。

四、探索古代官制起源,阐发反封建专制主义的革命思想

辛亥革命前夕,资产阶级革命派已开始为革命成功后的政体作初步的思想理论准备。章太炎的政体观,既反对封建专制主义,又不满欧美式的民主共和政体。他先后撰写《官制索隐》等文,通过古代官制起源的研究,揭露封建专制君主统治的黑暗,号召人们起来推翻封建君主

---

① 章太炎:《訄书》重订本,第275页。

制统治。他认为康有为等人缺乏历史知识，"不察古今"，"不明古制"，不知封建专制君主之丑恶，而主张立宪，是完全错误的。

《官制索隐》第一部分是《神权时代天子居山说》。章太炎认为神权时代的帝王，为要使自己的统治政权和统治地位神秘化，捏造他们是"天"派下来代"天"统治人民，所以皇帝称"天子"。天很高，帝王为了表示他所居住的地方是"通于神明"和天接近，随时传授天意，故他们的宫室都是建筑在高地山丘上的。这就把政权神权化，神权时代的帝王都是以神道说教的。古书上记载"封泰山"、"禅梁父"是帝王祭祀的大典。他还根据文字训诂的考证，认为古书上的"京"字，《说文》说："人所为绝高丘也。天子居京师，不过仿古意而已"，"林丞"《尔雅释诂》曰："君也"。林为山林，丞即薪蒸，是天子在山林中，秦汉谓天子所居为"禁中"，禁从林声，就是山林之意。章太炎说：

> 古之王者以神道设教，草昧之世，神人未分，而天子为代天之官，因高就冀（丘），为其近于穹苍，是故封泰山、禅梁父，后代以为旷典，然上古视之至恒也……盖人君恒居山上，虽宫室既备，犹必放而为之，有时亦直营冈阜，以为中都。[1]

章太炎举帝喾、尧台、舜台及西王母之山的轩辕台，系昆仑山的共工台为例，以证古帝喾、尧、舜、黄帝、共工等皆筑台山居，其后夏禹居嵩山，商的先祖相土居商丘，周的先祖公刘居京。殷周时代，帝王已居城郭，"犹必宅于高山旱麓之地，汉代因之。"又说："天子居山，其意在尊严神秘，而设险守固之义，特其后起者也。"可见，章太炎竭力揭露封建帝王利用宗教天道观以欺骗人民的神秘面纱。他强调经学家应本法吏断狱的铁笔来治经，他利用经学公然宣判封建专制君主是个假作尊严的不可崇拜的统治者。这对当时鼓吹君主立宪来说，确是一个有力批驳。

第二部分是《专制时代宰相用奴说》。章太炎根据历史记载，说唐

---

[1] 章太炎：《官制索隐》，《太炎文录初编·文录》一，下引本篇原文，均不注出处。

尧虞舜时代,和天子商议重大事件的人是四岳、贵族、世侯,他们有监督天子行事之责。但后来的一些专制君主,一面对宰相常与天子"面折廷争"感到讨厌,一面害怕宰相们扶植自己的势力,任用其左右所谓"近臣"奴仆们作为心腹。他根据文字训诂的考证认为古书上所说的"阿衡"、"阿保"、"太宰"、"宰相"、"相国"、"丞相"等官名,原来都是专制君主的奴仆。如商代的伊尹,原是给商汤所谓"治膳"的奴仆,为汤所信任,得以任"阿衡"之官,"阿保"为王公,周有大保,王莽置太阿、少阿自此出。古天子居山林,《左传》曰"山林之木,衡鹿(麓)守之。"衡鹿即是天子的守卫者,因为古天子居山林,而卫门者名为衡鹿,如伊尹官阿衡,亦名曰保衡,犹是衡麓之故名也。至汉时有光禄勋为天子门卫,勋者,阍也。光禄其实就是官禄,也就是衡麓,衡、横、光三字古为同一字,禄、麓也是同一字,故光禄勋实际就是衡鹿。相,本是扶掖瞽师的人,后来凡是"赞揩让槃辟之礼"的,就称为相,"其本皆至贱矣"。尧时举十六相,已渐崇贵,仲虺为汤左相,召公为周相,"遂以其名被之执政。"章太炎说"《史记》言由大司寇行摄相事,则以执政归之,盖昵近之臣,易得君旨,故二者往往相兼,此又相国丞相之名所由起矣。"

章太炎认为古代历史上的御史、仆射、侍中、门下等,原来也是专制君主的"贱奴"。御,是"天子近臣刺探邦国密事,犹后世以中贵人衔命也。"秦时御史大夫位列三公,权势扶左,此近臣最微末者。春秋时以仆看门,递送书札,后来仆人、射人执政,为天子左右相,合名仆射,逐渐被皇帝重用,成为宰相了。秦汉时有尚书令,武帝初阉竖宦者担任,后更为中书,阉宦当宰相了。侍中,汉初是为皇帝奉唾壶,执虎子的贱官名称,东汉时被皇帝重用,其地位比二千石,到唐代,侍中成为其宰相了,"然其所居,犹曰门下,斯与阉椓之徒何异,形迹之不可掩如此。"最后,他考证官和臣的名称说,官,本即馆字,从食,现在我们谓"卖酒食家为馆子,其义取此。"臣服侍人之形毕露,都是帝王的奴仆贱职。他明确指出:

则知古之宰相,皆以仆从小臣得人主之信任,其始权籍虽崇,阶位犹下，最后乃直取其名以号公辅……古代所贵，唯天子与封君，其非有土子民之臣僚，则皆等于奴隶陪属。观于大阿、大保、冢宰、丞相、御史、仆射、侍中之得名，而知侍帷幄参密者议，名为帝师，或曰王佐，其实乃佞幸之尤。世之乘时窃权而以致君尧舜自伐者，可无愧邪？

章太炎的"宰相用奴说"，可说把专制时代的宰相的老底揭露得淋漓尽致了。

第三部分是《古官制发原于法吏说》。是以经通史，在论法时，又是以史通法。章太炎在古代官制起源中提出"古代官制发原于法吏说"。他崇奉申不害、韩非、商鞅等法家人物。曾说："法者，制度之大名……故法家者流，则犹通俗所谓政治家也，非胶于刑律而已。"①他又认为古代官制中有一种"法吏"，可以取法，说："乃夫卿尹百司，非以阍奴备位，其始作者为谁邪？曰：本于法吏。"又说："自三苗作五虐之刑，而皇帝哀矜庶戮，其时法吏已贵矣。"他说法吏，古名士师。士，说文之事也。士事一字，事字从史声，事史同部，吏以史声，吏事为一。吏，"为百官之通号"。古有"三吏"、"三事"，都是古代三公官。"史官之文，或借里字为之"，"士理同部，以声相通。"古刑官名士师，抑或名理。古代狱官有"理官受罪人之语则谓之辞，籀文辞字从司。"说文有"司臣，司事"语。士，理辞司声义一也。他概括地说："是故观其会通，则有密移之迹。""盖太古治民之官独有士师而已。"接着又说："士任其职，斯之谓事；士听其讼，斯之谓辞。""记录讼辞者谓之史。邦国有谳，士师遣其属官，就他听之，亦时有密行以言向察者谓之行理，谓之使。"周官中之大行人、小行人，即行理或使官也。他又概括说："汎记国事者皆以史名"，"汎通聘向者皆以使乃行李名。""凡民长者皆谓之吏，凡治事者皆谓之习。而群吏之长谓之三吏、三事，稍次者谓之乡士。"

士师是军事的官职，为什么史、吏等原出于士师的呢？他认为法吏

---

① 章太炎：《检论》卷九《商鞅》，《章太炎全集》（三），第605页。

未置以前已先有战争,黄帝时代,"既有军法,申明纪律,执讯丑虏,不得无刑狱事,而听辩受辞,必有待于书契。""有军正之尉,以同刑法,及军事既解,将校各归其部,而法史独不废,名曰士师。"春秋时军官曰尉,秦代司法之吏曰廷尉,"此因军尉而移之国中者也。"他还说,士师是"明习文字"的"刀笔吏"也。其后,政事日繁,士师职在,不得不遍置小行人、御史等属官,继之"士师"、"属吏偏布寰内",形成一套士师或法吏制度。所以小行人、御史以及司徒、司空等官职,都是由士师或法吏发展而来的。章太炎说:"夫法字从廌,谓讼有不直者,则神羊触之,斯固古之神话。然以斯知法字本义,独限于刑律而已。乃其后一切制度,皆得称法,此非官制起于士师之证明乎?"

按照章太炎的看法,古代官制中上述的法吏,不像宰相那样出于专制君主的近臣奴仆,而是出于军事士师,而又"明习文字"、"主讼狱"、"为民兴利"的官吏。他的意思就是说,就古代官制而言,国家政事,固然不可靠君主专制,也不可靠出自专制君主的奴仆的宰相,像管子所说能"论功计劳来赏失法律",真正按法律办事的法吏,还是可取的。最后,他怀着无限"思古幽情",吊念古代法家以及包拯、况钟等历史人物说:

> 铺观载籍,以法律为诗书者,其治必盛,而反是者,其治必衰。且民所望于国家者,不在经济远犹,为民兴利,特欲综核名实,略得其平耳。是故韩范三杨为世臣,民无德而称焉。而宋之包拯,明乏况钟,近代之施闰章,稍能慎守法律,为民理冤,则传之歌谣,箸之戏剧,名声吟口,逾于日月,虽妇孺皆知敬礼者,岂非人心所尚历五千岁而不变邪!

章太炎的"以法律为诗书者,其治必盛"的说法,盖不多完全是战国时代申不害、韩非、商鞅等法家的思想。他一再称誉"焚书坑儒"和施行郡县官僚制度的秦始皇,也全是从法家学说立论的。他说:"著书定律为法家,听事任职为法吏。"① 所以说,法家是政治家,法吏则是"慎

---

① 　章太炎:《检论》卷三《原法》,《章太炎全集》(三),第 437 页。

守法律为民理冤的执法者"。包拯、况钟、施闰章等中国历史上有名的所谓"清官""良吏"便是章太炎思想中最理想的典型的"守法"、"执法"的"法吏"。法，广义地说，泛指"一切制度"，称之为"法制"。这里，章太炎把政治办好办坏，他的理想和希望，完全寄托在立法的法家和执法的法吏的制度上。

在阶级社会里，国家的官吏和军队、警察等，都是阶级统治的工具。国家的法律，是代表统治阶级利益的，是统治阶级"法家"制定的。官吏执法，是维护统治秩序的。章太炎鉴于当时清代法制紊乱，官吏贪渎，民冤如海，就从资产阶级的法制观出发，要求"综核名实"，使民"略得其平"。这在反封建专制统治的斗争中有其进步意义。

《官制索隐》的第四部分着重叙述作者的政治目的。该文贯彻六经皆史和以经通史的学术思想。章太炎对中国古代历史乃至清代封建君主和官僚的腐败，予以揭露和批判，给以康有为为代表的君主立宪派有力地抨击。有人认为章太炎是古文经学家，以为《官制索隐》大概又是发人"思古"的变古思想的文章。其实，这是主观想象，与历史事实不符合。章太炎在该文前言里明确地说，其文是"本诸实事求是精神"，对古代官制起源作了一番"排比推迹"的工夫，是一篇立论"奇觚"，与众不同的文章。为什么这样写呢？他说，"微旨"在"使人周知古始，以兴感慕"、"思古"之意，并非"法古"。

他认为法美二国行民主共和，但法国政治，"以贿赂成"，美国也多"以苞苴致贵显"，"夫悦众人与佞悦一君者，其细大虽有异，要之，猥贱则同也。"美法代议士们和中国古代的宰相们一样"猥贱"。可见，章太炎写《官制索隐》一文，固然旨在揭露君主立宪派的"乐为近臣"之丑恶，同时，也在揭露欧美民主共和代议士的丑恶，这是该文的独到进步之处。

本来，章太炎在否定中国古代神权时代和专制时代的专制君主、宰相用奴和近代资产阶级君主立宪说之后，照理应对美法的资产阶级代议制民主共和制持肯定态度，但并非如此，他对美法代议制民主政治亦持批评，否定的态度。他在《官制索隐》前言中揭露、批评封建专制君

主和宰相后,接着说:

> 然欧美君主共和之政体,抑岂有以愈是乎?凡为代议士者,营求入选,所费金无虑巨万,斯与行赂得官何异?民主共和,世人矜美法二国,以为美谈,今法之政治以贿赂成,而美人亦多以苞苴致贵显。夫佞悦众人与佞悦一君也,其细大虽有异,要之猥贱则同也。然则承天下之下流者莫政府与官吏议士,若行谊不修,贿赂公行,斯为官吏议士,而总其维纲者为政府,政府之可鄙厌,宁独专制,虽民主立宪犹将拔而去之。藉令死者有知,当操金椎以趣冢墓下见拿破仑、华盛顿,则敲其头矣。

章太炎竭力反对法国和美国的代议制,但他不否认民主政体。他说:“凡政体稍优者,特能拥护吏民之兴利,愈于专制所为耳!”这就是说,民主政体虽然和专制政体有共同之处,但比较起来,民主政体尚具有“能拥护吏民之兴利”之处,“稍优”于封建专制政体。正是他的这种态度,是其后期思想落伍的重要原因之一。因此,在对推翻清廷统治政权后,中国应该建立什么样政体的国家,他内心是充满矛盾的。他说:“吾侪所志在光复宗国而已。光复者义所任,情所迫也。光复以后,复设共和政府,则不得已而为之也,非义所任,情所迫也。”所以,在辛亥革命后,他不谈民主共和,而“多言玄理”。他认为当时的中国社会,“民志之弱,民德之衰久矣”,没有欧美资本主义的前途,也没有汉唐盛世的条件,对中国革命的前途,陷于悲观绝望境地。

五、撰写《社会通诠商兑》,驳斥严译《社会通诠》对中国历史的歪曲

严复翻译《社会通诠》,夏曾佑为之作“序”。《社会通诠》依据进化论,认为人类社会进化经过由图腾社会到宗法社会,再由宗法进入军国社会。严复翻译此书的目的,一方面宣扬进化论,另一方面用它解释中国历史,为宣传变法和实行君主立宪政治提供理论依据。

如前所述,严复认为中国历史自唐虞到周为宗法社会,而自秦汉到清末宗法社会开始有所变化,逐渐向军国社会演化,宗法居其七,军国居其三。① 中国要进入军国社会只有在继续秦代政治制度的基础上逐步地废除宗法社会,才能进入近代军国社会。夏曾佑说:"秦之时,一出宗法社会而入军国社会之时也,然而不出者,则以教之故……于是改政者,自不能不及于改教。"②他所说的教,是指封建宗法礼教而言的。

章太炎针对严复、夏曾佑对中国历史的解释和歪曲,予以严厉的驳斥。

他指出严复所列举宗法社会的四个特点与中国固有的宗法特点是不相符合的。

其一,说宗法"重民而不地箸"。章太炎断定中国不相同,说盘庚迁殷,"齐胥咨怨",传称有分土无分民,春秋时犬戎族狐突舅犯为晋名臣,箸籍晋国,称晋人。宋元时,"金元之族,当中国自治时,亦一切以编氓相视",都是地箸的。

其二,说宗法"排外而锄非种"。章太炎认为春秋以前,中国本无排外之事,春秋时,狐突舅犯未见排也。宋明西南诸国与中国互市不绝。佛教入于汉世,基督入于晚明,利玛窦、南怀仁等长期在中国传教,至于有些传教士利用"国权"、"陵轹细民",教徒们也借此武断闾里,激起人民的反抗,发生"排教"、"锄非种"等事,这是与宗法社会毫无关联的。

其三,说宗法"统于所尊"。章太炎认为春秋以前,宗子执政,行刑赏,权重位尊。战国以后,游士说客当政,宗子已无权柄,"降为草隶",宗权随之而衰。商鞅变法,"家富子壮则出分,家贫子壮则出赘",父子异财,近世虽有祠堂等,对族人"恤孤寡,兴教育"之事,族人"惟岁时邱(丘)垅之祭,略有责任"而已。古时行宗法,像"天倪定分",现在宗法,只是"补阙拾遗"。当今之人都以一身为本位,再没有一族一家为本

---

① 严复:《社会通诠·序》,第1页。
② 严复:《社会通诠·序》,第3页。

位,怎能说是宗法社会?

其四,说宗法"不为物竞"。章太炎认为,舜耕历山、陶河滨、渔雷泽,上古之世,"一人而万能也"。孔子"少贱多艺",扁鹊以"馆舍之守,更事医术",没有听说"有遮禁之者",梓庆作鐻,公输削木,墨翟制辖,"变更旧制",也没有"以奇技淫巧戮之者。"说宗法社会"以不守祖法为咎者,其说荒矣。"说宗法社会从战国至清末,职业变化更大。但"实业犹未能竞进",另有原因,"于宗法何与"?

章太炎认为严复所罗列宗法社会四个特点,和中国固有的宗法相比较,除第三合于古,不合于今外,其他三条不论古今,都是不相符合的。至于中国社会性质,在章太炎看来,根本不是什么宗法社会,也不是什么七分宗法、三分军国的宗法社会。

章太炎认定中国社会早已不是宗法社会,当时的政治斗争内容根本不是反对宗法的"改教"之类的问题,而是要推翻清朝统治的民族革命。

严复、夏曾佑是站在改良主义立场上,利用甄克思所言宗法是"排外而锄非种"为依据,说章太炎等倡导革命是排满民族主义思想,应与宗法同属废除之列。严复说:"民族主义,乃吾人种智之所固有者,而无待族外铄,特遇事而显耳。虽然民族主义将遂足以绳吾种乎,愚有以决其必不能矣。"①章太炎反驳说:《社会通诠》所言"宗法以民族主义为合群者也,此非未尝谓民族主义即宗法社会,而特宗法社会所待以合群者亦藉此民族主义耳。"他指出,"宗法以民族主义为合群",不仅宗法社会存在,"图腾社会和军国社会亦然"。他把民族主义分为三种:有以虫鱼鸟兽百物之形为"徽帜",以成图腾社会的民族主义;有"以谱牒之文,享尝之制,收族聚宗以道",以成宗法社会的民族主义;有使"人人自竞,为国御侮",以成军国主义社会的民族主义。而他提倡的是军国社会的民族主义。只有通过这种军国社会的民族主义反满革命,推翻清廷统治,才能消灭落后的宗法社会而进入军国社会。他说:

① 严复译:《社会通诠》,第11页。

"且今之民族主义,与宗法社会不相一致,而其力有足以促宗法社会之溶解者。"宗法制度是与农业经济相适应的,贯穿在奴隶社会和封建社会的全过程,它是为经济基础服务的,不能构成什么特定的社会。严复认为,"由宗法以进于国家","继以宗法而成于国家",故军国社会又称国家社会。这里所言国家社会,指的是近代资产阶级的国家概念。

章太炎是资产阶级革命派,在《社会通诠商兑》全文中,对图腾社会、宗法社会、军国社会三大社会形式的说法,并未有任何明确的反对意见,而他所反对的只是严复所说的中国是宗法社会。他对军国社会的说法,不仅不反对,相反,公然说:当前"其操术,则曰人人自竞,尽尔股肱之力,以与同族相系维……相昫相济,其竭力致死,见危授命者,所以尽责于吾民族之国家。""当是时,则惟军国社会是务,而宗法社会弃之如脱履耳矣。"

章太炎主张用军国社会的民族主义进行反清民族革命,以民族主义"孳殖"军国社会。可见,章太炎的排满民族主义,其革命是走军国社会亦即资本主义社会的道路。

严复、夏曾佑等是以天演自然的庸俗历史进化论为理论依据的,认为中国是宗法社会,处于未进化阶段,列强是军国社会,属于进化阶段,按照优胜劣败进化论,反帝斗争是没有胜利希望的,前景是渺茫的。章太炎反对这种持"宗法社会与军国社会抗衡则必败"说教,针锋相对地予以驳斥。他说:

> 言宗法、军国胜败之故,岂非以一者为未进化,一者已进化,故得以优劣定之邪? 然则,图腾社会尚较宗法社会为下,而游牧之民实自图腾初入宗法者耳,其与耕稼之民相抗,则劣者当在败亡之地。何南宋之卒亡于蒙古也,西罗马灭于峨特,东罗马灭于突厥,印度灭于莫卧尔,此皆以劣等社会战胜优等社会者也。是则国之兴废,非徒以社会文化高下为衡,顾民气材力何如耳!

章太炎的上述论断,基本上是符合历史事实的,也是很有说服力的。

　　章太炎还以法国革命为例驳斥康有为等鼓吹中国走改良主义道路。他提出要学习法国革命志士的牺牲精神,反对严复等人宣传的优胜劣败的庸俗历史进化观点。他说:

　　　　法人有言,所志不成,当尽法国而成蒿里,以营大冢于上士。苟知此,彼天然淘汰,优胜劣败之说,诚何足以芥蒂乎?循四百兆人之所欲击,顺而用之,虽划类赤地,竟伸其志,可也。

　　事实上,优胜劣败进化论历史观,在戊戌变法前固然对中国新兴资产阶级反帝爱国、救亡图存起过某些激励、促进作用。但戊戌变法失败后,特别是义和团运动后,资产阶级革命思潮发生、发展时,不仅"自然演进"论成为资产阶级改良派坚持改良主义的理论依据,而且是帝国主义摧残中国人民反帝爱国革命意志的麻醉剂。因此,章太炎对严复、夏曾佑等宣扬庸俗进化论的批评,对推动资产阶级的反清民主民族革命是起了宣传、动员的作用。

　　但章太炎由于受封建传统经学思想的影响较深,所以在批判资产阶级改良主义历史观时,也暴露了一些局限性。如他所撰写的《俱分进化论》、《四惑论》等文,宣扬了历史循环论和虚无主义等观点,对于革命事业的发展是不利的。《俱分进化论》一开头在反对达尔文和斯宾塞的进化论同时,提出了"进化是双方的"观点。具体说,善进化恶亦进化,乐进化苦亦随之而进化,善、乐大,恶、苦亦随之而大。按照这个逻辑,人类社会永远也不可能进化,永远也不能达到"尽美醇善"的理想境地。他说:

　　　　彼不悟进化之所以为进化者,非由一方直进而必由双方并进,专举一方,惟言智识进化可尔? 若以道德言,则善亦进化,恶亦进化……然则以求善求乐为目的者,果以进化为最幸邪? 其抑以进化为最不幸邪? 进化之实不可非,而进化之用,无所取。自标吾论曰:俱分进化论。①

----

① 　章太炎:《俱分进化论》,《章氏丛书·别录二》卷1。上海古文社印行。

为了说明其观点的正确，文中列举了一些史实为证，说其他哺乳动物的知识比人低，其父子兄弟之爱，不如人之善大；虎豹虽吃人，不如"一战而伏尸百万，喋血千里"，"自残同类"的人的恶犬；蝯狙等取乐之量极少，失乐之苦亦极少，人则讲求"幻渺之音，姝丽之色，芳泽之气"，乃至"道德功业学问名誉"之乐，为求此乐而"奔走喘息"，"鞠躬罄折"，甚至"杀身灭种"，是故乐大苦亦大。所以说："善愈进，其恶亦愈进"，"乐愈进，其苦亦愈进"。这种观点，是佛教的"流转真如"历史循环论的具体化。用这种观点去批评达尔文进化论和斯宾塞的庸俗进化论是毫无说服力的。

当接触到欧洲各国和日本社会历史进化史实时，他不理解资产阶级追求富贵利禄和自私的阶级本性，因而陷于痛苦的深渊。他在哀叹近代战争时说：

"纵令地球统一，弭兵不用，其智谋攻取者，必尤甚于畴者。何者，杀人以刃固不如杀人以术，与接为构，日以心计斗，则驱其同类使至于悲愤失望而死者，其数又多于战，其心又憯于战。"

因此，章太炎再无勇气瞻望未来，而怀念起周秦汉唐的封建社会，公然提出历史退化论来。他说：

中国自宋以后，有退化而无进化。善亦愈退，恶亦愈退，此亦可为反比例也。①

在论及春秋战国以及汉唐时社会道德进化的情况说：

春秋之世，戕杀蒸报，不以为忌，常在世家贵族，若乃尾生之信，沮溺丈人之节，亦为后代所无，虽至战国，士人习以游说为事，然豫让、聂政、荆轲之后，其侠烈有足多者。墨翟之仁，庄周之高，陈仲子之廉介，自汉以后可复得乎？②

他认为自宋代起，中国社会便开始退化，经元历明至清，则退化日甚，特别是清代，退化最为明显。他说：

①② 章太炎：《俱分进化论》，《章氏丛书·别录二》卷1。

自宋以后渐益退化,至满洲为甚,程朱陆王之徒,才能自保,而
艰苦卓绝与夫遁世而无闷者,竟不可见,此则善之退化矣……党见
之狭陋,工商之狙诈,此诚可谓恶也。夫善恶虽殊,而其资于伟大
雄奇之气则一,然观今日为篡者惟能为石敬瑭、吴三桂,而必不能
为桓温、刘裕,为奸者惟能贾似道、史弥远,而必不能为元载、蔡京。
朝有谀佞而乏奸雄,野有穿窬而鲜大盗,士有败行而无邪执,官有
两可而少顽嚚。方略不足以济其奸,威信不足以和其众,此亦恶之
退化也。①

从章太炎列述进化与退化的具体内容看,他区别进化与退化的标
准,大都以"佞臣"、"奸雄"等一套传统的道德和他的"夷夏之义"的民
族思想为标准,没有触及社会经济、阶级斗争的实质。

第二节　刘师培的革命民主思想与
《中国历史教科书》的编写

一、刘师培生平和革命民主思想

刘师培(1883—1919),字申叔,号左盦,笔名无畏,江苏仪征人。
出身经学世家,其曾祖、祖父均以治《春秋左氏传》闻名一时。刘师培
于光绪二十八年(1902)中举人。次年,赴京会试落第,归途中滞留上
海,结识了章太炎、蔡元培等爱国社人士。在当时反对帝国主义侵略、
救亡图存的热潮鼓舞下,激起了刘师培的爱国热忱,受章太炎、蔡元培
的影响,他很快接受了反清民主革命思想。光绪三十年(1904)参与主
持《警钟日报》,次年,又任《国粹学报》编辑。《警钟日报》被封后,避
居浙江平湖,后至芜湖皖江中学和安徽公学任教,并发行《白话报》。
光绪三十三年(1907)与其妻何震亡命日本,加入同盟会,为《民报》撰
写文章。同年夏创办《衡报》,他通过《天义报》、《衡报》宣传社会主义

---

① 章太炎:《俱分进化论》,《章氏丛书·别录二》卷1。

和无政府主义。由于政见与章太炎产生矛盾,遂与其妻何震回上海。在清廷官吏的引诱下,充当两江总督端方的密探,破坏革命事业。宣统元年(1909)至南京,成为端方的幕僚。端方入蜀,他跟随端方参加镇压保路运动。端方被杀后,他到成都由谢无量介绍至四川国学院任教。1913 年至太原任阎锡山的高级顾问。1914 年至北京,任袁世凯的公府咨议。1915 年杨度发起成立"筹安会",他与严复等人应邀参加,为袁世凯复辟帝制效劳。袁世凯死后,蔡元培任北京大学校长时,聘他任教授。1919 年病逝。他国学根底深厚,著作颇多。计论群经及小学者 22 种,论学术及文辞者 13 种,群书校释 24 种,及诗文集、读书记、教科书等多种,收入《刘申叔先生遗书》的计有 74 种之多。在他的诸多著述中,《中国民约精义》、《攘书》和《中国历史教科书》集中反映了他在辛亥革命前的革命民主主义思想和在史学领域的影响。

　　光绪二十九年(1903)刘师培先后撰写了《中国民约精义》和《攘书》,较系统地论述了历史进化观点和民主思想。他在《中国民约精义》"序"中认为,我国学子知有民约二字是据杨氏廷栋所译卢骚《民约论》以为言,"顾卢氏《民约论》于前世纪欧洲政界为有力之著作,吾国得此乃仅仅于学界增一新名词,他者无有;而竺旧顽老且以邪说目之,若以为吾国圣贤从未有倡斯义者。暑天多暇,因搜国籍,得前圣曩哲,言民约者若干篇,篇加后案,证以卢说,考其得失,阅月书成,计三卷,起上古讫近世,凡五万余言",于光绪三十年(1904)出版。《中国民约精义》集中论述以下几方面问题。

　　其一,上古立君出于多数人民之意。刘师培根据历史进化之原理,提出"上古初民,纷扰不可终日,宁乃相约公戴一人以长,后遂有君主之名。"他根据《春秋谷梁传》隐公四年载,"魏人立晋为得众之辞,得众者即众意佥同之谓也。此民约遗意仅见于周代者,观于《左氏》、《公羊》二传皆与谷梁同,则《谷梁传》能得《春秋》之意可知。"[1]他解释说,

————————

[1]　刘师培:《中国民约精义》,《刘申叔先生遗书》第 16 册,第 5—6 页。

君主之所以确立,是上古之立君必出于多数人民之意见。又举《尔雅》"林烝"二字解释说:"案林烝二字,古籍皆训为众。如《白虎通》云林众也。《尔雅释言》烝林也,皆其确证。而《尔雅训诂》复训林烝为君,可知古人称君与国家团体同意。林烝二字之训君,犹君之辟也。此上古之义仅存者。且《尔雅》训君之义凡十字,而林烝二字独冠于天帝皇王之上,则以君为民立,为太古最初之义,而帝天皇王之训,皆起于林烝之后矣。此可以破中国以君权为无上者之疑。"①

刘师培根据班固所说,"王者往也,天下所归往,君者群也,天下所归心也。"认为上古之时有民然后有群,有群然后有君。因此,他明确提出:"国家者,由民人团体结合力而成者也。君为民立,无人民则无国家,此古今之通义,而万世不易之理也。"②所以,"古代之民称天以制君",可是到了"后世之君",却"称天以制民",即《周易》所谓圣人以神道设教化,推其流弊,而帝王神权之说由此而生,"而帝王之身遂神圣不可侵犯。"中国历史上"古代之思想多谓君由天立,而人君遂得挟天子之名以助其专制,神权君权合而为一,其祸可胜言邪!"③他依据《民约论》的理论,批驳了代天宣化是一种蛊惑人心的谬论,尽管历史上有些"众庶愚蠢之流,偶然麋集,售其欺者或有之,而欲以此虚妄之说为建国之基,则三尺童子亦知其不可。"④对君主为天立之说,从理论和事实上进行了驳斥。

其二,立君以利民。刘师培认为人类社会开始时,由争斗之人群,进而结成较完备的邦国,是历史发展的自然结果。故《吕览》说:"群之可聚也,相与利之也。利之出于群也,君道立也。故君道立则利出于群"的结论,是符合《民约论》的精神。因为"一己之力,不足以去人人之国之害,遂以人人之力共去人人之国之害,其事半其功倍,实天下之

---

① 刘师培:《中国民约精义》卷1,《刘申叔先生遗书》第16册,第13页。
② 刘师培:《中国民约精义》卷2,《刘申叔先生遗书》第16册,第61页。
③④ 刘师培:《中国民约精义》卷2,《刘申叔先生遗书》第16册,第6—7页。

至便。是民约之成立,皆由于人民自利之谋。"①因此,一国议政之权本来就应当操于人民之手,固无待君主之与也。人人有发言之权,即人人有议政之责,"此固原于民约之初者也"。但是,随着阶级社会历史的进展,君主权力逐渐加强,阻遏人民的进言,废全国之清议。即使有一二较开明的君主,亦不过导民使言,以辅行政之不逮耳。针对这种情况,刘师培提出:"吾尝谓直言之陈,诗歌之讽,皆非极治之世,何则? 政不能尽善,然后有直言之陈,民不能尽言,然后有诗歌之讽。"②要做到天下之大治,君主处理政务必须秉公办事,公则天下平矣。他引征《洪范》之言说:"无偏无党,王道荡荡。无偏无颇,尊王之义,无或作好,尊王之道,无或作恶,尊王之路。"认为人君治国,就应当爱民,做到大小平等,强弱平等,智愚平等,贵贱平等,无复压制与受压制等事实出现。

其三,三代之时为君民共主时代。他说:"上古之时,一国之政悉操于民,故民为邦本之言,载于禹训,夏殷以来,一国之权为君民所公有,故君民之间有直接之关系"。又说,"三代之时,为君民共主之时代,故《尚书》所载,以民为国家之主体,以君为国家之客体,盖国家之建立,由国民凝结而成。赵太后谓不有民何有君,是君为民立,在战国之时且知之,而谓古圣独不知乎?"③刘师培认为其原因是在三代之后,君主世袭,家天下之制既行,而专制之威亦以渐肆。在他看来,这样一个历史阶段是无法避免的,认为"世界进化之公理,必经贵族政治之阶,而贵族政治之弊,流为世袭。"如我国"春秋之时,郑有七穆,晋有六卿,鲁有三家,齐则国高擅权,楚则屈景柄政,贵族政治相习成风。"④其结果是"世族居于上,下民将无进身之阶",完全违背了三代之时君民共主的精神。

---

① 刘师培:《中国民约精义》卷1,《刘申叔先生遗书》第16册,第19—20页。
② 刘师培:《中国民约精义》卷1,《刘申叔先生遗书》第16册,第6—7页。
③ 刘师培:《中国民约精义》卷1,《刘申叔先生遗书》第16册,第2页。
④ 刘师培:《中国民约精义》卷1,《刘申叔先生遗书》第16册,第5页。

　　刘师培从民约论的观点出发，认为君无道暴虐时，人民的反抗是对的。他说："三代以降于民之抗君者，不曰谋反，则曰大逆不道。小儒不明顺逆之理，犹托其言于《春秋》，不知此大背《春秋》之旨者也。"他又说："《春秋》不出乎，凡弑君称君无道也。文明之国有君叛民，无民叛君，叛民之罪是为大逆，而叛君之罪甚轻，此最明顺逆之理也。君无道而民畔之，是谓之顺君，无遗道而虐民，是谓大逆。公理昭昭，千古不爽。"①在当时的历史条件下，提出这种说法，无疑是向暴虐专横的封建君主专制制度宣战。在 20 世纪初期，刘师培依据民约论理论，提出了上述观点，在宣传资产阶级民主革命的斗争中，是起一定积极作用的。

　　刘师培在《攘书》里，明确提出了："攘字即攘夷之攘，今《攘书》之义取此。"作者在该书中，以大汉族主义观点，反对清贵族的腐朽统治。应当看到，刘师培的民族观是与当时的政治形势密切相关的。戊戌变法失败至辛亥革命的一段时期，民族危机空前严重，而以清贵族为首的统治集团，已完全堕落为帝国主义的忠顺奴仆，所以，那时的革命志士都以"排满复汉"作为革命的主要目标之一。《攘书》也是为这一政治目的服务的。正如他在所写的《中国民族志》中说："二十（世）纪以前之中国，为汉族与蛮族竞争时代，廿（世）纪以后之中国，为亚种与欧种竞争时代。故昔日之汉族迭为蛮族之奴隶，今后之中国又将为欧种之奴隶矣。震旦众生，罹此浩劫，言念及此，能勿悲耶！"②"或曰：中国之民族无可灭之理也。呜呼！为此言者在自欺欺人之词耳。今太西哲学家创为天择物竞之说，物竞者，物争必存也。天择者，存其宜种也，种族既殊，竞争自起，其争而独存者必种之最宜者也。"③他依据这种社会进化学说，认为中国历史上，曾有数度"蛮族入主之时"，但当时是"夷族劣而汉族优，故有亡国而无亡种。"但是，鸦片战争后，西方资本主义列

①　刘师培：《中国民约精义》卷 2，《刘申叔先生遗书》第 16 册，第 8 页。
②　刘师培：《中国民族志》，《刘申叔先生遗书》第 17 册，第 52 页。
③　刘师培：《中国民族志》，《刘申叔先生遗书》第 17 册，第 54 页。

强对我国侵略,因为"亚种劣而欧种优,故忧亡国更忧亡种。"在这种历史形势下,"使吾汉族之民仍偷安旦夕,不思自振之方,历时既文,恐消磨歇绝,靡有孑遗,不亦大可惧耶!"①对此,刘师培提出的办法,仍然是"保同种,排异族而已。"换句话说,在当时的历史背景下,他认为如果"不能脱满清之羁绊,即无以免欧族之侵凌。"而在当时所谓"筹保种之方,必先自汉族独立始",并强调说:"吾汉族之民亦有闻此言而兴起者乎? 予日望之矣。"②

上述史学思想和革命民主主张,刘师培后来完全纳入所编著《中国历史教科书》内,并作为编写该书的主要的指导思想之一。

二、《中国历史教科书》的编写和庸俗进化论史学思想

刘师培的《中国历史教科书》编写成书于光绪三十年(1904)至三十二年(1906)之间,当时正是资产阶级民主革命高涨的时期。《中国历史教科书》计三册,第一册为原始社会至殷周时代的历史;第二、三册皆论述西周时历史。尽管这部教科书主要论述先秦时期的历史,但在中国近代史学发展史上是有一定影响的。

刘师培为什么要编写《中国历史教科书》? 他认为:"读中国史有二难:上古之史多荒渺,而记事互相歧;后世之史咸浩繁,而记事多相袭。中国廿四史即不合于教科,《通鉴》、《通典》、《通考》亦卷帙繁多,而近日所出各种教科书,复简略而不适于用。欲治中史,非编一简繁适当之中国历史莫由。"③这段话,明确表明了他编写《中国历史教科书》的原因和目的。另一方面,他又认为旧史书之叙事,"详于君臣,而略于人民;详于事迹,而略于典制;详于后代,而略于古代。"④为了改变这种状态,他强调他编的《中国历史教科书》,"咸以时代区先后,即偶涉制度文物于分类之中,亦隐寓分时之意。庶观者,易于瞭然。"他又明

---

① ②　刘师培:《中国民族志》,《刘申叔先生遗书》第 17 册,第 54 页。
③ ④　刘师培:《中国历史教科书·凡例》。

确提出,编该书时,"不专赖中国史籍,西人作中国史者详述太古事迹,颇足补中史之遗,今所编各课,于征引中国典籍外,复参考西籍兼及宗教社会之书,庶人群进化之理可以稍明。"为了阐明中国历史进化之理,他将《中国历史教科书》的论述重点集中在政体之异同,种族分合之始末,制度改革之大纲,学术进退之大势和社会进化之阶段等内容,而贯彻其间的核心史学思想是庸俗历史进化论。

光绪二十九年(1903)甄克思《社会通诠》译本出版,严复在译者序中说:"夷考进化之阶段,莫不始于图腾,继以宗法,而成于国家。方其为图腾也,其民渔猎,至于宗法,其民耕稼",在耕稼社会阶段时,"井田宗法世禄封建之制生焉。"刘师培完全接受了严译《社会通诠》中庸俗的历史进化观点,并按其模式来研究和论述中国古代社会历史。他和同时代的夏曾佑所编《中学中国历史教科书》一样,承认中国上古时也是"由渔猎时代而至游牧时代。"他说:"伏羲之世作网以渔,教民以猎,而田猎所余留以供食,由野畜易为家畜,而游牧制度以兴,亦号包羲。"到了神农时代,"神农教民播谷,与民并耕,由游牧易为耕稼。"然后又进入"游牧耕稼并行之制"①的社会历史阶段。如果说夏曾佑在其所撰《中学中国历史教科书》中已提出了从"只知有母,不知有父",进而演变成家族,是"社会进化必历之阶段"开始接触到母系氏族社会向父系氏族社会的转变,是人类社会历史发展必由之路这一命题,是资产阶级社会学观点在中国史学上的首次应用,那么刘师培在所撰《中国历史教科书》中,则更进一步明确地认为:"上古之时男女相处,夏聚冬散,以女子为一国所共有,而处于妇人语亦弗区",致使"古代之人知有母不知其父,血胤相续,咸以女而不男",实际上是处于母系氏族社会历史阶段。② 刘师培又认为历史发展至虞夏之际,"男权日昌,使女终事一夫",因此在氏族中,"由女统易(为)男统",进入父系氏族社会,社会

① 刘师培:《中国历史教科书》第1册,第55页。
② 刘师培:《中国历史教科书》第1册,第33、37页。

历史大大前进了一步。他又说:"自女统易(为)男统,而家族之制渐成。"家族制形成以后,跟随而来的必然出现宗法制度,他分析其情况说:"一族之中必统于一尊,故家长之率教者为父,此即宗法重宗子之始也。"①其演变和发展过程是"由家长扩为部(落)长,部(落)长扩为君主","君主既操治民之权,复操宗子之权",其结果成为"世袭制度之起源亦即君主政体之起源也。"这一制度"萌芽于唐虞,至夏殷而渐备。"②由于"君主既为王室之宗子,而君主之长子袭为大宗,即以长子嗣君位。次子为小宗,次子长子袭小宗,其次子则为群宗。小宗、群宗咸不得与大宗齿列。故父位必传长子,长子必绍君位,弟必尊兄,兄必蓄弟,诸侯以下,其宗法略与天子同。"刘师培将宗法看成维系人伦的根本,所谓"中国伦理之起源,无一不起于宗法,凡一切政体宗教典礼咸与宗法相关。"③他把宗法置于中国历史发展十分重要的地位,其理论观点完全依据严复译《社会通诠》一书。《社会通诠》提到:"顾东方社会,以宗法为命脉,一切现象必由此而后其义可以明。"上述社会历史发展过程,是过去封建旧史家所没有接触过的问题,或者史籍虽有记载但从没有将其提到如此重要的地位。尤为可贵的是,他比夏曾佑更进一步用历史进化论,论述了中国原始社会历史中的许多问题,虽有偏颇之处,但总的来说是值得肯定的。

历史进化论还表现在刘师培用以分析中国君主制的起源及其权力的演变问题上。他说:"上古之时君主即为教主,故上古社会有巫无酋。洪流以降,易巫为酋,酋训绎酒,盖发明制酒之人,则人民报本原始,尊之为君,此即君长之权舆也。"④当时各地各有酋长,君主是由部落酋长发展来的,"酋长即为封建制之起源,天子者即诸侯中之强武有力者也。"他认为汉人从西方刚入中原时,有一族长(或家长)带领,大

---

① 刘师培:《中国历史教科书》第 1 册,第 33 页。
② 刘师培:《中国历史教科书》第 1 册,第 37 页。
③ 刘师培:《中国历史教科书》第 1 册,第 35 页。
④ 刘师培:《中国历史教科书》第 1 册,第 23 页。

家尊称他为部(酋)长,由他管理整个部落。这些部落在各地,"积威既久,遂成世袭,各私其土,各子其民",为其各自的利益,必然产生矛盾纷争。他依据唐代柳宗元《封建论》所说:"生民之初,与万物俱生,不能自奉自卫,必将假物以为用,假物必争,则必求能断曲直者以听命。故利出于群,君道以立。"君主制建立以后,就进入了王政时代,称为"皇帝"或"天子"、"天王"。他认为君权大小在不断演变,而且天子的权力各个时期是不相同的。如唐虞时期,诸侯对于天子,咸行朝觐之礼,敷奏以言。发展至商代时,"为天子者,遂操黜陟诸侯之权,山川神祇不举者削以地,宗庙不顺者绌之以爵,变礼易乐者流其君,革制度衣服者讨其国。"①依据史实,确认夏殷是确定天子一尊的时期,而"诸侯中之强武知兵者,则群奉之为盟主,犹周代之齐桓、晋文也。演变至周代时,天子权力虽然轻于秦汉,而和夏殷时期相较则权力又稍重。"②发展到后来,君主以天神居,"帝王即以神道设教,凡施行赏罚,皆自言受命于天,使人民以自尊天子故莫不尊君,观颛顼之世,绝地天通,使神民异业,所以夺人民神祀之权,归之君主,君主所以握有此权者,则以受历数于天之故。既受天历数,则君位不可复更,此古代臣民所由以君权为神授也,惟其君权为神授,故君权自崇,而人民之迷信亦愈深,岂不深可叹哉!"③刘师培对君权神授的批判是有力的,对当时正在兴起的资产阶级反对清朝君主政权的斗争是有利的。正因为君主政体的产生与宗教有关,"上古之时,君主即为教主"。所以,他主张兴教育,废宗教,为实行民主共和铺平道路。

由于他以历史进化论观点看待历史的演变,故认为古无历久不变之法,如有周一代之各种制度,虽然是折中唐虞夏商各代之法,但是周代多更古制,如封建之法,殷合伯子男为一,而周则侯伯为一等,子男为

---

① 刘师培:《中国历史教科书》第1册,第32页。
② 刘师培:《中国历史教科书》第2册,第26页。
③ 刘师培:《中国历史教科书》第1册,第39页。

一等矣。什一取民，夏以贡，殷以助，周以彻，则世变为之也。即所行典礼亦然，《小戴礼》所记虞夏商周异礼，以"明堂位"为最多，其余如《檀弓》言"所尚之色，周与夏殷不同，所用丧器，所行丧礼，周与虞夏殷不同"等。他分析其所以不同的原因，是由于"周代的制度多因时因地而变通，如周初之官名渐变，此因时变通者也，井田之法，不必尽行于天下。推之鲁礼与周礼殊，晋用夏正，宋用殷礼，此因地变通者也。"①在刘师培看来，周初之时代，是文明大启的时代，提出"《礼记》所说夏尚忠，殷尚质，周尚文，由忠质变为尚文，非循进化之公例乎！"其原因是由于"西周之时，由野朴之风，渐而至于文明之俗。"

如果我们将夏曾佑的《中学中国历史教科书》和刘师培的《中国历史教科书》相比较，虽然两本书各有千秋，但前者以文化史观考察问题为特点，在将近三十万字的篇幅中，谈及各时代的经济者绝少，其绝大部分的内容，都是以文化为主体的上层建筑，其中尤其突出学术思想的作用。而刘师培则自觉或不自觉地克服了夏书之不足。他在第一册原始社会至殷代历史中，叙述了古代田制的进化，农器的改进外，对古代的商业、古代的工艺、古代宫室、古代衣服、古代饮食等均列为专课，进行论述。尤为有趣的是在《古代饮食述略》一课中，叙述了食物进化过程。他说：

> 太古之人饮霜露之精，食草木之实，或茹草饮水，此仰给天然之食物也。及民稍进化，山居之民则食鸟兽，饮血茹毛，近水之民，则食鱼鳖螺蛤。盖田渔之制兴，则万物咸制于人，然未有火化，多疾病毒伤之害。及燧人钻木出火，教民熟食，以炮以燔，而民无腹疾。及伏羲结绳作网罟，而田渔之法益超简易，田猎所余，复择兽畜之驯优者，储为刍豢，是为游牧之始……及神农求可食之物……教民食谷，自是以降，民咸食谷，夏之八政，食为首列，而伊尹亦以滋味说汤，则夏殷二代咸崇饮食矣。

---

① 刘师培：《中国历史教科书》第 3 册，第 52 页。

不仅以此说明食物之进化,而重要的是通过食物之进化,来说明各个历史阶段社会经济的发展。在第二、三册西周历史部分,对西周之财政、田制、商业、工艺、宫室、衣服等制度,都列有专课论述。这不仅说明刘师培比较重视人们的经济生活,而且体现了近代资产阶级史学对历史教科书的要求,和封建旧史家比较,不仅增添了新的内容,而且取得了划时代的进步,为封建史学所无法做到和达到的。就他的《中国历史教科书》和夏曾佑的《中学中国历史教科书》相比,显然是前进了一步,完全以崭新的面貌展现在读者面前,这种创新精神也是值得肯定的。

三、对先秦礼俗的研究和汉族起源的探索

刘师培在中国古史研究的突出贡献是对先秦礼俗的研究。光绪三十一年(1905)刘师培与邓实等创办《国粹学报》,以"发扬国学,保存国粹"为宗旨。① 提出:"国学存则国存,国学亡则国亡。"②并结成"国粹派",拟建国粹学堂于上海,号召对中国的历史和文化研究,以继承和发扬民族传统,反对醉心西化,反对民族虚无主义。刘师培出身于经学世家,对儒家经典十分熟悉,对《左传》、《周礼》等典籍有精湛的研究。因此,他提出"国粹"的具体内容,实即偏重于古文经学的传统内容,特别注重礼俗及典章制度。认为西周"最崇名分,以礼为法,以法定分"。在他看来,礼俗在中国古代历史中占有非常重要的地位,不仅研究先秦史应重视它,就是研究整个中国古代史都是重要组成部分。所以,礼俗在其所编写的《中国历史教科书》中占有很大的篇幅。他认为,商殷以前,礼有六大项:冠礼、婚礼、丧礼、祭礼、乡礼、相见礼。说古人重视礼俗胜过一切,而祭礼为其中最重要的部分。指出"上古之时,舍祭礼而外,别无典礼。"到了西周,礼制就相当完备了。他在《中国历史教科

---

① 《国粹学报》发刊词。
② 《国粹讲习会序》,《民报》第7号。

书》里用了五课的分量来论述周代礼制,是全书中分量最多的部分。其内容,既有民间一般礼节,也有朝廷官方之礼仪。他认为礼是周代制度的特色,他说:"周公以礼治民,故民亦习于礼仪,莫之或越。则谓周代之制度悉为礼制所该可也。"西周最重要的礼有四:冠礼、婚礼、丧礼、祭礼。由于统治阶级规定"礼不下庶人,刑不上大夫",名位不同,礼亦异数,以礼仪的繁简定阶级之尊卑,故周代之礼各依等级,有一套严格的规定,不可逾越。他说:"周代之制,命夫命妇不躬坐狱讼,王族有罪不即市,皆贵族之特权,而庶人者不得立庙,不得行冠礼,葬亲不为而止,是古人轻视庶民种种之限制。"①刘师培说礼有五经,莫重于祭,故四礼之中以祭礼为重要。所谓"国之大政在祀,祀也者即祭礼也。盖古代一切之礼,悉为祭礼为该,降及周代,仍以祭礼为最烦。"②祭祀大体包括五项内容,即郊褅、社稷、山川、祖庙、杂祭。周代时迷信鬼神之风相当盛行,以为鬼和人一样有知觉,故必祭享,"盖周代之时均以鬼神有知,祭则鬼神必享,因此祈福而禳灾。"③四礼之外,其他礼典尚多,有养老礼、大射礼、宾射礼、诸侯相朝大飨礼、迎宾礼、乡饮礼等。要而论之,周礼之最大者,则为吉、凶、军、宾、嘉五礼。周代统治者制订如此繁文缛礼,目的是为了"以治其民",使人们的举动有所"规范",所谓"纳民于轨物之中",使人民便于其控制,从而达到维护其统治的目的。

封建伦理制度是礼的基础。刘师培在研究礼制的同时,对伦理也进行了研究。中国的伦理也称"人伦"或"五伦"。所谓五伦,即父子有亲,夫妇有别,长幼有序,朋友有信,君臣有义。故其内容包括了家族伦理、社会伦理和国家伦理。他认为中国古代伦理起源于有虞时代,那时,因"百姓不亲,五品不逊",乃命司徒制五教(或称"五典")以教民。至殷代,发展成为父子、兄弟、夫妇、君臣、长幼、朋友、宾客为七教,伦理

---

① 刘师培:《中国历史教科书》第 2 册,第 32 页。
② 刘师培:《中国历史教科书》第 3 册,第 23 页。
③ 刘师培:《中国历史教科书》第 3 册,第 25 页。

渐备,但最基本的仍为父子、兄弟、夫妇、君臣、朋友五伦。《教科书》具体地叙述了夫妇、父子、君臣、朋友等伦理间产生的过程和关系,并在此基础上产生了君臣关系。所以刘师培强调,伦理不是自古以来就有的,而是历史发展到一定阶段的产物。

刘师培在其所写《伦理教科书》中,批评中国伦理有两大弊端:其一,中国伦理仅以家族为范围,所以中国自古以来有私德而无公德,最多只能以己身为家族之身,舍孝悌而外别无道德,舍家族而外别无义务。又因社会伦理皆由家族伦理而推,所以"人人能尽其家族伦理,即为完全无缺之人,而一群之公益不暇经营。"其二,家族伦理最不平等。根据宗法关系,儿子只能服从父亲,妻子只能听从丈夫,弟只能顺从于兄,臣民只能忠于君主。他认为这种伦理是对人身权利的侵犯,是对人格不尊重的表现,要实现资产阶级的民主共和,就必须废除这些不合理的封建伦理道德。

刘师培认为风俗的迁移,可以认识社会的进化。风俗的差异是因为文化和法律的不同而形成的。如上古时风俗民风淳朴是由于生产尚不发达,人民尚未开化之故,人们既然没有自治和独立生存的能力,"何得以之为美俗哉?惟其事简,故发明事物必赖人君"。随着时间的推移和经济的发展,人们生活习惯会逐渐改变。他认为,"古代民愚易于施治,故法令未备,唐尧之时不赏而民勤,不罚而民治,帝舜之时亦恭己无为,民性未漓,故治崇清静"。夏代之俗尚"忠",大概是因为大禹躬行节俭,"以忠厚之政施于民",而人民也受其影响的缘故。至夏代已进入文明社会,"君子虽不忠,而小人则失之于野也。"殷代为了纠正夏代风俗之弊,乃倡"敬"而去"野"。这样,就造成了殷人迷信鬼神之风,"盖君子虽敬,而小人则偏信鬼也。"由于"信鬼则民愚,民愚则朴,故殷亦号伎家。"到了西周,为了救民于"愚",所以提倡"文"。刘师培认为周代人民有两个特点同以往不同,一是合群,二是好义,其原因是与西周礼制完备很有关系。从而他提出风俗之变化与人民的智愚程度有关的"民智决定论"的历史观。认为古代人民尚未开化之时易于进行统治,即使法制不健全也影响不大。"文化始于唐尧",其时"不赏而民勤,不罚而民治"。但是到了夏禹时,"虽行赏罚,民尚不仁",认为"民智日开,则民德日偷,不得不施赏罚。"因此,"风俗之迁移,可以识社会之进化。"刘师培脱离经济基础,忽视其他意识形态,单纯从所谓"民愚"、"民智"等方面看问题,正是他唯心史观的具体表现。

关于汉族的起源和形成是中国古代史研究的重要课题。在刘师培以前,丁谦等人就汉族的起源作过探索,并作出了一定的贡献。刘师培在《中国历史教科书》中,对汉族起源和种性进行了探索和论述。在论述汉族起源时,他以进化论和儒家典籍来探索汉族起源,并论述汉族同欧洲民族一样,是世界的优秀民族。

在刘师培看来,"汉族初兴,肇基迦克底亚",古籍所称的"泰帝"、"泰古",即"迦克底亚"之转音。他根据日本白河氏的《支那文明论》,勾画了汉族"踰越昆仑(今帕米尔高原),经大夏(今中亚细亚),自西祖东以卜居中土"的迁移路线。主要路线有两条:一是由中亚细亚经天山北路,沿塔里木河到陕西、甘肃西部,沿黄河流域进入河南、山东;一是由西藏入蜀,再陆续迁徙内地,或仍居于蜀。在人种种性上,中国汉族和巴比伦同出一源,都是来自西方,所以"西人称汉族也,称为巴枯民族,而中国古籍亦以盘古为创世之君"。他认为"盘古"就是"巴枯"的音转,盘古为中国第一君主,大概就是以种名为君名。① 巴比伦有因提尔基君王,亦即《路史》中所提到的因提,巴比伦居住的丹通之地,即《穆天子传》中的"禅通"。② 刘师培对汉族起源的探索,其错误是认识上古时代中西是合二为一的,部落酋长或居西方,或在中国,"天皇人皇皆起西方,庸成氏居群玉山,太皞亦生华胥。而古帝之名复多见于巴比伦古史,学术技术亦多与巴比伦相同,则太古之前中西合为一国,彰彰明矣。"又说:"黄帝虽离西方独立,然仍与西方交通,故济积石(今青

---

① 刘师培:《中国历史教科书》第1册,第2页。
② 刘师培:《中国历史教科书》第1册,第3页。

海西),涉流河,登昆仑,取钟山之玉莹与西王母会。更由大夏入身毒,复梦游华晋之邦,故昆仑附近,有轩辕之国,有轩辕之邱,有轩辕之台,皆黄帝留迹西土之证也。"①那么,汉族本居西方,为什么要东迁呢？原来因为汉族所居之地"生齿日繁",实有扩张之必要,于是"乃以东方为殖民地",东向发展,"犹之西班牙人初入美洲,英吉利人初入印度也。"②

刘师培的汉族西来说的提出,从主观上在以此激发中国人民自强保种的自信心,但主观愿望与客观历史事实是相背离的。历史事实证明,世界人类并非起源于一个地方,也并非同一个祖先,但其由猿到人进化在世界各民族、各个国家是一致的。中国不仅有近五千年的有文字可考的历史,而且通过地下出土的人类化石和其他文化遗物,在几十万年乃至一百七十万年的原始社会早期阶段,中华民族的祖先就劳动、生息在这块广阔的土地上,创造了无比辉煌的物质文明和精神文明,为人类历史的进步作出了重大的贡献。

20 世纪以来,在南亚、东非等地陆续发现距今一千五百万年到一千万年的猎马猿,已能直立行走和使用天然工具,应是从猿到人转变过程中的"过渡期间的生物"的早期代表。我国云南禄丰和开远小龙潭均有此类古猿化石的发现,有力地说明了我国人种也是人类起源地之一。我国云南发现一百七十万年前的元谋猿人,陕西发现距今六十万年左右的蓝田人,北京周口店发现四五十万年前的北京猿人,则是我国境内的原始人群,是中华民族(包括汉族)的远古祖先。中国猿人及其原始群体经过长期的繁衍和发展,到了旧石器时代中期,距今约二十万年,便开始进入了"古人"的阶段,其代表是马坝人、长阳人和丁村人。古人经过十多万年的发展,到了旧石器晚期,距今约四五万年,便进入"新人"阶段。新人可以柳江人、河套人、山顶洞人为代表。此时已排

①　刘师培:《中国历史教科书》第 1 册,第 19 页。
②　刘师培:《中国历史教科书》第 1 册,第 12 页。

斥了古人的血缘婚姻而实行族外婚,进入了母系氏族社会。我国新石器时代的遗址遍布全国,其早中期即母系氏族社会的发展和繁荣时期,可以黄河流域的仰韶文化和长江流域的河姆渡文化为代表。上述事实表明,中华民族的祖先不仅在黄河流域,同时也在长江流域创造了灿烂的原始文化。因此,长江流域和黄河流域同样是中华民族的文化摇篮。何以说中华民族的祖先是西来呢?

汉族是世界优秀民族之一,这是不容否认的。但汉族的来源如何?又是怎样形成和发展起来的? 虽然还有待于进一步研究,但是以往的历史事实表明,商族和夏族由于长期相互斗争和融合的结果,形成为华族或华夏族,这种相互斗争融合过程,到春秋时便完成了。华夏自前汉的武帝、宣帝以后,便开始称为汉族。

刘师培根据其"汉族西来说",认为汉族初入中国时,在周围居住的都是异族,但最后都被汉族剪除和融合了,这就是历史上的三皇五帝时代。传说共工是三苗的后裔,在伏羲、神农的时候曾霸有九洲,后为高辛所败,为唐尧所灭。他还考证,苗族(一名黎族)也是由西方进入中国,并且比汉族要早,已成为中国土著之民;认为汉族进入中国后,苗族退居南方,蚩尤即九黎之君,蚩尤北侵,图霸天下,与黄帝战于涿鹿,终被擒杀。后来,舜、禹都曾同苗族发生过冲突,禹大败苗族首领,汉族(其实那时汉族尚未形成)声势大振,而苗族则从此衰弱下去了。这就是他所考证的最早的中国境内的民族关系。事实表明,他将民族和部落(或部族)的概念混淆了,完全是不符合史实的。刘师培不是从汉族本身的种种业绩来说明它是优秀民族,在理论上是错误的。

刘师培出身经学世家,其家庭和学术思想对他的影响带有浓厚的封建性,在资产阶级民主革命派的影响下,一度参加了资产阶级民主革命的行列,写了一些有影响的文章和著作。当革命步步深入时,他在政治上便逐步走下坡路,最后堕落为清政府大官僚端方的幕僚,完全背叛了革命。他在前期用资产阶级民主革命思想思考问题,编撰《中国历史教科书》时,也同样存在着严重封建意识的一面。如过于美化古代,尤其是美化西周社会制度,把西周描绘成是中国古代文化最灿烂的时期。并用古代制度来比附西方资产阶级民主制度,带有明显的实用主义的色彩。当然,我们不能因此而否定《中国历史教科书》在近代史学史上的地位。他在20世纪初期,用历史进化论观点研究中国古代史,在反封建旧史学和启迪民智方面都起过积极作用的。我们应实事求是的予以历史的评价。

第三节 世界史、革命史的编译和研究

一、资产阶级革命派和改良派对世界史、革命史研究的开展

戊戌变法失败后,资产阶级围绕着决定中国前途命运的革命或改良这一根本问题展开了一场大论战。反映在史学领域,双方各自根据政治主张开展世界史、革命史编译和研究,为其政治主张寻找历史的理论依据。

康有为等资产阶级改良派继续坚持改良主义政治主张。先后创办了《清议报》、《新民丛报》等刊物,发表了一系列宣传保皇,走改良主义道路的文章。康有为发表了《公民自治论》等文,大肆鼓吹议院制度。梁启超发表了《国家思想变迁异同论》、《论立法权》、《论专制政体有百害于君主而无一利》等文,高谈"民权"、"自由",要求清廷披上"君主立宪"的外衣,以欺骗人民。他们还宣传用"无血破坏"来偷换、取消"有血破坏"的革命斗争。当时,黄遵宪对梁启超的这些"激烈"的言论,感到有些畏惧,在光绪二十九年(1903)曾写信(即《驳革命书》)给梁启超,说其文危言耸听,等于玩火。

资产阶级革命派相继出版了《国民日报》、《黄帝魂》、《觉民》等刊物,宣传民主革命思想。邹容、陈天华、章太炎等人在这些刊物上发表了《革命军》、《驳康有为书》、《革命其可危乎》等文章,驳斥资产阶级改良派的所谓"新政"的虚伪性和欺骗性。文章以满腔热情歌颂革命,歌颂革命志士赴汤蹈火的献身精神,并明确地提出了建立资产阶级民

主共和国的革命纲领。资产阶级革命派还在《苏报》、《浙江潮》等刊物上发表了《近时二大学说之评论》、《中国立宪问题》等政论文章，回击了资产阶级改良派对革命的种种责难，进一步论证了革命派的政治主张。

资产阶级改良派以革命引起农民暴动来恐吓革命派，而革命派相信自己的力量控制形势的发展，使革命有秩序地进行。

中国革命走什么道路以挽救民族危机呢？

资产阶级革命派主张用革命推翻清朝封建统治，建立资产阶级共和国；资产阶级改良派主张通过社会改良以实现君主立宪。这是两条截然不同的道路。这两条不同的道路在世界史、革命史编辑和研究中斗争十分激烈。

柳人权在为《波兰衰亡史》作序说：

> 痛莫痛于丧心，哀莫哀于亡国……自台澎倾覆以来，神州陆沉，朝房横行二百年矣。漫漫长夜，中原之王气全消，粥粥群雌，大王之雄风安在？我可怜之同胞并种族华夷之界而沦胥于黑龙江祸水之中，遑问驱除光复之事哉。寰海既通……而曰中国将如波兰，中国将蹈波兰之覆辙……我民族其独省，我民族其借鉴，其毋自馁。①

显然，资产阶级民主革命派编译世界史和革命史，其目的是为了"鼓吹革命主义"，效法历史上的革命志士，为中国革命前途作借鉴。《浙江潮》给青年会编译出版的《法兰西革命史》作介绍说：

> 是书……欲鼓吹民族主义，以棒喝我国民……其中叙法国革命流血之事，慷慨激烈，奕奕欲生。正可为吾国前途之龟鉴云云。购而读之，不觉起舞，真救吾国之妙药，兴吾国之主动机关也。②

《江苏》杂志给《法兰西革命史》作介绍时说：

---

① 薛公侠译：《波兰衰亡史》，上海镜今书局版。
② 《浙江潮》第 7 期，第 175—176 页。

此书之刻鼓吹革命主义,以棒喝我国民……凡吾国青年志士,有不愿为奴隶而愿为国民者,当各手一册,以朝夕自励也。①

可见,为了反对清朝封建统治,反对资产阶级改良主义道路,促使资产阶级革命派致力于世界史和革命史的编译研究。

资产阶级改良派,企图通过编译世界史,特别通过维新史的编译研究,宣传"变法","以助今日维新之业"。上海广学会刊印的《万国通史》序言说:

(英法)二国之历史,究二国之政治表明,二国性情之异而结果之殊,可以增人之识见,其间争战之陈迹,治乱兴亡之已事,皆足为后人之明镜,苟能节其短而取其长举而措之于本国,以助今日维新之业,则世界大同之盛可期,而人类平安幸福全矣。②

《希腊史》序说:

我国近尚欧化,彼力学理政论之书逐译日蹙,而各国史籍颇有详备之作,足以为知人高论之资者。③

改良派为维护清朝封建统治,以防止法国革命在中国之重演,免得自己步路易十六之后尘,企图以法国革命史来告诫清朝统治者"早思变计"。广学会刊印的《万国通史》论及法国革命时说:

法国革命之祸,竟见于路易十六王,天下后世莫不冤之……路易十六革命之原因,在其祖父之朝,乃当其身,又不知慎持之而早思变计,所无及此乎。呜呼!有国者可深长思矣。④

因此,资产阶级改良派以法国革命为借鉴,希望清朝统治者"早思变计",走英国君主立宪之路。他们尽力于维新史、宪政史的编译研究,正是为实现君主立宪政治寻找的历史依据。《新民丛报》在给《英国宪政史》作介绍时说:

① 《江苏》第4期(1903年)。
② 《万国通史》续编自序(1904年)上海广学会校刊。
③ [日]桑原版纂译,中国国民丛书社重译:《希腊史》,上海印书馆发行。
④ 《万国通史》续编卷9,第18页。

今日稍有识者,论中国自强之道皆曰莫急于立宪。英国为宪政政治之祖国,凡世界立宪国皆于此取法焉。然则研究宪政莫要于英国。①

随着资产阶级革命民主运动的兴起,革命与改良的斗争更加激烈。反映在史学领域,论战的双方戈矛相交,由一般呼号进入一系列具体的政治原则的争论。资产阶级革命派和改良派都感到译编世界史和革命史还不足以适应当时斗争形势的需要。资产阶级革命派认为像日本学者所著有关革命史论著夹杂着很多温和的君主立宪的政治改良观点,不适合宣传革命思想和主张。同样,资产阶级改良派一些维新史论著也存在不少激进的社会改革的论点,对宣传改良主义道路也不利。这种状况就迫使他们按照各自的政治主张,对世界史和革命史由编译进到自己著书立说。

资产阶级改良派把编译和研究的范围由研究维新史、宪政史扩大到革命史的研究,企图以歪曲革命史而达到反对革命的目的。资产阶级革命派,不仅研究"泰西"的资产阶级革命史,而且研究中国历史上农民革命史。

光绪三十年(1904)梁启超在《新民丛报》发表了《中国历史上革命之研究》一文,诅咒革命,歪曲革命。陈天华在《民报》上发表了《中国革命史论》予以针锋相对的论争。光绪三十二年(1906)康有为在《新民丛报》上刊载了《法国革命史论》,攻击革命派"倡革命言压制者,已类于无病而学吟呻矣!"汪东(寄生)受章太炎之意作《正明夷法国革命史论》以驳斥康有为。文中这样写道:

夫我之作此篇……徒恶其取法国革命之事危言相吓,怠乎吾民方张锐进之气……今复取当时法国事实,与夫中国之现实,比较论之,所以使躬为革命者,知有所鉴,而复有致疑于革命主义者,亦

---

① 《新民丛报》31 号(1903 年)。

庶几释然与。①

不久,汪东又写了《法国革命史论》,选刊于《民报》。他说:

> 先友陈子思黄,作中国革命史论……寄生不耻谫末,志先友之志,继之作法国革命史论,事有足为党人法者必加详,其足为戒者,亦莫或敢讳。若夫已后之谬托危言,阴欲以诅遏国人之志意,即又不惮烦辞,以与之争。②

上述史实证明:资产阶级革命派为了反击改良派,给革命提供"法"、"戒"之鉴,他们把史学领域作为一个重要阵地。在论战中,资产阶级革命派在研究革命史时开始接触到无产阶级革命斗争史和马克思主义革命学说。《民报》刊载了宋教仁翻译的《一九〇五年露国之革命》一文,宣传暴力革命。又译载《万国社会党大会略史》,简要介绍了共产国际的历史,赞颂了马克思主义革命派坚持革命的"强硬路线",对巴枯宁之无政府党的"软弱路线"的斗争。朱执信为了给"社会革命"提供历史的借鉴,还写了《德意志社会革命家列传》。他说:

> 要之社会的运动以德意志为最,其成败之迹足为鉴者多,而其功实马尔克、拉萨尔等……于我同胞,翔瞻博洽,能未敢云。所期者数子之学说引路,溥遍于吾国人士脑中,则庶几于社会革命犹有所资也。③

总之,由于资产阶级革命派与改良派就革命与改良问题而展开的争论,推动了世界史和革命史编译研究,出版了大量的有关世界史和革命史的著作。当时,从事世界史和革命史编译研究的,除资产阶级革命派和改良派外,还有洋务派代表人物。编译出版机构,有官方的,也有私营的文化团体。属于资产阶级民主革命派的有上海作新社、同盟会戢翼翚、上海青年会编辑部等;属资产阶级改良派的有中国国民丛书

---

① 汪东:《正明夷法国革命史论》,《民报》11 号(1907 年 1 月),第 14 页。
② 汪东:《法国革命史论》,《民报》13 号(1907 年 3 月)。
③ 朱执信:《朱执信集》上册,中华书局 1979 年版,第 10 页。

社、新民丛报社等;属地主阶级顽固派的有江楚编译官书局、宪政研究社等。而从事专门翻译的组织也很多,如山西大学堂译书院、上海支那翻译社、南洋公学译书院等。有影响的出版机构,如商务印书馆、文明书局、上海广学会等。所出版的著作,可归纳为通史、断代史、专史等类。《万国历史》(1902 年作新社出版)、《万国史》(1908 年上海新学会社出版)、《万国兴亡史》(1903 年大宣书局出版)、《世界通史》(1903年上海通文图书发行公司出版)、《万国史略》(江楚编译官局出版)是较有影响的通史著作。《世界近代史》(1903 年作新社出版)、《世界近世史》和《十九世纪革命时代》(1904 年出版)等为断代史的代表作。在专史方面,有《法兰西革命史》(1903 年上海明权社出版)、《英国革命战史》(作新社出版)、《日本维新三十年史》、《日本维新慷慨史》、《明治维新四十年政党史》(1907 年宪政研究社出版)、《美国独立战争史》(1903 年商务印书馆出版)等。有关外交方面专史有《极东外交感慨史》(湖南长沙作民译社出版)、《欧洲外交史》(上海广智书局译)、《十九世纪外交史》(杭州史学会出版)。其他还有文化思想方面的著作《万国宗教志》、《东西洋伦理学史》等。经济史方面的著作有《万国商业史》、《德国工商勃兴史》、《英国商业发达史》等。有关史学理论方面的著作,有《史学通论》(1903 年杭州合众译书局出版),《世界进化史》(1903 年上海广智书局出版)等。从所出版的著作看,翻译的占绝对优势,编著的不多,而自己撰著的则更少。这个特点说明中国资产阶级史学的软弱性,更没有形成自己完整的体系。尽管如此,这一时期编译研究出版的大量著作,在中国近代史学发展史上占有一定地位,可作为发展新史学的借鉴。

二、世界史、革命史编译研究中两种史学思想的斗争

在世界史、革命史的编译研究中,涉及革命暴力、封建王朝的本质和历史发展动力等历史与现实问题,资产阶级革命派与改良派表现为截然不同两种对立的史学思想。

（一）是否用革命暴力推翻清朝封建统治是两种思想斗争的中心问题

资产阶级改良派竭力抹杀压迫者与被压迫者的阶级对立和矛盾，歪曲革命意义，散布革命恐怖论，以此来反对暴力革命。

究竟何谓革命呢？梁启超在其专论革命之义的《释革》一文中认为："革命"只是历史进化过程中的"变革"而已。按照这一说法，历史上一点一滴的"淘汰"，除"自然淘汰"外，而"人事淘汰"也算是"革命"。他说：

> 革也者，天演界中不可逃避之公例也。凡物适于外境界者存，不适于外界境者灭。一存一灭之间，学者谓之淘汰，淘汰复有两种："曰天然淘汰"，"曰人事淘汰"……人事淘汰者，深察我之有不适焉者，从而易之使底于适，而因以自存者也。人事淘汰，即革命之义也。外境界无时而不变，故人事淘汰无时而可停。其能早窥破于此风潮者，今日淘汰一部分焉，明日淘汰一部分焉，其进步能随时与外境界相应，如是则不必变革，但改革焉可矣。①

他在《中国历史上革命之研究》中又说：

> 革命之义有广狭，其最广义，则社会上一切无形有形之事物，所生之大变动皆是也。其次广义，则政治上之异动与前此划然一新时代者，无论以平和得之以铁血得之，皆是也。其狭义，则专以兵力向于中央政府者是也。吾中国数千年来，惟有狭义之革命，今之持极端革命论者，惟醉心狭义的革命。②

把历史上统治阶级内部政治斗争，统统加上"革命"之名，如"汉初异姓诸王"、"唐之诸藩镇"、"清初之三藩"等，他都认为是"狭义之革命"。

---

① 梁启超：《释革》，《新民丛报》22 号（1902 年 12 月），第 3 页。
② 梁启超：《中国历史上革命之研究》，《新民丛报》46 至 48 号合本（1904 年 4 月），第 1 页。

　　梁启超等为何要鱼目混珠歪曲革命之意义呢？其目的是反对人民群众用革命暴力推翻清朝封建统治。

　　资产阶级革命派则认为，革命是指受压迫的人们以暴力反抗或推翻君主专制统治的激战。他们指出，改良派所说的点滴的改良变革，不是革命，历史上那些兵戎相见的斗争也绝非全是"狭义之革命"，只有被暴政压迫得不能继续生活下去的人们以戈戟指向反动统治时，才称得上革命。

　　陈天华在《中国革命史论》里写道：

　　　　余于是叙述中国古今之革命，自秦末以至近世纪。三代之革命多由贵族，不论，东汉之七国，西晋之八王……无关国民之消长，亦不论；其他权臣篡国，夷狄乱华，暨揭竿者之旋起旋灭，当别有史，不得混入于革命，兹亦不叙。惟因时君之失政，草泽啸聚，英雄崛起，颠覆旧政府者，乃撮录之。[①]

　　很明显，陈天华对革命意义之理解和改良派是有原则区别的。一是受"时君之失政"之苦的人民才是革命的发动者；二是以强力"颠覆旧政权"。后一点，意味着革命就是推翻旧政权。宋教仁在翻译《一九〇五年露国之革命》篇末附文中说的更加明确，他说："革命专指暴动、暗杀、同盟罢工等一切以强迫力反抗政府者而言。"[②]这就是说，反抗旧政府的"强迫力"就是暴力革命。

　　资产阶级改良派坚持"无血破坏"的改良主义道路。他的攻击革命暴力"恐怖流血甚于洪水"，"凶残害民甚于猛兽"，其祸将遍全国，残及全民，何能忍受"革命之祸"！康有为说：

　　　　况大革命之事，古今所鲜经，常道所未由……如风吹火焚，实不能料，则预为因应之法，亦无所施也……夫以吉伦特党诸志士……以救民水火为心，能舍身破家，以当大难，以成其回天荡地

---

①　陈天华：《中国革命史论·绪论》。
②　宋教仁译：《一九〇五年露国革命》，《民报》7号(1906年9月)。

之大业,欲革命则革命矣,而革命之后,坐视凶残,无术阻之,遂以全党投于灰烬,而不能少救恐怖之祸。身既不保,生民涂炭,法几危濒亡者数十年,则非吉伦特党诸人所料也。而吉伦特党哗唱革命之时,若预知后祸之恐怖流血甚于洪水,同事之凶残害民甚于猛兽,吾度诸贤之必不敢高言革命也……故诸人革命实出于不忍民之心,而未知适成屠民卖国之举也。①

康有为置千百万人民群众而不顾,死死抱住改良路线不放,似乎世界上只有他们才是人民群众的关怀者和保护者,而那些敢于革命的志士却成了"屠民卖国"的"罪人"。

资产阶级革命派对资产阶级改良派康有为等人的上述言论予以严厉的驳斥。汪东说:

天下之事惟有所忍,乃能有所不忍,而大不忍之心,即存于此须臾之忍之间也……革命即不能不杀人流血,杀人流血,忍事也。忍而为之,即将以达其舍身拯民,不忍人之心也。今功已过半,乃不忍于此数三之忍人,缩手袖间,忍观其大忍于吾民,并以及其身者,则吉伦特党真复天下之至不仁也。孰为贤者为此乎? 是故吉伦特党也,不知此义,是曰不智,知之而明……则小不忍而乱大谋,两者必居其一,是终无所逃罪已。然而此非革命之咎也。凡革命一起,诸恶象随之不可逃避,若影之逐形,然此得曰倡革命之所致? 仅上所述,非革命必得之果彰彰也。②

意思就是说,革命时流血破坏,是小忍,置人民长期处于反动统治之下,才是大不忍,必须以革命的小忍,以清除置民于水火中的大不忍,真正的"仁贤"是敢于革命的革命者。

在康有为等资产阶级改良派的心目中,革命暴风雨时代完全是黑

---

① 康有为:《法国革命史论》,参见《辛亥革命前十年间时论选集》2 卷上册,第301—302 页。

② 汪东:《正明夷法国革命史论》,《民报》11 号,第 8 页。

暗残忍的恐怖世界。康有为说：

> 贤怖狂戮，贤哲同焚，流血百二十九万，祸垂八十余年之弥天大恶，吉伦特诸贤忍为之乎？然则百二十九万人，何所为而流血哉？追源祸首，吉伦特党诸志士仁人，不虑事变，妄倡革命，大罪滔天，无可逭也。①

又说：

> 当恐怖时，国囚逾三十万，巴黎已逾八千。禁囚会谈，惟坐待死……一时之才学佳人，名宝古物，皆泛扫净尽。比之黄巾、黄巢之祸，尚远过之。尚饰绝美之名，以行其凶残之实，而人或信之，至今吾国人，尚妄称法之自由平等，而称欲师之。此则欺人之甚，而天下之人果易欺者也。②

康有为对革命者横加诬蔑，说革命者是"乱民贱妇，践踏帝王英雄之骨以为快"，而把封建暴君美化为"仁君"、"贤慈"之主。这种歪曲历史，颠倒黑白的言论，其目的以此反对革命，企图麻醉人民放弃革命，甘心忍受封建统治。

资产阶级革命派认为人民群众起来推翻旧政权，这是封建暴政应得的下场。《万国历史》中在论述英王查理被处死时这样写道：

> 吾叙述至此，而不能无慨矣。英之国家，非查列斯之一人国家也，乃万民共有之国家也。查列斯一人享其利，万民共同受其害，是查列斯者，乃英国国家之一大蟊贼也。不杀查理斯，全国人民必不能缓享自由之幸福，必永沉埋于黑暗之世界。③

资产阶级革命派还充分肯定革命暴力的历史作用，把它视作推动人类历史发展的动力。

他们对历史上起过作用的人物也予以高度的评价。如歌颂反抗暴

---

① 康有为：《法国革命史论》，见《辛亥革命前十年间时论选集》2卷上册，第302—303页。
② 康有为：《法国革命史论》，第313页。
③ 凌应辉：《万国历史》，第156页。

秦的农民起义领袖陈涉是"大英雄"、"大豪杰",是"中国革命家第一人"。① 又肯定太平天国革命领袖洪秀全为"近三百年间大英雄"。《太平天国战史》说:

> 洪氏建国,垂十余年,规模大定,使其说竟此成,荡除虏庭,吾恐今日大颂高皇帝神武将与明太祖并有驱胡之功。太平朝为本族,天王又其前事者,列入正统,入于本纪,亦史家通例,非别有神圣之言以表彰之也。

> 闻之日月经天,在今未尝或改,蛮夷猾夏春秋在所必诛……太平天国王洪秀全乃鞠旅以陈师,庐罪而致讨,起义金田,誓戡大乱……胡、曾等助桀为虐,认贼作父,效忠异种,自杀同胞,倾东海之水难以洗其污,伐南山之竹不足书其罪。

革命派批驳改良派歪曲革命和攻击革命者的种种谬论,恢复历史真相,为革命者辟诬,并充分肯定革命者的历史作用,表彰他们的革命业绩,要后人继其"未竟之志"。

资产阶级改良派还以"人性论"反对革命暴力。他们把勇于参加革命斗争的革命者诬蔑为"下流社会"、"乱民"、"好斗"、"嗜杀"和"生性剽悍"之人。认为法国大革命和19世纪前半期欧洲各国革命风潮,是法国人民"神经灵敏"、"躁动喜事"而造成的,佩弦生说:

> 夫十八世纪之季,法国政治之腐败,君主之压制,非必甚于他国也。特法人之神经灵敏,感觉颖锐,遂独若其腐败压制蘗焉,而不能一日安,且剽疾成性,躁动喜事,愤怒郁动于中,遂不惜糜百万之顶踵,扰数十年之和,悍然而首为发难,使民反自由之风潮,益而浸灌于欧陆。十九世纪之半,欧洲遂为搏激之战场。②

梁启超在法国革命"按语"中认为法国革命是"缺德"之民,"驱于私欲抉于意气"之果。他说:

---

① 亚卢:《中国革命家第一人陈涉传》,《江苏》第9、10合期刊,第108页。
② 《辛亥革命前十年间时论选集》2卷上册,第296—298页。

　　　　有鉴革命之恐怖时代,知民德之万不可缺,而秩序万不可无。
苟民德不修,人人驱于私欲抉于意气,如醉如狂以倡革命者,势不
至举全国而涂炭之不止,或且为外人所乘以覆其国土。①

　　法国大革命是比较彻底的一次资产阶级革命。但资产阶级改良派
却极力攻击雅各宾派及其领袖,说他们"横暴"、"残忍"、"好杀"、"皆
下流人士"。梁启超说:"法国当时之暴民,其残忍急激,固无可为
讳。"②并认为"好斗"、"残忍"是"人类之普遍性","中国人同法国人同
为人类,固有人类之普遍性,岂其于此而独能害之。"③既然受压迫的人
民生性好斗,所以他们主张置民于永远愚昧之状态,才能防止革命的爆
发。康有为说:"假令国民智开,人格皆主,才哲如林,又热心救国之人
无数,以言革命,则其祸酷必更烈,而亡国愈速焉。"④但是人民群众和
革命志士的耳目,绝非那些改良派所能堵塞和封闭的。

　　(二)关于封建王朝的本质问题

　　资产阶级革命派认为,清王朝是封建君主专制,它统治下的中国是
一个贫富悬殊、贵贱对立的社会,必须通过革命推翻其统治。他们在追
溯历史上发生革命原因时,在不同程度上承认社会历史中的"贫富"、
"贵贱"的阶级对立与斗争。《万国历史》在论述埃及、古罗马历史
时说:

　　　　埃及之国民……分为严重之阶级。其别有三:一曰僧侣、二曰
武士、三曰平民,以其最上之位,奉之国王。国王于军事、农业、工
业、商业、宗教、法律、政治上有无上之权力。生则以为神圣尊之,
死又以为神而祭之。僧侣管理政府之事……有全国土地三分之
一,是纳租税……武士及贵族,亦管理政府之事,领全国土地三分
之一,是纳租税……农民皆有服役之义务。⑤

---

① 　[日]松平康国著,梁启超译:《世界近代史》下卷,饮冰室主人按语,第166页。
②③　《辛亥革命前十年间时论选集》2卷上册,第310页。
④ 　《辛亥革命前十年间时论选集》2卷上册,第296—298页。
⑤ 　作新社编译:《万国历史》,第9页。

又说：

> 罗马之强大已极，而腐败遂后，昔日阶级之争，今又一变而为贫富之争矣。盖富者益富，不耕而食、不织而衣，终日无所事。贫者益贫，劳动苦役，粗食布衣，尚不能足，穷苦情状，有非言语可以略容者。①

古代如此，近代也是这样。在《万国历史》中列述法国大革命原因时，第一条就是："路易十六时，上下贫富之悬隔殊甚，其弊由前代积累而成，贵族教徒，坐拥高官显爵，不纳租税，其田园据有全国三分之二，势必专横，下民农夫，皆受重税，贫困益加，衣食莫给，经其身于糟糠褴褛之中，故怨望益深。"②

宋教仁说：

> 世界者，人类共有之世界也。统计不下十五万万，然区别之形成为两大阶级，掠夺阶级与被掠夺阶级是矣。换言之，即富绅与市民之两种也。前之一种独占生产之机关，一种以劳力而被其役使，资本与劳力乃生出佣金之一问题。其不平等之极，一若陟天堂，一若居地狱，不有以救之，世界人类其尽为刍狗矣。③

由上可知，中国资产阶级革命派在其革命时期，他们是敢于正视、承认历史和现实社会中存在着阶级对立和阶级斗争的，并把它看作是社会"争乱"之源。但为什么社会上会出现贫富不均呢？他们是不可能真正找到产生阶级对立的根源的，只是把贫富悬殊归因于封建统治，这比资产阶级改良派美化封建统治，无疑是进步的。

资产阶级革命派又从自由、平等出发，认为贵贱悬殊如此不平等，暴君虐政下的人民如此凄惨，所以，他们容易接受革命思想，走革命之路，乃是"势所必至"，古今中外历史概莫如此。陈天华说：

---

① 作新社编译：《万国历史》，第59页。
② 作新社编译：《万国历史》，第175页。
③ 宋教仁译：《万国社会党大会略史》，《民报》5号，第1页。

及见秦之虐更甚于六国,卒所以怨六国之君者而钟于一秦。故一夫发乱,四隅影响,如爆发物然,始皇满实其药,而特以导火之线授胜、广,岂胜、广之力哉? 始皇使之也。①

卢亚也说:

水遇石则激,空气受压力则膨胀。被秦始皇帝于三十七年之中,手握完全无缺之主权,衡在程书,目不暇给,竟竟以制造革命原动力为唯一政策。胚胎又胚胎,孕育又孕育,人心皇皇,咸向于破坏方向而行,陈涉既乘此风潮,捉袂而起,顺风扬帆,一日千里。②

汪东在论述法国革命起因时讲的更加具体。他说:

总观革命之故有三,导其源者,厥惟虐政……而路易十六朝综其汇。造如是因,结如是果,理势然也。③

而资产阶级改良派认为,法国大革命之所以发生,根源不是贫富悬殊和暴政昏君的统治,而是因为路易十六性情温和,没有进行改革而导致。

资产阶级革命派强调革命爆发由因而果,有个孕育酝酿发展过程,一当因成熟,果必产生,非点滴改良所能阻止,非区区个人所能阻挡,而法国“革命之爆发,非一朝一夕之故,其由来远矣。”④汪东在分析法国革命时说:

夫法国自十八世纪以降,王族贵族之骄恣暴戾,已非一日……路易十四即位,益张王权,豪奢已极,又复横挑强邻,暴骨于外……战争之祸,靡有宁已。加以重征苛敛,民不聊其生,怨嗟之声,相属于道。布奔氏之失民心,由来有渐,其不即发者,譬之硕果,酝酿未熟……路易十六,及适当其冲耳。以路易十四之暴,天之报之,不于其身,必于其子孙。呜呼! 天视自吾民视,天听自当民听,天不

---

① 陈天华:《中国革命史论》,第 13 页。
② 卢亚:《中国革命家第一人陈涉传》,《江苏》第 9、10 期合刊。
③ 汪东:《正明夷法国革命史论》,《民报》15 号,第 10 页。
④ 人演社译:《法国革命战史》,第 1 页。

能听视,则假手于国民也。孰谓路易十六之死,非民杀之哉!①

陈天华针对改良派所说的法国革命产生"非专制之咎"的言论,强调指出,革命之产生是"专制之咎",非"一人之智劣"。他说:

> 夫世无无因之果,始皇、路易十四造其因者既非一日,而胡亥、路易适食其果。其幸而不及身遇之者,缘于当日果未熟耳。倘其寿命延长,而至胡亥、路易十六之世,则被望夷之弑者,非胡亥而始皇,上断头台者,非路易十六而路易十四也。曾谓一人之智勇足以敌万民之愤怒耶?②

从历史论证封建专制统治下革命之不可避免,其趋势不可阻挡,对激动人民群众推翻清朝封建统治树立必胜的信心。

资产阶级改良派百般美化封建统治,并为其辩护。他们认为清朝"仁政"治理下的中国,无"暴政",平等自由已极,人民既无重税之暴敛,也无酷刑之奴役,没有如法国要以革命治之"病",即"无血破坏"可治,又何况即使同病尚可用异"药"治之。法国大革命,是人民群众反对法国波旁王朝残暴统治的革命壮举,这是无可否认的铁的事实,改良派无法掩饰,无法否认,但他们都认为清统治下的中国则不然,不仅无"暴政",甚至连人们做梦也未想到。康有为说:

> 法国何而起大革命也?法封建僧寺之贪横,税敛刑法之苛重,民困苦不聊生,其可骇可悲,实中国人们所梦想者也。③

在康有为看来,中国无虐政,无压迫,无剥削,清朝薄赋已极,"为地球万国古今所未有",欧洲各国,高者如西班牙"税十三而一",低者如美国"税二十二而一",而中国税千分之一。康有为说:

> 盖以薄税而论,即今美国尚远远不及我国,况其他乎?此何以故?盖自孔孟以来,诸儒日讽其省刑罚,薄税敛之言,以为至仁之

---

① 汪东:《正明夷法国革命史论》,《民报》11号,第2页。
② 陈天华:《中国革命史论》,第10页。
③ 康有为:《法国革命史论》,《辛亥革命前十年间时论选集》2卷上册,第318页。

政,而世主亦统计朝庙会同设馆养兵之用已足,故听其说,而赋税得日以薄也。若圣祖薄税之制,尤为中国数千年所无,亦为地球万国古今所未有。然所以能若此者,以封建既废,一统一君,官府之愿欲易给,设官甚少,养兵亦极少,故行极薄之税,而绰绰有余裕。①

康有为不仅歪曲中国历史,而千方百计美化封建统治,说中国"经秦汉大革后"、"平等自由已极",不要"师法人言革命自由",从而维护封建专制统治。康有为在《法国革命史论》里写道:

> 我中国乎,凡法压制之苛害,盖皆无之。我之大革命,盖在秦世;我之享自由,盖自汉时。凡法政之苛暴,大约在我中国三四千年前各土司之世,或间有之,而有书传以来,侯国已大灭,神权不甚迷,已无有如法之十万淫暴侯者矣。②

> 然万国皆有法律,实无一切听人自由者。若法人所矜夸以无量血购之平等自由,则我国久得之而忘之。骑牛觅牛,不知何求也。今新学师法人言革命自由者,请无以其名,而以其实,则何不一考法人所得平等自由之实物乎?法人得此,亦即全国二千万万人称万岁,我国人以孔子经义之故,经秦汉大革之后,平等自由已极,今知之,应大呼孔子万岁,应大呼中国人在地球万国先获平等自由二千岁而已。③

既然中国两千年前已有了"平等自由",那么,中国就不存在什么封建专制统治,所以,"不复求自由",如果"师法人言革命自由",就好比"饱而再强食,势必裂肠而死",这乃是"庸医不审病,惟妄开方药之杀人也。"④

---

① 康有为:《法国革命史论》,《辛亥革命前十年间时论选集》2卷上册,第321页。
② 康有为:《法国革命史论》,《辛亥革命前十年间时论选集》2卷上册,第324页。
③ 康有为:《法国革命史论》,《辛亥革命前十年间时论选集》2卷上册,第330页。
④ 康有为:《法国革命史论》,《辛亥革命前十年间时论选集》2卷上册,第330—331页。

资产阶级改良派为反对革命,又提出一个"改良变革"可以"除暴政"的"理论"。认为通过"损之益之"的改良,一点一滴的"人事淘汰",中国就会走向西方的"文明"。康有为说:

> 为民之仁政,备举周悉,法律明备,政治修饬,彬彬蔺蔺,光明妙严。工艺之精美,政律之修明,此新世之文明乎? 诚我国所未逮矣。今且当舍己从人,折节而师之矣。然此之文明者,乃皆开于道光之世,盛于咸同之时,仅数十年之间耳。若我同治中兴时变之,比于诸国,未为晚也。今虽稍迟,然我数千年冠绝大地之文明,视彼数十年之精美,其何有焉。取其长技,择其政律,斟之酌之,损之益之,断之续之,去短取长,一反掌间,而欧美之新文明皆在我矣……妄人昧昧,不察本末,乃妄引法国夙昔野蛮之俗,压制苛暴之政以自比,而亦用法国革命自由之方药以医之,安可无忧而服酰自毒,强健无病而引刀自割,在己则为丧心病狂,以人是庸医杀人。鄙人八年于外,列国周游,小住巴黎,深观法俗。熟考中外之故,明辨欧华之风,鉴观得失之由,讲求变革之事,乃益信吾国经三代之政,孔子之教,文明美备,万法精深,升平久期,自由已极,诚不敢妄饮狂泉甘服毒药也。①

在 20 世纪革命风暴中,资产阶级改良派继续坚持改良主义路线,热衷于行君主立宪,企图通过"损之益之","去短取长"的改革,来挽救清王朝的封建统治,这是万万行不通的。戊戌变法失败已宣告改良主义的破产,历史发展到 20 世纪,再祭起亡灵,只能是痴心妄想!

清朝统治下的中国真如改良派所美化那样轻徭薄税吗? 不是。事实上,清统治者"恣意重税,任情徭役,按户派金,揣抱量瘠有以愈耶,层层中饱,层层敲剥有以愈耶"之下,"吾民之实与法国等","饿殍相望,其孰能忍?"汪东针对康有为的上述言论,用清朝暴政这一铁的事实予以驳斥。他说:

---

① 康有为:《法国革命史论》,《辛亥革命前十年间时论选集》2 卷上册,第 327 页。

今日沈尽杖死,血肉为糜,邹容饮酖,尸体空骨。剖徐锡麟之心,置秋瑾于法。或皆明夷(康有为)所快心。然而,新政忽翻,谭杨授首,明夷之弟且死于是役……明夷颠连不吊,复置死弟于度外,屏友仇而不念报哉。法封建侯国领二百五十人,中国动辄一日而尸千人……是屠法侯四国之民焉。嗟夫! 乃言省刑,将必令其日日鼓刀而屠,使四百兆汉族,不遗一子耶![1]

由上可见,清封建统治下的中国,暴敛酷刑不下于 18 世纪末之法国,乃有过之而无不及。中法同"病",都必须以革命医之。汪东说:"若夫诊急病而缓治之,此庸医之所以杀人也。中国之现象,病非缓矣。""则必思有以救之道焉,其道为何? 将舍革命无由。"[2]资产阶级革命派断言,革命斗争之"活剧","必在二十世纪和平之中国重演,正在此日法兰西之'活剧'再演于亚东,俄罗斯之热潮同掀于二十世纪,相期起换纪纲,其尽青年之责任。"[3]

(三)如何看待革命斗争的历史作用问题

资产阶级革命派基本上肯定历史上革命斗争推动社会进步的巨大作用。他们认为革命是社会进步的原动力,是结束漫漫长夜跃入新文明的救人救世圣药。而改良派则相反,否定革命斗争对社会历史发展的推动作用,说革命是破坏,给文明带来大破坏,造成社会发展停滞,甚至倒退,被斥责为害人害国的砒霜。

康有为一再喧嚷什么法国革命给法国人民带来"弥天大祸"。他说:"法以革命故,流血断头,殃及善良,祸贻在物,穷天地在今之凶残,未有比之。"[4]梁启超则更挖空心思,杜编"七恶",强加于中国革命,胡说什么几千年文明与革命"俱亡",社会发展"中绝",倒退到"天造草昧之状态"。他说:

①　汪东:《正明夷法国革命史论》,《民报》16 号,第 18 页。
②　汪东:《论支那之害必先革命》,《民报》2 号,1905 年第 11 期。
③　康有为:《法国革命史论》,《辛亥革命前十年间时论选集》2 卷上册,第 300 页。
④　康有为:《法国革命史论》,《辛亥革命前十年间时论选集》2 卷上册,第 310 页。

观中国历史上汉末、隋末、唐末之人口,比于前代全盛时,十仅一存,此岂尽由于杀戮耶,亦生殖力之锐减为之源也。坐是之故,其所影响者,若生计上,若学术上,若道德上,若风俗上。前此经若干年之群演,而始达于某级年程度者,至是忽一切中绝,混然复还于天造草昧之状态,文明凝滞不进……皆此之由……中国革命,蒙革命之害者动百数十岁,而食其利者不得一二年,故一度革命,而所积累以得之文明与之俱亡。

梁启超又说:

若后有革命军者起,而能免于此七大恶特色,以入于泰西文明革命之林,则革命者,真今日之不二法门也。而不然者,以百数十队之私人野心的革命军同时并起,蹂躏于全国,而蔓延数十年,犹且同类相屠,而两造皆以大太阿之柄授外族,则过此以往,必有太息痛恨于作俑之无后者。抑今日国中迷信革命之志士,其理想必与此七大恶特色不相容,无待余言也。①

如何免于"七恶"呢?他们迷信有部宪法,就可以免去"七恶",也可以使清廷变成"绵羊"。

英人以保守闻于天下,其国民稳固持重,必不肯之,大不列颠之舞台屡演革命之惨剧,其改革务采和平之策,其宪法潜有惯之中,不须流血,不待破坏,使国宪之暗长潜滋,渐臻完备之极热……是固英人之政少,抑亦英人之幸福矣。②

资产阶级革命派肯定革命斗争推动历史的发展。他们称颂法国大革命,肯定它扫除封建之余习,破门阀之积弊,以平等主义而建设新社会的伟大历史作用。他们说,法国大革命使法国由"旧天地"跃入"新乾坤",在历史上画了一"大段落"。青年会编的《法兰西革命史》"结论"中写道:

---

① 梁启超:《中国历史上革命之研究》,《新民丛报》46、48 期合本,第 10—11 页。
② 佩弦生:《欧美各国立宪史论》,《新民丛报》第 23 号,第 23 页。

政治也、兵制也、商工业也,以使社交、法律、文学、思想、航海、殖民等事,无不改换面目。由于 18 世纪之旧天地,一跃入 19 世纪之新乾坤,使世界文明史作一大段落,实据在此以来之大变革也。其影响之及天下后世者不可胜数也。

亚卢又说:18 世纪下半期到 19 世纪上半期,"西欧大陆……若政治、法律、学术、风俗种种有名无名之事物,莫不划然分一大鸿沟",是由于 19 世纪"茫茫欧海掀天扬地之革命军为之动力也。"①

资产阶级革命派肯定历史上革命斗争的作用,是建立在历史是变化的、进步的这一理论基础上。陈天华说:

宇内各国,无不推进化之理。其所以雄飞突步,得有今日者,进化为之也,非自古而然,革命亦其一端也。②

汪东又说:

天下事无中立也……不进则退……求进步,推动力而已。动者速者,其进也随之速,动力也者,其进也亦随之而可也。理势然也……人类之压动力何? 革命是已。③

可见,资产阶级革命派把历史上革命斗争看作推动历史前进的动力,是"救人救世之圣药",是"国民"之"道德",是"国民"生活不可缺少的"布帛菽麦"。"终古无革命,则终古成长夜矣。"④他们肯定革命斗争是推动历史发展的动力,是对改良派鼓吹"君主立宪"的有力批判。他们强调在清朝的黑暗统治下,必须"毁屋而主构换一新",继"洪王未竟之志",或效法法国革命者,进行革命斗争。因此,他们斩钉截铁地说:"革命者惟问当世宜不宜,不必复问历史,自我作始可也;苟无创始者,则历史又何从有乎?"

---

① 亚卢:《中国革命家第一人陈涉传》,《江苏》第 9、10 合期。
② 陈天华:《中国革命史论》。
③④ 汪东:《论支那立宪必先革命》,《民报》2 号。

三、资产阶级革命派与改良派史学论战的意义

资产阶级改良派史学,其学术源流比较深厚,所以,它在与资产阶级革命派史学论战中,不仅史学译编著作数量上占优势,而且在史学思想与方法论等方面也比较丰富。但在 20 世纪,中国资产阶级正处于早期革命的历史阶段,他们有信心战胜强敌,与之针锋相对的斗争。在资产阶级革命派史学与改良派史学论战中,除了反映上述两种史学思想区别之外,在研究重点上,资产阶级革命派以革命史特别是法国大革命史为研究的主要内容,而资产阶级改良派则以维新史尤以日本明治维新史作为研究的重点。当时出版了许多针锋相对的著作,如革命史、辛亥革命史、革命政党史、英豪传记的论著与维新史、维新政党史、维新志士传纪等论著对立并存。即使是同一题材的著作,两种倾向,泾渭分明。从整体看,资产阶级改良派史学是介绍、宣传维新改良思想的,是介绍资产阶级庸俗社会进化论;资产阶级革命派史学主要介绍和宣传社会革命思想和资产阶级历史进化学说。

资产阶级革命派史学,从资产阶级民主革命要求出发,在要不要推翻清朝封建统治,进行社会革命这一问题上,在一定程度上提出了一些社会革命斗争的理论。当然,这与马克思主义所倡导的无产阶级社会革命理论是有本质区别的。资产阶级革命派的这些社会革命思想,不仅是粗糙不完善,而且中间掺杂了许多错误的观点,但在当时却起着积极的、进步的作用。在资产阶级革命派史学与资产阶级改良派史学论战中,也充分暴露了资产阶级革命派史学的软弱性。究其原因,首先,中国资产阶级革命派在经济、政治和思想上异常软弱,在其革命的思想中,还带有封建主义思想和帝国主义的奴化思想的毒素。这是与他们所处的时代和内部矛盾复杂性相联系的。18 世纪法国革命时,主要是宣传资产阶级的社会政治学说,作为 20 世纪初中国资产阶级革命派看到了资本主义世界种种矛盾和无产阶级的反抗斗争,认识到光靠 18 世纪资产阶级政治学说是不能解决他们所碰到的现实社会问题,于是把

帝国主义的、封建主义的思想也吸收进来,"对民主主义的补充"。同时,资产阶级革命派中一些"温和"派,他们还没有完全摆脱戊戌变法时期改良主义思想的影响,在政治上与资产阶级改良派,乃至封建地主阶级顽固派保留着千丝万缕的联系,这必然使他们反封建革命思想上也沾染了一些社会改良主义的内容。如作新社编译《万国通史》时,许多内容是称颂明治维新的,并希望中国也效法日本走明治维新的道路。即使是资产阶级上升时期的思想学说,也没有得到充分发挥和应有的阐扬,而没落腐朽时期的资产阶级思想学说,有时为他们默认,并让其泛滥。

　　资产阶级革命派的学说思想,是从资产阶级利益和资产阶级进化论来研究历史上革命斗争的,这就使他们对革命斗争史的认识和所能得到的结论有着严重的缺陷和阶级的局限,从而使之在反驳改良派的斗争中显得软弱无力。他们的革命民主思想,仅局限于资产阶级利益所允许的范围内。这不仅表现在要不要革命的论战中,也表现在如何革命的主张中。资产阶级革命派要的是资产阶级民主革命,是"中等社会"阶层为领导的"有秩序的""文明的革命"。他们所要推翻的是清朝政府,因革命是"暴政之果",代之以资产阶级的统治。他们害怕人民群众的威力,把人民群众力量的发挥,限制在资产阶级民主革命胜利的框框内。他们认为法国实现资产阶级革命中那种有限的彻底性是个"弊病",应该在中国防止和避免。所以,他们主张要以"精明强干"的英雄来领导,防止"滥用"革命暴力。他们如此害怕革命暴力,一方面是受了民粹派、无政府主义的影响;另一方面受社会达尔文主义的影响。这就窒息了其革命思想和历史进化观点,甚至作出一些荒唐有害的结论。汪东在分析中国革命可防止法国革命那种剧烈性之"弊病"时,他说:

　　　　吾所谓中国人性,卒皆宁静温和主动者,又非乱民,义师所至,民亦箪食壶浆耳,各安其生,各乐其业,各不相扰,如平时,可也。[1]

────────

[1]　汪东:《正明夷法国革命史论》,《民报》11 号,第 21 页。

他们不仅用"人性"论来解释社会革命,而且用生物进化来歪曲阶级斗争的历史。作新社编译的《万国历史》说:

> 言生物学及进化论者,以事物之进步,皆由竞争而来。盖借以竞争以为淘汰,优胜劣败,乃自然之势也……穷推历代之史,自可知其盛衰之由。历史者,所以教人类之进步。而进步者何,由取善舍恶而已。于是检择之事起,竞争之心兴,其所以教人类之进步者,乃教人类之竞争也。故历史者,竞争之历史也。①

用生物进化学说来解释人类社会历史的发展,其结果如何? 正如列宁引用马克思对朗格的批判所指出的:"生物学之一般概念,如果被搬于社会科学的领域,就变成空话,不论这样的搬用是出自'善良'的目的,或者是为了巩固错误的社会学结论,空话始终是空话。"②中国资产阶级革命派用此来指导历史研究,始终不能揭示历史的真相及其发展的规律,用它来反击改良派,当然是软弱无力、难以取胜的。

与革命理论的软弱和阶级局限相联系的,就表现为资产阶级革命派在论战中那种动摇、妥协的斗争态度。他们对于那些涉及资产阶级本身利益的改良派的观点,不仅不可能予以正面的回击,而且只能回避或混淆其词的含糊过去。如革命群众真正兴起了,其发展将会怎样? 专制统治推翻后能实行民权政治吗? 诸如这些真正能激发人民群众革命坚定性、积极性的道理,革命派不敢说的明确,只是支吾其词,说的颠三倒四。因为他们是代表资产阶级利益的,在反清朝封建统治时,要不要进行资产阶级民主革命,可以理正词严地反驳资产阶级改良派,但超出资产阶级利益的范围,他们就不可能回答了。所以,在这场论战中,由于革命派在一些问题上的动摇、妥协,只能使自己在革命群众中造成孤立,只能造成革命思想的混乱,使革命处于松弛、涣散之中。

从史学史的角度审视,资产阶级革命派史学与改良派史学的论战,

---

① 作新社:《万国历史》,第227页。
② 列宁:《唯物主义与经验批判主义》,人民出版社1960年版,第347页。

推动了历史编纂学的新发展。这表现在对社会历史分门别类进行研究。尽管封建史学也有分类，但远不及资产阶级史学分类那么细，研究的范围那么广泛和深入。

资产阶级历史编纂学把自古至今历史分为若干世。如作新社出版的《万国历史》分历史为古代、中世、近世三个时期。凌公锐的《万国史》分类更具体，把古代东方诸国历史、希腊史、罗马史称之为上古史，把蛮族之迁徙至西罗马灭亡为中古史，把新大陆发现到美国独立为近世史，法国大革命到欧洲列强对非洲、印度、亚洲的侵略为最近世史。并对每个时期又分若干小历史阶段，称之为"期"或"时代"。作新社《万国历史》把罗马史分为"共和时代"和"帝政时代"。凌公锐的《万国史》分中古史为"黑暗时代"（5—11世纪）和"复兴时代"（11—15世纪）两个时代。

资产阶级的断代史的编纂和封建旧史学的断代史、王朝的编纂是有区别的。封建旧史学把王朝的兴亡、君主的废立作为"断代"的标志。资产阶级史家划分历史时期主要依据政治、经济和文化的变革，而不是以王朝兴亡或君主废立来划分历史阶段。在这一点上，资产阶级历史学比封建正统史学是前进了一步。但必须指出，只有依据马克思主义社会形态学说作为划分社会历史发展的标志，才能真正科学地揭示人类社会历史发展的客观规律。因此，资产阶级史学的分期编纂法仍然是不科学的。

资产阶级史学在编纂指导思想上主张"详今略古"，认为距今愈近的历史与现实关系愈密切，可法可戒之处更多。所以，翻译出版近世史和最近世史的著作最多。

资产阶级史学家著史，史论的重点就在于断定是非，得出可法可戒的结论，而不在于一味叙述历史。凌公锐在《万国史》序论中明确说："我中国旧有历史，体例分三种，一纪传体、二编年体、三纪事本末体。连篇累牍，不厌其详。然自今日史家观察之，抵足供史料之用，不足为史。"这里，强调"史论所重在断，不贵叙述"。主张"排列数千年来材料,用抽象的方法,细细研究之。"以达到"考文明之发达,究社会之沿革,谋现有之开通,求将来之进步"的目的。其实,封建史家并不是只叙述,不评论,而在于他们大多是站在封建地主阶级的立场上议论,依据其阶级的利益,来断定是非的。而资产阶级史家则是站在维护资产阶级利益的立场上来议论和断定是非的。不过,资产阶级史家议史的视角比封建史家前进了一步。

第 三 章

正统考据派和改良派的元史研究

　　封建正统考据派史学一直是中国近代史学发展中的重要组成部分,虽然它日趋衰落,但在史学研究中仍有一定影响。戊戌变法前后,曾廉、柯劭忞等站在封建正统立场上,继承考据派的治学精神,企图通过元史研究,总结历史经验,为维护清朝统治服务。曾廉仿欧阳修《新五代史》体例,编撰《元书》,将元代史事重编一过,认为元亡于纲常礼教隳坏,借孔子作《春秋》之意,以维护封建统治秩序。柯劭忞编撰《新元史》,全书充满封建正统观史学思想,极为守旧。

　　而同时代的屠寄却在改良主义史学思想指导下,开展蒙元史研究,撰写《蒙兀儿史记》。该书为纪传体蒙元史,虽全书未完帙,考证与译音尚有失误,然较之同时代的蒙元史研究著作,不失为良史之一,对后世蒙元史研究颇有学术价值。

第一节　曾廉的元史研究

一、曾廉生平与《元书》的编撰

　　曾廉(1857—?),字伯偶,号蠡庵。湖南黔阳人。年少时好诗、古文辞,二十岁后,以授徒教书为生计。光绪二十年(1894)中举人。同年,中日甲午战争爆发,赴山海关从军。次年回乡,执教于爱莲书院。戊戌变法时,他站在地主阶级顽固立场,上书光绪皇帝,反对维新变法,认为新法"乱人心,坏民俗,驱民从夷",并斥责康有为"邪说狂煽","率天下而为无父无君之行",力请下诏斩杀康有为、梁启超,"以塞邪慝之门。"①同年为国子监学正,预修《清会典》,事毕因荐得知府、盐运使衔。光绪二十六年(1900)入李秉衡幕,值八国联军侵犯北京,随李秉衡出城御敌,兵溃几溺死。旋随慈禧太后逃西安。曾上书主张迁都关中,并奉命察赈渭南,以劳绩授陕西道员。光绪二十七年(1901)因失职贬至贵州黎平。晚年以教书著述终生。

曾廉生活的年代,正值资产阶级改良主义和民主革命思潮兴起之际,他对封建统治的崩溃及其学术的没落深感痛心疾首,连连发出哀叹:"今日国贫而兵弱,廉以为犹非所忧也,天下之忧,莫如士大夫尽丧其心,而与之言,则熙熙然自以为达,又叩其深,则谓国家必不可治,此莫大之忧也。"②他对人们对封建统治秩序丧失信心视为莫大的忧虑。因此,他力图通过"距邪说,明正道"的封建正统主义的说教,抵制各种西学的传播,以消弭资产阶级维新运动或革命思潮的影响,企图挽回世道人心,使垂亡的封建制度继续苟延残喘下去。

从封建正统主义历史观出发,曾廉认为,天下万事,综其大者,不过是"父子有亲,君臣有义,夫妇有别,长幼有序,朋友有信而已,天下盖无有出于五伦之外者也。"③故治天下的"万世之计",不在兵强财丰,而在于行亲亲、尊尊、长长、男女有别之道。④ 为此,他极力鼓吹以儒术治世的正统文化观,认为只有儒家经典才体现了最完美的社会政治和人伦秩序,是所谓"彻天地贯古今,尽己之性以尽人物之性,无有乎弗

---

① 曾廉:《蠡庵集》卷12《应诏上封事》。
② 曾廉:《蠡庵集》卷10《送方厚卿之官福建序》。
③ 曾廉:《蠡庵集》卷15《忠恕堂记》。
④ 曾廉:《蠡庵集》卷9《讦谟定命远狄辰告》。

具，无有乎弗同者也。是故孔子立儒之极者，六经之言皆所以使人格物以致知也，而正己正物在是矣。"[1]"故经术一日而存，则圣人之道一日不亡，其为天下之福又岂浅鲜哉！"[2]并对当时儒学影响日衰和那种所谓"舍经术而言世事"的做法大加抨击，要求恢复汉代"以经术润饰史事"成法，继续保持儒学在人们政治和文化生活中的独尊地位。

不仅如此，曾廉还在其著作中反复向人们宣扬儒家的天命史观，认为社会的治乱兴亡虽通过人事来反映，实皆"天意"之体现，"天下治极则乱生，乱极则思治，此天之道也……天意非别有所属，岂能救天下之焚溺哉？"[3]在探讨汉高祖刘邦得以推翻秦王朝，击败项羽，建立汉朝的原因时，他亦将其归之于"天意"，说："天生高帝英雄之主，而拨乱除暴，必生英雄之臣以佐之，故高帝因天所授，萧何、韩信亦天所授也。"而"良之喜沛公为天授者，实天以张良授沛公也。"[4]不仅刘邦的成功是天意，连萧何、韩信、张良也都是天为助刘邦成功而降世的。

曾廉的元史研究，正是在上述封建正统主义历史观的支配下进行的。清代史家纷起改写《元史》的起因，实由明初官修《元史》过于仓促，以致书中纰缪甚多。故一般《元史》改写著作，无论其史学观点如何，大多十分注意资料搜集与史事考订，力求补正《元史》阙误，以改其"芜蔓疏陋"之旧观。曾廉改写《元史》的出发点则在于此，他说："窃谓自汉以降，惟潜溪《元史》，方勤动作钞胥而已，其实未成书也，何也？……《春秋》上明三王之道，下辨人事之纪，别嫌疑，明是非，定犹豫，善善恶恶，贤贤贱不肖，存亡国，继绝世，起敝救废，王道之大者也。"认为按照封建史家的原则，即孔子《春秋》的标准衡量《元史》实尚未成书，其中不少记载"不过于《春秋》之义，则所谓君不君、臣不臣、父不父、子不子者也，此四者天下之大过也。"如元致和元年（1328），怀王图帖睦

---

①　《元书·儒林传序》。

②　曾廉：《蠡庵集》卷8《经术润饰吏事论》。

③④　曾廉：《蠡庵集》卷8《张良称沛公天授论》。

耳在签书枢密院事燕铁木儿支持下,起兵攻杀新立的天顺帝阿速吉八,夺得帝位,是为文宗。按照《春秋》之义,图帖睦耳以下犯上,谋篡大位,应受谴责。但明初官修《元史》竟不辨顺逆,仅据元时修订的有关实录口吻,贬损失败的天顺帝及其亲信大臣一方,岂不"颠倒之甚","此所谓不能别嫌疑,明是非,不通于《春秋》之义者也。"①因此,他决心仿欧阳修编《新五代史》之例,严守《春秋》笔法,另编撰一部元史,以申封建纲常大义而正人心是非。

光绪二十八年(1902),曾廉被黜职贵州黎平,筑室客居当地,集中精力整理有关元史研究的资料,改编《元史》,编成《元书》,于宣统三年(1911)刊刻行世。《元书》一百零二卷,其中本纪十五卷、志十卷、列传七十六卷、自序一卷。为纪传体史书。记述自元太祖元年(1206)至元顺帝至正二十八年(1368)间史事。曾廉将搜集《元秘史》、《续通鉴》、《辽史》、《金史》以及元人文集、碑传等,将元代历史重新改编为该书。认为元亡于纲常礼教隳坏,故力崇儒重道,颂扬科举制度。列传较《元史》有所增益,《儒林》、《隐逸》、《权幸》诸传尤详,另补入其先人仕元事迹。全书除取钱大昕《元史·艺文志》外,皆依《元史》改编。对《元史》缺误亦有所补正,考证文字收入《元史考订》。末为《自序》,叙作者经历外,全录其反对戊戌变法,请杀康有为、梁启超之奏章,充分暴露了他反对变法、反对革命的顽固立场。

曾廉自称,他编撰《元史》的目的,是欲"继麟经之志,而后君臣之位定。君臣之位定,然后邪说不敢肆,而《春秋》之义行矣。"②即效孔子作《春秋》之意,以维护封建名教纲常和统治秩序为己任。因此,他在《元书》中反复宣传那套早已被唱滥了的忠孝人伦之道。他说:"夫有天地,然后有万物,有万物然后有男女,有男女然后有夫妇,有夫妇然后有父子,有父子然后有君臣,有君臣然后有上下,有上下然后礼义有

---

① 《元书》卷102《自序》。
② 《元书》卷97《乱臣传》。

所错。"企图证明夫妇、父子、君臣三纲是与天地共存的万古不变之理，破坏了三纲五常，就是"灭天理而穷人欲"，"于是乎有悖逆诈伪之心，有淫佚作乱之事"，乃至"臣子皆君父，小人陵君子，夷狄侵中夏"，天下大乱，"而人类亦渐灭以尽矣，岂不哀哉！"①总之，他认为古往今来的治乱兴亡关键莫不系乎此中。

他强调，稳定封建统治秩序的基础，首先是提倡忠孝。"夫孝者，天地之经也，地之义也，民之行也……故孝弟为人之本，而求忠臣必于孝子之门。"②"可以达，可以穷，可以亲，可以疏，可以生，可以死也。""故人子未不孝而可以事其亲，人臣未有不忠而可以事其君者也。"③而背弃忠孝，而必然导致人伦扫地，犯上作乱，天下分崩，生灵涂炭的大祸，因而对此类"邪说"非加以遏止不可。

《元书》主要依据《元史》删定而成，其总篇幅较后者少得多，惟对那些直接体现封建纲常思想的内容或类传，不仅不删削，有时还极力加以扩充。如《元书》对《元史》中的长篇奏文、诏旨、言论，大抵不录原文而仅取其大意，但对姚枢、许衡、窦默等一些元朝大儒传则洋洋数千言，凡宣扬儒学和三纲五常之道的奏文都尽量照录不删。至于忠节(《元史》作忠义)、孝义(《元史》作孝友)、列女等类传内容，较之《元史》相应类传还大为增加，除了把原来不属这些传的某些列传人物拦入其中，还从其他资料中搜集了不少传记来充数。《元史》中，《孝友传》原为一百零五人，《元书》增为一百五十六人；《列女传》原为一百零七人，《元书》增至一百六十余人；《忠义传》原仅八十五人，《元书》则增一百六十余人，几为前者的二倍。他还生怕别人不明其苦心，特在《忠节传》中点明，这样做完全是为了"以终孟子息距之意，以回猛兽洪水之害"。

同时，在人物列传的编排上，他也苦费心机地力求表现封建纲常秩序。如《元史》记叙人物生平时，往往顺带简略叙述及其祖、父之事，本

①　《元书》卷94《列女传》。
②③　《元书》卷92《忠节传》。

无为其祖先立传意,有的则属附传性质。曾廉对此却大不以为然,他认为父为子纲是自古圣人明训,《元史》某些列传意以子为主,以父为附,岂非荒谬,故特在《元书》中一一纠正。如《元史》本无班都察传,仅于卷一二八其子土土哈传中顺带叙及,曾廉《元书》则特立班都察传,其子土土哈附之,但内容却较《元史》毫无增加。又《元史》卷一二九李恒传附其父李惟忠事,而《元书》则以李惟忠为主,附恒传。其实,这些人的父兄本无甚事迹,仅数字,甚至有的仅一行(如完泽之父线真),根本不值得立传或无法立传,但曾廉却顽固坚守"父为子纲"的信条,足见其封建正统史观和封建伦理观是根深蒂固的。

在处理历史事件和人物评价上,曾廉更是极力仿效"《春秋》笔法",以褒"忠直",斥"奸臣"为宗旨。他在《元书》苏天爵传中据其他资料补入一篇论修史之疏对其中所说的"作史者本欲记载贤能,用为法劝……或人子事亲如玉祥之孝感,或义士赴难若南霁云之杀身,并宜登载于篇,以为将来之鉴"。而"奸臣贼子之事"亦当载入史书,以"诛奸谀于既死,发潜德之幽光"等语,深为叹赏,称其所论"可谓审矣"。从这一观点出发,《元书》中的史论几全从褒贬着眼,如对李黻、泰石华、星吉、福寿、余阙、董博霄、道童、石抹、宜孙等被元末人民起义所攻杀者,不管其平日行事如何,即使劣迹昭彰,都一概称赞不置,说是"亡国之道,亦效死而已矣,复何道哉!"①认为元末统治虽已腐败将倾,然为人臣者,仍当效之以死。甚至如陈友定这样的人物,平日横行霸道一方,但由于他始终效忠于元朝,最后为朱元璋擒杀,因而也受到曾廉的褒扬,说:"友定始颇跋扈,终完臣节,桑榆之收,亦有元忠臣之殿也。"②至于燕铁木儿这样的权臣,既然参与杀害天顺帝阿速吉八,以臣弑君,当然应从一般传中取出而贬入《乱臣传》,"以儆夫人臣有异志者"了。③

---

① 《元书》卷82《李黻臣传》。
② 《元书》卷83《陈友定传》。
③ 《元书》卷97《乱臣传》。

由于曾廉评史论事仅从褒忠斥奸着眼,对历史事件的评价和分析往往只能就事论事,浮在表面,显得十分浅薄。

如对元代漠北诸王屡屡割地称雄,或起兵反抗朝廷,企图夺取中央政权,以致造成战祸频连的原因,魏源在《元史新编》曾作过探讨,说:元代"漠北之地极于北海,皆属亲藩,中外一家,轹轶旷古,而衅起萧墙,世为敌国,与元代相始终,宗子维城之固安在哉?"认为元代建封藩之国,本欲与中央朝廷互为犄角,巩固其统治力量,殊不知封藩权力过重反成为威胁元中央政权的离心割据势力,可见这种"宗子维城"的做法不可取。魏源的这一认识,确有一定的道理。但生活在魏源之后的曾廉反而无此认识。他在批评河平王昔里吉(蒙哥大汗之子、忽必烈之侄)乘海都反元世祖忽必烈之机,起兵作乱时说:"昔里吉直好乱耳,所谓其父杀人其子行劫者也。曾亦思其父之得国义乎不义乎? 孰作之俑,而何足以怨世祖哉!"①仅仅以"好乱"去指责昔里吉等人的分裂活动,并把元代封藩国起兵作乱,视为蒙哥大汗恃强夺取大汗之位,得国"不义",破坏了封建伦常纲纪,产生了恶果。其实,上述历史现象的产生,在很大程度上是由于元代的经济、政治制度决定的。元代西北诸藩王,不仅在各自的封地内拥有很大的实际权力,而且直接掌握着相当数量的军队,加之这一地区的经济条件,民族和语言习俗等与中原地区存在不少差异,故一旦条件成熟,便很快造成各自独立,互争雄长的局面。曾廉的认识,不仅毫无接触历史实际,较之魏源的见解也浅薄得多。

又如《元史》对致和元年(1328)图帖睦耳与燕铁木儿攻杀天顺帝之事,系据《元实录》记载,因而颇有忌讳,凡天顺帝亲信诸臣若侧剌沙、兀伯都剌等均不列传,且于泰定帝本纪中力加贬斥。魏源对此深为不满,特在《元史新编》中立《天历交兵诸臣传》,以燕铁木儿和侧剌沙各为一方立传,既增补了侧剌沙等事迹,又讲清了整个事变的经过。曾

---

① 《元书》卷42《三宗诸王传》。

廉则仅从表彰忠节出发,添补了几个死于天顺之难的所谓"忠臣义士"传,两者相比,不仅叙事不如《元史新编》,史识更加低庸。这类固守于《春秋》褒贬之义的史法,除了散发出浓厚的封建正统史观气息外,实际上较《元史》的记载,并无什么见长之处。

二、总结元代兴衰的历史经验,为清廷维护统治提供借鉴

曾廉编撰《元书》的又一主要目的,是为清廷提供元朝灭亡之历史借鉴。他说,蒙元以游牧部落兴起于漠北,数十年间,灭国四十,威震四海,"盖自古以来,用兵未有如元之坚悍者也。然平宋以后,兵反脆弱矣。至于季世,张士诚以十三人横行江淮而不能制,迹其所以盛衰,亦古今得失之林也。"[1]他认为:"自古得天下之道在于知人,君相有知人之明,乃可以尽天下之才而为天下用。是故善为天下者,惟以知人为务,何则? 其治乱皆系于此也。"[2]蒙元兴起漠北,所向无敌,除了成吉思汗、窝阔台、忽必烈等人的雄才大略外,而其主要的原因就是广招人才,知人任善。如成吉思汗"明于求术才,近则辽金,远则西域,仇敌之裔,俘囚之虏,皆取为爪牙心腹⋯⋯遂一宇宙,不亦宜乎!"[3]而忽必烈之统一中国,建立元朝,安定社会秩序,也与起用姚枢、许衡、窦默等一批贤能儒臣有很大关系。

对元朝中期国势日衰,以致不及百年而亡的原因,曾廉也提出了一些看法,认为主要在于:

(1)政令不修,赏罚不公,致使人心渐失。曾廉在《元书》卷六十八张珪传中专门引录了其批评时政的一篇奏疏大意,其中列举朝廷执法不明,使奸邪逍遥法外,忠良抱屈未申的种种事实,以为此将导致"民怨神怒"。并指出:"由珪之言观之,则可知元政之弊矣。"[4]表示十分

---

① 《元书》卷 25《兵刑志》。

② 曾廉:《蠡庵集》卷 8《萧何请用韩信为大将论》。

③ 《元书》卷 1《太祖纪》。

④ 《元书》卷 24《陈何程张传》。

赞同。因此,他在编《元书》时有意对有关这方面的内容作了些充实。如元仁宗时张养浩曾上疏万言,批评时政,《元史》仅录其赏赐太侈、刑禁太疏、倖门太多、风俗太靡、异端太横、取相之术之宽等十目,曾廉则据其他资料,在《元书》卷七十二张养浩传中补叙了十目的具体内容达二千余字。同卷又增入《元史》、《元史新编》等未收的徐毅传,记其累上奏疏,针砭时弊,要求清吏治、严选举、裁冗官、选台谏等事。这些,都旨在强调这一看法。

(2)风俗奢侈,取敛无度,终至民贫国弱。曾廉认为,蒙元初兴时,衣食风俗厚朴,"大抵人魁壮猛而善骑射,故能精强力战,所向无敌,非其人异,亦坚扑之多义也。入中土既久,食稻衣锦,筵备水陆之品,堂室所陈,必有地衣壁带,金玉以为酒器,异珠名宝以为妇人之饰,于是纯风衰,市道盛……民贫而国瘁矣。"①由于进入中原后,蒙古统治集团生活日趋奢侈,挥霍无度,滥施赏赐,使之元代财政一直危机重重。为了弥补国帑亏空,元政府往往采用滥印交钞、理算、垄断专利等法,大事敲剥百姓,搞得天下怨愁不堪。到顺帝一代,生活上更是荒淫糜烂之极,终致"纲纪大坏,此天下之所以土崩瓦解也"。②

(3)统治集团自相倾轧,严重削弱了统治力量。元代,统治集团内各种政治势力盘根错节,不断相互倾轧残杀,仅顺帝朝,便连续不断地发生脱脱与伯颜、孛罗帖木尔与扩廓铁木儿之争,势同水火,争战不休,迄于元亡。曾廉对此深为感触,说明元朝贵戚大臣往往"妒功疾能,胜则相争,败不相救"③,勇于阋墙,以致"擅兴兵戎,脱脱因是殒身丧家,而激孛罗、扩廓之斗,如人之有肢体而构之伤残,崔毂未成而社稷墟矣。"④认为这是他们不能一致镇压"群盗"反而被推翻的重要原因。

应当看到,曾廉对元代政治盛衰得失之故的探讨,并非就史论史,有

---

① 《元书》卷24《食货志》。
② 《元书》卷26《后妃传》。
③ 《元书》卷25《兵刑志》。
④ 《元书》卷15《顺帝纪》。

不少实是寄托了自己对清末政治现实的感受而发的。如他对元代政令不兴,赏罚不公和统治集团内相互倾轧的评论,就带有对庚子事变后他们所依附的,以徐桐、刚毅为代表的最顽固封建集团遭到打击的不满和感慨,实质上是要求清统治者汲取元亡教训,联合各种封建势力去镇压正在兴起的革命运动。又如,他在《元书》的一些史论中,一再借机大骂商鞅变法是倡"无父无君"之行,"彼盖惟恐国之不亡,人心之不死,不足以售其心之所欲,而后漫为邪说以惑人也。而其所为大不忠,必自蔑礼逾分始也,亦见其奸矣。而受其惑者遂至漫延天下,神州陆沉,如水益深。"①并危言耸听地说,商鞅以富国强兵说秦孝公变法,殊不知"富强何时而社已屋矣,岂不痛哉!""余于是知秦之所亟灭,而鞅之恶,虽身裂不足以蔽其辜也。"②完全颠倒了历史是非,其口吻与戊戌时上书攻击康有为、梁启超变法为"乱圣人之道,隳忠孝之常经,趋功制之小得"③,如出一辙。为了反对资产阶级改良派提出的"废科举"主张,他在《元书》中喋喋不休地宣扬科举制度,说"自科举兴,进士科独重而朝廷得人亦为盛矣。"④又说:"科举者,国家取士之制,士之登进之贽,又非遂有害于道也。"⑤上述史学观点,与曾廉现实中的顽固守旧思想是一致的。

也正是由于受到封建顽固守旧观点的支配,使曾廉对元代史事的评论分析往往陷入片面,而无法进行更深层次的研究。比如封建统治集团内的相互倾轧残杀,虽然历代都有,这是由于他们的剥削阶级本性决定的。但元朝表现得特别激烈、突出,这显然有其深刻的历史和社会原因。由于元朝是在短短时期内从奴隶制游牧部族迅速发展起来的封建王朝,其制度中还存在着不少奴隶制的残余,特别是以宗法血缘关系为基础的世袭贵族,一直保持着很大的势力,不仅各宗藩亲王在其封地内拥有军

---

① 《元书》卷92《忠节传》。
② 《元书》卷93《孝义传》。
③ 曾廉:《蠡庵集》卷12《应诏上封事》。
④ 《元书》卷31《选举制》。
⑤ 《元书》卷88《儒林传》。

政特权,以军功发迹的勋臣、贵戚、亲军也世代把持朝廷实权,从维护各自的既得利益出发,这些势力总是相互结成各种政治派别集团,排斥异己,或者利用各系宗之争夺皇位的机会,发动政变,攫取更大的权力。加之朝廷中蒙、汉、色目商人地主集团的矛盾呈现出一种极为错综交叉的局面,由此导致了元代宗王之间、贵族大臣之间,蒙、汉、色目官僚之间此起彼伏的政治倾轧和血腥残杀。但曾廉却把这种现象的产生简单地归结为某些大臣们品行不端和好妒贤嫉能之故,这种见解,当然无法从经济和政治制度上去揭示其根源,甚至不能解释同样被他认为是贤相的脱脱和贺太平之间为何也会发生倾轧。又如元统治者实行的民族歧视压迫政策,显然是使元代社会矛盾激化和元亡的重要原因。魏源在《元史新编》中就已一再作过揭露,但曾廉对这一易于引起清廷敏感的问题却极力回避,不得已时,书中也仅一笔带过,其用意是欲掩盖清末日趋尖锐的民族矛盾。可见,阶级偏见,已使他不敢去说明某些历史事件的真相了。

综观曾廉其人,政治和思想是保守落后的,其治史尚春秋笔法,除编著《元书》外,尚有《元史考订》、《禹贡九州今地考》、《蠡庵集》、《续集》、《续集录遗》等。《元史考订》四卷,成书于编著《元书》同时,考订结论多收入《元书》,对《元史》缺误有所是正,然而作者偏于褒贬史事是非,忽略史实文义,所据史料又不外旧籍,考证亦多武断之处,不为元史研究者所重视。

第二节　柯劭忞的元史研究

一、柯劭忞生平和《新元史》的编撰

柯劭忞(1850—1933),字凤孙(荪),晚号蓼园。山东胶城人。出身经史世家,对经史颇有研究。

柯劭忞于同治九年(1870)中举人,光绪十二年(1886)中进士,授翰林院庶吉士。其后曾历任翰林院编修、翰林院侍读、国子监司业、湖南学政、湖北及贵州提学使、学部左丞、资政院议员、典礼院学士、国史

馆纂修、京师大学堂经科监督总监和山东宣抚史等职。辛亥革命后,柯劭忞以清廷遗老自居,被选为参政院参政、约法议员,皆不就职。1919年袁世凯设清史馆修撰清史,派吴缪去青岛,拟聘赵尔巽为清史馆总裁,于式枚、刘廷琛为副总裁,赵尔巽欣然赴京赴任,于、刘二人却不肯就职,乃选柯劭忞、王树相、吴廷燮、夏孙桐为总纂。《清史稿》尚未修成,赵尔巽逝世,由柯劭忞代清史馆馆长,至1927年修成。1925年,柯劭忞担任东方文化事业总委会委员长,主持续修《四库全书提要》,并由他整理经部《易经》类。

柯劭忞一生主要从事文化工作和学术研究,政治和思想保守,1933年病逝于北京。他精通经史和文学,著述颇多。在史学方面,他几乎用了毕生精力从事蒙元史研究,著有《新元史》、《译史补》、《新元史考证》,以及《文献通考注》(未刊)、《后汉书注》(未刊)。在经学方面,著有《春秋谷梁传注》、《尔雅注》(未刊)、《校刊十三经附札记》(未刊)。在文学上,他继承清代桐城派学风,著有《蓼园诗钞》、《蓼园文集》(未刊)。

他的学术成就和影响主要是蒙元史的研究。他以编撰《新元史》闻名海内外。1921年,时任大总统的徐世昌颁布"大总统令",援《旧唐书》、《旧五代史》例,将《新元史》列入正史,并出资由天津徐氏退耕堂出版(初刻本)。1934年,开明书店出版《二十五史》,收入了《新元史》。虽然柯劭忞《新元史》出版较晚,但作者研究和编撰该书始于辛亥革命前,其编撰目的和史学思想反映了当时历史特点,故《新元史》当为辛亥革命前后史学思潮来评述和研究。

《新元史》二百五十七卷,计本纪二十六卷,表七卷、志七十卷、列传一百五十四卷。为纪传体史著。全书总体结构基本上与《元史》相同,在局部上对《元史》内容结构作了一些增删和调整改动。《新元史》本纪共二十六卷,与《元史》相比,增立了《序纪》和《昭宗纪》。《元史》《顺帝纪》被改称为《惠宗纪》。《新元史》表为七卷,其中删去了《元史》中的后妃、公主表,并入《新元史》《后妃传》。《新元史》删去了《元史》诸王表,将其并入宗室世表,新增了《氏族表》、《行省宰相表》。
《新元史》将《元史》礼、乐二志,合并为《祭祀志》。《新元史》列传顺序
改变了《元史》先蒙古、色目人后汉人、南人的民族等级排列顺序,而按
列传人物时代先后顺序排列。《新元史》分《元史》《儒林传》为《儒
林》、《文苑》二传,将《元史·良吏传》改称《循吏传》,《孝友传》改称
《笃行传》,删去《奸臣》、《叛臣》、《逆臣》三传目,并入一般列传,增立
了记载西南少数民族的《蛮夷传》。又将《元史》《外夷传》改称《外国
传》。柯劭忞对《元史》的增删和改动,其史学思想和字里行间无不流
露封建正统主义史家的立场和历史观。

二、《新元史》的史料来源和学术价值

柯劭忞编撰《新元史》,不仅吸取了前人和同时代人研究蒙元史之
长,而且广泛利用中外史料来增补、订正《元史》,具有一定的学术
价值。

《新元史》的资料来源,除利用《蒙古秘史》、《元典章》、《元圣武亲
征录》、《蒙古源流》、《蒙鞑备录》、《黑鞑事略》、《长春真人西游记》、
《辍耕录》、《永乐大典》、《元经世大典》,以及大量宋、辽、金、西夏史料
外,还利用多种蒙元史外国史籍资料。下面就几个重要方面简述《新
元史》资料引用和增补《元史》的具体情况,供研究柯劭忞史学之参考。

(一)参照西方史料,补漏正谬

柯氏根据波斯拉斯特和法国多桑等人著作,对《元史》舛讹阙漏处
多有补正。如在卷首序说中,柯氏根据西籍记载了蒙古建国前的传说
历史,这不仅弥补了《元史》之缺,同时也为学者研究蒙古民族的起源
和演变提供了可资参照的史料。关于元初经略西域之事,《元史》缺
略,洪钧和屠寄的著作补充了这方面的论述,《新元史》依据西籍,参照
洪、屠二人的研究成果,将元初经略西域分别记述于速不台、耶律楚材
等人传中。又如在《氏族志》中,柯氏依据拉斯特对蒙古民族的分类
法,将其分为黑、白、野三塔塔儿的观点,与钱大昕《民族表》的分类完

全不同。对察合台、钦察、伊尔三大汗国的盛衰兴记,《元史》全无记载,洪、屠二家也语焉未详,柯氏在《新元史》中参照西籍,作较详细的论述。

（二）参照《元秘史》补订旧史

《元秘史》是研究蒙古初期的珍贵史料,清乾隆三十八年由钱大昕自《永乐大典》中辑出。魏源《元史新编》采用了《元秘史》,但魏著对元初的一些重要历史人物如博尔忽、赤老温等人的记载仍有出入。李文田著《元秘史校注》,使《元秘史》得以通读,大大方便了学者的利用,后高宗铨又撰《元秘史李注补正》,比李著再进一步,柯氏根据李、高二氏著述,所作博尔忽、赤老温等元初人物列传,比起前人最为详确。柯氏又新增入与太祖为敌的扎木合、王罕、太阳汗等人的列传及元初勋臣如者勒密、答阿里台、亦鲁该等二十余人列传。

（三）参照《经世大典》增补旧史之阙

《经世大典》为元代重要史料,旧史虽曾参照,但当用而未用者甚多。柯氏对《经世大典》重加审择,对旧史的《志》类作了大量的补充。如在《百官志》中,补入覃官、封赠、荫官、注官、守阙、给假、丁忧等重要内容;在《兵志》中加入括马等马政的记载,又加入军粮一门;在《食货志》中,辑补盐、茶、酒、醋、市舶课税及和籴、斡脱、官钱、钞法通行等重要经济史料。又用一卷的篇幅叙述元代海运情况。这些新增补的内容,对于更加全面了解和研究元代典制有重要的学术价值。

柯劭忞对《元史》的增补最多的是人物传记的增加。《元史》列传原有约 1300 人传记,《新元史》增加了 1100 余人传记,增加了将近一倍。在新增传记中,人物面十分广泛。除增写了蒙古宗王、开国功臣、将相大臣外,还增加了包括南宋降臣、元末农民起义领袖、学术思想家和来中国的外国人等各类代表人物。如:南宋降臣吕文焕、范文虎、夏贵等传;汉族重要人物朱清、张瑄、赵天麟、郑介夫等传;史学家马端临、胡三省等传;文化界陶宗仪、丁鹤年、黄公望（画家）、鲜于枢（书法家）、朱震亨（名医）等传;女真族蒲鲜万奴、契丹族石抹咸得等传;元末农民起义领袖韩林儿、张士诚、徐寿辉、陈友亮、明玉珍、方国珍等传；欧洲人谟克博罗(马可波罗)等传。上述人物传的增补，丰富了元史研究的内容和扩大研究的范围。

尽管柯劭忞对《元史》的补缺订正作出贡献，从史料学的角度看也存有不少问题。《新元史》缺漏之处主要表现为：

(一)同一史事，前后屡出

刘知几将此作为纪传体史书一大弊端，《新元史》比较突出。例如，至元三年八月世祖赐高丽国王诏书，《世祖本纪》有记载，复见于《高丽传》和《日本传》中。《世祖本纪》：(至元)三年八月丁卯，"兵部侍郎黑的、礼部侍郎殷宏使日本……又赐高丽王植玺书曰：'今尔国人赵彝来告，日本与尔国近邻，典章文物，有足嘉者。汉唐而下，抑或通使中国。故今遣黑的等往日本，欲与通和，卿其导去使，以达彼疆，开悟东方，向风慕义，兹事之责，卿宜任之。'"《高丽传》："至元三年，帝遣黑的、殷弘赍玺赐植曰：'尔国人赵彝来告，日本与尔国为近邻，汉唐而下，亦时通中国。故今遣黑的等往日本，欲与通和。卿其导使者，以达彼疆，勿以风涛险远为词……有阻去使，卿其勉之。'"《日本传》："至元三年秋八月，世祖选使日本者，以兵部侍郎黑的佩虎符，充国信使，礼部侍郎殷弘佩金符，充国信副使。并赐高丽国王书曰：'今尔国人赵彝来告，日本与尔国为近邻，典章政治，有足嘉者。汉唐而下，抑或通使中国。故今遣黑的等往日本，欲与通和，卿其导达去使，以彻彼疆。开悟东方，向风慕义，兹事之责，卿宜任之。勿以风涛险阻为辞，勿以未尝通好为解，恐彼不顺命，有阻去使，故托卿之忠诚，卿其勉之。'"显然可见，世祖赐高丽诏书内容多次重复，字字几乎毫无二致。再如至元十年二月世祖赐缅王诏书，既详载于《世祖本纪》，复载于《缅传》中。

(二)译音不定，一字数译

《元史》对元代人名、地名的译音随意处置，是为最严重的疏漏之一。《新元史》虽有所注意，但译音不定之处仍然严重。如黑达达、白达达、野达达或黑塔塔、白塔塔、野塔塔：《序纪》："蒙古衣尚灰暗，故称黑达达。其本非蒙古而归于蒙古者,为白达达,野达达,详《氏族表》。"
而《氏族表》:"蒙古氏族……皆为黑塔塔儿。非蒙古人而归于蒙古
者……皆为白塔塔儿……皆为野塔塔儿。"又如也客你敦又作客弥敦;
脱黑脱阿又作托黑脱阿;垂河作吹河;忒尔马塞楞作答里麻失里,或作
答儿麻失里,或作答失麻失里。这些字形不同、字数相当的译名,书中
相当混乱,使读者难以把握真实读音。

(三)人名、地名、纪年、纪事、世系疏误比比皆是

如塔马察之子,据《序纪》为豁里察八蔑儿干,《宗室世系表》则为
豁里察八蔑儿台。"干"、"台"音异,必有一误。又如大理酋长,《宪宗
纪》为段智兴,《世祖纪》则作段兴智,这可能是笔误。

地名之误,如太祖与王罕合攻蔑儿乞,《太祖纪》指为那莫察山,
《脱黑脱阿传》则称在孟察。纪年之误,如速不台征伐篾儿乞,据《太祖
纪》事在太祖十二年;据《脱黑脱阿传》事在太祖十一年。纪事之误,如
太祖与王罕之联姻,据《太祖纪》,太祖不愿嫁女于王罕,王罕不愿嫁女
于太祖,而据《客烈亦王罕传》,不愿与王罕约婚者为桑昆。又如扎木
合之死,《太祖纪》称扎木合为伏诛而亡;《扎木合传》有二说:一为自
尽,一为送于伊而乞歹。此二说,皆与《太祖纪》记载"伏诛"说不同。
世系之误,如孟古帖木儿,据《宗室世表》为昔班曾孙,而据《昔班传》,
孟古帖木儿是昔班六世孙。二者必有一说是误。

(四)取舍删改不当

《艺文志》可征一代典籍文献,有条件者均应列入史著。《元史》未
列《艺文志》,钱大昕补撰了《元史艺文志》四卷,魏源吸取钱大昕成果,在
《元史新编》中有专列,而柯劭忞《新元史》却没吸取和继承前人成果,不
列《艺文志》。或许柯氏于艺文一科未超出钱大昕,不便增写,从史书的
完整性看,即使照录钱大昕《元史艺文志》全文也比不列艺文志要好得
多。又如《元史》《赡思传》中,叙其先世云:"其先大食人",而柯氏《新元
史》则改为"其先西域人"。大食为专名,西域为通名,显然,是不妥当的。

《新元史》根据柯氏自己的主观意图删去了《元史》中有关不少对

研究蒙元史有价值的记载,这是柯氏编撰《新元史》的最大失误。《新元史》全书的总字数少于《元史》的总字数。对《元史》的删略,在其本纪部分自元世祖以下各纪删略更为突出。《元史》本纪主要根据元代历朝实录摘要简编而成,包含有记载蒙元历史的价值较高的原始史料。如删去了不少《元史》关于元代中央官制的重要记载。《元史·世祖纪》载:中统元年(1260)夏四月"立中书省,以王文统为平章政事,张文谦为左丞",这段重要记载在《新元史·世祖纪》中被删去。在《新元史·百官志》也并无元世祖时建立中书省的记载,这样对元代中央官制使读者模糊不清。又如删掉《元史》中一些有关蒙古统治者推行民族歧视政策和防范汉人反抗的重要记载。《元史·世祖纪》载:至元十六年九月"议罢汉人之为达鲁花赤者",《成宗纪》载:大德元年(1297)四月定制,"各道廉访司必择蒙古人为使,或缺,则以色目世臣子孙为之,其次参以色目、汉人";《顺帝纪》载:至元三年(1337)四月下诏:"省、院、台、部、宣尉司、廉访司及郡府幕官之长,并用蒙古、色目人。"这些反映元代首蒙古人,次色目人,再次汉人的民族歧视的等级制度,都被《新元史》一一删去了。作者的用意,是否与当时反满革命形势有关,值得我们去研究。《新元史》还删去了《元史》有关元代蒙古地区和蒙古族的社会经济情况的记载、删去了不少《元史》上有关恢复发展农业生产、屯田、工匠、奴隶等反映元代社会经济方面的重要记载。总之,柯劭忞在编撰《新元史》过程中对《元史》取舍删减的失误,大大降低了《新元史》的学术价值,令人十分叹惜!

三、《新元史》的封建正统史学思想

柯劭忞编撰《新元史》是处在辛亥革命前后社会大变革的时代,但他却没有跟上时代前进的脚步,政治思想守旧、落后,治史停留在封建正统史学思想上,阻碍了他史学向进步方向发展。

鼓吹忠君思想。《忠义列传》云:"昔宋亡其降将入朝,世祖召问曰:'汝等何降之?'易对曰:'贾似道轻侮臣等,故皆无斗志。'帝曰:'此

似道一人之罪,汝主何负焉?'"对此柯劭忞感叹道:"大矣哉!世祖之教忠也。吾观元之亡也,民叛于下而士死其官,捐躯胣糜妻子以赴国家之难者史不绝书,盖过于辽、金之季远甚。呼乎!王者一言之予夺而人心习尚为之转移,岂不诚然哉!作《忠义传》。"

元朝统治覆没于元末农民起义的惊涛骇浪中,清朝统治在辛亥革命中被推翻。两次革命性质虽然不同,但在柯劭忞封建正统史家的眼里,都视为"民叛于下"。他在《新元史》中,咒骂革命者为"叛民",宣扬要为君主尽忠守节,这正是他忠于清廷封建统治的写照。

宣扬官吏专权。《新元史·循吏列传》云:"古者治民之吏事,权一而责任专。县之事专于守,故无所牵制而吏得展其才。至元之官制则不然,县有尹有令;府州有知府知州;路有总管,而皆设达鲁花赤以监之……夫既以达鲁花赤监吏矣,则吏之权已夺于达鲁花赤。使其贤犹将与吏争是非可否而牵制其所为,而况懵于治术者乎……此元之吏治所以日窳而盗贼所以不息欤?"叠床架屋、冗而不精是元代官制的一大弊端,受宋代官制的影响是显而易见的。然而,柯劭忞认为吏权一无牵制方得展其才,这样的官吏大权独揽,清官能有几人!地主官僚的贪婪本性,奸佞之徒权一而专横,没有监察官的牵制,他们肆无忌惮地欺压和剥削百姓,这只能使吏治更加腐败,政治更加黑暗。中国自汉代设立监察官,历代大都沿袭,这虽非治本之策,但一定程度上对吏治起过积极作用。辛亥革命后封建专制制度死灰复燃,人民更加渴望民主政治,在此历史条件下,柯劭忞仍在宣扬封建官吏专权,是与人民的意愿相抵触的。

宣扬陈腐的伦理道德观念。柯劭忞在《新元史》中专立《列女传》,大肆宣扬三纲五常的封建伦理道德。他说:"春秋之义,用夏变夷必自夫妇之伦始。殆谓礼义可以治中国而不可以施之夷狄欤?今为《列女传》则蒙古、色目之族固有以节义显者,而祥哥不剌公主以皇姑之贵,早寡不从诸弟继……"把夫妇之伦提高到"春秋大义"之始的高度,并撷取蒙古族的陈腐习俗大加渲染,显然是反对当时倡导的男女平等和妇女解放思想。在《周术忽妻崔氏传》中,柯劭忞写道,周术忽病亡,其妻崔氏"年二十九,即大恸,誓不更嫁,放散奴仆,躬自纺绩,悉以资产遗亲旧,有权贵欲取之,崔自毁其面,四十未尝妄言笑,人比之古烈妇云。"在《焦三妻易氏传》中描述有一个叫焦三的死了,其妻易氏对做棺材的木工说,"吾夫遗衣甚多,欲悉置之棺,可大其制。""匠信之,易乃入室自缢,遂合葬之。"夫死守节,为夫殉葬,这在当时看来亦为愚不可及的陈腐封建思想,而柯氏却大加宣扬。他在《列女传》中表彰的几十位妇女,清一色的是贞女烈妇,褒贬之中充分表明柯劭忞的封建正统史观是非常顽固的。

柯劭忞的史学思想还充满着极为浓厚的迷信色彩。《五行志·上》云:"太祖十四年夏西征,大雨雪,帝疑之。耶律楚材进曰:'克敌之征也。'明年冬,震雷,帝又疑之,楚材曰:'西域主将死矣!'已而皆然。"柯氏认为,"天之垂戒,无分于夷夏。夷夏虽殊族姓,又无不知天变之可畏者,或乃疑其附会失实,不抑妄乎……然考天变以征人事,则岂有外于洪范之大义者哉!"类似这样的迷信思想,在《新元史》中还有大量篇幅记载灾异符瑞等封建迷信内容。

综观《新元史》,其史学思想十分守旧,很少可取之处。

第三节　屠寄和蒙元史研究

一、屠寄的生平

屠寄(1856—1921),字敬山,号结一宧主人。江苏武进(今常州市)人。

屠寄的故里常州,是清代常州公羊今文经学派兴起之地,他自幼接受封建传统教育,并受到常州学派倡导的经世致用思想的影响。他年十九入府学,二十四岁居家教读,始治小学,兼治《史记》、《汉书》,二十七岁进京参加顺天府乡试,未遂,应伯雅书院之聘留京教读。① 初与缪

---

① 《先君敬山先生年谱》,由屠寄孙屠子寿提供家藏油印稿本。

荃孙结识。光绪八年（1882）缪荃孙编《光绪顺天府志》，屠寄协校对。① 光绪十一年（1885），他改入大兴县籍应试中举，始更名寄。先后应聘赴江西、湖北参与典试阅卷。光绪十四年（1888）应两广总督张之洞之聘，担任广州广雅书局襄校兼广东舆地局总纂、广雅书院教习。历时二年，编成《广东舆地图》，并与缪荃孙等整理《宋会要》，仅成《职官》、《五礼》两科而中辍。② 光绪十九年（1892）春赴京会试，中进士，被选为翰林院庶吉士。光绪二十年（1894）任工部主事，兼五城团练局总稽察。第二年，奉命赴黑龙江查办漠河金矿，之后因黑龙江将军恩泽挽留，委任黑龙江舆地图局总纂，主修《黑龙江舆地图》和《图说》。戊戌变法失败后，屠寄主要从事于教育。初应程仪洛聘至扬州仪董学校任总教习，未逾年因缺款而停办。光绪二十九年（1903）管学大臣张伯熙（樵野）奏派屠寄为京师大学堂正教习，任史地讲习。时因副管学大臣荣庆与张伯熙不合，"百熙一意更新，荣庆时以旧学调剂之。"③屠寄因卷入矛盾中，与荣庆有"违言"④，次年被解职，改任奉天大学堂总教习。光绪三十一年（1905）冬返京，奉调任浙江淳安县知事。在该县开办初级师范学校，他亲自兼任校长，吸取西法，改革教育，顽固派攻击他为"洋翰林"。光绪三十四年（1908）任浙江巡抚冯汝骙抚幕文案及学务公所提调。次年，先至江宁入两江总督端方督幕，旋又应张謇之聘，出任南通州国文专修馆馆长。

辛亥革命爆发，他回到常州，与长子孝宽（曾留学日本、同盟会会员）在常州组织地方力量参加光复活动。常州光复，屠寄被推举为武进县民政长。1913 年，袁世凯为加强窃取权力，废除各地民选长官制，委派屠寄为武进县知事。屠寄不满袁世凯复辟帝制活动，遂辞职回乡，专心于从事蒙元史研究，集多年精力，完成《蒙兀儿史记》的编撰。此

---

① 缪荃孙：《艺风堂文集》卷 4。
② 缪荃孙：《艺风堂文集》卷 4《光绪顺天府志序录》。
③ 《清史稿》卷 439《荣庆传》。
④ 《年谱》光绪三十年。

外,他的著作还有《京师大学堂中国史讲义》、《国朝常州骈体文录》、《结一宦骈体文》、《结一宦诗略》等。

二、《黑龙江舆地图》、《黑龙江舆地图说》的编纂及其爱国主义史学思想

屠寄在主持《黑龙江舆地图》编纂时,受曹廷杰编撰《东三省舆地图说》的影响,并接受曹廷杰提出的"实边御夷"的爱国主义思想。曹廷杰在边疆史地研究方法上,认为"非图不明,非说不显,非准之经纬度数,则方隅里到必多不合",主张亦图亦说,互详互证。他的思想和方法为屠寄继承和发展。

光绪二十三年(1897)夏,屠寄率领同局人员出外考察,结合考察着手"测绘所旁涉奉天、吉林、内外蒙古及斡鲁速属鲜卑儿亚毗连之地。"①历二年,《黑龙江舆地图》和《图说》修绘成书。按曹廷杰的编纂方法,将测绘所得著为"图"、"说"二册。"图"中旧疆新界悉注,"说"中详其沿革。屠寄自谓:"此图山水沿革即注于图,可为考古之一助。五年心力,尽瘁于斯,至于准若形势,山水曲折,可信者十之八九,于中国各省中似为较可。唯山非云线,水皆双钩,限于馆章,不能与西图相比。"②

《黑龙江舆地图》和《图说》具有历史地理沿革的性质,而清代治边疆地理学者大多采用这种编纂形式。梁启超说:"清儒之地理学,严格论之,可称为历史的地理学,盖以便读史为最终目的,而在研究地理不过其一种工具,地理学仅以历史学附庸之资格而存在耳。"③屠寄对历史沿革地理学也有所评论。他在《新斠刻李氏历代地理沿革图后叙》中对李兆洛所著历史地图倍加称赞,并提历史沿革地理有"三益":"贡赋朝聘,疆域索定,可以通经,一益也;霸朝王朝,陞攸幅制,可以考史,

---

① 《蒙兀儿史记·凡例》,1934 年毗陵屠氏结一宦刊本。
② 《艺风堂友朋书札》(上)。
③ 梁启超:《中国近三百年学术史》,《饮冰室专集》第 17 册。

二益也;战胜攻守,审端经术,可以知兵,三益也。"提出沿革地理学可以"通经"、"考史"、"知兵"这三个作用,充分表达了他的经世致用的爱国主义史学思想。

《黑龙江舆地图》、《图说》正是在这种原则下编著而成的。测绘中每当接触边界问题,他对沙俄的领土扩张表示极大义愤,说:"黑龙江之左,外兴安岭之阳,自安巴格尔必齐河东至毕占河,本咸丰八年前中国旧地,遵馆章绘入,示不忘本,今特别之曰旧界。"①又说:"黑龙江左岸自咸丰八年之后彼国经营……屯站电线官署兵房,未便列入中国图内……底稿图中则仍详载以备参考。"②屠寄站在爱国主义立场上,多次提及咸丰八年(1858)沙俄威逼清政府签订的《中俄瑷珲条约》,在绘图时特别详细记载了被强占的土地,以"示不忘本"。《图说》中又有《入发库门道》、《入喜峰口道》两篇,发库门位于盛京奉天库厅(今辽宁法库县),喜峰口是直隶永平府(今河北迁西县)的要塞,都不属于黑龙江省范围,屠寄详著于册,完全是出于沿革地理必须益于"知兵"的原则,表明他的爱国主义思想已发展为自觉抵抗外国侵略的高度。

屠寄在黑龙江五年,还撰著有关东北、西北历史地理著作。他在给缪荃孙信中说:"顷集得《黑龙江水道记》六卷(例仿徐星伯《西域水道记》)、《黑龙江驿程录》三卷、《柳边考古录》(详于吉林),颇发前人未发之藏。"又说:"近年词章之学少废,颇考订西北、东北边地……近撰《元秘史地理今释》一书,合诸公之说,证误释疑,似不无微长,将脱稿矣(凡十二卷)。别撰《黑龙江驿程录》四卷、《柳外归程录》一卷,后录于辽金元东北疑地,多所诠释,为小方壶斋主人取去。"③另有《元秘史注》十五卷、《洛阳伽蓝记注》五卷、《校勘记》五卷、《东陲释地诗》七十一首。④ 可惜这些著作大都没有流传下来,但从刊印著作看,足以证明

――――――――――

① 《结一宦骈体文·新斠刻李氏历代地理沿革图后叙》卷1。
② 屠寄:《黑龙江舆地图说》,《辽海丛书》本。
③ 《艺风堂友朋书札》(上)"屠寄二十七"。
④ 据《年谱》所言,此系1900年南归途中经由内蒙古草原时遭劫散失。

屠寄对边疆地理的研究无疑是继承道咸以来徐松、祁韵士、魏源和曹廷杰等人经世致用的优良传统,并有所发展。

屠寄研究边疆历史地理为其后转治蒙元史研究打下了雄厚的基础。

屠寄在东北多年,往来蒙兀儿草原数次,虽职务冗繁,但仍刻苦治学,在研究东北边疆历史地理时,广搜辽、金、元史旧籍,接触了不少蒙元史料,包括《元史》、《元秘史》、《边塈纪行》,以及时人称为"绝作"的《元史译文证补》。祁韵士、徐松、张穆、何秋涛、李文田等人的有关著作也经常参阅。他从大量史料和实践中尤感于《元史》记载的史事讹误甚多,唤起了他重修元史的强烈愿望。其子孝宦说:"先君究心史地之学,历有所年,每病辽、金、元三朝史事荒疏,东北地理误舛不治,慨然有重修元史之志,频年索究,渐有门径。"①屠寄自己说:"《元史》之纰缪真出人意表,将来非重修不可,寄特为之整理而已。"②这是屠寄由治边疆历史地理转治蒙元史的原因之一。

在中日甲午战争后,由于民族危机的加深,其爱国主义思想激发他从事蒙元史的研究。早在道咸年间,面对边疆危机,一部分具有爱国思想的地主阶级改革派官吏和知识分子,忧心忡忡,在呼吁改革时弊的同时,急切地需要对西北、东北、蒙古地区的地理沿革、历史状况有所了解,以为议边防、办外交之资。他们并且注意研究现实提出的问题,开始重点在于研究西北、蒙古和东北边疆历史地理沿革,后逐渐注重蒙元史的研究。正如梁启超所说:"大抵道咸以降,西北地理与元史学相并发展,如骖之有靳,一时风会所趋,士大夫人人乐谈,如乾嘉之间竞言训诂音韵焉。而名著亦往往间出,其大部分工作在研究蒙古,而新疆及东三省则其附庸也。"③徐松谪戍伊犁,将实地考察所得材料撰成《西域水

---

① 《年谱》光绪二十三年。
② 《艺风堂友朋书札》(上)"屠寄二十九"。
③ 梁启超:《中国近三百年学术史》,《饮冰室专集》十七。

道记》、《新疆识略》、《汉书西域传补注》等书,并企图重修《元史》而未能如愿。① 龚自珍也十分注意蒙古、新疆问题的研究,曾撰《西域置行省议》,力主加强对新疆的管理,又编撰《蒙古图志》,可惜毁于火灾,仅留存若干序表。魏源有感于"鄂罗斯兼并西北,英吉利蚕食东南"的形势,著《海国图志》和《元史新编》,以历史地理研究作为经世致用之学。邓廷桢也撰《蒙古诸部述略》。继后,有张穆的《蒙古游牧记》问世,是书既"陈古义",又"论今事",是一部以蒙古各盟族为单位的史志体历史地理著作,尤详于明清之后蒙古演化之迹,稿未竟而卒,由其友何秋涛续成。何秋涛又撰《朔方备乘》、《圣武亲征录校正》等著作,于西北地理、蒙元史研究颇有成就。

屠寄正是在前人治边疆历史地理的基础上,并继承道咸以来蒙元史的传统和成果,经过几十年之刻苦研究,最后终于完成《蒙兀儿史记》的编撰。

三、《京师大学堂中国史讲义》及其历史进化思想

戊戌变法时期,康有为、梁启超等人宣传维新变法的改良主义思想对屠寄颇有影响。满怀爱国主义思想的屠寄,看到中日甲午战争后被外国侵略者瓜分,十分痛心。他认为要改变这种危机状况,就必须"索国之自强"。自强的关键是急于培养大批有卓识的有才之士,而养人才则以"开民智"为先。何以"开民智"呢? 主张要落实两件大事:一是兴教育,自京师至行省创设学堂,讲习中外政学工艺;二是译洋书,以欧美、日本各国近百年历史地理为主,使人人得窥"泰西"、"东国"变法之由与致用之实,观其"中外兴衰治乱得失之故"。光绪二十三年(1897)戊戌变法前夕,屠寄第二次赴黑龙江途经上海,应同里恽积勋之聘,为其创办的《译书公会报》②作"序"说:"索国之自强莫急于养才,养才之

---

① 魏光焘:《元史新编叙》曰:"近世嘉定钱氏,大兴徐氏皆有皆重修,并未卒业。"
② 《译书公会报》1897 年创办于上海,周刊,恽积勋等任总理,章太炎等为主笔。

道莫前于开民智,此天下之公言也。自日本有事以来,我朝廷上知中国人才不足于用,内自京师,外暨各行省,通都大邑,创设学堂,讲习中外政学工艺,以为不如是不足以开民智似也……民智之开尚难,养才之道尚隘,用才之地仍不足。则欲推广学堂教养之法,使中国识字俊民,人人得窥泰西、东国变法之由与致用之实,诚莫如译书矣。但以前同文所译,偏重法律,上海江南制造局及天津水师学堂所译,类多兵家之言……吾党同学之士有见于此,则益购欧墨各洲近百年中列国之史与国别之史,舆地之图,日本维新以来所出之书,皆彼通人撰述,首尾完具,依次译印中文,分句传布。凡我中国识字俊民,即不必作参军之蛮语而尽通列国之方言,倘好学深思,其于中外兴衰治乱得失之故,比例明而分数见矣。"①译书公会成立于戊戌变法前夕,所译之书,多为介绍西方近代历史、政治的"近时切要之书。"②无疑是配合资产阶级改良运动制造舆论的。屠寄反复阐述的"开明智"思想与梁启超、严复等人的主张相一致,具有改良主义者"民智决定论"和"教育救国论"的倾向。戊戌变法失败后,他一度仍宣传"我心维新",说明这一时期他受资产阶级改良主义思想的影响是较深的。

　　《京师大学堂中国史讲义》是屠寄于光绪二十九年(1903)至三十年(1904)间执教京师大学堂时所编写的中国古代史教科书。当时,京师大学堂颁行了《暂定各学堂应用书目》,其中规定中国史学门的教材为鲍东里《史鉴节要便读》、潘世恩《读史镜古篇》,普通学书室本日译《普通新历史》、广智书局本日本市村瓒次郎著陈毅译《支那史要》、东文学社本那珂通世《支那通史》、振东室日本河野通之辑《最近支那史》等书,学堂适用的中国通史教材,非古即洋,没有一本中国当代学者的著作。屠寄对此极为不满,奋然自编一本《中国通史讲义》,可惜仅成二编九章,从传说时代叙至春秋时期,未及编完就离开了京师大学堂。

---

① 《译书公会报》第 1 期。
② 《译书公会章程》第 1 期。

但书中运用历史进化观点解释中国古代历史，标志着屠寄史学转向为资产阶级改良主义史学。

《中国史讲义》明显的受西方进化论影响。是书编著宗旨，即为阐明"草昧以来人群进化之理"。① 屠寄以进化论阐述中国历史（古代）具代进化过程，认为传说时代至唐尧虞舜为太古史（第一编）、唐虞至春秋时期为上古史（第二编）。每编又分成若干章，如太古史分成《自开辟至叙命纪》、《自钜灵氏至神农》、《自黄帝至帝挚》、《人民开化之变》四章，上古史又分为《唐虞》、《夏后氏》、《商》、《西周》、《春秋之世》五章。各章下又共分成三十三小节。屠寄在叙述这一时期历史时，参考利用了传说的"命历序"古史系统，即认为"相传自开辟鸿蒙至西狩获麟（公元前481年）共经历了二百七十六万年，分为十纪"："一曰九头纪，二曰五龙纪、三曰摄提纪、四曰合雒纪、五曰连通纪、六曰叙命纪、七曰循蜚纪、八曰因提纪、九曰禅通纪、十曰疏讫纪"。②

"命历序"十纪说古史系统，最早已见于三国魏张楫的《广雅·释天》篇，以后，晋皇甫谧撰《帝王世纪》曾经运用。南北朝时期无名氏著《春秋纬》③三十卷，其中一篇题目就是"命历序"，因对这个系统详尽发挥而以此命名。以后许多著作如梁元帝萧绎《金楼子》、汉郑玄注唐孔颖达疏《礼记正义》、宋刘恕《通鉴外纪》、罗泌《路史》、元金履祥《通鉴前编》均采了这个系统。严格说，"命历序"古史系统带有谶纬神学色彩，属于纬书一类。但后来参用者众，言人人殊，多对此重新解释，从而成了古史表述的常见系统。屠寄所以参考利用"命历序"系统，其理由有二：一是他从比较历史学的角度，提出"命历序"中的"十纪说"，与古巴比伦古砖上所载洪水前有十皇相

---

① 屠寄：《中国史讲义》第一编第四章《人民开化之变》，京师大学堂铅印线装本。
② 屠寄：《中国史讲义》第一编第一章《自开辟至叙命纪》。
③ 据《隋书·经籍志》，原书已佚，《古微书》及《玉函山房辑佚书》有辑本。

继四十三万年之说相似，企图从中寻找某些规律。二是此系统虽有荒渺之嫌，但如果去迁取信，还可以用以证明"草昧以来人群进化之理"。他自己说：

> 孔子作《易》，称庖羲、神农、黄帝，而删《书》断自尧以来。太史公作《五帝本纪》始于黄帝，诚哉其慎也。然九头诸纪，事迹虽荒渺，其名号往往见于故书雅记，及巴比伦神王系表，东西数千里，时隔五千年，何其不谋而合若是！然则秦汉以来诸家传述尚不尽证，且其所称，颇足征草昧以来人群进化之理。今删其怪迁之说，取其尤雅驯者著于篇，一二私见，附以自注。若乃年世多寡，姓氏异同，言人人殊，无暇聚讼，略以金氏履祥《通鉴纲目前编》为次，酌以刘恕《外纪》，好学之士，自能参考之。①

屠寄运用历史进化观点对"命历序"古史系统重新作了解释。所谓"九头纪"，是言有九人即九首领而非人有九头，自九头纪后历五龙、摄提、合雒诸纪，始教民穴居；叙命纪时"稍立尊卑之别，盖渐成部落酋长之世矣。"②神农氏以前，"天下之人唯知母而不知父"，下自注曰："男女无别，西人所谓杂婚时代，故人知母而不知父"，③等等。他确认历史在时刻变化着，而且是由"草昧"至"开化"，步步向前。屠寄以近代考古学和世界史的知识解释传统的封建古史系统，接触了一些原始社会中"部落酋长制"、"杂婚"制和"知母而不知父"的现象并试图建立自己的一套古史研究系统，这在当时确是创见。

对封建史学尊经泥古学风的否定，可以从几种不同的角度。一种是疑古，打破封建地主阶级历来吹嘘的上古三代理想社会的神话，如资产阶级改良主义者康有为，在总结前代史家疑古思想的基础上，发表《孔子改制考》，提出"上古茫昧无稽"的看法，为资产阶级改良主义运

---

① 屠寄：《中国史讲义》第一编第四章《人民开化之变》。
② 屠寄：《中国史讲义》第一编第一章《自开辟至叙命纪》。
③ 屠寄：《中国史讲义》第一编第二章《自钜灵氏至神农》。

动起了宣传作用。另一种是释古，"删其怪迂之说，取其尤雅驯者"，以此证明"草昧以来人群进化之理"，屠寄的古史研究就是此类性质。他认为"黄帝则固有人，见于孔子易传者不可诬也。"①相信古代曾有过"只知其母不知其父"的时代，肯定古代典籍如《庄子》、《吕氏春秋》、《淮南子》中有关母系氏族的记载，"尚不尽诬"。虽然这两种角度不同，但目的都是为阐明人类社会由草昧、野蛮向文明进化之理。但屠寄的历史进化观主要受中国传统变易思想的影响，其进化思想是琐碎的、点滴的，而未形成自己的史学理论体系。

《中国史讲义》中关于中国人种由来的论述是有学术研究价值的。屠寄在京师大学堂时曾接触了德国人亨德伟良《东亚史》、《印度史揽要》等著作，对其中提到的在当时有代表性的中国人种来源于巴比伦的观点表示怀疑和反对。中国人种的由来，当时有西来说，有东来说，也有南来说和北来说，众说纷纭，不一而足。而西方的资产阶级利用人种起源问题，为他们的侵略行径作辩护，极力否定中国也是人类起源的摇篮之一。按照他们的观点，既然中国人种是外来的，更况文明！这样，对中国的侵略就成了一种"文明"的开发。屠寄出于强烈的爱国主义思想，认为我四亿"黄帝子孙"绝不能"自暴自弃"，"一任他种之宰割"。② 他在当时考古发掘尚未发达的条件下，根据古文献史料分析出与"中国人种西来说"相反的结论。他在《黎民辨》中，宣称中国是人类诞生之一，早在太古时代就有人群生活在这广袤的土地上，古代史籍的"黎民"，就是九洲土著人种。他说："欧洲人自称白种，而谓非洲土族曰黑奴，美洲土族曰铜色人，南洋夷曰棕色人，昔日之黄帝黎民亦犹是耳。"当然不排斥由于种种原因造成的人种迁移，但外来的只是"客种"。屠寄的结论在当时并不孤立，同时代的夏曾佑也否定中国人种来源于巴比伦，而不是属于"蒙古利亚人种"。尽管屠寄的《中国史讲

① 屠寄:《中国史讲义》第三章《自黄帝至帝挚》。
② 屠寄:《中国史讲义》第二编第一章《唐虞》。

义》和夏曾佑的结论不尽相同,但可贵的是,当民族危机沉重之际,他们在辨明史实的基础上驳斥中国人种西来说,显示了强烈的爱国主义精神。

《中国史讲义》在编纂体例上也采用章节体。章节体是当时适应资产阶级史学产生而出现的。当时,中国的学者,在西方和日本流入的章节体史书影响下,开始用这种新的体裁编写中国通史。屠寄从事中国历史讲授和研究,接触了一些西方和日本的史学著作,尤其在京师大学堂与其共事的日本教习服部宇之吉所著的《万国史讲义》等章节体著作,对他产生了直接的影响。因此,他编写的《中国史讲义》,继夏曾佑之后,成为中国近代史学上运用章节体的早期史学家之一。

屠寄的历史进化观点,还表现在对封建正统的"五德终始"历史循环论的批判上。中国历代正史,除《元史》、《新五代史》外,其他皆立《五行志》,阐发"五德终始"学说。与屠寄同时代的柯劭忞的《新元史》也立《五行志》以维护封建正统史学。

屠寄在《中国史讲义·黄帝辨》篇中,专论五德终始历史循环论的荒诞无稽。《史记》中《五帝本纪》和《封禅书》都认为黄帝得土德。然而,"黄帝土德王之说果信乎?"他运用形式逻辑方法,以秦汉之间所谓德统的混乱驳斥"五德终始"的观点。他说:如果按黄帝得土德,夏得木德,殷得金德,周得火德,那么秦代应得水德,黄帝至禹是禅让,故土木相生,以后殷代夏,周代殷,秦代周是征诛,故金与木,火与金,水与火相克,似乎很有道理。但是,为什么秦献公自以为得金德而秦始皇又改为水德,"何其进退无稽耶?"这是其一。为什么秦既自命水德,汉高祖斩蛇时又说是白帝子(金德),而杀者为赤帝子,自命为火德呢?这是其二。汉既是火德,张苍又为什么以黄河决金堤作为汉家得火德之证呢?是其三。结论是:

夫使五德五运之说果有明证,其理宜推之,中外古今而皆信。

而秦汉二代君臣前后无定论,如此则五行家之学不足以公诸天下后世明矣。五行之学既不足信,则黄帝土德之端一言,理亦当废。①

屠寄认为,"五德终始"论神学观点造成了极大的危害,"此不特学界之害,亦人心世道之忧也。"②对于千百年来"以神道设教"的实质,他在后来刊行的《蒙兀儿史记》中多有揭露。《巴黑塔列传》中说:"《易》言圣人以神道设教,以者能左右之,设则假托之义耳。"③"圣人"所以主张神道设教,不过是因为利于左右信徒而已。他看出神学观念作为一种统治术被运用,成吉思汗十一世祖母阿兰豁阿寡居时生孛端又儿,其言夜间一白黄色神人自天窗而降,抚摩其腹遂受孕。屠寄在此下注:"今阿兰豁阿所云,殆袭其故智。神道设教时代,人之心理太抵相同也。"④又说:"自古奸雄崛起,自念德不足以服民,威不足以摄敌,往往假托符命,多见其诞妄……窃谓蒙兀浅化,信鬼尚巫,道之以政,犹恐不革,乃以创业之主,崇奖妖淫,是以终元之世,不绝巫蛊之祸,末始非贻谋之不臧也。"⑤屠寄所以能揭露封建统治阶级假托符命,以宣扬"五德终始"循环论,剥去君权神授的神学外衣,除了近代自然科学发展的客观条件之外,更主要的是他初步掌握了历史进化观点。中国近代主张历史进化论者,如地主阶级改革派魏源和资产阶级改良派康有为等,到后期都倒退为历史循环论。魏源晚年强调"天道循环";康有为晚年主张"三世三重"说。屠寄则不同,他超出了地主阶级改革派和资产阶级改良派的思想阶段,能够坚持历史进化观点,不倒退为历史循环论,这是他史学思想的突出之处。也正是这样,他才具有向资产阶级民主主义思想发展的条件。他对封建历史循环论的批判是形而上学的方法,虽然可以揭露封建统治阶级宣扬"五德终始"的虚妄,但不能触及问题的本质,在其著作中多处仍遗留着天命史观的痕迹。在论述

①② 屠寄:《中国史讲义》第二编第三章《商》。
③ 屠寄:《蒙兀儿史记》卷147。
④ 屠寄:《蒙兀儿史记》卷1《世纪》。
⑤ 屠寄:《蒙兀儿史记》卷24。

天道与人道的关系上,虽然重人事而轻天道,如说"不得谓非人谋之不臧也",但天道人事并重论亦时有出现,如言蒙古享国甚促,"可以观天道矣。"①这认识的局限,与他命定论历史观是有密切关系的。

屠寄承认历史进化的同时,又有历史"运会"观点,强调气运的变化,把时运际会看作事物变化的关键。他以历史上人物的知遇为例,解释"运会",说:老子言道德,辕固言为"家人之书",谷梁喜《春秋》,何休指为"废疾亡说",这显然是由于家法门户之见,"其类不相通也。"至于汉武帝好儒术,进公孙弘而退董仲舒,隋文帝治历法,废刘焯而用张宾,则是"运会奇耦之故",同是鸿儒,同是精于天文历算的专家,适逢"运会"则被知遇,时运际会未至则被废退。屠寄用这种观点分析历史人物和历史事件,他无法理解人类历史进化中必然和偶然的关系,仅仅看到个别的偶然现象,而看不到其中的必然因素,因此,无法解释这些历史现象,于是便归之于时运际会的决定作用,这种"运会"说的实质仍是唯心主义命定论。这种命定论,窒息他的史学思想的发展。

四、《蒙兀儿史记》的史学思想及对蒙元史研究的贡献

《蒙兀儿史记》是屠寄代表性史学著作,是他毕生研究蒙元史的结晶。

屠寄早在光绪十五年(1889),在广州广雅书院、广东舆图局任职时,就开始搜集有关蒙元史的书籍,进行研读。光绪二十二年(1896)至二十五年(1899),他任职黑龙江舆图局期间,在编绘《黑龙江舆地图》和《图说》中,利用考察和研究东北边疆史地同时,更加广泛地搜集中外蒙元史籍,并阅读了《元朝秘史》、《长春真人西游记》、《大清一统志》以及前代学者祁韵士、徐松、张穆、魏源、何秋涛、洪钧等人有关研究西北、东北史地和蒙元史著作,他的治学重点转向蒙元史研究上,用了二十多年时间,编撰《蒙兀儿史记》这部巨著。屠寄于宣统三年

---

① 屠寄:《蒙兀儿史记》卷3《成吉思汗本纪》(下)。

（1911）《蒙兀儿史记》初刻本五十四卷问世。之后随增随刻，他逝世后，由三子孝实，四子孝宦相继整理其遗稿，最后刻印二十八册，共一百六十卷，为毗陵屠氏结一宦家刻本。计本纪十八卷，列传一百二十九卷，表十二卷，志一卷，包括其中十四卷有目无文。新中国成立后，1958年北京古籍出版社重印再版。

　　《蒙兀儿史记》是运用纪传体编写的蒙元专史。屠寄站在资产阶级民主主义立场上，运用历史进化观点总结元朝盛衰兴亡的历史教训，对元朝范围之外的史料进行补充，时间上，详于蒙古族起源、成吉思汗统一漠北诸部等先元四朝史实，以及补充了妥欢铁木儿汗以后政权衰亡的历史线索。地域上，详于蒙古三次西征，建立四大汗国过程及其后王事迹，对西北、东北地理及历代中西交通亦有记载。史实上，对《元史》的讹误有所订正。该书各卷末，作者以"论曰"的形式发表史论，共计百数处，或考政教得失，或褒贬历史人物，或针砭当代时弊，或探朝代兴亡之原因，多为阐发史识和政见的画龙点睛之笔，集中反映了屠寄的史学思想。

　　屠寄从生产的发展上着眼和立论，超出了古文献的条框式封建正统史学的约束，而与资产阶级要求改变现状的愿望相适应。对于反映社会的进化的事物，他总是持歌颂的态度。成吉思汗建立政权后，随着统治区域的不断扩大，接触的高于蒙古族文明地区也越来越多，在汉族封建地主阶级知识分子的帮助下，蒙古统治者逐步改变着自己的原来的统治方式，到忽必烈时最后完成了蒙古贵族政权的封建化，建立了以封建经济为基础的元朝封建统治。正如马克思所说："野蛮的征服者总是被那些他们所征服的民族的高度文明所征服，这是一条永恒的规律。"[1]屠寄在论述这一历史过程中，固然还不能从奴隶制、封建制的高度去分析，但他看到蒙古政权脱离游牧社会而"渐开文明之治"，"以汉法治汉人"，是符合历史"自然进化之理"的。他对窝阔台汗时契丹族上层代表人物耶律楚材主张实行中原税制，以封建剥削方式取代蒙古

---

[1]　《不列颠在印度统治的未来结果》，《马克思恩格斯选集》第2卷，1973年版。

贵族旧有的抢掠杀戮,评价极高。他说:

> 蒙兀初起,专尚武功,无意置相,固游牧人种性也。斡歌歹汗之世,始有官制,别军民,籍户口,定税课,设科举,译经籍,骎骎向文治,思与诸夏同风,实开至元诸政之先路。此谁之功与? 孔子曰:微管仲,吾其被发左衽矣,吾于耶律楚材亦云。①

屠寄看来,蒙古民族的发展较汉族为晚,"其俗行国,逐水草游牧,与古匈奴、鲜卑、突厥同。"②蒙古统治者采用原汉族地主阶级的统治方式,本身就意味着一种进步。因此,他高度称赞忽必烈汗"以汉法治汉人"的方针。他说:

> 汗目有威稜而度量弘广,知人善任,群下畏而怀之。虽生长漠北,中年分藩用兵,多在汉地,知非汉法不足以治汉民,故即位后引用儒臣,参决大政,诸所设施,一变祖父诸兄武断之风,渐开文明之治。③

忽必烈汗在"潜邸"时常听到刘秉忠、张文谦、窦默、姚枢等儒臣以"三代汉唐治国之道"的言说,颇受儒家传统思想的熏染。④ 仁宗爱育黎拔力八达汗更是认为:"明心见性,佛教为深,修身治国,儒道为切","儒者可尚,以能维持三纲五常之道也。"忽都鲁、都儿速失、刘赓进、宋儒真德秀《大学衍义》一书,仁宗喜曰:"治天下此一书足矣。"⑤对这些蒙古统治者重视汉族封建文化思想的记载,屠寄是抱着赞扬的态度的。

他以历史进化的观点分析蒙元历史,赞扬社会的发展进步,重视顺应社会发展的个人的作用,指责带有奴隶制残余的分土分民旧制,应当说,这在马克思主义唯物史观传入中国之前,还是比较进步的史学观点。

---

① 屠寄:《蒙兀儿史记》卷48。
② 屠寄:《蒙兀儿史记》卷1《世纪》。
③ 屠寄:《蒙兀儿史记》卷8《忽必烈可汗本纪》(下)。
④ 屠寄:《蒙兀儿史记》卷83。
⑤ 屠寄:《蒙兀儿史记》卷11《爱育黎拔力八达可汗本纪》。

屠寄在蒙元史研究中体现了"五族共和"口号的资产阶级民族平等思想。

蒙古族本身的历史典籍,把蒙古贵族看作天之骄子,同样,近代汉族地主阶级学者,大多数人一旦接触民族问题,则往往发挥"夷夏之防"的春秋大义,跳不出大汉族主义的圈子。与前人相比,屠寄的民族思想(他习惯称为"种族")反映了鲜明的时代特点,辛亥革命时期,孙中山在国内民族问题上提出了"五族共和"的口号,主张各民族在摆脱清王朝统治以后,以平等的地位共同建立民主共和国,对于"民国肇兴,以五族共和、四民平等相号召",屠寄真心拥护,并热情为之宣传。他的民族观点首先表现在对元朝灭亡原因的分析上。蒙古民族起自朔漠,戎马纵横,军事实力的发展和扩张,形成了一个地跨欧亚、威震东西的大蒙古汗国。南宋祥兴二年(1279),忽必烈可汗入统中原,建号"大元"。然而,武功不亚汉唐、疆域远过明清的元朝,仅历十一世凡八十九年(连先元四朝内亦不过十五世一百六十年)就灭亡了。"其兴也勃,其亡也忽",其原因何在? 这是作为蒙元史学者必须认真研究的问题。

魏源著《元史新编》,在论及元朝灭亡原因时说:"蒙古贵族严分畛域,别人四等","内北外南","膏泽之润罕及于南,渗漉之恩悉归于北,致韩山童有贫极江南,富归塞北之怨。"[1]在他看来,元亡于民族之防。当时面临列强瓜分中国之际,魏源站在地主阶级立场上,针对清贵族排挤汉族地主官僚的事实,借总结元代灭亡之教训,呼吁满汉地主阶级消除民族防范,自有其积极的意义。与屠寄同时代的柯劭忞恪守封建正统主义史学原则,其论元灭亡的原因是"帝淫湎于上,奸人植党于下,戕害忠良,隳成其功。迨盗贼四起,又专务姑息之政,縻以官爵,拳以土地,犹为虎傅翼,恣其搏噬"[2],归结于统治者镇压农民起义不力,足见

---

① 魏源:《拟进呈元史新编表》,《元史新编》光绪三十一年邵阳魏氏慎微堂刊本。
② 屠寄:《新元史·惠宗纪》卷26,开明书店《二十五史》本。

其守旧顽固。屠寄的看法既不同于柯劭忞,又比魏源的见识进了一步。他不同意把元朝灭亡原因单纯归结于民族问题。在《妥欢帖睦尔可汗本纪》末有一段全书的最长史论,其中谈到元亡的原因时,说:

> 元之致亡,其道多端,匪可更仆数。由君子观之,则谓蒙兀君若臣百年之内揭橥种族异同有以招之,非苛论也。虽然,种族亦何尝常之有? 有秦汉以降,受命而王者数十,亡国易姓覆宗灭祀者比比也。岂独异种之蒙兀耶?[①]

又说:

> 元有天下百余年而亡之,有清中国二百六十余年而亡,诿之曰胡汉异种不相容也。彼朱明者非华族同种耶,何以二百七十余年亦亡也。[②]

在分析金灭亡的原因时,说:

> 说者谓衅由种族,实则政教不善有以致之。不然,蒲鲜万奴曷尝非女真同种哉![③]

可见,屠寄不赞成把元代灭亡的根本原因归之于所谓"异种"统治,因为元、清以外诸朝的灭亡并不都有民族因素存在。他以汉族地主阶级建立的王朝历二百七十余年同样不免于灭亡的事实,来否定元、清二朝单纯亡于"胡汉异种不相容",是极有说服力的。由此可知,屠寄不认为历史上少数民族统治者没有建立中央王朝的权利,他将辽、金、元、清诸朝放在与汉、唐、宋、明相平等的地位来加以分析,超脱了"夷夏之防"的封建传统正统观念。

主张民族平等,是屠寄民族观的基本原则。他不赞成把民族矛盾说成是元亡的唯一原因,但并非否认蒙古贵族的民族压迫是元亡的原因之一。元之致亡,统治者"揭橥种族异同有以招之,非苛论也。"对于

---

① 屠寄:《蒙兀儿史记》卷17。
② 屠寄:《蒙兀儿史记》卷8《忽必烈可汗本纪》(下)。
③ 屠寄:《蒙兀儿史记》卷49。

元朝民族压迫的残酷事实,他是严加指责的。他认为唐宋以前,北方少数民族强者有鲜卑、女真、拓跋氏、完颜氏,全盛时曾饮马长江,投鞭欲渡,然旋踵即去,并未建立全国性政权。

　　屠寄虽不满元统治者的民族歧视,但他的着眼点与魏源等人不尽相同。魏源的议论多属指责蒙古贵族官场中对汉族官吏的猜疑、排挤和打击,而屠寄则较多关注被压迫民族的下层“汉人”、“南人”所受的“奴隶马牛之辱”,悲叹“闾阎生理几绝”,①带有资产阶级人权思想的色彩。从这一视角去触及朝代兴亡的历史原因,自然比较接近历史事实。屠寄和魏源一样,也认为元代民族之防有一个逐步的激化过程。元世祖忽必烈时犹知“治汉人当用汉法”,号称“八座之中,汉人居其半”,②但自此以后,随着蒙古贵族政权的稳固,开始排斥汉人,左右相多用蒙古人、色目人,平章政事一职几无汉人、南人容足之地。即使深有“济胜之具”的汉族官吏,如邓文原、虞集、揭傒斯、柳贯、黄潜、欧阳玄等,也不过才以文学侍终其身。“有元一代,以江南后服,猜防南人,视若殷之顽民。至正中红巾起,其指斥元朝不平之政多端,官制苛艰亦居其一。”至顺帝妥欢帖木尔之时,感到政局岌岌可危,便诏称恢复世祖旧制,中书省、尚书省、枢密院、御史台仍可以参用南士,“将以慰南人失望之心,示国家平等之治,而事已不可为矣。”③元代历史证明,蒙古贵族势力越强,对汉人、南人的防范就越甚;反之,则企图拉拢、利用汉族官僚,协力挽救其灭亡。元代民族之防与元政权稳固的程度成正比。屠寄归纳出这个带有规律性的结论是比较符合客观历史事实的。

　　《蒙兀儿史记》在评价历史人物时,摆脱了一些大汉族主义的偏见,对蒙古族、契丹族、畏兀儿族、女真族及其他民族中有识有为之士时

---

　　①　屠寄:《蒙兀儿史记》卷52《严实、张荣列传》。

　　②　“八座”亦称八府,指“中书省中左右丞各一人,平章参政各二人。”时称“八府”,据卷157《宰相表》。

　　③　屠寄:《蒙兀儿史记》卷120《邓文原、虞集、揭傒斯、柳贯、黄潜、欧阳玄、贡师泰列传》。

有赞誉,并认为蒙古贵族推行民族压迫的政策,受其害者不独汉人。在论述西征波斯时说:"蒙兀经略波斯,自成吉思以至旭烈兀,中间四十余年,兵革不息,木速儿蛮人在水深火热之中,生理垂绝矣"①。屠寄生长于咸、同,活动于光、宣及民国初年,目睹清王朝的腐朽衰落,并亲身参加了地方上的推翻清王朝统治的资产阶级民主革命运动。他在蒙元史评论中的民族平等观点绝非凭空产生,而是以对清代民族矛盾的细致观察和切身体验为基础。他赞美"五族共和",痛恨民族歧视和民族压迫,大声疾呼:"自今而往,继清而起者,勿恃同种相爱,逞其一家天下之私,谓之二世三世至于千万世,可传之无穷也!"②

屠寄认为"元之致亡,其道多端",民族压迫固然是一个原因,但更重要的原因在于政治制度。《蒙兀儿史记》以近代史界常见的"托古"的方法,引证儒家经典,用资产阶级民主思想术语赋予新意,从而构成了他的民主主义史学思想。他在书中多次触及了封建君主专制主义政体的弊端,在《妥欢帖木尔可汗本纪》中分析元亡原因时引申了《孟子》中"仁""道"观点:"《孟子》曰:'仁则存,不仁则亡',又曰:'得道之至,天下顺之;失道之至,亲戚畔之。'仁何在? 曰在与民同忧乐;道何在? 曰在与民公好恶。"在他看来,元之致亡,政治上的原因是"不仁"和"失道"。所谓"仁",指的是"与民同忧乐",所谓"道",指的是"与民公好恶",其关键在于统治者与"民"的关系上。仁还是不仁,得道还是失道,又具体体现在是否行"家天下之法"即封建君主专制制度。在《阿里不哥·海都列传》中,借评论蒙古贵族内部斗争,明确抨击"家天下"制度,热烈讴歌民主共和政体,说:

> 综考蒙兀内乱,萌蘖于蒙格汗登极之始,滋蔓于忽必烈汗临御之年,迨察八儿入朝,西北干戈稍戢,致和天历之际,两都兵甲又兴,骨肉私争,祸延群类。以是知天下之法不足尚也。在《易·

---

① 屠寄:《蒙兀儿史记》卷68《阿八哈列传》。
② 屠寄:《蒙兀儿史记》卷8《忽必烈可汗本纪》(下)。

乾》之"用九"曰："见群龙无首,吉。"共和政体之利,文王已知之矣!

《蒙兀儿史记》中反对"家天下"的论述尚有多处。在论述成吉思汗将西北武功所及之地作为"斡鲁思"(封建领地)分封给术赤、窝阔台、察合台三个儿子时,屠寄认为:"成吉思分封子弟,东西南北径万余里,马行所向各三月程,彼视世界土地人民殆如一家私产之可任意分割也。"①

针对窝阔台汗时按蒙古旧制分土分民,将新括得的一百余万中原汉户赐蒙古王公贵戚一事,屠寄从历史上分封制的成败得失来进行批评:"封建之制,始于自然。强并弱,众暴寡,自天子以至食采之大夫,各私其土地人民,古圣王不得已而仍之。秦汉以降,此制渐废。偶一行之,无不召乱。自非至无识者不轻议复也。汗括汉户分赐诸王贵戚,其视无辜之民与奴虏奚择?"彼固不知封建为何事,然记载斫答比涉儿,札剌儿叛乱,中都由此沦陷的事实,认为"亦足为家天下者之殷鉴也"②。

对封建君主专制"家天下之法"的看法,曾经是资产阶级革命派和改良派论战的重要问题之一。资产阶级革命派倡导革命,主张实行民主政治,呼吁平均地权。而堕落为保皇党的康有为等改良主义者,主张君主立宪,大力鼓吹"开明专制",反对资产阶级民主革命。屠寄对封建专制"家天下"的看法,既反对封建君主专制制度,又不赞同康有为等的"君主立宪"主张,他托以儒家经典婉转地表达了对民主共和政体的赞同,认为"共和政体之利,文王已知之矣。"可见他当时的立场和观点是站在资产阶级革命派一边的。辛亥革命推翻了封建帝制代之以民主共和政体,屠寄对民主共和寄予了莫大的希望,同时又为"家天下之法"的余毒尚存而担忧。因此,他以历史教训告诫继而后起的当权者,

---

① 屠寄:《蒙兀儿史记》卷75。
② 屠寄:《蒙兀儿史记》卷54。

认为"史者所以陈古鉴今也"，万不可"逞其一家之私！"这一史学思想，迄今尚有意义，值得继承和发扬。

屠寄在蒙元史研究上的贡献较同代治蒙元史者成就显著，《蒙兀儿史记》颇具学术价值。

明修《元史》和后世史家改写续作，如《元史续编》、《元史新编》、《元书》和《新元史》等，大多以元朝历史记载为研究的对象。在这些著作中，贯穿着一条封建正统主义史学脉络。魏源与之有所区别，以元史研究作为经世致用的手段，抒发其爱国主义的情怀，但作为地主阶级改革派史学家，不可能摆脱封建正统主义属性。屠寄则不然，其史学思想随时发展不断进步，他从我国是多民族国家这一历史现实出发，独树一帜，把蒙古族和元史作为研究的中心，编写了我国第一部蒙古族专史，显示出其卓越的史识与史才。

屠寄认为，元史与蒙古史的概念不同，元史不足以概括蒙元的盛衰兴亡。他在《蒙兀儿史记·凡例》中开宗明义："本书起讫，不囿有元一代，故不曰元史，而曰蒙兀儿史。"他曾收藏一部《元朝秘史》抄本，封面上亲笔将《元朝秘史》改署为《蒙兀儿朝秘史》。前人著元史，将成吉思汗、窝阔台等先元四朝君主本纪均标以"元太祖"、"元太宗"等庙号，屠寄以为忽必烈之前本无"元朝"，又何以有"元太祖"、"元太宗"？故全书一依《元朝秘史》之例，"直称其名"。孟森在《蒙兀儿史记序》中，把元史与蒙古史的区别讲得更清楚。第一，元朝在蒙古范围内，仅是统辖汉族的一个部分，全蒙古统治区域逾此甚远，"但除汉土，淹有亚洲"，又包括蒙古统辖的全区域。第二，蒙古早在成吉思汗时已相当强盛，"元之为元，非太祖、太宗、定宗、宪宗历世所知"，只是在世祖忽必烈至元八年才明其国号。元史不足以包含先元蒙古国事迹。第三，元亡以后，蒙古余威尚存，如帖木耳乘胜攻击明王朝，"明之取元，未可谓莫予毒也"。明中叶以后，蒙古本部中兴，"至于今种族不变"。元史不足以反映蒙古余绪之久远。孟森这个分析是合乎屠寄本意的。"蒙兀"的名称，始出《新唐书·北狄传》之"蒙兀室韦"，是蒙古见于汉籍的最早记载，屠寄因其原始而用之。应当肯定,屠寄不受断代"元史"传统的束缚,而著蒙古族的历史,从封建正统史学中迈出一步来,使读者耳目为之一新。

蒙古族专史的首撰,与作者的进步史学思想有密切的关系。首先,蒙元历史是蒙古贵族偕汉族地主阶级压迫以汉族为主包括其他少数民族民众的历史,充满着民族压迫的内容。屠寄主张民族平等之说,反映在著史态度上,必然会着重暴露民族压迫给闾阎百姓带来的灾难。采取蒙古族专史的形式,分析、叙述蒙古族的起源和发展,记载蒙元王朝的历史盛衰,探究蒙古族与其他民族的关系,比断代元史更适合于表现时代的特点。其次,蒙古族社会历史进程较汉族封建社会落后,元代的统治、剥削关系,许多方面表现为超经济的强制,如杀戮、分土分民、驱口制等。《蒙兀儿史记》既没有采用时间本位的编年体,也没有采用事本位的纪事本末体,更没有取制度为本位的典志体,而是采用以人为本位的纪传体,全书以本纪、列传、表谱为主体(志仅地理志一卷),因而,似较能适合于表现元代剥削压迫关系的特点。

在屠寄以前,魏源就已经朦胧地意识到蒙元王朝在世界史上的影响。这从他所著的元代"一图四考"(即《元代疆域图》和《元代征西域考》上、下《元代西北疆域考》上、下)著录于专叙域外史地的《海国图志》而不是收入《元史新编》可以得到说明。但是,将蒙古族和蒙元王朝的历史特别提出来加以研究,探究其在世界历史中"固有之分际",则是由屠寄开其端的。自洪钧《元史译文证补》问世后,西方研究蒙古历史的著作陆续被介绍到中国,蒙古史这门学问之具有世界性的意义,也日益明确地为中国学者所知。屠寄清醒地看到蒙元史在世界史上的地位,尽管元王朝统治时期不长,但在西方各国看来,蒙古的影响则远在汉、唐诸大朝之上。特别是"西北三藩,确系世界大局,《元史》不详其事实,故中国读史者不知蒙兀当时兵力之伟,将来希望之远也。"①如果说,魏源历述元代史实,编纂体

---

① 屠寄:《蒙兀儿史记·凡例》。

例上设立诸朝《平服各国传》,列传按时代先后"以类相从",尚能做到脉络清晰,那么这些方法被用来著蒙古史则又不尽能适应了。屠寄根据研究对象的特点,众采各家之长,开民族专史编撰之先河。当然,《蒙兀儿史记》是未完成之作,在经济、文化诸方面的记载还很欠缺,只能看成是一部不全面的蒙古族专史,但草创之功是应当肯定的。

《蒙兀儿史记》在蒙元史研究上,详他史所未详,着重补充先元四大汗国的史实。《蒙兀儿史记》意在仿照司马迁《史记》通史之例,记述范围不局限于有元一朝,而详其蒙古族来源、发展和延续线索,这正是弥补元史研究之不足。

蒙古族的族源向来是个复杂的问题,旧《元史》于此概付缺如。魏源《元史新编》亦仅追述至"金世所谓鞑靼国"[①]。曾廉《元书》提出蒙古"其先本室韦也","自唐末以名通中国"。柯劭忞《新元史》虽立《序记》,也只简单述及"蒙古之先出于突厥","金人谓之鞑靼"。相比之下,屠寄的结论较详细而审正。他说:

> 蒙兀儿者,室韦之别种也。其先出于东胡。楚汉之际,东胡王为匈奴冒顿单于所杀,余众竞走,据险以自固,或为鲜卑,或为乌桓,或为室韦、契丹。在南者为契丹,在北者为室韦。室韦依胡布山(即兴安岭)以居,分布难水(嫩江)、完水(黑龙江)、深末恒水(洁雅河)之间。后魏分五部,曰南室韦、北室韦、钵室韦、深末恒室韦、大室韦。至唐部分愈众,而蒙兀儿室韦北傍望建河,望建可即完水,今黑龙江也,蒙兀之名始见于此。[②]

屠寄的结论至今看来也还是大致正确的。为增补蒙古先世事迹,他仿正史记叙少数民族政权的《魏书》、《金史》设"序记"或"世纪"的方法。他在《世纪》中说:"述蒙兀先世事迹,据《脱卜赤颜》(即《蒙古秘史》),旁采《圣武亲征录》,撒难薛禅及火者辣施特儿哀丁书(即《蒙

---

① 魏源:《元史新编·太祖纪》卷1。
② 屠寄:《蒙兀儿史记·世纪》卷1。

古源流》和《史集》),仿魏收《魏书·序纪》、脱脱《金史·世纪》之例,作蒙兀《世纪》,补旧史之缺。"①对蒙古族早期统一漠北克烈、乃蛮、札只刺诸部等史迹,书中专立《王罕札木合列传》、《乃蛮塔阳罕列传》②等详细记载之。又有《成吉思诸弟列传》亦为其他史著所无。

　　断代元史的下限常讫元顺帝至正二十八年(1368)妥欢帖睦尔亡国,而《蒙兀儿史记》不受朝代兴亡限制。原计划立《后记》以记载元亡以后历史,可惜未成稿。《宗室世系表》通过记载北元之始末的《妥欢帖睦尔可汗诸子世系》及历述清代蒙古各部沿革的《巴图蒙克那即成吉思汗十五世孙达延干诸子世系》等表谱,为元亡以后蒙古族史事勾画出一条线索。对名噪一时的帖木儿帝国的历史,屠寄也立《帖木儿列传》,详加记载,这也是洪钧《元史译文证补》有目无文的缺卷。他说:"洪氏《帖木儿补传》自谓本东罗马书,沈布政曾植见其稿,谓未全也。鄙人并未见洪稿,兹所补《帖木儿传》,则命第四子孝宦于英吉利人所编《史家之历史》中抽译,而以《明史稿》等书补证之。"③经过一番增补后,蒙元朝的历史可称首尾一贯了。

　　蒙古族是逐水草迁徙的游牧民族,善骑善射,兵锋所至,曾达西亚、东欧。屠寄看到蒙元史具有世界意义,因而对以往元史著作中关于蒙古三次西征,建立四大汗国记载的缺漏很不满意,于是他所编撰的《蒙兀儿史记》兼顾东西,着重补充了这方面史料,蒙元史由是轮廓分明。

　　蒙古向西方扩张主要有三次:成吉思汗时第一次西征,征畏兀儿、哈喇鲁,并西辽,灭花剌子模,平亚述、康里,伐钦察及斡罗斯、分封钦察、察合台、窝阔台三汗国。屠寄分别在《西域传》上、中、下三卷及《者勒蔑、忽必烈、者别、速必颜台列传》、《察阿歹诸王传》中叙述了这段历史。《西域传》于征花剌子模记载尤详。窝阔台汗和蒙哥汗时,拔都第

---

① 屠寄:《蒙兀儿史记·世纪》卷1。
② 屠寄:《蒙兀儿史记》卷20、21。
③ 屠寄:《蒙兀儿史记·凡例》。

二次西征,平钦察、斡罗斯,陷勃烈儿,破马札儿。这段史实主要记载在《拙赤列传》、《巴秃列传》、《昔班列传》和《漠北三大汗诸子列传》中。拔都西征后不久,以旭烈兀为主力进行第三次西征,灭木剌夷和巴黑塔,降天方,建立伊利汗国。《蒙兀儿史记》的《木剌夷列传》、《巴黑塔列传》、《阿八哈列传》和《脱黑脱列传》等篇,对旭列兀的西征及经营伊利汗国的事迹作了较详细的记述。目录中尚有《旭列兀传》,可惜未及著成。木剌夷、巴黑塔、西域诸传,虽然洪钧《元史译文证补》亦有,但屠寄认为"洪钧自谓补传悉本多桑书,然取多桑书原本较之,始觉洪书于西域及木剌夷、巴黑塔诸传删节过甚或译文有违反处。"①屠寄这几篇传在洪钧书的基础上裨补缺漏,有所广益。《蒙兀儿史记》和《元史译文证补》在篇目上有些重复。但屠寄对洪钧著述的态度并非如柯劭忞那样全文抄录,而是必有增益而后为,如无新材料,宁缺毋滥。洪钧书中有阿鲁浑、合赞、阿不赛因、合尔斑答四传,屠寄书徒有目无文,即是明证。采用自撰自注形式,对历史地名进行详细考证。蒙元史研究不少问题尚未定论,至今几说并存。屠寄继承司马光《通鉴考异》的方法,自撰自注,考源流、辨正误,将考证材料双行夹注于书中,如传闻异词,则"舍其可疑,存其可信"。② 对此,梁启超极为称赞:"屠寄自为史文自注之,其注纯属《通鉴考异》的性质,而详博特甚,凡驳正一说,必博征群籍,说明所以弃彼取此之由,以著作体例言,可谓极矜慎极磊落者也。"③

屠寄根据他任职黑龙江舆地图局时经历,对《元史》中关于东道地理缺误极为不满,如他曾指出《地理志》中将肇州附于广宁之下,上都仅虚列路名,岭北仅详省治等。屠寄以前的元史研究学者魏源、洪钧等在这方面也作过一些对《元史》的补证,但"魏源身未出长城一步,其所

---

① 屠寄:《蒙兀儿史记·凡例》。
② 屠寄:《蒙兀儿史记》卷1《世纪》。
③ 屠寄:《蒙兀儿史记·凡例》。

斟订,不外旧籍","洪钧所据皆百年前之西书,其时泰西人游历西域者固多,而足迹至外蒙古、东三省者尚少",因此他们的研究结论当然不会使"从事关东五年,往来蒙兀草地数次"的屠寄所满意。屠寄在黑龙江编纂《黑龙江舆地图》,"测绘所及,旁涉奉天、吉林、内外蒙古及翰鲁速属鲜卑几亚毗连之地,故注纪传中,大足补洪、魏二家之缺误。"对李文田《元秘史注》之误,"更不辨自明矣"。这里值得一提的是关于成吉思汗墓地所在的考证。他在《成吉思汗本纪》中说:成吉思汗"葬于客鲁伦河之侧起辇谷",其下夹注,进行详细的考证。主要依据南宋彭大雅、徐霆疏的《黑鞑事略》、拉施都丁《史集》和彻长萨囊《蒙古源流》,并参照日本那珂通世和德国施未惕的结论。认为"旧纪所谓起辇谷者,在客鲁伦河曲之濒,而南距撒阿里客额儿合理勒秃纳兀儿,东北距滴迭几何剌均不远。""徐霆、彭大雅奉使北廷时均经过亲见之。"①1915年时任中国地理学会会长的张相文亲至河套考察,听说伊克昭盟有白屋八间,又据"守陵人"言,认定此即成吉思汗的建筑,"庙也,非陵也"。他认为彭大雅、徐霆记录其目睹的事实当为信史。

对《元史》中的人名讹误,屠寄亦有所纠正。《元史·公主表》认为"公主阿里海剌兀思之妻,阿剌海别吉为索要合之妻。"屠寄根据《蒙鞑备录》和《黑鞑事略》考证出阿里海与阿剌海别吉当是同一人,其前夫不颜昔班是阿剌兀思的长子,索要合则是其后夫。王国维在《蒙鞑备录笺证》中全文照录了屠寄的考证,并言"屠(寄)说至明确,故具录之。"②

《地理志·西北三藩地通释》是全书中唯一的志书,其中对《元史·地理志》"西北地附录"的错误有所纠正。如笃来帖木儿属地中有"八里庄"一地,《元经世大典图》亦有八里庄图,屠寄认为八里庄系八里沙之误,即拉施都丁《史集》中的八喇沙衮,即西辽故都虎思斡耳桑。

①　屠寄:《蒙兀儿史记》卷3《成吉思汗本纪》(下)。
②　王国维:《王忠悫公遗书》第30册。

屠寄著史爱作考证,但他的考证,与乾嘉以来正统考据派是有区别的。首先是目的不同,乾嘉尚"穿穴故纸堆",为考据而考据,屠氏主张"陈古鉴今",经世致用;其次是内容不同,乾嘉侧重于古籍的校勘、注释及纠谬、辨伪,屠氏侧重于边疆舆地,蒙元史迹;再次是途径不同,乾嘉偏限于文献资料的归纳、比较,罕及实地考察,屠寄主张文献与"目治"即实地考察并重。屠寄的史学考据不是渊源于乾嘉考据学派,就经世思想而论,似接近于清初考据学风,从研究内容上看,则是"道咸时学"的继承和发展。排比中西史料,为后人研究蒙元史提供条件。《蒙兀儿史记》系屠寄二十六年之精力撰成,其广征博引,排比中西史料,取众家之说熔于一炉,为后人研究蒙元历史提供了条件。该书的史料来源主要分为三个方面:

其一,广泛搜集中国史料,特别是对元人文集运用得较充分。明修《元史》时未能广泛运用现有史料,清乾隆年间从《永乐大典》中发现《元朝秘史》以后,史料上开一新局面,钱大昕、魏源都十分重视这部文献的运用。屠寄在史料上除了前人已有所重视的《元朝秘史》(包括蒙文本和明译大典本)、《皇元圣武亲征录》、《元典章》、《元文类》、《元经世大典》(残本)、《元一统志》、《蒙古源流》、《耶律楚材西游记》、《西使记》、《长春真人西游记》,以及历代正史外,特别重视对历代尤其是元代集部和野史、笔记史料的运用。援引较多的有洪皓《松漠纪闻》、周密《癸辛杂识》、陶宗仪《辍耕录》、耶律楚材的《湛然居士集》、刘因《静修集》、姚燧《牧庵集》、王恽《秋涧集》等,往往参用元人所撰碑传,如虞集《乐实碑》、欧阳玄《高昌偰氏家传》等,以补正旧史列传佚误。对前代记述少数民族政权的史籍也注意征引,如宇文懋昭《大金国志》等。但屠寄取材亦有欠周之处,在《巴黑塔列传》等有关回教国家的传里,引用了清代伊斯兰教会书籍中的一些材料,如蓝昫《天方正学》、刘介康《天方性礼》等,本不过是传教士道听途说的说教,谈不上史料价值。

其二,在前人(以洪钧为代表)的基础上,进一步利用外国蒙元史研究资料。如洪钧的《元史译文证补》,屠寄视为"绝作",并作为撰写

《蒙兀儿史记》的重要参考书。但屠寄认为洪钧所译引不过百年前西书,而且所译未经认真校勘,行世之本,不少有目无文,缺陷相当多。因此,屠寄根据《多桑蒙古史》补洪钧所译木刺夷、巴黑塔、西域诸传的简略。《蒙兀儿史记》参考征引的前人从未引用的西文书籍主要有四本:一本是美人乞米西亚可丁《蒙古史》三册,系屠寄友人周少和(秉清)留学法国寄赠,其间述拙赤后王之事较多桑书特详,谓之《韩鲁速部之蒙兀史》,占全书三分之一,命第三子孝实译出,因以补充拙赤诸王、西域、木刺夷等传。另一本《史家之历史》,由四子孝宦译出,以补作《帖木儿列传》。第三本为俄国人著《蒙兀泉谱》,所"列拙赤后王世系表綦详",以补《拙赤诸王传》和《宗室世系表》中拙赤后王世系。还有一本是德人著《元代疆域图》,系日人重野安译出,据此以补察合台、旭烈兀二王世系。此外,洪钧译《中俄交界全图》、邹代均译《中俄界说》、俄人伊瓦林《铁木真用兵论》、英人显虑兰达罗《俄属中亚细亚游记》、意大利马可波罗《游记》等均有所采用。同时,对日本学者的研究成果也有所参考。这里,必须指出,屠寄所引用外国史料,除洪钧引用过的拉施都丁《史集》和多桑《蒙古史》史料价值较高外,其他多为第三手甚至是间接史料,引以为据欠有说服力。

其三,吸取了当代史地学家的研究成果。在屠寄以前,已有邵远平、钱大昕、徐松、张穆、魏源、何秋涛、洪钧等人从事蒙元史地研究,与屠寄同时又有曾廉、柯劭忞等人。除曾廉《元书》外,屠寄在《蒙兀儿史记》中所引资料,常涉及上述诸家的著作,时而赞同,时而纠谬,时而存异,唯对曾廉《元书》不屑一顾。另外在考证中对图理琛《异域录》、徐继畲《瀛环志略》、顾祖禹《读史方舆纪要》等史地著作亦较重视。在叙述日本与元朝关系时还参阅黄遵宪的《日本国志》。

屠寄在治学方法上受资产阶级实证论的影响,崇尚实证。他认为历史的真实性,"目治者可信,耳闻者未能全信",也就是说所闻乃至传闻都不可靠,有待于实地考察和地下发掘的证明。这种带有资产阶级实证主义特点的史学方法的形成,首先与他由地理学转向治史学的特殊经历有关。他主修和编绘舆地图，重视"实地测量"，历数年"河山跋涉，不避风雪，穷荒探险，往往数百里不睹人烟，虽幽林邃谷，绝闻危愿，苟可攀援，靡弗躬历。"①这一崇尚实证的治学方法一直影响着屠寄的史学研究。他在黑龙江期间，经"内蒙十有七旗"，南归时，曾考察金代的防御蒙古而筑的西北、西南路边堡残垣，从而注释元史疑难地名。他利用一切机会，"目治"古迹，将其所得材料用以证史。这种严肃刻苦治学的精神是值得肯定和学习的。

有关前人的记载，凡目击者，他深信不疑。如在考证成吉思汗葬地时，对徐霆在《黑鞑事略疏》中所言亲见铁木真生于此，故葬于此的说法，他认为："彭（大雅）、徐（霆）奉使和林，当宋理宗嘉熙间，时蒙古太宗在位，上距成吉思汗之葬不过十余年，斩新大事，赫然目击，本无可疑。所可疑者，虽葬于此，未必果生于此耳（成吉思汗生于距斡难河洲上十四里之迭里温索勒答黑，确不在客鲁伦河侧葬地）。前者'目治'，后者耳治，目治者可信，耳治者未能全信，此则徐氏立言之本意。"屠寄依据这个标准去审理史料，因此，得出的结论就比较可靠。相反，对于未经实地考察，徒据文献史料撰写《元史新编》的魏源，则批评说："魏氏身未出长城一步，其所斠订，不外旧籍"，对此深表遗憾。

屠寄史学方法的形成，还与西方资产阶级史学的影响有关。一方面，屠寄从事蒙元史研究，接触了大量国外蒙元史地著作；另一方面，近代不少西方资产阶级游历家相继来到中国，对西北边疆进行探险和考察。他们的实证主义倾向对屠寄治史有所影响。当然这种过于强调"目治"即直接经验的作用，而忽视了史料中的其他因素，实质上是一种实证主义的形而上学的方法，有很大的片面性。但也不可因此而忽略这种方法的合理性部分。屠寄所以在研究蒙元历史方面取得令人瞩目的成就，和这种实证主义史学方法是分不开的。

屠寄在考证中比较娴熟地运用形式逻辑方法，凡立一结论，必归纳

———————————

① 《年谱》光绪二十三年。

众说而成；凡驳正一说，不仅参引大量可靠史料作为论据，而且善于从对方的论述中找出逻辑错误，从而加以反驳。如在考证成吉思汗陵墓时，他成功地运用排比这一形式逻辑基本方法，指出张蔚西文论据中的自相矛盾之处，从而否定了张氏的结论。他说：

> 蔚西非固笃信《源流》者，余请复述《源流》以破其说。《源流》不云乎，至所卜久安之地，因不能请出金身，遂造长陵，于彼处立白屋八间，夫金身既下葬长陵，遗骸安得在石匣？遗骸若本在石匣，又何必虚造长陵？《源流》所记是，则特尔罕所言非；特尔罕所言是，则《源流》所记非。按之名学，理不并存。必无一非，而求两是，将毋发掘长陵，请出金身。诚若是，《源流》及特尔罕，两说始可互通。否则石匣残骸，定是假托。遗骸既假，陵亦非真。①

此外，屠寄对清代以来历史、地理学者惯用的对音方法也很重视。运用对音法治蒙元历史，特别在考证地名、人名的异译之时，往往有可喜的发现。如《元秘史》中阿鲁、马鲁、马塔撒里三种人，洪钧、李文田和日人那珂通世均不得其解。而屠寄运用对音方法，"经六七年，始得确解"。阿鲁即《唐书》所谓亚俱罗，是大食之别称；马鲁即木刺夷的异译；马塔撒里，疑是南印度马撒塔里人种之倒误。但是，由于古音演变未易难定，近音通转又极灵活，加上对音必须有广泛的外语基础，所以对音方法有其局限性，容易陷入穿凿附会。屠寄蒙语不精，往往因译音不确而影响对音考证的准确性。蒙元史著作有自己的译音系统，《元史》及魏源、洪钧、柯劭忞等人本《亲征录》，屠寄认为"秘史译音代字最审正"，而采用《元秘史》系统，故察合台作察阿歹，贵由作古余克等，这是无可指责，但他由于对蒙古语音规律缺乏认识，随意创新译名，如书名中"蒙兀儿"的译法，在《新唐书》"蒙兀"二字后加"儿"，这在元代是不能有这种译法的，是不科学的。

---

① 屠寄：《答张蔚西成吉思汗陵寝辨证书》，《史地丛书》乙编（一），又见《地学杂志》10、11 期（1916 年）。

　　蒙元史研究本是一个开拓性的研究领域,受到时代的材料、方法上的局限,在体例和史料上难免出现讹误和不足。全书采用封建史学视为正统的纪传体裁,虽说是民族专史,但基本上还是按照帝王世系编排,并遵从所谓"未逾年之君不足立纪"的春秋书法原则,与魏源的处理相似。再则《蒙兀儿史记》是不完全的纪传体,志书仅地理一卷,食货、河渠、刑法诸志皆缺,偏重政治军事的记载而轻视经济、科技、文化史料的搜集。

　　在史料考证上亦有不足。《世纪》中尽管对蒙古族源流考释得较为详细,然在同卷中竟赞同《蒙古源流》中"吐蕃与蒙古实为同类"之说。书中有些考证缺乏证据,反将正确改为错误,如《地理志》中将《元史》所说:"谦河注于昂可剌河",毫无根据地改成"昂可剌河会于谦",以求"与今图密合",结果贻误后人。①《蒙古秘史》中"烧饭"一词,本是辽、金时祭祀死者的仪式,引申为"送死"之意。屠寄不解其故,则错误地以蒙古俗旅行辄掘新灶不用旧灶为解释。屠氏自言"从事关东五年,往来蒙兀儿地数回","一山一水皆知其古地新名",但在《耶律留哥、蒲鲜万奴列传》中,都错误地将耶律留哥割据政权建都隆安误作"都广宁"②。另外,类似将丞相孛罗误认为马可波罗③,将大真误认为女真④,将合失误为窝阔台长子⑤,诸如此类的史料失误还很多,在一定程度上影响了这部史书的史料价值。但是,《蒙兀儿史记》仍不失为改写元史的著作中比较成功的一部,对后世研究蒙元历史有相当高的学术价值。

　　①　参阅韩儒林:《元代的吉利吉思及其邻近诸部》,《元史和北方民族史研究集刊》第 3 期(1978 年)。
　　②　屠寄:《蒙兀儿史记》卷 31。
　　③　屠寄:《蒙兀儿史记》卷 117。
　　④　屠寄:《蒙兀儿史记》卷 29。
　　⑤　屠寄:《蒙兀儿史记》卷 148。

第 四 章

民初至五四运动时期的史学

民国初年,辛亥革命的果实,曾一度为袁世凯篡夺,资产阶级革命派一些人士陷于彷徨悲观之中,有的思想转向保守,甚至走向自己的反面。在政治思想上出现一股复古思潮。反映在史学上,章太炎史学思想由进步转向保守。而代表封建正统思想的史学一度抬头,表现为封建正统主义的史学著作相继编撰增订出版。而王国维政治上虽是清廷"遗老",但在治学上采取两重证据法,在古史研究上作出了巨大贡献。在史学编纂体例上,兴起了通俗史学,丰富了史学的编纂和研究。

值得肯定的是,五四新文化运动前后,马克思主义传入中国,李大钊等先进的知识分子热情宣传马克思主义,并依据马克思主义唯物史观开展历史研究,揭开了中国史学研究的新纪元。

第一节　章太炎的清史研究和
后期史学思想的演变

一、章太炎的清史研究和《清建国别记》

辛亥革命后,章太炎被袁世凯任命为关东筹边使,他利用任职机会,注意清开国前和开国史遗迹考查,并搜集大量有关清开国前的历史文献资料,如严从简《使职文献通编》、日本人村山纬钞本《清三朝实录》、茅端徵《东夷考略》、王在晋《三朝辽事实录》、天都山臣《建州女真考》等史籍。这些史著,大多未经清廷删改的史料,有较高的学术价值。章太炎在《与吴承仕论满州旧事书》中说:"鄙人近得明代官书及编年书数种,乃知满州旧事。《清史录》和《开国方略》等,载爱新觉罗谱系,其实疏漏夺失,自不知其祖之事。《明史》于此,亦颇讳之。"①章太炎根据实地考察所得材料和所搜集有关史书记载,对清开国前历史进行研究,经过细心考辨,最后完成《清建国别记》的编撰。

《清建国别记》(下称《别记》),是考辨奴儿哈赤建国前的开国历史,共七篇。金毓黻说:"章太炎先生始撰《建国别记》,以明人之书为依据,其以猛哥帖木儿(清译改为孟特穆)为太祖奴儿哈赤之高祖,则沿《东华录》之误。"②这说明章太炎在掌握史料上还不够全面,不少地方沿袭旧说,尽管有不足之处,但《别记》弄清了清开国前一些具体历史实事,在清史研究上有一定的贡献。

《别记》在史料的运用上,不仅用"明人书校清史",而且用明人旧本书校《别记》时,"援据二十余种书,而明著明刊居其半。"③他由于搜集了多种明旧刻本书籍,所谓"数者相会",上窥清事,如求盗得臧品,徵验的然,足以知官书悠谬。④　这说明他的考辨史事,其治学态度是严谨而朴实的。他自己说:

> 昔元人作辽史,事有疏漏,则司马温公通鉴或先详之,以是知异域无文籍之国,其事淹没,有资于汉土故书者甚众。以明人书校清事,不得旧本,徒随清世所点窜者以为质,则亦莫所理。太史公记五帝三代,必依古文而排七国,秦汉间俗说,余庶几得其旨。⑤

---

① 《华国月刊》第 2 卷第 2 期。
② 《中国史学史》,第 157 页。
③④ 《华国月刊》第 2 卷第 2 期。
⑤ 章太炎:《清建国别记·序》第 2 页。

(1)章太炎是怎样考证清为金裔的？清《太祖实录》记载满族的祖先说，长白山东布尔湖里池，有天女曰佛库伦，相传感朱果而孕，生布库里雍顺，是满族的始祖。章太炎认为这种说法与满族是女真族金人的后裔是矛盾的。所谓"朱果之事，明其与金后戾也"，指出"感朱果而孕"的说法，是"附会生民玄鸟之义为之，盖诞妄不足信"。严从简《使职文献通编》载："女真，即古肃慎之地，在混同江之东，后汉谓之挹娄，元魏谓之勿吉，隋唐曰黑水靺鞨，其后粟末靺鞨强盛，号渤海，黑水往属之。及渤海浸弱，为契丹所攻，黑水复擅其地，即金鼻祖之部落也……至阿骨打始大，建国曰金，金亡归元，以其地广阔，人民散居，设水达达等路军民万户府以总摄之。本朝永乐元年遣行人邢枢偕知县张斌往谕奴儿干，至吉烈迷诸部落招抚之。于是海西女真、建州女真、野人女真诸酋长悉境来附。"崇祯初年，陈仁锡所著《潜确类书》也说："其降附四酋，曰东旺、曰佟答剌、曰王肇州、曰琐胜哥，所谓建州女真者，即清之先也。"然而清统治者此间闭口不谈，其原因是因为清统治者意欲灭亡明王朝，深知汉族人民，"以金旧事，基金最深"，因此，为缓和汉族人民的反抗情绪，不惜采用欺骗手法，不言其系金朝之后裔，如在天聪五年（1631）清统治者给明将祖大寿的信中即说："尔明主非宋之苗裔，朕亦非金之子孙。"章太炎指出说，"此乃以明人惩于宋金和议有为而言，不足以夺其大金国后之证。"因为《太宗实录》就曾记载，在此前二年，即天聪三年，清太宗亲统兵进攻北京，"十二月辛亥，占领良乡，是曰房山县，有生员三人来降。太宗谕之曰，闻尔房山县人曾奉祀我前金皇帝，是亦有劳之民也。今天祐我，至北京大业告成，尔皆属我，不成恐贻尔祸，尔等须杜门安坐，以待事之究竟。于是赏尔遣之。"天聪七年与朝鲜王书也说："瓦尔喀与我俱女真国大金之后，先是布占泰侵掠我国人民，我两国由此构兵，今索取之由，盖以实系我国所遣，若谓瓦尔喀与我不系一国，非大金之后，尔国熟知典故者，可遣一人来，予附以世系明告而遣之，尔试观金、辽、元三史自晓然矣。"这是自承金裔与朱果感生之说不相同。章太炎进一步考辨说："若夫金氏完颜而清氏爱新觉罗者，

《金史·地理志》金上京路在按出虎水之源,固言金曰按出虎,故名金源。金人述之,谓按出虎乃爱新音误(《金史国语解》《清一统志》皆有是说),是则始氏完颜,后氏曰金耳。自阿骨打以至清之近祖范察,已三百余岁,自金始祖函普以至阿骨打,又几二百岁年,历既远居处数移,其姓氏从之而变,完颜者氏于部落,爱新觉罗者氏于国名,其异也乃其同也。""事证具在,抑岂四易字义之所能弁乎? 盖所谓按出虎之水者,对唐之渤海为忽汗海,于明为忽儿海河,于清为瑚尔哈,今称牡丹江者是也。爱新与按春、按出虎,义纵不属爱新,之为金则彰矣。其祖宗自承金后又灼然矣。且太祖初建国时,移檄称后金国汗,此其后嗣所讳言也。今见王在晋《三朝辽事实录》、茅端徵《东夷考略》所述朝鲜咨文,太祖之称后金国汗甚明。清内阁所藏天聪四年入犯京师誓众谕,则太宗犹称金国汗。"①章太炎在写给吴承仕的信中又补充一旁证说:"今观朝鲜诸史,崇德以后皆称清,崇德以前皆称金。"②另一方面,章太炎为论证清为金裔的问题,又举出明朝方面的证据,他说,金朝陵墓"在房山者,前我师克取辽东,故明惑于形家,疑与本朝王气相关,遂劚断其地脉。己巳岁,我太宗文皇帝统师入关,念金朝先德,遣王贝勒大臣诣陵致祭,明复加摧毁,且建立关庙为压胜,是明人灼然知清为金后,清亦自言金朝先德,先德者何? 非其祖则不可言也。"③清为金裔,证据确凿,"岂有矫诬邪!"

　　清统治者既是女真族金朝的后裔,但何以改称为满洲,彼称赫图阿剌,满洲之语,竟何所附?《满洲源流考》亦不能解。④ "此其名义何昉乎?"按照清廷的解释,如"乾隆四十二年谕云,肃慎转为珠申,后改曰满珠。"章太炎认为肃慎、女真、珠申皆对音,"触耳可辨,此种附会,真

---

①　章太炎:《清为金裔考》,《清建国别记》,第 11—12 页。
②　章太炎:《与吴承仕论满洲旧事书四》,《华国月刊》第 2 卷第 2 期。
③　章太炎:《清建国别记》,第 11 页。
④　章太炎:《与吴承仕论满洲旧事书四》,《华国月刊》第 2 卷第 2 期。

不值一笑。"①尖锐地指出，"弘历之说，是欲变天下之昭为聋也。"②又有人"依王制正义引东夷传，九夷：一曰玄菟、二曰乐浪、三曰高骊、四曰满饰。疑满饰转为满珠。"章太炎说，"其名已绝于渤海、金源之世，不容至明复未有之。"又有人"言满洲得名因李满住"，但章太炎认为"满住诛於成化三年（1464），去太祖袭职几百二十岁，中间曷为无其名邪？"章太炎说，"窃疑此名，乃剌麻以曼殊师利宠锡之，非其本称。今奉天旗族尚多，除官察外，只自知为旗人，不知为满洲人。若果为部落正称，何以其人绝不能晓也。此种事恐作史者断难附会，仆今亦不敢断为剌麻宠锡。但其绝无根据，则可知已。"③但是，他在《别记》中仍然提出"按《满洲源流考》，我朝光启东土，每岁西藏献丹书，皆称曼殊师利大皇帝，鸿号肇称，实本诸此。以是知满洲非其故名，顾番僧之所宠锡耳。曼殊师利译言妙吉祥，是本尊号，犹中土言圣神文武皇帝，而建夷失其义旨，载其荒诞，遂以为正称，此与天女之说，奚以异乎？奚以异乎？"④

（2）建州女真问题。建州女真分数部，据清《太祖实录》载满洲有五部，曰苏克苏浒河、曰浑河、曰王甲（《清开国方略》作完颜）、曰董鄂、曰哲陈；长白山有二部，曰纳殷，曰鸭绿江。所列或不尽。明天启初，茅端徵所著《东夷考略》载，"东方诸夷，自野人海西外，卫所甚众，而建州领其名，并毛怜曰建州女真。""举要则建州女真为通名，而建州卫乃其一部。建州卫者初一卫，后分为三，与抚顺接壤，清初称赫图阿剌，后改曰兴京。"又据清《太祖实录》载，兴祖六子，景祖觉昌安居祖居赫图阿剌地，兄弟各筑城分居，其五城距赫图阿剌，近者二十里，皆称宁古塔。又明万历末年天都山臣所著《建州女真考》，崇祯时黄道周所著《博物典汇》、天启初张鼐所著《宝日堂集》中之《辽夷略》等记载，都说奴酋故

---

① 章太炎：《清建国别记》，第 11 页。
② 章太炎：《清建国别记》，第 4 页。
③ 章太炎：《与吴承仕论满洲旧事书四》，《华国月刊》第 2 卷第 2 期。
④ 章太炎：《清建国别记》，第 11 页。

部在宁宫塔寨,或言奴驻牧在宁宫塔、红岩子等寨。章太炎认为"此皆地壤异号,实不能出建州,其当瑚尔哈中流域称宁古塔者或海西兀者,故有其名,或清人所后定。""要之建州女真包络虽广,西东不及长白山,北不及灰扒,建州卫则今兴京,裁比中国之保塞者,更分为三,其提封亦迫矣。以居地近,则窥边易,其种人或入为汉官,习识内情,易于撑伺。是以终明之世,建州频为寇盗,猾夏滔天而莫之御也。"①

(3)清代祖先的世系问题。章太炎在《与吴承仕论满洲旧事书三》中说:"清祖范蔡(明人书称'凡察')至肇祖孟特穆,中缺一代。据明人书,范蔡于正统初,与兄子董山分领建州左右卫。其后,董山伏诛,则在成化三年。又三年,董山、范蔡之后,及中卫李满住之后,皆得袭。董山之子名脱罗,明人书已详之。范蔡之子,明人书亦未录其名。"②他依据《博物典汇》、《东夷考略》、《朝鲜女真考》、《建州女真考》、《使职文献通编》、《皇明通记》等书,进行排比研究,"匪独二酋事,清之世系与其猾夏之始,亦略可见矣。"③明永乐时,建州卫指挥阿哈出,以功赐姓名李思诚,其子释家奴曰李显忠,显忠弟猛哥不花,亦以内附领毛怜卫,累都督同知,显忠死,子满住袭,求驻牧苏子河。正统初,建州卫都督猛可帖木儿为七姓野人所杀,弟凡察子童仓逃之朝鲜,并失印,诏上更给,以童仓弟董山袭建州卫指挥。亡何,凡察童仓归,得故印。诏上更给者,凡察辄匿不出,乃更分置左右卫,剖二印,会董山领左,范蔡领右,而董山盗边无虚月,寻诛之。后其酋完者秃贡马请袭如故。他在给吴承仕的信中说:"完者秃为董山之侄,董山又范蔡之侄,则完秃者非范蔡子,乃董山兄童仓之子耳。据《实录》又云,建州右卫都督纳郎哈,以附董山伏诛,其叔卜哈秃袭职,右卫正范蔡所封之地。则纳郎、哈乃范蔡之孙,而卜哈秃乃范蔡之庶子也。范蔡自正统四年,已逃朝鲜,未几归而

---

① 章太炎:《建州方域考》,《清建国别记》,第8页。
② 章太炎:《华国月刊》第2卷第2期。
③ 章太炎:《清建国别记》,第9页。

得长右卫。至成化年董山叛时,已二十八年,固容有孙袭职矣。此仆所考核者,似更审正。"①其后,依据明《英宗实录》所记载的资料,证明纳郎、哈卜哈秃,皆凡察之嗣,而童仓乃董山之兄也。"《开国方略》所引,有黄道周《博物典汇》,只书官名,不著姓氏,仆已得黄书原刊本,姓名具存,甚矣清史官之欺人也。《博物典汇》说,本之天都山臣《女真考》(广百川学海本),与天都山臣同时者,有叶向高《四夷考》,有茅端徵《东夷考略》,仆皆得之。诸书皆出建州左卫都督猛可帖木儿,为七姓野人所杀。弟凡察子童仓逃之朝鲜,童仓弟董山留掌卫事,凡察归争印,乃分左右卫,其文甚明。但董山更有弟阿古悉,则唯《实录》著之耳。《明史稿》及后定《明史》,于《朝鲜传》略载童仓事,于凡察、董山则讳之,实则凡察为主,而童仓随同行事耳。《清实录》谓范察遁于荒野,不肯实指朝鲜。又谓范察随身以终,不肯道争印分卫事,于是祖宗封爵前无所承,大可笑也。再《东夷考略》等所载,天顺三年,朝鲜授董山为正宪大夫中枢密使,辽抚程信侦得之,诏诘责,朝鲜及董山皆服罪。《明史·朝鲜传》则谓建州三卫都督私结朝鲜,或李满住、凡察亦在内,但其时或为凡察,或为凡察子孙,则难知。更望将《英宗实录》天顺二、三、四年事一检,则成完璧矣。"②接着,他又进一步研究了《太宗实录》、《穆宗神宗实录》有关资料之后,了解到"左卫建置,《实录》虽略其文,而《会典》明永乐十年,是即有据。其中世系,是无明文为证,然观范察、李满住同以逢吉为叔,则知左卫与本卫实一家也。以事辨之,左卫必由阿哈出之后分出,恐范、李同祖阿哈出为同堂兄弟耳。王杲事难得证明,其时右卫尚有台恭,左卫尚有撒哈答柳尚等,而《三朝辽事实录》又载三卫敕书,为王杲鹅头勒勒把督分领,则头目正多,难一一考其世系矣。《明会典》士官许以妻及婿袭,婿固异姓,妻亦未必不改适,于此则有异姓继职者矣。"③后来,章太炎又看到了钞本《世宗实

---

① ② 章太炎:《与吴承仕论满洲旧事书五》,《华国月刊》第 2 卷第 2 期。
③ 章太炎:《与吴承仕论满洲旧事书七》,《华国月刊》第 2 卷第 3 期。

录》,经过研究,他说:"清官书称范察再传至肇祖原皇帝。按英、宪两朝《实录》,则纳郎哈先嗣右卫,对都督同知,后与董山同诛。无子,而以叔父卜哈秃袭。然则纳郎哈必范察之孙,以孙嗣祖、卜哈秃必范察之庶子,以叔嗣侄。纳郎哈既无子,则范察肇祖间阙名一世者,即卜哈秃也。计其袭职八十三年,年近百岁,子孙皆已长老,以祖父在,不得为大酋。故肇祖兴祖辈,中朝不闻其名也。据《东夷考略》,王杲于嘉靖三十六年,已为右卫都指挥,去三十一年卜哈秃入朝时,才五年耳。此则卜哈秃殁后,王杲承之无疑。然王杲子阿台,娶景祖孙女,纵使夷狄之俗,婚不避宗,王杲若为卜哈秃孙,则于景祖为从父。若为卜哈秃曾孙,亦于景祖为兄弟(此据肇祖至太祖四世之说,除去充善、锡宝齐篇古不数)。阿台非景祖兄弟,即为其侄,似不当以孙女妻之,此事可疑,故意王杲虽承卜哈秃,未必即其族姓……再者,隆庆时有右卫都督安台史,万历时有右卫都督同知台恭,此皆尊官,亦不知其所出。而其时清太祖已生,当知其详,清官书乃一概阙之,信可嗤矣。"①

章太炎根据明朝人关于清开国时的著作,考辨说:"董山既诛,其后与范察皆得袭,明范察所领右卫亦同叛也。由今观之,李满住本建州世胄,已驻牧苏子河,猛可帖木儿、范察先亦同处。左卫董山叛,官军自苏子河入其巢,并今兴京地。自阿哈出至李满住,于清远近不可表,范察则其祖,董山亦范察先子也。《清实录》谓范察再传至肇祖都督孟特穆,始居赫图阿剌,其数典亦荒矣。范察始封右卫,宜为清鼻祖。然崇德、顺治两次追王,皆始都督孟特穆,不始范察,董山于中朝为叛人,于清之宗则骁桀自振者也,而报享亦不及,且轶其名,将以梗化之,子孙犹羞道之邪?"②他不同意近人唐邦治在《清室四谱》中疑孟特穆即穆可帖木儿,其长子充善即董山,充善长子妥罗即脱罗的意思。他说:"以董山为充善,以脱罗为妥罗,声皆相似,其比合亦巧矣。然如此,则清不

---

① 章太炎:《与吴承仕论满洲旧事书七》,《华国月刊》第2卷第3期。
② 章太炎:《范察董山李满住事状》,《清建国别记》,第12页。

出范察而出猛可帖木儿,此一大疑事。即猛可帖木儿三字,童仓、董山、阿古悉也。孟特穆二子,充善、褚宴也,童仓为董山之兄,则充善不得为长子,而董山之名,于褚宴又不合,则支离愈甚矣。按《清实录》自述世系云,肇祖生充善,充善生锡宝齐篇古,锡宝齐篇古生兴祖,兴祖生景祖,景祖生显祖,显祖生太祖,是肇祖去太祖六世也。而崇德、顺治两次追王,及今永陵葬处,皆祇肇兴景显,而无充善、锡宝齐篇古,顺治追王时有告天地文,竟称肇祖为太祖之高祖,与前相去六世之谱不同。窃意太祖以前,本无文字,谱牒不具,以口耳相传,妄取充善、锡宝齐篇古置肇兴二祖间,天聪初修《太祖实录》因之。崇德以后,悟其非是,又更订正,故祇为四世。夫文字或难征信,而山陵则形迹皎然,固宜以四世为定。充善之为董山,妥罗之为脱罗,容或近之,要之以此二人置肇祖后,则必崇德以前传闻之误也。盖孟特穆于猛可帖木儿为从孙,而其音相似。是以清人先有此误,今则不得不据陵墓追王之迹以正之矣。"①又说:"《明实录》所谓纳郎帖哈者,于天顺、成化间领右卫,此则范察之后也。讷郎哈既诛无子,以其叔卜哈秃袭,然则纳郎哈为范察嫡孙,而卜哈秃为范察庶子,何以征之? 天都山臣《建州女真考》、叶向高《女真考》、茅端徵《东夷考略》皆云董山诛后,其后与凡察皆得袭,则卜哈秃断为凡察后也。卜哈秃自成化六年袭职,至嘉靖三十一年犹在,在职八十三年,年近百岁矣,其子则肇祖也,孙则兴祖也,而父祖在时,年已长老,未尝当方面为大酋,或其父祖而卒,是以中朝无闻焉。仆所考证如此,似较唐君为塙矣。"②他认为充善与董山、妥罗与脱罗,声虽相近,但是"移范察之孙以为其兄,移清之始封祖以为旁尊,移猛可帖木儿次子以为长子,于明清人书皆背矣。且猛可帖木儿之子为童仓、董山,孟特穆之子为充善、褚宴,董山可说为充善,童仓又何说邪? 蛮夷人名声或相类,不得据以附会也。"③

---

①② 章太炎:《与吴承仕论满洲旧事书八》,《华国月刊》第 2 卷第 3 期。
③ 章太炎:《清建国别记》,第 13 页。

关于塔克世不可与阿太同叛的问题。塔克世是清太祖努尔哈赤的父亲。明嘉靖末年,塔克世《东夷考略》作塔失,《建州女真考》作他失,是建州都指挥使王杲之属下。《东夷考略》及《明史·李成梁传》均载嘉靖三十六年(1557),建州右卫都指挥使王杲进攻抚顺,杀明备御彭文洙,四十一年又杀副总兵黑春于媳妇山,并因此深入辽阳,掠孤山,抢劫抚顺,前后杀指挥王国柱等甚众。万历二年又攻抚顺,杀明游击裴承祖、把总刘承奕、百户刘仲文等。在这种形势下,明总兵李成梁被迫起兵进行抗击,以是年十月誓师,直至王杲巢穴,王杲战败被杀。章太炎研究了有关史料,认为"当时假宠自恣,力能畔换者,实惟王杲,清之祖父不与焉。"又说:"杲所匿阿哈纳寨者,依《清开国方略》阿哈纳为章嘉城主宝实次之,宝实即觉昌安弟,其家附杲可知也。"章太炎认为张鼐《辽夷略》所载:"奴之祖曰佟教场生佟他失教场,官建州卫左都督金事,此亦显官,然或在杲后矣。"[1]

《清实录》说,癸未(即明万历十一年)二月,"苏克苏浒河部图伦城有尼堪外兰者,阴构明宁远伯李成梁引兵攻古勒城主阿太章京(《明史·李成梁传》、《东夷考略》作阿台),成梁授尼堪外兰兵符,遣辽阳副将克沙济杀阿亥,复攻古勒。阿太妻乃上伯父礼敦巴图鲁女,景祖恐女孙被陷,偕显祖往救。阿太守御坚,数出城冲杀,成梁兵死者甚众。因责尼堪外兰启衅败军之罪,欲缚之。尼堪外兰惧,请身往抚,至城大呼曰:主将有命,士卒有能杀阿太来降者,即令为城主,城中人遂杀阿太降,成梁诱城中人出,尽屠之。尼堪外兰复构明兵并害景帝(祖)、显祖。"并以此作为反明和兼并邻近部落的借口,所谓"上(清太祖)思复仇,以显祖遗甲十三付,始谋伐尼堪外兰,时年二十五。"[2]章太炎据《东夷考略》和《明史·李成梁传》所载史实驳斥说:"王杲死,其子阿台走依王台长子虎儿罕。朝议方悬购阿台,亦怨王台父子献其父,欲报之。

---

① 章太炎:《清建国别记》,第31页。
② 章太炎:《清建国别记》,第30—31页。

十年七月王台死,虎儿罕势衰,阿台遂附北关,合攻虎儿罕,又数犯孤山铁岭。"这样,李成梁再度率兵出塞,"火攻古勒寨,寨陡峻,三面壁立,壕堑甚设,攻两昼夜,射阿台殪,别将秦得倚等已前破阿海寨,击杀之,是役得级二千二百二十二,杲子孙自是无遗种。"①章太炎认为,"是成梁之讨阿台,自以其继父为逆,且数犯边,故非尼堪外兰构之。阿台为成梁射死,非城中人自杀以降也。景显之死,成梁传虽深没其文,以事度之,阿台为王杲遗孽,寇盗无已,景显以救阿台被戮,是伏其罪也。其后奴儿哈赤告七大恨于天,不得言我之祖父未尝损明边一草寸土,明无端衅害我祖父也。"②

关于景祖、显祖的死因问题。各书也记载不同,如《建州女真考》记载说,"奴酋父他失乘醉入我边堡,边吏诛之,奴酋遂恨,曰与弟速儿哈赤(清称舒尔哈赤)厉兵秣马,设险摆唐,数年前精骑一万,今且至数万。"③而《博物典汇》则说,"塔失存胆略,为建州督王杲部将,杲屡为边患,总镇李宁远诱塔失为乡导讨杲,出奇兵,往返八日,擒之。宁远相其为人有反状,惎之,以火攻,阴设反机以焚之死。时奴儿哈赤甫四岁,宁远不能掩塔失功,哭之尽哀,抚奴儿哈赤与其弟速儿哈赤如子。"《明实录》万历三年七月甲子条载:"虏酋王台执王杲以献。八月己巳,加授王台勋衔,二子俱升都督佥事。"章太炎认为此为奏敕,明徵非塔克世擒之。他判断说:"盖塔克世宗族皆附王杲,己独以胡儿隶成梁麾下,为之行间破杲、阿台有功,终以骨相不恒,致以死地。有功而强死,故其子得以复仇为名。死而不能掩其功,故以建州旧封酬其子。此于当日情事为近。《清开国方略》悬存异说,终不以易旧传者,间谍之名丑于从叛故也。"④他是根据《东夷考略》等事有关资料而下这一结论的。据《东夷考略》载:"初,奴儿哈赤祖叫场,父塔失并从征阿台为乡

---

① 章太炎:《清建国别记》,第30—31页。
②③ 章太炎:《清建国别记》,第32页。
④ 章太炎:《清建国别记》,第33页。

导,死兵火。其后木扎河有叛夷克五十走建州,渝建州捕治,奴儿哈赤斩五十以献,因贡夷马三。非述祖父与图王杲阿台有殉国忠,今复身率二十二酋保塞,且铃束建州毛怜等卫,验马起贡,请得升职长东夷。"又说:"时开原参政成逊,辽海参政粟在庭令勘本夷原领敕二十道,系都指挥伊祖父为乡导剿王杲,后并死兵火良然。今奴儿哈赤又有功,得升都督,制东夷使。况且《会典》载都指挥有功讨升都督,与奴儿哈赤自请升职亦相应。"①故塔克世必不与阿太共反明也。

关于努尔哈赤称建州国汗、后金国之后,犹不敢达于外的问题。明万历十九年以前,李成梁的兵力雄厚,奴儿哈赤以力弱不敢向外用兵。但这一年十一月成梁解辽东任,次年,倭寇之事发,明廷对倭疲于奔命。万历二十一年九月努尔哈赤大破叶赫等九部之师于古勒,杀叶赫图卜寨,明廷素不悦卜寨,谓努尔哈赤有保塞功,二十三年以龙虎将军秩之。自此努尔哈赤得尊官借以号召,尽有东方诸部,势力日益壮大。二十九年八月,李成梁再镇辽东,努尔哈赤始伪顺命。三十六年成梁复解任,奴儿哈赤益无所惮,四十四年遂建元天命,但尚不敢向外用兵。这一问题,章太炎对其原由加以论述。他说:

> 观奴儿哈赤于明,一任权谲,非徒恃力也。始以小忠致幸爱,所乞请无不与……后稍挢虔,犹时时忍诟,与勾践阿莘山绝相似。是故董山、王杲悉以恣睢取大戮,而奴儿哈赤独矫以胜子孙,欲耀其祖之威,为作实录方略,若一往以强抗明者,诚若是,小虏争雄,其灭已久矣……明之考女真,众建诸卫,而分其力使兵不满万……而奴儿哈赤以枭雄之恣,晏然乘诸部虚毫,吞食以尽,藩翰既溃,祸及金辽……奴儿哈赤既叛十余年,全制女真,父子数伪求知,中朝不省,崇祯时外患内忧皆逼矣……议者谓明遇清,不能如往日款俺答事,此未知建夷狡险,非若鞑靼之易保也。②

---

① 章太炎:《清建国别记》,第33页。
② 章太炎:《清建国别记》,第36页。

章太炎在辛亥革命酝酿时期,曾注意清史研究,在《訄书》修订本中有《哀清史》等文,当时他是位积极反满光复者。他注意清史,主要是在辨"夷夏之义",企图从汉满两族历史关系上,为其满族为"胡"为"夷"的反满思想制造理论根据。他写《清建国别记》时,在文字方面虽没有以前写《哀清史》等那样愤激的言辞,但"夷夏之义"思想,在他的古经说的思想中,仍然十分强烈,大汉族主义的历史观,基本不变。

二、从《訄书》到《检论》看章太炎史学思想的演变

1914 年,章太炎复取《訄书》增删,更名《检论》。《检论》共六十二篇,另有正文七篇,分为九卷,删去了辛亥革命前反清斗争性较强的《客帝匡谬》、《分镇匡缪》、《族制》等有关种族主义,以及历史分期的《原学》篇和预测未来的《订实知》、《通讦》等篇。新增加的有《小过》、《大过》等篇,其主要内容是褒扬清朝督抚大臣,而《易论》、《六诗说》、《关雎故言》、《诗终始论》、《春秋故言》等篇,则是进一步论述"六经皆史"的意义。至于所增《案唐》、《通程》等篇,则补了《訄书》"学术典"之缺略。在《检论》中删去了《訄书》原有《哀清史》所附《中国通史略例》,而代之以附《近史商略》。总之,《检论》中"国故"增加了,革命性削弱了,表明章太炎在辛亥革命后历史观的倒退。

章太炎主张"六经皆史"说,辛亥革命前已有论述,认为"经"即是"史",因而他将《易》与《连山》、《归藏》同列,《诗》犹如汉乐府,《书》犹如《唐大诏令》与杂史,《周官》内容和后来会典差不多,《礼经》则为仪注,《春秋》即后代纪年之史与正史的本纪。一句话,古经即是古史,经和史是分不开的。在辛亥革命后所写的《经的大意》中又进一步提出:"百年前有个章学诚,说'六经皆史',意思是说六经都是历史。这句话,真是拨云雾见青天。《尚书》、《春秋》固然是史,《诗经》也是记王朝列国的政绩,《礼》、《乐》都是周朝的法制,这不是史,又是什么东西? 唯有《易经》似乎与史大不相关,殊不知道,周礼有个太卜的官,是掌周易的。《易经》原是卜筮之书,古来太史和卜筮测天的官,都算一

类。所以《易经》也是史。"由于六经都是古史,所以汉朝刘歆作《七略》,一切记事的史,都归入春秋家,可见经外并没有史,"经就是古人的史,史就是后世的经。"①可见,"六经皆史"的观点,章太炎在辛亥革命前和辛亥革命后是一致的,而在《检论》中又有所阐发。

章太炎早就把《易》看作是历史哲学或社会学,认为史职在于"藏往"和"知来"。这时,他在《检论·易论》中进一步论述说:"夫《易》彰往而察来,开物成务,六十四序,虽难知,要之记人事迁化,不越其绳,前事不忘,故损益可知也夫!"他把《易》完全当作记载所谓"人事迁化"和"彰往察来"的历史书籍看待。《春秋故言》中引慎到的话说,"《诗》,往志也;《书》,往诰也;《春秋》,往事也。"章太炎加以解释说,"故志者史官所记当世徽号,谓书契图象之属矣。""事亦从史,而义为记徽。""《春秋》,往者先王旧记也。孟子亦言,《春秋》天子之事。此由史官皆自周出,而诸侯史记当藏王官(注:六国表云:'史记独藏周官')不可私家、故曰天子之记。"又说:"孟子曰:王者之迹息而《诗》亡,《诗》亡然后《春秋》作"。

章太炎明确地把《易》、《诗》、《春秋》既当作经看,又当作史书看,"六经皆史",史即经,经即史之说,通过具体的论证,更加清楚了。

辛亥革命前,章太炎反对康有为尊孔子为教主,说孔子并不是什么教主,而只是史学的宗师,辛亥革命后,他的"排满之志虽伸,但视为最要紧的,第一是用宗教发起信心,增进国民的道德;第二是用国粹激动种性,增进爱国的热肠。"②他这两点完全是不可实现的"幻想"。1913年章太炎被袁世凯监禁于北京,于次年编撰《检论》时,思想波动很大,已由革命趋向保守了。此时,他提倡"尊孔"、"复古",主张"政不骤革",并散布了大量不利于革命的言论。如《检论·订孔》上增补了如下一段话:

① 章太炎:《经的大意》,《章太炎的白话文》,泰东书局1922年版,第69—70页。
② 章太炎:《经的大意》,《章太炎的白话文》,第60—70页。

故五帝不同礼，三王不沿乐。布六籍者，要以识前事，非谓旧章可永循也……且旧章诚不可与永守，政不骤革，斟酌曏今，未有不借资于史。先汉之史，则谁乎？其惟姬周旧典，见六籍者，故虽言通经致用未害也。

显然，他对辛亥革命后的一些新的政治制度不满，因而一面认为"旧章"不可永守，一面又提出"政不骤革"，主张"斟酌曏今，未有不借资于史"，一再申述"经"、"史"的重要意义，疾呼人们必须斟酌古今，必须读读"六籍"，六经即史，故他极力提倡"通经致用"，实际上也就是"通史致用"。他说："史学讲人话，教主讲鬼话，鬼话是要人愚，人话是要人智，心思是迥然不同的。中国人留心历史的多，后来都落个守旧的名目，不晓得历史的用处……过去的事，看来像没有什么关痛痒，但是现在的情形，都是从过去渐渐变来：凡事看了现在的果，必定要求过去的因，怎么可以置之不论呢！"① 章太炎之尊崇孔子为素王，是把孔子当作一位大史学家，说"仲尼，良史也，辅以丘明而次《春秋》，料比百家，若旋机玉矣。"他认为司马谈、司马迁父子固然是历史学家，就是古文经学刘歆，在章太炎看来也是和孔子一样的历史学家。章太炎在称誉孔子为"良史"家后，接着便说："谈、迁嗣之，后有《七略》。孔子死，名实足以伉者，汉之刘歆。"

由于章太炎认为"政不骤革"，因而主张改良，反对阶级斗争，反映在历史观上，对历史上的农民革命领袖的看法，便和辛亥革命前的看法截然不同。在辛亥革命前，他认为李自成起义反明，是"迫于饥寒，揭竿而起"，是"革命之念起而剿兵救民，赈饥济困之事兴。"② 太平天国革命爆发后，太平军进入江、浙，直接影响到章太炎"家无余财"③，所谓"遭太平军下浙江，尽室窜徙，三年乃得返"，由百万家财沦为"家贫"。

---

① 章太炎:《中国文化的根源和近代学问的发达》,《章太炎的白话文》, 第33—34页。

② 章太炎:《驳康有为论革命书》,《章氏丛书·文录》卷二。

③ 章太炎:《先曾祖训导君先祖国子君先考知县君事略》,《太炎文录续编》卷四。

在这种情况下,由于章太炎这时持资产阶级革命观点,需要取得农民阶级的支持,所以他尊称太平天国农民革命领袖洪秀全为洪王,说:"洪王起于三七之际,建旗金田,入定南都,握图籍十二年,旗旄所至,执讯获丑,十有六省,功虽不就,亦雁行于明祖。"充分肯定了洪秀全的革命功绩。并且指出:"虏(清)廷官书虽载,既非翔实,盗憎主人,又时以恶语相诋。"力图从历史记载方面廓清清廷对洪秀全所加的诬蔑不实之辞。他在看了禺山世次郎(即黄世仲,字小配)编撰的《洪秀全演义》后,亲自为之作序,说是书流传以后,"余知尊念洪王者,当与尊念葛、岳二公相等,昔有人言:'舜何人也,予何人也',洪王朽矣,亦思复有洪王作也。"①由此可见,他当时称颂农民起义的感情溢于言表。可是,在辛亥革命后,清廷封建统治政权被推翻,不再需要农民群众的支持,因而在《检论·学变》篇后增补了一篇《附黄巾道士缘起说》,对黄巾农民起义军的看法,已和封建正统史学家几乎一样,称作"黄巾米贼",说他之所以为人所信仰,是由于张陵等人有令人"见鬼"、"劾鬼"、"役鬼"的"幻术"。所以他说,黄巾道士既不出于老庄道家,也与神仙无关,而是从墨子明鬼的巫术传来,把张陵、张角等黄巾农民革命领袖称之为"巫师"。我们知道,张陵在严密的统治下,确实倡过"五斗米道",又称"天师道",利用宗教组织动员群众,并用"苍天已死,黄天当立"的宗教术语,宣传群众,说汉家天数已尽,应该灭亡,要由黄巾农民起义军来代替统治,喊出了广大贫苦农民的心声,得到了广大贫苦农民群众的信任和拥护。显然,这绝不是出于单纯的宗教迷信的作用。可是,这时的章太炎不愿也不敢正视农民进行阶级斗争的实质,把黄巾农民军起义后封建地主官僚统治的阶级斗争内容,完全抽剥一空,把它说成是所谓单纯的宗教迷信活动。这是对汉末数十万农民革命军的莫大诬蔑,对历史事实的荒谬歪曲。

关于中国人种西来说,章太炎在《訄书》中认为人种出于加尔特亚

---

① 章太炎:《洪秀全演义序》,香港中国日报社 1906 年刊行。

（迦勒底），黄帝起于印度、大夏、西域间。有人反对这种说法，提出"盖谓支那民族自西方来，略苗人之地而有之"，自此汉、苗两族子孙，相为排斥，相为复仇，可乎？章太炎自己觉得原来的这种说法存在着问题，不得不稍作修改，故在辛亥革命后所写的《中华民国解》中提出："神灵之胄自西方来，以雝梁二州为根本，宓牺生成纪，神农产姜水，黄帝宅桥山，是皆雝州之地；高阳起于若水，高辛起于江水，舜居西城，禹生石纽，是皆梁州之地。观其帝王所产而知民族兴区斯为根极。"又说："汉族自西来，非有历史成证，徒以考索比拟而得之。独《山海经》言身毒（印度）为轩辕所居，又异今说，非若满洲之侵汉土，其记载具在也。"因此，他在改编《訄书》为《检论》时，对原来《序种性》中说："黄帝之起，宜在印度、大夏、西域三十六国间"；并且说："黄帝死后，葬于桥山，地在秦陇。"而黄帝子孙颛顼和喾，"皆自蜀土入帝中国"。在《诗终始论》中说："上古帝王自西极来，唯黄帝迁徙往来无常处，邑于涿鹿，所以填抚蚩尤余檗，非安之也。"这时，章太炎已明确否定原来汉族起于迦勒底之说，并且改为提出起于帕米尔高原之说，以修正原先的看法。他说：

> 大地初就，陂陀四隤，滋水浸其边幅，是故人类所宅，独在中央高原，汉族自被迷罗（帕米尔）来，虽无史籍根据，其理不诬。①

接着他认为汉族、苗族以至匈奴族人都同出于帕米尔高原，中原土地为汉族最早居地，非苗人最早地，说汉族西来，"略苗人之地而有之"的说法，明确认为是错误的。这种汉族出自帕米尔高原说，比起出自迦勒底说，虽有所区别，但其西来说本意未变，仍然可以被帝国主义用以侵略中国的借口。例如，英国、印度的一些资产阶级御用文人，也提出印度文化是由帕米尔高原分化出来的，和我国西藏文化同源，企图将西藏从中国领土分裂出去制造舆论，为其侵略西藏提供历史和理论依据。

《訄书》重订本《哀清史》篇中所附《中国通史略例》，在《检论·哀清史》篇中已经被删去，而代之以《近史商略》，其主要内容如下：

---

① 章太炎：《章氏丛书·别录一》。

（1）评论《宋史》、《辽史》、《金史》、《元史》和《明史》。章太炎认为："《宋史》诸志，华离无纪，盖胥史所不为。盖其以益、卫二王、附瀛国公本纪，犹存义法。而《明史》以圣安、思文及永历帝杂在宗室诸王。夫本纪犹经，而诸臣列传犹传记，此史官之大律也。"他评论说："明末三帝，不列于纪，而其臣史可法、何腾蛟、瞿式耜，及三朝将相四十余人，皆有列传，此其所事者何主？所立者谁之朝邪？去本干而存支叶，首尾横决，遂至于此，于义为不通矣。纵存忌讳，不当纰缪若是甚也。"又认为"《元史》无论赞评议之辞，盖以羯胡入主，利害赲非，不系中夏，所不待论也。其间泰定诏书录于本纪，文辞鄙拙，欲以方俗俚语为解，尚复难通，盖存其质而已。"对于《辽史》，他认为"《礼》、《乐》、《仪卫》三志，道其国俗，亦多翔实。其《礼志》序云：'上世缘情制宜，隐有尚质之风。遥辇胡剌可汗制祭山仪，苏可汗制瑟瑟仪，阻午可汗制柴册再生仪，其情朴，其用俭，敬天恤灾，施惠本孝，出于悃忱，殆有得于胶柱聚讼之表者。'虽语近阿谀，而事迹不泯，亦可谓实录矣。"对《金史》诸志，章太炎的看法是"文饰虏俗，匿其素风，《百官》之志，唯举字极烈诸名而已。若乃《礼》、《乐》、《舆服》三志，其规摹唐宋者，俛仰节奏，纤悉备陈，而金源旧俗，反阒寂无闻焉……夫讳其鄙俗，没其土风，而盛道折旋槃辟之容，文饰太平之美。郊社禘祫，仿佛隆周，冠带声容，若见皇汉。皮之不存，毛将安附乎？"

按照章太炎的观点，所谓"以义法条贯言之，《宋史》有统，《明史》失通也；以典物辞语言之，《辽》《元》存朴，而《金史》增华也。"他所说的《宋史》有统，是指它将益、卫二王附瀛国公本纪而言；而所谓《明史》失通，是指圣安、文思及永历帝杂存宗室诸王而言。章太炎的这些看法，表面看来在较量名分，实质上是在维护其民族主义立场。至于表扬《辽史》、《元史》，而批评《金史》，则完全是从史料价值方面着眼。过去史学家对这些史书的评价一般"多优《金》、《明》，以《宋》、《辽》、《元》为下"，章太炎的评价和他们相左，也有一定道理的。

（2）指出《初定清史叙目》的错误。章太炎明确提出，《清史》不应有《国语志》,过去《辽史》、《金史》的《国语解》所解不及"史传之所载",是不完备和有缺点的,而《清史》的《国语志》仅仅是"汎为彼国作字书",在要求和体例上与汉魏以来诸家书志不合。还有一种情况,"清语者本非完具之言,时有旁采他国,转相比况。"因此,章太炎认为,"既莫识其源流,虽志之何补焉?"何况"纯帝弘历,天性缪诞,自为满洲造诸篆势,仿佛颉、籀、斯、邈之文,杂有钟鼎摹印之体……所谓驴非驴,马非马也。"

《清史》之《儒学》、《畴人》两传,章太炎认为也存在问题,指出"儒林之名起于大史,专录经饰与九流之儒实异。《唐书》变称儒学,而朱子奢、敬播、徐坚之徒,通于史法者亦箸焉",他认为"经史古为一录,唐世专治诸史者,其数亦寡,故集为一传,未有害也。若夫言性命,称仁义,极治乱者,此为九流之儒,孟荀不与伏生同传,王符、王充不与许慎、何休共科,古之成法岂可变邪?"清自阮元以来,"乃欲以经儒、九流之儒,殊为两篇,共在一传……捃而施之,斯为缪矣。"关于《清史》的错误,他又指出:"清世叛臣绝少,四藩而后,独苗沛霖等数人耳。就如子京之例,当言逆臣,又非叛臣也。今纵以逆叛同流,其数已寡,著之丛传,将安用邪?议者或言朱一桂、林爽文、林清、王三槐、洪秀全辈,悉当以叛臣著之,斯则育盲于史,法弥又甚矣。"殊不知,"朱一桂则明之后裔,而洪秀全则以颠仆胡庭为号者也。必求衷质,朱、洪可为《载记》,二林及王三槐,比于张角、方腊之流,著之将帅征讨事中,亦可昭晰,安用别为其传?"并称他们为"内寇"。这清楚表明章太炎是站在封建正统主义立场上看待农民起义的。

他对魏源等"尊清"者所著《圣武记》之类书籍,深表不满,甚至骂魏源是"汉奸"。他主张编《清史》主要应该揭露"满洲的秽德",激励民族思想感情,达到反清的政治目的。从这一观点出发,他认为"清世多巧令",并无卓行,所以他提出《清史》不必立《卓行传》的篇目。他认为"清世人材乏绝,徒有狐媚之臣,乃少猜阻之士,其不列《姦(奸)臣传》则得矣。若明珠、和珅、穆彰阿者,此即前史所谓'佞幸',弘、恭、石显之亚也。下逮王鸿绪、高士奇、张芾、何桂清、文廷式之流,出入禁闱,干摩宫寝,外托词藻,内作奸私;阎若璩、何焯、洪亮吉,幸于藩邸,复其亚次。此而不称'佞幸',则弥、邓不平于泉壤,茹、阮快意于方来矣。"在他看来,《清史》不列佞幸传是错误的。同时,他提出《清史》的《儒林》、《文苑》两传应不以官位为准,不录三品以上人物是不全面的。他又提出"《艺文》、《经籍》诸志,所以见古今书籍存亡之概,非为一代扬其华采也",所以他认为"当代现有其书,则取而录之于志"。这样,一方面既可了解清代存书的底细;另一方面也可暴露禁毁图书之罪行。

综上所述,章太炎研究历史是从研究经学入手的,是在研究经学的同时注重历史研究的。他的史学的演变,基本上和他政治思想演变相一致的。辛亥革命酝酿时期是他资产阶级民主革命派史学思想高昂时期,而辛亥革命后由于政治上由革命到保守,其史学思想随之倒退。

第二节 近代通俗史学的兴起

一、通俗史学的溯源和兴起

中国史学按传统的说法有正史、野史、稗史之分,而无通俗史学之说。而把通俗讲史、演史等书籍,往往归之于小说或其他类别。

其实,就史学的起源来看史学始有俗,后有正,然后向正俗两条道路发展。所谓"正史",即指以帝王的本纪为纲领的纪传体史书。清乾隆时编辑《四库全书总目》,以纪传体为正史,并诏定《史记》至《明史》二十四种为正史,自此,正史遂为二十四史专有的名称。唐刘知幾《史通》以《尚书》、《春秋》及以后之编年、纪传二体史书均为正史。《明史·艺文志》以纪传、编年二体并称正史。这样,从司马迁《史记》到《明史》,再加上柯劭忞的《新元史》有二十五史之说。编年起于春秋时代,如《春秋》、《左传》、《汉纪》、《资治通鉴》、《续资治通鉴》等。这些史书,多为官修,史书资料多出自宫廷官档文书,撰述又代代相衔,体系严谨,为历代官家所重视,故视之为"正统"。而通俗史学则是一种民间广为流传的浅显易懂、生动活泼,容易接受的大众化史学。在古代主要以口耳相传的讲史形式流传延续。自人类产生以后,先民为了维持和延续人们的社会生活,使新生一代更好地从事生产劳动和适应现存的社会生活而进行生产斗争经验和社会生活经验的传授,往往都是通过讲史的形式来进行的。梁启超在《中国历史研究法》一书中叙述人类最初的讲史情形:"最初之史乌乎起? 当人类之渐进而形成一族属或一部落也,其部族之长老,每当游猎斗战之隙暇,或值佳辰令节,辄聚其子姓,三三五五,围炉籍草,纵谈己身或先代所经之恐怖所演之武勇……听者娓娓忘倦,兴会飙举,其间有格外奇特之情节可歌可泣者,则蟠镂于听众之脑中,湔拨不去,辗转作谈料,历数代而末已,其事迹遂取史的性质。"此外,在人类学家关于原始部落的描述中,也可看到这样的情况:年长的氏族首领向其族员讲述亲族家谱,氏族的英雄业绩,生产知识和风俗习惯。可见,史之初,就是在民间流传的通俗史。由于讲史者一开始就具有讲史的目的、讲史的风格,并很快达到预期的效果。所以,这种流传的通俗史的性质,故谓之通俗史学。

通俗史学正因为"其间有格外奇特之情节可歌可泣者",能使"听者娓娓忘倦,兴会飙举","蟠镂于听众之脑中,湔拨不去,展转作谈料",故"历数代而末已",流传开来,并逐步为社会人们所注重,笔之于文字的整理,使讲史这民间的、大众化的通俗史学得以逐步完善和发展。敦煌发现的《昭君变》、《伍子胥变文》等大批写史变文。北宋时有"说三分"与讲《五代史平话》的。南宋时讲"孙庞斗智"、"刘项争雄",讲《汉书》与晋、宋、齐、梁诸书,讲"《通鉴》、汉唐历代书史文传兴废争战之事";诸宫调唱《刘智远》,有的还说新话:张、韩、刘、岳,说铁骑儿,讲《中兴名将传》等当代抗金时事。元代"尝以野史作为评话",现在流传的有《三国志平话》、《武王伐纣平话》、《七国春秋》(后来演变为《孙庞演义》与《走马春秋》)、《秦并六国》、《前汉书平话》(续集)等五种平话。明代平话、词话,章回小说盛行,明清间,特别是晚清,历史演义小说日盛一日,以《东周列国志》来说,它原是明末冯梦龙依据《左传》、

《国语》、《战国策》和《史记》等史传,将嘉靖隆庆年间余邵鱼撰辑的《列国志传》修订成名叫《新列国志》,共一百零八回。清代乾隆年间,蔡元放对此书加上"评语",加工删改成为《东周列国志》。这些讲史作品,基本上出之于正史,但起到的作用则是正史所不能及的。

当然,在通俗史书中,作品是比较杂芜的。自宋元以至于清,作者如林。以体例言之,有演一代史事近于断代史者;有以一人一家为主近于外传、别传及家人传者;有以一事为主而近于纪事本末者;亦有演通贯古今事与通史同者。其作者有文人,有闾里塾师,瓦舍伎艺。内容大抵虚实各半,或七实三虚,或三真七假;亦有过实而直同史抄者;又有凭虚而全无根据者而亦自托于讲史。然而,有人也就以讲史内容多民间传说,较为芜杂,如《隋唐演义》等,将其一概排斥在史部之外,作为小说来评论。其实,文史殊途,但文史又很难分家。通俗史学是以史实为据,以文学的笔法表现的。故判断通俗史学是历史还是小说,要作具体的分析。如罗贯中的《三国演义》和冯梦龙、蔡元放的《东周列国志》原是两种泾渭分明的代表性作品。罗贯中出入经史,融合了很多宋元以来的话本和民间流传的故事和传说,所谓"七分事实,三分虚构",其性质多为小说。而冯梦龙等称其著作无一事无来历,要把"临潼斗宝"、"鞭伏展雄"之类无史无据的故事逐出演义之林,其性质多为史,即通俗史,这就是说,通俗史必须以史实为经,虚构不能歪曲历史事实。这样,以此为原则的讲史、演史等书籍遂成为我国历史著作中所特有的一种民族风格的通俗史学。它在历史知识的传播上,起着"正史"所不能起到的作用,故能由古代而近代、现代一直流传下来,并得到进一步的发扬光大。

中国近代社会自鸦片战争以来,中经中法战争、中日战争、八国联军之役等帝国主义侵华战争,一步步沦为半殖民地半封建社会的深渊。帝国主义不择手段地从中国吸吮着膏血来膨胀它们的身躯,驱使它们的鹰犬来榨取中国广大的勤劳人民。正是在这国事维艰风雨飘摇的历史大变动时代,许多预感着"亡国有日"的爱国知识分子,从不同的世界观出发去探求救国奇术和济世良方。"小说救国"、"演义救国"就应运而兴起。在史学领域要求摆脱经学和八股文言的束缚,用通俗易懂并能感人肺腑的文字来重编历史,唤醒民众。当时梁启超曾在《译印政治小说序》中疾呼:"六经不能教,当以小说教之,正史不能入,当以小说入之。"提出了编写通俗历史读物。可见,怎样将高文典册中的历史知识用通俗笔法广为传播到群众中,已经为爱国的知识分子们所注重,他们当中的一些人也就通过历史上救亡图存的史事,以通俗生动的笔法整理出来,开展宣传教育活动。

关于编写通俗历史读物的旨趣,吴趼人曾在《月月小说》创刊号上的《历史小说总序》中作了充分的阐述。他说:"秦、汉以来,史册繁重,庋架盈壁,浩如烟海,遑论士子购求匪易,即藏书之家,未必卒业。坐令前贤往行,徒饱蠹腹,古代精华,视若覆瓿,良可哀也。窃求其故,厥有六端。绪端复众,艰于记忆,一也。文字深邃,不有笺注,苟非通才,遽难句读,二也。卷帙浩繁,望而生畏,三也。精神有限,岁月几何,穷年矻矻,卒业无期,四也。童蒙受学,仅授大略,采其粗范,遗其趣味,使自幼视之,已同嚼蜡,五也。人至通才,年已逾冠,虽欲补习,苦无时晷,六也。有此六端,吾将见此册籍之徒存而已也。"他认为这类史籍,是绝对不能大众化的,故陈寿《三国志》读之者寡;但他又觉得旧的演义,"附会无稽"者占十之五六,是一大缺点,因而有计划地想写作一些讲史。以供一般人士的研究。在《两晋演义·序》里,他又说:"故《三国演义》出,而脍炙人口,自士大夫以至舆台,莫不人手一篇。人见其风行也,遂竞效为之,然每况愈下,动以附会为能,转使历史真相,隐而不彰。吾一般无稽之言,徒乱人耳目,愚昧之人读之,互相传述,一若吾古人果有如是种种之怪谬之事也者。呜呼! 自此等书出,而愚人益愚矣!"又批评《东西汉》、《东西晋》说:"似较以上云云者略善矣,顾又失于简略,殊乏意味,而复不能免蹈虚附会之谈。夫蹈虚附会,诚小说所不能免者,然既蹈虚附会矣,而仍不免失于简略无味,人亦何贵有此小说也? 人亦何乐谈此小说也? 况其章回之分剖未明,叙事之成片断,均失小说体裁,此尤愚蒙所窃不解者也。"他的意思,讲史应该避免这些缺点,庶可作历史教科之臂助,为学者补习历史之南针。这两篇叙文,不仅可以作为吴趼人对于讲史的理解看,在晚清的论讲史的文字里,也是最重要的。当时所谓新的讲史的写作,是企图正确的叙述史实,使成为通俗的历史教科书。

力求叙述历史的真实性,避免"蹈虚附会",这是通俗史学与演义小说的根本区别点,这在吴趼人的《历史小说总序》等文中已阐述清楚了。实际上,他们的作品也确实做到了。如吴趼人的《两晋演义》,是以"《通鉴》"为线索,以《晋书》、《十六国春秋》为史料,一归于正,而况以意味"的作品。其发表在《新小说》上的《痛史》,也是依据宋、元史书的有关史料,讲南宋偏安历史。又如发表在《醒狮》杂志上的《仇史》,作者痛哭生第二自云:"是书乃继《痛史》而作",材料根据万季野的《明史稿》、《明季稗史》、《永历实录》、《南部新录》、《胜朝遗事》、《清史纪略》、《清秘史》诸书编写而成。可谓以正史为经,务求确凿,以轶闻为纬,不尚虚诬,能够较真实地反映历史。总之,文不尚虚,语唯以俗,可作为晚清通俗史学之表现手法的特点之一。

二、近代通俗史学的内容和形式

近代通俗史学内容丰富,思想性强,形式多样,可谓百花齐放。

演古代史事犹如断代史或记事本末作品。这主要有吴趼人的《痛史》、《两晋演义》、《云南野乘》和痛苦生第二的《仇史》等。

《痛史》发表于《新小说》,始一卷三期(1902),终二卷十二期(1906年),共刊二十七回,未完。史事起于"制朝仪刘秉忠事敌,隐军情贾似道欺君",终于"忽必烈太子蒙重冤,仙霞岭义兵张挞伐。"主要写南宋史事。书中着重写贾似道欺君误国,皇室昏庸偏安,文天祥一班忠臣义士的艰苦斗争,一切都依据史实。此书是吴趼人讲史最早的代表作品,书中反映了他对满清贵族占领中原地区的愤慨。所以《痛史》开篇就愤慨地写道:"说也奇怪,那些投降到外国的中国人,反有那尽忠报国的心,倒是对着自家中国皇帝的中国人,非但没有尽忠报国的心,反而有了一种卖国求荣的心,真是叫人无可奈何了。"写到金兵屠城一节,他就提出警告:"只此便是异族战胜本族的惨状了,你道可怕不可怕呢?"甚至借张世杰的口劝人们不要做汉奸。他一方面竭力揭露贾似道一班人的无耻,另一方面尽力表现文天祥等人的忠君爱国,为国作战。作者的爱国思想跃然书中。吴趼人在痛斥宋代的一些卖国汉奸以外,兼诅咒那些清朝的汉奸,是对鸦片战争到八国联军几十年事件的愤慨的总发泄、总暴露。所以他又借谢枋得的口说:"你看元兵势力虽大,倘使我中国守土之臣,都有三分气节,大众竭力御敌,我看元兵未必便能到此。都是这一班忘廉丧耻,所以才肯卖国求荣,元兵乘势而来,才至如此。"

《两晋演义》发表在《月月小说》上,只写了二十三回(1906—1908年),也是因《月月小说》停刊而中断。两晋史实的混乱繁复,本不如《痛史》简单,加以《痛史》中呼吸脉搏,与晚清的政治社会有更多的契合性,所以这部书的影响不如《痛史》。但仍旧有不少的优点,写惠帝昏庸,贾后淫乱,诸王争权夺势,所烘托出的混乱局面,是极清晰的。且较之一般讲史,在史实方面,要真实的多。此外,吴趼人还有《云南野乘》之作,记云南史事,如庄蹻开辟滇池,直到晚清的情形。那时正有割弃云南与帝国主义的趋势,他之作此,是要使大家知道"古人开辟的艰难,就不容今人割弃的容易"。惜仅成书三回。

《仇史》发表于《醒狮》杂志(1906年)写的是明元史事,其目是以此宣传反清革命。作者痛苦生第二在《凡例》第二条中说:"是书专欲使我四万万同胞,洞悉前明亡国之惨状,充溢其排外思想,复我三百余年之大仇,故名曰《仇史》。"第二条云:"是书乃继《痛史》而作,我佛山人之著《痛史》,伸庄论,寓微言,盖欲我民族引古鉴今,为间接之感触。呜乎!今祸亟矣,眉睫之间,断非间接之激刺所能奏效,故鄙人焦思苦虑,振笔直书,极力描写本族之伤心痛病,与异族的野蛮狂悖,言者无罪,闻者可兴,其或能成《自由魂》、《革命军》之价值欤?"第三条道:

"是书以明神宗万历年间范文程降满起,至永历二十二年台湾郑克塽降清止,为汉室死生存亡,颠扑起灭之一大惨剧。"即此三例,可见作者写作《仇史》之动机与态度,有较之吴趼人更进一步者,为的是要借此书以鼓动反清的革命的热情。

演近代战争的作品。帝国主义用大炮打开了中国的大门,一次一次的侵略战争不仅加深了中华民族的灾难,而且暴露了外国侵略者的残暴和清政府的昏庸,极大地震怒了热血之士。于是,记战事以反映爱国反侵略的通俗史书就广泛地传播开来。

当时记鸦片战争的主要有《黑狱》、《罂粟花》以及《鸦片之战演义》等。《黑狱》,张春帆著,记鸦片战争前夜事,二十四回,光绪三十二年(1906)点石斋印。所描写的都是鸦片输入后,在广东所造成的种种恶果,自官吏以至小民。此书写实性甚强。即书中之事实,足见官民间因鸦片所引起的种种纷争之日趋严重,而必然引起大的"激变",此"激变"即清醒之官民,必有一日起而拒鸦片之再输入,而不惜种种牺牲以完成之。读此书可知中英鸦片战争,其发生实有悠久的前因。看过《黑狱》可进而读《罂粟花》,这是一部正面描写鸦片战争的小说,原名《通商原委演义》,初载《演义白话报》(1897年),观我斋主人著。1907年改出单行本时,题名《罂粟花》。书凡二十五回,又首缘起一回,有作者叙,说明写此书之目的,在使"读是书者,触目惊心,痛恨洋烟之为祸。"叙述始于中英通商,鸦片输入,第四回即写到林则徐禁毁烟土,然后战争一起,英国侵略军由粤图浙,以至于破镇江,逼金陵。最后则为《谕洋将从容停战,听汉奸莫率议和》又二回写此战之余波。作者的立场完全是站在抵抗派林则徐一边,故对朝廷奸佞,屈辱求和之辈,抨击甚为激烈。此外,《鸦片战争演义》则是《消闲演义》里一部分,发表在北京《小公报》上,该书搜集当时的史实很多,对第一、第二次鸦片战争均作了较翔实的叙述。

记中法战争的著作有《死中求活》、《中法失和战史》、《中法大战演义》、《越南覆亡记》等。《死中求活》载于《云南》杂志上,作者对镜狂呼客,开篇写"病君臣偷安抚远志,昏总督贪利种祸根",然后写战争总因"法兰西派兵测海口,安南人恐祸杀教徒",接着就叙说战争的经过。至第九回,写刘永福抗法斗争。全书史实性相当强,并对昏官误国作了揭露。《中法失和战史》、《中法大战演义》分别为《消闲演义》和《清史演义》中的一部分,叙述中法战争甚简明,刻画张佩纶竭尽讽刺。《越南覆亡记》为梁启超手笔,前两章叙述越南灭亡经过,及当时为国而起义之义师及义士史实,可歌可泣,体裁亦近于演义体。

记中日战争的著作有《大东大战演义》、《中东和战本末纪略》、《中东之战》等。《中东大战演义》,洪兴全著,香港中华印务总局刊。作者简略地叙述了中国数十年被帝国主义侵略之事实,以后便按次写日本炮击高升轮,淹死德员汉纳根所训练的精兵四百余人,叶志超失守牙山,虚报逃走,左宝贵、聂功亭、宋祝三之战绩,旅顺、威海之失,吴大澂未接仗而失败,李鸿章、伊藤博文的议和等,自二十二回至三十三回专写刘永福在台湾抗日事。其于马关和约一节,全部抄录和议之谈话记录,毫不改动一字。《中东和战本末纪略》载于《杭州白话报》上,平情客著。此书简略地叙述了甲午战争的经过,起"东学党大乱韩京,朝鲜王乞援清国",迄"吴澄卿大言招挫敌,李少荃奉使再求和"。其中"文酗武嬉名城迭陷,兵连祸结众庶遭殃"诸回,对官吏的腐败和战祸下人民遭受的灾乱作了较深刻的揭露。

记庚子八国联军侵华之役的书主要有《庚子国变弹词》、《邻女语》、《庚辛剑腥录》、《庚子事变演义》等。《邻女语》,尤患余生著,初载《绣像小说》(1902—1904),1910 年由商务印单行本。书中写清统治者西巡后的北上沿途情形,所涉路程:从镇江出发到清江浦,由那里的东大道,经王家营,入山东界境。然后到郯城、沂州、蒙阴、新泰、泰安达济南。再由济南到天津。以兵马仓皇的混乱情形为线索,反映民间所受官吏的迫害和疾苦。最优秀的部分是描写沿路所遇着的逃难京官的丑恶嘴脸,军队骚扰抢劫的蛮横,于一幅逃难图中勾画出清室已达到非覆灭不可的程度。指出这一班人物出京的时候,是何等的怯懦不堪,但一到南方，马上就换了样子，在船上挂起"大人"、"正堂"的旗帜，"打着京撇子"骂人，要送人"到衙门"。及致听到所停泊的地点仍是"租界"，却又"噤若寒蝉"了。并于洋人的兽性和兵丁的英勇不屈作了形象的描述。如写天津城被攻破后的情景："洋兵既破天津城池，北洋大臣已不知去向。唯见各城守城的兵丁，个个死在城上，依然手托快枪，立而不仆，怒目不屈，大有灭此朝食之意，洋兵看了，不觉大惊。"蒋瑞藻《小说考证续编》引《清代轶闻》说：《邻女语》一书，记庚子国变事颇详确，文笔清秀可喜，实近日历史小说之别开生面者。"《庚辛剑腥录》后改名《京华碧血录》，系 1913 年平报社线装本，林纾著。内容主要是写庚子事变的全部经过，诸凡事变的经过，人民的涂炭，无不涉及，指出慈禧收容义和团，其目的实在"废文"，并对于帝国主义予以抨击。所述平津情况亦翔实。故作者自谓事颇实记，不敢为讹抽之谈。惜林氏囿于成见，对义和团缺乏正确认识，对义和团评述不够确当。

演人民反抗斗争的著作。这里既有直接描述中国人民反侵略斗争的作品，又有描述人民反抗清统治者的作品。在描述反侵略斗争方面，主要有写三元里人民抗英斗争的《三元里平夷录》、《三元里》和《三元里民歌》等。这些作品主要描述了三元里人民闻锣起义到乡援助者一百零三乡，共三四万人，与英兵大战三昼夜，杀敌千人（数目不确），并生擒义律及长官十余人等抗英事迹，其表现的情绪是："三元里前声若雷，千众万众同时来"，"妇女齐心亦健儿，犁锄在手皆兵器"，以及动员的广泛，愤怒的普遍，并对英军占领广州市郊区所有炮台后，时常下乡捉百姓鸡鸭、奸淫掳掠无所不为的兽性也作了揭露。这些是与当时的事实符合的，极富有概括性。

在描述反抗清朝统治方面的著作，主要有写太平天国起义的《起事来历真传》、《洪秀全演义》、《太平天国演义》等。以及写辛亥革命的《新汉演义》、《党人血》等。《起事来历真传》，书题"太平天国三年新刊"八字，作者姓曾，名不详。内容是写太平天国起事的历史，并说明起事的意义。《洪秀全演义》的作者黄小配（世仲）自诩此书为"洪氏一朝之实录,即以传汉族之光荣"。确实,此书"遗事得之故老,文亦通俗",突出地描写了太平天国的民族革命精神和洪秀全等的人民立场,对知识分子异己者和俘虏的清军将领的宽大处理,李秀成轻骑简从身入危地说服受清军欺骗的武装农民,以及土地政策、开女科、男女平权、平等外交等等,写得均十分精彩。人物性格的刻画,如李秀成、石达开等,也很生动。对曾国藩等则尽量予以鞭挞。这部书在当时《国朝中兴演义》流行一时的情况下,对那些乌烟瘴气的侮蔑予以廓清,正面地宣传了民主革命思想。如章太炎在叙文中预计:此书出后,"尊念洪王者,当与尊念诸葛武侯、岳鄂王相等。"《新汉演义》自由生著,1912年上海书局刊行,四十四回,专写自武昌起义到南京政府成立这段革命的历史。

演外国历史的著作。取材于国外的,最主要的著作有雨尘子的《洪水祸》,写法国革命事,为反专制之作。又有玉瑟斋主人的《回天绮谈》十四回、《万国演义》六十卷,周新庵的《世界进化史》二十二回、《经国美谈》二十五回,洗红厂主的《泰西历史演义》三十六回、《美国独立史别裁》等。其中,以《洪水祸》、《经国美谈》及《泰西历史演义》较有史学价值。

综上所述,近代通俗史学的内容是丰富的,它从写古代专史、断代史,而近代战争、人民的反侵略、反清专制统治的斗争等,发展到演外国历史,可谓贯古今中外,荦荦大观。并且反映着外抗强权、内反封建专制的爱国民主思想。这是近代通俗史学的主流。当然,在近代通俗历史读物中也有逆时而动的作品,诸如《国朝中兴演义》、《中兴平捻记》(集成图书公司版,1909年),以及《陆稼书演义》(满清斋版,1910年)等,都是歪曲事实,向清廷献媚之作。而这恰恰说明通俗史学这块阵地并不平静,向人民宣传爱国民主思想与对人民灌输甘受奴役的思想在通俗史学的发展中时有斗争,而后者随着历史的发展也就不战自退了。

近代通俗史学表现手法形式多样。演义体主要按章回,以说、讲故事的形式来反映历史的真相,受到社会上广大群众的普遍欢迎。除演义体以外，当时通俗历史书刊的表现形式还有以下几种：

弹词。弹词是以弹唱、插说白的形式来传播历史知识的。因为它以"韵语出之，感人尤易"。传播得也更容易普遍。这方面的代表作是李伯元的《庚子国变弹词》四十回。此书作于 1901 至 1902 年，最初是逐日发表在《繁华报》上，后由繁华报馆排印成书。这是一部反映义和团运动、八国联军侵华战争，最通俗而有史学价值的著作。其所述始于清平县武举与教民冲突，官吏左袒教民，酿成武举报复，率领五百弟子，杀死一教民全家，终于李鸿章、庆亲王受命为全权大臣，在京与各国议成《辛丑条约》，两宫回銮为止。书末附印《辛丑条约》全文，使读者了解当时所订的是具有怎样羞辱内容的卖国条约，是叙述庚子事变的全史。至于李伯元对于这一"浩劫"的态度。在书里也说得很明白，反对帝国主义的屠杀罪行，反对"扶助"义和团的一些大臣官吏，并隐约暗示出：这一事件的最高责任者是慈禧太后而不是光绪皇帝，对光绪帝维新变法失败，表示非常惋惜。

这部弹词最大的优点是保留了当时许多可歌可泣的史料，特别是人民的灾难。如写义和团初起，袁世凯奉命去剿，结果把一个善良无辜的村子洗劫掉，事实上连"拳匪"的影子也没有："直杀得横尸满地，流血成河，可怜无辜良民，尽死于刀枪之下。那袁统领毫无知觉，还当他们都是匪党呢！"那时人民所受的危害，竟到了这样的程度。而帝国主义的残酷，还有更甚者。《庚子国变弹词》是写八国联军炮击天津，所用的竟是氯气炮，这是何等残酷！因此，天津城破以后，"各尸倒地，死无伤痕。"甚至城破三点钟后，洋兵见有清兵多名，擎枪倚墙，怒目而立，等到近前一看，始知已中氯气而死，只以身倚在墙上，故未倒下。

八国联军侵华战争是中国历史上的一次莫大耻辱。李伯元作此书，是"忧夫妇孺之梦梦知时事"，故作《庚子国变弹词》，将这一国耻"从新演说一遍"，庶大众易于明白，妇孺一览便知。他是以忧国忧民的心情，来撰写这一部使妇孺都能了解的历史悲剧。《庚子国变弹词》，如果弹唱起来，"能遥吟俯唱，声泪泪随"，使人"凄楚入骨，悲愤填胸"。

拍板歌。这是在广东一带流传的一种用拍板在街头演唱的民歌，有近似于弹词的地方，但比弹词更通俗。所唱的历史内容主要是讲广州起义的《党人起义》、《黄花岗祭革党》等，其间最重要的一篇是纪念事变经过的拍板歌《党人血》。

《党人血》内容分做溯源祸始、机谋泄露、党人会议、决计举事、督署被焚、党人失败六节，把事变原原本本都唱出来了。作者对革命是同情的，但在那样的环境之下，却不敢放胆的写。所以歌里有词道："呢段歌文非杜撰、拒佢官场警告我不敢加增。又有报章记载堪为证，始终党事尽系实在慨情形。"

《党人血》最初唱的是党人起事的原因："自从党人倡革命，宗旨坚持没有变更。极力向同胞来鼓吹，外洋游说，到处相迎。二十余年人物众，个个抱国家主义把性命牺牲。佢话把佢官场来警醒，迫于破坏正可图成。眼见瓜分惨祸燃眉急，重话要图救拼捐生。"作者对当时所谓种族革命的意思似乎并不了解，但反映了当时小市民对于国事的忧虑，对清廷的不满，以及如何的希望革命成功。接着他唱出在官方的各种布置和缴收军械的事。"虑到新军来助革党，缴收枪械羽翼唔成。"而且"料得佢机关就在城中设，搜查户口又派兵丁。"同时，又嘲笑那些无用的侦探和警察："佢料侦探无能难为力，警兵又系似条虫，试想偷运军装非一日，何曾被唔识破行踪？"并指出官方所以知道党人起事的原因，不外是："躁暴青年唔子细，抑或奸人作线想领花红。"因为泄露了秘密，遂不得不提前起事。然后又唱党人在决定起事时的兴奋："于是人人得意眉飞舞，咬牙切齿怒目牛嗔。"说他们："拼把性命牺牲来救国，救民水火免受熬煎，扫除专制恢复人权。要救得瓜分祸，振兴祖国上慰轩辕。"因此，连"几箩虾米饭也不愿沾尝"，就如飞地作战去了。以下便是在督署作战的大段描写，竭力描述革命党人英勇，谑化那些警察官兵的无能，有如"鸟飞兔走"。这一夜到天明，革命党因为力量单薄，最后失败了："军火用完谁接济，奈无援救怎与敌相迎？又见防勇愈增人愈众,逼于奔溃四散零星。死伤性命何胜计? 重有生擒斩首要受严刑。"于是,作者悲歌当哭地唱一段煞尾:"思乱事,恨填胸,亏我抚膺太息叹无力。"

这真可说是一篇很优秀的民间史诗,在这些唱词里,悲壮地唱说了这一回事变的经过,在社会上影响广泛,这也是一般历史著作所不及的。

图说历史。这是在晚清兴起的一种读物。它开始于鸦片战争,中法战争后得到充分的发展。因当时石印已兴,又值《点石斋画报》印行,时时将战事新闻,绘图刊布,激动人心,颇多佳作。尊闻阁主人叙《点石斋画报》说:"近以法、越构衅,中朝决意用兵,敌忾之忱,薄海同具。好事者绘为战捷之图,市井购观,恣为谈助。于以知风气使然,不仅新闻,即画报从此可类推矣。"历史的表述,无外乎时、地、人、事的综合,一般笔之于文字而昭然,而配之于形象的图说,则就更通俗、大众化了。

当时图说历史的作品,内容多数是记战事的,作者主要有吴友如、田子琳、张志瀛、蟾香等。记鸦片战争的有《大败鬼子图》,因小贩们沿途叫卖而流传于民间。这幅木刻画的内容是:"泥城小村放在右方,另外两个村庄和它在一条直线上,还有三个村庄放在上方,也就是所指的远方。泥城附近一条河,流过各村庄的顶部。河中有一只英国战船,还有一只轮船。在前景的地方有一只小船,已被中国炮弹轰成两片,船首向前,正在下沉。中国军队带着矛、火绳枪、盾牌,有几个人带着有名的双头剑,正从四处突击而出。有人拿着旗子,上面写着中国'勇'字。这里、那里散着几个外国士兵,可以由他们的盔帽认识。一个躺在地下,没有头颅,两三个人正在设法逃走,别人正在设法自卫,其余的人则在静待天命……图画下面,附有数行文字说明:是这些无法无天触犯天条的,狂诞的英国鬼子引起了骚乱,四月初三,背信地向羊城进犯。北方的神祇施展他的威灵了,水底暗礁打碎了鬼子的船舰;侵入泥城的夷兵全部被歼了,他们的三板也在沙滩上搁浅。初六那天,他们向城中发射火箭,某炮连发三次,想把城池烧毁;白云山上的天神又显了威灵,一阵红雨便把炮火全都浇灭。城北少年奋勇地驱散了恶魔,一阵红雨又把几百夷鬼歼决,夷鬼魁目的头被投进了小笼。强盗们的勇气也都化成了水。弃甲丢盔的匪徒们四面逃窜,又被英雄的人民把退路遮断。全部敌兵已经被扫除干净了,鬼子们的兵船远离虎门洋面;还有许许多多鬼子死于痢疫,凶徒们领受到了应得的天谴。从此,和平的光辉将永照大地,中土人民的幸福将无穷无限。"显然,这幅木刻画讲述的是三元里人民的抗英斗争。

此外,描述中法战争的有吴友如《基隆惩寇图》、《甬江战事图》,田子琳《谅山大捷图》等;描述甲午中日战争的有何元俊《台军大捷》、《海外扶余》等;义和团运动期间,还出版了《义和团新闻画报》,著名的图说有《庚子纪念图》、《义和团拆铁路图》、《英法联军与团民鏖战图》、《天津义和团大战洋兵》等。中国自鸦片战争之败,继有英法联军之役(第二次鸦片战争),再有中法战争,遂又有甲午中日战争、八国联军之役等。帝国主义的枪炮给中国人民带来了深重的灾难。因此,爱国主义始终是近代史学的主题,故图说历史充实于各次战役,其所反映的是中国人民的爱国热情,以及英勇抵抗侵略之决心,并憧憬着自强、独立、和平、幸福的新生活。这些形象的历史图说则通俗感人,确实在民间起到了激发爱国心,打击侵略者的作用。

通俗传记。义和团失败后,民族灾难日趋深重,革命运动逐步高涨,随着革命运动的普遍与深入,1904年前后,出现了好多种宣传资产阶级民主革命的"白话报"。其中较早的一种是《觉民》,影响最大、发刊时间最长的是《中国白话报》。以地区名义为题的,有《湖州白话报》、《安徽白话报》、《福建白话报》、《江苏白话报》、《吴郡白话报》、《直隶白话报》、《扬子江白话报》等等。真是万口传诵,风行一时,如半阁《西江月》所咏:"爱国痴顽肠热,读书豪侠心坚。莫笑俺顺口谈天,白话报章一卷。"

"白话报"所采取的宣传方式是有特点的,通俗传记在这一时期获得了新的发展。当时在各种"白话报"上，编写的白话传记有：《黄帝传》、《大禹传》、《孔子传》、《中国革命家陈涉传》、《中国排外大英雄郑成功传》等，用浅近文言写的有《中国大侠张子房传》、《为种族流血文天祥传》、《木兰传》等等，都是记述民族革命、爱国主义和武装起义的传记，与当时的革命斗争配合得较好。

此外，还出版了一些单行册子，如《郑成功传》、《台湾开创郑成功》等。咀雪庐主人更写了专册《祖国女界伟人传》（1906 年），使"知祖国女界素多伟人"，不必只"醉心苏菲（亚），稽首罗兰（夫人）。"后来他还编了《祖国女界文豪谱》（1909 年），书前有插图三十六幅。至于当时详述的外国传记，数量也很多。这些通俗传记，还非常突出地运用了"传记文学"的表现形式，不仅文字浅显，而且文笔生动，史实文辞，都很能吸引读者，并激发读者的革命热情，获得了很大的宣传效果。

三、蔡东藩集演义体之大成

蔡东藩（1877—1945），字椿寿，浙江萧山人。清末以优贡生朝考入选，调遣江西省以知县候补，到省不久，因看不惯官场恶习，称病归乡。辛亥革命后，经邵希雍介绍和上海会文堂新记书局发生关系，修改邵希雍所著《高等小说论文说范》。同时，他另撰《中等新论说文范》，并开始为会文堂书局撰写《中国历代通俗演义》。他写好《清史通俗演义》后，接着完成元史、明史、宋史、唐史、五代史、南北史、两晋史和前汉史等通俗演义，这套通俗演义被称为《历代通俗演义》。这部书有五百多万字，分装四十四册，从秦始皇写起，一直写到 1920 年。此书继承吴趼人"发大誓愿编写历史小说"的宏愿，是受吴氏影响而集演义体史书之大成。它刊行后，深受广大读者的欢迎，销行量很大，风行全国。

蔡东藩这部演义体史书成功的原因之一，就是他继承并发展了吴趼人等有关撰写演义体史书的理论，即把握历史的真实，以通俗易懂的笔法表现出来。他认为：在写历史演义的取材上，必须"以正史为经，务求确凿"。即或采用稗官轶闻时，也要以有旁证者方可。所谓"其有可旁证者则概存之,其无旁证而大涉荒唐者,则务从略,或下断语以明之。"他还担心读者虚实难辨,误虚为实,蒙受不正确的历史知识,因此,常在正文或批注中作出简明的批示,做好交代。例如《后汉演义》八十四回写到徐庶辞刘备归曹操时,其下注:《三国志·诸葛亮传》详载此事,庶归曹后,系在备当阳败后,且庶母亦不闻自杀,罗氏《三国演义》不同。可见,作者是从求真即所谓"文不尚虚"的观点出发来编写历史演义的。

在求真的基础上,蔡东藩兼采历史小说的"文以载事,即以道情"的特点,做到"语惟以俗"。即通过俗而易懂,生动感人的笔法,再现历史的真相。关于演义史书真实性和可读性方面,他自称:"事必纪实,语不求深,合正稗为一贯,俾雅俗之相宜,而于兴亡之大关键……尤三致意焉。"不过,蔡东藩在真和俗之间,他主张当以真为主。他批评罗贯中的《三国演义》"内容事迹,半涉子虚"。虽然这本书"风行海内,几乎家喻户晓"。但是,由于"一般社会能有几个读过正史?"因此难以分辨,"甚至正稗不分,误把罗氏《三国演义》当作《三国志》相看。"可见,蔡东藩在如何既吸取历史小说之长,又能把史料处理得恰到好处,使三者融会贯通的问题上,是不无有所偏爱之处的。所以,其著作是史而不是小说。但它在历史知识的传播方面,大大超出了历代正史。

《历代通俗演义》还具有审时适势的历史观。蔡东藩是一位强烈的爱国者和热爱民主的知识分子。辛亥革命后,他目睹着民国建立不久出现的复辟帝制丑剧和军阀割据以及帝国主义侵略日急的局面,思绪起伏,悲愤交集。因此,他写的《民国通俗演义》等通俗历史书中,充分表达了提倡民主共和,反对专制复辟,痛斥卖国求荣,讴歌爱国运动的进步思想。

首先,反对封建专制复辟,赞颂民主共和。他对袁世凯称帝深为不满,认为袁氏称帝"小言之,则有背盟之咎;大言之,则有畔国之愆。"在袁世凯称帝、下令改元洪宪时,上海各报曾拒刊"洪宪"年号,蔡东藩在历史纪年上也不承认袁的洪宪改元,坚持民国正朔的纪年。相反,他热情洋溢地赞誉歌颂孙中山和黄兴等推翻清朝,建立民国,以及蔡锷再造共和的历史功绩。例如,当时蔡锷反对袁世凯称帝,蔡东藩就称誉蔡锷的"倒袁"是"护国"。蔡锷死后,他认为:"黄兴创造民国,蔡锷再造民国",立有特殊功勋,应举行国葬典礼。他在第九回的后批中,热情地赞颂《临时约法》,认为"民国之尚得保存,全赖约法之力","人民之言论自由,著作自由,尚得蒙《约法》之保障。"

其次,批斥卖国求荣行为,歌颂爱国运动。他对袁世凯政府在帝国主义面前表现出的卖国求荣言行十分愤慨,严加斥责。例如,他在写到日使迫签丧权辱国条约,袁世凯不敢拒绝,胡说什么"与其民败求和,不若目前忍痛,从甲午的已事,非一般鉴么?"蔡东藩愤怒地驳斥说:"试问,甲午之衅,谁实启之?今乃甘心屈辱,想是一年被蛇咬,三年怕烂稻索。"他在写到五四运动时,揭露了这样一个事实:日本殴辱逮捕我留学生,还派人去我国驻日代理公使馆和留学生监督处交涉,而我国公使与监督处竟闭门不见,不敢维护我留学生的爱国行动。在这里,蔡东藩气愤地写诗谴责道:"闭门不顾国颠危,宦迹无非效诡随。笑骂由他笑骂去,眼前容我好官为。"他在后批中还说:"青岛问题,纯为弱肉强食之见端,各界奋起,求还青岛……北京各校倡于前,上海各界踵于后,留学生复同时响应,为国家争领土。而麻木不仁之政府,与夫行尸走肉之官吏,不能因势利导,曲为养成,反且漠视之,推抑之,坐致有用之材被人凌辱,窃空志士灰心,英雄短气,大好河山,将随之而俱去也。"可见,蔡东藩对五四运动的立场、感情是非常强烈鲜明的。他和同时代怀着"国亡有日"预感的知识分子一样,希望通过撰写演义书中的历史知识,达到能借鉴古人、古事,劝诫世人,匡救时弊的夙愿。蔡东藩的一片爱国忧民心意,读之令人敬佩不已。

吴趼人、李伯元、蔡东藩等通俗史书的撰著者们虽然具有强烈的爱国主义精神,对历史上的广大劳苦大众也有同情之心。但是,他们毕竟是资产阶级史学家,出于阶级的偏见和时代的局限,他们对于农民起义或少数民族运动,大多站在地主资产阶级或汉族统治政权一面,颠倒是非,横加诬蔑,即或充满着的排外思想,也大多是带着反满色彩,鼓吹种族革命。如吴趼人的《痛史》颇多反满倾向,后因其思想转变,反对排满,故此作没有写下去。而痛哭生第二的《仇史》则是"继《痛史》而作",其目的是写种族革命,借此以鼓励读者的反满抗清活动。因此,这些作品不免有大汉族主义思想,对历史上的民族关系认识太笼统,没有把清廷统治者与人民区别开来。在对待人民革命方面,李伯元的《庚子国变弹词》、林纾的《庚辛剑腥录》都囿于成见,义和团之缺点,全遭其指责,优点亦一概抹杀,缺乏正确的理解。而蔡东藩的认识则更落后,他在《前汉演义》中把陈胜、吴广农民起义军恶辱为"暴徒"、"猘犬";在写到起义军入城,张贴安民榜示时,讽刺为"造反"、"叛乱",说是"胜残去暴,伐罪吊民"。他对太平天国革命污蔑得更加厉害。他在写《清史通俗演义》时,诬蔑洪秀全、杨秀清为汉族之"大罪人",说:"看人还说'长毛'乃是义兵,实是革命的大人物,小子万万不能赞成。"蔡东藩对农民革命的阶级偏见,比起一般资产阶级民主革命派,要保守、落后得多。他的这种偏见,贯彻在他著作的每个朝代《通俗演义》的正文、夹注和后批的行文中。

此外,有些通俗史编纂者,如蔡东藩等由于受封建史学正史纪传体和断代史法的影响,在著作里,很少写到社会经济情况。"演义"演的是帝王将相等统治阶级内部篡窃乱夺、王朝递变,社会战乱乃至宫闱秘闻之义。特别是蔡东藩的《历代通俗演义》叙述宫闱丑事,更不嫌笔墨之不洁。这些都是封建糟粕,读者应随时注意识辨。尽管如此,通俗史书的成就还是主要的,是值得我们做深入研究的。

第三节　王国维在古史研究上的贡献

一、辛亥革命前王国维思想倾向和治学道路的演变

王国维(1877—1927),字静安,号观堂,浙江海宁人。王国维祖父、曾祖父与高祖父三代,均为国学生。清代晚期,江浙一带由于工商

业发展,王国维的父亲王乃誉也曾"弃儒而贾",承其父祖之遗教,于经商之暇,仍攻书画篆刻及诗文古辞。① 王国维说他的家庭,"故中人产也,一岁所入,略足以给衣食。"②王乃誉晚年,"里居不出,以课子自娱,发行箧书,口授指画,每深夜不辍。"③王国维受父教,治举子业,治骈散文、古今体诗,刻苦努力。光绪十八年(1892)入州学,"好史、汉、三国。"光绪二十年(1894),王国维时年十八,这年中日甲午战争爆发,清廷战败议和,资产阶级改良主义的变法维新逐渐兴起。王乃誉以康有为、梁启超等论变法疏论给王国维看,他读后,颇受影响,便"弃帖括而不为"④,思想上倾向维新变法。光绪二十二年(1896),钱塘汪穰卿(即汪康年)等在上海创办《时务报》(旬刊),由梁启超任主笔。梁启超在《时务报》上先后发表了《变法通议》、《论君政民政相重之理》等重要论文,宣传变法维新,人心为之大震。光绪二十四年(1898),王国维二十二岁,由海宁来上海,入时务报馆,担任书记校对职务,比较系统地接受了康、梁等资产阶级改良主义思想。这时,清廷学部参事罗振玉在上海成立农学社,翻译东西方农学书籍,因缺乏翻译人才,于同年夏成立东文学社,并聘日人藤田钦峰(丰八)博士为教授。王国维每日利用午间休息时间去东文学社学习,在此时王国维认识了罗振玉。罗振玉颇赏其才。《时务报》被封闭后,罗振玉推荐王国维到东文学社任庶务,免费随堂听课。前后读了二年半,于光绪二十六年(1900)修业期满后住在罗振玉家继续学习英文。光绪二十七年(1901)罗振玉主持武昌农校,王国维随同去任译教。当时,武昌农校聘日本田冈代治主教英文,田冈是治哲学的,受田冈的影响,王国维对哲学感兴趣,开始学习哲学,尤致力于康德和叔本华哲学的学习和研究。同年秋,王国维经由藤田介绍和罗振玉资助去日本东京物理学校学习,他因脚气病,不到半

---

① 赵万里:《王静安先生年谱》,见《四学丛论》,1927 年第 1 卷,第 2 号,第 8 页。

②③ 王国维:《自序》,见《海宁王静安先生遗书》,商务印书馆 1940 年版,第 15 册,《静安文集续编》,第 19 页。

④ 王国维:《海宁王静安先生遗书》,《静安文集·王国华序》,第 1 页。

年就回国。

这时期,王国维的思想,接受康梁维新变法思想的影响,读东西文,又接受资产阶级教育思想。但由于他与罗振玉关系甚密,又受旧的封建文化影响很深,使他的学术思想不能继续向前发展,只是停留在资产阶级改良主义思想的阶段。他在留学日本时,当时孙中山领导的资产阶级民主革命运动正在蓬勃开展起来,但他没有发展为资产阶级民主革命派。

由于王国维的思想停留在资产阶级改良主义阶段,所以,他的学术研究基本上沿着资产阶级改良主义道路进行的。他从日本回国后,住罗振玉家,为南洋公学执事,兼为罗振玉编译《农学报》及《教育世界杂志》。光绪二十九年(1903),由罗振玉介绍,任教南通师范学校,讲授哲学、心理学和伦理学。是时,他读康德的《纯粹理性批判》,并著《康德赞》。翌年秋,又随罗振玉去苏州师范任教,主讲心理学、伦理学和社会学,攻叔本华哲学,著《叔本华与尼采》等论文。

光绪三十一年(1905),王国维将这几年所撰哲学及教育论文汇编成集,名曰《静安文集》。这年,开始治文学。光绪三十三年(1907),王国维离苏州去北京,由罗振玉推荐,任清廷学部总务司行走,充任图书馆编译。在京期间,先后完成《人间词话》和《宋元戏剧史》等。

王国维在《教育世界杂志》上翻译介绍不少叔本华和尼采的哲学思想,也发表了很多自己的哲学和美学思想的文章。《教育世界杂志》中介绍不少西欧和日本资产阶级教育制度及学校管理规章,并介绍了一些西欧资产阶级教育家的传记和格言等。他在南通师范和苏州师范教书时,研究和讲授的都是那些资产阶级学说,还翻译过《辨学》、《心理学概论》、《法学通论》等书籍,这在当时"新学"与"旧学"的斗争中,确实起了进步作用。当时资产阶级民主革命运动蓬勃兴起,由于他倾向于资产阶级改良主义,使其思想和政治形势发生极大冲激和矛盾,甚至进而引起他"人生问题"的苦恼。他在《三十自序》中说:

　　自感体素羸弱,性复忧郁,人生之问题,日往复于吾前,自是始决从事于哲学,而此时为余读书之指导者,亦即藤田君也。[①]

正是为了要解决人生问题的苦闷,他读了许多康德、叔本华和尼采的著作,尤以伦理学和美学对他启发甚大。并以这些思想为指导,撰写了《红楼梦评论》、《叔本华与尼采》、《论哲学家及美术家天职》等不少哲学、教育、文学论文,发表于《教育世界杂志》。《红楼梦评论》就是根据康德的唯意志论哲学和叔本华的纯粹美学思想写成的。

康德(1724—1805)是德国二元论哲学家。他一面承认在人们意识之外,有一个"自在之物"的物质世界,一面又认为这个"自在之物"是不能认识的彼岸的东西,差不多像个抽象的简单的思想符号。康德认为人们的理性所认识此岸的现象,彼岸的世界是不可知的。康德二元论的哲学观,反映了当时德国的资产阶级要求改革而又畏惧人民暴力革命的二重性。王国维虽然向往维新,学了不少"西学",但由于他的资产阶级改良派的怯弱性,当革命形势发展时,其进步性日渐消减,他可以接受康德哲学中的唯心主义成分,却无法接受康德哲学进步的一面,所以,他对康德学说的进步的内容却读不懂。

因此,在戊戌变法失败后,当以孙中山为首的资产阶级民主革命派势力一天天壮大时,怯弱的王国维,面对日益高涨的革命形势,原有的向往维新的思想,便又遭到猛烈的冲击而陷于茫然无所适从的地步,感到无限苦闷,所以对康德哲学中的一点"卑微权益"、"善良意志"也感到失望。

叔本华(1788—1860),他一面接受了康德的唯意志论唯心主义哲学,一面摈弃了康德的不可知论的"自在之物",认为:世界的本体就是世界意志,自然界和社会发展,没有什么规律性,受非理性的盲目的意志所主宰,认为人的主观无可努力之处,陷于悲观主义。叔本华的悲观主义,固然充满着现实人类冷漠消极仇恨的一面,同时也包藏着没落阶级无可逃避的历史命运和痛苦。叔本华从唯意志论出发,企图以康德

---

①　见《海宁王静安先生遗书》第15册,《静安文集续编》,第20页。

的唯心主义纯粹美学来寄托自己,因此他主张用美学艺术以求解脱,于是,乞灵于印度佛教的所谓"涅槃"说。认为只有"寂灭意志",甚至"以灭绝意志为归"。① 叔本华主张"寂灭意志",甚至绝对宁静,就能进入"涅槃"境界。叔本华想消除现实社会的痛苦,却想逃避现实,用"净化"思想的方式消除痛苦,把人的思想"净化"到"涅槃"境界中,获得精神上的自我安慰。叔本华的这套悲观主义思想,对在戊戌变法后而陷于苦闷烦恼的王国维,自然是深感心怡神释,获得无限的自我安慰。因此,日与"叔本华之书为伴侣"②,成为叔本华悲观主义的知音了。叔本华主张以美学和哲学解脱现实的痛苦,王国维也说:"天下最神圣最尊贵而无与于当世之用者,哲学与美学是矣。"然而,他能解脱人生痛苦,是真理,是"天下万世之真理"。他说:"人与禽兽之别,就在人有纯粹之知识与微妙之感情。"人的生活欲求,要得到安慰与满足,非求诸哲学及美学不可。③

综观王国维这时期的论著,字里行间无不看到康德和叔本华哲学,特别是叔本华的哲学思想对王国维的影响。然而,民主革命运动在高涨,生活中痛苦如何解除,寂寞意志、绝对宁静的"涅槃"境界如何实现? 他陷于苦闷的深渊。毕竟王国维这时还年轻,对"人生问题"还有继续探索的勇气,哲学上得不到解答,就从文学中求一些直接慰藉。这点,他在《三十自序》中曾作坦率自白。说:

> 余疲于哲学有日矣,哲学上之说,大都可爱者不可信,而可信者不可爱。余知其理,而余又爱其谬误伟大之形而上学,高严之伦理学,与纯粹之美学,此吾人所酷嗜者也。然求其可信者,则宁在

---

① 王国维:《叔本华之哲学及其教育学说》,《海宁王静安先生遗书》第 14 册,《静安文集》,第 27 页。

② 王国维在《静安文集自序》中说:"……皆与叔本华之书为伴侣之时代也。"见《海宁王静安先生遗书》第 12 册,《观堂别集》卷四,第 18 页。

③ 王国维:《论哲学家与美术家之天职》,见《海宁王静安先生遗书》第 14 册,《静安文集》,第 100—101 页。

知识论上之实证论，伦理学上之快乐学，与美学上之经验论。知其可信而不可爱，觉其可爱而不可信，此近二三百年中最大之烦闷也。而近日之嗜好，所以渐由哲学而移于文学，而欲于其中求直接之慰藉者也。①

王国维在"人生问题"上摸索了一个时期，读了许多哲学著作，对"高严的伦理学"和"纯粹之美学"感受尤深。然而，这些虽是"可爱"，对现实生活来说，可以得到精神上的一些安慰，却都是一些不切实际的"不可信"的东西。这说明，他认为康德和叔本华的哲学思想，不能解除他对现实的"人生问题"的苦闷。经过激烈的思想斗争，最后舍其不切实际的"可爱的"部分，追求其"可信的"知识论上的实证论。这一哲学思想的转变，确是王国维思想斗争的结果。因此，他治学的道路，就开始逐渐"由哲学而移于文学"，企图在文学的研究中，"求直接的慰藉"。据他说，治哲学与文学时，思想矛盾万分急剧，在《三十自序》中说：

> 余之性情，欲为哲学家，则感情苦多而知力苦寡，欲为诗人，则苦感情寡而理性多。诗歌乎？哲学乎？他日以何者终吾其身，所不敢知，抑在两者之间乎？②

可见，王国维治哲学时，"知力苦寡"，无所慰藉，有厌弃之情，治诗歌，又"苦感情寡而理性多"，不能"终其身"。他经过反复思考，认为搞历史可以达到他所"信"的快乐论、经验论及实证论的目的。因为中国历史资料文献多，需待后人整理研究。于是他选择了从事文学史的研究，他从光绪三十二年（1906）到北京学部图书馆工作起，至辛亥革命爆发的五年时间，就一直潜心于文学史的研究。由于受康梁维新思想和西方资产阶级学说思想的影响，他治文学史时，能冲破封建旧传统，注意所谓"雅故"的古典文学著作外，着重"俚俗"的通俗文学的研究，

----

①②　王国维：《自序》，见《海宁王静安先生遗书》第15册，《静安文集续编》，第21页。

特别注意唐宋元各家词曲的研究,先后完成《唐宋大曲考》、《戏曲考源》、《古剧脚色考》、《宋元戏曲考》等著作。戏曲,在封建士大夫的思想里,是当作不"雅驯"之言的"小道"看待的,不愿去下工夫研究的。资产阶级学者则不然,他们重视通俗文学,并重视通俗文学史的研究。王国维不仅对唐宋之时代的戏曲进行反复的考证,而且对戏剧里的各种角色,诸如生、旦、净、丑等的"命名之义",乃至四角色中之旦角的花旦、老旦等等的各种名称和意义作了详细考释,著有《古剧角色考》等。① 罗振玉说:王国维"治通俗文学,亦未尝尊俚而薄雅故",就成就来说,王国维在文学史上的主要成就,确实在"俚"的方面,《宋元戏曲考》在当时说来,是"前无古人"的重大成就。② 他自己说:"余之哲学及文学撰述,其见识文采,亦诚有过人者,此则注中氏所谓'斯有天致,非由人力,总符曩哲,未足多矜'者,故不暇为世告焉。"《宋元戏曲考》等文学著作,就王国维的学术思想发展情况,和好"雅故"而薄"俚俗"的封建贵族文学比较起来,这是一大进步,在文学史研究上有一定学术价值。

二、辛亥革命后王国维转治经史及其殷周史研究

辛亥革命后,王国维随罗振玉再次东渡日本,在东京过"遗臣"生活。但他们政治上不甘寂寞,日夜思索着如何维系封建"教泽"和复辟清廷封建统治。康有为以宣传孔教为精神支柱,继续走改良主义道路。而王国维受罗振玉的影响,在治学道路上,认为搞"经史之学",更可起维护封建"教泽"的作用,便决定放弃曾经带给他"直接慰藉"和"快乐"的文学和文学史研究,转向"经史之学"。

罗振玉认为,当时有两股"横流",把古文经和古代历史,把三千年的封建"教泽"冲乱了,广大"士人"有无所适从之感。要拯救这种混乱局面,必须和那两股"横流"进行斗争。这两股"横流"是什么? 在罗振

---

① 王国维:《古剧角色考》,见《海宁王静安先生遗书》第45册,第1—14页。
② 郭沫若:《鲁迅和王国维》,见《历史人物》,第166页。

玉的心目中，一是康有为等今文学家的疑古学；一为清末民初输入的资产阶级学说思想。罗振玉把这两股"横流"当作"邪说"，要王国维全力从事"经史之学"的研究。力斥"西欧之学"和今文学家的"疑古"两股"邪说"，以达到"反经信古"维护封建"教泽"的目的。罗振玉认为，这是等待清廷有朝一日"复辟"的所谓"守先待后"的长策。

罗振玉为了鼓励王国维搞"经史之学"的决心，他对王国维说：

> 尼山之学在信古，今人则信今而疑古，国朝学者疑古文《尚书》，疑《尚书》孔注，疑《家语》，所疑固未尝不当，及大名崔氏著《考信录》，则多疑所必疑。至于晚近，变本加厉，至谓诸经皆出伪造。至欧西之学，其立论多似周秦诸子，若尼采诸家学说，残仁义、薄谦逊，非节制，欲创新文化以代旧文化，则流弊滋多。方今世论益歧，三千年之教泽不绝如线，非矫枉不能反经。士生今日，万事无可为，欲拯此横流，舍反经信古未由也。公方年壮，予亦未至衰暮，守先待后，期与子共勉之。①

罗振玉的这番话，对王国维来说，是起了莫大的震动和启发作用。王国维自辛亥革命后，接受罗振玉的"反经信古"、"守先待后"的指示，决心专治"经史之学"后，原来"可信而不可爱"的伦理学上的快乐论、美学上的经验论和认识论的实证论，以前是统一在文学史的研究中，现在，流亡日本，有什么"快乐"可求？什么"美学"不"美学"？改搞经史之学，可应用的只是认识论上的实证论。自此，王国维的政治思想，原有的一些进步和求快乐的欲望，最终地"寂灭"了。罗振玉说，王国维听了他的话，"蘦然自慰，从前所学未醇，乃取行箧《静安文集》百余册，悉摧烧之，欲北面称弟子，予以东原之于茂堂者谢之。其迁善徙义之勇如此。"②罗振玉的这段话，虽然有自我标榜之处，但王国维转治经史，不能说不同罗振玉有直接的关系。

王国维治经史之学，其重心在治古史上。所谓"治经"或"治经

---

① ② 罗振玉：《海宁王忠悫公传》，见王国维《海宁王忠悫公遗书初集》，第 2 页。

疏",原是就材料和问题的出处而言,并非从学术性质立说。他把"经"作为史料看待,"治经"就是考史、证史。儒家经典既是治先秦"足资参考"的材料,不因其出于圣贤而盲信或轻信。因此,王国维辛亥以后治"经史之学",其著作绝大多数皆为证史、考史、释史、论史之作。他的考史一般可归纳为整理史料、考辨史事两大类。《古本竹书纪年辑校》、《今本竹书纪年疏证》、《圣武亲征录校注》、《南宋人所传蒙古史料考》等属整理史料的著作。《秦郡考》、《汉郡考》、《汉魏博士考》、《萌古考》等,均为考辨史事之著作。就史料整理的范围言,可分为文物,文字和文献三个方面。自《齐鲁泥封集存》起,所考释的古代文物多属金、石制作。他最先考释的金属文物是兵符,如《秦阳陵虎符跋》、续有《隋铜虎符跋》、《伪周二虎符跋》等。在古文字方面整理由金文开始,撰有《宋代金文著录表》、《国朝金文著录表》、《两周金文韵读》、《毛公鼎铭文考释》等。其次卜辞,有《殷墟书契考释序》、《后序》、《戬寿堂殷墟文字考释》等。在文献考释方面,有汉晋木简和敦煌写本,继《屯戍丛残考释》之后,又有《流沙坠简序》、《后序》、《流沙坠简考释补正》、《敦煌汉简跋》十四则,《罗布淖尔东北古城所出晋简跋》一则,以及《魏石经考》、《唐写本太公家教跋》、《唐写本韦庄秦妇吟又跋》、《明拓石鼓文跋》等。王国维除从事文物、文字考证外,还撰写了一些有关古籍校勘和考证的论著。据赵万里统计,仅就遗籍所见,王国维生前手校手批书有一百六十二种,除少数是诗文集的批注,其他皆属古代历史文献,与历史研究息息相关。

由于王国维在整理史料和考辨史料等方面做了大量的准备工作,为其中国古史研究打下了良好的基础,从而作出了超越前人和启迪后世的贡献。

王国维研究古史最突出的是研究商周史的成就。他研究商周史从治古文字学开始。早在罗振玉、王国维之前,治甲骨文者孙诒让居其首,著有《契文举例》。罗振玉继孙诒让之后,把甲骨文单字依贞卜事类分为都邑、帝王、人名、地名、文字、卜辞、礼制、卜片等项目,分类排比，著有《殷周贞卜文字考》，尔后又扩大增补为《殷墟书契考释》，由古文字考释而证古史，对商代帝王和礼制做了初步而简略地考证和叙述。王国维在此基础上撰成了《殷卜辞中所见先公先王考》和《续考》，于殷商世系，考证得更加完备。《殷卜辞中所见先公先王考》，据《山海经》、《竹书纪年》考定王亥乃殷之先公，又从甲骨文卜辞中考出殷之先公太甲、报乙、报丙、报丁等。卷末余考，博采新旧史料，详证殷代制度，如殷礼与周礼异同等。该书有《广仓学窘丛书》本，后收入《观堂集林》。《续考》是王国维由日本回国后，于 1917 年主讲于上海仓圣明智大学，得见哈同所藏甲骨拓本八百纸，后又见罗振玉甲骨拓片约千纸，遂据两家墨本撰为是篇。文中考殷先公先王之名，证定上甲之后为报乙、报丙、报丁、主壬、主癸。

关于殷商世系问题，孙诒让在《契文举例》中，仅列举祖乙、祖辛、祖丁、祖甲、太甲、大丁、大戊、羌甲、南庚等名，并认为是殷诸臣民之名号，不知是世系王名。罗振玉在所著《殷商贞卜文字考》中认为这是殷帝王名谥，并增加了大乙、大庚、小甲、小辛、小乙、武丁、文丁等名，后在《殷墟书契考释》中又增补了羌甲、殷庚、庚丁等。此外，还发现了示壬、示癸，以及卜丙、卜壬等合计二十四名之多。王国维吸收了孙诒让和罗振玉考证的成果，对殷商世系进行系统的考证和研究，作出了较全面系统的论述。他论证了《世本》、《殷本纪》所载先公先王世系，从此得到了地下出土的甲骨文的证实，历来被"疑古"派认为"不可信"的这些古籍古史，得到实物的证明，信而有证，确为实录。郭沫若说：王国维的《殷卜辞中所见先公先王考》"抉发了三千年来所久被埋没的秘密"。[①] 侯外庐说："在王氏遗书中，由疑得信者，可称前无古人。其号曰观堂，足以当之而无愧。"[②]郭沫若、侯外庐对王国维的评价，实非过誉之辞。

王国维在商代世系考证、研究的成就，首先考订了大乙（成汤）至

---

① 　郭沫若：《十批判书》，群益出版社 1948 年版，第 4—5 页。

② 　侯外庐：《近代中国思想学说史》，生活书店 1947 年版，第 962 页。

帝辛（纣）的先王世系，而且考定了大乙以前上甲到示癸六世和上甲以前自夋、相土、季、王亥、王恒计上甲六世的先公世系。其次，《史记·殷本纪》中所列上甲以下报丁、报乙、报丙"三报"的次序，按卜辞更为报乙、报丙、报丁，主任、主癸，以示王、示癸，中宗祖乙而非大戊，庚丁乃康丁之讹，大丁以文丁为是。同时，王国维又提出殷世系以弟及为主，以子继辅之，无弟然后传子的所谓"兄终弟及"的王位继承制。并依据先公先王妣的癸法，排列了《史记·殷本纪》、《三代世表》和《汉书·古今人表》为《殷世系数异同表》，根据卜辞更正其错误。这些对中国古代史研究都是一些开拓性的创见。但不足的是，《史记·殷本纪》中的先王如壬、沃丁、雍己、河澶甲、沃甲、阳甲、廪辛、文丁等还没有得到证实。后来，郭沫若在王国维研究的基础上，进一步对商代世系考证研究，在《卜辞通纂》等论著中，对王国维的成就，特别是商王名号的考释，续有增补，日臻完善。郭沫若在卜辞中考出河澶甲、沃丁、阳甲，董作宾补充了卜辞的文武丁，增加了孝己、考出了廪辛；其后，吴其昌又考出了雍己，于是《史记·殷本纪》所载上甲以后殷代先王，除了中壬、沃丁以外，均得到了卜辞的证实。

王国维在考证殷商世系同时，以其甲骨卜辞研究所得，参以经传所载，撰写《殷周制度论》，考证殷周社会制度之异同。他在论及殷周制度时说："商人无嫡庶之分，无宗法继承法，以弟及为主，子继辅之，无弟然后传子。商初无封建之事，周代开始有嫡庶之分。"又说："舍弟传子之法，实自周始。""由传子之制而嫡庶生矣。""立嫡制立"，"由嫡庶之制而宗法与服术二者生焉"，"宗法之制起"。又说：与嫡庶之制相辅者有"分封子弟之制"与"君子大臣诸侯之制"，封建之制始，庙教之制兴。又说："礼家言乃有七庙四庙之说"，"然其不如殷人遍祀其先，固可由其他制度知之矣。""故天子诸侯世卿大夫、士皆不世。"还说："同姓不婚之制，实自周始。女子称姓，亦自周人始矣。"这些所谓尊尊、亲亲、贤贤和男女有别之制，便是《殷周制度论》的基本论点。而殷周制度异同的根本问题是王位继承问题，周代"以子立嫡"代替殷商的"兄终弟及"

制。然后由此形成封建宗法、封建等级分封制度等。这些观点现在看来虽然尚待研究,但在当时来说,无疑也是创见,对于深入研究商周社会历史是有一定学术价值的。与《殷周制度论》相关联的有《周书顾命考》、《续考》、《说商颂》、《洛诰解》、《古礼器略说》等考史之作。

　　王国维于殷周史研究不仅限于制度史的考证,而且还对殷周重要史实进行考证研究。如今传《洛诰》篇载周成王初年如下几件重大史事:一、周公营筑洛邑,作《洛诰》,告成王居洛之义;成王在成周烝祭文武,诰命周公后。二、周公教诚子伯禽和成王诰命伯禽等语。三、成王在成周行殷礼,周公致政,成王即政,祀天改元,称秩之祀。篇末署"惟周公诞保文武受命惟七年"。王国维在《洛诰解》一文中,从文字到史事均作有精深的注疏考释。上述史事年岁,总括成于成王七年。郭沫若在《殷周青铜器铭文研究》一文中承王国维之说外,认为第二事原是《鲁诰》佚文,后来杂入今传《洛诰》篇中,并非《洛诰》本事。王国维对《洛诰》史实年岁的考证,其结论有的尚待进一步研究,但所提出的见解,对研究周代史事确是起了承上启下的作用。再如对宗周与成周地望考辨。《穆天子传》曰:周穆西征"自宗周瀍水以西",郭璞注:"瀍水,今在洛阳;洛,即宗周也。"古史家们倾倒于郭璞盛名,而置信不疑,以为周穆西征发至洛阳。王国维据《盂鼎》、《史颂敦》等金文研究,认为"金文中凡称镐京曰宗周。洛邑曰成周。"接着还说:"《穆天子传》乃云'自周宗瀍水以西'称洛邑为宗周,可知其六国后人语矣。①《元和志》一谓"镐京在长安县西北十八里。"皆不同于郭璞注,则西周之宗周地望是镐京,抑是洛阳? 周穆王西征发自镐京,抑发洛阳? 成为西周史研究的一大疑问。西周金文多宗周、成周并提,《史颂敦》云:"唯三年五月丁巳,王在宗周,命史颂省鮛潏友里君百姓,帅覊盩于成周。"西周时宗周与成周并存。《史记·周本纪》载幽王宠褒姒,废申后,后父申侯率缯、西夷、犬戎攻杀幽王、褒姒,立太子宜臼,是为平王。"平王立,东

<hr />

① 王国维:《盂鼎铭考释》,见《海宁王静安先生遗书》,第16册。

迁于雒邑,辟戎寇。"《史记·正义》云雒邑"即王城也,平王以前号东都。"是则穆王时西周正都宗周在镐京,东都成周在洛阳也。平王避戎寇东迁洛邑后,宗周已失,成周洛阳才成为正都,洛阳得宗周之称自此始。王国维此据《史颂𣪘》等金文证定西周时宗周是镐京,成周是洛阳之说,固不易之论矣。王国维借金文考释否定郭璞旧说,得获正解,这一立论,为周史研究提供了珍贵的论断。

此外,王国维对于铜器铭文的研究,不仅止于证经说字,且多注意古代名物制度的通释和疏证。例如《明堂寝庙通考》,就曾根据吴彝簋、攸从鼎、伊敦、克锺、颂鼎、师𡩋盘等古器物,参研历代经学家各种纷杂的说法,提出了自己的见解,对古代统治阶级的建筑制度,作了鲜明的阐述。又如《观堂集林》第一篇《生霸死霸考》,对三代彝器铭识的干支,作了精审的考证,为古代历史的研究提供了重要的材料和见解。王国维对殷周古地理也多新见,著有《殷卜辞中所见地名考》和《鬼方昆夷猃狁考》等重要著作。

总之,王国维在甲骨、金石古器物、古文献的考证和殷周古史的研究上,成就是卓著的。郭沫若说:

> 在中国文化史上实际做了一番整理工夫的要算是以满清遗臣自任的罗振玉,特别是前两年跳水死了的王国维。

> 王国维一生的学业结晶在他的《观堂集林》和最近所出的名目实远不及《观堂集林》四字冠冕的《海宁王忠悫公遗书》……他留给我们的是他知识的产品,那好像是一座璀巍的楼阁,在几千年来的旧学的城垒上,灿然放出了一道异样的光辉。①

殷墟卜辞出土,早在二十年前,其间经前人努力,在字和辞的考释上,可识可通者,虽已及半,然难识难通者还很多。王国维自己说:"书契文字之学,自孙比部(诒让)而罗参事(振玉)而余得发明者,不过十

---

① 郭沫若:《中国古代社会研究序》,人民出版社1954年版,第3页。

之二三。"①王国维的看法，作为甲骨文研究的前辈，推崇孙、罗是对的，作为成就和贡献来说，后来居上，还是王国维贡献最大，至于用甲骨文字考证和研究商周古史，王国维不仅开其端，而且起了奠基的作用。王国维的古史研究成就，确为"旧学的城垒上放出了一道异样的光辉。"

王国维在商周古史研究的同时，对殷商和周秦都邑、秦汉郡县制度等也进行了论证。

殷商和周秦都城皆先后迁徙，古代史书记载，或者语焉不详，或有缺误。综合论证，自王国维开始。殷商迁都，汤以前八迁，汤以后至盘庚为五迁。后五迁，《书序》多有记载，前八迁《书序》仅记其三。王国维依据《世本》、《荀子》和《左传》等史籍，并结合已出土的甲骨文史料，对汤以前八迁加以论证。

周秦也曾迁都。王国维于周人迁都重点论证了莽京，于秦都邑一一论证。《秦都邑考》中指出："有周一代，秦之都邑分三处，与宗周、春秋、战国三期相当：曰西垂、曰犬丘、曰秦，其地皆在汉陇坻以西，此宗周之世秦之本国也；曰沂渭之会、曰平阳、曰雍，皆在汉古扶风境，此周室东迁，秦得岐西之都邑也；曰泾阳、曰栎阳、曰咸阳，皆在泾渭下游，此战国以后东略时之都邑也"。这样的迁都次序和秦国势力发展是密切相关的。前人论证犬丘，谓在槐里。槐里即今陕西兴平县。秦有泾阳，汉安定郡亦有泾阳，汉泾阳县乃在今甘肃平凉县西北。王国维的考证，不仅纠正多年的舛误，而且是从历史地理沿革去探求事实的原委，克服了前人孤立考证地理的学风。

秦郡汉郡的考释。战国时期，诸侯封国始置郡县，与采邑参差并列。秦统一六国，因战国旧规在全国范围内普遍推行郡县制度。汉承秦制，虽杂以诸侯王国，然郡县制度仍因而不废，为以后各代的地方行政区划奠定初步基础。班固撰《汉书·地理志》，备载西汉一代制度，亦间及嬴秦旧制。汉代历年两百，其间郡国设置颇有损益。志文简略，

① 王国维：《殷墟文字类编序》，《王静安先生遗书》，第12册。

前后互有参差,而所记秦时诸郡亦往往有异于其他籍。前代学者对于两代制度的研究,始终不曾成为定论。王国维撰著《秦郡考》和《汉郡考》,以求对这些问题作一番清理。王国维认为,以前言秦郡的学者,大致分为两派:一派以为三十六郡乃秦一代的郡数,为史家著作所载,一派以为这是秦始皇二十六年的郡数,以后所置的不在数内。前一派始于班固《汉书·地理志》,后者始于裴骃《史记集解》,而成于《晋书·地理志》。司马迁距秦未久,所记秦事,当可征信。故王国维从《史记》探求秦郡。不过《史记》于秦郡也未能备载无遗。王国维通过考证,提出秦郡当为四十八。其理由是,秦以水德王,故数以六为纪。四十八郡者为六之八倍数。犹如三十六郡和四十二郡分别为六的自乘数和七倍纪数。以此立论颇有新意,但还必须进一步论证。

汉初上承秦郡县制度,由于当时大封诸侯王国,一国往往兼割数郡,和秦制已有所不同。吴楚七国乱后,削封国,推行强干弱枝政策,故王国遂与郡国同,甚至所辖县数反不如郡的多。王国维的《汉郡考》就和《秦郡考》略有不同。《汉郡考》分上下两篇,上篇论郡,下篇论国,这样论述是符合当时形势的,《汉书·地理志后序》论述西汉郡国的变迁,说及在秦时三十六郡的基础上,高祖增设二十六,文景各六,武帝所置最多,为二十八。其后昭帝又增置一郡,至平帝时,共有一百零三郡国。班固在叙述各郡国时也附载其沿革,这与《后序》中所说的很不一致。这就引起了后世学者的议论。王国维“谓此二十余郡为高帝所置其误尤小,若直以孝平时之疆域为汉初之疆域,而谓此二十余郡悉为天子所有,则全不符合当时事实。”虽然这些论证在若干具体问题上还有待于后来者的继续探讨和研究,但他所作“《汉志》所谓高帝增二十六郡国,文景各六国,参以《史》、《汉》纪传无一相合”的结论,对于这一论点,在王国维以前还没有人提出过,这是对旧史的大胆突破,有助于研究的深入。

三、王国维对西北史地、西北民族史和蒙古史的研究

王国维对西北史地的考证研究,其范围涉及包括古代行记的整理、

边塞、古城、道路等研究。

西域自古以来是东西交通的要冲,军旅调动,商贾贸易,使臣往来,僧侣传教等,均大多经此区域。有关行纪撰述甚多,唯零篇断简,往往不易寻求。王国维对古行记留心辑录,并加以考证研究。其成就见于《遗书》中有《古行记录》四种,即杜环《经行记》、王延德《使高昌记》、刘祁《北使记》、刘郁《西使记》。《经行记》是从《通典》李元阳本移录的,并据《隋书·康国传》、《新唐书·西域传》及《太平寰宇记》校勘,而取材于《太平寰宇记》的尤多。《使高昌记》是从《宋史·外国传》移录的,并据《续资治通鉴长编》及王明清《挥尘录》为主。刘祁《北使记》是据陶九成《游志续编》移录的,仅用《元代秘史》等几个部族名称作对照比较。刘郁《西使记》是从《秋涧先生大全集》卷九十四、《玉堂佳话》两书移录的,并用四库本的《玉堂佳话》作了校勘,还引用《秋涧先生大全集》其他有关篇章和《湛然居士文集》、《元史》郭宝玉、郭侃等传,以及《辍耕录》作了注释。对四种行记的地理再作考释和论证。王国维对李志常所撰《长春真人西游记》作了校注。这和上面所说的四种行记的辑录不同。据其自序说:"于其中地理、人物亦复偶有创获。"校注所及相当全面,自序中特别提到地理、人物,可知在这方面用力颇邃。丘处机的西行是由大都起程,绕道蒙古,过和州。鳖思马大城,过阿母没辇,再至班城。这里所说的和州即火州,为今新疆吐鲁番。鳖思马大城即别失八里,为今新疆奇台县。轮台为唐时轮台县,元时也置轮台县,在今新疆乌鲁木齐西北。昌八剌城为唐时张堡城,原轮台县西。河里马城,即阿力麻里城,在今新疆霍城县西北。塔剌速没辇为今伊犁河。霍阐没辇为今乌兹别克斯坦境内撒马尔罕。阿母没辇为今阿姆河。班城为今阿富汗境内巴里黑。王国维考证并确定这些地名的所在,不仅征引了有关的文献,而且沿用当时已经习用的对音方法,才使有关地方能够确定下来。

王国维研究西北历史地理时,确定了一些古城的遗址。

西汉效谷县本为鱼泽障。其故城所在说法不一。王国维据敦煌附近所出的汉简进行考释,敦煌汉简录初不曾提到效谷,可是鱼泽之名却非不见。据汉简所记,鱼泽尉致敦煌太守的书简说明鱼泽障是在敦煌郡治之东,不在其西。再以英人斯坦因在当地所绘的地图证明,应是确实的。王国维因此提出:"《一统志》诸说固非,即《沙州图经》以沙州东北三十里之古城为效谷县亦未为得也。"

王国维还考定了敦煌郡中部、玉门两都尉及所属的步广、平望和玉门、大煎都四侯官的治所。玉门都尉所治即玉门关。玉门关在汉时曾有过移迁,而关城旧址仍设置在玉门县,这就容易引起误会,以前有关史籍曾有不同的论证,后来斯坦因在敦煌以西的小盐湖和大方盘城发现关城两所。法人沙畹说此关即是玉门关,只是其间有所移徙。王国维则认为太初以前的玉门关乃是后来的玉门县,太初以后西徙到小盐湖。玉门都尉所属的玉门和大煎都两侯官及中部都尉所属的步广和平望两侯官,也因当时边塞的确定以及汉简的记载而确定其各自的治所。

西凉时海头遗址发现,一些人即断定这是古楼兰城的废墟。王国维由斯坦因所得汉简和《水经·河水注》、《汉书·班勇传》,以及《魏略》等有关楼兰的记载,证明楼兰城应在罗布淖尔的西北,与此故城在其东北者不合,因而断定这不是楼兰城的遗址,认为当地所发现的前凉时的木简因已注有海头的字样,并与《魏略》、《水经·河水注》的记载相符合,故海头则是罗布淖尔涸泽东北的古城。

对古代西域通道的探索,是王国维治西北史地的重要贡献。

自张骞西使后,西域道路于是畅通,其间虽有若干朝代变迁,这条道路或有阻隔,及时过境迁,又复畅通无阻。这就是闻名中外的古代丝绸之路。由于道路绵长,历史悠久,个别路段难免发生了变化,加以文献记载的某些讹误,所以后人对这条古道有些就不易解释。王国维既从事西北史地的研究,必然会遇到这些问题。在《敦煌汉简跋十四》中,据玉门所发记载的禀给使莎车和使车师的行客的汉简,提出:汉时南北二道分歧不在玉门阳关,而当自楼兰故城始。自此以南,则从鄯善傍南山北波河,西行至莎车;北则车师前王庭,或西趣都护治所,皆随北

山波河,西行至疏勒。故二道皆出玉门。若阳关道路只止于婼羌,往鄯
善者绝不取此。故《西域传》云:婼羌僻在东南,不当孔道。《汉记》记
北道自车师前王庭始,记南道自鄯善始,当得其实。然则楼兰以东实未
分南北二道也。这一问题,不仅关系到汉代当年的道路,就是今后在这
里发展交通也有参考的价值。王国维对此作了明确的解释。可是,有
些论西域史者,都没注意到这一点,仍以通往西域的道路乃是由敦煌分
别出玉门和阳关。王国维又进而论及敦煌附近及其山西道路的一些路
段。汉时敦煌郡所属敦煌、龙勒两县均在今敦煌县境。汉敦煌县就在
现今的敦煌县。龙勒县则在今敦煌县西南,当敦煌与阳关之间。他在
《流沙坠简序》中特别指出,敦煌、龙勒两县之北境实汉时由中原通西
域之孔道。可见阳关不在这条孔道上。这条孔道出了玉门关之后,在
经过楼兰故城前,须经过庐仓,这见于《汉书·西域传》和《魏略》,亦即
斯坦因所发现的罗布淖尔东北的古城废墟。他还根据罗布淖尔东北所
出前凉西域长史李柏的书稿,指出,在前凉时,北道诸国车师已亡,唯有
焉耆、龟兹、疏勒三国。龟兹、疏勒的使者当取碛道,这条碛道就是《魏
略》所说的中道。至于往焉耆的道路,则有两条,一由碛道西北,一由
北虏中经高昌而西。所谓北虏中乃是东汉以来伊吾、车师之间的地方,
这里住着匈奴遗种,所以称为北虏中。这条道路得到李柏书稿的证明
更显得精确。

古代西域通道错综复杂,王国维对一些主要路段进行考证论述,对
研究中西交通史是大有裨益的。

王国维治史,先从事殷周古史研究,而后致力于西北民族史和蒙古
史研究,尤其是蒙元史研究上成就最为卓著。

对匈奴史和北方游牧民族的研究,其代表作有《鬼方昆夷猃狁
考》、《西胡考》、《西胡续考》和《胡服考》等。1915 年撰成《古代外族
考》,后截取《三代地理小记》之一部分,增订为《鬼方昆夷猃狁考》。在
这篇文章中,广泛征引先秦、两汉文献及钟鼎彝器铭文论述鬼方、昆夷、
薰育、猃狁等先秦游牧部族的活动地区及活动情况,并从地理分布及音

韵学论证鬼方、昆夷、混夷、薰育、荤粥、猃狁、猃狁与后来的匈奴皆系同一族名的异译，认为匈奴的历史远在殷周之间，其土宇实"环周之西北二垂，而控其东北"，其达于黄河岸边。到了西周，族类名称虽有所改变，土宇大体依旧，泾、洛两河下游以及洛河之阳，遂成为周人与之迭次兵争地区，直到春秋战国时期，秦晋诸国不断扩展长城，才使匈奴逐渐北向退却，与中原王朝各踞长城一侧，南北对峙。王国维的鬼方等族即匈奴说的结论，影响颇大，国内不少学者如梁启超等附和他的观点。当然也有些学者不赞同他的看法。尽管王国维的"鬼方等族即匈奴"说，今未成定论，犹待今后继续研究，但这篇论文广泛征引先秦两汉文献及钟鼎彝器铭识，研究了先秦北方游牧民族史，一直成为不可多得的重要学术论文。

《西胡考》及《西胡续考》于 1919 年写成。《西胡考》上篇以为"汉人谓西域诸国为西胡，本对匈奴与东胡言之。"在西汉，仅以葱岭以东为限，至东汉六朝，于葱岭东西诸国皆谓之西胡，或简称为胡。至唐以后，西域诸国亦多称为胡，下篇指出："自来西域之地，凡征伐者自东往，贸易者自西来。""侵入西域者，惟古之希腊、大食，近者之俄罗斯来自西土，其余若乌孙之徙、塞种之徙、大夏之徙、大月氏之徙、匈奴之徙、嚈哒之徙、九姓昭武之徙……蒙古之徙，莫不自东而西。"《西胡续考》专论西胡人容貌，认为匈奴与高鼻、深目、多须的西域胡人同种，即属印欧语系的白种人。尽管这一看法与国内外许多学者认为匈奴属于阿尔泰语系的黄种人的看法不同，但王国维的论述所引用资料较丰富，因此他的看法不失为一家之言，是有学术价值的。

《胡服考》写于 1915 年，最初刊于罗振玉编辑的《雪堂丛刻》中，后未经修改收入《观堂集林》中。王国维在论文中广泛引用两汉至唐宋的文献资料，说明从赵武灵王时，北方游牧部族的服装，包括冠、带、褶、裤、靴等"胡服"逐渐为我国历代中原汉族所采用的情况。这是研究我国古代汉族与北方民族习俗和文化融合的重要学术论文。1919 年以后，王国维所撰写的《匈奴相邦印跋》等文，对研究古代匈奴官制、匈奴文化和汉匈文化关系均有重要的学术价值。

王国维对北方地区古代游牧民族突厥、回鹘也作过探索和研究。他先后撰写《高昌宁朔将军曲斌造寺碑跋》、《九姓回鹘可汗碑跋》、《虞道园高昌王世勋碑后》、《唐昌宁苾伽公主墓志跋》等文。

《高昌宁朔将军曲斌造寺碑跋》考释了吐鲁番在 555 年所立曲斌造寺碑上的官号希利发、锸屯发。王国维认为希利发即突厥官号俟利发，又为突厥授予其属国首领之官号。他据此断定，在 555 年时，高昌即已成为突厥属国，突厥已有将俟利发官号授予属国首领之制度。王国维并依据《魏书·蠕蠕传》指出俟利发一语本出自柔然（蠕蠕）族，为突厥所沿用。至于锸屯发，王国维认为即突厥官号吐屯发或吐屯，为监察之官。"惟唐时突厥命其国人为吐屯，以监统属国，此则以高昌相为之。"可见，当时高昌国对突厥保持有较大的独立性。王国维据碑文指出高昌国在 555 年以前即与突厥同盟通婚。又据《隋书》等文献记载，指出其后突厥、高昌两国世有姻亲关系。这篇论文是研究古代突厥官制、突厥与其属国、属部关系，以及突厥与高昌国关系史的重要论文。

《九姓回鹘可汗碑跋》，根据新旧《唐书》等文献记载，考释了碑中九代回鹘可汗的名号、事迹，以及考释了若干人名、地名、部族名，对碑中若干缺字进行考定，阐明了碑中的史实。于同年撰写成的《书虞道园高昌王世勋碑后》，对碑中所记若干重要地名、人名、事迹进行考释。如考释碑中之和林山即唐代乌德鞬山或郁督军山，也即之杭爱山；考释金莲公主即《新唐书》中的宁国公主。并认为碑文所记唐代回鹘事迹"多荒忽不足信，不如两唐书之得实。"

王国维在清华园国学研究院期间，几乎把全部精力倾注于蒙元史研究，相继著有《鞑靼考》、《萌古考》、《黑车子室韦考》、《南宋人所传蒙古史料考》、《元朝秘史之主因亦儿坚考》、《蒙古札记》等。并校注有关早期蒙古族的史料有《蒙鞑备录笺证》、《黑鞑事略笺证》、《圣武亲征录校注》、《长春真人西游记校注》等。他所编辑的蒙元史主要史料有徐松、文廷式从《永乐大典》中辑录出的《元经世大典》佚文，《大元马政记》、《元高记事》、《大元官制杂记》、《大元仓库记》、《大元画塑记》、《大元毡罽工物记》各一卷,出自元刊本的刘泖生抄本《元秘书监志》十一卷(以上均收载于他 1916 年编辑的《广仓学窘学术丛编》)。此外,他为蒙古史重要史籍及蒙古刻本、元刊本所写的序跋有《蒙文元朝秘史跋》、《圣武亲征录校注序》、《蒙鞑备录跋》、《黑鞑事略跋》、《元秘书监志跋》等。除了已刊印论著外,王国维还有若干未完成的遗稿以及经他手校,加以批注跋语的古籍一百九十多种,亦有相当高的学术价值。

《鞑靼考》是王国维早期研究蒙古史的主要论文。开头简述唐、五代、宋史籍中记载鞑靼事迹,接着指出这一重要的北方部落名称,在《辽史》中仅三见,在《金史》中完全湮没。于是他提出:"然则辽金三百年中,唐宋间所谓鞑靼者,果何往乎?观宋元人之著书,知当时固有鞑靼,其对辽金之关系,绝非浅鲜,正史中必不容没其事,而竟不概见,此读史者当发之疑问也。"针对这个问题,他广征博引,对宋、辽、金史籍及《蒙古秘史》所记载的史实进行对比分析。并根据地理考证,详细论证了辽、金史所记载的分布甚广,活动频繁的游牧部族阻卜或阻鞥即是鞑靼。《鞑靼考》发表后,在国内外学术界引起了很大反响。有些学者反对"阻卜即鞑靼"说,但多数学者赞同"阻卜即鞑靼"的说法。此外《鞑靼考》所附《鞑靼年表》,广泛收集散见的史料,把九世纪后叶到十三世纪初三百多年间,以室韦系统蒙古语族游牧部为主的鞑靼诸部在历史上的活动情况介绍出来,为进一步研究鞑靼诸部历史提供了宝贵资料。此表除从唐、五代、宋、辽、金的正史中辑集散见史料外,还从《续资治通鉴长编》、《册府元龟》、《三朝北盟会编》中辑集散见的史料,还引用了《蒙古秘史》、《皇元圣武亲征录》、《松漠纪闻》和《东部要略》等主要史籍。

《萌古考》,初名《辽金时萌古考》,是研究成吉思汗建国以前蒙古诸部历史的代表论著。把成吉思汗建国以前五六年间蒙古诸部在历史上的活动情况提供出来,为进一步研究早期蒙古史提供了丰富史料。

其所引用的汉文史籍除唐、五代、宋、辽、金正史外,还有《契丹国志》、《大金国志》、《三朝北盟会编》、《续资治通鉴长编纪事本末》、《建炎以来系年要录》、《建炎以来朝野杂记》、《东部事略》、《松漠纪闻》等,并引用了《蒙古秘史》、《马可波罗行记》、拉施特《史集》(洪钧译)等论著。王国维根据新旧《唐书》的记载,考证了蒙古诸部的发源地在今额尔古纳河下游一带。这一结论为后来多数学者所赞同,并与波斯史学家拉施特《史集》上的记载相吻合。王国维考定汉籍中的梅古悉、谟葛失、毛割石、萌古子、盲骨子、蒙国斯、蒙古斯、蒙古、萌子等名,以及蒙兀、朦古、萌古、蒙古里等名,都是"蒙古"的国名异译。王国维又广征博引宋、辽、金史籍及《马可波罗行记》,论证蒙古诸部早在唐末及辽代时即有一部南徙至阴山一带。这些见解,有助于我们对成吉思汗建国以前的蒙古诸部活动的历史的研究。

　　《圣武亲征录校注》是王国维校勘、注释早期蒙古历史史料的代表作之一。《皇元圣武亲征录》是研究成吉思汗时代历史的第一手资料。以前有何秋涛校勘本,但所据底本不佳,校勘不精,讹误颇多。王国维依据弘治抄《说郛》本《亲征录》以校何本,同时,还从江南图书馆影抄得汪鱼亭旧藏本《亲征录》校对弘治本和何本,最后合诸互校成果,并加以注释,完成了《圣武亲征录校注》。他校勘时利用《说郛》本、汪本、何本、《元史类编》所引《亲征录》文进行版本互校外,还联系《亲征录》前后文进行本校,并根据《蒙古秘史》、拉施特《史集》等史籍进行他校。所增加注释利用了辽、金、元史、《秘史》、元人文集、碑传、宋人笔记、《蒙鞑备录》、《黑鞑事略》、《长春真人西游记》、《西使记》等大量史籍,并参考了徐松、张穆、洪钧、李文田、丁谦、屠寄和那珂通世等学者研究成果,对不少地名、人名、官名、部族名、年代的注释、考证相当精详。可见,王国维的校注,远远超过前人,是研究蒙元史的重要史料。综上所述,王国维对蒙元史研究不仅撰写了一些卓有创见的论著,而且长期认真从事整理校勘史籍、收集散见资料,并写了很多眉批、校语、跋语,在蒙元史研究领域内奠定了良好的基础,为后人研究蒙古史作出了贡献。

迄今为止,无论他的论史文章,还是他的考史、校注史籍和辑集史料之作,对于研究我国古代北方民族史、蒙元史,都仍有很高的参考价值。

四、王国维的史学源流和史学方法

王国维决志尽弃前学,转治经史之学后,其"修学途径"必须随之转变。因为研究经史之学和研究哲学、文学不同,所需要的基础和条件,是不尽相同的。研究经史,特别是研究中国古代史要先学好文字学、音韵学和古器物学和金石学等。这是乾嘉学者治经史的主要途径。在王国维说来,其"修学途径"得从乾嘉考据学起。如何"修学"呢? 罗振玉曾给他以具体指导。据王国维自己说:"东渡后,时从参事问古文字之学。"①罗振玉也说:王国维东渡后,"自是始尽弃前学,专治经史,日读注疏尽数卷,又旁治古文字声韵之学。"罗振玉指导王国维看些什么书呢? 他在撰王国维传文中说:

> 初,公治古文辞,自以所学根底未深,读江子屏《国朝汉学师承记》,欲于此求修学途径,予谓江氏说多偏驳,国朝学术,实导源于顾亭林,厥后作者辈出。而造诣最精者,为戴氏震、程氏易畴、钱氏大昕、汪氏中、段氏玉裁及高邮二王,因以诸家书赠之,公总加浏览,然方治东西洋学术,未遑专力于此,公既居海东,乃尽弃所学,而寝馈往岁予所赠诸家之书。②

王国维在罗振玉的指导下,1912 年在日本详读戴、程、钱、汪及段玉裁、王念孙诸乾嘉学者之书,1913 年圈读段玉裁《说文》、《尔雅》等书,同时,还圈点了《三礼注疏》等。

研究经史之学,必须先通文字学,亦即所谓小学。张之洞撰《书目问答》时说:由小学入经学者,其经学可信。戴震是乾嘉学派代表人

---

① 王国维:《国朝金文著录表序》,见《海宁王静安先生遗书》第3册,《观堂集林》卷六,第18页。
② 罗振玉:《海宁王忠悫公传》,见王国维《海宁王忠悫公遗书》初集,第1页。

物,他的弟子段玉裁记述其老师戴震平日言论说:"经之至者,道也;所以明道者,其辞也,所以成辞者,其字也,必由字以通其辞,由辞以通其道,乃可得之。"①乾嘉学者无不重视古文字学。到了清末,吴大澂、孙诒让等专攻古文字学,小学离经学而独立起来。研究古文字学,必须以《说文解字》为依据,以之上推金石甲骨文字,以辨识其字形,同时,必须学好音韵学,搞清古文字同音通假的原则,对少数难见的僻奇文字,才有进行考证的可能。自顾炎武以来,乾嘉学者们无不从事古文字和音韵考据工作。但他们依据《诗经》、《楚辞》和周秦诸子韵文中用韵之迹,归纳部类,尚未能触及金石甲骨刻辞。而吴大澂、孙诒让注意到了这方面的研究,吴大澂著《说文古籀补》,据金文以补订说文,孙诒让著《古籀拾遗》,进一步从金文上推甲骨文。吴、孙对古韵并不深入,王国维在音韵学上受王念孙的影响,对《说文》、《尔雅》及古韵均有精深研究,继吴、孙之后,写成《两周金石文韵读》一文,并在该文"序"中说:

> 前哲言韵,皆以《诗》三百五篇为主。余更收周世韵语见于金石文字者,得数十篇,中有杞、鄫、许、邾、徐、楚诸国之文,出商鲁二颂及十五国凤之外,其时亦上起宗周、下迄战国,亘五六百年,然其用韵,与三百篇无字不合。②

王国维不仅把研究古韵部属范围扩大了,而且把古音韵的研究推进了一步。他在《尔雅草虫鱼兽释例自序》中说:

> 因思由陆氏释文,上溯诸徐邈、季轨、吕枕、孙炎,以求魏晋间之字母;更溯诸汉人"读为"、"读若"之字与经典异文,以求两汉之字母;更溯诸经传之转注假借,与篆文古文之形声,以为如此,则三代之字母虽不可确知,庶可得而拟议也,然后类古字之同声同义者以为一书。古音之学,至此乃始完具。③

---

① 段玉裁:《戴东原年谱》。
② 王国维:《两周金石文韵读序》,见《海宁王静安先生遗书》,第16册。
③ 王国维:《两周金石文韵读序》,见《海宁王静安先生遗书》,第16册。

王国维在古文字学研究上，不仅超过前人，而且对古文字的材料运用范围亦大为推广，开始以此考证古代历史事实，给中国古代史研究开拓了新的途径。王国维在《毛公鼎考释自序》中论及古文字与古史研究时说：

> 顾自周初迄今，垂三千年，其迄秦汉，亦且千年，此千年中文字之变化，脉络不尽可寻，故古器文字有不可尽识者，势也。古代文字，假借至多，自周至汉，音亦屡变，假借之字，不能一一求其本字，故古器文义有不可强通者，亦势也。自来释古器者，欲求无一字之不识，无一义之不通，而穿凿附会之说以生穿凿附会者，非也。文无古今，未有不文从字顺者。今日通行文字，人人能读之，能解之。诗书彝器，亦古之通行文字，今日所以难读者，由今人之知古代，不如知现代之深故也。苟考之史事与制度文物，以知其时代之情状，本之诗书以求其文之义，例考之古音以通其义之假借，参之彝器以验其文字之变化。由此而之彼，即甲以推乙，则于字之可释，义之不可通者，必间有获焉。然后阙其不可知者，以俟后之君子，则庶乎亦其近之矣。①

因此，由古文字之义推及古代历史，必须具备古器金石学的知识。罗振玉本人就搜集了不少古器物，曾影印殷墟出土犀象雕器石磬戈镞及敦煌壁画等等，集成《殷墟古器物图录》、《传古别录》、《高昌壁画精华》及其由西陲石刻甄录为《西陲石刻录》等专著。王国维说：

> 参事夙以收藏雄海内，其天津之嘉乐里第，有殷时甲骨数万枚，古器物数千品，魏晋以降碑志数十石，金石拓本及经籍各数万种，实三代古文化学术之渊薮。
>
> 参事固不徒以收藏名家者也。其所得之殷墟文字，固已编之、印之、考之、释之。其他若《流沙坠简》，若《鸣沙石室古佚书》等，

---

① 王国维：《毛公鼎考释序》，见《海宁王静安先生遗书》第 3 册，《观堂集林》卷 6。

凡数十种,先后继出,传古之功,求之古人,未见其比。①

王国维继罗振玉后,在古器物金石学上受到罗氏的指教,是毫无疑问的。前文所说,罗振玉早就以其先辈程易畴等乾嘉诸学者之书推荐给王国维阅读。王国维的考证学,亦多受乾嘉学者的影响。

罗振玉说:

> 余谓征君之学,于国朝二百余年中,最近歙县程易畴先生及吴县吴愙斋中丞。程君之书,以精识胜,而以目验辅之。其时古文字、古器物尚未大出,故扃涂虽启,而运用未宏。吴君之书,全据近出之文字器物以立言,其源出于程君,而精博则逊之。征君具程君之学识,步吴君之轨躅,又当古文字、古器物大出之世。故其规模大于程君,而精博过于吴君。海内新旧学者咸推重君书,无异辞,然则余于君书其又何言,虽然余交君二十有六年,于君学问之变化,知之为最深。②

程易畴著《通艺录》,其中有《考工创物之记》,对古器物中之钟、镈、干、戈、戟、戚、削、盂彝、俎、环、珏、朋等实物,也作了分类的精密考释。吴大澂广搜三代玉器如圭、璧、璋、律、管等物,互相考证,参之古器古钺,推求出古代尺度,写了《权衡度量实验考》。王国维亦曾广搜自汉至清历代尺十七种,详加考证,证明统治阶级为了剥削劳动人民,如何把尺度放长的事实。

孙诒让对王国维也有很大的影响,孙氏研究古文大篆之学凡四十年,所见彝器款识逾两千种,所著《籀庼述林》卷七、卷八,自《毛公鼎释文》和《克鼎释文》以下三十五篇钟鼎以及《古籀拾遗》和《古籀余论》等专著,对金石考证,精深渊博,为罗振玉、王国维二人所敬仰。自甲骨文出土后,孙诒让便采用甲骨金文推古人造字之根源,纠正了《说文》的错误,著有《名原》二卷,为当时中国文字学最新著作。王国维对孙

---

① 王国维:《库书楼记》,见《王静安先生遗书》第10册,卷23,第36页。
② 罗振玉:《观堂集林序》,见《海宁王静安先生遗书》第1册,第1页。

诒让所著《籀庼述林》等书，均曾手校手批，写了不少眉批。可见，王国维研究古文字学是与孙诒让分不开的。他继孙诒让的《契文举例》和罗振玉的《殷墟书契考释》之后著《汉代古文考》、《戬寿堂所藏殷墟文字考释》。从此，甲骨文字研究，规模日益扩大。这就说明，王国维研究古文字学和古史的学术源流是与乾嘉考据学的影响分不开的。

王国维史学思想主要受西方资产阶级学说思想的影响。

如前所述，王国维青年时代，开始接受康、梁资产阶级改良主义思想，后又受日本学者田冈的影响研究西方哲学，尤受康德、叔本华哲学思想的影响，并通过翻译介绍西方论著，较系统地接受西方学说思想。辛亥革命后，他转向治经史之学，把西方资产阶级实证论和乾嘉考据学结合起来，作为他考史、证史和论史的理论基础。

资产阶级实证论，其理论是依据实证事实，不依据"抽象的理论"。王国维接受实证论哲学思想，用于研究历史，强调"当以事实决事实，不以后世之理论决事实"。他在《再与林（浩卿）博士论洛诰书》中说：

《郊特牲》一篇，乃后人言礼义之书，其求阴求阳之说，虽广大精微，固不可执是以定上古之事实。毛公、许、郑之释裸字，亦后人诂经之法，虽得其一端，未必即其本义。吾侪前后所论，亦多涉理论，此事惟当以事实决之。《诗》、《书》、《周礼》三经与《左传》、《国语》有裸字无灌字，事实也。裸，《周礼》故书作果，事实也。裸从果声，与灌从雚声，部类不同，事实也。《周礼》诸书裸字，兼用于神人，事实也。《大宗伯》以肆献裸为序，与《司尊彝》之先裸尊而后朝献之尊，亦皆事实而互相异者也。

又说：

吾侪当以事实决事实，而不当以后世之理论决事实，此今日为学者之所当然也。

王国维的"以事实决事实"论，是资产阶级实证论的变种。依据这一理论，王氏认为研究历史必须遵循以下原则。

（1）考史要重事实。即以文献为证，或据实物为证。如考殷先公王恒其人其事,在卜辞三证外,复举十四证。① 证古策最长者二尺四寸,举十三证。② 考史,如发现新证据或旧考有误,便尽速更正补充。故《齐鲁封泥集存序》后继有《书齐鲁封泥集存后》、《流沙坠简序》后复有《流沙坠简后序》,既有《先公先王考》又有《续考》。有些由于发现新证据,则加以改写,如《三代地理小说》改为《说自契至于汤八迁》等六篇,再改为《古史新证》第五章。

(2)探本求原,重目验,亦即重原始资料和目击验证。长期以来,学者论秦代郡制,多"眩于《汉志》之说,而于贾傅之所论,懵若无睹,或反据《汉志》以订《史记》及《汉书》纪传"。在《汉郡考》中,他则重用《史记·诸侯年表》,合《史记》、《汉书》纪传材料以证《汉志》"高帝增二十六郡,文、景各六"一说之误,以明《汉志》误以"孝平时之疆域为汉初之疆域"。而《浙江考》亦用以《史记》证《史记》法,明《汉志》与《水经》,但有浙江而无浙江之误,《说文》分浙、渐为二水误,并指出"乾嘉以来言水地者"盲从《说文》,"是未师而非往古,重传说而轻目验",自不免误上加误。他这一论断,不仅由于《史记》六言浙江,其后袁康、赵晔、王充等"南人所云浙江,无不与《史记》合。"更重要的是,"史迁亲与会稽,吴越诸水皆所经历,所记不容有误。"

(3)重文物,尤重历代文字遗物。从辛亥革命起,王国维所治实物史料不下二十余种,以甲骨卜辞,钟鼎款识,虎符兵戈、封泥、玺印、秦砖汉瓦、石经木简、玉贝古钱、历代权衡、碑刻铭志、人物塑像,直到唐人手卷、宋元故书,甚至古椠木刻等,凡当世所得见者,可说应有尽有。他曾说,"洹阴之甲骨,燕齐之陶器,西域之简牍,巴蜀齐鲁之封泥"等史料价值,可与赵宋以来的金石等量齐观。以封泥而言,非但足以证文字、明制度、考地理,信存一代之故,而且足以"发千载之覆,决聚讼之疑,

---

① 参见王国维:《先公先王考》王恒节。
② 参见王国维:《简牍检署考》。

正沿袭之误。"①他后来又认为,兵器、陶器、玺印与货币四种实物,是研究战国时期东土六国文字的"唯一材料",是解决孔壁"古文"疑难,通中国文字书体古今流变的关键史料,"其为重要实与甲骨、彝器同。"从玺印而论,由于制作精整,数量众多,故用途最大。他在《最近二三十年中国新发现之学问》中,甚至把新实物材料的发现,视为新学问之发现,强调"古来新学问起,大都由于新发现。"所谓新发现,是指新材料之发现,尤其是实物的发现,在汉有孔壁遗书,在晋有汲冢竹书,在宋有金石器物,在近代则有殷墟卜辞、流沙坠简、敦煌写本和边疆民族碑刻等。②

王国维的"以事实决事实"的治史理论,在一定程度上有实事求是之意,但由于受西方实证论的影响,考证不要理论指导,考证史料所要"求"的"事实",止于经验论的感性历史认识,不是要求得历史事件的"内部联系"(即规律性)的知识。西方实证论和乾嘉考据学一样,只能对一些简单的史实加以考证,但较为复杂些的历史资料或提高到理性的结论的历史研究,就根本不可能了。王国维治史,植根于资产阶级的实证论,不敢谈"义理",反对"以后世之理决事实",是非常有害的,也是不科学的。

王国维实证论的考据,和乾嘉学者一样,是形式逻辑的考据。一般来说,乾嘉学者治史比较严谨,确曾考证出不少正确的有益的东西来。王国维所处的时代条件较好,新史料发现不少,受西方资产阶级影响,考证方法又有大大的改进。但形式逻辑的考证方法止于史料的搜集、整理、分析的初步工作,不能深入到历史事物内的本质分析研究。其实,就是在史料考证上,也是不够用,所得结论往往也不够全面,甚至是非常错误的。以《殷周制度论》来说,许多史实考证是错误的。王国维

---

① 王国维:《齐鲁封泥集存序》。
② 本文原为清华暑期学校的讲演稿,初载《学衡》4、5 期(1925 年 9 月),《静安文集续编》已删去。

说,殷制无嫡庶之分,无宗法之制,不是嫡长继承,是兄终弟及为主,子继辅之,无弟然后传子。殷初无封建之事,殷以前无姓氏之制……兹就嫡庶之制和兄终弟及继承制作简略分析。

殷代已行一夫一妻制。甲骨卜辞祖妣配祀的记录,除祖乙祖丁、武丁三人"二配"、"三配"外,余均一配。祖乙、祖丁、武丁所以多配。是因妻"先殂后继"。如武丁,古书载"高宗以后妻杀孝己",孝己,"其母早死,高宗惑后妻言,放之而死。"①武丁多配非多妻,武丁妾妃,多至数十,妾妃非妻,无配祭资格,非多妻。武丁妾妃多,有子数十,但妻所生之嫡子,仅祖己(孝己)、祖庚、祖甲三人,嫡子才有继承权,而且殷制只有长子祖庚继位,但史载祖甲贤,武丁欲立祖甲,"祖甲以王废长立少,不义,逃亡民间,故曰不义为王,久为小人也。"②"废长立少","废兄立弟",破坏嫡长继承之宗法大制,谓之"不义",可见嫡子继承制在武丁时已根深蒂固,成为社会上普遍道德观念。祖甲后,廪辛曾有一次传递外,武丁、文丁以后,都一贯父子嫡长相传。纣有兄微子启与仲衍二人,同母所生,帝乙死,应传位微子启,为什么传位给纣呢?古书记载说:"纣母之生微子启与冲衍也,尚为妾,已而为妻,而生纣。纣之父纣之母欲置微子启以为太子,太史据法而争之,曰:'有妻之子,而不可置妾之子',纣故为后,用法若此,不若无法。"③殷代嫡庶之分,嫡长继承制,确立不移。

从殷代王位继承情况看,父子相承和兄终弟及确是交杂着的,从汤(大乙)到纣(帝辛)止,共三十二帝(其中大丁祖己早死未接位),父子相承者十三位,兄终弟及者十四位,弟回传长兄之子者有五位。为什么传弟?古代帝王是担任军国重任的,王子年幼或年长无能,不能胜任,故传弟。弟传完后,弟不能把王位传给自己的儿子,必须回传给长兄之

---

① 王国维:《今本竹书纪年疏证》(上),第22页。
② 见《周书》,《尚书古今文注疏》,引马融及郑康成说。
③ 《吕氏春秋》卷11《仲冬纪事》第十一。

子,归宗于嫡长子的父子继承,这是当时社会上父子嫡长的普遍道德原则。从康丁到帝辛,一贯父子嫡长继承,传弟之制绝。殷代"大宗"祭法,每世祭一位嫡长,不祭弟弟。故"大宗"中大合祭时,自上甲到武乙止,共祭嫡长大宗十二位,外丙、仲王弟弟辈是没有资格被祭的,亲疏尊卑的观念,非常清楚,殷代宗法之制,早已形成。王国维的殷制无嫡庶之分,无宗法之制,不是嫡长继承制而是兄终弟及制的说法,是不正确的,也是不符合历史事实的。

至于王国维所论周制部分,在史料上亦有运用不确当,所引的材料都是晚周时代的史料。所以说的"周制",并不是西周制度,更不是周公之制。如庙数之制,是用七十子后学之说说明的,嫡庶之制也是引七十子后学之说的丧服小记及《左传》和《公羊传》立论的,以晚周之制与殷卜辞作直接的比较,是不够缜密的。他比出殷周两代制度的不同点是好的,但并没有阐明殷周制度不同的社会根源是什么,更没有接触到殷周间社会变革的实质及其阶级关系的变化的一些边际。所以,这种实证论是有局限性的。

王国维在古史考证、研究上之所以取得超越前人的成就,与当时地下出土甲骨金石器物等新史料的新发现和其治学方法的改进是分不开的。蒋汝藻为王国维《观堂集林》作序说:

> 君新得之多,固由于近日所出新史料之多,然非君之学识,则亦无以理董之。盖君于乾嘉诸儒之学术方法无不通,于古书无不贯串,其术甚锐,故能以旧史料释新史,复以新史料释旧史料,辗转相生,所得乃如是之多也。①

所谓"新发现"的"新史料",概括地说,就是指殷墟甲骨金石器物、汉晋木简、敦煌石室遗书、内阁文库档案等史料。由于大量新史料的发现,为王国维古史考证和研究开拓了新的途径。王国维自己叙述这一"新发现"和"新学问"的关系说:

---

① 王国维:《王忠悫公遗书》第二集,《观堂集林序》,第2页。

古来新学问起,大都由于新发现,有孔子壁中书出,而后有汉以来古文字之学;有赵宋古器出,而后有宋以来古器物古文字之学;晋时汲冢竹简出土后,即继以永嘉之乱,故其结果不甚著。惟同时杜元凯注《左传》,稍后郭璞注《山海经》,已用其说。自汉以来,中国学问上之大发现者有三:一为孔壁中书,二为汲冢书,三则今日之发现也。故今日之时代可谓之发现时代,自来未能比者也……然此等发现物,合全世界学者之全力研究之,其所阐发,尚未及其半,况此后之发现,亦正自无穷,此不能不有待于少年之努力也。①

王国维和罗振玉一起,得到这些"新发现"的"新史料",以之与古籍上的"旧史料",互相参证,所得自多。如蒋汝藻所说,乾嘉学者只在古书材料上下工夫;清末民初,已有地下的和纸上的新旧两种材料,既可以"以新释旧",又可"以旧释新",两种材料互证,辗转相生,在治学方法上,王国维称之为"二重证据法"。

"二重证据法",是王国维治史的主要方法。它导源于乾嘉考据学和西方资产阶级实证论的方法论。以前学者一般不分类研究,西方学者注重分类研究,而且分得很细,在深入钻研上是一大进步。辛亥革命后,王国维随罗振玉去日本,受日本学界的影响,在治史上采用了近代的分类法。1913年,王国维用此法著有《释币》、《简牍检署考》及《明堂寝庙通考》,并编成《齐鲁封泥集存》等专著。罗振玉在其《集蓼编》中叙述王国维治学方法时说:

> 本朝(指清朝)经史考证之学,冠于列代,大抵国初以来多治全经,博大而精密略逊,乾嘉以来,多分类考究,故较密于前人。予在海东,与忠悫论今日修学,宜用分类法,故忠悫撰《释币》、《胡服考》、《简牍检署考》,皆用此法。

王国维在日本和罗振玉一起,对于罗振玉所搜藏的许多地下出土

---

① 王国维:《最近二三十年中国新发现之学》,《海宁王静安先生遗书》,第16册。

的"新史料",特别是甲骨金石文字,引起很大的注意。从1915年便开展了甲骨卜辞和商周史等"新学问"的研究,这"新学问"的研究,对于原来的分类研究的方法又起推进作用,产生了王国维自己所一再自誉的所谓"二重证据法"。《殷卜辞中所见先公先王考》、《续考》,是王国维运用"二重证据法"研究古书古史的典范。如前所说,王国维继孙诒让、罗振玉之后,进一步钻研甲骨文字,《先公先王考》和《续考》,对《史记·殷本纪》等古书所载商代帝王世系,几乎在甲骨卜辞中全部获得了证明,还把甲骨文和《山海经》、《竹书纪年》,《楚辞·天问》及《吕氏春秋》等"百家不雅驯之言"的传说性的古书互证,一面对甲骨文中的和《殷本纪》中的王亥、王恒互证,作了有力的补充说明,一面又把甲骨文和《殷本纪》中及《楚辞·天问》中的王亥王恒互证,证明了《楚辞·天问》等传说性的古书,也包藏着一定的真实史实,因此,他认为古史史料,不限于《史记》等经传性史书,应包括《山海经》、《竹书纪年》一类的传说性古文献。

王国维说:

> 吾辈生于今日,幸于纸上之材料外,更得地下之新材料,由此种材料,我辈因得以补正纸上之材料,亦得证明古书之某部分全为实录,即百家不雅训之言,亦不无表示一面之事实,此二重证据法,惟在今日始得为之。①

王国维运用"二重证据法"时,要"达观二者之际,不屈旧以就新,亦不绌新以从旧",新旧并重,不可偏废。可是,王国维的考证,主要还是在于以旧释新,以新证旧,很重视古史材料,所以,他强调说:"古书之未得证明者,不能加以否定;而其已得证明者,不能不加肯定,可断言也。"还说:"上古之事,传说与史实混而不分,史实之中固不免有所缘饰,与传说无异,而传说之中亦往往有事实之素地。"②

---

① 王国维:《古史新证》第一章《总论》,北平来薰阁1935年影印本。
② 王国维:《古史新证》第一章《总论》,北平来薰阁1935年影印本。

"二重证据法",它包括文献与文献、文献与实物铭文、文献与实证的互证三种形式。主要还是以古书为主,以新史料证明古书和肯定古书。

根据"二重证据法"的要求,在互证之前,首先必须检查互证的双方是否出于不同的观察,地下材料,包括实物与实物铭文,它与文献记载显然不是出于同一个观察,因此不需要检查,可以直接验证,而文献与文献之间就可能存在转抄关系,因此非要做一番检查工夫不可。其考证方法是通过考查源流的目录学,了解作者是谁、成书年代、地点以及流传情况,综合考察出它们是否出于不同观察。结论如果肯定的,那就与地下材料与文献记载互证的方法相同。

两种出于不同观察的史料,在互证时会出现三种情况:相同、相近似或者抵牾。如果是相同或者相近,那么,它们所反映的历史便是真实可靠的,在文献记载与古物铭文的相互验证方面,王国维曾从甲骨刻辞来验证《史记》关于殷先公先王记载。再如关于禹是否存在的问题,以顾颉刚和刘掞藜为代表的两派曾作过激烈的论争。王国维则根据春秋时《秦公敦》和《齐侯镈》的铭文材料,利用二重证据法作了最后的结论。他说:

> 《秦敦》之(鼎宅)禹赉,即《大雅》之维禹之绩,《商颂》之设都于禹之绩。禹赉言宅,则赉当是迹之借字。《齐镈》言咸朁成唐(即成汤),有敢(即严字)在帝所,博受天命……咸有九州,处禹之堵。堵《博古图》释都。处禹之堵亦犹《鲁颂》言缵禹之绪也。夫自《尧典》、《皋陶谟》、《禹贡》皆记禹事。下至《周书》、《吕刑》亦以禹为三后之一。《诗》言禹者尤不可胜数,固不待藉他证据。然近人乃复疑之,故举此二器,知春秋之世,东西二大国无不信禹为古之帝王,且先汤而有天下也。①

事实上,通过古文献和实物的相互验证,禹既非鱼,亦非虫,确实是

---

① 王国维:《古史新证》第二章。

存在过的历史人物。

出于不同观察的两种史料,如果是抵牾的,就可能有错,需要进一步考证。考证的方法不是做简单的调和,一加一除以二。而是本着实事求是的精神,广泛搜集有关史料,加以论证。

首先,找出它们的相同之处,指出某些不同只是由于表述上的原因所造成的。例如《吕氏春秋·贵信篇》记载齐鲁之盟的劫盟者是曹刿,而《史记》记载的却是曹沫。根据《史记》索隐的作者司马贞的考证,"沫音刿,声相近而字异耳。"再如《史记》所缺十篇,张晏认为是礼书、乐书和兵书等,颜师古根据《史记》目录只有律书而无兵书,认为张晏的说法不对。其实,核查《史记》著述,二者并不矛盾,《史记·自序》云:"非兵不强,非德不昌……太公、孙吴、王子(成甫)能治而明之,切近世,极又变,作《律书》第三。"太公和孙吴都是著名的兵家,他们的著作称为律书,可以证明律书即兵书,两者异名同实。

其次,钩稽它们的和谐之点,即指出某些不同只是一个事实两个侧面,因此,我们不能一见史料在描述同一史事的不同侧面,探讨它们之间存在的和谐之点,并由此找出内部联系,使史料更加全面、真实地反映历史现象。当然,在研究史料时,绝不能凭主观臆测,强不可为可。

王国维的"二重证据法",一方面虽然导源于乾嘉考据法,但必须指出王国维毕竟不是经学家,而且他受资产阶级学术思想的影响,所以,治古史时,不受古典文献的束缚,考证殷先公先王时,把甲骨文和《山海经》、《竹书纪年》、《楚辞·天问》等传说性的古书中的"百家不雅驯之言"互证,这种治学态度是有其一定进步性的。徐中舒说:"王国维在民初治学,已入自创时代,故虽由西洋学说以返求于我国经典,而不为经典所束缚。"①这一评论是符合实际的,也是公允的。

王国维的"二重证据法"对后人治学有着启迪意义。但这种治学方法也有缺失、错误的地方。就《殷周制度论》一文看,即使从二重证

————————

① 　徐中舒:《王静安先生传》,《东方杂志》第 24 卷 13 号。

据法的角度,此篇名作也有值得商榷的地方。王国维主张"以事实决事实",他说的事实就是材料。殷、周的材料,经过二重证,自是可信。对殷以前的传说材料,没有经过二重证,应当存疑。《殷周制度论》论证殷周制度变革的同时,又一再论说"夏商二代文化略同"。应该说殷周制度之异,还有材料佐证;论夏、商文化制度之同,材料须证实,此其一。《殷周制度论》开篇即说:"中国政治与文化之变革,莫剧于殷周之际。"又说:古代圣人"其立制之本意,乃出于万世治安之大计,其心术与规摹,迥非后世帝王所能梦见也。"说中国几千年的政治文化变革,殷周间是最剧烈,不符事实,言过其实。认为一代大典、制度出自圣人之心,而其后世道人心不如古代,这和"三代天理流行、汉唐人欲横流"的说法是一个样子。这一观点,显然是非科学的,此其二。另外,19世纪末 20 世纪初,随着考古学的发展,人们对有文字记载以前的历史有所了解。但《殷周制度论》却没有参之以考古之地下新材料。所以,他的"二重证据法"是有局限的,此其三。凡此,说明了王国维对历史客观过程缺乏科学的认识,只能停留在形式逻辑的考史证史阶段,其方法不能再向前发展一步。

王国维治史非常注意文史会证。他治史首先是近晓古器文义。这样,既可识解古器文字,亦能诠释古籍章句,并用以研究古史。事实上,王国维考史,涉及二重证据的史考固然使用,即是以文献为主的研究也不例外。最代表性的例子,便是《释史》之类融释文与考史为一的论文。这类材料既以新旧材料彼此释证,又以文字诂训与史迹考辨错综间作,致令人即使读毕全文,有时亦难辨其性质,究竟是释文还是考史。

王国维强调不论用何种方法治史,用何种材料以参互相求,总要符合史实。因此,他认为"治一学,必先有一步预备工夫",即从材料的搜集和考释着手。以王国维对西北地理与蒙元史研究为例,从抄校杜环《纪行记》、高居海《使于阗记》起,直到《南宋人所传蒙古史料考》写成为止,他在史料整理上共花了两年多时间,在《古行记校注》四种、《蒙古史料校注》四种和《蒙古札记》七则外,还编有《元朝秘史地名索引》。为考宋元戏曲，则先辑《曲录》、《优语录》和《录曲余读》，草《庚辛之间读书记》所收各文。为考殷周史事，则先治卜辞、金文，释《铁云藏龟》和《殷墟书契前后编》，编《宋代金文著录表》和《国朝金文著录表》。又如治古韵史，则遍校《切韵》、《广韵》；治古文体史，则先录《说文》中籀文，撰《史籀篇证》、《史籀篇叙录》、《仓颉篇残简跋》和《魏石经考》。总之，他治任何学问，也每每是先有材料之文，后有考证史迹之作。

通观王国维治史方法，强调研究历史着眼于史料，并在考史、证史上作出了卓越成就，是值得肯定的。但必须指出，他治史用乾嘉考据学和实证论的考据法，主张"不当以后世之理论决事实"，自己或不自觉地否定了理论指导的重要性。

王国维是清末民初一位古文献学的考证家和古史学家。1927年夏，自沉于颐和园昆明湖。对于他的自沉原因，虽然学术界尚争论不定，但他作为近代一名著名古史学家，历史已作出了结论。王氏遗著，有罗振玉汇辑的《海宁王忠悫公遗书》和赵万里等重订的《海宁王静安先生遗书》。

王国维的史学研究工作，实自辛亥革命开始。在日本从事甲骨文字、殷周金文、魏晋竹简和齐鲁封泥及古器物等研究。回国后，住上海，继续研究甲骨金文，著有《殷卜辞所见先公先王考》和《续考》等，对殷周制度做了很多考证和论述。并对古民族和古历法，做了不少精实的考证，晚年致力于西北史地和蒙元史研究，其著作对于学术界起了重大影响。唐兰说："疑古之说方盛，学者羞道虞夏，先生独举甲骨所载殷之先世与夏同时，且金文盛道禹迹与诗符合，不知两周学人咸信有禹，不仅儒墨也。此其证据明确，而不轻下断语，诚后学之楷模焉。"①郭沫若也说："大抵在目前欲论中国的古学，欲清算中国古代社会，我们是

---

① 唐兰：《古史新证序》，载王国维《古史新证》，北平来薰阁1935年影印本，"序"。

不能不以罗、王二家之业绩为其出发点了。"①王国维作为史学家,他比同时代的史学家,在古文献考证和古史研究等方面,其贡献是卓著的,而且他的史学成就是中国近代史学史的重要组成部分,要认真做好总结工作。

第四节　封建正统史学的回光返照和马克思主义史学的曙光

一、《清史稿》的编撰

清末民初,封建正统史学虽然受到资产阶级新史学的抨击,但由于资产阶级史学的软弱性,不足以摧毁封建正统史学,特别在辛亥革命一股复古思潮中,封建正统史学曾一度回光返照,出版了大量的史著,其中《清史稿》和《清朝续文献通考》是这股复古潮流的代表作。

1914 年,袁世凯设立清史馆,聘清朝"遗老"赵尔巽为馆长,开始编撰《清史稿》。赵尔巽(1844—1927),清末汉军正蓝旗人,字公镶,号次珊,又号无补。同治进士。历任翰林院编修、湖南巡抚,户部尚书、盛京将军、湖广总督、四川总督。宣统三年(1911)为东三省总督,组织奉天国民保安会,对抗资产阶级民主革命。辛亥革命后蛰居青岛。他总领《清史稿》编纂,参加编撰的先后有百余人,如缪荃孙、柯劭忞、王树枬、吴廷燮、张尔田等人多为封建正统派的代表人物,有的则是清朝"遗老。"《清史稿》因赵尔巽总领,故题赵尔巽撰。全稿共五百二十九卷,凡本纪二十五卷,志一百三十五卷,表五十三卷,列传三百一十六卷。采用纪传体,是一部继续"正史"系统的封建正统史著。史稿的编撰者仍站在封建统治阶级的立场来叙述清朝历史,字里行间充满了封建正统史观。对清代帝王都是歌功颂德,而称明末农民起义军为"土贼",诬蔑太平天国农民起义军为"粤匪",把辛亥革命称之为"倡乱",公开

①　郭沫若:《中国古代社会研究·序》。

诋毁和反对辛亥革命,充分表露了地主阶级顽固派的立场。对清廷兴文字狱,以及帝国主义开设的银行、投资的路、矿、电政等方面,均略而不书,蓄意为清廷腐朽统治辩护。《清史稿》在编纂上也极不严肃,初稿未经复核审定,便仓促付印。该史稿体例不一,事实、人名、地名、年月错漏颠倒颇多,且文理时有不通的现象。因此,《清史稿》较之其他"正史",确是一部水平低下的史著。但《清史稿》将《清实录》、《清会典》、《国史列传》、地志和档案中大量资料汇集整理为比较详细系统的有关清朝历史的素材,作为研究清史的史料,是有一定学术参考价值的。

关于《清史稿》的版本。1928 年刊印了一千一百部,四百部送往东北发行,称"关外一次本",留存北京的七百部作了删定,称"关内本"。"关外一次本"再版一次,内容也略作改动,称为"关外二次本"。这三种版本的主要区别:"关内本"删去"关外一次本"原有张勋传、张彪附传、康有为传,以及金梁的《校刻记》。"关外二次本"只删去一次本的张彪附传,抽出《公主表·序》和《时宪志》中的"八线对数表",增陈夔龙、朱筠、翁方纲传。"关内本"又抽换了"关外一次本"的《艺文志·序》,删《志》中易类节目六十四种,从陆润庠等人传中分出劳乃宣、沈曾植二传移入下卷,改订了"清史馆职名"。《清史稿》还有上海缩印本和日本影印本。1976 年中华书局出版的点校本《清史稿》以"关外二次本"为底本,对三个版本的《清史稿》互异处均有附注,并录出异文,对研究《清史稿》的版本有参阅价值。

二、《清续文献通考》的编撰

《清续文献通考》,又称《皇朝续文献通考》,为清末刘锦藻编撰,是一部典志体史学著作。刘锦藻(1854—1929),浙江吴兴人,40 岁时中进士,历任清朝户部主事,工部都水师行走、内阁侍读学士。吴兴刘氏是东南有名的藏书家之一,刘氏嘉业堂藏书甚多,后又购进缪荃孙的艺风堂藏书,为刘锦藻编撰《清续文献通考》提供了必要的资料条件。

《清续文献通考》四百卷,上继乾隆年间修成的《皇朝文献通考》。刘氏于光绪末编撰成一编,起乾隆五十一年(1786)迄光绪三十年(1904)。民国以后,复增辑光绪三十一年迄宣统三年(1911)事,历时28年,于1921年最后完成全书的编撰。该书编撰的立场、观点、编纂体例,基本依据封建正统史学思想为指导,和以往旧的典志体史学著作一脉相承。

马端临的《文献通考》二十四门,《清文献通考》二十六门。《清文献通考》计田赋、钱币、户口、职役、征榷、市籴、土贡、国用、选举、学校、职官、郊社、群祀、宗庙、群庙、王礼、乐、兵、刑、经籍、帝系、封建、象纬、物异、舆地、四裔二十六门。而刘氏《清续文献通考》增加外交、邮传、实业、实政四门,扩充为三十门。由于道光、咸丰以后历史形势的变化,所属各门子目也多有变更。如《征榷考》增加了厘金、洋药两目;《国用考》增加了银行、海运两目;《选举考》增加了赀选一目;《学校考》增加了书院、图书、学堂三门;《王礼考》增加了旧政、训政、亲政、典学四目;《兵考》增加了水师、海陆军、船政等目;《职官考》由于民国后"官制全更,难沿旧例",只好"略举始末,用备钩籍"了。再如《舆地考》,也有较大的变化,过去的新疆地区和清朝发祥的辽沈圣地都已改为行省,故难沿旧例,只好采用新疆省,奉天、吉林、黑龙江三省。变化更大的是《四裔考》,已不只仅仅列举边邻国家,而扩大到远隔重洋的英、法、美、意、德等资本主义国家也在其叙述中占有一定篇幅。《外交考》则偏重于考定西洋诸国,尤详于清廷与西洋各国交往的情况,涉及赔款、割地、华工、领事等各个方面,对研究近代对外关系史和华侨史有一定的参考价值。但我们应当指出,由于刘锦藻以清朝"遗老"自居,他的立场、观点是保守落后的,其著作基本是封建正统史学的延续,这就影响了该书在近代史学发展中的地位。

除《清史稿》和《清续文献通考》两部史著外,当时还刊行了各种反映清末政治经济的经世文编和外交关系的史著。这些著作,如《清季外交史料》(王彦威与其子王亮编辑)、《清季外交年鉴》(王亮撰),虽然在当时史学界发生了一定程度的影响，但其著述体例，仍未脱出封建正统史学的范围。

三、马克思主义唯物史观的传播和李大钊开创中国马克思主义史学

历史的发展是不以个人主观意志为转移的。辛亥革命后封建主义旧文化向资产阶级新文化的反扑，结果并没有熄灭思想领域里的"新"与"旧"的斗争。第一次世界大战期间，帝国主义列强无暇东顾，中国民族资产阶级乘隙得以发展。因此，学术思想界又从复古的潮流中活跃起来，兴起了反帝反封建的新文化运动。以陈独秀、李大钊为代表的激进民主主义者，他们从现实生活中清楚地看到，不彻底铲除封建专制主义和封建旧文化，就不能实现真正的民主政治。1915 年由陈独秀主办的《新青年》杂志（第一卷）的创刊，标志着新文化运动的开始。新文化运动，在茫茫黑夜里点燃了启蒙运动的火炬。但是，新文化运动初期的领导者们的思想武器是西方资产阶级早期的革命理论，没有真正的科学思想武器，虽然沉重地打击了旧文化、旧思想，但没有彻底摧毁，更没有为思想解放的洪流开辟正确的方向。他们提"科学"和"民主"两大口号，但在实际理解和应用是有局限性的。他们所倡导的科学，就是当时的自然科学，所提倡的民主，是资产阶级的"天赋人权论"和自由、平等、博爱等等。这套西方资产阶级的思想武器，用来打击中国根深蒂固的封建主义和封建思想，虽有一定的战斗力，但最终不能指导中国革命的胜利。辛亥革命的失败，就证明了这个道理。因此，不仅孙中山先生陷于绝望，就是一些站在思想解放前沿阵地的激进民主主义者，也看不到时代的曙光。就在这时，俄国爆发了伟大的十月革命。"十月革命一声炮响，给我们送来了马克思列宁主义。"

十月革命的胜利和马克思主义学说的传入，立即使陈独秀、李大钊等振作了精神。《新青年》杂志迅速地转变成为宣传马克思主义和唯物史观的阵地，中国产生了一大批拥护十月革命和具有初步共产主义

思想的知识分子,并通过他们在全国范围宣传马克思主义。

李大钊先后发表了《布尔什维克的胜利》、《庶民的胜利》和《法俄革命之比较观》等文章,热情歌颂十月革命的胜利,充分肯定了十月革命的伟大历史意义。他说:"俄罗斯之革命是二十世纪初期之革命,是立于社会主义之上的革命,是社会主义而并著世界革命之彩色者也。"①他鼓励在黑暗中探索的中国人,翘首迎接十月革命之曙光,"以适应此世界的新潮流,勿徒以其目前一时之乱象遂遽为之抱悲观也。"②他在文章中,用马克思主义观点分析了第一次世界大战的性质,指出十月革命后世界历史进入了社会主义革命的新时代,开历史之新纪元,其结果是"资本主义失败,劳工主义胜利","社会主义胜利。"他预见将来的世界,"必是赤旗的世界"。

由于李大钊热情宣传马克思主义,当时宣传马克思主义和新文化的刊物如雨后春笋般地兴起。马克思主义经典著作,如《共产党宣言》、《社会主义从空想到科学》、《〈政治经济学批判〉导言》等,相继翻译出版。随着马克思主义和唯物史观的传播,在中国出现了第一次学习、宣传马克思主义的思想运动。

马克思主义的传播不是一帆风顺的。为了批判唯心史观,李大钊从 1919 年到 1920 年,在《新青年》、《每周评论》、《新潮》等刊物上发表了《我的马克思主义观》、《马克思主义哲学》、《史观》和《唯物史观在现代史学上的价值》等论著,比较系统地介绍了马克思主义唯物史观的基本原理,并以马克思主义唯物史观来考察中国的社会现状,指导历史研究,为中国马克思主义史学的开创奠定了理论基础。

李大钊着重介绍了马克思主义三个组成部分的基本思想。他强调指出,马克思主义是一个有机的统一体,"完全自成一个有机的有系统的组织,都有不能分离不容割裂的关系",而阶级斗争学说,在阶级社

---

① 李大钊:《李大钊选集》,人民出版社 1978 年版,第 102 页。
② 李大钊:《李大钊选集》,人民出版社 1978 年版,第 104 页。

会里，"恰如一条金线，把这三大原理，从根本上联络起来。"①他在阐述历史唯物论时，论述了生产力与生产关系矛盾运动的原理。依据这一原理分析了人类社会由家庭经济变为资本主义经济，由个体劳动变为工场组织的历史演变，指出历史发展的最终动因是"物质的生产力"，"生产力一有变动，这社会关系也跟着变动。"②据此，他强调研究历史的方法不应到人们头脑中去寻找规律和结论。他明确指出：唯物史观"解释历史的方法不求其原因于心力的势力，而求之于物的势力，因为心的变动常是物质环境所支配。"③这对当时唯意志决定论是有力的批判。

在论证生产斗争与阶级斗争的关系时，李大钊认为阶级斗争的产生和发展是与一定的生产发展阶段相联系的，在原始社会，由于"经济上和技术上不发达，一个人的劳动，只能自给，并无余裕，所以不发生阶级"，后来因生产力的发展，"技术日精，经济上发展日进，一人的劳动渐有余裕就是剩余劳工。剩余劳工，渐次增加，持有生产手段的起来乘机夺权，遂造成阶级对立的社会。"④阶级斗争只是阶级社会的特有现象，到了生产力非常发展的时候，"与现实的社会组织不相应，最后的阶级斗争就成了改造社会消灭阶级的最后手段。"⑤他确认人类社会的发展，正像马克思所论证的必然经过"亚细亚的、古代的、封建的、现代资本家的"⑥几个社会形态，而且断定"资本主义的生产方法，是社会生产方法中采取敌对形式的最后"一个社会形态，将来，随着无产阶级的壮大，通过阶级斗争消灭资本主义。

李大钊认为人类社会历史，是生产方式的发展史，即物质生产者的历史。他说："一切过去的历史，都是靠我们本身具有的人力创造出来

---

① 李大钊：《李大钊选集》，第 177 页。
② 李大钊：《李大钊选集》，第 190 页。
③ 李大钊：《李大钊选集》，第 337 页。
④⑤ 李大钊：《李大钊选集》，第 223 页。
⑥ 李大钊：《李大钊选集》，第 188 页。

的，不是哪个伟大圣人给我们造的，亦不是上帝赐给我们。将来的历史亦还是如此。"①"社会主义的实现，离开人民本身，是万万做不到的，这是马克思主义一个绝大的功绩。"②从物质生产者推动历史发展这一唯物史观的基本观点出发，他尖锐地批判了剥削阶级宣扬帝王将相和上帝创造历史的唯心史观。他确认：以往的历史学，"专记述王公世爵纪功耀武的事"，把历史看成是帝王将相家谱和伟人传记史，把特权阶级置于超自然的权力保护之下，把历史作为权势阶级愚民的器具。③他对唯心史观的深刻揭露和批判，是他从进化论转变为马克思主义唯物史观的重要标准。

　　李大钊在《由经济上解释在中国近代思想变动的原因》和《物质变动与道德变动》等论文中，根据社会存在决定社会意识这一原理，对有关思想史方面的问题作了唯物主义的回答。他认为道德是一种观念形态，它不是超自然、超物质的东西，不是人们凭空捏造出来的，"也不是神赐的，乃是社会的本能。"④同样，他根据这一社会存在决定社会的观点来分析研究孔子之所以长期成为统治人们思想的原因，指出："孔子的学说所以能支配中国人心有二千余年的原故，不是他的学说本身具有绝大的权威，永久不变的真理，配作中国人的'万世师表'，因他是适应中国二千余年来未曾变动的农业经济组织反映出来的产物。"⑤既然，孔子学说是"农业经济组织反映出来的产物"，那么，"孔子主义（就是中国人所谓纲常名教）并不是永久不变的真理。孔子或其古人，只是一代哲人，决不是'万世师表'。"⑥到了近代，随着资本主义经济、特别是大工业的日趋发展，封建社会的自给自足的农业经济面临崩溃和瓦解，孔子的学

① 李大钊：《李大钊选集》，第 340 页。
② 李大钊：《李大钊选集》，第 191 页。
③ 李大钊：《李大钊选集》，第 337 页。
④ 李大钊：《李大钊选集》，第 258 页。
⑤ 李大钊：《李大钊选集》，第 297 页。
⑥ 李大钊：《李大钊选集》，第 303 页。

说也就必然随着农业经济的瓦解而动摇。历史发展到今天,什么"圣贤的经训格言,断断不是万世不变的法则。什么圣道、什么王法、什么纲常、什么名教,都可以随着生活的变动、社会的要求有所变革,而是必然的变革。"①他进而指出,随着新的社会经济势力的兴起,适应它发展的"五四"新文化运动是不可抗拒的。他说:即使"有几个尊孔的信徒天天到曲阜去巡礼,天天戴上洪宪衣冠去祭孔,到处建筑些孔教堂,到处传布'子曰'的福音,也断断不能抵住经济变动的势力来维护他那'万世师表'、'至圣先师'的威灵了。"李大钊从社会经济的发展来研究孔子学说思想,对当时甚嚣尘上的封建复古论者不仅是一个严厉的批判,而且某些论述,对于今天进一步研究孔子思想和儒家学说仍有启迪作用。

李大钊 1920 年在北京大学讲授《史学思想史》时,特别强调史观的重要性。他在综合过去形形色色的唯心史观以后,得出这样的结论:神权、精神的、个人的历史观,多带退落的或循环的历史观的倾向;而人生的、物质的、社会的历史观则多带进步的历史观倾向。他把那些完全以神权、个人精神来解释"历史进展的动因"的唯心史观,划入退化史观、循环史观,把用社会的科学"知识程度"、"经济"、"生产方法"来解释"历史进展的动因"的唯物史观则划入进步史观。他称前者为"旧史观",后者称为"新史观"。他又着重指出,一部中国史,旧史观占统治地位,"以潜入于人心,深固而不可拔除。"当时,旧史观"犹有复活反动的倾势,吾侪治史学于今日的中国,新史观的树立,对于旧史观的抗辩,其兴味正自深切,其责任正自重大"。李大钊高度评价了马克思主义唯物史观,明确指出:"自有马氏的唯物史观,才把历史学提到与自然科学同等的地位。此等功绩,实为史学界开一新纪元。"②显然,他把是否坚持以马克思主义唯物史观为指导作为衡量史学是不是科学的标准。由于马克思主义唯物史观的传播,使其具有共产主义思想的知识

① 李大钊:《李大钊选集》,第 272 页。
② 李大钊:《李大钊选集》,第 94 页。

分子学习和运用唯物史观研究历史,标志着中国史学发展进入一个新的历史纪元。

李大钊以唯物史观为指导,开展中国历史的研究,为开创中国马克思主义史学作出卓越贡献。他在北京大学讲授历史学,作了题为《原人社会于文字书契上之唯物的反映》的学术报告。这是最早运用唯物史观研究中国古史的论著,综合研究了地下出土的贝壳和古代传说中的历史,认为"人类最初的家庭是森林,后来遇见了一个冰期,变更了气候,人类遂转徙河岸海滨去"。这一论点,后来经过大量的地下考古发掘和科学鉴定,是基本符合历史实际的。他又依据地下发掘和古文字的演变,结合传说中伏羲画八卦,"神农结绳为治"等传说历史,认为中国原始社会经过畜牧业经济发展到农业经济阶段,而且经过"女权"(母系社会)的历史阶段。他还结合殷墟地下发掘出来的古器物,以及《尚书》、《诗经》等古文献,研究殷商社会历史及其经济发展情况,从而断定殷代为石器时代,而周代"已入铜器时代了"。[①] 虽然,他提出的这些中国古史问题尚有待于进一步研究,但他力图用唯物史观指导研究历史的方向为中国马克思主义史学研究开辟了康庄大道,引导后世学者坚持这一指导思想去开创和发展中国马克思主义史学。

李大钊在史学理论上,以唯物史观为指导,针对资产阶级形形色色的唯心史观,就史学的对象、任务、目的、方法、作用等史学理论基本问题作了比较系统的论述,基本上划清了马克思主义史学理论和资产阶级史学理论的界限。他撰写和出版的《研究历史的任务》和《史学要论》等论著,是论述马克思主义史学理论的代表作。

史学的对象是什么? 这是史学理论首先要回答的问题。封建的、资产阶级的史学家往往把史学与史料混为一谈。认为二十四史等历史资料就是研究的对象。李大钊明确指出,二十四史这类史料并不是历史本身,并不是研究的对象,"决不是那生活的历史",而只是对历史现

---

① 李大钊:《李大钊选集》,第 343—345 页。

象的记述,"历史学就是研究社会变革的学问,即是研究在不断变革中的人生及为其产物的文化的学问。"①他把史学和史料学区分开来,弄清"那些生活的历史"、"过去的事实",并不只限于二十四史这类史料,以及把史料当作历史本身。他把整个人类生活,把不断变革的人类生活作为史学的对象,不仅在批判史料即史学的资产阶级史学理论有其进步意义,而且扩大了史学研究的领域。

历史既然是"社会变革",那么史学的任务和目的是什么? 封建的、资产阶级的史学家把史料当作历史本身,所以他们把史学往往就是考据史料,最多就是证史,完成了证史的任务,就达到了治史的目的。李大钊认为,史学的任务,依其证史的对象看来,应该考察不断发展的历史过程,——寻其证据,以明人事发展进化的真相,探索社会发展的普遍法则,从而教育人民往前看,"不要徘徊审顾",要确立"乐观努力的人生观"。这些见解,对我们今天从事史学研究仍然是有教益的。李大钊反对史料即史学,但并不根本反对史料的考证,并不根本反对史料学作为整个史学的一部分,恰恰相反,而是非常重视史料的。在他看来,不弄清整个历史发展过程不断变革的真相,便谈不上研究历史发展的"理法"。他认为,史学最主要的任务和目的,"不仅在考证特殊史实,同时更宜为一般的理论的研究",他还更进一步阐发了史实和理论"有相辅相助的密切关系",有了完备正确的历史理论体系,就能对各种史实给以科学的解说,"必能供给记述历史以不可或缺的知识,使记述历史愈能成为科学的记述,反之,记述历史的研究成果能愈益精确,必能供给历史理论以确实的基础,可以依据的材料,历史理论亦必因之而能愈有进步。二者共进,同臻于健全发达的地步,史学系统才能说是完成。"②李大钊这种尊重史实、实事求是的态度,对建立历史科学,在当时是难能可贵的,在今天也有现实意义的。

---

① 李大钊:《史学要论》,第 7 页。
② 李大钊:《史学要论》,第 33 页。

　　史学的方法是什么？这是关系到能否完成科学的史学任务和目的重要问题。李大钊认为历史研究的根本方法是直接从马克思主义唯物史观的基本原理而来的"方法论"，这种方法论就是如何运用唯物史观于历史研究的问题。其次是如何搜集、选择史料，加以考证研究，从而找出史实相互间的关系及历史全貌，予以比较具体的科学的解释的一套方法，以及如何编写历史，编制图表的历史编纂法，这是"作史学研究的阶梯学问，是史学的辅助学问，历史理论则非别的学问的辅助与预备，实为构成广义的史学的最要部分"。① 这就是说，研究历史要用唯物史观作指导，要全面占有史料，揭示历史事实的真相，找出其相互关系，找出社会历史发展的客观规律。这种科学的研究方法，对当时流行的史料就是史学，以及"大胆假设，小心求证"的主观唯心主义的历史研究法无疑是一个有力的批判。

　　总之，李大钊在中国马克思主义史学初创阶段，他在宣传唯物史观，建立中国马克思主义史学理论体系方面，写出了不少有价值的论著，其中不少原理至今仍对发展和建设中国马克思主义史学起着指导作用。

---

　　① 李大钊:《史学要论》,第83页。

后　记

　　1961 年中宣部文科教材办公室委托我主编中国近现代史学史。当时,成立了史学史编写组,桂遵义同志任秘书,主要成员有袁英光、刘寅生、黄丽镛、林正根、林绍明等同志。1964 年"四清"运动时中断了编写工作。编写组的同志曾在拟定大纲、编著作目录和编写魏源、康有为、夏曾佑等资料长编方面做了不少工作。"文革"后,1979 年成立了史学史研究室,继续进行中国史学史的研究与编写工作。我主编的这本《中国近代史学史》,吸收了前编写组和史学史研究室同志的部分成果。

吴泽　于华东师范大学
1988 年 12 月

附　　记

　　《中国近代史学史》于 1989 年 5 月由江苏古籍出版社初版。当年,为急于完成科研项目,匆匆付梓,资料勘校,颇多疏漏。时隔 20 个春秋,回忆起 20 世纪 80 年代末,史学史在整个史学领域,还是一个十分薄弱的分支学科,其论著屈指可数,远远落后于其他学科。我们编著的《中国近代史学史》的出版,只是充当抛砖引玉之作。今天,放眼史学界,史学史研究的队伍不断壮大,一部部史学理论、中外史学史论著,像春天的花朵,竞相绽放,此情此景,令人为之欣喜。

　　"日月逝矣,岁不我与"。袁英光先生走了,吾师吴泽亦去矣!

　　庆幸的是,学术界没有忘却《中国近代史学史》这部草创之作。人民出版社的领导,为发展和繁荣社会主义新文化,积累学术资源,出版了一系列学术著作。2008 年,又将《中国近代史学史》列入出版计划,我深表感谢。在陈鹏鸣先生的鼓励和支持下,我用了近一年的时间进行修改和增订,自己深感精力所限,仍难免有舛误和不妥之处,敬祈专家和读者们批评指教。

桂 遵 义

2009 年 9 月 28 日于上海

责任编辑:孙　牧　陈鹏鸣
封面设计:徐　晖

图书在版编目(CIP)数据

中国近代史学史(修订本)/吴泽 主编　桂遵义　袁英光 著.
-北京:人民出版社,2010.7
ISBN 978－7－01－008725－2

Ⅰ.①中…　Ⅱ.①吴…②桂…③袁…　Ⅲ.①史学史-中国-近代
　Ⅳ.①K092.5

中国版本图书馆 CIP 数据核字(2010)第 035132 号

中国近代史学史(修订本)
ZHONGGUO JINDAI SHIXUESHI

吴泽 主编　桂遵义　袁英光 著

人民出版社 出版发行
(100706　北京朝阳门内大街 166 号)

北京瑞古冠中印刷厂印刷　新华书店经销

2010 年 7 月第 1 版　2010 年 7 月北京第 1 次印刷
开本:710 毫米×1000 毫米 1/16
印张:47.75　字数:660 千字

ISBN 978－7－01－008725－2　定价:96.00 元

邮购地址 100706　北京朝阳门内大街 166 号
人民东方图书销售中心　电话 (010)65250042　65289539